Der Anspruch des Beamten auf Schutz seiner Ehre
durch den Dienstherrn

Europäische Hochschulschriften

Publications Universitaires Européennes
European University Studies

Reihe II
Rechtswissenschaft

Série II Series II
Droit
Law

Bd./Vol. 4036

PETER LANG
Frankfurt am Main · Berlin · Bern · Bruxelles · New York · Oxford · Wien

Jens Tiedemann

Der Anspruch des Beamten auf Schutz seiner Ehre durch den Dienstherrn

PETER LANG
Europäischer Verlag der Wissenschaften

Bibliografische Information Der Deutschen Bibliothek
Die Deutsche Bibliothek verzeichnet diese Publikation in der Deutschen Nationalbibliografie; detaillierte bibliografische Daten sind im Internet über <http://dnb.ddb.de> abrufbar.

Zugl.: Bonn, Univ., Diss., 2004

D 5
ISSN 0531-7312
ISBN 3-631-52652-0

www.peterlang.de

Meinen Eltern,
meiner Großmutter
und Petra

„*Graf von Trast-Saarberg*: Im Vertrauen gesagt: **Es gibt gar keine Ehre!**

Lothar Brandt: **Und was wir Ehre nennen ?**

Graf von Trast-Saarberg: **Was wir gemeinhin Ehre nennen, das ist wohl nichts weiter, wie der Schatten, den wir werfen, wenn die Sonne der öffentlichen Achtung uns bescheint. – Aber das Schlimmste bei allem ist, daß wir so viel verschiedene Sorten von Ehre besitzen als gesellschaftliche Kreise und Schichten.** Wie soll man sich da zurechtfinden ?

Lothar Brandt (scharf): Sie irren, Herr Graf. **Es gibt nur eine Ehre, wie nur eine Sonne und einen Gott. Das muß man fühlen** oder man ist kein Kavalier."

Hermann Sudermann (1857-1928, Dramatiker), in:
„Die Ehre", Schauspiel, 2. Akt, 11. Szene, S. 52 f.,
Uraufführung am 27. November 1889

„Wer für die Ehre kämpft, der achtet des Lebens nicht; wer aber für sein Leben kämpft, der achtet der Ehre nicht. **Ehre verloren, alles verloren!**"

Max Stirner (1806-1856, Philosoph), in:
„Die Lebenslustigen", Korrespondenzen, Leipziger Allgemeine Zeitung, 5. November 1842, Nr. 309, S. 3677,
Beilage, Neuabdruck des Originals im Max-Stirner-Archiv-Leipzig, aufbereitet durch *Kurt W. Fleming*

Vorwort

Mit dem Schutz der persönlichen Ehre, der des Beamten im besonderen, ist es vielfach nicht gut bestellt. Der Beamte sieht sich häufig bei seinen amtlichen Verrichtungen nicht nur unflätiger Kritik der Bürger ausgesetzt, sondern nicht selten auch durch den Dienstherrn ehrenrührig behandelt, der sich durch allgemeine Beamtenschelte populistisch gebärdet oder aber durch „Bauernopfer" von eigenem politischen Versagen ablenken will. Die Lage des Beamten wird dabei besonders prekär, wenn ihm die dienstliche Verschwiegenheitspflicht die „Flucht in die Öffentlichkeit" zur Verteidigung seiner Ehre versagt. Die Arbeit nimmt sich daher des Anspruches des Beamten auf Schutz seiner Ehre aufgrund der Fürsorgepflicht des Dienstherrn an.

Die vorliegende Arbeit wurde von der Rechts- und Staatswissenschaftlichen Fakultät der Rheinischen Friedrich-Wilhelms-Universität Bonn im Wintersemester 2003/2004 als Dissertation angenommen. Rechtsprechung und Literatur konnten für die Veröffentlichung noch bis Juli 2004 berücksichtigt werden.

Zu großem Dank verpflichtet bin ich zunächst meinem Doktorvater und akademischen Lehrer, Herrn Prof. Dr. Dr. h.c. *Josef Isensee*, auf dessen Anregung die Arbeit maßgeblich zurückgeht. Herrn Prof. Dr. *Christian Hillgruber* habe ich für die zügige Erstellung des Zweitgutachtens zu danken.

Wesentlich zum Gelingen dieser Arbeit haben sowohl meine Eltern als auch meine Großmutter beigetragen, die mich nach meinem Referendariat – neben meiner Tätigkeit als wissenschaftlicher Mitarbeiter an der Rheinischen Friedrich-Wilhelms-Universität Bonn – unterstützt haben. Ihnen sei an dieser Stelle herzlichst gedankt.

In ganz besonderem Maße gilt meiner Dankbarkeit schließlich meiner Gattin, Frau Rechtsanwältin *Petra Tiedemann*, geb. *Kahlen*, von der ich während der Erstellung dieser Arbeit jede erdenkliche Hilfe und Unterstützung erfahren durfte.

Gewidmet ist die Arbeit zuvörderst meinen Eltern, die mir das gewählte Studium ermöglicht und mich auch sonst stets gefördert haben.

Bonn, im Juli 2004 Jens Tiedemann

Inhaltsübersicht

Inhaltsverzeichnis

Einführung

Das Beamtentum hat in Deutschland seit seinen Ursprüngen im 14. bis 16. Jahrhundert[1] mehrere Staats- und Regierungsformen überlebt und bildet mit seiner Geschichte der letzten ca. 150 Jahre eine der ältesten Grundlagen des Verfassungsstaates. Auch der Verfassungsgeber des Grundgesetzes hat an die Traditionen und hergebrachten Grundsätze des Berufsbeamtentums deutscher Prägung angeknüpft und so die Kontinuität gewahrt, indem er in Art. 33 Abs. 2-5 GG das Berufsbeamtentum institutionell absicherte. Trotzdem sind die sich gegen das Beamtentum richtenden Ressentiments und der Neid auf die sogenannten und angeblichen Privilegien der Beamten in Teilen der Gesellschaft nicht verschwunden, sondern werden in der heutigen Medienlandschaft aufrechterhalten und zum Teil weiter geschürt[2].

Das Recht der persönlichen Ehre (Art. 2 Abs. 1 i.V.m. Art. 1 Abs. 1 GG sowie als Schranke in Art. 5 Abs. 2 GG) hat durch die Ausdehnung der Schutzbereiche der Grundrechte des Art. 5 GG durch die Rechtsprechung des Bundesverfassungsgerichts – angefangen bei dem viel beachteten *Lüth*-Urteil[3] bis hin zu den sog. „Soldaten-sind-Mörder"-Beschlüssen[4] - eine derart rechtliche und praktische Zurückdrängung erfahren, daß diese Entwicklung von der Literatur, in Teilen sogar vehement, bekämpft wird[5]. Konkrete Konsequenzen wurden seitens der Rechtsprechung hieraus aber nicht gezogen.

Der Gegenstand der vorliegenden Untersuchung ist die Theorie und die Praxis des Ehrenschutzes der Beamten durch den jeweilig betroffenen Dienstherrn. In Abkehr von der zahlreich vorhandenen Literatur zu den allgemeinen zivil-, straf- und verfassungsrechtlichen Problemen und Fragestellungen des Ehrenschutzes wird hier das öffentliche Dienstrecht, sub specie des Beamtenrechts, als rechtlicher Ausgangspunkt gewählt. Grundlegender Ansatz dieser Untersuchung ist somit die Verknüpfung der Rechtsmaterien der Fürsorgepflicht des Dienstherrn (§ 79 BBG, § 48 BRRG) mit der des Ehrenschutzes. Hierbei liegt der Schwerpunkt aber konsequent auf dem Beamtenrecht, um so zu neuen rechtlichen Erkenntnissen bezüglich des Anspruchs des Beamten auf Schutz seiner Ehre durch den Dienstherrn aufgrund des Rechtsinstituts der beamtenrechtlichen Fürsorgepflicht zu gelangen.

---

[1] *Stern*, StaatsR I², § 11 IV 2, S. 364 f.

[2] Der frühere Bundesminister des Inneren *Friedrich Zimmermann* führte in einer Ansprache vor Vertretern des Deutschen Beamtenbunds hierzu aus: „Das deutsche Beamtentum ist seit vielen Jahrzehnten Objekt verdeckter und zunehmender Angriffe. In Zeiten wirtschaftlicher Prosperität fällt das nicht so auf, weil dann nur am Rande und eher mitleidsvoll auf diejenigen verwiesen wird, die sich dem entsagungsvollen Dienst verschreiben. Aber wenn die Kassen leer sind, wird plötzlich auf den öffentlichen Dienst eingedroschen, werden ihm Privilegien unterstellt, die es in Wirklichkeit gar nicht gibt. Der öffentliche Dienst ist nicht auf Rosen gebettet. Entsprechende Vorurteile müssen daher abgebaut werden.", vgl. Bulletin Nr. 124 vom 15. November 1983, S. 1138. Auch zitiert von *Thiele*, DÖD 1988, 273 (277).

[3] BVerfGE 7, 198 ff.

[4] BVerfGE 93, 266 ff. = NJW 1995, 3303 ff. (Soldaten II); BVerfG, NJW 1994, 2943 ff. (Soldaten I). Siehe hierzu auch schon die vorangegangene Entscheidung: BVerfG, NJW 1992, 2750 ff.

[5] *Stark*, Ehrenschutz, S. 1 ff.; *Kriele*, NJW 1994, 1897 (1904); *Tettinger*, JuS 1997, 769 (771).

Individuellen Anlaß zu dieser Arbeit haben eine Vielzahl von wiederkehrenden Beleidigungen, Schmähkritiken und sonstigen ehrenrührigen Äußerungen gegeben, die von einer allgemeinen sprachlichen Verrohung sowie dem Verlust jeglichen Anstandsgefühles in Teilen der Gesellschaft und den Medien bzw. deren Vertretern zeugen und mit denen die betroffenen Amtsträger persönlich diffamiert werden sollten. So wurden beispielsweise Polizeivollzugsbeamte als „Scheißbullen“[6] oder „Wichser“[7], rechtmäßiges (!) Verwaltungshandeln als „Gestapo-Methode“[8], Soldaten und Offiziere der Bundeswehr als „(potentielle) Mörder“[9], „Folterknechte“[10], „Wehrsklavenhalter“[11], oder „Henker im Wartestand“[12], die GSG 9 des Bundesgrenzschutzes als „Killertruppe“[13] und schließlich Richter als „Verfassungsfeinde“[14] bezeichnet, dem „Volksgerichtshof“[15] zugeordnet oder ihnen wurde „Rechtsbeugung aus Furcht vor der Überprüfung eines unglaublich skandalösen Urteils“[16] vorgeworfen. Diese nur auszugsweise Auflistung von exzessiven ehrverletzenden Äußerungen und verbalen Entgleisungen läßt sich beliebig, z.B. in Bezug auf die schon fast alltäglichen Beleidigungen der Politessen durch Kraftfahrzeugführer mit Kraftausdrücken („Schlampe“, „Dumme Kuh“, „Trottel in Uniform“ oder „Sie sind ja krankhaft dienstgeil“[17]), weiter exemplifizieren.

Hinsichtlich ehrverletzender Tatsachenbehauptungen und Vorwürfen sei in diesem Zusammenhang an die sog. „*Kießling*-Affäre“ des Jahres 1984 erinnert. Der Vier-Sterne-General *Günter Kießling* wurde wegen des Verdachtes der Homosexualität unter unwürdigen Umständen in den einstweiligen Ruhestand versetzt und mußte dann später vom damaligen Bundesminister der Verteidigung *Manfred Wörner* rehabilitiert und mit einem Großen Zapfenstreich in den altersbedingten Ruhestand verabschiedet werden.

Aber auch ehrverletzende Handlungen durch (Dienst-)Vorgesetzte und Kollegen, insbesondere schikanöses und demütigendes Verhalten von Vorgesetzten gegenüber Rekruten und Soldaten der Bundeswehr (z.B. sog. Bestrafungs- und Erziehungsrituale[18]), wovon Entscheidungen der Wehrdienstsenate beim Bundesverwaltungsgericht und die jährlichen Berichte des Wehrbeauftragten des Deutschen Bundestages in regelmäßiger Häufigkeit zeugen, sind auf ihre Bedeutung für den Ehrenschutzanspruch der betroffenen

---

6 OLG Oldenburg, JR 1990, 127 (128).

7 So bezeichnete der Abgeordnete des Deutschen Bundestages und Mitglied der Fraktion Bündnis 90/ Die Grünen *Rezzo Schlauch* Polizeibeamte bei einem sog. Castor-Transport aus dem AKW Neckarwestheim. Später räumte er ein, nachdem die Polizeibeamten Strafanzeige gestellt hatten, mit „Wichser“ ein unflätiges Wort gebraucht zu haben (vgl. Bonner General-Anzeiger vom 26. März 1998, S. 2).

8 BVerfG, NJW 1992, 2815 f. = StV 1992, 268 ff.; LG Hechingen, NJW 1984, 1766 f.

9 Siehe hierzu neben den genannten Entscheidungen des Bundesverfassungsgerichts aus der Instanzrechtsprechung: BayObLG, NJW 1991, 1493; OLG Frankfurt, NJW 1991, 2032 ff.; NJW 1989, 1367 ff.

10 BGHSt 36, 83 ff. = NJW 1989, 1365 ff. = NStZ 1989, 361 ff.

11 LG Kaiserslautern, NJW 1989, 1369 ff.

12 AG Spaichingen, NJW 1991, 1496 f.

13 OLG Köln, OLGSt § 185 StGB, S. 35.

14 OLG Koblenz, OLGSt § 185 StGB, S. 52.

15 OLG Hamburg, NJW 1990, 1246 f.

16 BGHSt 44, 209 ff.

17 Auszug aus einer Postkarte der Edgar Medien GmbH, auf der sog. „Pöbelbußen“ verzeichnet sind.

18 BVerwGE 113, 272 ff.; 86, 362 ff.

Amtswalter kraft Fürsorgepflicht zu untersuchen. Zu diesen ehrverletzenden dienstinternen Verhaltensmustern müssen aber auch bei entsprechender Ausprägung das sog. Mobbing oder sexuelle Belästigungen durch „Kollegen“ und Vorgesetzte gezählt werden.

Dies macht deutlich, daß die einzelnen Funktionsträger in Exekutive und Judikative (Beamten, Soldaten und Richter) und damit mittelbar auch die Staatsgewalten, denen sie angehören bzw. denen sie zugerechnet werden, einer ständig steigenden Anzahl von ehrenrührigen Diskreditierungen und ehrverletzenden Diffamierungen sowohl durch Teile der Öffentlichkeit, was nicht zuletzt durch die Medien geschürt und forciert wird, als auch durch Angehörige der eigenen oder anderer Staatsgewalten ausgesetzt sind. Dies wirft die grundsätzliche Frage auf, was und wieviel die Beamten und damit mittelbar auch der Staat bzw. die jeweilige juristische Person des öffentlichen Rechts an Ehrkränkungen hinnehmen müssen.

Genauerer Gegenstand dieser Untersuchung ist die traditionelle und abstrakte Generalklausel der beamtenrechtlichen Fürsorge- und Schutzpflicht des Dienstherrn (§ 79 BBG, § 48 BRRG), die darauf überprüft werden soll, was sie trotz oder gerade wegen derartiger ehrverletzender Angriffe gegen Beamte als Folge des anscheinend vorherrschenden Zeitgeistes zum Schutze des einzelnen Beamten, seines Amtes und seiner Amtsführung in entsprechenden Fällen heutzutage noch leistet und zukünftig wieder leisten müßte. Es wird deutlich werden, daß sich die jeweilig betroffenen Dienstherren der Bedeutung des Ehrenschutzes bezüglich der ihnen zugewiesenen Beamten als Ausfluß ihrer Fürsorge- und Schutzpflicht kaum noch bewußt sind, so daß auch neue Leitbilder für das Verhalten und die Pflichten der Dienstherren zu entwickeln sind[19]. Dies gilt umso dringender, wenn z.B. von Ministerpräsidenten, also höchsten exekutiven Vertretern einer die Dienstherrenfähigkeit besitzenden juristischen Person des öffentlichen Rechts, die (beamteten und angestellten) Lehrer als „faule Säcke“ bezeichnet[20] oder den Richtern insgesamt „katastrophale Fehlurteile mit zum Teil grotesken Begründungen“[21] vorgeworfen werden.

Als Kern des zu untersuchenden Problemes ergibt sich eine charakteristische Dreieckskonstellation, die sich aus dem zunächst betroffenen Beamten, dessen Dienstherrn und schließlich aus dem ehrverletzenden Störer als Beteiligte zusammensetzt. Im Unterschied zu der klassischen grundrechtlichen Dreieckskonstellation (Angreifer, Opfer, Staat), bei der die staatliche Schutzpflicht im Rahmen der Grundrechte auf den Plan gerufen wird, soll hier überprüft werden, ob und wie der Dienstherr aufgrund des Rechtsinstituts der Fürsorgepflicht gegen den ehrverletzenden Dritten zum Schutze des Beamten vorgehen kann oder sogar vorgehen muß. Daher mußte auch das öffentliche Dienstrecht als Anknüpfungspunkt gewählt werden, da gerade nicht die allgemeine ehrenschutzrechtliche Frage untersucht werden soll, ob und wie der Beamte selbst in rechtlich zulässiger Weise zivil- oder strafrechtlich oder bei verwaltungsinternen Ehrverletzungen unter Einschaltung

---

[19] Vgl. *Summer*, ZBR 1998, 151.

[20] In einem Interview für die Ausgabe Juni 1995 der Schülerzeitung „Die Mühlmaus“ des Zevener St.-Viti-Gymnasiums ist vom damaligen niedersächsischen Ministerpräsidenten *Gerhard Schröder* die inkriminierte Bezeichnung „faule Säcke“ gefallen (vgl. Berliner Zeitung, Ressort Politik, vom 16. Juni 1995).

[21] So eine nicht bestrittene und zitierte Äußerung des früheren niedersächsischen Ministerpräsidenten *Gerhard Glogowski* (vgl. Bonner General-Anzeiger vom 5. Oktober 1999, S. 2).

der Personalvertretung gegen den ehrverletzenden Störer mit Aussicht auf Erfolg vorgehen kann.

Der aus der Fürsorgepflicht des Dienstherrn resultierende Ehrenschutzanspruch des einzelnen Beamten wird als sedes materiae im Rahmen dieser Arbeit eingehend dargestellt. Es gilt aufbautechnisch und systematisch zunächst, die Fürsorgepflicht des Dienstherrn als Rechtsinstitut, deren verfassungsrechtliche Implikationen aus Art. 33 Abs. 4-5 GG sowie anschließend das Recht der persönlichen Ehre als zu schützendes Rechtsgut darzustellen. Danach wird im Hauptteil der Untersuchung die Verknüpfung dieser Rechtsmaterien durch die folgende Schwerpunktbildung vorgenommen, die zu einer dogmatischen Strukturierung des Problemkomplexes führen soll. Sie beginnt mit einer Analyse, was der einzelne Beamte aufgrund der Fürsorgepflicht bei ehrverletzenden Angriffen von seinem Dienstherrn verlangen kann (Primäranspruch), wie sich die rechtlich gewollte und die tatsächlich ausgeübte Handhabung der Fürsorgepflicht als Ermessensvorschrift durch den Dienstherrn darstellt, und welche Rechtsschutzmöglichkeiten dem Amtswalter hierbei zustehen. Danach gilt es darzustellen, welche Folge- und Sekundäransprüche der betroffene Beamte hat, wenn der Dienstherr seiner Fürsorge- und Schutzverpflichtung nicht nachkommt. Abschließend sind die so gewonnenen Ergebnisse in einer Gesamtschau auf Disparitäten und Wertungswidersprüche zu analysieren und die rechtlich zu ziehenden Konsequenzen für die Dienstherren und die Verwaltungsgerichtsbarkeit zu benennen.

Die beamtenrechtliche Fürsorgepflicht wird sich als flexibles und nicht statisches Rechtsinstitut zeigen[22], dessen Inhalt zeitbezogen ermittelt werden muß, und somit zwar naturgemäß einem Bedeutungswandel unterliegt, aber dennoch weiter aktuelle rechtliche Relevanz beansprucht, die zum einen mit Hilfe dieser Untersuchung wieder ins Bewußtsein, insbesondere bei den Dienstherren, gerufen werden soll. Zum anderen werden erstmals staatsethische und -philosophische Aspekte bei der Ermessensausübung aufgegriffen und eingehend dargestellt sowie der Versuch einer Systematisierung der zu diesem gesamten Themenkomplex ergangenen verwaltungsgerichtlichen Entscheidungen unternommen.

Die für die Beamten ermittelten Ergebnisse können auf die weiteren öffentlich-rechtlichen Dienst- und Treueverhältnisse der Richter, (Berufs- und Zeit-)Soldaten, Wehrpflichtigen und Zivildienstleistenden übertragen und sollen in einem knappen Exkurs auch auf ihre Geltung für den sonstigen öffentlichen Dienst, also für Angestellte und Arbeiter[23], überprüft werden, um somit zu einer Gesamtdarstellung der Ehrenschutzverpflichtung des Dienstherrn bzw. des öffentlichen Arbeitgebers zu gelangen. Die verschiedenen Statusverhältnisse der Bediensteten werden dabei zu dogmatischen Gemeinsamkeiten und Unterschieden führen. Darüber hinaus zeigt sich aber auch ein fachgebietsübergreifender Charakter dieser Untersuchung, da bei der Darstellung des Ehrenschutzanspruchs auch straf-, zivil- und verfassungsrechtliche Aspekte mit zu berücksichtigen sind.

---

[22] Vgl. *Summer*, ZBR 1998, 151.

[23] Auch wenn dies weder im Einklang mit der sog. political correctness stehen mag noch mit der Praxis einiger Gesetzgeber übereinstimmt, sind von den genannten funktions- und tätigkeitsbezogenen Substantiven in dieser Untersuchung sowohl weibliche als auch männliche Amtswalter umfaßt, so daß nur dann eine geschlechtsspezifische Differenzierung erfolgt, wenn dies aus sachlichen Gründen gerechtfertigt erscheint.

Anhand der Analyse der Rechtslage auf der Primär- und Sekundärebene des Ehrenschutzanspruchs sowie dessen tatsächlicher Handhabung durch die Dienstherren wird auch deutlich werden, aus welchen Gründen in der anwaltlichen Praxis – ohne daß jedoch eine empirische Erhebung vorgenommen wird – zwar des öfteren entsprechende Beratungsgespräche mit Mandanten stattfinden, die in einem öffentlich-rechtlichen Dienst- und Treueverhältnis stehen, aber zumeist auf die Einleitung rechtlicher Schritte verzichtet wird. Hierunter leidet die Wirksamkeit des Ehrenschutzes, und die tatsächliche Situation der betroffenen Beamten wird weiter verschärft. Daraus wird sich ergeben, daß der Gegenstand dieser Arbeit gerade kein „akademisches Glasperlenspiel" darstellt, sondern vielmehr eine über das Beamtenrecht hinausreichende praktische Bedeutung hat.

Abschließend sei ausdrücklich angemerkt, daß im Rahmen dieser Untersuchung nicht die (Wieder-)Begründung einer etwaigen Standesehre des öffentlichen Dienstes[24], einer besonderen Amts-[25], Soldaten-[26] oder Beamtenehre[27] versucht werden soll, denn der Staat mitsamt seinen Amtsträgern ist im Bereich der staatlichen Aufgabenerfüllung als Grundrechtsadressat gemäß Art. 1 Abs. 3 GG und Art. 19 Abs. 3 GG selbst nicht grundrechtsfähig, so daß auch keine insoweit zu schützende funktionale (Standes-, Amts- oder Beamten-)Ehre als persönliches Rechtsgut existieren kann[28].

Vielmehr soll der Versuch unternommen werden, exemplarisch anhand des Rechtsinstituts der Fürsorgepflicht (§ 79 BBG, § 48 BRRG sowie Art. 33 Abs. 5 GG) aufzuzeigen, daß auch nach dem Eintritt in ein neues Jahrtausend Staat und Gesellschaft der Bundesrepublik Deutschland nicht ohne das Recht der persönlichen Ehre als Wertvorgabe auskommen können. Die Häufigkeit ehrenrühriger Verhaltensweisen kann ohnehin die rechtliche Gewährleistung und den Rechtsschutz der Betroffenen nicht einschränken, selbst wenn dies (stillschweigend) von einem mehr oder weniger repräsentativen Teil der Bevölkerung gebilligt werden würde. Die Bundesrepublik Deutschland soll sich nicht zu einem „Eldorado für Ehrabschneider"[29] entwickeln, in dem die Gefahr besteht, daß das Recht der persönlichen Ehre verkümmert. Daher wird in der vorliegenden Arbeit in Übereinstimmung mit der sonstigen ehrenschutzrechtlichen Literatur die große Bedeutung der gegenseitigen Achtung der Menschen untereinander und des Respekts vor anderen Menschen, auch vor Beamten, als Wert an sich – trotz unterschiedlicher Standpunkte und zum Teil berechtigter Härten in der Sache – herausgestellt. Nach der verfassungsrechtlichen Ehrenschutzkonzeption und der Werteordnung des Grundgesetzes sind schließlich auch die Beamten ebenso wie alle anderen Staatsbürger berechtigt, ihre verfassungsrechtlich geschützten (Grund-)Rechte und Rechtspositionen durchzusetzen.

---

[24] Vgl. *Bank*, DÖV 1964, 757 ff., der aus einer vorausgesetzten Staatsehre eine Amts- und Beamtenehre begründet, die aber letztendlich nur ein synonymer Begriff für bekannte Aspekte des Beamtenverhältnisses wie das Amtsethos, die Treue- und Neutralitätspflicht sowie die Pflicht zu würdevollem Verhalten seitens des Amtswalters ist (vgl. §§ 52-54 BBG), die in einem so verstandenen Ehrbegriff gebündelt werden.

[25] *Schopenhauer*, Aphorismen zur Lebensweisheit, Kapitel IV, S. 78 f.; RGSt 74, 313: „Ehre des Amtes".

[26] BVerfGE 2, 1 (53): „echte Soldatenehre". Als funktionale Kategorie ist dies heutzutage überholt.

[27] OLG Celle, AfP 1984, 223 ff., wobei diese „Beamtenehre" funktional und nicht persönlich gemeint ist.

[28] Vgl. *Isensee*, Grundrecht auf Ehre, S. 24.

[29] *Kiesel*, NVwZ 1992, 1129 (1137).

Mit den Grundrechten und grundrechtsgleichen Rechten der Beamten sind im vorliegenden Kontext das Recht der persönlichen Ehre (Art. 2 Abs. 1 i.V.m. Art. 1 Abs. 1 GG sowie Art. 5 Abs. 2 GG) und die beamtenrechtliche Fürsorgepflicht als hergebrachter Grundsatz des Berufsbeamtentums gemäß Art. 33 Abs. 5 GG angesprochen. Gegenstand der vorliegenden Arbeit ist jedoch nicht das dogmatische Verhältnis dieser Grundgesetznormen zueinander oder die Frage, ob und unter welchen Voraussetzungen die grundrechtliche Schutzpflicht des Staates bei Beamten gemäß Art. 2 Abs. 1 i.V.m. Art. 1 Abs. 1 GG sowie Art. 5 Abs. 2 GG eingreifen würde, wenn es Art. 33 Abs. 5 GG und die darin verortete Fürsorgepflicht nicht gäbe. Es sollen vielmehr die rechtlichen Implikationen aufgezeigt werden, die sich gerade aus dem besonderen Status der Beamten ergeben. Daher müssen diese Regelungskomplexe bezüglich der Beamten im Zusammenhang betrachtet werden. Hinzu kommt, daß der Dienstherr mit der „Integrität der Verwaltung" auch ein eigenes, dominantes Interesse am Ehrenschutz seiner Beamten hat bzw. haben sollte.

Aufgrund der Regelung in Art. 33 Abs. 5 GG gehen die vorliegend darzustellenden Rechtsprobleme weit über die Fragen hinaus, die sich allein bei Vorliegen der grundrechtlichen Schutz aus Art. 2 Abs. 1 i.V.m. Art. 1 Abs. 1 GG sowie Art. 5 Abs. 2 GG stellen würden, wenn kein besonderer Status des Betroffenen gegeben wäre. Bei der grundrechtlich verankerten Pflicht des Staates auf Ehrenschutz seiner Bürger geht es im wesentlichen um die Tauglichkeit des gesetzesmediatisierten und bereitgestellten zivil- und strafrechtlichen Schutzinstrumentariums, das dazu führt, daß der Verletzte die Wahl hat, ob und welche Schutzmaßnahmen er ergreifen möchte. Die Tauglichkeit der bereitgestellten Rechtschutzmöglichkeiten wird jedoch in der Literatur zum Teil bestritten, da es häufig für den Betroffenen aus verschiedenen rechtlichen Gründen (z.B. Verfahrensdauer, Beweislastverteilung, Wiederholung der Injurie etc.) ratsam ist, untätig zu bleiben. In der sich aufgrund der Fürsorgepflicht primär ergebenden Dreieckskonstellation stellt sich diese Situation jedoch anders dar, da nun der Dienstherr aufgrund des besonderen Status der Beamten entscheiden muss, ob und welche Schutzmaßnahmen ergriffen werden (sollen).

Die Frage der Tauglichkeit des ehrenschutzrechtlichen Instrumentariums muss jedoch im Kontext der vorliegenden Arbeit unter zwei, allerdings untergeordneten Gesichtspunkten berücksichtigt werden: zum einen, wenn der Beamte trotz des Fürsorgepflichtanspruchs gegenüber seinem Dienstherrn gezwungen ist, selbst gegen den Ehrverletzer vorzugehen, und zum anderen, sofern Angestellte und Arbeiter im öffentlichen Dienst betroffen sind, da sie gerade nicht den besonderen Beamtenstatus innehaben und sich somit in der gleichen Situation befinden, wie Bürger, die zum Schutz ihrer persönlichen Ehre das von Staats wegen zur Verfügung gestellte Rechtsschutzinstrumentarium in Anspruch nehmen möchten.

Das dieser Untersuchung zugrundeliegende Aufgreifen des Ehrenschutzes und dessen Analyse im Rahmen der Fürsorgepflicht kann schließlich auch nicht als ein Appell zur Rückkehr zu alten oder altmodischen Werten diskreditiert werden, was nach Ansicht von *Summer* einen hohen Grad der Hilflosigkeit im Umgang mit Gegenwartsproblemen im Beamtenrecht ausdrücken würde[30]. Das Recht der persönlichen Ehre ist bei zeitgemäßer Betrachtung gerade kein antiquierter und zu vernachlässigender Wert, dessen bisherige

---

[30] *Summer*, ZBR 1998, 151.

rechtliche und tatsächliche Geringschätzung seitens einiger Dienstherren und Teilen der Bevölkerung nicht mit den verfassungsrechtlichen Vorgaben in Einklang zu bringen ist. Es ist daher zu begrüßen ist, daß das Recht der persönlichen Ehre verstärkt Gegenstand in der rechtswissenschaftlichen Diskussion ist[31].

Die vorliegende Arbeit unternimmt daher den Versuch aufzuzeigen, daß ein (erstmaliger bzw. verstärkter) Schutz des Rechts der persönlichen Ehre der Beamten durch die Dienstherren und ein damit korrespondierender, effektiv wahrgenommener und ausgestalteter Ehrenschutzanspruch des Beamten im Rahmen der Fürsorge- und Schutzpflicht des Dienstherrn (§ 79 BBG, § 48 BRRG) ein aufgrund der beträchtlichen Anzahl von ehrverletzenden Schmähungen und Diskreditierungen hervorgerufenes aktuelles Problem lösen kann, wodurch im Ergebnis sogar weitere, nicht wünschenswerte Folgeprobleme zu Lasten des staatlichen Gemeinwesens vermieden würden.

---

[31] *Amelung*, Ehre als Kommunikationsvoraussetzung, S. 1 ff.

Erstes Kapitel: Die Fürsorge- und Schutzpflicht des Dienstherrn und die zu untersuchenden Fallkonstellationen

A. Allgemeines

Das Beamtentum in Deutschland hat seine Ursprünge im 14. bis 16. Jahrhundert, während die ersten rechtlichen Wurzeln des Berufsbeamtentums heutiger Prägung in der Regierungszeit König Friedrich Wilhelms I. von Preußen (1713-1740) liegen. Das Berufsbeamtentum und damit die Beamten können somit auf eine lange und bewährte Tradition zurückblicken. Über die Territorialstaaten und deren Verfassungen hinaus wurde das Berufsbeamtentum nach der Reichsgründung 1871 fortgeführt und in der Weimarer Reichsverfassung von 1919 (Art. 128-131 WRV) institutionell und zudem durch die Sicherung „wohlerworbener Rechte" gewährleistet. Mit dem Zusammenbruch der nationalsozialistischen Diktatur am 8. Mai 1945 endeten alle damaligen Beamtenverhältnisse, wie das Bundesverfassungsgericht mehrfach festgestellt hat[32]. Trotz eines theoretisch möglichen Neuanfangs knüpft das Grundgesetz, um die Kontinuität der öffentlichen Verwaltung zu wahren, für den öffentlichen Dienst in Art. 33 Abs. 2-5 GG teilweise an historische Entwicklungen an und schützt das Berufsbeamtentum deutscher Prägung nach Maßgabe seiner „hergebrachten Grundsätze" durch eine institutionelle Garantie und. Das Beamtentum in Deutschland ist daher eng mit dem Staat verflochten und hat mit seiner Kontinuität wesentlich zur Stabilisierung und zur Stabilität der jeweiligen Macht- und Staatsstrukturen beigetragen.

Durch die zunehmende verfassungsmäßige und einfachgesetzliche Kodifizierung des Beamtenverhältnisses – vom Diener des Königs über den „Diener des Staates" hin zum republikanischen und demokratischen Beamten, der sein Amt treuhänderisch zum Wohl der Allgemeinheit und des Gemeinwesens wahrnimmt – ist im Laufe der Entwicklung, vor allem im 20. Jahrhundert, das zentrale historische Element, die Bindung der ganzen Person des Beamten an den Staat, stark relativiert worden[33]. Unter der Geltung des Grundgesetzes hat sich das Bild vom Beamten dahingehend geändert, daß dieser außerhalb des Dienstes grundsätzlich Privatperson und damit Grundrechtsträger ist.

Dennoch ist das Image des deutschen Beamten schlecht und verschlechtert sich zunehmend[34]. Jeder Fall von sog. Vettern- bzw. Günstlingswirtschaft, Missmanagement in öffentlichen Unternehmen, parteipolitischer Ämterpatronage, unnötig verzögerter Sachbearbeitung, Verschwendung von Steuergeldern sowie Korruption ist ein Fall zuviel und schadet dem Ansehen der Beamten und dem Berufsbeamtentum als Rechtsinstitut.

Auch wenn diese Negativbeispiele in der Relation nicht geeignet sind, die großen Leistungen des Berufsbeamtentums in Deutschland insgesamt in Frage zu stellen, wird über sie bedauerlicherweise nicht nur sachlich in den Medien berichtet. Vielmehr werden

---

[32] BVerfGE 3, 58 (133 ff.); 12, 264 (273); 15, 105 (112); 22, 387 (408), str.; *Isensee*, ZBR 1998, 295 (296).
[33] Vgl. *Köpp*, Öffentliches Dienstrecht^7, S. 415, Rz. 11.
[34] Ergebnis einer Allensbach-Untersuchung (1991), wiedergegeben bei *Spieker*, Die Polizei 1994, 83 (84).

diese Fälle „in genüßlicher Breite"[35] dargestellt, um dann im Ergebnis in einer allgemeinen Beamtenschelte zu enden. Die Leistungen der Beamten (individuell oder insgesamt) aber werden öffentlich nicht dargestellt, geschweige denn honoriert.

Gleichwohl ist das deutsche Berufsbeamtentum vielfach Vorbild für andere Staaten und deren Verwaltungen, so daß es gerade nicht mehr nur eine rein deutsche Besonderheit ist und schon fast als Exportschlager bezeichnet werden kann[36].

Das Beamtenverhältnis als Statusverhältnis ist aber auch heute noch von einer besonders engen rechtlichen Verbundenheit der beteiligten Personen, also des Amtswalters und des Dienstherrn, geprägt. Der Beamte wird allgemein definiert als ein auf Dauer mit der Wahrnehmung öffentlicher Aufgaben beauftragter und in einen öffentlichen Dienst- und Treueverhältnis zu seinem Dienstherrn stehender Beschäftigter einer öffentlich-rechtlichen Körperschaft. Auch (Berufs- und Zeit-)Soldaten, Wehrpflichtige und Zivildienstleistende sowie die Richter im Bundes- oder Landesdienst stehen in einem solchem beamtenähnlichen öffentlich-rechtlichen Dienst- und Treueverhältnis und werden deswegen ebenfalls dargestellt. Damit ist im Ergebnis der enge Personenkreis des sog. Funktionsvorbehalts gemäß Art. 33 Abs. 4 GG umschrieben.

Die genannten Personen sind aber auch Teil des – begrifflich sehr viel weiteren – öffentlichen Dienstes, der nach Art. 73 Nr. 8 und Art. 75 Abs. 1 Nr. 1 GG sämtliche Rechtsverhältnisse der im Dienst des Bundes, der Länder, der Gemeinden und anderer öffentlich-rechtlicher Körperschaften stehenden Personen, mit Ausnahme der (Berufs- und Zeit-)Soldaten (Art. 73 Nr. 1 GG), der Richter im Bundes- oder Landesdienst (Art. 98 Abs. 1 und Abs. 3 GG) und der Wehrpflichtigen und Zivildienstleistenden (Art. 12a Abs. 2 und Abs. 3 GG), umfaßt. Die hiervon umfaßten Angestellten und Arbeiter im öffentlichen Dienst werden lediglich in einem Annex behandelt, da sich deren Rechtsverhältnisse nach zivil- bzw. arbeitsrechtlichen und nicht nach beamtenrechtlichen Normen und Maßstäben beurteilen.

Bedeutsam für die vorliegende Untersuchung ist im folgenden die sog. Strukturgarantie des Art. 33 Abs. 5 GG. Die hergebrachten Grundsätze des Berufsbeamtentums werden im Rahmen einer institutionellen Garantie verfassungsrechtlich gewährleistet und zur Regelungsgrundlage aller Beamtenverhältnisse gemacht. Zu diesen Grundsätzen des Beamtenrechts gehört auch die Fürsorgepflicht des Dienstherrn als elementares Strukturprinzip[37].

Im weiteren wird daher ausgehend von den einfachgesetzlichen Bundes- und Landesregelungen zunächst die beamtenrechtliche Fürsorgepflicht, deren Inhalt und Umfang

---

[35] *Leuze*, ZBR 1998, 187.

[36] So hat beispielsweise die Republik Südafrika nach den ersten freien und allgemeinen Wahlen im April 1994 in ihrer neuen Verfassung, die Anfang 1997 in Kraft getreten ist, und in weiteren Gesetzen eine dem deutschen Recht stark angelehnte Verwaltungsstruktur und -organisation eingeführt.

[37] Weitere integrale Strukturprinzipien bzw. Grundsätze des Berufsbeamtentums sind u.a. das Alimentationsprinzip (amtsangemessene Besoldung und Versorgung), die Treue- und Gehorsamspflicht des Beamten, die amtsangemessene Beschäftigung, das Streikverbot, die Pflicht zur Verfassungstreue, „politische Neutralität", lebenslängliche Anstellung, Laufbahn- und Leistungsprinzip, das Disziplinarrecht sowie das Gebot zur Vollbeschäftigung.

sowie im Anschluß hieran, rekurrierend auf die Regelungen im Grundgesetz (Art. 33 Abs. 4 und Abs. 5 GG), die subsidiäre verfassungsrechtliche Fürsorgepflicht ausführlich dargestellt. Dann gilt es, die diesbezüglichen und für den Ehrenschutzanspruch des Beamten relevanten Fallkonstellationen systematisch darzustellen.

Anschließend soll in einem Exkurs untersucht werden, wie sich diese beamtenrechtliche Pflicht des Dienstherrn dogmatisch von den Pflichten eines Arbeitgebers im Individualarbeitsvertragsrecht, vorliegend für die Angestellten und Arbeiter im öffentlichen Dienst relevant, unterscheidet.

B. Die Fürsorge- und Schutzpflicht im Bundes- und Landesrecht

Die Fürsorge- und Schutzpflicht des Dienstherrn ist das notwendige rechtliche und nicht-synallagmatische Pendant zu der Dienst- und Treuepflicht des Beamten[38] (§ 35 BRRG, § 52 BBG). Sie ist im Verhältnis des Beamten zu seinem Dienstherrn die maßgebende und maßgebliche öffentlich-rechtliche Pflicht. Dieser tradierte Begriff wird vorliegend, auch wenn er zwar teilweise als antiquiert angesehen wird, den Ausführungen zugrundegelegt, wobei Verwechselungen mit dem Sozialhilferecht, dem früheren Fürsorgerecht, zu vermeiden sind.

Gemessen an der langen Existenz des Berufsbeamtentums in Deutschland ist die beamtenrechtliche Fürsorge- und Schutzpflicht lange Zeit ohne gesetzliche Kodifikation geblieben. Selbst das Reichsbeamtengesetz, das am 31. März 1873 in Kraft trat, enthielt keine entsprechende Regelung. Ausschlaggebend für diesen Umstand war, daß bis einschließlich Anfang des letzten Jahrhunderts im Beamtenrecht fast ausschließlich die Treuepflicht der Beamten gegenüber dem Staat betont wurde, während die umgekehrte Konstellation, also was der Staat für seine Beamten zu leisten hat, entsprechend vernachlässigt wurde. Das Reichsgericht entwickelte daher ab 1916, ohne allerdings eine Analogie vorzunehmen, die Fürsorgepflicht unter ausdrücklicher Beachtung der Eigenart des Beamtenverhältnisses aus dem Rechtsgedanken der § 618 BGB, § 62 HGB sowie des früheren § 120a GewO, die den Fürsorgegedanken im Dienstvertragsrecht und in weiteren personenrechtlichen Verhältnissen beinhalten, als ungeschriebenen Rechtssatz des Beamtenrechts[39].

I. Regelungen in den Beamtengesetzen des Bundes und der Länder

Erstmals wurde dann durch § 36 DBG (Deutsches Beamtengesetz vom 26. Januar 1937, RGBl. I, S. 39) eine Fürsorge- und Schutzpflicht des Staates gegenüber den unmittel- und mittelbaren Staatsbeamten auf eine gesetzliche Grundlage gestellt und wie folgt geregelt :

> „Der Staat gewährt dem Beamten Fürsorge und Schutz bei seinen amtlichen Verrichtungen und in seiner Stellung als Beamter.“

---

[38] BVerfGE 43, 154 (165); BVerwGE 15, 3 (11); 28, 155 (162); 53, 12 (21); *Battis*[3], § 79 BBG, Rz. 3.

[39] RGZ 104, 58 (60); 111, 178 (182); 126, 362 (364); 141, 385 (388 f.); 146, 369 (373 f.); Vgl. *Brand*, FS Hedemann, S. 125 f.

Diese Vorgängervorschrift wurde durch das Bundesbeamtengesetz (BBG), das aufgrund der ausschließlichen Gesetzeskompetenz gemäß Art. 73 Nr. 8 GG am 1. September 1953 in Kraft getreten ist, abgelöst und inhaltlich bezüglich der Verpflichtung des Dienstherrn präzisiert. Um einen weitgehenden rechtlichen inhaltlichen Gleichklang der landesrechtlichen Normen mit dem Beamtenrecht des Bundes zu gewährleisten, trat zusätzlich am 1. Juli 1957 das Beamtenrechtsrahmengesetz (BRRG) aufgrund der Rahmengesetzgebungskompetenz des Art. 75 Abs. 1 Nr. 1 GG in Kraft. Nachdem nun auch in den neuen Bundesländern die jeweiligen Landesbeamtengesetze rechtliche Gültigkeit erlangt haben, ist die Fürsorge- und Schutzpflicht jetzt in insgesamt achtzehn Gesetzen sinngemäß bis gleichlautend geregelt[40]. Im Hinblick auf die Regelungen zur Fürsorge- und Schutzpflicht sind die Bundesländer kaum von den Vorgaben des § 48 BRRG abgewichen, zumal durch § 48 BRRG ohnehin ein Mindestschutz für Landesbeamte vorgeschrieben wird. Im Gegensatz zum bereits erwähnten Wortlaut des früheren § 36 DBG lautet die heutige Regelung übereinstimmend in § 79 BBG, § 48 BRRG und – exemplarisch für die 16 Landesbeamtengesetze – in § 85 LBG NRW[41]:

> „Der Dienstherr hat im Rahmen des Dienst- und Treueverhältnis für das Wohl des Beamten und seiner Familie, auch für die Zeit nach Beendigung des Beamtenverhältnisses, zu sorgen. Er schützt ihn bei seiner amtlichen Tätigkeit und in seiner Stellung als Beamter."

Üblicherweise wird Satz 1 dieser Regelung als der Fürsorge- und Satz 2 als der Schutzgrundsatz bezeichnet, auch wenn diese Termini und die in ihnen angesprochene Verpflichtung des Dienstherrn weder in den amtlichen Gesetzesüberschriften noch im Gesetzeswortlaut als solchem erwähnt sind[42]. Diese beiden Grundsätze[43] prägen maßgeblich die rechtlichen Beziehungen im Verhältnis des Dienstherrn zum Beamten. Die Fürsorge- und Schutzpflicht als einheitlicher Grundsatz bedeutet zunächst allgemein gesprochen, daß der Dienstherr bei allen Maßnahmen sowohl die dienstlichen als auch die außerdienstlichen Interessen seines Beamten zu berücksichtigen und diesen insbesondere vor rechtlichen und tatsächlichen Nachteilen zu bewahren hat[44]. Inhalt und Umfang dieser Pflicht, vor allem in bezug auf den Ehrenschutz, werden noch eingehend dargestellt.

Auf die allgemeine Fürsorgepflicht des Dienstherrn ist allerdings dogmatisch erst dann zurückzugreifen, wenn der Tatbestand spezialgesetzlicher Anspruchsnormen nicht erfüllt ist, oder wenn – unter ausdrücklicher Hinnahme gewisser aus generalisierenden Regelun-

---

[40] Soweit einzelne Abweichungen in den landesgesetzlichen Vorschriften, z.B. in Art. 86 BayBG, vorhanden sind, bleiben sie im Rahmen dieser Untersuchung mangels rechtlicher Relevanz außer Betracht.

[41] Vollständige Übersicht aller Regelungen (Bund und Bundesländer in alphabetischer Reihenfolge): § 48 BRRG, § 79 BBG, § 98 LBG BW, Art. 86 BayBG, § 42 LBG BE, § 45 BrandBG, § 78 BremBG, § 84 HambBG, § 92 HessBG, § 87 LBG M-V, § 87 NdsBG, § 85 LBG NRW, § 87 LBG RP, § 94 SBG, § 99 SächsBG, § 79 BG LSA, § 95 LBG SH und § 83 ThürBG. Soweit im Rahmen dieser Untersuchung das Beamtenrecht eines Landes anzuwenden ist, wird in Übereinstimmung mit dem Großteil der Kommentare und der Lehrbücher auf das LBG Nordrhein-Westfalen und speziell auf § 85 LBG NRW zurückgegriffen.

[42] Bei § 85 LBG NRW in der Gesetzessammlung *v. Hippel/Rehborn*, Gesetze des Landes Nordrhein-Westfalen, Stand: 89. Lieferung, München, 2004 findet sich allerdings die nichtamtliche Überschrift „Allgemeine Fürsorgepflicht". Diesen Befund empfindet *Lutz*, Die Polizei 1994, 87 (88) als „pingelig".

[43] Ob und inwieweit eine Differenzierung zwischen beiden Grundsätzen rechtlich gewollt und praktisch sinnvoll ist, wird auf S. 16 dieser Untersuchung dargestellt.

[44] Vgl. BVerwGE 19, 19 ff.; 44, 27 ff.; 60, 212 ff.; 99, 56 ff.; *Behrens*, Beamtenrecht^2, § 6, Rz. 8 f.

gen folgender Härten – hierbei Fallgestaltungen vorliegen, in denen sonst die Fürsorgepflicht in ihrem Wesenskern als verletzt gelten müßte[45] oder die Regelungen wegen des Vorliegens einer atypischen Fallgestaltung als unangemessen erscheinen würden[46]. Sie ist also ein subsidiärer, generalklauselartiger Auffangtatbestand, dessen Schutzgedanke und -richtung aber auch bei der Auslegung unbestimmter Rechtsbegriffe und der Ermessensausübung bei spezialgesetzlichen Regelungen, z.B. beim Beihilferecht als Ausprägung der Fürsorgepflicht, zu beachten sind[47].

Im Rahmen der vorliegenden Untersuchung sind als speziellere Anspruchsnormen lediglich die Erlasse auf Bundes- und Landesebene über die Gewährung von Rechtsschutz in Straf- und Bußgeldverfahren zu berücksichtigen, die aber insoweit als Ausfluß der Fürsorgepflicht oder der Beistandspflicht bei dienstlich bedingten Sonderbelastungen anzusehen sind und lediglich das Ermessen auf der Rechtsfolgenseite regeln, aber die Fürsorgepflicht tatbestandlich nicht derogieren, so daß sie dogmatisch auch nur zusammen mit der Fürsorgepflicht als Anspruchsgrundlage fungieren[48]. Eine gegenüber der Fürsorgepflicht vorrangige und speziellere Gesetzesnorm ist aber, mit Ausnahme der Fallkonstellationen bei ehrenrühriger sexueller Belästigung, die von §§ 1 Abs. 2, 2 Abs. 2, 6 BSchuG (Beschäftigtenschutzgesetz)[49] erfaßt werden, weder auf Bundes- noch auf Landesebene vorhanden, so daß die rechtsmethodischen Grundlagen zur Anwendbarkeit der Fürsorge- und Schutzpflichtnormen als Anspruchsgrundlage zugunsten des Beamten gegeben sind.

II. Regelungen für weitere öffentlich-rechtliche Dienst- und Treueverhältnisse

Anders als die Berufsrichter[50] sind die (Berufs- und Zeit-)Soldaten, Wehrpflichtigen und Zivildienstleistenden zwar nicht vom Anwendungsbereich des Art. 33 Abs. 5 GG umfaßt. Dennoch zählen sie zum öffentlichen Dienst im weiteren Sinne und werden daher mitberücksichtigt. Für diese weiteren besonderen öffentlich-rechtlichen Dienst- und Treueverhältnisse[51] gelten grundsätzlich die beamtenrechtlichen Vorschriften sinngemäß, soweit nicht in den sie betreffenden Spezialgesetzen Sonderregelungen vorhanden sind. Hinsichtlich der Fürsorge- und Schutzpflicht durch den Dienstherrn greifen aber die Argumente für den jeweiligen Sonderstatus (z.B. Durchsetzung militärischer Effizienz und Disziplin bei den Soldaten oder Gewährung der richterlichen Unabhängigkeit[52]) nicht ein, so daß entweder aufgrund gesetzlicher Verweisung oder als Ausprägung eines immanenten Prinzips die bereits genannten Vorschriften der Beamtengesetze ohne Einschränkung für

---

[45] BVerwGE 27, 189 (193); 38, 134 (138); 60, 212 (220); 64, 333 (343); 79, 249 (253); GKÖD/*Fürst*, § 79 BBG, Rz. 11 f.; *Wind-Schimana-Wichmann-Langer*, Öffentliches Dienstrecht[5], Rz. 236.

[46] Dies wird von *Schnellenbach*, ZBR 1981, 301 (302 f.) sowie *ders.*, Beamtenrecht in der Praxis[5], Rz. 357 für Verordnungen unter Hinweis auf die verwaltungsgerichtliche Verwerfungskompetenz abgelehnt.

[47] *Schnellenbach*, ZBR 1981, 301 f.; *Plog-Wiedow-Beck-Lemhöfer*, § 79 BBG, Rz. 1.

[48] Eine genaue Darstellung dieser Rechtsschutzrichtlinien erfolgt ab S. 207 dieser Untersuchung.

[49] Genauer: Gesetz zum Schutz der Beschäftigten vor sexueller Belästigung am Arbeitplatz, vom 24. Juni 1994 (BGBl. I, S. 1406), das am 1. September 1994 in Kraft getreten ist. Es wird in der Literatur allgemein als Ausfluß der Fürsorgepflicht des Dienstherrn angesehen: vgl. *Schütz/Schachel*, § 85 LBG NRW, Rz. 40.

[50] *Sachs/Battis*[3], Art. 33 GG, Rz. 69; *Jarass-Pieroth*[7], Art. 33 GG, Rz. 34.

[51] Nach der Neuordnung des Zivilschutzes (ZSNeuOG vom 27. März 1997, BGBl. I, S. 726 ff.) gibt es das frühere öffentlich-rechtliche Dienstverhältnis im Zivilschutzkorps nicht mehr.

[52] Vgl. *Isensee*, Staatslexikon[7], S. 584.

diese weiteren besonderen öffentlich-rechtlichen Dienst- und Treueverhältnisse heranzuziehen sind, so daß es im Rahmen dieser Untersuchung keiner weiteren differenzierenden Darstellung bedarf.

Für Richter im Bundes- oder Landesdienst ergibt sich dies aus §§ 46, 71 Abs. 3 DRiG oder den nahezu inhaltsgleichen Ländervorschriften (z.B. § 4 Abs. 1 S. 1 LRiG NRW) durch die gesetzliche Verweisung auf das entsprechende (Bundes- oder Landes)-Beamtengesetz und somit auf die allgemeine beamtenrechtliche Fürsorge- und Schutzpflicht.

Bei den (Berufs- und Zeit-)Soldaten sowie den Wehrpflichtigen sind im Soldatengesetz (SoldG) folgende Spezialvorschriften zu beachten, die aber zu den genannten beamtenrechtlichen Fürsorge- und Schutzpflichtnormen nahezu wortgleich sind, so daß es zu keiner inhaltlich abweichenden Beurteilung kommt:

> § 31 SoldG: Fürsorge : Der Bund hat im Rahmen des Dienst- und Treueverhältnisses für das Wohl des Berufssoldaten und des Soldaten auf Zeit sowie ihrer Familien, auch für die Zeit nach Beendigung des Dienstverhältnisses, zu sorgen. Er hat auch für das Wohl des Soldaten zu sorgen, der auf Grund der Wehrpflicht Wehrdienst leistet.
>
> § 10 Abs. 3 SoldG: Pflichten des Vorgesetzten : Er hat für seine Untergebenen zu sorgen.

Bei dieser Regelung fällt insbesondere auf, daß § 31 SoldG dem Wortlaut nach nur den § 79 S. 1 BBG, § 48 S. 1 BRRG entspricht, ohne daß neben der Fürsorgepflicht eine explizite Schutzpflicht des Dienstherrn i.S.v. § 79 S. 2 BBG, § 48 S. 2 BRRG benannt wird. Die soldatenrechtliche Fürsorgepflicht wird gemäß § 10 Abs. 3 SoldG direkt dem militärischen Vorgesetzten übertragen. Das Bundesverwaltungsgericht hat hierzu festgestellt, daß die gleichen Maßstäbe wie bei der beamtenrechtlichen Fürsorge- und Schutzpflicht, also z.B. den Beamten bei seiner amtlichen Tätigkeit und in seiner dienstlichen Stellung zu schützen und gegen unberechtigte Vorwürfe in Schutz zu nehmen, auch hinsichtlich der Fürsorgepflicht des militärischen Vorgesetzten gegenüber einem ihm unterstellten Soldaten oder Wehrpflichtigen gem. § 10 Abs. 3 SoldG anzuwenden sind[53]. Daneben hat der militärische Vorgesetzte, wie jeder andere Soldat, insbesondere die Kameradschaftspflicht des § 12 SoldG zu beachten, die ihn gemäß Satz 1 verpflichtet, die Würde und die Ehre des Kameraden zu achten und ihm in Not und Gefahr beizustehen. Das schließt gemäß § 12 S. 2 SoldG auch gegenseitige Anerkennung, Rücksicht und Achtung fremder Anschauungen ein[54]. Schließlich gilt noch die Verpflichtung zu achtungs- und vertrauenswürdigem Verhalten im Dienst gemäß § 17 Abs. 2 S. 1 SoldG.

Für die Zivildienstleistenden ergibt sich die Geltung einer Fürsorgepflicht des Dienstherrn aus den §§ 30a, 35 Abs. 1 ZDG, die auf die Vorschriften für die Wehrpflichtigen verweisen bzw. mit diesem inhaltlich vergleichbar sind, sowie aus der allgemeinen Verweisung in § 78 Abs. 2 ZDG („Anwendung der Vorschriften des öffentlichen Dienstrechts"):

---

[53] BVerwG, NVwZ 1998, 403 (405).

[54] Nach BVerwG, NVwZ-RR 2002, 514 ff. ergibt sich aus § 12 S. 2 SoldG der Anspruch auf Achtung der persönlichen Ehre jedes Soldaten.

§ 35 Abs. 1 ZDG: Fürsorge : Auf den Dienstpflichtigen finden [...] in Fragen der Fürsorge [...] die Bestimmungen entsprechende Anwendung, die für einen Soldaten des untersten Mannschaftsdienstgrades, der auf Grund der Wehrpflicht Wehrdienst leistet, gelten.

§ 30a Satz 1 ZDG: Pflichten des Vorgesetzten : Der Vorgesetzte hat für die ihm unterstellten Dienstleistenden zu sorgen.

Aber auch ohne diese spezialgesetzlichen Regelungen würde sich die analoge Geltung der beamtenrechtlichen Fürsorgepflicht des Dienstherrn (§ 79 BGG, § 48 BRRG) für die Richter, Soldaten, Wehrpflichtigen und Zivildienstleistenden aus dem rechtsstaatlichen (Verfassungs-)Gebot zur Konsequenz und Folgerichtigkeit sowie dem Gleichbehandlungsgrundsatz des Art. 3 Abs. 1 GG ergeben, denn die genannten sonstigen Dienst- und Treueverhältnisse sind in ihrem Wesenskern vergleichbar und beamtenrechtsähnlich ausgestaltet.

Soweit in diesem Zusammenhang als zusätzliche Begründung ausgeführt wird, daß es der Rechtsstaat insgesamt nicht hinzunehmen habe, daß Personen, die seine legitimen Aufgaben als Beamte, Richter oder Soldaten wahrnehmen oder wie die Wehrpflichtigen und Zivildienstleistenden ihrer staatsbürgerlichen Pflicht nachkommen, „desavouiert und entwürdigt werden“[55], werden damit unterschiedliche Sichtweisen der zu untersuchenden Fürsorgepflicht angesprochen. Es wird einerseits pragmatisch die Fürsorgepflicht des Dienstherrn zum Ehrenschutz für sämtliche genannten Dienst- und Treueverhältnisse begründet, wobei ausschließlich unter Betonung der „Pflicht“ die Sichtweise des Dienstherrn zugrundegelegt wird. Damit wird die bereits dargestellte Rechtsanalogie auch zutreffend begründet. Andererseits wird mit dem Verb „hinnehmen“ die Perspektive der Fürsorgepflicht gewechselt, so daß die Argumentation nicht mehr so klar erscheint. Das Verbum „hinnehmen“ deutet dem Wortlaut nach eher auf Eingriffskompetenzen des Dienstherrn bzw. des Staates hin, was grundsätzlich zu keinem Perspektivenwechsel führt, da immer noch die Sichtweise des Dienstherrn zugrundegelegt wird. Aber dem Dienstherrn werden durch die § 79 BBG, § 48 BRRG gerade keine Kompetenzen zu einem Eingriff gegen Dritte[56] zugewiesen, denn es handelt sich nicht um eine Ermächtigungsgrundlage. Vielmehr wird damit zunächst eine Verpflichtung des Dienstherrn ausgedrückt. Inwieweit dieser Verpflichtung des Dienstherrn dann auch ein korrespondierender Anspruch des Beamten auf Ehrenschutz gegenüber steht, ist der noch ausführlich darzustellende Kern der vorliegenden Untersuchung[57]. „Hinnehmen“ muß in diesem Zusammenhang allenfalls der in seiner persönlichen Ehre verletzte Beamte als Anspruchberechtigter der Fürsorge- und Schutzpflicht ein ehrenrühriges Verhalten, wenn ihm aus rechtlichen oder tatsächlichen Gründen kein Anspruch auf Ehrenschutz gegen seinen Dienstherrn zusteht. Dies ist beispielsweise der Fall, wenn eine bloße Belästigung vorliegt, ein Straftatbestand nicht verwirklicht ist oder keine Ermessensreduktion auf Null beim Dienstherrn gegeben ist.

---

[55] So *Isensee*, Grundrecht auf Ehre, S. 25.

[56] Auch soweit die Ehrverletzung von einem Verwaltungsangehörigen begangen wurde, stellen die § 79 BBG, § 48 BRRG keine Ermächtigungsgrundlage dar, denn für etwaige dienstrechtliche Maßnahmen, z.B. Disziplinarmaßnahmen, müssen dann deren tatbestandliche Voraussetzungen erfüllt sein.

[57] Siehe hierzu die Ausführungen ab S. 85 dieser Untersuchung.

III. Differenzierung zwischen der Fürsorge- und der Schutzpflicht des Dienstherrn

Insbesondere bei den § 79 BBG, § 48 BRRG ist es bezüglich der Verpflichtung des Dienstherrn zu Fürsorge und Schutz nun fraglich, ob bei der Rechtsanwendung zwischen den einzelnen Pflichten und damit zwischen beiden Sätzen zu differenzieren ist, oder ob damit nicht zwei Aspekte einer einheitlichen Verpflichtung durch den Gesetzgeber normiert sind.

Nach früherer und teilweise noch heute vertretener Ansicht wird die Fürsorge- und Schutzpflicht des Dienstherrn dogmatisch in eine allgemeine Fürsorgepflicht und in eine speziellere Schutzpflicht als getrennte Pflichten unterteilt[58]. So finden sich häufig Ausführungen zum Ehrenschutz der Beamten lediglich als Ausfluß der Schutzpflicht des Dienstherrn und nicht dessen Fürsorgepflicht. Begründet wird diese Differenzierung im wesentlichen mit dem Wortlaut der einschlägigen Vorschriften, die eben aus zwei Sätzen bestehen, und dem Argument, daß sich die Schutzpflicht stärker, aber nicht ausschließlich gegen Angriffe von außen stehenden Dritten richtet, sich also auf das Außenverhältnis bezieht, während die Fürsorgepflicht stärker auf das Innenverhältnis zwischen Dienstherrn und Beamten/Amtswalter gerichtet ist[59].

Dies trifft jedoch nicht zu, so daß nach heute ganz herrschender Meinung[60] und in ständiger Rechtsprechung der Instanzgerichte und des Bundesverwaltungsgerichts eine derartige rechtliche Differenzierung als sinnlos angesehen wird. Bei den Regelungen in § 79 BBG, § 48 BRRG handelt es sich vielmehr um eine umfassende und einheitliche Pflicht des Dienstherrn. Teilweise wird die Schutzpflicht nach Satz 2 dieser Normen als Ausprägung von Satz 1 angesehen[61], was aber an der Einheitlichkeit der Dienstherrenpflicht nichts verändert. Da in den beiden Sätzen von § 79 BBG, § 48 BRRG jeweils der Dienstherr allgemein als Normadressat angesprochen ist, auch wenn in der Praxis sämtliche höheren Dienst- und Disziplinarvorgesetzten dies als personale Pflichtenträger umsetzen müssen, ist es für seine tatbestandliche Verpflichtung irrelevant, ob etwaige Störungen von außerhalb oder aus seinem eigenen Verantwortungsbereich herrühren, denn ein Schutz des Beamten „bei seiner amtlichen Tätigkeit und in seiner Stellung“ kann durchaus sowohl bei Angriffen von außen, als auch solchen von innen geboten sein[62]. Weiter sind auch Fallkonstellationen denkbar, bei denen es zu einer Überlagerung beider Pflichten käme[63]. Hierfür müßte die ehrkränkende Störung sowohl von außerhalb kommen als auch von behördeninternen Quellen herrühren, wenn also beispielsweise ein Beamter sowohl dienstintern als auch mit Hilfe der Medien, derer er sich bedient, ehrverletzende Äußerungen über einen Kollegen verbreitet. In diesem Fall ist eine klare und scharfe

---

58 *Battis*[3], § 79 BBG, Rz. 7; *Summer*, PersV 1988, 76 (79); *Köpp*, Öffentliches Dienstrecht[7], S. 473, Rz. 99; *Schütz/Schachel*, § 85 LBG NRW, Rz. 11.

59 *Strunk*, Beamtenrecht[3], Rz. 214; vgl. *Westermann*, Fürsorgepflicht, S. 281; *Thiele*, DÖD 1988, 273 (276); *Minz*, SKV 1967, 285 (286).

60 *Westermann*, Fürsorgepflicht, S. 281; *Schnellenbach*, Beamtenrecht in der Praxis[5], Rz. 367; *ders.*, ZBR 1981, 301 (304).

61 *Schütz/Schachel*, § 85 LBG NRW, Rz. 36; VGH Mannheim, *Schütz* ES/B III 1 Nr. 2.

62 *Schnellenbach*, Beamtenrecht in der Praxis[5], Rz. 367.

63 *Schnellenbach*, ZBR 1982, 301 (304); *Westermann*, Fürsorgepflicht, S. 282.

Differenzierung zwischen beiden Pflichten schon aus praktischen Gründen sehr schwierig und im Ergebnis rechtlich sinnlos, denn in jedem Fall soll Schaden vom betroffenen Beamten abgewandt werden. Daher werden im Rahmen der vorliegenden Untersuchung die Begriffe „Fürsorgepflicht" sowie „Fürsorge- und Schutzpflicht" synonym verwandt, sofern nicht vom Kontext her gesehen eine bestimmte Formulierung pointierter oder zutreffender erscheint[64].

IV. Inhalt und Umfang der Fürsorge- und Schutzpflicht

Die Fürsorge- und Schutzpflicht des Dienstherrn ist als abstrakter und generalklauselartiger Auffang- und Klammertatbestand formuliert, denn aufgrund der zahlreichen unterschiedlichen Beamtenverhältnisse und deren inhaltlicher Komplexität können sämtliche dem Beamten gegenüber bestehende Einzelpflichten und die Art und Weise ihrer Erfüllung gar nicht festgelegt werden[65]. Aus diesem abstrakt-eigenständigen Rechtsinstitut wird eine Vielzahl von ungeschriebenen Einzelpflichten deduziert. Für die konkrete Bestimmung des Umfangs der ermessensabhängigen Fürsorgepflicht auf der Rechtsfolgenseite kommt es unter Beachtung der „überragenden Machtstellung des Staates"[66] gegenüber dem in die staatliche Organisation eingegliederten Amtswalter auf eine Abwägung zwischen einerseits dessen berechtigten Individualinteressen und Rechten sowie andererseits den öffentlichen, insbesondere den rein fiskalischen Interessen und der staatlichen Ordnung an[67]. Dieser Interessenausgleich führt dann zu einer Feinabstimmung der Fürsorgepflicht und so zu einer genauen Bestimmung der konkreten Einzelpflicht des Dienstherrn, die dann ihrerseits tatbestandlich als Ausprägung der Fürsorgepflicht verselbständigt (z.B. das Beihilferecht) werden kann.

Das Spektrum der abstrakten Fürsorgepflicht erstreckt sich nicht nur auf den materiell-finanziellen Bereich, sondern beinhaltet auch staatsethische und moralische Aspekte[68]. Hieraus erklärt sich auch, daß es keinen abschließend definierten Pflichtenkatalog des Dienstherrn geben kann, so daß der Inhalt und Umfang der Fürsorge- und Schutzpflicht den sonstigen rechtlichen und vor allem den tatsächlichen Gegebenheiten und Anforderungen an das Berufsbeamtentums angepaßt werden müssen und sich somit auch wandeln können. Somit ist die Fürsorge- und Schutzpflicht im täglichen Dienstbetrieb durch den Gesetzgeber und die Rechtsprechung ständig zeitgemäß fortzuentwickeln[69], um den noch darzustellenden Anforderungen des Art. 33 Abs. 5 GG zu genügen[70]. Es zeigt sich daran, daß die generalklauselartig formulierte Fürsorge- und Schutzpflicht kein statisches, sondern vielmehr ein dynamisches Rechtsinstitut ist[71]. Bei der zeitbezogenen Auslegung gilt es aber, den rechtspolitischen Bedenken vor einer Sinnentleerung des Fürsorge- und

---

64 Vgl. auch *Schnellenbach*, VerwArch 92 (2001), 2 (3), Fn. 9.

65 Vgl. BVerwGE 19, 48 (54); *Stern*, StaatsR I^2, § 11 IV 3, S. 370; *Wagner*, $Beamtenrecht^7$, Rz. 236.

66 $Battis^3$, § 79 BBG, Rz. 3.

67 *Schütz/Schachel*, § 85 LBG NRW, Rz. 14; $Battis^3$, § 79 BBG, Rz. 8; *Wind-Schimana-Wichmann-Langer*, Öffentliches $Dienstrecht^5$, Rz. 236; vgl. *Thiele*, DÖD 1962, 221 (225).

68 Siehe hierzu die Ausführungen ab S. 133 dieser Untersuchung.

69 Vgl. *Lecheler*, ZBR 1972, 129 (130).

70 Vgl. *Lecheler*, $HdbStR^2$, § 72, Rz. 65 a.E.

71 Vgl. *Summer*, ZBR 1998, 151.

Schutzprinzips[72] Rechnung zu tragen, und die Fürsorgepflicht nicht zu extensiv zu beanspruchen und deren Anwendungsbereich auf originäre Aspekte zu beschränken und wieder zurückzuführen.

Grundsätzlich gesehen hat die Fürsorgepflicht für alle öffentlichen Dienstherren im wesentlichen den gleichen Inhalt, wenngleich sich im Einzelfalle eine unterschiedliche Ausprägung ergeben kann. Durch die Rechtsprechung wurde im Laufe der Zeit eine Vielzahl von Konstellationen auf ihre Relevanz für den Grundsatz der Fürsorgepflicht des Dienstherrn untersucht. Herauskristallisiert haben sich hierbei u.a. folgende Einzelpflichten, ohne daß damit sämtliche konkreten Ausprägungen abschließend benannt werden sollen: Der Beamte hat eine amtsangemessene Besoldung und Versorgung zu erhalten und ist entsprechend einzusetzen, er ist vor Schädigungen seiner Gesundheit und seines Privateigentums im Dienst durch amtsangemessene Arbeitsbedingungen zu schützen. Im Krankheitsfalle hat der Dienstherr durch die zu gewährende Beihilfe eine Notsituation für den Beamten zu verhindern. Der Beamte hat keine dienstlich veranlaßten Sonderbelastungen zu tragen, der Dienstherr hat den Beamten in allen dienstlichen Angelegenheiten zutreffend zu beraten, und er hat für qualifizierte Aus- und Fortbildungsmöglichkeiten der Beamten zu sorgen.

Bei der Wahrnehmung der Fürsorgepflicht kann der Dienstherr bei anerkanntem tatbestandlichem Betroffensein derselben die Ausübung der beamtenrechtlichen Fürsorgepflicht durch Ermessensrichtlinien (ermessenslenkende Verwaltungsvorschriften) konkretisieren und sich dadurch selbst binden[73], z.B. durch die bereits genannten und noch darzustellenden Erlasse über die Gewährung von Rechtsschutz in Straf- und Bußgeldverfahren[74].

Allgemein gesehen ergibt sich hieraus als komprimierter Inhalt der Fürsorgepflicht, daß die vermögens- und nichtvermögenswerten Rechtsgüter des Beamten sowohl vor Schäden oder sonstigen Nachteilen präventiv zu schützen als auch deren Vorteil dienende Maßnahmen vorzunehmen sind. Hiervon umfaßt ist nach allgemeiner Ansicht auch das allgemeine Persönlichkeitsrecht des Beamten[75], sub specie des Rechts der persönlichen Ehre[76], das im Rahmen dieser Untersuchung eingehend dargestellt werden soll. Synonym für den durch den Dienstherrn zugunsten des Beamten geschuldeten Rechtsgüterschutz wird auch der Terminus Schadensabwendungspflicht benutzt[77]. Dieser Begriff verdeutlicht wesentlich stärker als der patriarchalisch-anmutende Begriff der Fürsorge, daß Gegenstand

---

72 Vgl. *Schnellenbach*, ZBR 1981, 301 (303).

73 Vgl. BVerwGE 95, 98 (100).

74 Siehe hierzu die Ausführungen ab S. 204 dieser Untersuchung.

75 Vgl. u.a. *Battis*[3], § 79 BBG, Rz. 16; *Leuze*, ZBR 1998, 187 ff.; *Morié*, Die Polizei 1994, 81.

76 So ausdrücklich: *Leuze*, ZBR 1998, 187 (191); *Summer*, PersV 1988, 76 (83); *Gunkel-Pilz*, Beamtenrecht NRW, S. 358; *Schnellenbach*, Beamtenrecht in der Praxis[5], Rz. 380 und 388; OVG Koblenz, NJW 1987, 1660 (1661); *Fernau*, Mißbilligende Äußerungen, S. 92; *Köpp*, Öffentliches Dienstrecht[7], S. 473, Rz. 99: „Ehrenschutz"; OVG Saarlouis, Beschluß vom 3. Juli 1995, Az. 1 W 75/94, S. 3 (unveröffentlicht, rechtskräftig); *Plog-Wiedow-Beck-Lemhöfer*, § 79 BBG, Rz. 19 f.; *Weiß-Niedermaier-Summer-Zängl/Summer*, Art. 86 BayBG, Erl. 25 und Erl. 48b; OVG Lüneburg, NJW 1991, 445; *Scheerbath-Höffken-Bauschke-Schmidt*, Beamtenrecht[6], § 17 II, S. 447; *Haas*, FS Fürst, S. 164; *Wittinger-Herrmann*, ZBR 2002, 337 (338).

77 *Schnellenbach*, Beamtenrecht in der Praxis[5], Rz. 366; *Scheerbath-Höffken-Bauschke-Schmidt*, Beamtenrecht[6], § 17 II, S. 445; *Wind-Schimana-Wichmann-Langer*, Öffentliches Dienstrecht[5], Rz. 253.

der beamtenrechtlichen Fürsorgepflicht des Dienstherrn nicht die Gewährleistung eines größtmöglichen (subjektiven) Wohlbefindens der Beamten durch Abwehr jeglicher Belästigung ist, sondern nur der Schutz konkreter Rechtsgüter[78], wie z.B. des Rechts der persönlichen Ehre, wonach der Beamte gegen unberechtigte Anwürfe in Schutz zu nehmen ist. Die Fürsorgepflicht gebietet es ebenfalls, dem Beamten Hilfen zu bieten, damit er sich gegen Behauptungen und Anschuldigungen Dritter, die seine Amtsführung betreffen, zur Wehr setzen kann[79]. In den Beamtengesetzen ist bei Vorliegen der tatbestandlichen Voraussetzungen der Fürsorgepflicht keine konkrete Rechtsfolge genannt, so daß sich der Umfang der Fürsorgepflicht des Dienstherrn als Ergebnis der pflichtgemäßen Ausübung des von Gesetzes wegen eingeräumten Ermessensspielraums darstellt[80].

Die Ehrenschutzverpflichtung des Dienstherrn zugunsten seiner Beamten zeigt im wesentlichen keine materiell-finanziellen Aspekte, sondern dient der Achtung des Beamten als Menschen und damit dem Schutze seiner immateriellen Interessen. Sie ist demnach Ausdruck des ideellen Kerns des Beamtenverhältnisses und dessen innerer Treuebindung. Es wird an Ideale, sittliche Anstrengungen und Bindungen appelliert, die weit über eine rein synallagmatische zivilrechtliche Verknüpfung von Hauptpflichten hinausgehen.

Gegenstand dieser Untersuchung ist daher die Analyse, ob die gegenwärtige Auslegung und Anwendung der Fürsorgepflicht des Dienstherrn und deren gerichtliche Überprüfung in Bezug auf den Schutz des Rechts der persönlichen Ehre noch den tatsächlichen Gegebenheiten, den verfassungsrechtlichen Vorgaben sowie den berechtigten Fürsorgeerwartungen der Beamten entsprechen oder vielmehr geändert und an diese angepaßt werden müssen. Die Anregung von *Summer*[81] aufgreifend bedeutet dies eine rechtliche Analyse dahingehend, ob nicht ein Leitbild und ein sich daraus ergebendes Verhaltensprogramm des Dienstherrn zu entwickeln oder entsprechend abzuändern ist, daß dieser (erstmalig oder verstärkt) den Schutz des Rechts der persönlichen Ehre seiner Beamten wahrzunehmen hat, um deren berechtigten Fürsorgeerwartungen und den beamten- und verfassungsrechtlichen Vorgaben effektiv nachzukommen. Unberechtigte Fürsorgeerwartungen, insbesondere mimosenhafte und kleinliche Vorstellungen, müssen aber von vornherein unberücksichtigt bleiben. Die Fürsorge des Dienstherrn ist schließlich aktive Gestaltung des Dienstverhältnisses zur effektiven Besserung der Arbeitssituation[82]. Die Fürsorgepflicht wird hiermit aber nicht erweitert, denn sie beinhaltet schon originär den Ehrenschutz als Rechtsgüterschutz. Sie entspricht in diesem Zusammenhang dem allseits akzeptierten Gebot der Inschutznahme des Beamten gegen unberechtigte Anwürfe bzw. Vorwürfe[83], ohne damit ein konkretes Verhalten des Dienstherrn im Einzelfall zu determinieren.

---

78 So für die Rechtsgüter Leben und Gesundheit: OVG Münster, NJW 1981, 244 = DVBl. 1981, 465.

79 BVerwGE 118, 10ff. = NJW 2003, 3217 ff. = NVwZ 2004, 246 ff. = DVB. 2003, 1546 ff. = DÖV 2003, 769 ff. = ZBR 2004, 56 ff. = NWVBl. 2003, 340 f.

80 Siehe hierzu die eingehende Darstellung der Ermessensausübung ab S. 127 dieser Untersuchung.

81 *Summer*, ZBR 1998, 151.

82 Vgl. *Summer*, ZBR 1998, 151 (153 f.).

83 BVerfGE 43, 154 (165); *Schmidt-Bleibtreu-Klein*[9], Art. 33 GG, Rz. 25; *Jarass-Pieroth*[7], Art. 33 GG, Rz. 49; *Isensee*, HdbVerfR[2], S. 1559, Rz. 68; *Pieroth-Schlink*, Grundrechte[19], Rz. 1034; *Kunig*, Recht des öffentlichen Dienstes[12], S. 760, Rz. 155; *Lecheler*, AöR 103 (1978), 349 (377); BVerwGE 99, 56 (59).

C. Die verfassungsrechtliche Fürsorge- und Schutzpflicht und die Strukturgarantie des Art. 33 Abs. 5 GG

Um die verfassungsrechtlichen Implikationen der einfachgesetzlichen Fürsorge- und Schutzpflicht des Dienstherrn zu analysieren, sind zunächst die rechtlichen Inhalte des Art. 33 Abs. 5 GG, der auch als „Magna Charta“[84] des Berufsbeamtentums bezeichnet wird, darzustellen. Darin wird auf die hergebrachten Grundsätze des Berufsbeamtentums rekurriert, die als sog. institutionelle Garantie gewährleistet werden und zur Regelungsgrundlage aller Beamtenverhältnisse gemacht werden, ohne allerdings einzeln aufgeführt oder genannt zu werden, was zwangsläufig zu Auslegungsschwierigkeiten führt. Durch diese institutionelle Garantie werden somit „Gestalt und Gehalt des öffentlich-rechtlichen Dienst- und Treueverhältnisses“[85] von Verfassungs wegen geschützt, ohne daß damit aber eine zeitgemäße inhaltliche Fortentwicklung und Veränderung des Beamtentums verhindert würde. Es darf lediglich das Berufsbeamtentum deutscher Prägung in seiner grundsätzlichen rechtlichen Struktur und Identität nicht angetastet werden, insbesondere könnte es nur mit einer Verfassungsänderung unter Beachtung des Art. 79 GG abgeschafft werden[86].

Ob und inwieweit europarechtliche Vorgaben (z.B. das Recht auf Freizügigkeit der Arbeitnehmer gemäß Art. 39 EGV n.F. / Art. 48 EGV a.F.) zu einer Anpassung des deutschen Berufsbeamtentums führen, braucht für die hier darzustellende Fürsorge- und Schutzpflicht hingegen zur Zeit (noch) nicht untersucht zu werden[87].

Die daneben von Art. 33 Abs. 5 GG geschützten sog. hergebrachten Grundsätze des Berufsbeamtentums werden inhaltlich durch das Bundesverfassungsgericht[88] und das Bundesverwaltungsgericht[89] in ständiger Rechtsprechung und nach ganz herrschender Meinung in der Literatur dahingehend konkretisiert, daß es sich um den „Kernbestand von Strukturprinzipien“ handelt, „die allgemein oder doch ganz überwiegend und während eines längeren, traditionsbildenden Zeitraums, mindestens unter der Reichsverfassung von Weimar, als verbindlich anerkannt und gewahrt worden sind“, so daß nicht alle vorkonstitutionellen Regelungen erfaßt werden. Zu den bedeutendsten integralen und tradierten Strukturprinzipien im Beamtenrecht zählt neben beispielsweise dem Alimentationsprinzip und der Treuepflicht des Beamten auch nach allgemeiner Ansicht in der verfassungs- und verwaltungsgerichtlichen Rechtsprechung[90] und der beamtenrechtlichen

---

84 *v. Münch*, ZBR 1981, 157, u.a. zitiert von: *v. Münch-Kunig/Kunig*[5], Art. 33 GG, Rz. 53.

85 *Isensee*, Staatslexikon[7], S. 594.

86 In diesem Zusammenhang ist es umstritten, ob Art. 79 Abs. 3 GG und dessen sog. Ewigkeitsgarantie eingreift: *Stern*, StaatsR I[2], § 11 III 4, S. 352; *Mayer*, FS Gehlen, S. 248; *v. Münch*, ZBR 1981, 157 (158 f.) und BerlK/*Lecheler*, Art. 33 GG, Rz. 6; Mitarbeiterkommentar/*Dollinger-Umbach*, Art. 33 GG, Rz. 71.

87 Vgl. hierzu aber den allgemeinen Problemaufriß bei: *Isensee*, ZBR 1998, 295 (301 f.); *Kunig*, Recht des öffentlichen Dienstes[12], S. 699 f., Rz. 28; AK/*Schuppert*[3], Art. 33 GG, Rz. 46 ff.

88 BVerfGE 3, 58 (153); 8, 332 (342 f.); 15, 167 (195 f.); 17, 337 (355); 25, 142 (148); 38, 1 (11 f.); 40, 242 (278); 43, 177 (185); 46, 97 (117); 53, 257 (306 f.); 58, 68 (76 f.); 62, 374 (383); 67, 1 (12); 70, 69 (79 f.); 71, 255 (268); 83, 89 (98), st. Rspr.

89 BVerwGE 57, 174 (176 f.); 66, 39 (42); 73, 263 (265 f.); 103, 70 (79); 105, 226 (229 f.), st. Rspr.

90 BVerfGE 3, 58 (157); 8, 332 (356); 9, 268 (286); 19, 76 (85); 43, 154 (165); 46, 97 (117); 58, 68 (76); 83, 89 (98 ff.), st. Rspr.; BVerwGE 15, 3 (11); 28, 155 (162); 28, 353 (355); 53, 12 (21); 99, 56 (59), st. Rspr.

Literatur[91] die vorliegend zu untersuchende Fürsorgepflicht des Dienstherrn, die also mit Verfassungsrang ausgestattet ist. Sie wird daher konsequenterweise auch verfassungsrechtliche Fürsorgepflicht genannt und ist – trotz einiger inhaltlichen Übereinstimmungen – von der einfachrechtlichen Fürsorgepflicht zu unterscheiden[92]. Diese besonders wichtigen Grundsätze, also auch die Fürsorgepflicht, sind nach ständiger Rechtsprechung des Bundesverfassungsgerichts insoweit zu beachten, „wie sie mit den Funktionen vereinbar sind, die das Grundgesetz dem öffentlichen Dienst in der freiheitlichen rechts- und sozialstaatlichen Demokratie zuschreibt"[93]. Die Strukturgarantie des Art. 33 Abs. 5 GG steht somit unter dem immanent-verfassungsrechtlichen Vorbehalt, daß sie mit den elementarsten Staatsform- und Staatszielbestimmungen des Grundgesetzes übereinstimmt, was also einen permanenten verfassungsrechtlichen Rechtfertigungszwang erzeugt[94].

Zumindest für die im Rahmen dieser Untersuchung relevante Fürsorge- und Schutzpflicht des Dienstherrn braucht auf die vom Bundesverfassungsgericht eingeführte und von der Literatur – aufgrund der Abweichung vom klaren Wortlaut des Art. 33 Abs. 5 GG – kritisierte[95] Unterscheidung zwischen „besonders wesentlichen Grundsätzen" des Berufsbeamtentums, die vom Gesetzgeber zu beachten sind, und zwischen „sonstigen Grundsätzen", die nur zu berücksichtigen sind, nicht eingegangen zu werden. Die Fürsorgepflicht des Dienstherrn regelt die Rechte des Beamten umfassend und ist daher auch nach Ansicht der Literatur ein sehr wichtiger Grundsatz[96], der nach der Rechtsprechung des Bundesverfassungsgerichts stets zu beachten ist. Daher bestehen im Ergebnis keine Differenzen zwischen der Ansicht der Literatur und der des Bundesverfassungsgerichts.

Durch die Strukturgarantie des Art. 33 Abs. 5 GG ist zunächst lediglich der Gesetzgeber im Verhältnis zu den Beamten angesprochen, der von Verfassungs wegen eine zeitgemäße (einfachgesetzliche) Fürsorgepflicht der Dienstherren im Verhältnis zu ihren Beamten zu gewährleisten hat[97], d.h. durch Art. 33 Abs. 5 GG und durch § 79 BBG, § 48 BRRG sind jeweils verschiedene rechtliche Ebenen normiert worden[98]. Umgekehrt gesehen entsteht aus der grundgesetzlichen Absicherung der Fürsorgepflicht des Dienstherrn als Teil der hergebrachten Grundsätze des Berufsbeamtentums gemäß Art. 33 Abs. 5 GG zugunsten des Beamten nach der Rechtsprechung des Bundesverfassungsgerichts[99] und der herrschenden Meinung in der Literatur ein grundrechtsgleiches subjektives Recht zumindest

---

91 *Weiß-Niedermaier-Summer-Zängl/Summer*, Art. 86 BayBG, Erl. 2b; *Dreier/Lübbe-Wolff*, Art. 33 GG, Rz. 79; *v.Mangoldt-Klein-Starck/Jachmann*[4], Art. 33 GG, Rz. 49; *Sachs/Battis*[3], Art. 33 GG, Rz. 71, 73; *Schnellenbach*, ZBR 1981, 301 (302); *Battis*[3], § 79 BBG, Rz. 3 f.; *Korn-Tadday*, § 85 LBG NRW, Erl. 1; *Lecheler*, AöR 103 (1978), 349 (355); *Leuze*, ZBR 1998, 187 (188); *Mayer*, FS Gehlen, S. 237; *Stern*, StaatsR I[2], § 11 III 4, S. 354; *v.Münch*, ZBR 1981, 157 (158).

92 *Lecheler*, HdbStR[2], § 72, Rz. 50; Vgl. *Weiß-Niedermaier-Summer-Zängl/Summer*, Art. 86 BayBG, Erl. 2b; *Summer*, PersV 1988, 76 (78).

93 Vgl. BVerfGE 8, 1 (16 f.); 9, 268 (86); 11, 203 (215); 15, 167 (195); AK/*Schuppert*[2], Art. 33 GG, Rz. 3.

94 *Isensee*, ZBR 1988, 141 (142).

95 *Maunz-Dürig-Herzog-Scholz/Maunz*, Art. 33 GG, Rz. 58 und 61; *Lecheler*, AöR 103 (1978), 349 (363); *Jarass-Pieroth*[7], Art. 33 GG, Rz. 36; *v.Münch-Kunig/Kunig*[5], Art. 33 GG, Rz. 55.

96 Vgl. *Mayer*, FS Gehlen, S. 233 ff.

97 Vgl. BVerfGE 8, 132; 43, 154; 46, 97; 58, 68; 83, 89; *Lecheler*, HdbStR[2], § 72, Rz. 65 a.E.

98 Vgl. *Westermann*, Fürsorgepflicht, S. 262.

99 BVerfGE 8, 332 (356); 9, 268 (286 f.); 12, 81 (87); 15, 298 (301 f.); 43, 154 (167); 71, 39 (62 f.), st. Rspr.

auf Sicherung einer verfassungsgemäßen beamtenrechtlichen Gesetzgebung, das dann konsequenterweise auch mit der Verfassungsbeschwerde gemäß Art. 93 Abs. 1 Nr. 4a GG vor dem Bundesverfassungsgericht eingeklagt werden kann[100]. Ein Teil der Literatur lehnt dies und damit eine entsprechende Prüfungskompetenz des Bundesverfassungsgerichts unter Hinweis auf den Wortlaut und die grammatische, genetische und systematische Auslegung ab, da gerade keine „wohlerworbenen Rechte" wie in Art. 129 Abs. 1 S. 2 WRV (Vorgängervorschrift zu Art. 33 Abs. 5 GG) garantiert werden[101]. Dies braucht aber zunächst nicht weiter vertieft zu werden, da durch § 79 BBG, § 48 BRRG und die landesrechtlichen Bestimmungen unzweifelhaft der verfassungsmäßige Gesetzgebungsauftrag zur Gewährleistung einer allgemeinen Fürsorgepflicht im Beamtenrecht ordnungsgemäß umgesetzt sein dürfte[102].

Bezogen auf den Gegenstand der vorliegenden Arbeit, den Ehrenschutz der Beamten, gilt es im folgenden, anhand der Literatur und der Rechtsprechung des Bundesverfassungsgerichts das Verhältnis der einfachgesetzlichen Fürsorgepflicht zu der „hinter ihr stehenden" verfassungsrechtlichen Fürsorgepflicht näher darzustellen und hierbei mehrere miteinander verbundene Probleme, die allerdings in der beamtenrechtlichen Literatur stets zusammenhängend dargestellt werden, zu unterscheiden. Es ist zwischen dem Bundesverfassungsgericht und der Literatur nämlich zunächst umstritten, ob bzw. inwieweit die Regelungsbereiche beider Fürsorgepflichten, die den Beamten als Rechte zustehen, objektiv identisch sind. Gerade im Zusammenhang mit dem Beihilferecht als Ausprägung der Fürsorgepflicht wurde dem Bundesverfassungsgericht der Vorwurf gemacht, jede noch so detailreiche Gesetzesnorm, die Beamte berechtigt, mit „verfassungsrechtlichen Weihen" versehen und zum hergebrachten Grundsatz des Berufsbeamtentums erklärt zu haben, was als „Entartung des Art. 33 Abs. 5 GG" angesehen wird[103].

Ausgangspunkt hierzu ist die widersprüchliche Rechtsprechung des Bundesverfassungsgerichts[104] zu der verfassungsrechtlichen Fürsorgepflicht als hergebrachtem Grundsatz, daß zunächst der Verfassungsrang einer durch Auslegung der einfachgesetzlichen Fürsorgepflicht gewonnenen Ausprägung im Einzelfall seinerseits nicht erfordert, daß diese Einzelfallausprägung die Merkmale eines hergebrachten Grundsatzes i.S.v. Art. 33 Abs. 5 GG erfüllen müsse[105]. Dies sollte sich aus den ähnlich generalklauselartig erfolgten gesetzlichen Formulierungen beider Fürsorgepflichten ergeben, so daß die durch Auslegung gewonnenen Ausprägungen sogar automatisch Verfassungsrang hätten. Gerade die Auslegung eines hergebrachten Grundsatzes gestattete es schließlich, den Grundsatz in gewissem Umfang flexibel zu halten und veränderten Umständen in beschränktem Umfang

---

100 *Battis*[3], § 79 BBG, Rz. 4; *Weiß-Niedermaier-Summer-Zängl/Summer*, Art. 86 BayBG, Erl. 2c; *Westermann*, Fürsorgepflicht, S. 278 f.; *Maunz-Dürig-Herzog-Scholz/Maunz*, Art. 33 GG, Rz. 82; *Schmidt-Bleibtreu-Klein*[9], Art. 33 GG, Rz. 34; *Stern*, StaatsR I[2], § 11 III 4, S. 353; *Thiele*, DÖD 1988, 273.

101 *Pieroth-Schlink*, Grundrechte[19], Rz. 1031; *Jarass-Pieroth*[7], Art. 33 GG, Rz. 32; *Lecheler*, AöR 103 (1978), 349 (360 f.); AK/*Schuppert*[2], Art. 33 GG, Rz.73 f.; *v.Münch-Kunig/Kunig*[5], Art. 33 GG, Rz. 55.

102 *Köpp*, Öffentliches Dienstrecht[7], S. 418, Rz. 14 hält Art. 33 Abs. 5 GG wegen Erfüllung für obsolet.

103 *Dreier/Lübbe-Wolff*, Art. 33 GG, Rz. 70 a. E.; vgl. auch *Lecheler*, AöR 103 (1978), 349 (382).

104 Hierauf weist zutreffend *Dreier/Lübbe-Wolff*, Art. 33 GG, Rz. 79 a. E. und Rz. 73 hin.

105 BVerfGE 45, 154 (168); 83, 89 (100). In der Literatur stimmen nur wenige zu: *Battis*, Beamtenrecht[2], § 31, Rz. 21; *Stern*, StaatsR I[2], § 11 III 4, S. 353; *Lecheler*, AöR 103 (1978), 349 (353, 377).

anzupassen[106]. Dieses Ergebnis wurde in einem Sondervotum[107] und in der Literatur[108] kritisiert, denn nicht jede Ausprägung stelle einen Grundsatz oder ein Kernstrukturprinzip dar. Die Fürsorgepflicht zähle als Grundsatz oder nur im Kenbereich – nicht hinsichtlich aller einzelnen konkreten Folgerungen – zu den hergebrachten Grundsätzen des Berufsbeamtentums[109]. Art. 33 Abs. 5 GG setze schließlich auch nach der Rechtsprechung die kumulativen Merkmale der Fundamentalität und der Traditionalität voraus[110]. Daraufhin hat sich das Bundesverfassungsgericht in anderen Entscheidungen hiervon wieder distanziert, ohne aber den Widerspruch in seiner Rechtsprechung aufzulösen[111].

Die Schwierigkeiten bei der Deduktion von Konkretisierungen und der Abstraktion von Grundsätzen ergeben sich daraus, daß vielfach der Nachweis der Traditionalität und/oder der Fundamentalität kaum gelingt, so daß das jeweilige andere Kriterium in der Rechtsprechung automatisch als de facto miterfüllt angesehen wird[112]. Beide Kriterien sind zumal bezüglich der Fürsorgepflicht besonders schwierig zu erfüllen, da die Fürsorgepflicht in der Zeit vor 1937 im Beamtenrecht überwiegend eine untergeordnete Rolle gespielt hat, so daß auch die Weimarer Zeit und deren besondere Relevanz für die Traditionsbildung, die nach der Rechtsprechung auf der Vergleichbarkeit beider Staatsformen beruht, kaum zum tragen kommen kann[113]. Andererseits hat sich das Berufsbeamtentum in den letzten ca. 150 Jahren rechtlich und tatsächlich massiv verändert. Diesen Veränderungen ist aber, will man das Berufsbeamtentum aktuell beurteilen und nicht nur als überholtes und verfassungsrechtlich zementiertes Relikt ansehen, bei der Auslegung von Art. 33 Abs. 5 GG und damit der hergebrachten Grundsätze Rechnung zu tragen[114].

Letztendlich bedarf es aber für den zu untersuchenden Ehrenschutzanspruch des Beamten kraft Fürsorgepflicht keiner abschließenden Würdigung der strittigen Positionen, da selbst bei Zugrundelegung der engeren Literaturansicht der Gewährleistungsumfang der einfachgesetzlichen und der verfassungsrechtlich garantierten Fürsorgepflicht insoweit identisch ist. Originärer Inhalt und nicht erst eine deduzierte Ausprägung der Fürsorgepflicht des Dienstherrn als Grundsatz ist nach obigen Ausführungen der Rechtsgüterschutz des Beamten, d.h. unmittelbarer Inhalt der Fürsorgepflicht ist der Schutz von Leib, Leben, Eigentum sowie des Persönlichkeitsrechts, sub specie des Rechts der persönlichen Ehre, des Beamten. Dies wird verdeutlicht durch die allseits zitierte und bezüglich ihrer Geltung von Rechtsprechung und Literatur uneingeschränkt akzeptierte Teilforderung: „Der

---

106 Vgl. BVerfGE 45, 154 (168 f.); *Stern*, StaatsR I², § 11 III 4, S. 354.

107 Sondervotum der Richter *Wand* und *Niebler*: BVerfGE 43, 177 (188).

108 Vgl. u.a. *Menger*, VerwArch 69 (1978), 221 (226 ff.); *Schnellenbach*, ZBR 1981, 301 (303).

109 *Plog-Wiedow-Beck-Lemhöfer*, § 79 BBG, Rz. 1; *Schütz/Schachel*, § 85 LBG NRW, Rz. 1.

110 So deutlich: *Dreier/Lübbe-Wolff*, Art. 33 GG, Rz. 70 ff.; *Jarass-Pieroth*⁷, Art. 33 GG, Rz. 35.

111 BVerfGE 46, 97 (117); 58, 68 (76).

112 Vgl. *Dreier/Lübbe-Wolff*, Art. 33 GG, Rz. 73.

113 Hieraus wird sogar geschlossen, daß lediglich die auf ein Mindestmaß reduzierte Fürsorgepflicht, also ohne nähere Ausprägung, von Art. 33 Abs. 5 GG geschützt wird, vgl. *Weiß-Niedermaier-Summer-Zängl/-Summer*, Art. 2 BayBG, Erl. 25a und Art. 86 BayBG, Erl. 2b. Hiermit vergleichbar ist es, wenn von Art. 33 Abs. 5 GG die Fürsorgepflicht nur als Grundsatz, nicht hinsichtlich ihrer konkreten Folgerungen, als geschützt angesehen wird, vgl. *Plog-Wiedow-Beck-Lemhöfer*, § 79 BBG, Rz. 1, oder wenn die Fürsorgepflicht nur im Kernbereich verfassungsrechtlich geschützt ist, vgl. *Schütz/Schachel*, § 85 LBG NRW, Rz. 1.

114 Vgl. *Lecheler*, HdbStR², § 72, Rz. 62 a.E.; BerlK/*Lecheler*, Art. 33 GG, Rz. 65.

Grundsatz der Fürsorgepflicht verpflichtet den Dienstherrn, den Beamten gegen unberechtigte Anwürfe in Schutz zu nehmen.“[115]

Diese Aussage findet sich schon, wie bereits dargestellt, in der Rechtsprechung des Reichsgerichts, kann also bezüglich des Inhalts der Fürsorgepflicht des Dienstherrn als rechtlich tradiert angesehen werden[116], und hat z.B. im Strafrecht beim Strafantragsrecht des Dienstherrn bei Beleidigungen gemäß des früheren § 196 RStG/StGB a.F. (§ 194 Abs. 3 S. 1 StGB n.F.) seinen konkreten gesetzlichen Ausdruck gefunden.

Die Fundamentalität dieses Grundsatzes der Ehrenschutzverpflichtung ergibt sich daraus, daß die Fürsorgepflicht das Korrelat zur Treuepflicht des Amtswalters darstellt und somit die maßgebliche Pflicht des Dienstherrn darstellt. Seine hierdurch begründete Verpflichtung zum Rechtsgüterschutz seiner Bediensteten bestimmt maßgebend die rechtliche Ausgestaltung des Verhältnisses Dienstherr zum Beamten und ist daher von fundamentaler Bedeutung. Dabei handelt es sich nicht um eine beliebige rechtliche Kleinigkeit aus dem Beamten- oder Verfassungsrecht, sondern um ein zentrales, institutsprägendes Prinzip. Wie der Dienstherr den ihm bei der Erfüllung der einfachgesetzlichen Schutzpflicht obliegenden Ermessensspielraum ausschöpft, ist eine Frage auf Rechtsfolgenseite und somit keine Frage einer etwaig neu zu deduzierenden Ausprägung der Fürsorgepflicht[117] auf Tatbestandsebene, da das tatbestandliche Betroffensein der Fürsorgepflicht bereits feststeht.

Anders sind indes einige der in der Rechtsprechung entschiedenen und von der Literatur zurecht bestrittenen Ausprägungen im Beihilferecht zu beurteilen, bei denen z.B. neue tatbestandliche Anspruchsgrundlagen geschaffen wurden, zumal dies erst unter der Geltung des Grundgesetzes erfolgte und somit schon das Traditionskriterium für die Anerkennung als hergebrachten Grundsatz nicht erfüllt sein kann. Ebenso ist es unter Berücksichtigung des Traditions- und Fundamentalitätskriteriums nicht nachzuvollziehen, daß z.B. ein „faires Verwaltungsverfahren“ gegenüber einem Beamten oder andere derartige rechtliche Banalitäten als Ausfluß der Fürsorgepflicht angesehen werden[118], da hierbei ebenso wenig eine rechtliche Tradition nachgewiesen werden kann, und dieses „Auslegungsergebnis“ als Verfahrenserfordernis schon wegen des Rechtsstaatsprinzips gemäß Art. 20 Abs. 3 GG gelten dürfte. Für den Ehrenschutz der Beamten ist ein vorrangigeres und in der Verfassung abgesichertes Rechtsprinzip hingegen nicht zu erkennen.

Abschließend ergibt sich somit, daß der inhaltliche Umfang der einfachgesetzlichen Fürsorgepflicht (§ 79 BBG, § 48 BRRG) mit der verfassungsrechtlichen Gewährleistung der Fürsorgepflicht als hergebrachtem Grundsatz im Sinne von Art. 33 Abs. 5 GG

---

115 *Schmidt-Bleibtreu-Klein*[9], Art. 33 GG, Rz. 25; BVerfGE 43, 154 (165); *Jarass-Pieroth*[7], Art. 33 GG, Rz. 49; *Isensee*, HdbVerfR[2], S. 1559, Rz. 68; *Pieroth-Schlink*, Grundrechte[19], Rz. 1034; *Kunig*, Recht des öffentlichen Dienstes[12], S. 760, Rz. 155; BVerwGE 99, 56 (59); *Lecheler*, AöR 103 (1978), 349 (377); *Peine-Heinlein*, Beamtenrecht[2], S. 23; VGH Mannheim, ZBR 1983, 265; *Schnellenbach*, Beamtenrecht in der Praxis[5], Rz. 366a. *Häde*, BayVBl. 1999, 673 (674) bezeichnet dies als Teilgebiet der Fürsorgepflicht.

116 So ausdrücklich: GKÖD/*Fürst*, § 79 BBG, Rz. 8.

117 Anders hingegen: *Isensee*, HdbVerfR[2], S. 1559, Rz. 68; *Westermann*, Fürsorgepflicht, S. 290, S. 292 f. und *v.Mangoldt-Klein-Starck/Jachmann*[4], Art. 33 GG, Rz. 49, die dies als Ausfluß bzw. Ausprägung der Fürsorgepflicht ansehen.

118 Vgl. BVerfGE 43, 154 (165 ff.).

hinsichtlich des Ehrenschutzverpflichtung des Dienstherrn zugunsten der ihm unterstellten Beamten als objektiv identisch anzusehen ist[119].

Soweit nun nach den obigen Ausführungen gemäß Art. 33 Abs. 5 GG die Fürsorgepflicht des Dienstherrn zu gewährleisten ist, sind aber aus der Verfassungsvorschrift zunächst lediglich die Berufsbeamten und -richter berechtigt[120]. Art. 33 Abs. 5 GG gilt grundsätzlich nicht für Berufssoldaten[121], Zeitsoldaten, Wehrpflichtige und Zivildienstleistende. Allerdings hält die Rechtsprechung bei vergleichbarer Sachlage einen Rückgriff auf Art. 33 Abs. 5 GG für zulässig, z.B. bei der (Verfassungs-)Treuepflicht, die für sämtliche öffentlich-rechtlichen Dienst- und Treueverhältnisse im Verhältnis zum Dienstherrn zwingend zu verlangen ist[122]. Aus den obigen Ausführungen ergibt sich, daß die Fürsorgepflicht im Verhältnis des Dienstherrn zu seinem Bediensteten die maßgebliche Pflicht darstellt und somit den gleichen rechtlichen Rang und dieselbe Bedeutung wie die korrelierende Treuepflicht besitzt. Hierauf bezogen sind bei den genannten sonstigen Dienst- und Treueverhältnissen keine Unterschiede, die aus dem jeweiligen Sonderstatus herrühren, zu erkennen, die einer Vergleichbarkeit der bereits von der Rechtsprechung entschiedenen Sachverhalte entgegenstehen[123]. Insoweit haben alle öffentlich-rechtlichen Dienst- und Treueverhältnisse sogar denselben Wesenskern und sind bezüglich der Fürsorgepflicht beamtenrechtsähnlich ausgestaltet, so daß eine Rechtsanalogie vorzunehmen ist. Dies ergibt sich zudem bezogen auf den Ehrenschutz zutreffenderweise daraus, daß dem Rechtsstaat und insbesondere den jeweiligen Dienstherrn dieselbe rechtliche Verpflichtung aufzuerlegen ist, für den Ehrenschutz aller Personen, die die legitimen Staatsaufgaben als Beamte, Richter, Soldaten oder unter Erfüllung ihrer staatsbürgerlichen Pflicht als Wehrpflichtige oder Zivildienstleistende wahrnehmen, zu sorgen[124]. Daher ist für die von Art. 33 Abs. 5 GG an sich nicht erfaßten öffentlich-rechtlichen Dienst- und Treueverhältnisse eine Ausnahme hinsichtlich der Ehrenschutzverpflichtung als Teil des hergebrachten Grundsatzes der Fürsorgepflicht zu machen und insoweit ein Rückgriff auf Art. 33 Abs. 5 GG zuzulassen.

---

[119] Davon zu unterscheiden ist das ebenso umstrittene Folgeproblem, ob bei identischem Gewährleistungsumfang beider Fürsorgepflichten eine behördliche Einzelfallentscheidung (Ebene: Dienstherr/Beamter) auch anhand der verfassungsrechtlichen Fürsorgepflicht gemäß Art. 33 Abs. 5 GG (Ebene: Gesetzgeber/ Beamter) zu überprüfen ist. Dies ist verbunden mit dem weiteren Problem, ob dem Beamten dann auch ein entsprechendes subjektives Recht aus Art. 33 Abs. 5 GG erwächst, das über das bereits dargestellte grundrechtsgleiche Recht auf Schaffung einer verfassungskonformen einfachgesetzlichen Fürsorgepflicht hinausginge. Dies wird in dieser Untersuchung systematisch ab S. 86 im Zusammenhang mit den möglichen Anspruchsgrundlagen des Beamten und ab S. 252 bei deren gerichtlicher Durchsetzung erörtert, da dann konsequenterweise auch eine Verfassungsbeschwerde in Betracht kommt (vgl. BVerfGE 43, 154 ff.).

[120] BVerfGE 12, 81 (87); *Sachs/Battis*³, Art. 33 GG, Rz. 69; *Jarass-Pieroth*⁷, Art. 33 GG, Rz. 34; *Schmidt-Bleibtreu-Klein*⁹, Art. 33 GG, Rz. 35; *Dreier/Lübbe-Wolff*, Art. 33 GG, Rz. 79; *Stern*, StaatsR I², § 11 III 4, S. 351. Durch Sonderregelungen für Richter (Art. 97, 98 GG), Hochschullehrer und beamtete Chefärzte (Art. 5 Abs. 3 GG) und Religionslehrer (Art. 7 Abs. 2 GG) erfolgt eine modifizierte Geltung des Art. 33 Abs. 5 GG.

[121] BVerfGE 3, 288 (334 f.); 16, 94 (112 ff.); 31, 212 (221); BVerwGE 35, 146 (147 f.); 66, 147 (149).

[122] BVerwGE 83, 345 (348); 103, 361 (367) für Soldaten; Vgl. *Sachs/Battis*³, Art. 33 GG, Rz. 69; *Jarass-Pieroth*⁷, Art. 33 GG, Rz. 34; BerlK/*Lecheler*, Art. 33 GG, Rz. 64; *Lecheler*, AöR 103 (1978), 349 (365).

[123] Vgl. in Bezug auf Richter: *Stern*, StaatsR I², § 11 III 3, S. 344.

[124] Vgl. *Isensee*, Grundrecht auf Ehre, S. 25.

Zusammenfassend führt also Art. 33 Abs. 5 GG dazu, daß die Ehrenschutzverpflichtung des Dienstherrn innerhalb der zu untersuchenden öffentlich-rechtlichen Dienst- und Treueverhältnisse neben den bereits genannten einfachgesetzlichen Regelungen der Fürsorge- und Schutzpflicht auch verfassungsrechtlich durch die Fürsorgepflicht des Dienstherrn als eines hergebrachten Grundsatzes des Berufsbeamtentums gewährleistet ist.

D. Die verfassungsrechtliche Fürsorge- und Schutzpflicht und der Funktionsvorbehalt des Art. 33 Abs. 4 GG

Grundsätzlich gesehen stellen Art. 33 Abs. 4-5 GG eine Regelungseinheit dar, da beide Normen zusammen das Recht des öffentlichen Dienstes, speziell des Berufsbeamtentums regeln, so daß sich die Frage stellt, ob sich verfassungsrechtliche Implikationen der einfachgesetzlichen Fürsorge- und Schutzpflicht des Dienstherrn auch aus dem sog. Funktionsvorbehalt des Art. 33 Abs. 4 GG ergeben.

Der Funktionsvorbehalt schränkt zunächst den Staat im Hinblick auf die Art und Weise seiner Aufgabenwahrnehmung dahingehend ein, daß die Ausübung hoheitlicher Befugnisse „in der Regel durch Angehörige des öffentlichen Dienstes", die „in einem öffentlich-rechtlichen Dienst- und Treueverhältnis stehen", erfolgen soll. Mit diesem in Art. 33 Abs. 4 GG angesprochenen Personenkreis sind Berufsbeamte gemeint, so daß Angestellte und Arbeiter im öffentlichen Dienst, deren Rechtsverhältnisse sich nach Privatrecht richten, diese Befugnisse nur in sachlich begründeten Ausnahmefällen (Regel-Ausnahme-Verhältnis) wahrnehmen dürfen[125].

In der Literatur wird nun vereinzelt vertreten, daß die verfassungsrechtliche Fürsorgepflicht über Art. 33 Abs. 5 GG hinaus schon in seiner Grundstruktur in Art. 33 Abs. 4 GG angelegt sei[126] bzw. sich sogar aus Art. 33 Abs. 4 GG ergebe[127], da in dieser Vorschrift das Beamtenverhältnis als öffentlich-rechtliches Dienst- und Treueverhältnis bezeichnet wird, wovon die Fürsorgepflicht als immanentes Rechtsprinzip, wenngleich mit noch offenem Inhalt, bereits notwendig umfaßt sei. Insofern bedürfe es keines Rückgriffs mehr auf Art. 33 Abs. 5 GG. Der Gedankengang der Literatur und des Bundesverfassungsgerichts, die beide der Ansicht sind, daß ausschließlich Art. 33 Abs. 5 GG Relevanz für die verfassungsrechtliche Fürsorgepflicht des Dienstherrn habe, sei nicht genügend präzise.

Diese Ansicht der Mindermeinung überzeugt hingegen nicht, noch ergeben sich aus ihr verwertbare rechtliche Konsequenzen. Der Gedankengang, aus der Erwähnung des

---

[125] *Stern*, StaatsR I², § 11 III 4, S. 348 ff.: Wie in diesem Zusammenhang das Tatbestandsmerkmal „in der Regel" auszulegen ist, was umstritten ist, und ob dies mit der Verwaltungswirklichkeit übereinstimmt, bedarf hier keiner näheren Darstellung. Vgl. hierzu aber jüngst: *Strauß*, Funktionsvorbehalt, S. 1 ff.

[126] *Schnellenbach*, VerwArch 92 (2001), 2 (5); *Weiß-Niedermaier-Summer-Zängl/Summer*, Art. 86 BayBG, Erl. 1c a.E. und Erl. 2a; *Summer*, PersV 1998, 76 (78 und Fn. 35): Zur Unterstützung wird auf *Mayer*, FS Gehlen, S. 236 verwiesen, der a.a.O. Art. 33 Abs. 5 GG als lex specialis zu Art. 33 Abs. 4 GG bezeichnet. Dieser soll bei einer isolierten Aufhebung von Art. 33 Abs. 5 GG bzgl. der hergebrachten Grundsätze denselben Schutzumfang haben. Bei *Stern*, StaatsR I², § 11 III 4, S. 345 ff. findet sich hingegen keine Aussage, die auf eine ähnliche Ansicht (Vorgabe der Fürsorgepflicht bereits aus Art. 33 Abs. 4 GG) hindeutet.

[127] *Summer*, ZBR 1992, 1 (5); ZBR 1998, 151 (153); *Laubinger*, FS Ule, S. 89. Bei *Battis*³, § 79 BBG, Rz. 3 wird eine doppelte verfassungsrechtliche Fundierung angenommen.

öffentlich-rechtlichen Dienst- und Treueverhältnisses in Art. 33 Abs. 4 GG auf das darin immanent enthaltene Rechtsinstitut der Fürsorgepflicht zu schließen, so wie es für die zu untersuchenden Dienstverhältnisse bereits dargestellt wurde, mag im Ansatz noch nachvollziehbar sein, wenngleich er nicht schlüssig ist. Art. 33 Abs. 4 GG wird aber übereinstimmend als Funktionsvorbehalt bezeichnet, d.h. ihm kommt eine gänzlich andere Aufgabe und Regelungsmaterie zu, auch wenn er hinsichtlich des angesprochenen Personenkreises in engen Zusammenhang mit Art. 33 Abs. 5 GG zu sehen ist. Diese Trennung zeigt sich daran, daß der Funktionsvorbehalt in § 2 Abs. 3 BRRG und in den Landesbeamtengesetzen (z.B. § 4 Abs. 2 LBG NRW) wiederholt wird. Schon die systematische Stellung dieser Normen, die zum Gesetzesabschnitt „Beamtenverhältnis" gehören, zeigt, daß keine inhaltliche Verbundenheit zu der Fürsorgepflicht des Dienstherrn besteht, die jeweils in dem Gesetzesabschnitt „Rechtliche Stellung des Beamten" geregelt ist. Es sind keine Gründe ersichtlich, die es verbieten würden, diese logische Operation auf Art. 33 Abs. 4 GG zu übertragen.

Darüber hinaus ist auch keine inhaltliche Substanz zu erkennen, denn nach der Mindermeinung hätte die bereits in Art. 33 Abs. 4 GG „angelegte" Fürsorgepflicht noch gar keinen Inhalt, für diesen müßte dann doch auf den bereits dargestellten Art. 33 Abs. 5 GG zurückgegriffen werden. Damit würde die Fürsorgepflicht aber zu einer rechtlichen Hülse werden. Ein hiermit verbundener dogmatischer Gewinn ist nicht zu erkennen.

Schließlich ist die Ansicht der Mindermeinung auch nicht verallgemeinerungsfähig, da sie sich ausdrücklich nur auf die Fürsorgepflicht des Dienstherrn bezieht. Die Fürsorgepflicht ist ihrerseits verfassungsrechtlich aber nur als Teil der hergebrachten Grundsätze gemäß Art. 33 Abs. 5 GG garantiert, d.h. in der Konsequenz der Mindermeinung gibt es hergebrachte Grundsätze, die nur von Art. 33 Abs. 5 GG umfaßt sind, während andere auch schon in Art. 33 Abs. 4 GG „angelegt" sind. Hieran wird deutlich, daß ohne Not weitere Abgrenzungsschwierigkeiten innerhalb von Art. 33 GG hervorgerufen werden, deren Nutzen sich nicht erschließt.

Somit ist zusammenfassend keine aus Art. 33 Abs. 4 GG abzuleitende verfassungsrechtliche Implikation für die einfachgesetzliche Fürsorge- und Schutzpflicht zu erkennen.

E. Dienstrechtlich relevante und hinsichtlich des beamtenrechtlichen Ehrenschutzes zu untersuchende Fallkonstellationen

I. Einführung und Terminologie

Damit sich aus der bereits dargestellten beamten- und verfassungsrechtlichen Fürsorgepflicht ein Anspruch des einzelnen Beamten zum Schutz seiner Ehre gegen den Dienstherrn ergeben kann, müssen die im Rahmen dieser Arbeit zu untersuchenden möglichen Fallgestaltungen genau dargestellt, differenziert und auf ihre dienstrechtliche Relevanz überprüft werden. Die von der Rechtsprechung hierzu getroffenen Entscheidungen werden dabei kategorisiert und entsprechenden Fallkonstellationen zugeordnet, um zu einer systematischen Darstellung zu gelangen. Da das gesamte Beamtenrechtsverhältnis auf die Verwaltung eines Amtes gerichtet ist, wird das Beamtenrecht vom Dualismus zwischen

Amtswalter und *Amt* bestimmt. Diese beiden Begriffe haben im Rahmen dieser Arbeit eine große Bedeutung, so daß zum besseren Verständnis folgende Terminologie zugrundegelegt wird:

Unter einem von einer ehrverletzenden Handlung tangierten Amtswalter wird im weiteren jeder Beamte im statusrechtlichen Sinne (z.B. Bundes-, Landes- oder Kommunalbeamte, sowie Hochschullehrer), Richter im Bundes- oder Landesdienst, (Berufs- oder Zeit-)Soldat, Wehrpflichtige oder Zivildienstleistende verstanden. Zwischen diesen jeweils unterschiedlich geprägten Statusverhältnissen als Unterformen eines öffentlich-rechtlichen Dienst- und Treueverhältnisses im weiteren Sinne bedarf es keiner näheren Differenzierung, da diese aus den genannten Gründen[128] zumindest im Hinblick auf die Fürsorge- und Schutzpflicht des jeweiligen Dienstherrn gleich behandelt werden können. Da vorliegend der Ausgangspunkt das öffentliche Dienstrecht ist, sub specie des Beamtenrechts, erübrigen sich aufgrund dessen Formenstrenge nähere Ausführungen vom Verhältnis des haftungsrechtlichen (vgl. Art. 34 S. 1 GG i.V.m. § 839 Abs. 1, 2 BGB) und des strafrechtlichen Beamten- bzw. Amtsträgerbegriffes (§ 11 Abs. 1 Nr. 2-4 StGB, § 48 WStrG) zum hier zugrunde zu legenden sog. status- bzw. staatsrechtlichen Begriff des Beamten, da dieser unstreitig der engste der genannten Beamtenbegriffe ist, und damit der personale Anwendungsbereich der beamtenrechtlichen Fürsorgepflichtnormen stets gegeben ist.

Komplexer ist die Darstellung des im Beamtenrecht zentralen und für die Fürsorgepflicht des Dienstherrn relevanten Begriffes des Amtes. Das Amt gehört zu den ältesten Fundamenten des Verfassungsstaates. In ihm konkretisiert sich die republikanische Tradition, die über den Verfassungsstaat in christliche und antik-römische Ursprünge reicht und zu einer Trennung des staatlichen Bereichs vom privaten Bereich führt, so daß der Amtsinhaber „Treuhänder des Volkes“[129] ist. Je nach terminologischem Verständnis wird in der Literatur zwischen drei oder vier verschiedenen Amtsbegriffen unterschieden[130]. Nicht zugrundegelegt wird hier das sog. Amt im organisatorischen Sinne, also das Amt als die kleinste Organisationseinheit einer Verwaltung, da aufgrund der Personenunabhängigkeit hier jeglicher Bezug zu einem Amtswalter fehlt. Ebenso wenig kommt das sog. Amt im statusrechtlichen Sinne, also die subjektive Rechtsstellung des Beamten, die nur für die Besoldung und die Versorgung maßgeblich und unabhängig von der konkret ausgeübten Tätigkeit ist, in Betracht, da es für den Fürsorgepflichtanspruch gegenüber dem Dienstherrn nicht allein ausschlaggebend ist, ob er von einem Amtmann oder Ministerialdirigenten geltend gemacht wird. Entscheidend ist vorliegend die Stellung als Beamter, der eine konkrete Tätigkeit ausübt. Erst durch die Zuordnung des Beamten zu einer Behörde entsteht das sog. Amt im abstrakt-funktionellen Sinne, z.B. der Baudirektor im Bundesministerium der Verteidigung. Durch die dort konkret ausgeübte Tätigkeit als klar umschriebene, abgegrenzte Teilhabe an der Kompetenz des Dienstherrn entsteht schließlich das sog. Amt im konkret-funktionellen Sinne, also der sog. Dienstposten. Somit wird nur bei einem funktionellen Verständnis des Amtsbegriffs der Dualismus von Amtswalter und Amt deutlich, und erst bei diesem personalen Bezug kann überhaupt ein beamtenrecht-

---

128 Siehe hierzu die Ausführungen ab S. 13 dieser Untersuchung.

129 *Isensee*, ZBR 1988, 141 (150).

130 *Scheerbath-Höffken-Bauschke-Schmidt*, Beamtenrecht[6], § 9 III, S. 178 ff.; *Wind-Schimana-Wichmann-Langer*, Öffentliches Dienstrecht[5], Rz. 48 ff.

licher Anspruch des Amtswalters gegen den Dienstherrn entstehen. Daher wird im Rahmen der vorliegenden Untersuchung der Begriff des Amtes unter den genannten Aspekten ausschließlich funktionell verstanden[131].

II. Dienstrechtlich relevante Fallkonstellationen

Die systematische Untersuchung der Fallkonstellationen hinsichtlich des Eingreifens der beamten- und verfassungsrechtlichen Fürsorge- und Schutzpflicht des Dienstherrn zum Schutze der Ehre des Beamten gliedert sich unter Zuhilfenahme einiger praktischer Beispiele in die abstrakte Darstellung des Täterkreises, des Tatmittels, des Opfers bzw. des Betroffenen und schließlich des Adressatenkreises der ehrenrührigen Handlung. Auf den konkreten Inhalt bezogen sind hierbei sämtliche ehrrelevanten Verhaltensweisen zu untersuchen, wozu neben individuellen Ehrkränkungen auch die in der heutigen Mediengesellschaft schon fast übliche allgemeine Beamten-/Bürokratenschelte gegen „die“ Beamten, „die“ Lehrer“ oder „die Professoren“ zu berücksichtigen ist, die mit den immer gleichen Klischees wie faul, immobil, innovationsscheu, langsam, engstirnig etc.[132] aufwartet, um gegen die sogenannten Privilegien oder Vorteile der Beamten anzugehen. Diese pauschalen Injurien finden allgemein hohe Beachtung und bilden so den Boden für erhebliche und zum Teil maßlose Ehrverletzungen und verbale Entgleisungen, die auch schon, wie bereits dargestellt, Ministerpräsidenten unterlaufen sind. Insgesamt wird aber an den Fallkonstellationen deutlich werden, daß nicht bei allen ehrenrührigen Verhaltensweisen gegenüber einem Amtswalter ein Bezug zur Fürsorge- und Schutzpflicht des Dienstherrn gegeben ist.

Ob und inwieweit die ehrenrührige Verhaltensweise von den Grundrechten des (vermeintlichen) Störers, z.B. Art. 5 GG (Meinungs-, Presse- oder Kunstfreiheit) oder von § 193 StGB (Wahrnehmung berechtigter Interessen) gedeckt ist, bedarf bei der Darstellung der dienstrechtlich relevanten Fallkonstellationen zunächst keiner näheren Analyse, da es für das sich im Rahmen der Fürsorgepflicht ergebende Dreiecksverhältnis aus Sicht des Dienstherrn grundsätzlich ausreichend ist, wenn der Schutzbereich eines von der Fürsorgepflicht geschützten Rechtsguts des Beamten, also z.B. des Rechts der persönlichen Ehre, durch ein Verhalten eines Störers berührt wird. Insoweit kann eine Analogie zu der grundrechtlichen Terminologie gezogen werden, bei der auch zwischen der Berührung und der Verletzung des Schutzbereichs eines Grundrechts differenziert wird. Die positive Feststellung einer tatsächlichen und rechtlichen Ehrverletzung beim Beamten ist somit zunächst nicht notwendig. Die Fürsorgepflicht als Ausfluß der Schadensabwendungspflicht soll nämlich gerade den Eintritt von Schäden beim Beamten verhindern oder zumindest weitere Schäden vermeiden. Dieses Ergebnis wird auch verdeutlicht, wenn auf Art. 33 Abs. 5 GG rekurriert wird, da dann der Schutzbereich der verfassungsrechtlichen Fürsorgepflicht als grundrechtsgleiches Recht schon durch jede ehrkränkende Handlung betroffen ist, da bereits dann der Dienstherr zum Schutze seiner Beamten aufgerufen ist. Ob und in welchem Umfang hingegen bei dem noch darzustellenden Kernproblem des korrespondierenden Ehrenschutzanspruchs des Beamten gegen seinen Dienstherrn die

---

[131] So wohl auch *Weiß-Niedermaier-Summer-Zängl/Summer*, Art. 86 BayBG, Erl. 17a, wonach die Fürsorgepflicht status- und amtsbezogen ist. Für eine Beschränkung auf das Amt im statusrechtlichen Sinne (andere Auffassung) sind BVerwGE 15, 3 (7); 24, 92 (96); 26, 8 (14) und GKÖD/*Fürst*, § 79 BBG, Rz. 6.

[132] Vgl. *Isensee*, ZBR 1998, 295.

Grundrechte des Störers Berücksichtigung finden (müssen), wird dort im Zusammenhang dargestellt[133]. Ein Anspruch des Beamten auf Ehrenschutz kann nämlich schon denklogisch nicht gegeben sein, wenn im Ergebnis durch den „Störer" aufgrund einer zulässigen Grundrechtsausübung seinerseits gerade keine Ehrverletzung begangen wurde, denn welches Verhalten sollte dann auch vom Dienstherrn verlangt werden können? Inwieweit der Dienstherr hierbei jedoch zu freiwilligen Maßnahmen zur Ehrbewahrung seiner Beamten berechtigt ist oder diese gar aus staatsethischen Gründen ergreifen sollte, ist eine Frage, die sich jenseits der rechtlichen Analyse seiner Verpflichtung stellt und mangels Justiziabilität außer Betracht bleiben muß.

1. Möglicher Täterkreis einer ehrrelevanten Verhaltensweise

Der mögliche Täterkreis einer ehrrelevanten Handlung zu Lasten eines Beamten ist aufgrund der in der verwaltungs- und strafgerichtlichen Rechtsprechung entschiedenen Fälle zur besseren Systematisierung in Verwaltungsexterne und Verwaltungsinterne zu unterteilen (Zweier-Typologie)[134]. In den jeweiligen Fallkonstellationen aktualisieren sich unterschiedliche grundrechtliche Ebenen des Rechts der persönlichen Ehre (Art. 2 Abs. 1 i.V.m. Art. 1 Abs. 1 GG und Art. 5 Abs. 2 GG), die durch die Fürsorgepflicht des Dienstherrn umgesetzt werden müssen.

a.) Private (Verwaltungsexterne)

Als Täter einer ehrenrührigen und möglicherweise dienstrechtlich relevanten Verhaltensweise kommt grundsätzlich jeder Private in Betracht. Dabei kann es sich entweder um einzelne Personen, Gruppen, Vertreter der (Massen-)Medien, wie Journalisten, Redakteure und Fernsehmoderatoren handeln, oder es sind Bürger, die sich der Medien z.B. durch veröffentlichte Leserbriefe oder Auftritte in Talk-Shows bedienen. Grundrechtsdogmatisch gesehen aktualisiert sich in diesen Fällen des externen Angriffs zugunsten des Ehrenschutzes des Beamten die grundrechtliche Schutzpflicht des Staates, die sich aus seinem grundgesetzlich geschützten Recht der persönlichen Ehre (Art. 2 Abs. 1 i.V.m. Art. 1 Abs. 1 GG) ergibt. Der Dienstherr ist somit im Rahmen der beamtenrechtlichen Fürsorge- und Schutzpflicht zum aktiven Handeln gegen die Ehrkränkung und den Störer gezwungen, um die grundrechtliche Schutzpflicht des Staates, die von ihrer Struktur insoweit mit der Fürsorgepflicht vergleichbar ist, rechtlich umzusetzen.

b.) Verwaltungsinterne (Angehörige der Exekutive)

Neben den Externen kommen als Täter aber auch sog. Verwaltungsinterne, also Teile der Exekutive, in Betracht, so daß die ehrenrührige Verhaltensweise „intra muros"[135] geschieht und daher nicht notwendigerweise öffentlichkeitswirksam wird, was aber keinen Einfluß auf die rechtliche Qualität und den fürsorgepflichtrelevanten Charakter einer eingetretenen Ehrverletzung hat. Zu diesen Verwaltungsinternen zählen sowohl Arbeitskollegen, also andere Beamte im statusrechtlichen Sinne oder sonstige öffentlich Be-

---

[133] Eine umfassende Darstellung dieser Problematik findet sich ab S. 102 dieser Untersuchung.

[134] *Battis*³, § 79 BBG, Rz. 15.

[135] *Leuze*, ZBR 1998, 187 (193).

dienstete, der (Amts-)Vorgesetzte, der unmittelbare Dienstvorgesetzte oder der Disziplinarvorgesetzte, die sich ehrverletzend gegenüber einem Amtswalter der eigenen oder einer anderen Behörde verhalten können[136]. Aber auch die jeweilige Personalvertretung kann im Rahmen ihrer gesetzlichen Befugnisse durch ehrverletzende Maßnahmen (z.B. beleidigende Stellungnahmen) zu Lasten eines Amtswalters handeln. Daneben kommen grundsätzlich auch höhere Ebenen der Verwaltungshierarchie bzw. der Exekutive als Täter für Ehrverletzungen in Betracht, so der jeweilige Behörden- oder Dienststellenleiter (z.B. Polizeipräsident) oder Vertreter übergeordneter Behörden im Rahmen ihrer Dienst- oder Fachaufsicht (z.B. Regierungspräsident in Verhältnis zu kommunalen Behörden). Schließlich können Ehrverletzungen auch von der ministerialen Ebene bzw. von der Regierungsebene aus begangen werden, so z.B. durch (beamtete oder parlamentarische) Staatssekretäre, Bundes-[137] oder Landesminister[138] und schließlich auch durch Ministerpräsidenten[139], sowie den Bundeskanzler, ohne daß jene Vorgesetzte im Sinne des Dienst- und Disziplinarrechtes sind bzw. zu seien brauchen. Letztere übersehen dabei in der Praxis aufgrund ihrer politischen Position, daß sie zugleich oberste Repräsentanten eines öffentlich-rechtlichen Dienstherrn sind und an beamten- und verfassungsrechtliche Regelungen und Verpflichtungen gebunden sind. Zusammenfassend sind damit der Dienstherr als solcher[140] und die durch ihn ermächtigten Vertreter und sämtliche Verwaltungsbediensteten potentielle Täter einer ehrenrührigen Verhaltensweise. Diese kann entweder in Ausübung der dienstlichen Funktion, in einem dienstlichen Zusammenhang oder (überwiegend / ausschließlich) von den Amtsträgern als Privatperson im Privatbereich des Betroffenen erfolgen[141]. Im letztgenannten Fall ergibt sich dann kein Unterschied zu den bereits dargestellten Ehrverletzungen unmittelbar durch Private/Externe.

Wenn die ehrverletzende Handlung von Kollegen oder sonstigen Verwaltungsangehörigen begangen wird, die nicht Teil der Vorgesetztenhierarchie (dienst- und disziplinarrecht-

---

[136] Vgl. z.B. BVerwGE 75, 354 ff. Für das Arbeitsrecht: *v.Hoyningen-Huene*, BB 1991, 2215 (2216).

[137] BVerwG, NVwZ 1998, 403 ff. = ZBR 1998, 242 ff. (Kritische Äußerungen des Bundesverteidigungsministers).

[138] So warf der rheinland-pfälzische Justizminister *Herbert Mertin* (FDP) pauschal dem Anstaltsleiter und den Bediensteten der JVA Trier anläßlich des Ausbruchs eines Gewaltverbrechers aus der Trierer JVA Ende 2000 zunächst in einer nichtöffentlichen Tagung des Strafvollzugsausschusses und später öffentlich vor, daß vor allem „Schlamperei" als Ursache für den Ausbruch in Frage kommt. Zu diesem Zeitpunkt waren die Untersuchungen noch nicht abgeschlossen (vgl. Trierischer Volksfreund, Ressort Rheinland-Pfalz und Nachbarn, vom 11. Januar 2001, S. 4 und vom 12. Januar 2001, S. 5).

[139] Der frühere niedersächsische Ministerpräsident *Gerhard Schröder* (SPD) hat in einem Interview für eine Schülerzeitung die Lehrer pauschal als „faule Säcke" bezeichnet. *Schröder* behauptete dann, daß das Interview nicht autorisiert sei. Die Schüler hingegen versicherten, daß das Interview authentisch sei und *Schröder* auf eine Autorisierung verzichtet habe. *Schröder* hat sich zwar anschließend bei den Lehrern entschuldigt, die zuständige Staatsanwaltschaft lehnte ein strafrechtliches Vorgehen nach verschiedenen Strafanzeigen von Lehrern ab, was durch die Generalstaatsanwaltschaft bestätigt wurde. Es handele sich bei der inkriminierten Äußerung, unterstellt sie wäre tatsächlich gefallen, schließlich nur um ein Werturteil, ohne daß ganz bestimmte, individuell zu ermittelnde Personen feststellbar wären (vgl. Berliner Zeitung, Ressort Politik, vom 16. Juni 1995, 20. Juli 1995 und 24. August 1995).

[140] Vgl. hierzu: OVG Koblenz, NVwZ-RR 2000, 805 f. = RiA 2000, 305 f. sowie BVerwGE 99, 56 ff. Beide Urteile stellen dies ausdrücklich in ihren Leitsätzen fest.

[141] Vgl. zur schwierigen Abgrenzung bei ehrkränkenden Äußerungen eines Mitglieds eines Kollegialorgans (z.B. Gemeinderat, Lehrerkonferenz): VGH Mannheim, VBlBW 1990, 186 f. und VBlBW 1999, 93 f.

lich gesehen) des betroffenen Amtswalters sind, so daß deren Verhalten auch nicht dem Dienstherrn zuzurechnen ist (vgl. §§ 31, 89, 278 BGB), aktualisiert sich hier zur rechtlichen Umsetzung der grundrechtlichen Schutzpflicht des Staates die beamtenrechtliche Fürsorgeverpflichtung des Dienstherrn, die dann ebenfalls wie bei Ehrangriffen von Privaten auf aktives Handeln gegen die Ehrverletzung gerichtet ist. Bei der Fallkonstellation, daß der Dienstherr selbst oder ihm zurechenbare Bedienstete die ehrverletzende Handlung begehen bzw. begehen könnten, tritt im Vorfeld die grundrechtliche Abwehrkomponente des Rechts der persönlichen Ehre hervor, die dazu führt, daß der Dienstherr wegen seiner beamtenrechtlichen Fürsorgepflicht Ehrverletzungen zu Lasten des Beamten zu unterlassen oder zu verhindern hat. Sollte der Dienstherr dieser (präventiv wirkenden) Unterlassungspflicht nicht nachgekommen sein, so ist er nach erfolgter Ehrverletzung qua grundrechtlicher Schutzpflicht im Rahmen der beamtenrechtlichen Fürsorgepflicht zum aktiven Handeln gegen diese ehrverletzende Verhaltensweise aufgerufen. Dies führt dazu, daß der Dienstherr als Anspruchsverpflichteter aufgrund der beamtenrechtlichen Fürsorgepflicht aktiv gegen die von ihm selbst oder von ihm aus seinem Verantwortungsbereich zurechenbar verursachte Ehrverletzung vorgehen muß (repressiver Ehrenschutz). In diesen Fällen verdichtet sich die angesprochene Dreiecks-Konstellation zu einer zwar paradoxen Zwei-Personen-Beziehung, die allerdings zu keiner veränderten Problemstellung innerhalb der zu untersuchenden Fallgestaltungen führt, da im – ausschließlich relevanten – Verhältnis des Beamten zum Dienstherrn die beamtenrechtliche Fürsorge- und Schutzverpflichtung unverändert fortbesteht.

c.) Andere Staatsgewalten (Legislative und Judikative)

Schließlich können entsprechende Ehrverletzungen auch aus dem Kreise der anderen Staatsgewalten, namentlich der Legislative und Judikative, herrühren, so z.B. vom Präsidenten des Deutschen Bundestags, der aber zugleich Leiter der Bundestagsverwaltung als Behörde ist[142], von einzelnen Parlamentsabgeordneten, vom Deutschen Bundestag oder von einem Länderparlament als Verfassungsorgan oder schließlich von einzelnen Richtern[143] oder Richterspruchkörpern. Umgekehrt können aber auch Richter durch die Exekutive Ehrkränkungen ausgesetzt sein[144]. In jedem Fall aktualisiert sich hierbei die grundrechtliche Schutzpflicht zugunsten des Beamten durch die beamtenrechtliche Fürsorgepflicht, die auf aktives Handeln des Dienstherrn gegen die ehrverletzende Verhaltensweise gerichtet ist.

---

[142] Nicht nur in diesem Fall, sondern auch bei den Präsidenten anderer (Bundes- oder Landes-)Verfassungsorgane ist genau zu differenzieren, ob die streitgegenständliche Äußerung in Wahrnehmung des Verfassungsauftrags oder als Leiter der entsprechenden Behörde bzw. Verwaltung erfolgt ist.

[143] Der Vorsitzende Richter der 21. Strafkammer am Landgericht Frankfurt a.M., *Heinrich Gehrke,* bezeichnete die Einleitung eines staatsanwaltschaftlichen Ermittlungsverfahrens gegen den Bundesminister des Auswärtigen, *Joseph Fischer*, wegen des Verdachts der uneidlichen Falschaussage (§ 153 StGB) als Zeuge im Rahmen des sog. Opec-Prozesses gegen den Terroristen *Hans-Joachim Klein* als „hochgradig lächerlich“ (Focus Nr. 13/2001, vom 26. März 2001, S. 89). Tatsächlich wurde dieses Ermittlungsverfahren von der Staatsanwaltschaft Frankfurt eingestellt (FAZ vom 24. April 2001, S. 1). Siehe hierzu auch den Kommentar von *Wassermann*, NJW 2001, 1470 f.

[144] Der Vorsitzende des Deutschen Richterbundes *Rainer Voss* beklagte sich über „polemische und ehrverletzende Angriffe“ sowie über „populistische Verunglimpfungen“ seitens der Länderregierungen, die mehr „Achtung vor der dritten Gewalt“ haben sollten (vgl. Bonner General-Anzeiger vom 5. Oktober 1999, S. 2).

d.) Zusammenfassung und Abgrenzung zum Problemkomplex des sog. „Ehrenschutz im öffentlichen Recht“

Hieraus ergibt sich zusammenfassend ein umfangreicher und differenzierter Täterkreis für dienstrechtlich relevante Ehrverletzungen. Beim Ehrenschutz als Ausfluß der (grundrechtlichen) Schutzpflicht kommt als Täter nur eine dienstherrenfremde Stelle in Betracht, da anderenfalls die Dreiecks-Konstellation nicht entsteht. Beim Ehrenschutz als Abwehrrecht rührt die Ehrverletzung hingegen vom Dienstherrn und damit der Exekutive selbst her. Da somit als mögliche Täter einer ehrenrührigen Handlung Repräsentanten aller drei Staatsgewalten in Betracht kommen, drängt sich vordergründig eine Parallele zum Problem des „Ehrenschutzes im öffentlichen Recht“[145] auf. Dessen Fallkonstellationen und die im Rahmen dieser Untersuchung zu analysierende Fürsorge- und Schutzpflicht des Dienstherrn sind aber – miteinander verglichen – genau konträr gelagert, da beim Problem des sog. „Ehrenschutzes im öffentlichen Recht“ das Opfer der Injurie stets der Bürger ist. Folgerichtig werden unter diesem Problemkomplex die Rechtsschutzmöglichkeiten des Bürgers gegen Ehrverletzungen durch die öffentliche Hand diskutiert und dargestellt. Mit den hier bezüglich der Fürsorgepflicht zu untersuchenden Fallgestaltungen, bei denen ein Amtswalter durch ehrkränkende Handlungen betroffen sein soll, darf also dies Problem nicht verwechselt werden, auch wenn es zu Überschneidungen kommen kann, da sämtliche Amtswalter selbstverständlich auch Bürger sind.

2. Begehensweise und Tatmittel der ehrverletzenden Handlung

Um die Tatmittel für die möglichen Ehrverletzungen genau darzustellen, läßt sich im Ausgangspunkt auf die strafrechtliche Terminologie i.S.d. §§ 185 ff. StGB zurückgreifen. Eine strafrechtlich und möglicherweise auch dienstrechtlich relevante Ehrverletzung kann durch Wort, Schrift, Bild oder in vergleichbarer Weise (vgl. § 11 Abs. 3 StGB), sowie durch bestimmte Gesten und Handlungen (z.B. der ausgestreckte Mittelfinger, die sog. Scheibenwischergeste vor dem Kopf, das Zeigen des Vogels oder das Bilden eines Rings aus Daumen und Zeigefinger) erfolgen. Inhaltlich gesehen kann diese Ehrverletzung mit (erwiesen) unwahren Tatsachenbehauptungen, z.B. durch entsprechende Berichte in den Medien über angeblich ausländerfeindliche Äußerungen, innerhalb von Anzeigen und Beschwerden an Behörden oder durch dienstliche Beurteilungen[146] und Mißbilligungen[147], umgesetzt werden. Ferner kann sie durch die Kundgabe der Nicht- oder Mißachtung (= Beleidigung), also Beschimpfungen (z.B. „Trottel“ oder „dumme Sau“), den Vorwurf von „Schlamperei“, Formalbeleidigungen (z.B. Bezeichnung als „Stasi“ oder „Referatsleiterperson“), Erzählen beleidigender Witze, sowie durch Schmähkritiken, Falschzitate und das Leugnen wahrer Tatsachen geschehen. Unsachliche und herabsetzende Kritik kann in den sog. Boulevard-Medien erfolgen[148]. Besonders hervorzuheben ist hinsichtlich der unwahren Tatsachenbehauptungen der Vorwurf (des Verdachts) strafbaren Verhaltens oder

---

[145] Siehe hierzu beispielsweise: *Faber*, Der Schutz der Ehre und des Rufes vor herabsetzenden Äußerungen des Staates, S. 1 ff.; *Richtberg*, Ehrenschutz im Öffentlichen Recht, S. 1 ff.; *Altenbach*, Rechtsschutz gegen ehrverletzende Äußerungen der öffentlichen Hand, S. 1 ff.

[146] *Schenke*, Fälle zum Beamtenrecht^2, S. 118.

[147] Vgl. BVerwG, NJW 1987, 2569.

[148] So bezüglich herabsetzender Kritik an Urteilen, Richtern und Staatsanwälten *Arenhövel*, ZRP 2004, 61 f.

eines Dienstvergehens, der häufig von lokalen Medien oder von Privaten erhoben wird. Hierzu zählen z.B. die an Polizeivollzugsbeamte gerichteten Vorwürfe hinsichtlich angeblicher Körperverletzungen von Festgenommenen (§ 340 StGB) oder sexueller Übergriffe auf diese, der Vorwurf der Vorteilsannahme (§ 331 StGB) durch Beamte oder der Bestechlichkeit (§ 332 StGB) von Beamten, die mit der Vergabe öffentlicher Aufträge oder Subventionen betraut sind, oder der Vorwurf der Rechtsbeugung (§ 339 StGB) an Richter/Staatsanwälte.

Jedoch soll nicht bei der strafrechtlichen Dogmatik verharrt werden, da der Schutzbereich des noch näher darzustellenden und im Grundgesetz verankerten Rechts der persönlichen Ehre, das auch jedem Beamten je nach tangiertem Rechtsbereich in unterschiedlichem Umfang zusteht, nicht mit dem strafrechtlichen Schutz der §§ 185 ff. StGB deckungsgleich ist[149]. Daher kommen grundsätzlich auch als Tatmittel straflose Ehrminderungen und -kränkungen in Betracht, z.B. Beleidigungen, Diskriminierungen oder Diskreditierungen von Personengruppen und -gesamtheiten (z.B. Bundeswehr oder Polizei), bei denen aber zumindest mittelbar immer ein individuell-betroffenes Opfer und somit ein personales Substrat vorliegen muß, damit überhaupt der grundrechtliche Schutzbereich des Rechts der persönlichen Ehre berührt ist. Auch bei einem verwaltungsinternen ehrenrührigen Verhalten, insbesondere von Vorgesetzten, kommt es nicht auf die strafrechtliche Einordnung, sondern auf die fürsorgepflichtrelevante Qualität des Verhaltens an[150].

Ohne die ohnehin nicht ganz einfache Abgrenzung zwischen dem engen Ehrenschutz und dem weiteren Persönlichkeitsschutz vorwegzunehmen, sind Ehrverletzungen in begrenztem Umfang über den strafrechtlichen Schutz hinaus auch durch die Verbreitung wahrer, aber mit sehr starkem persönlichen Bezug versehener Tatsachen möglich, z.B. die Weitergabe von Krankenakten oder sonstigen Belegen, aus denen sich beispielsweise Geschlechts- oder Nervenkrankheiten des Beamten oder Aufenthalte in psychiatrischen Kliniken ergeben. Dies kann ferner auch durch Indiskretionen, mit denen also die Vertraulichkeit des Wortes gebrochen wird, oder durch eine versteckte Videoüberwachung des Beamten geschehen. Die dienstrechtliche Relevanz ist in diesen zusätzlichen Konstellationen genauso wie bei den der strafrechtlichen Dogmatik folgenden Fällen jeweils durch Auslegung der ehrenrührigen Handlung, durch Bestimmung deren Finalität und durch die Ermittlung des dadurch konkret tangierten Beamten als Opfer festzustellen.

Weiter können eine Vielzahl von behördeninternen Verhaltensweisen im täglichen Dienstbetrieb rechtliche Qualität bezüglich der Fürsorge- und Schutzpflicht erlangen, wobei erst ein hinzunehmendes sozialadäquates Mindestmaß[151] bzw. das sog. „Maß der Sozialverträglichkeit“[152] überschritten sein muß, um nicht jede behördeninterne Auseinandersetzung oder Diskussion, spaßig gemeinte Neckereien, ungeschickte Personalführung oder eine (noch) sozialadäquate und damit hinzunehmende Hänselei rechtlich überzubewerten. Würde eine solche mimosenhafte Sichtweise zugrundegelegt werden, käme es zu einer inflationären Anzahl von vermeintlichen Fürsorgekonstellationen, unter denen die

---

[149] Siehe *Stark*, Ehrenschutz, S. 28 sowie die Ausführungen ab S. 73 dieser Untersuchung.

[150] Vgl. *v.Hoyningen-Huene*, BB 1991, 2215, dort allerdings auf das Arbeitsrecht bezogen.

[151] *Schütz/Schachel*, § 85 LBG NRW, Rz. 38; Vgl. *Braun*, DÖD 2002, 265 (267).

[152] *Summer*, PersV 1988, 76 (83): „Nicht jedes Wort darf auf die Goldwaage gelegt werden“.

Beamten, die aufgrund der jeweiligen Umstände wirklich kraft Fürsorgepflicht schutzbedürftig sind, leiden würden.

Zunächst ist hier der Begriff des „Mobbing"[153] zu berücksichtigen, der aus dem amerikanischen Sprachgebrauch entlehnt ist und mit dessen Hilfe seit einigen Jahren versucht wird, ein letztlich komplexes Phänomen am Arbeitsplatz schlagwortartig zu erfassen und rechtlich in den Griff zu bekommen. Es geht im Ergebnis um einen Kampf am Arbeitsplatz und damit um die vielfältigen, mehr oder minder subtilen Methoden, mit denen ein Amtswalter aus den unterschiedlichsten Gründen von Kollegen, Vorgesetzten, dem Dienstherrn selber und/oder auch durch die jeweilige Personalvertretung „fertiggemacht" werden soll. Einzelne dieser Konstellationen wurden wiederum mit einem Fachbegriff versehen, so ist beim sog. „Bossing" der Vorgesetzte der Täter, der seine ihm zugeordneten Mitarbeiter schikaniert, während beim sog. „Staffing" die Mitarbeiter gegen ihren Vorgesetzten vorgehen[154].

Die Bandbreite der möglichen Erscheinungsformen des Mobbing als Sammelbegriff ist erheblich: von der vermeintlich offen und ehrlich gemeinten Kritik über versteckte Beanstandungen, Anspielungen, anstößige Scherze, die Verweigerung selbstverständlicher Hilfen über die Mißachtung der üblichen Höflichkeitsformen, geringschätzige Behandlung, Ausgrenzung aus der Bedienstetengemeinschaft, Ausschluß von einer behördeninternen Kommunikation, grundlose Herabwürdigung der Leistungen, offene oder anonyme Anfeindungen, Tätlichkeiten, bis hin zu systematischen und fortlaufenden Schikanen, Demütigungen, Beleidigungen, psychischem Terror und offener Diskriminierung[155]. Diese Maßnahmen können fortgesetzt, aufeinander aufbauend und damit eskalierend oder ineinander übergreifend stattfinden. Ein vorgefaßter Plan ist hierfür nicht erforderlich, ein schlichtes Ausnutzen der Gelegenheiten ist ausreichend[156]. Nicht jede der einzelnen beim Mobbing vorkommenden Verhaltensweisen muß – isoliert betrachtet – ehrverletzend sein, auch wenn das Mobbing des öfteren durch explizite Beleidigungen und (erwiesen) unwahre Tatsachenbehauptungen über Umfang und Qualität der Arbeit und damit bezüglich der persönlichen Eignung, Befähigung und fachlichen Leistung des Beamten (vgl. Art. 33 Abs. 2 GG) gekennzeichnet ist, um den betroffenen Amtswalter als fachlich und persönlich ungeeignet oder minderwertig darzustellen und ihn so auszugrenzen. Aber zumindest die Gesamtheit aller einzelnen Maßnahmen oder eine zusammenhängende Gesamtschau mehrerer zeitnaher Einzelhandlungen im konkreten Einzelfall, bei denen eine Konnexität

---

[153] Vgl. hierzu das richtungsweisende Urteil zum Schutz vor Mobbing des LAG Thüringen, Urteil vom 10. April 2001, Az. 5 Sa 403/2000 = NZA-RR 2001, 347 ff. = EzBAT § 8 BAT Persönlichkeitsrecht Nr. 19 = DB 2001, 1204 ff. = BB 2001, 1358 ff., das sich in insgesamt 14 Leitsätzen und in den Gründen intensiv mit dem Phänomen „Mobbing" und den daraus zu ziehenden rechtlichen Konsequenzen auseinandersetzt; *Benecke*, NZA 2003, 225 ff.; *Braun*, DÖD 2002, 265 ff.; *Wittinger-Hermann*, ZBR 2002, 337 ff.; OLG Stuttgart, NVwZ-RR 2003, 715 ff.

[154] *Schaub*, Arbeitsrechts-Handbuch[10], § 108, Rz. 57. Vgl. Pressemitteilung der dpa, veröffentlicht im Bonner General-Anzeiger vom 6. Dezember 2000, S. 39, die unter dem Titel „Vorgesetzte mobben am meisten" das folgende Ergebnis einer wissenschaftlich-empirischen Untersuchung wiedergibt: „70 Prozent aller Mobbing-Fälle gingen auf das Konto der Chefs und seien nicht dem ‚bösen Kollegen vom Schreibtisch nebenan' anzulasten. [...] Die Vorgesetzten im öffentlichen Dienst betrieben das schlimmste Mobbing."

[155] *Küttner/Reinicke*, Personalbuch[11], Mobbing, Rz. 1; *Schaub*, Arbeitsrechts-Handbuch[10], § 108, Rz. 57.

[156] Vgl. LAG Thüringen, DB 2001, 1204 ff. (Ls. Nr. 5) = BB 2001, 1358 ff. = NZA-RR 2001, 347 ff.

zu erkennen ist und die der ehrverletzenden, unter Umständen auch menschenwürdeverachtenden, und damit nicht von der Rechtsordnung gedeckten Zielsetzung des systematischen „Fertigmachens", der zielgerichteten nervlichen Zermürbung oder der Zersetzung der Persönlichkeit bis hin zu dessen Selbstmord dienen[157], bilden einen Tatbestand, der von der Fürsorge- und Schutzpflicht des Dienstherrn umfaßt ist, denn es geht nicht mehr um die Sache, sondern ausschließlich noch um die Person[158].

Ohne das Verhältnis der gemäß Art. 1 Abs. 1 GG geschützten Würde des Menschen zum Recht der persönlichen Ehre vorwegzunehmen, können auch achtungsunwürdige Verhaltensweisen aufgrund ihres zumeist ehrverletzenden Charakters die Verpflichtung zu Fürsorge und Schutz beim Dienstherrn auslösen. In der Praxis zeigt sich dies nahezu ausschließlich bei der Bundeswehr. Täter der entsprechenden Handlungen waren zumeist die soldatischen Vorgesetzten. Als menschenwürdeverachtendes und zugleich ehrverletzendes Verhalten durch Soldaten in Vorgesetztenstellung wurden jüngst von der Rechtsprechung z.B. folgende Konstellationen angesehen[159]: das Dulden oder Durchführen sog. Aufnahmerituale[160], bewußt demütigende Behandlung und Mißhandlung eines im Rahmen einer Gefechtsübung gemachten „Gefangenen" durch „Folter unter Beachtung des humanitären Völkerrechts"[161], sog. Bestrafungsrituale durch die Bekundung einer „Reuehaltung" durch den betroffenen Soldaten[162], das Richten einer zwar gesicherten, aber fertiggeladenen Pistole mit der Mündung auf den Kopf eines Soldaten[163], die wiederholte Frage eines Offiziers in Uniform an einen Wehrpflichtigen, ob dieser „Druck auf der Leitung" habe, um ihm dann später, als er bereits seinen Schlafanzug trug, im Dienstzimmer Pornohefte zu zeigen und am Oberschenkel zu berühren[164] sowie schließlich eine wegen wiederholter verbaler Entgleisungen und Handgreiflichkeiten in die Intim- und Persönlichkeitssphäre als brutal einzustufende Behandlung von zivilen Bundeswehrbediensteten[165].

Schließlich kommt auch sexuelle Belästigung als ehrverletzendes dienstinternes Verhalten in Betracht, sofern nicht das bereits genannte Beschäftigtenschutzgesetz (BSchuG) als lex specialis eingreift. Gemäß § 1 Abs. 2, Ziff. 2-4 BSchuG gilt dieses für sämtliche der vorliegend zu untersuchenden öffentlich-rechtlichen Dienst- und Treueverhältnisse. Allerdings hat der Dienstherr durch den Vorgesetzten gemäß § 4 BSchuG nur dann geeignete Maßnahmen zu treffen, wenn eine sexuelle Belästigung im Sinne von § 2 BSchuG vorliegt. § 2 Abs. 2 BSchuG definiert den Begriff der sexuellen Belästigung wie folgt: Sexuelle Belästigung am Arbeitsplatz ist jedes vorsätzliche, sexuell bestimmte Verhalten, das die Würde von Beschäftigten am Arbeitsplatz verletzt. Im Rahmen einer beispielhaften Auf-

---

157 Vgl. ebd., (Ls. Nr. 2).

158 Vgl. *Schütz/Schachel*, § 85 LBG NRW, Rz. 38 a.E.

159 Eine umfangreiche Auflistung einschlägiger Entscheidungen zu ehrverletzenden und menschenwürdeverachtenden Handlungen sowie den disziplinarrechtlichen Konsequenzen für den Täter findet sich bei: *Dau*, § 38 WDO, Anh. „Tätlichkeiten gegenüber sowie Beleidigung von Untergebenen", S. 409 ff.

160 BVerwG, NJW 2001, 2343 ff.

161 BVerwGE 113, 311 ff. = NJW 2000, 2913 f.

162 BVerwGE 113, 272 ff. = NVwZ-RR 1999, 321 ff. = ZBR 1999, 142 (Ls.) = NZWehrR 1999, 121 ff.

163 BVerwGE 113, 70 ff. = NVwZ-RR 1998, 320 f.

164 BVerwGE 113, 63 ff. = NVwZ-RR 1998, 118 ff. = NVwZ 1998, 542 (Ls.).

165 BVerwG, NVwZ-RR 2001, 43 f.

zählung werden sexuelle Handlungen und Verhaltensweisen, die von Strafvorschriften erfaßt werden, sonstige sexuelle Handlungen und Aufforderungen zu diesen, sexuell bestimmte körperliche Berührungen, Bemerkungen sexuellen Inhalts sowie das Zeigen und sichtbares Anbringen von pornographischen Darstellungen benannt, die von den Betroffenen abgelehnt werden. Diese bewußt beispielhaft gehaltene Aufzählung ist nicht abschließend. Gleichwohl müssen andere Fallgruppen wertungsmäßig vergleichbar sein, um die Normanforderungen zu erfüllen.

Nicht alle, aber ein Großteil der sexuellen Belästigungen sind im Sinne von § 2 Abs. 2 BSchuG würdeverletzend, aber zumindest sind sie ehrkränkend, so daß diese dann doch wieder von der hier zu untersuchenden beamtenrechtlichen Fürsorgepflicht erfaßt werden. Dasselbe gilt schließlich für fahrlässige sexuelle Belästigungen, die ebenfalls nicht von § 2 Abs. 2 BSchuG erfaßt werden. Aus § 6 BSchuG ergibt sich schließlich für die (Berufs- und Zeit-)Soldaten, sowie aus den genannten Gründen für die Wehr- und Zivildienstleistenden, daß die Vorschriften des SoldG unberührt mit der Folge bleiben, daß für diese Dienst- und Treueverhältnisse die genannten Vorschriften des §§ 10 Abs. 3, 31 SoldG und damit die dort verankerte Fürsorgepflicht gilt. Insoweit ist von einem Nebeneinander beider gesetzlicher Regelungen auszugehen, was sich auch daran zeigt, daß regelmäßig Urteile des Bundesverwaltungsgerichts[166] bezüglich sexueller Belästigungen von Soldatinnen durch Vorgesetzte unter ausdrücklicher Bezugnahme auch auf § 10 Abs. 3 SoldG und damit im Ergebnis unter Anwendung der dahinterstehenden und zu untersuchenden beamtenrechtlichen Fürsorge- und Schutzpflicht ergehen.

3. Opfer bzw. Betroffener der ehrenrührigen Verhaltensweise unter Berücksichtigung der unterschiedlichen Rechtsebenen im Beamtenrecht

Damit nun entsprechende ehrverletzende Verhaltensweisen dienst- bzw. beamtenrechtliche Relevanz entfalten, muß wiederum zwischen mehreren möglichen Fallkonstellationen unterschieden werden, die sich zwangsläufig aus dem beamtenrechtsimmanenten Dualismus von Amtswalter und Amt sowie dem Umstand ergeben, daß der Beamte heutzutage unbestritten – mit Ausnahme der Amtstätigkeit – als Träger eigener Rechte anzusehen ist: Als Opfer einer Ehrverletzung kommt daher entweder der Beamte als Privatperson oder gerade in seiner Eigenschaft als Amtswalter in Betracht. Da jeder Amtswalter aber auch ein Amt ausfüllt und ausübt, kann aber auch dieses Amt oder die Amtsführung bzw. Amtsausübung durch ihn betroffen sein. Schließlich ist jedes Amt einer Behörde, einem Gericht oder einer sonstigen Institution und damit einer juristischen Person des öffentlichen Rechtes im Rahmen der unmittelbaren oder mittelbaren Staatsverwaltung zugeordnet, so daß diese neben dem Staat im allgemeinen auch mögliche Opfer einer Ehrverletzung darstellen.

Die dienstrechtliche Relevanz und damit ein Anspruch des Beamten gegen seinen Dienstherrn auf Fürsorge und Schutz lassen sich zunächst für zwei mögliche Opferkonstellationen verneinen. So handelt es sich, wenn der Amtswalter ausschließlich als Privatperson betroffen ist, um ein rein „privates Problem" zwischen dem Beamten und dem

166 Vgl. aus der jüngeren Zeit: BVerwG, NVwZ-RR 2001, 43 f.; BVerwGE 113, 279 ff. = NVwZ 1999, 659 ff. = NZWehrR 1999, 78 ff. = ZBR 1999, 343 ff.; BVerwGE 113, 290 ff.; 103, 252 ff.

ehrverletzenden Störer, das den Dienstherrn überhaupt nicht betrifft. Wenn hingegen ausschließlich der Dienstherr selbst oder die Behörde betroffen ist, hat dies keine unmittelbaren Auswirkungen auf die Rechtssphäre des Beamten, so daß sich auch hier kein beamtenrechtlicher Anspruch gegen den Dienstherrn gegeben ist.

Damit verbleiben noch drei mögliche Fallkonstellationen für ehrenrührige Handlungen, so daß es nun gilt, durch Beantwortung folgender Frage die Voraussetzungen für das Vorliegen einer dienstrechtlichen Relevanz darzustellen: Wann sind der Beamte als Person, das vom Beamten ausgeführte und ausgefüllte Amt oder schließlich seine Amtsführung auch oder nur betroffen? Die Antwort hierauf muß mehrere Aspekte des Beamtenverhältnisses untersuchen, insbesondere die Abgrenzung von unterschiedlichen Rechtsebenen innerhalb dieses Statusverhältnisses berücksichtigen. Diese bestimmen nämlich, ob der Amtswalter überhaupt Rechte und damit auch seinen Ehrenschutzanspruch als Erfüllungsanspruch dem Dienstherrn gegenüber geltend machen kann, und danach richten sich im folgenden auch die verwaltungsgerichtlichen Klagemöglichkeiten sowie die primärrechtlichen Folge- und Sekundäransprüche des Beamten.

a.) Beamtenstatus und grundsätzliche Geltendmachung von Rechtsansprüchen

Ausgangspunkt für die Geltendmachung von Rechten durch den Beamten ist sodann der heute noch verwandte und von *Otto Mayer* begründete Terminus des „besonderen Gewaltverhältnisses" oder die synonymen Begriffe des „besonderen Pflichtenverhältnisses", des „Sonderrechtsverhältnisses", des „Sonderstatusverhältnisses" oder des „Sonderverhältnisses", in das der Beamte kraft seines Status eingebunden ist. Nach früherer Auffassung (sog. Impermeabilitätstheorie) konnte der Amtswalter im „besonderen Gewaltverhältnis" aufgrund seiner Zugehörigkeit zum Staat, wenn überhaupt, nur sehr eingeschränkt seine (Grund-)Rechte geltend machen. Diese Frage hat seit der sogenannten Strafvollzugsentscheidung des Bundesverfassungsgerichts aus dem Jahre 1972[167] nur noch rein historische Bedeutung. Fraglich ist in diesem Zusammenhang heute bei anerkannter Geltung der Grundrechte nur noch, in welchem Wirkungsumfang und mit welcher verwaltungsgerichtlichen Klageart die Beamten, Richter, Soldaten, Strafgefangenen, Schüler und sonstigen Anstaltsunterworfenen ihre Rechte und damit auch ihre Grundrechte wahrnehmen und durchsetzen können, wenn diese im Einzelfall mit ihrem jeweiligen Sonderstatus kollidieren[168]. Für die Wehr- oder Ersatzdienstleistenden ergibt sich dieses Ergebnis bereits aus Art. 17a Abs. 1 GG, der rechtslogisch die Geltung der Grundrechte in diesem öffentlich-rechtlichen Dienst- und Treueverhältnis voraussetzt. Es ist daher heute unstreitig, daß die Eingliederung eines Amtswalters in die Organisationsstruktur seines Dienstherrn und dessen gleichzeitige Qualität als Bürger, der seine (Grund-)Rechte, z.B. mittels des Fürsorgepflichtanspruchs, gegenüber dem Staat geltend machen kann[169], keine statische sondern eine bereichsdifferenzierte Bewertung der Rechtssphären innerhalb des Beamtenstatus erfordert, um die beiden genannten Aspekte zutreffend rechtlich umzusetzen.

---

[167] BVerfGE 33, 1 (10 ff.).

[168] Vgl. *Loschelder*, HdbStR, § 123, Rz. 7.

[169] *Schmidt-Bleibtreu-Klein*[9], Art. 33 GG, Rz. 34; vgl. hierzu BVerfGE 39, 334 (366 f.).

b.) Zweiteilung unter Berücksichtigung der ehrenschutzrechtlichen Konstellationen

Dies führt zu der von *Ule* in das Beamtenrecht eingeführten, grundlegenden Unterscheidung von Grundverhältnis und Betriebsverhältnis[170] als zwei Ebenen des Beamtenverhältnisses, der auch das Bundesverwaltungsgericht[171] und Teile der Literatur unverändert[172] oder modifiziert[173], aber jedenfalls gemeinsam als herrschende Meinung anhängen. Das sog. Grundverhältnis ist betroffen, wenn es sich um die individuell-persönlichen Rechte des Beamten als eigenes Rechtssubjekt handelt. Teilweise wird hierbei zwischen außerdienstlichen und innerdienstlichen Bereich unterschieden[174]. Das sog. Betriebsverhältnis hingegen bezieht sich auf Maßnahmen gegenüber dem Beamten als Angehörigem der Behörde und als Glied der Verwaltungsorganisation. Ansprüche des Amtswalters auf Fürsorge und Schutz lassen sich genauso wie Abwehransprüche gegen ihn belastende Verwaltungsakte bei dieser Zweiteilung nur dem Grundverhältnis zuordnen, auch wenn die Terminologie der herrschenden Meinung auf Abwehransprüche und nicht auf Leistungsansprüche zugeschnitten wurde. Problematisch ist aber die Zuordnung zu einer der beiden Ebenen bei dem hier zu untersuchenden Ehrenschutz des Beamten. Wenn der Amtswalter als eigenes Rechtssubjekt und Person und damit auch das sog. Grundverhältnis betroffen wäre, so daß er einen dienstrechtlichen Anspruch hätte, dürfte nicht auch das Amt oder seine Amtsführung (vgl. § 194 Abs. 3 S. 1 StGB) betroffen sein, da er dann auch als Angehöriger der Behörde anzusehen wäre und damit Teil des Staates wäre. Aufgrund des Dualismus von Amt und Amtswalter wäre nach dieser Zweiteilung sodann aber das Betriebsverhältnis betroffen, in dem aber grundsätzlich keine Ansprüche des Beamten gegen den Dienstherrn möglich sind. Daran wird deutlich, daß sich mit dieser Zweiteilung nicht alle Aspekte des Beamtenrechtsverhältnisses genau erfassen lassen, da die hier zu untersuchenden Fallkonstellationen bezüglich des beamtenrechtlichen Ehrenschutzes „irgendwie dazwischen" zu liegen scheinen, so daß die Zweiteilung zurecht als „zu undifferenziert"[175] angesehen wird.

c.) Dreiteilung unter Berücksichtigung der ehrenschutzrechtlichen Konstellationen

Isensee[176] und, ihn aufgreifend, *Stern*[177] plädieren daher für eine Dreiteilung der Rechtssphären im Beamtenrecht, um die bereichsdifferenzierte Geltung der Grundrechte des Amtswalters umzusetzen, deren Nutzen sich gerade in der hier zu untersuchenden Ehrenschutzproblematik zeigen wird. Die drei voneinander zu unterscheidenden Rechts-

---

170 *Ule*, VVDStRL 15 (1957), 133 (151 ff.).

171 BVerwGE 14, 84 ff.; 16, 343 ff.; 29, 19 ff.; 39, 192 (218); 42, 79 (82 ff.); 60, 146 ff.; 62, 173 ff.; 65, 270 ff.

172 *Schenke*[13], Anh. § 42 VwGO, Rz. 68; *Stern*, Verwaltungsprozessuale Probleme[8], Rz. 225; *ders.*, StaatsR I[2], § 11 IV 3, S. 377 f.; *Strunk*, Beamtenrecht[3], Rz. 376; *Wolff-Bachof-Stober*, Verwaltungsrecht, Band 1[11], § 32, Rz. 30 und Verwaltungsrecht, Band 2[6], § 45, Rz. 82; *Schnellenbach*, ZBR 1992, 257 (261).

173 *Maurer*, Allgemeines Verwaltungsrecht[14], § 9, Rz. 28 und § 21, Rz. 41; *Redeker-von Oertzen*[13], § 42 VwGO, Rz. 71 ff.; *Schmitt Glaeser-Horn*, Verwaltungsprozeßrecht[15], Rz. 43; *Schenke*, JuS 1982, 905 (909 f.); *ders.*, Fälle zum Beamtenrecht[2], S. 113; *Leuze*, ZBR 1998, 187 (189).

174 *Sachs/Battis*[3], Art. 33 GG, Rz. 75; *Leuze*, ZBR 1998, 187 (189); *Battis*, Beamtenrecht[2], § 31, Rz. 27.

175 *Schwabe*, FS Quaritsch, S. 333.

176 *Isensee*, HdbVerfR[2], S. 1567 ff., Rz. 80 ff.

177 *Stern*, StaatsR III/1, § 74 III 5, S. 1386 f.

ebenen des Beamtenverhältnisses sind der Amtsbereich, das Dienstverhältnis und der Privatbereich[178]. Im Amtsbereich ist der Beamte stets grundrechtsunfähig, da er als Amtswalter im Rahmen der Erfüllung öffentlicher Aufgaben und Staatsfunktionen ausschließlich Grundrechtsverpflichteter gemäß Art. 1 Abs. 3 GG ist. Bezogen auf den Untersuchungsgegenstand ist daran zu erinnern, daß es daher keine grundrechtlich geschützte Amtsehre gibt, da aufgrund der Grundrechtsunfähigkeit im Amtsbereich dieses vermeintliche Rechtsgut nicht existieren kann[179]. Im Dienstverhältnis ist der Beamte, soweit seine persönliche Rechtsstellung betroffen ist, grundsätzlich Grundrechtsträger. Jedoch muß er sich durch die hergebrachten Grundsätze des Berufsbeamtentums gemäß Art. 33 Abs. 5 GG[180] und durch sonstige grundrechtliche Gesetzesvorbehalte Beschränkungen gefallen lassen, die sich aus der legitimen Zwecksetzung und der Funktionsgewährleistungspflicht der öffentlichen Verwaltung ergeben und dem Übermaßverbot genügen, die also geeignet, erforderlich und angemessen sind. Dieser Grundrechtsschutz im Dienstbereich „führt jedoch nicht dazu, daß die Funktionsfähigkeit der Exekutive dem Privatinteresse des Beamten geopfert wird oder nur mit knapper Not aufrechterhalten werden kann“[181]. Um die Grundrechte seiner Bürger effektiv zu schützen (Art. 1 Abs. 3 GG), benötigt der Staat bei seinen Bediensteten Grundrechtsbeschränkungen, oder als kurze Grundregel zusammengefaßt: soviel Staat wie nötig und trotzdem soviel grundrechtliche Freiheiten wie möglich. Im Privatbereich, also außerhalb des Amtes und des Dienstes, ist der Beamte allerdings Grundrechtsträger wie jeder andere Bürger auch. Bis auf einige wenige dienstliche Nachwirkungen im Privatbereich, wie die Verschwiegenheitspflicht, die selbstverständlich die Meinungsfreiheit (Art. 5 Abs. 1 GG) einschränkt, ist der Beamtenstatus hinsichtlich seines Ehrenschutzes unbeachtlich, und der Beamte genießt dieselben Rechte und denselben Ehrenschutz wie jeder andere Private auch.

d.) Kritische Würdigung der Rechtssphären im Beamtenrecht

Die dreifache Unterteilung der Rechtssphären des Beamten wird allerdings von Teilen der Literatur kritisiert, nachdem sich mittlerweile auch ein Gericht, namentlich das Oberverwaltungsgericht Koblenz[182], dieser Dreiteilung angeschlossen hat. Die dogmatische Notwendigkeit der pauschalen Einführung einer zusätzlichen neuen dritten Ebene sei nicht nachvollziehbar, sondern sogar überflüssig und irreführend[183]. Insbesondere bleibe es unerfindlich, inwieweit ein substantieller Unterschied zwischen dem Dienstverhältnis und dem Amtsbereich bestehe. Aufgrund der unstreitigen Geltung der Grundrechte im Beamtenverhältnis sei auf eine zweidimensionale Ebene zu schließen. Entweder könne sich

---

[178] Diese Unterteilung wird auch von *Loschelder*, HdbStR, § 123, Rz. 43 aufgegriffen. Er lehnt allerdings jegliche Schematisierung aufgrund der Unteilbarkeit der Person des Beamten ab, so daß seiner Meinung nach alle Rechtssphären in ihrer Gesamtheit zu sehen sind.

[179] *Isensee*, Grundrecht auf Ehre, S. 24. Siehe auch die Ausführungen ab S. 4 dieser Untersuchung.

[180] Durch Sonderregelungen für Richter (Art. 97, 98 GG), Hochschullehrer (Art. 5 Abs. 3 GG) und Religionslehrer (Art. 7 Abs. 2 GG) erfolgt insoweit eine modifizierte Geltung des Art. 33 Abs. 5 GG.

[181] *Isensee*, HdbVerfR^2, S. 1570, Rz. 84.

[182] OVG Koblenz, ZBR 1995, 121 ff. = NVwZ-RR 1995, 342 f. = DÖD 1996, 92 ff.

[183] *Leuze*, ZBR 1998, 187 (189): Allerdings wird dieses Verdikt inhaltlich nicht begründet, sondern lediglich als Konsequenz aus der fallbezogenen und nicht konsequenten Argumentation des OVG Koblenz zur rechtlichen Qualität der ausgesprochenen Mißbilligung (einfach oder qualifiziert) gezogen.

der Beamte auf seine Grundrechte vollumfänglich oder aufgrund des Beamtenstatus und seiner Beamtenpflichten nur eingeschränkt auf Grundrechte berufen. Dies könne besser durch Fallgruppenbildung als durch die pauschale Einführung einer dritten Ebene erfolgen. Ausgehend von der maßgeblichen Erkenntnis, daß die Doppelstellung des Beamten als Amtswalter und Grundrechtsträger nicht teilbar sei, könne sich die subjektive Rechtsposition sehr wohl im Amtsbereich behaupten. Es sei daher festzustellen, daß die Frage des Schutzbereichs eines Grundrechts, auch bei Beamten, sich allein am Grundrecht selbst orientieren müsse und nicht von der Zuordnung einer Tätigkeit zu einem bestimmten Bereich abhängen dürfe. Dies würde sonst zu einer Art. 1 Abs. 3 und Art. 19 Abs. 4 GG widersprechenden Aushöhlung der Grundrechte führen, denn die Zuordnung eines bestimmten Sachverhalts zum Amtsbereich führte dann automatisch zur Grundrechtsunfähigkeit des Beamten[184].

Dieser grundsätzlichen Kritik an der Dreiteilung der Rechtssphären ist vorliegend (unabhängig von der Notwendigkeit für das Oberverwaltungsgericht Koblenz im konkret zu entscheidenden Fall die Dreiteilung überhaupt aufzugreifen) entgegenzutreten. Ausgangspunkt ist zunächst, daß die Zweiteilung in Betriebs- und Grundverhältnis für die Abwehr belastender Maßnahmen und nicht für die Geltendmachung von Ansprüchen auf begünstigende Handlungen konzipiert wurde. Die herrschende Meinung übersieht zudem hierbei die grundsätzliche Möglichkeit, daß in besonderen Konstellationen, bei denen nach ihrer Ansicht das Betriebsverhältnis betroffen wäre, sehr wohl die subjektive Rechtsstellung des Beamten berührt sein kann[185], d.h. sie muß trotz einer Zuordnung zum Betriebsverhältnis die Grundrechte des Beamten berücksichtigen. Zur sachgerechten Erfassung solcher Konstellationen ist aber die starre Abgrenzung wie bei der Zweiteilung nicht hilfreich.

Isensee und *Stern* zeigen hingegen bei ihrer Dreiteilung der Rechtssphären zutreffend auf, daß der Beamte mit Ausnahme des Amtsbereichs in allen sonstigen Situationen Grundrechtsträger ist, wovon auch die Geltendmachung von Leistungsansprüchen umfaßt ist. Je stärker die persönliche Rechtsstellung eines Amtswalters betroffen ist, und um so weniger die Funktionsgewährleistungspflicht einer Exekutive durch den Staat als gegenläufiges Prinzip tangiert ist, desto geringer muß eine Grundrechtsbeschränkung beim Beamten ausfallen. Aber selbst im Privatbereich ist z.B. die gemäß Art. 11 GG geschützte Freizügigkeit des Beamten durch eine Residenzpflicht am Dienstort eingeschränkt, d.h. im Privatbereich gilt in Umkehr zu obiger Grundregel: so wenig Grundrechtsbeschränkung durch den Staat wie nötig, so viel Grundrechtsfreiheit wie möglich[186].

Im Gegensatz zum Betriebsverhältnis bei der Zweiteilung nach der herrschenden Meinung wird der Amtsbereich bei der Dreiteilung im Sinne von *Isensee* und *Stern* auf den notwendigen Kern reduziert, in dem der Beamte ausschließlich Amtswalter und damit Teil der Exekutive und des Staates ist, der gemäß Art. 1 Abs. 3 GG ausschließlich grundrechtsverpflichtet ist. In der hieraus folgenden Grundrechtsunfähigkeit liegt auch der substantielle Unterschied zwischen dem Amts- und dem Dienstbereich. Diese Dreiteilung hat somit auch den Vorteil, daß sie bei einer Zuordnung zum Amtsbereich keine

---

184 *Rogosch*, DÖD 1996, 81 (82 f.).

185 Vgl. *Schenke*, Fälle zum Beamtenrecht^2, S. 113.

186 *Isensee*, HdbVerfR^2, S. 1570, Rz. 85; *Stern*, StaatsR III/1, § 74 III 5, S. 1387.

Ausnahmen mehr wie die Zweiteilung bei einer Zuordnung zum Betriebsverhältnis machen muß und dadurch in den beiden anderen Rechtssphären (Dienst- und Privatbereich) – bei unstreitiger Geltung der Grundrechte des Beamten – im Kollisionsfall Grundrechtsbeschränkungen je nach dem Ergebnis der Abwägung zulässt. Der Dienst- und der Privatbereich sind daher auch als eigenständige Kategorien herauszustellen. Im ersten Fall ist der Beamte bei (eingeschränkter) Grundrechtsgeltung noch dem Staat zuzuordnen, während er im letzten Fall grundsätzlich als ein voll grundrechtsfähiger Bürger wie jeder andere auch anzusehen ist und nur „gewisse Nachwirkungen" aus dem Beamtenstatus hinnehmen muß. Dies wird auch durch die Ansicht des Bundesverfassungsgerichts unterstützt, wonach beim Beamten zwei Grundsatzentscheidungen des Grundgesetzes, nämlich die Garantie eines für die Erhaltung der freiheitlichen demokratischen Grundordnung unentbehrlichen Beamtenkörpers und die Garantie der individuellen Freiheitsrechte, kollidieren würde. Das Kollisionsproblem sei hiernach dadurch zu lösen, daß nur solche Grundrechtsbeschränkungen zulässig seien, die für die Erhaltung eines intakten Beamtentums und die pflichtgemäße Amtswahrnehmung unerlässlich seien[187]. Bei der Zweiteilung wurden diese Kategorien mittlerweile teilweise übernommen, indem beim Grundverhältnis zwischen innerdienstlichem und außerdienstlichem Bereich unterschieden wird[188], womit sich die Theorien angenähert haben. Insgesamt ergibt sich hieraus, daß der Dienst- und der Privatbereich im Sinne der Dreiteilung die beiden Eckpunkte eines Bereichs sind, in dem es bei einer Kollision von Beamtenstatus und Grundrechtsberechtigung abzuwägen gilt[189]. Dies hat sogar gegenüber der von den Kritikern geforderten Fallgruppenbildung den dogmatischen Vorteil, daß die zu erfolgende Abwägung wesentlich flexibler und einzelfallbezogen angewandt werden kann, ohne daß ein Ergebnis derselben schon durch die Zuordnung zu einer Fallgruppe determiniert wäre.

Schließlich ist der Vorwurf einer Art. 1 Abs. 3 und Art. 19 Abs. 4 GG widersprechenden Aushöhlung der Grundrechte unberechtigt, da weder im Dienst- noch im Privatbereich der Schutzbereich der Grundrechte des Beamten schon durch eine Zuordnung zum jeweiligen Bereich begrenzt wird, denn *Isensee* und *Stern* gehen gerade in beiden Bereichen, wie die herrschende Meinung bei ihrem Grundverhältnis, von einer Geltung der Grundrechte aus. Diese können nur je nach tangiertem Bereich im Kollisionsfall in ihrer Ausübung bzw. in der Art und Weise ihrer Wirkung[190] unterschiedlich beschränkt werden[191], d.h. der Beamtenstatus führt dann erst auf der Schrankenebene zu einer entsprechenden Grundrechtsbeschränkung, so daß der Schutzbereich der Grundrechte des Beamten gar nicht angetastet wird.

Besonders deutlich wird der Vorteil der Dreiteilung bei den vorliegend zu untersuchenden Fallkonstellationen des beamtenrechtlichen Ehrenschutzes. Etwaige ehrenrührige Verhaltensweisen zu Lasten eines Beamten gehen über den reinen Amtsbereich und die damit verbundene ausschließliche Zuordnung zum Staat hinaus, wenn mit einer

---

187 BVerfGE 39, 334 (366 f.); *Leuze*, ZBR 1998, 187 (190); *Schmidt-Bleibtreu-Klein*[9], Art. 33 GG, Rz. 34.

188 *Sachs/Battis*[3], Art. 33 GG, Rz. 75.

189 Zu einem ähnlichen Ergebnis gelangt auch *Loschelder*, HdbStR, § 123, Rz. 43, da er aufgrund seiner Ablehnung jeglicher Schematisierung stets zu einer Abwägung von Grundrecht und Sonderstatus gelangt.

190 *Loschelder*, HdbStR, § 123, Rz. 7.

191 *Stern*, StaatsR III/1, § 74 III 5, S. 1388.

Ehrverletzung ein personales Substrat verbunden ist. Auch wenn das Amt oder die Amtsführung (vgl. § 194 Abs. 3 S. 1 StGB) betroffen sein sollten, ist aufgrund des Dualismus von Amt und Amtswalter dieses personale Substrat gegeben. Dies bedeutet, daß der Ehrenschutzanspruch hiernach dem Dienstbereich zuzuordnen ist, was sich im übrigen auch daraus ergibt, daß der Beamte seine Rechte und Grundrechte geltend machen soll, was ihm aber im reinen Amtsbereich im Sinne von *Isensee* und *Stern* nach obigen Ausführungen unmöglich ist. Die herrschende Meinung mit ihrer Zweiteilung hat bei den zu untersuchenden Fallkonstellationen nur zwei, jeweils nicht überzeugende Alternativen: In dem einen Fall ordnet sie die Ehrverletzung unter Mißachtung des personalen Substrats aufgrund des Betroffenseins von Amt oder Amtsführung dem Betriebsverhältnis zu, da der Amtswalter als Teil der Verwaltungsorganisation betroffen ist und müßte dann, um den Ehrenschutzanspruch kraft Fürsorgepflicht zu begründen, eine Ausnahme von der grundsätzlichen Grundrechtsunfähigkeit machen. In dem anderen Fall ordnet sie die Ehrverletzung wegen des personalen Substrats, aber unter Mißachtung des Betroffenseins von Amt oder Amtsführung, dem Grundverhältnis zu, um so den Fürsorgepflichtanspruch zu begründen. Bei diesen Alternativen wird aber jeweils ein Aspekt der Ehrverletzung ausgeblendet, was nicht gerade überzeugend ist. Die Dreiteilung vermeidet hingegen dieses verwirrende Ergebnis, indem sie mit der Zuordnung zum Dienstverhältnis alle Aspekte einer ehrenrührigen Handlung hinsichtlich des Ehrenschutzanspruchs berücksichtigt.

Somit ist abschließend der Dreiteilung der Rechtssphären im Beamtenrecht im Sinne von *Isensee* und *Stern* mit der Konsequenz zu folgen, daß das Recht der persönlichen Ehre des Amtswalters mit dessen Sonderstatus bei der Geltendmachung des Ehrenschutzanspruchs kraft Fürsorgepflicht des Dienstherrn abzuwägen ist, was sich vorliegend auf der Rechtsfolgenseite, namentlich bei der Ausübung des dem Dienstherrn eingeräumten Ermessensspielraums, zeigen wird[192].

e.) Schlußfolgerungen für die zu untersuchenden ehrenschutzrechtlichen Konstellationen

Die bereits aufgeworfene Frage bezüglich des beamtenrechtlichen Ehrenschutzes und des sich hieraus ergebenden Anspruchs gegenüber dem Dienstherrn aufgrund dessen Fürsorgepflicht läßt sich daher mit Hilfe der Terminologie im Sinne der Dreiteilung wie folgt simplifizieren: Wann ist das Dienstverhältnis des ehrverletzten Beamten betroffen? Wie bereits dargestellt läßt sich dies nur durch eine – unter Umständen schwierige – Auslegung der ehrenrührigen Handlung und Bestimmung ihrer Finalität ermitteln, wobei durchaus mehrere Rechtsebenen im Sinne der Dreiteilung betroffen sein können[193]. Wichtig ist in diesem Zusammenhang, daß definitiv auszuschließen ist, daß ausschließlich der Amtsbereich oder ausschließlich der Privatbereich berührt sind. Diese Negativbestimmung erweist sich hier als sinnvoll, da es häufig schwierig ist, positiv festzustellen, welche Ebene(n) konkret durch die ehrenrührige Handlung betroffen ist/sind.

Ein dienstlicher Bezug fehlt nach obigen Ausführungen jedenfalls definitiv dann, wenn der Beamte bei Ehrverletzungen nur als Privatperson betroffen oder ausschließlich das

---

192 Siehe hierzu die Ausführungen ab S. 130 dieser Untersuchung.

193 Vgl. hierzu den kursorischen Problemaufriß bei *Schwabe*, FS Quaritsch, S. 339, der allerdings das Problem lediglich aus grundrechtlicher Sicht, sub specie eines grundrechtlichen Abwehranspruchs, darstellt.

außerdienstliche Verhalten gemeint ist, ohne daß dies auf seine dienstliche Stellung durchschlägt. Dies ist beispielsweise der Fall, wenn der Beamte Ehrkränkungen eines Störers z.B. beim Einkaufen ausgesetzt ist. Entscheidend für ein Betroffensein der Privatsphäre ist, daß der Beamte als Privatperson vom ehrkränkenden Störer getroffen werden soll. Nicht maßgeblich ist hingegen z.B. der Ort, an dem die Ehrkränkung erfolgt. So kann beispielsweise eine Ehrkränkung in der Dienststelle die Privatsphäre und eine Ehrkränkung im Urlaub das Dienst- oder Amtsverhältnis betreffen. Sofern hiernach der Privatbereich im Sinne der Dreiteilung betroffen ist, ergibt sich keine besondere ehrenschutzrechtliche Stellung für den Beamten. Er sich kann entweder des jedem Bürger zur Verfügung stehenden – durch die einschlägige Rechtsprechung des Bundesverfassungsgerichtes allerdings zurückgedrängten – zivil- und strafrechtlichen Instrumentariums bedienen oder er muss sich überlegen, die Ehrverletzung hinzunehmen, um sich nicht auch noch als sog. „Prozeßhansel" vom ehrangreifenden Störer bezeichnen zu lassen.

Ebenso fehlt der dienstliche Bezug vollständig, wenn ausschließlich die hinter dem Beamten stehende juristische Person des öffentlichen Rechts Opfer des Ehrangriffs ist[194] oder nur das Verwaltungshandeln als solches durch ehrenrührige Handlungen angegriffen oder kritisiert wird, ohne daß ein personales Substrat vorliegt. Bei beiden Varianten ist das Dienstverhältnis nicht betroffen. Die erstgenannte Variante ist – vorbehaltlich der jeweiligen konkreten Umstände im Einzelfall – dann gegeben, wenn z.B. die Bundeswehr als „Terrorgemeinschaft" bezeichnet wird, während die letztgenannte Variante vorliegt, wenn z.B. ein ablehnender Bescheid einer Kommunalverwaltung als „Stasi-Methode"[195] oder als „Gestapo-Methode"[196] bezeichnet wird, Politessen „Raubrittertum" vorgeworfen wird oder der Platzverweis durch einen Polizeivollzugsbeamten mit einschlägigen Schimpfwörtern bedacht würde. Hier wird dann lediglich das funktionale Verwaltungshandeln, z.B. in Form des Verwaltungsakts, eines Urteils oder eines Polizeieinsatzes, als solches kritisiert, das aber der jeweiligen Behörde insgesamt und damit als Teil der Exekutive, aber nicht dem konkret handelnden Amtswalter, zugerechnet wird. Gleiches gilt etwa, wenn einem Ermittlungsrichter vorgeworfen wird, die von ihm angeordneten Telefonüberwachungsmaßnahmen seien (objektiv) willkürlich[197]. Bei der Auslegung ist genau zu differenzieren, um der in § 194 Abs. 3 StGB zugrunde gelegten gesetzgeberischen Wertung, daß die Beleidigung des Amtsträgers wegen seiner Amtsführung nicht notwendig eine solche der Behörde mitenthält und umgekehrt, nicht zu widersprechen[198]. Wenn in den genannten Fällen ausschließlich der Amtsbereich im Sinne der

---

194 Für einen Anspruch kraft Fürsorgepflicht ist auch dann an dem Erfordernis eines personalen Substrats (persönlicher Angriff oder Individualisierbarkeit) festzuhalten. Der vom BGH in BGHSt 36, 83 (89) eingeführten Kategorie der „Beleidigung unter einer Kollektivbezeichnung" ist daher zuzustimmen, da sie es ermöglicht, trotz oder besser wegen der Kollektivbezeichnung ein personales Substrat argumentativ zu ermitteln. Inwieweit sich der Injuriant zumindest wegen Kollektivbeleidigung einer Behörde oder öffentlich-rechtlichen Institution strafbar gemacht haben könnte (vgl. § 194 Abs. 3 S. 2 StGB), braucht daher nicht dargestellt zu werden: bejahend *Schönke-Schröder/Lenckner*[26], Vorbem. §§ 185 ff. StGB, Rz. 3; *Tröndle-Fischer*[51], § 185 StGB, Rz. 18; ablehnend *Gounalakis*, NJW 1996, 481 (483) und *Fischer*, JZ 1990, 68 ff.

195 OLG Koblenz, NStZ-RR 2000, 44; BVerwG, NVwZ 1998, 403 ff. = ZBR 1998, 242 ff.

196 BVerfG, NJW 1992, 2815 f. = StV 1992, 268 ff.; LG Hechingen, NJW 1984, 1766 f.

197 OLG Düsseldorf, NJW 1998, 3214 (3215).

198 BGH, NJW 1983, 1183 (1184); *Schönke-Schröder/Lenckner*[26], § 194 StGB, Rz. 10 ff.

Dreiteilung betroffen ist, kann der Beamte als inkorporierter Teil der Exekutive und damit gemäß Art. 1 Abs. 3 GG als Grundrechtsverpflichteter dem Dienstherrn gegenüber keine Rechte und damit auch keinen Ehrenschutzanspruch geltend machen.

Teilweise wird diese Abgrenzung zusätzlich durch die Einführung des Begriffs einer Amtsehre[199] erschwert, die durch die inkriminierten Handlungen verletzt sein könnte. Diese ist aber lediglich ein funktionsbezogenes Rechtsgut bzw. – deutlicher formuliert – kein persönliches Rechtsgut, das auch nicht durch die Fürsorgepflicht eines Dienstherrn geschützt werden muß, so daß diese Begrifflichkeit für die zu untersuchenden Ehrenschutzkonstellationen unbrauchbar ist[200]. Bei der allgemeinen Beamten- oder Bürokratenschelte mangelt es üblicherweise auch an einem personalen Substrat, so daß auch hier kein dienstrechtlicher Anspruch eines Beamten, der sich vermeintlich betroffen oder verletzt fühlt, gegeben ist.

In den anderen Fällen, in denen also ein personales Substrat vorhanden ist, ist zumindest auch oder ausschließlich der Dienstbereich betroffen. Dies kann dann der Fall sein, wenn die Ehrverletzung auf die Person des Beamten durchschlägt, seine konkrete Art der Dienstausführung, seine Stellung als Beamter oder das durch ihn ausgefüllte Amt betroffen ist, z.B. wenn das rechtmäßige Kassieren von Bußgeldern als „Bullen-Abzocke" bezeichnet wird, da hier nicht nur mit dem Wort „Abzocke" das Verwaltungshandeln, sondern auch der handelnde Beamte als „Bulle" ehrverletzend beschimpft und als Tier bezeichnet wird.

Zusammenfassend ist also die dienstrechtliche Relevanz ehrenrühriger Handlungen für den Dienstherrn dann gegeben, wenn das Dienstverhältnis eines Beamten im Sinne der Dreiteilung von *Isensee* und *Stern* auch oder nur betroffen ist.

4. Adressatenkreis der ehrenrührigen Verhaltensweise

Schließlich muß die ehrenrührige Verhaltensweise Außenwirkung erlangen und auch von mindestens einer anderen Person tatsächlich wahrgenommen worden sein, oder von dieser zumindest potentiell wahrgenommen werden können, da allein entsprechende Vorstellungen, Ansichten oder Animositäten des ehrenrührig Handelnden keine rechtlichen Konsequenzen nach sich zu ziehen vermögen. Genauer betrachtet kommen beim Adressatenkreis der Ehrkränkung ebenso wie beim Täterkreis mehrere Möglichkeiten in Betracht: der Amtswalter selbst, die Öffentlichkeit im allgemeinen (z.B. durch Presseerklärungen oder Medienberichte) oder der Dienstherr oder die Behörde des Beamten.

Zunächst einmal kann die Ehrverletzung direkt dem Beamten selbst gegenüber ergehen. Prädestiniert betroffen sind hierbei Amtswalter mit starkem Öffentlichkeitsbezug wie Polizeivollzugsbeamte, Gerichtsvollzieher oder Beamte der kommunalen Ordnungsbehörden (insbesondere die Politessen bei der Verkehrsraumüberwachung). Hierbei erfolgen die ehrverletzenden Handlungen gegenüber dem Amtswalter grundsätzlich in der

---

199 *Schwabe*, FS Quaritsch, S. 339 f.; vgl. *Bank*, DÖV 1964, 757 ff.

200 Inwieweit staatsethische Aspekte den Staat bzw. den Dienstherrn zu einem Handeln gegen den ehrkränkenden Störer zwingen können, wenn kein personales Substrat vorliegt, kann hier mangels Relevanz für die Fürsorgepflicht des Dienstherrn nicht weiter verfolgt werden.

Öffentlichkeit. Sie können ihm aber auch nur behördenintern zur Kenntnis gelangen[201], dies z.B. im Rahmen von Disziplinarverfahren oder durch an den Amtswalter adressierte Eingaben, Beschwerden oder sonstige Schreiben.

Möglicher Adressat kann aber auch die Öffentlichkeit im allgemeinen sein, repräsentiert durch die Zuhörer entsprechender Veranstaltungen, Versammlungen und Rundfunksendungen, die Leser von Zeitungen und Zeitschriften oder die Fernsehzuschauer. Diese Ehrverletzungen müssen aber aus dem rein privaten Raum hinaus öffentlich bzw. veröffentlicht werden, z.B. durch Plakate oder durch Instrumentalisierung der Medien. Für die dienstrechtliche Relevanz entsprechender ehrenrühriger Handlungen ist es aber ohne Bedeutung, ob diese tatsächlich von anderen Personen oder Vertretern des Dienstherrn wahrgenommen wurden. Es muß hingegen ausreichen, daß die Möglichkeit zur Kenntnisnahme durch eine Vielzahl von Personen gegeben ist, da hier allein schon das Wenden an die Öffentlichkeit die Ehrverletzung manifestiert.

Schließlich kann die ehrenrührige Handlung auch an die Behörde oder an die juristische Person des öffentlichen Rechtes gerichtet sein, in deren Diensten der betroffene Beamte steht. Dies kann beispielsweise wiederum durch beleidigende Dienstaufsichtsbeschwerden, Eingaben oder sonstige (anonyme) Schreiben erfolgen. Da hier der Amtswalter direkt zur Kenntnis des Dienstherrn diskreditiert wird, ist automatisch das Dienstverhältnis betroffen, so daß sich ein Fürsorge- und Schutzpflichtanspruch ergibt.

Hieraus ergibt sich zusammenfassend auch, daß es für die Ehrenschutzverpflichtung des Dienstherrn irrelevant ist, ob der Beamte zunächst alleiniger unmittelbarer Adressat der Ehrenkränkung ist, so daß er seinen Dienstherrn hierüber in Kenntnis setzen müßte, oder ob der Beamte erst später auf dem Dienstweg oder durch Dritte von der Ehrverletzung Kenntnis erlangt.

5. Sonderfälle: Ehrverletzende Handlungen bei innerdienstlichen Maßnahmen der Dienst- und Fachaufsicht

Abschließend sind noch einige wenige und sehr spezielle Konstellationen im Rahmen von innerdienstlichen Maßnahmen der Dienst- und Fachaufsicht, bei denen es ebenfalls zu ehrverletzenden Verhaltensweisen, insbesondere mündlichen und schriftlichen Äußerungen, zu Lasten eines Amtswalters kommen kann, auf ihre Bedeutung für die (primärrechtliche) Fürsorge- und Schutzpflicht des Dienstherrn zu untersuchen[202]. Angesprochen sind hiermit insbesondere Disziplinarmaßnahmen[203], dienstliche Mißbilligungen, dienstrechtliche Beurteilungen sowie das gesamte Personalaktenwesen. Hierbei handelt es sich um

[201] Siehe hierzu die Ausführungen zur sog. *Kießling*-Affäre ab S. 180 dieser Untersuchung.

[202] Vgl. *Plog-Wiedow-Beck-Lemhöfer*, § 79 BBG, Rz. 19a. Die Frage, unter welchen Voraussetzungen insofern (sekundärrechtliche) Schadensersatz- oder Schmerzensgeldansprüche kraft Amtshaftung (Art. 34 GG i.V.m. § 839 BGB) möglich sind, wird daher vorliegend nicht näher untersucht.

[203] Nach OLG Schleswig, NVwZ-RR 2001, 494 ff. ist eine amtspflichtwidrige Ehrverletzung durch das disziplinarrechtliche Einschreiten möglich, wenn ein Dienstvergehen des betroffenen Beamten schon aus Rechtsgründen nicht möglich ist oder die Dienstvorgesetzten sich die Überzeugung über das Vorliegen eines Dienstvergehens auf einer unzureichenden Tatsachengrundlage gebildet hätten.

mehr oder weniger formalisierte verwaltungsinterne Vorgänge und Abläufe, die von einem Verwaltungsangehörigen, der Amts-, Dienst- oder Disziplinarvorgesetzter ist, ausgehen.

Sollte es bei den genannten innerdienstlichen Maßnahmen zu einer Ehrverletzung durch die Maßnahme selbst (z.B. durch die Disziplinarmaßnahme als solche oder ehrverletzende Einträge in die Personalakte) oder durch sie begleitende ehrverletzende Handlungen (z.B. ehrverletzende Äußerungen in dienstlichen Beurteilungen) kommen, ergibt sich, grundsätzlich gesehen, wiederum die bereits angesprochene paradoxe Zwei-Personen-Beziehung, da aufgrund der beteiligten Parteien die an sich für die Fürsorgepflicht typische Dreieckskonstellation nicht entstehen kann: Die Ehrverletzung rührt nämlich aus der Exekutive selbst her, sie gelangt ferner nur zur Kenntnis des tangierten Amtswalters oder der Behörde oder der juristischen Person des öffentlichen Rechtes als Adressaten und verbleibt schließlich auch innerhalb derselben.

Für diese innerdienstlichen Maßnahmen im Rahmen der Dienst- und Fachaufsicht ergibt sich allerdings die Besonderheit, daß sie – trotz ihrer grundsätzlichen Geeignetheit bei ehrverletzendem Inhalt – fast vollständig vom bereits dargestellten Untersuchungsgegenstand wieder auszuscheiden sind bzw. von diesem gar nicht erst umfaßt sind. Deren Rechtmäßigkeit ist von spezielleren Vorschriften und nicht nach den vorliegend zu untersuchenden, subsidiären Fürsorgegesichtspunkten zu beurteilen[204], da dem Dienstherrn kraft des Dienst- und Treueverhältnisses das Recht zu diesen innerdienstlichen Maßnahmen aus vertretbarem Anlaß und in sachlicher Form zusteht[205]. Sämtliche Maßnahmen der Dienst- und Fachaufsicht greifen aber – unabhängig von ihrer jeweiligen Rechtsnatur und der Frage, ob sie gegebenenfalls ehrverletzend sind – in die Rechtssphäre des Beamten ein[206]. Der Beamte macht, wenn er sich gegen die Maßnahme wendet, grundsätzlich nur einen Abwehranspruch und somit seinen status negativus geltend. Sollte der Beamte allerdings ausnahmsweise – rechtlich gesehen – ein Mehr als die bloße Abwehr des ehrkränkenden Verhaltens begehen, kann er sich für den Leistungsanspruch gegenüber dem Dienstherrn wiederum auf die Fürsorgepflicht berufen. In diesem Fall würde sich der Beamte – grundrechtlich gesehen – seinen status positivus geltend machen. Zwar könnten die rechtsstaatliche Verfahrensgestaltung bei innerdienstlichen Maßnahmen (z.B. Anhörungs- und Beteiligungsrechte) und die Rechtsschutzmöglichkeiten des Beamten bei der Dienst- und Fachaufsicht auch als Ausfluß der Fürsorgepflicht angesehen werden, wenngleich beispielsweise Art. 1 Abs. 3, Art. 19 Abs. 4 und Art. 20 Abs. 3 GG wesentlich näher liegen. Gegen eine solche Annahme spricht aber entschieden, daß die Dienst- und Fachaufsicht nur im öffentlichen Interesse ausgeübt wird, um das Funktionieren, den Bestand und die Integrität der öffentlichen Verwaltung zu garantieren, so daß sie nicht zugleich Gegenstand der Fürsorgepflicht gegenüber dem zu beaufsichtigenden Beamten ist[207]. Obwohl das Bundesverwaltungsgericht[208] es offengelassen hat, ob neben den Anfechtungsmöglichkeiten Raum z.B. für einen Widerrufsanspruch aufgrund der Fürsorge-

---

[204] *Schwabe* führt in FS Quaritsch, S. 339 aus, daß dergleichen Sache des Beamtenrechts sei. Inwieweit dem Beamten diesbezüglich grundrechtliche Abwehransprüche zustehen, wird nicht weiter vertieft.

[205] *Plog-Wiedow-Beck-Lemhöfer*, § 79 BBG, Rz. 19a.

[206] Ausdrücklich bezüglich mißbilligender Äußerungen: *Fernau*, Mißbilligende Äußerungen, S. 79.

[207] Vgl. BVerwGE 34, 123 (133); *Plog-Wiedow-Beck-Lemhöfer*, § 79 BBG, Rz. 7a.

[208] BVerwGE 75, 354 (355) = JZ 1987, 422 = *Schütz* ES/B III 1 Nr. 13 = NJW 1987, 2529 ff.

pflicht besteht, sind aber zumindest die Rechtsschutzmöglichkeiten gegen innerdienstliche ehrverletzende Maßnahmen (z.B. Vorwurf eines Dienstvergehens oder Disziplinarmaßnahmen) als abschließende spezialgesetzliche Regelungen zur Beseitigung der Ehrverletzung anzusehen, so daß die subsidiäre beamtenrechtliche Fürsorgepflicht, zumal als Grundlage eines Leistungsanspruchs, nicht zur Anwendung gelangen kann[209].

a.) Disziplinarmaßnahmen

Bei der Abwehr von Disziplinarmaßnahmen i.S.v. § 5 BDG n.F.[210] / § 5 BDO a.F. oder § 5 LDO NRW, deren Ehrenrührigkeit sich z.B. aus der Schärfe der Disziplinarmaßnahme im Verhältnis zum Dienstvergehen oder aus dem Zugrundelegen falscher Tatsachen ergeben kann, steht dem Beamten der Widerspruch gemäß §§ 41 ff. BDG n.F. bzw. die Beschwerde gemäß § 31 BDO a.F. gegen die Abschluß- bzw. Disziplinarverfügung zu, und er kann gegebenenfalls die Entscheidung des Verwaltungsgerichts (n.F.) bzw. des Disziplinargerichts (a.F.) beantragen. Sollte er dem (ehrenrührigen) Vorwurf eines Dienstvergehens ausgesetzt sein, so kann er nach § 18 BDG n.F. / § 34 BDO a.F. die Einleitung eines (förmlichen) Disziplinarverfahrens gegen sich selbst beantragen, um sich von diesem Verdacht zu reinigen (sog. Selbstreinigungsverfahren)[211]. Für Landes- und Kommunalbeamte gelten in diesem Zusammenhang die jeweiligen, mit der BDO (a.F.) nahezu identischen landesrechtlichen Vorschriften, bei den (Berufs- und Zeit-)Soldaten und Wehrpflichtigen gilt die Wehrdisziplinarordnung (WDO), bei den Zivildienstleistenden gelten die §§ 58 ff. ZDG während bei den (Bundes- oder Landes-)Richtern sinngemäß das jeweilige in Bezug genommene beamtenrechtliche Disziplinarverfahren anzuwenden ist (§§ 63 ff. DRiG).

b.) Mißbilligungen

Ferner stehen dem Amtswalter zur Anfechtung schriftlicher („förmlicher") oder mündlicher Mißbilligungen, bei denen es sich kraft Gesetzes gemäß § 6 S. 2 BDG n.F. bzw. § 6 Abs. 2 BDO a.F. oder § 6 Abs. 3 LDO NRW nicht um eine Disziplinarmaßnahme handelt, ebenfalls Rechtsschutzmöglichkeiten offen[212]. Auch hier kann sich die Ehrenrührigkeit z.B. aus der Schärfe der Disziplinarmaßnahme im Verhältnis zur Dienstpflichtverletzung oder aus dem Zugrundelegen falscher Tatsachen ergeben[213], oder einfach daraus, daß jede Mißbilligung für den Betroffenen eine Kränkung bedeutet und auch so gemeint ist[214]. Bei Mißbilligungen wird üblicherweise zwischen qualifizierten Mißbilligungen, die den Vorwurf eines Dienstvergehens enthalten, und einfachen Mißbilligungen, die dem Beamten ein nur objektiv dienstpflichtwidriges, unkorrektes oder unzweckmäßiges

---

209 Vgl. *Plog-Wiedow-Beck-Lemhöfer*, § 79 BBG, Rz. 19a.

210 Seit 1. Januar 2002 gilt für Bundesbeamte und damit für die Bundesrichter, Soldaten und Wehrpflichtigen das neue Bundesdisziplinargesetz (BDG), das Art. 1 des BDiszNOG ist, siehe BGBl. I, S. 1510 ff. vom 12. Juli 2001 sowie *Urban*, NVwZ 2001, 1335 ff. Das eigenständige Disziplinarverfahren gegen Zivildienstleistende wurde an das BDG angepaßt. Die landesrechtlichen Regelungen sind bisher noch unverändert.

211 Vgl. *Schnellenbach*, Beamtenrecht in der Praxis[5], Rz. 391.

212 Siehe hierzu ausführlich *Fernau*, Mißbilligende Äußerungen, S. 1 ff. Synonym für den Begriff der Mißbilligung werden Beanstandung, Tadel, Ermahnung, Rüge, Zurechtweisung oder Belehrung verwandt.

213 *Fernau*, Mißbilligende Äußerungen, S. 92.

214 *Oswald*, ZBR 1961, 165 (168).

Verhalten vorwerfen, differenziert. Diese Unterscheidung ergibt sich aus der Legaldefinition des Dienstvergehens (vgl. § 77 Abs. 1 BBG, § 83 Abs. 1 LBG NRW), wonach ein Dienstvergehen vorliegt, wenn der Beamte schuldhaft die ihm obliegenden (Dienst-) Pflichten verletzt hat.

Gegen eine qualifizierte Mißbilligung steht dem Betroffenen der Widerspruch gemäß §§ 41 ff. BDG n.F.[215] bzw. die Beschwerde gemäß § 31 BDO a.F. zu, vgl. auch § 124 BDO a.F. und die hiervon zum Teil abweichenden Landesvorschriften[216]. Der Beamte kann dann auch die Entscheidung des Verwaltungs- bzw. Disziplinargerichts beantragen.

Bei einfachen Mißbilligungen steht dem Beamten die allgemeine beamtenrechtliche Beschwerde zum nächsthöheren Dienstvorgesetzten und zur obersten Dienstbehörde zu (vgl. § 171 Abs. 1 BBG, § 179 LBG NRW).

Hinsichtlich des gerichtlichen Rechtsschutzes ist es zwar in Rechtsprechung und Literatur umstritten[217], ob bei einfachen Mißbilligungen, die nur eine Dienstpflichtwidrigkeit beinhalten, über die analog anzuwendende Beschwerde gemäß §§ 124, 31 BDO (a.F.) die Disziplinargerichte angerufen werden können[218] oder „nur" der Rechtsweg zu den allgemeinen Verwaltungsgerichten offen steht, so daß es im letzteren Falle zu einer gespaltenen gerichtlichen Anfechtbarkeit dienstaufsichtsrechtlicher Mißbilligungen käme[219]. Vorliegend kann dies aber dahinstehen, da jedenfalls anerkanntermaßen abschließende spezielle Rechtsschutzmöglichkeiten zur Anfechtung bestehen, so daß auch hier nicht auf die allgemeine Fürsorgepflicht als Leistungsanspruch zurückgegriffen werden muß[220]. Bei einfachen Mißbilligungen, die auf den Vorwurf einer Dienstpflichtwidrigkeit verzichten und z.B. nur die Unzweckmäßigkeit oder fachliche Unrichtigkeit eines dienstlichen Handelns rügen, kann schon gar keine Ehrverletzung und damit eine Rechtsgutsverletzung beim Beamten entstehen, da hier nur die Art und Weise der Dienstverrichtung[221] angesprochen ist, so daß sich der Beamte nur als weisungsgebundener Amtswalter darstellt, denn er ist ausschließlich im Amtsbereich und gar nicht im Dienstverhältnis im Sinne der Dreiteilung der Rechtssphären im Beamtenrecht betroffen.

---

[215] Das seit dem 1. Januar 2002 geltende Bundesdisziplinargesetz (BDG) beseitigt für die Bundesbeamten, Bundesrichter, Soldaten, Wehrpflichtigen und Zivildienstleistenden den speziellen Rechtsbehelf nach §§ 124, 31 BDO a.F.. Es verbleibt insofern bei der Anwendung von § 126 Abs. 1 BRRG.

[216] Vgl. § 6 Abs. 3 LDO NRW, der im Unterschied zu § 124 BDO a.F. ausdrücklich die Beschwerde gemäß § 31 LDO NRW ausschließt.

[217] Dies gilt nach obigen Ausführungen nur für den Bund sowie für die Bundesländer, die eine mit § 124 BDO a.F. identische Norm in der jeweiligen LDO haben. In NRW ist dieses Problem obsolet, da § 6 Abs. 3 LDO NRW explizit die Beschwerde ausschließt, so daß stets nur der Rechtsweg zu den Verwaltungsgerichten gegeben ist.

[218] *Fernau*, Mißbilligende Äußerungen, S. 130.

[219] *Czermak*, BayVBl. 1989, 193 (200 f.).

[220] So *Plog-Wiedow-Beck-Lemhöfer*, § 79 BBG, Rz. 19a für den „Regelfall", wenn ehrenrührige innerdienstliche Maßnahmen auch den Verdacht oder Vorwurf eines Dienstvergehens enthalten. Das Bundesverwaltungsgericht hat es dagegen ausdrücklich offengelassen, ob daneben ein Anspruch auf Widerruf kraft Fürsorgepflicht oder unter dem Gesichtspunkt der Folgenbeseitigung möglich ist (BVerwGE 75, 354 ff.).

[221] *Plog-Wiedow-Beck-Lemhöfer*, § 79 BBG, Rz. 19a; *Czermak*, BayVBl. 1989, 193 (200).

c.) Personalakten

Auch in Personalakten können sich negative Werturteile sowie (erwiesen) unwahre Tatsachenbehauptungen finden, die das Recht der persönlichen Ehre des tangierten Amtswalters berühren. Grundsätzlich richten sich das Vorgehen und die Ansprüche des Amtswalters im Zusammenhang mit Personalakten nach den hierfür einschlägigen Vorschriften (§§ 56-56f BRRG, §§ 90-90g BBG oder die jeweiligen Vorschriften der Landesbeamtengesetze), mit denen der Gesetzgeber unter Abwägung des Grundsatzes der Personalaktenwahrheit und der Fürsorgepflicht von der früheren engen Rechtsprechung des Bundesverwaltungsgerichts zu einer Entfernung von Vorgängen aus der Personalakte abgewichen ist[222]. Das Einsichts-, Anhörungs- und (Gegen-)Äußerungsrecht sind Konkretisierungen der Fürsorge- und Schutzpflicht[223]. Der ferner noch geregelte Entfernungs- und Vernichtungsanspruch (§ 56e BRRG, § 90e BBG) betrifft nur die Entfernung (und Vernichtung) von Unterlagen aus der Personalakte mit Zustimmung oder auf Antrag des betroffenen Beamten, der jedoch schwerwiegende Gründe haben kann, diese Unterlagen trotz etwaiger Unrichtigkeiten und Ehrverletzungen in der Personalakte zu belassen. Neben diesen Ansprüchen, die auch für potentiell nachteilige Unterlagen abschließend sind, läßt sich ein weiterer oder darüber hinausgehender Entfernungsanspruch aus der Fürsorgepflicht des Dienstherrn[224], wie noch zu Zeiten der früheren, engen Rechtsprechung des Bundesverwaltungsgerichts unter Hinweis auf abweichende Urteile[225] nicht mehr begründen[226]. In Übereinstimmung mit Rechtsprechung und Literatur läßt sich jedoch mangels gesetzlicher Regelung ein Berichtigungs- oder Korrekturanspruch gegen falsche Tatsachenbehauptungen und ein Unterlassungsanspruch gegen ehrverletzende Meinungsäußerungen oder sonstige negative Werturteile ohne Tatsachenkern aus der Fürsorgepflicht des Dienstherrn gemäß § 79 BBG, § 48 BRRG begründen, um so Schaden von der Ehre des Amtswalters abzuwenden, wenn diese Äußerungen zum Nachteil des Beamten gereichen können[227]. Diese entsprechenden Ansprüche werden auch nicht durch § 56e BRRG, § 90e BBG verdrängt, da es dem Beamten selbst obliegt zu entscheiden, ob er als Minus nur die Berichtigung der ehrenrührigen Äußerung erreichen möchte, oder ob er der Entfernung gemäß § 56e Abs. 1 S. 1 Nr. 1 BRRG, § 90e Abs. 1 S. 1 Nr. 1 BBG zustimmt[228].

d.) Dienstliche Beurteilungen

Schließlich stehen auch gegen negative, ehrverletzende Äußerungen beinhaltende dienstliche Beurteilungen (vgl. §§ 40-41a BLV), die im Unterschied zu dienstlichen Mißbilligungen kein bestimmtes Verhalten oder einen bestimmten Sachverhalt zugrundelegen, sondern ein allgemeines Gesamturteil über den Beamten abgeben, dem Amtswalter Rechtsschutzmöglichkeiten zu. Durch eine dienstliche Beurteilung wird in die Rechtssphäre eines Beamten eingegriffen, da es um die Feststellung der Eignung, Befähigung und Leistung des

---

222 *Schnellenbach*, Beamtenrecht in der Praxis[5], Rz. 539.

223 Ebd., Rz. 493.

224 Siehe hierzu: *Hanusch*, NVwZ 1982, 11 (12 ff.).

225 BGH, ZBR 1961, 317 ff.; VG Darmstadt, NJW 1981, 69.

226 *Schnellenbach*, Beamtenrecht in der Praxis[5], Rz. 534, 539.

227 *Hanusch*, NVwZ 1982, 11 (12); *Schnellenbach*, Beamtenrecht in der Praxis[5], Rz. 534, 536.

228 Insoweit mißverständlich: *Battis*[3], § 90e BBG, Rz. 6.

Beamten (vgl. Art. 33 Abs. 2 GG) und damit um seine Beförderungsmöglichkeiten und Aufstiegschancen geht. Unabhängig von der umstrittenen Rechtsnatur der dienstlichen Beurteilung[229] steht dem Beamten aber unter Beachtung des Beurteilungsspielraums des Dienstherrn ein Beseitigungs-, Änderungs- oder Neuerstellungsverlangen als Abwehrmaßnahme bei einem ehrverletzenden Inhalt zu[230]. Sofern diese Beurteilung schon in die Personalakte eingegangen ist, ist kraft gesetzlicher Anordnung (§ 56e Abs. 1 S. 1 Nr. 2 BRRG, § 90e Abs. 1 S. 1 Nr. 2 BBG) eine Entfernung bei potentiell nachteiligen Beurteilungen ausgeschlossen. Anders ist es bei ehrverletzenden falschen Tatsachenbehauptungen, für die § 56e Abs. 1 S. 1 Nr. 1 BRRG, § 90e Abs. 1 S. 1 Nr. 2 BBG gilt. Ein darüber hinausgehender Entfernungsanspruch läßt sich aufgrund der abschließenden gesetzlichen Regelung nicht mehr begründen. Lediglich der bereits genannte Berichtigungs- oder Korrekturanspruch gegen falsche Tatsachenbehauptungen und der Unterlassungsanspruch gegen ehrverletzende Meinungsäußerungen oder sonstige negative Werturteile ohne Tatsachenkern besteht daneben kraft Fürsorgepflicht des Dienstherrn.

e.) Zusammenfassung

Zusammenfassend zeigt sich, daß bei Maßnahmen der Dienst- und Fachaufsicht, sofern es um deren Abwehr und Anfechtung geht (status negativus), die subsidiäre Fürsorgepflicht des Dienstherrn als Anspruchsnorm (status positivus) nicht in Betracht kommt, selbst wenn die Fürsorgepflicht bei der Beurteilung der Rechtmäßigkeit der angegriffenen Maßnahme als Entscheidungsmaßstab herangezogen oder angewandt wird. Daher wurden die innerdienstlichen Maßnahmen der Dienst- und Fachaufsicht auch nur in dem kursorischen Umfang dargestellt. Lediglich bei der Geltendmachung des genannten Berichtigungs- oder Korrekturanspruchs und des Unterlassungsanspruchs ist auf die zu untersuchende beamtenrechtliche Fürsorgepflicht gemäß § 79 BBG, § 48 BRRG zurückzugreifen, da hiermit dann ausschließlich Leistungsansprüche gegenüber dem Dienstherrn und nicht mehr nur Abwehransprüche vom Amtswalter geltend gemacht werden.

6. Ergebnis

Die vorstehend hinsichtlich des Täterkreises, des Tatmittels, des Opfers bzw. des Betroffenen und schließlich des Adressatenkreises der ehrenrührigen Handlung abstrakt genannten verschiedenartigen Ehrenschutzkonstellationen zeigen Relevanz für die einfach- und verfassungsrechtliche Fürsorgepflicht des Dienstherrn und werden daher auch im Hauptteil dieser Untersuchung eingehend dargestellt und analysiert[231]. Die sich dabei ergebenden Unterschiede werden sich allerdings aufgrund der wenigen Tatbestandsmerkmale des beamten- und verfassungsrechtlichen Anspruchs auf Fürsorge und Schutz (§ 79 BBG, § 48 BRRG sowie Art. 33 Abs. 5 GG) nicht auf der tatbestandlicher Ebene, sondern vielmehr erst auf der Rechtsfolgenseite, namentlich bei der Ermessensausübung

---

229 Vgl. *Schnellenbach*, Beamtenrecht in der Praxis^5, Rz. 466. Überwiegend wird angenommen, für einen Verwaltungsakt i.S.v. § 35 S. 1 VwVfG des Bundes und der Länder fehle es schon am Merkmal der Regelung und nicht erst an der Außenwirkung: *Hufen*, Verwaltungsprozeßrecht^5, § 14, Rz. 47; *Stern*, Verwaltungsprozessuale Probleme^8, Rz. 225; BVerwGE 28, 191 ff.; 49, 351 ff.

230 Vgl. *Schnellenbach*, Beamtenrecht in der Praxis^5, Rz. 473; *Schenke*, Fälle zum Beamtenrecht^2, S. 118.

231 Siehe hierzu die Ausführungen ab S. 85 dieser Untersuchung.

durch den jeweilig betroffenen Dienstherrn, zeigen. Es wird dann deutlich werden, wie flexibel einerseits der beamtenrechtliche Fürsorgepflichtanspruch auf Schutz der Ehre durch den Dienstherrn grundsätzlich in den einschlägigen Beamtengesetzen ausgestaltet ist und andererseits, wie wenig dies praktisch nützt, wenn das Ermessen durch den Dienstherrn nicht im beamten- und verfassungsrechtlich zu verlangenden Sinne, insbesondere unter Beachtung staatsethischer Aspekte, ausgeübt wird.

F. Exkurs: Gemeinsamkeiten und Unterschiede zwischen der beamtenrechtlichen und der individualarbeitsvertragsrechtlichen Fürsorgepflicht

Vom Gegenstand der vorliegenden Untersuchung sollen neben den Amtswaltern der genannten öffentlich-rechtlichen Dienst- und Treueverhältnisse als Annex die Angestellten und Arbeiter als weitere öffentliche Bedienstete mitumfaßt sein, auch wenn sich deren Rechtsbeziehungen nach Zivil- bzw. Arbeitsrecht richten, um so zu einer umfassenden Darstellung des Ehrenschutzes kraft Fürsorgepflicht für den gesamten öffentlichen Dienst i.w.S. zu gelangen. Dies ergibt sich aus der grundsätzlichen Überlegung, daß es bei externen Ehrverletzungen durch Private oder die Medien für den Täter zumeist nicht erkennbar ist – mit Ausnahme der Richter, Soldaten, Polizeibeamten und sonstiger Uniform- bzw. Amtstrachtträger –, ob der betroffene Verwaltungsangehörige Beamter im statusrechtlichen Sinne oder Angestellter bzw. Arbeiter im öffentlichen Dienst ist[232]. Der ehrkränkende Störer nimmt unterschiedslos nur Verwaltungsbedienstete wahr, denn es können – mit Ausnahme des Bereich von Art. 33 Abs. 4 GG – Beamte, Angestellte und Arbeiter grundsätzlich derselben Aufgabe nachgehen. Die grundsätzliche und staatsethisch begründbare Berechtigung und mögliche Verpflichtung, gegen ehrenrührige Handlungen zum Schutze seiner Bediensteten vorzugehen[233], kann daher aus der Sicht des Dienstherrn bzw. öffentlichen Arbeitgebers im Grundsatz nicht von der Rechtsnatur des jeweiligen Beschäftigungsverhältnisses abhängen.

Fraglich ist aber, ob bei umgekehrter Sichtweise, nämlich aus Sicht des Angestellten oder Arbeiters im öffentlichen Dienst, diesem ebenso wie den bereits genannten Amtswaltern (Beamten, Soldaten, Richter etc.) ein Anspruch auf Schutz der persönlichen Ehre gegen den öffentlichen Arbeitgeber aufgrund einer Fürsorgepflicht, möglicherweise unter Berücksichtigung des Gleichheitsgrundsatzes (Art. 3 Abs. 1 GG), zusteht. Auch der (öffentliche) Arbeitgeber könnte zum Ehrenschutz seiner Angestellten und Arbeiter verpflichtet sein. Ein explizites Gleichbehandlungsgebot aller öffentlichen Bediensteten läßt sich jedoch gerade dem Grundgesetz nicht entnehmen, zumal die Unterschiede zwischen dem jeweiligen Rechtsstatus zu berücksichtigen sind[234].

---

232 Gemäß Presseerklärung des Statistischen Bundesamtes vom 22. Februar 2001 waren zum Stichtag am 30. Juni 2000 rund 4,9 Mio. Personen im gesamten öffentlichen Dienst beschäftigt, von denen lediglich 1,75 Mio. (ca. 35%) in einem öffentlich-rechtlichen Dienstverhältnis (Beamte, Richter, Berufs- und Zeitsoldaten) standen. Daher ist der Beamte längst nicht mehr der Prototyp des Staatsbediensteten, auch wenn er als solcher immer noch von der (Medien-)Öffentlichkeit angesehen wird.

233 Siehe hierzu die Ausführungen ab S. 133 dieser Untersuchung.

234 *Wind-Schimana-Wichmann-Langer*, Öffentliches Dienstrecht[5], Rz. 28.

Allgemein gesehen kommt auch im Dienstvertrags- und Arbeitsrecht dem (öffentlichen) Arbeitgeber eine (allgemeine) Fürsorgepflicht zum Schutze seiner Arbeitnehmer zu, die z.B. in den §§ 617-619 BGB oder in dem schon erwähnten Beschäftigtenschutzgesetz eine konkrete gesetzliche und abschließende Ausformung gefunden hat und ebenfalls das Korrelat zur arbeitnehmerseitigen Treuepflicht gegenüber dem Arbeitgeber und dessen organisatorischer Weisungsmacht bildet[235]. Verglichen aber mit der beamtenrechtlichen Fürsorge- und Schutzpflicht des Dienstherrn stellt die arbeitsvertragliche Fürsorgepflicht trotz terminologischer Gleichheit sowohl vom rechtlichen Ausgangspunkt als auch von der Ausgestaltung her gesehen ein unabhängiges und eigenständiges Rechtsinstitut dar, das auch keine „Brücke zum Beamtenrecht" bildet[236]. Nachfolgend werden die dogmatischen, strukturellen und inhaltlichen Gemeinsamkeiten und Unterschiede beider Fürsorgepflichten dargestellt. Hiervon unabhängig gilt, daß Art. 33 Abs. 5 GG und damit die als hergebrachter Grundsatz des Berufsbeamtentums garantierte Fürsorgepflicht keine Anwendung auf die Angestellten und Arbeiter im öffentlichen Dienst finden[237].

In Anlehnung an das Beamtenrecht und die dortige enge Bindung zwischen Dienstherrn und Beamtem wurde in der älteren Literatur, der Rechtsprechung des Reichsarbeitsgerichts und der Rechtsprechung in der Frühphase des Bundesarbeitsgerichts das Arbeitsverhältnis als personenrechtliches Gemeinschaftsverhältnis, personenrechtlicher Austauschvertrag oder personenrechtliches Verhältnis angesehen, aus dem sich unter Hervorhebung der persönlichen Abhängigkeit des Arbeitnehmers immanent die Fürsorgepflicht des Arbeitgebers ergeben sollte[238]. Diese historische Entwicklung geht auf *Otto v. Gierke* zurück[239]. Heute wird hingegen allgemein betont, daß der Arbeitsvertrag ein privatrechtlicher, gegenseitiger Vertrag ist, durch den sich der Arbeitnehmer nach Weisung seines Arbeitgebers zur Arbeitsleistung und dieser zur Zahlung einer entsprechenden Vergütung als essentialia negotii dieses Vertragstyps verpflichten. Zusätzlich zu diesen arbeitsvertraglichen Hauptleistungspflichten bestehen aber auch zahlreiche Nebenpflichten, wie in jedem anderen Schuldverhältnis auch, die im Unterschied zu einem Sachleistungsvertrag aufgrund der geschuldeten persönlichen Arbeitsleistung besonders ausgeprägt und umfangreich sind. Diese schuldnerischen Nebenpflichten des Arbeitgebers werden unter dem Begriff der Fürsorgepflicht zusammengefaßt[240].

---

235 *Battis*, Arbeiter und Angestellte[2], § 32, Rz. 26; *Wiese*, ZfA 1971, 273 (278).

236 *Lecheler*, ZBR 1972, 129 ff.; *Summer*, PersV 1988, 76 (77 f.); *Battis*[3], § 79 BBG, Rz. 6; GKÖD/*Fürst*, § 79 BBG, Rz. 7. So ausdrücklich im Verhältnis zur soldatischen Fürsorgepflicht: BVerwGE 54, 247 (254).

237 U.a. *Sachs/Battis*[3], Art. 33 GG, Rz. 50, 69; BerlK/*Lecheler*, Art. 33 GG, Rz. 64. Vgl. auch *Köpp*, Öffentliches Dienstrecht[7], S. 418, Rz. 13 a.E. Die Mindermeinung, AK/*Schuppert*[2], Art. 33 GG, Rz. 40-46, ist unter Hinweis auf den Wortlaut gegensätzlicher Auffassung, um der funktionalen Einheit des öffentlichen Dienstes Rechnung tragen zu können. Dies läßt sich aber nicht mit der Entstehungsgeschichte belegen, zumal Art. 33 Abs. 5 GG – systematisch gesehen – eine Ausnahme zu Art. 33 Abs. 4 GG bildet.

238 Vgl. MünchArbR/*Blomeyer*[2], § 94, Rz. 4 ff.; *Schaub*, Arbeitsrecht-Handbuch[10], § 29, Rz. 6; *Westermann*, Fürsorgepflicht, S. 4 ff., 51 ff., 96 ff.

239 *v.Gierke*, FS Brunner, S. 37 ff.; Vgl. MünchArbR/*Blomeyer*[2], § 94, Rz. 4 ff.; *Summer*, PersV 1998, 76; *ders.*, ZBR 1998, 151 (152); GKÖD/*Fürst*, § 79 BBG, Rz. 7.

240 *Schaub*, Arbeitsrecht-Handbuch[10], § 29, Rz. 6 und § 108, Rz. 1 ff.; *Kort*, NZA 1996, 854. Insofern wird der Begriff der Fürsorgepflicht beibehalten, auch wenn im neuerem Schrifttum hierauf zum Teil verzichtet wird, da dem Begriff nach vereinzelt vertretener Auffassung etwas Patriarchalisches anhaften soll.

Die dogmatische Begründung der Fürsorgepflicht variiert zwar, deren rechtliche Existenz ist aber unbestritten. Es wird zum Teil auf den allgemeinen Schutzcharakter des Arbeitsrechts (vgl. § 618 BGB), überwiegend auf das Prinzip von Treu und Glauben gemäß § 242 BGB[241], das bei Arbeitsverhältnissen eine besondere Ausprägung erfahren habe[242], auf das Sozialstaatsprinzip (Art. 20 Abs. 1 GG) sowie auf das Gebot des neminem laedere verwiesen[243], das nunmehr in § 241 Abs. 2 BGB n.F.[244] kodifiziert ist. Die Fürsorgepflicht begründet vertragliche Nebenpflichten des Arbeitgebers. Sie ist zwingender Bestandteil des Arbeitsverhältnisses und kann nicht durch die Vertragsparteien abbedungen werden. Hingegen können bei einzelnen Ausprägungen der Fürsorgepflicht abweichende Regelungen vereinbart werden, die dann allerdings einer gerichtlichen Inhaltskontrolle gemäß §§ 138, 242, 315 BGB, dem Gleichbehandlungsgebot und weiteren zwingenden Normen des Arbeitsrechts unterliegen[245]. Im Beamtenrecht sind weder die Fürsorgepflicht als die maßgebliche Dienstherrenpflicht noch einzelne Pflichtenausprägungen abdingbar. Sie werden im Gegenteil, wie bereits dargestellt, sogar durch Art. 33 Abs. 5 GG und die hergebrachten Grundsätze des Berufsbeamtentums verfassungsrechtlich garantiert.

Ähnlich wie im Beamtenrecht gibt es für die arbeitsvertragliche (allgemeine) Fürsorgepflicht neben ihren gesetzlichen Konkretisierungen keinen abschließenden Pflichtenkatalog. Sie wird daher so definiert, daß der Arbeitgeber seine Rechte aus dem Arbeitsverhältnis so auszuüben hat, daß er die im Zusammenhang mit dem Arbeitsverhältnis stehenden Interessen des Arbeitnehmers und dessen Wohl so zu wahren hat, wie dies unter Berücksichtigung der Belange des Betriebs und der Interessen der Belegschaft nach Treu und Glauben und unter Beachtung des Verhältnismäßigkeitsgrundsatzes billigerweise zu erwarten ist[246]. Hierbei hat der Arbeitgeber also eine Interessenabwägung und eine Prüfung dahingehend vorzunehmen, ob das Schutzinteresse des Arbeitnehmers überwiegt[247].

Neben einzelnen schützenswerten Interessen des Arbeitnehmers – u.a. Leib und Leben, dessen eingebrachte Sachen und vermögensrechtlichen Belange – ist anerkanntermaßen auch der Persönlichkeitsschutz des Arbeitnehmers von der Fürsorgepflicht als vertragliche Nebenpflicht des Arbeitgebers erfaßt[248]. Hierzu gehört ausdrücklich die Wahrung des Rechts der persönlichen Ehre des Arbeitnehmers als ideelles Interesse durch den Arbeitgeber[249]. Durch § 75 Abs. 2 BetrVG wird der Arbeitgeber verpflichtet, die freie Entfaltung

241 *Weiß-Niedermaier-Summer-Zängl/Summer*, Art. 86 BayBG, Erl. 53a; *Kort*, NZA 1996, 854; vgl. *Schmidt-Bleibtreu-Klein*[9], Art. 33 GG, Rz. 25; ErfK/*Dieterich*[4], Art. 2 GG, Rz. 72, 93; *Summer*, PersV 1998, 76 (77).

242 Vgl. *Westermann*, Fürsorgepflicht, S. 118, 172 f.

243 *Schaub*, Arbeitsrecht-Handbuch[10], § 108, Rz. 2 ff.; Vgl. MünchArbR/*Blomeyer*[2], § 94, Rz. 9 ff.

244 *Palandt/Putzo*[63], § 611 BGB, Rz. 96; ErfK/*Preis*[4], § 611 BGB, Rz. 760.

245 *Küttner/Kreitner*, Personalbuch[11], Fürsorgepflicht, Rz. 2; *Schaub*, Arbeitsrecht-Handbuch[10], § 108, Rz. 2 ff.; MünchArbR/*Blomeyer*[2], § 94, Rz. 22.

246 Vgl. *Küttner/Kreitner*, Personalbuch[11], Fürsorgepflicht, Rz. 3, 7; MünchArbR/*Blomeyer*[2], § 94, Rz. 1; *Kort*, NZA 1996, 854.

247 Vgl. BAG, AP Nr. 14 zu § 611 BGB Beschäftigungspflicht; MünchArbR/*Blomeyer*[2], § 94, Rz. 17 f.

248 *Schaub*, Arbeitsrecht-Handbuch[10], § 108, Rz. 54; *Battis*, Arbeiter und Angestellte[2], § 32, Rz. 28; MünchArbR/*Blomeyer*[2], § 94, Rz. 14, 22.

249 *Wiese*, ZfA 1971, 273 (297, 317); *Galperin*, DB 1963, 1321 ff., 1358 ff.; MünchArbR/*Blomeyer*[2], § 97, Rz. 21; vgl. ErfK/*Dieterich*[4], Art. 2 GG, Rz. 93.

der Persönlichkeit der im Betrieb beschäftigten Arbeitnehmer zu schützen und zu fördern[250]. Dieser Schutz erfordert u.a. einen sensiblen Umgang mit Personendaten z.B. bei der Führung der Personalakte oder bei der Zeugniserteilung, kann zur Unwirksamkeit einer Videoüberwachung der Arbeitnehmer oder einer Verdachtskündigung führen, einen Wiedereinstellungsanspruch eines gekündigten Arbeitnehmers, der schuldlos in Verdacht geraten ist, begründen und umfaßt einige Anhörungs- und Unterrichtungspflichten sowie Erörterungs- und Einsichtsrechte bezüglich betrieblicher Organisationsmaßnahmen und schließlich ein Beschwerderecht (vgl. §§ 81-85 BetrVG)[251]. Grundsätzlich ist es daher möglich, daß z.B. beim Mobbing oder bei unsittlicher Belästigung – bei entsprechend gewichtiger Ausprägung – das Recht der persönlichen Ehre als geschütztes rechtliches Interesse des Arbeitnehmers im Zuge einer überwiegenden Interessenabwägung oder schon wegen Eingreifens des Beschäftigtenschutzgesetzes (§§ 1, 2, 4 BSchuG) durch den Arbeitgeber zu schützen ist.

Beim Untersuchungsgegenstand dieser Arbeit ist im Hinblick auf den Täterkreis wieder die genannte Unterscheidung aufzugreifen, ob die ehrverletzende Handlung eines Störers von außerhalb kommt oder aus dem Betrieb bzw. Konzern selbst herrührt.

Im Unterschied zum Beamtenrecht kommt aber ein Ehrenschutz des Arbeitnehmers durch seinen Arbeitgeber bei externen Ehrverletzungen grundsätzlich nicht in Betracht. Anders als bei Beamten ist der privatrechtliche Arbeitnehmer weiterhin grundsätzlich uneingeschränkter Grundrechtsinhaber, da er diese Stellung durch Aufnahme des Arbeitsverhältnisses nicht verloren hat. Von daher ist es dem Arbeitgeber rechtlich nicht zuzumuten und seine vertragliche Nebenpflicht ist auch unter Berücksichtigung von § 242 BGB nicht soweit auszulegen, daß ein Einschreiten gegen einen externen ehrverletzenden Störer verlangt werden kann. Dies ist und bleibt Aufgabe des rechtlich autonomen Arbeitnehmers. Selbstverständlich bleibt es dem Arbeitgeber in tatsächlicher Hinsicht unbenommen, sich freiwillig ohne rechtliche Verpflichtung schützend vor seinen Arbeitnehmer zu stellen. Eine Ausnahme von diesem Grundsatz wird lediglich für den Fall anerkannt, wenn der Arbeitgeber auf den ehrverletzenden außenstehenden Dritten Einfluß ausüben kann, sei es aufgrund enger persönlicher Kontakte oder aufgrund eines zwischen ihnen geschlossenen Vertrages, z.B. bei Kunden[252].

Anders ist die Rechtslage hingegen zu beurteilen, wenn die ehrverletzende Störung aus dem Betrieb oder dem Konzern selbst herrührt, z.B. beim Mobbing[253] mit dem Ziel, einen Arbeitnehmer „fertig zu machen", bei einer sog. Druckkündigung, bei expliziten Beleidigungen oder ehrverletzenden Aussagen im Arbeitszeugnis. Ähnlich wie bei sexueller Belästigung gemäß § 4 Abs. 1 Nr. 1 BSchuG hat der Arbeitgeber bei Ehrverletzungen dann personelle Maßnahmen gegen den Störer wie Abmahnung, (ordentliche oder außerordentliche) Kündigung oder organisatorische Maßnahmen (Umsetzung, Versetzung) wahrzuneh-

---

[250] Bei dieser Vorschrift ist es umstritten, ob sich daraus subjektive Rechte des Arbeitnehmers ergeben, da sie sich ausschließlich an die Betriebspartner wendet, vgl. MünchArbR/*Blomeyer*[2], § 97, Rz. 1.

[251] *Küttner/Kreitner*, Personalbuch[11], Fürsorgepflicht, Rz. 18.

[252] MünchArbR/*Blomeyer*[2], § 97, Rz. 39; LAG Thüringen, DB 2001, 1204 ff. (Ls. Nr. 1) = BB 2001, 1358 ff. = NZA-RR 2001, 347 ff.

[253] Siehe hierzu ausführlich: *Benecke*, NZA 2003, 225 ff.

men, um sich so schützend vor den betroffenen Arbeitnehmer zu stellen. Die unterschiedliche rechtliche Beurteilung zu externen Störungen ergibt sich hier daraus, daß der Arbeitgeber unabhängig davon, ob ihm das ehrverletzende Verhalten seiner Arbeitnehmer oder z.B. des Betriebsrats zuzurechnen ist (vgl. § 278 BGB), dafür zu sorgen hat, daß aus seiner Verantwortungssphäre keine negativen Auswirkungen auf die Rechtssphäre seiner Arbeitnehmer erfolgen, so daß er also verpflichtet ist, seinen Betrieb so zu organisieren, daß Ehrverletzungen ausgeschlossen sind. Der Arbeitgeber ist somit als Störer bei Ehrverletzungen heranzuziehen, wenn ihm ein entsprechendes Unterlassen vorgeworfen werden kann. Erst recht ist der Arbeitgeber zu Maßnahmen verpflichtet, wenn dieser selbst oder ein Vorgesetzter des Arbeitnehmers sich aktiv am Mobbing beteiligt oder dieses steuert, indem Ehrverletzungen z.B. durch mißbräuchliche und diskrimierende Zuweisung von Arbeit oder systematisches Mobbing vorgenommen werden. Hier wird die Ehrverletzung zurechenbar vom Arbeitgeber als Vertragspartner des Arbeitnehmers begangen, denn gerade der Vorgesetzte wurde vom Arbeitgeber eingesetzt. Dann obliegt es dem Arbeitgeber als Störer aktiv durch geeignete ehrenschützende Maßnahmen, die Ordnung im Betrieb wiederherzustellen und den Betriebsfrieden zu wahren.

Hervorzuheben ist abschließend, daß die arbeitgeberseitige Fürsorgeverpflichtung stets das Ergebnis einer Interessenabwägung ist, d.h. der Arbeitgeber ist erst dann verpflichtet, wenn die schützenswerten Belange des Arbeitnehmers überwiegen, was bei den genannten Ehrenschutzkonstellationen erst ab einer gewissen Intensität gegeben ist, die aber vom jeweiligen Einzelfall abhängt.

Die arbeitsvertragliche Fürsorgepflicht greift ebenso wie bei den Beamten dann nicht ein, wenn der tangierte Arbeitnehmer persönlich angegriffen wird, ohne daß ein Bezug zum Arbeitsverhältnis (vgl. Betroffensein des Dienstverhältnisses) gegeben ist, d.h. familiäre Angelegenheiten und persönliche Vermögensverhältnisse sowie sonstige Aktivitäten, die Gegenstand einer ehrenrührigen Handlung sein können, sind für den (öffentlichen) Arbeitgeber genauso wie für den Dienstherrn rechtlich unbeachtlich[254].

Soweit der Arbeitgeber hiernach rechtlich zum Ehrenschutz eines Arbeitnehmers verpflichtet ist, kann der betroffene Arbeitnehmer diese Nebenpflicht im Rahmen eines Erfüllungs- oder Unterlassungsanspruchs selbständig einklagen[255]. Anspruchsgrundlage ist dann § 611 BGB i.V.m. der verletzten Schutzpflicht. Ferner kann der Arbeitnehmer unter Umständen einredeweise ein Leistungsverweigerungs- bzw. Zurückbehaltungsrecht (§ 273 BGB) geltend machen, solange bis der Arbeitgeber geeignete Maßnahmen ergriffen oder ordnungsgemäße Arbeitsbedingungen hergestellt und somit für eine Beendigung des ehrenrührigen Verhaltens gesorgt hat. Bei unsittlicher Belästigung hat dieser allgemeine Grundsatz seinen konkreten gesetzlichen Ausdruck in § 4 Abs. 3 BSchuG gefunden. § 320 BGB findet hingegen beim Zurückbehaltungsrecht keine Anwendung für den

---

[254] Vgl. MünchArbR/*Blomeyer*², § 94, Rz. 17.

[255] *Kort*, NZA 1996, 854 (855); MünchArbR/*Blomeyer*², § 94, Rz. 26; *Weiß-Niedermaier-Summer-Zängl/Summer*, Art. 86 BayBG, Erl. 53b; ErfK/*Dieterich*⁴, Art. 2 GG, Rz. 74.

Arbeitnehmer, da die (allgemeine) Fürsorgepflicht – dogmatisch gesehen – nach obigen Ausführungen keine synallagmatische Verpflichtung des Arbeitgebers darstellt[256].

Zusammenfassend wird deutlich, daß die beamtenrechtliche Fürsorge- und Schutzpflicht im Vergleich inhaltlich wesentlich weiter als die privatrechtliche Fürsorgepflicht für den Arbeitgeber geht[257]. Das Beamtenverhältnis ist durch eine wesentlich intensivere rechtliche Bindung zwischen Dienstherrn und Beamtem geprägt, so daß der Staat auch stärker verpflichtet ist, die Beamten zu schützen und deren Rechte zu wahren. Dies ist auch kein angebliches Privileg oder eine – heutzutage – unangemessene staatliche Wohltat zugunsten des Beamten, sondern eine „Kompensation", worauf der Betroffene einen Rechtsanspruch hat. Die bei Beamten gegenüber Arbeitnehmern gesteigerte Fürsorge- und Schutzpflicht ist eine rechtliche Korrektur der Einbindung in den Sonderstatus und der damit verbundenen grundrechtlichen Freiheitsminderung[258]. Umgekehrt betrachtet ist das nach der arbeitsrechtlichen Fürsorgepflicht des Arbeitgebers Geschuldete stets nur das Mindestmaß dessen, was nach der beamtenrechtlichen Fürsorge- und Schutzpflicht seitens des Dienstherrn geschuldet ist[259].

Der Geltungsbereich der beamtenrechtlichen Fürsorgepflicht ist zeitlich und personell umfangreicher als bei der arbeitsvertraglichen Fürsorgepflicht, da sowohl die Familienangehörigen des Beamten als auch Amtsträger nach ihrer aktiven Dienstzeit als Pensionäre anspruchsberechtigt sind, während die arbeitsvertragliche Fürsorgepflicht bis auf vereinzelte Nachwirkungen (sog. culpa post pactum finitum) grundsätzlich mit Beendigung des Arbeitsverhältnisses endet. Aber auch strukturelle Unterschiede zwischen beiden Fürsorgepflichten sind zu beachten: Die beamtenrechtliche Fürsorgepflicht ist, wie bereits dargestellt, gesetzlich in § 79 BBG, § 48 BRRG normiert und verfassungsrechtlich durch Art. 33 Abs. 5 GG abgesichert. Sie stellt eine selbständige und unmittelbare Anspruchsgrundlage dar, während die arbeitsvertragliche (allgemeine) Fürsorgepflicht nicht gesetzlich normiert ist und lediglich eine ungeschriebene vertragliche Nebenpflicht ist, die zwar nach vereinzelter Ansicht Ausfluß des Sozialstaatsprinzip gemäß Art. 20 Abs. 1 GG ist, aber dadurch trotzdem keinen Verfassungsrang genießt, sondern nur ein Verfassungsgebot verwirklicht[260].

Zwar wurden die Angestellten und Arbeiter im öffentlichen Dienst aufgrund einer weitgehenden rechtlichen Angleichung zu den Beamten durch die Tarifverträge MTB II, MTL II, MTG II und BAT, die maßgebend durch die Gewerkschaften (ÖTV und DAG, bzw. jetzt ver.di) ausgehandelt wurden, faktisch in vielen Bereichen den Beamten gleich-

---

256 *Schaub*, Arbeitsrecht-Handbuch[10], § 108, Rz. 24; *Küttner/Kreitner*, Personalbuch[11], Fürsorgepflicht, Rz. 20 und Leistungsverweigerungsrecht, Rz. 3. Inwieweit der Arbeitnehmer bei schuldhafter Verletzung der Fürsorgepflicht des Arbeitgebers Schadensersatzansprüche geltend machen kann, wird im Zusammenhang mit den Sekundäransprüchen des Beamten ab S. 306 dieser Untersuchung näher dargestellt.

257 *Minz-Conze*, Recht des öffentlichen Dienstes[6], Rz. 166.

258 So: *Loschelder*, HdbStR, § 123, Rz. 46; Hingegen nur in Ansätzen: *Battis*[3], § 79 BBG, Rz. 3.

259 *v.d.Heide*, ZBR 1955, 321 (322); *Korn-Tadday*, § 85 LBG NRW, Erl. 1; BVerwGE 106, 272 (275), betr. Zivildienstleistende; *Plog-Wiedow-Beck-Lemhöfer*, § 79 BBG, Rz. 16b; *Weiß-Niedermaier-Summer-Zängl/Summer*, Art. 86 BayBG, Erl. 53a. In ZBR 1998, 151 (153) ist *Summer* hingegen der Ansicht, daß bei vermögensrechtlichen Aspekten die beamtenrechtliche Fürsorgepflicht nicht mehr hergebe als § 242 BGB.

260 *Lecheler*, ZBR 1972, 129 (130).

gestellt. Auch die Regelungen zur Amtshaftung (Art. 34 S. 1 GG i.V.m. § 839 Abs. 1 bis Abs. 2 BGB) und zu den strafrechtlichen Amtsdelikten (§ 11 Abs. 1 Nr. 2 bis Nr. 4 StGB) gelten für sie und die Beamten in gleicher Weise. Dennoch bleiben sie zivilrechtliche Arbeitnehmer, für deren Rechtsstreitigkeiten ausschließlich die Arbeitsgerichte zuständig sind, und können im Wege des privatrechtlichen Dienstvertrages niemals in aller und jeder Hinsicht die Rechtsposition eines Beamten erlangen[261], was sich vorliegend besonders bei den zu untersuchenden Ehrenschutzkonstellationen aufgrund der Fürsorgepflicht zeigt. Dieser Statusunterschied und die Strukturverschiedenheit werden auch durch weitere unterschiedene Regelungen z.B. bei der gesetzlichen Regelung von Besoldung und Versorgung, beim Ausschluß von Tarifautonomie und Streikrecht sowie durch das Disziplinarrecht bei den Beamten verdeutlicht.

Aufgrund der dargestellten unterschiedlichen rechtlichen Ausgestaltung der Beschäftigungsverhältnisse von Beamten sowie Angestellten und Arbeitern kommt auch eine analoge Anwendung und damit eine Gleichbehandlung des sonstigen öffentlichen Dienstes mit den Beamten wegen Art. 3 Abs. 1 GG nicht in Betracht, da beide Personengruppen rechtlich und tatsächlich nicht vergleichbar sind[262]. Dies ändert zwar nichts an derselben grundsätzlichen staatsethischen Berechtigung und Verantwortung des Dienstherrn oder öffentlichen Arbeitgebers[263], aber ein beamtenrechtsähnlicher Anspruch der Angestellten und Arbeiter im öffentlichen Dienst auf Ehrenschutz besteht nicht. Sie könnten dies zwar von ihrem öffentlichen Arbeitgeber erwarten und erhoffen, um so zumindest zu einer faktischen Annäherung zu ihren beamteten Kollegen zu gelangen. Aber die tägliche Praxis zeigt, daß diese unter staatsethischen Gesichtspunkten berechtigte Erwartung seitens der öffentlichen Arbeitgeber nur selten tatsächlich erfüllt wird.

G. Zusammenfassung

Es zeigt sich zusammenfassend, daß der Dienstherr bei allen genannten öffentlich-rechtlichen Dienst- und Treueverhältnissen aufgrund einfachgesetzlicher und verfassungsrechtlicher Vorgaben (Fürsorge- und Schutzpflicht) verpflichtet ist, die Rechtsgüter und damit auch das Recht der persönlichen Ehre seiner Amtswalter zu schützen und Schaden von ihnen abzuwenden, sofern durch eine externe oder interne ehrverletzende Verhaltensweise das Dienstverhältnis eines Beamten betroffen ist. Wegen der durch individualarbeitsrechtlichen Vertrag und Tarifverträge andersartigen rechtlichen Konstruktion des Beschäftigungsverhältnisses können die Angestellten und Arbeiter im öffentlichen Dienst bis auf wenige eindeutige und offensichtliche Ausnahmen keinen dem Inhalt und dem Umfang nach ähnlich gelagerten Anspruch kraft arbeitsvertraglicher Fürsorgepflicht geltend machen, so daß der Statusunterschied trotz gleichbleibender staatsethischer Berechtigung des Dienstherrn bzw. öffentlichen Arbeitgebers zum Ehrenschutz seiner Bediensteten zu deutlichen Unterschieden bei den genannten Personengruppen führt.

---

261 BAG, AP Nr. 1 zu § 611 BGB Öffentlicher Dienst.

262 *Wind-Schimana-Wichmann-Langer*, Öffentliches Dienstrecht^{5}, Rz. 28.

263 Siehe hierzu die Ausführungen ab S. 131 dieser Untersuchung.

Zweites Kapitel: Die Ehre bzw. das Recht der persönlichen Ehre als zu schützendes Rechtsgut in der Werteordnung des Grundgesetzes

A. Einführung in den Problemkomplex

„Die Ehre, Sie verstehen, das ist ein unklarer, ein sehr unklarer Begriff" [264]

Wesentlich im Rahmen der vorliegenden Untersuchung und für die Anforderungen, die an das Verhalten des Dienstherrn zum Ehrenschutz seiner Beamten zu stellen sind, ist das zugrunde zu legende Verständnis vom Begriff der Ehre bzw. vom Recht der persönlichen Ehre. Daher gilt es, den Begriff der Ehre zu definieren und die Charakteristika dessen herauszuarbeiten, wie unter der Geltung des Grundgesetzes und des in diesem verkörperten Menschenbildes der Begriff der Ehre in rechtlicher Hinsicht verstanden werden muß. Eine extensive Auslegung der Kommunikationsgrundrechte des Art. 5 Abs. 1 GG und der Kunstfreiheit des Art. 5 Abs. 3 GG aufgrund ihrer „schlechthin konstituierenden Wirkung für die Demokratie" durch die ständige Rechtsprechung des Bundesverfassungsgerichts hat jedoch nach teilweise vertretener und sehr kritischer Ansicht mittlerweile zu einer „Liquidierung des Ehrenschutzes" geführt[265]. Vorliegend wird jedoch ein allgemeiner Konsens dahingehend angenommen, daß eine freiheitliche Demokratie und wertegebundene Gesellschaft, die auf gegenseitiger Toleranz basiert, neben der Meinungsfreiheit und weiteren Grundrechten auch den Schutz der Ehre benötigt, denn sonst fehlt ein konstitutives Element des demokratischen Rechtsstaats, denn Ehrenschutz hat Friedensfunktion[266].

Die Ehre als eine mit den Normen der Ethik korrelierende und insoweit historischen Prozessen und Veränderungen unterliegende Variable ist als allgemeine und moralische Richtlinie für einen wesentlichen Bereich des gesellschaftlichen und sozialen Zusammenlebens der Menschen untereinander und des individuellen Verhaltens jedes einzelnen Menschen im Verhältnis zur Gesellschaft maßgeblich. Der Ehrbegriff kann daher im Laufe der Menschheitsgeschichte, angefangen bei den griechischen Philosophen und Staatstheoretikern über die Auffassungen von Theologen, Geistes-, Sozial- und Kulturwissenschaftlern, Literaten sowie Juristen aus vielen Jahrhunderten, auf eine sehr lange und wechselvolle inhaltliche Tradition verweisen. Daher ist es sachlich unzutreffend, wenn in der gesellschaftlichen und rechtlichen Diskussion über den Ehrbegriff der negativintendierte Vorwurf aufkommt, die Ehre entstamme dem feudal-ständischen Milieu und sei in einer demokratischen Gesellschaft nicht mehr zeitgemäß[267]. Jeder Mensch hat, wie schon die antiken Philosophen erkannten, Ehre. Aber subjektiv wird von jedem unter der Ehre bzw. unter seiner Ehre etwas anderes verstanden. Diese inhaltliche Vieldeutigkeit und Unbestimmtheit hat im Laufe der Jahrhunderte zu einer Vielzahl von rechtlichen und

---

264 *Camus*, Die Besessenen, Erster Teil, Viertes Bild, in: Dramen, S. 272.

265 *Kiesel*, NVwZ 1992, 1129 ff. Zustimmung erfährt er z.B. durch *Kriele*, NJW 1994, 1897 (1904).

266 So ausdrücklich und zutreffend: *Erman/Ehmann*[10], Anh. § 12 BGB, Rz. 228; *Haas*, FS Fürst, S. 163.

267 So hingegen: *Kübler*, JZ 1990, 915 (916), was bloß ein historisches, aber kein rechtliches Argument ist.

außerrechtlichen Definitionsversuchen geführt. Einige dieser exemplarisch noch darzustellenden außerrechtlichen Ehrdefinitionen sind aber tautologisch oder trotz der Nennung wichtiger Aspekte der Ehre nicht verallgemeinerungsfähig, so daß sie jedenfalls für die juristische Praxis unbrauchbar sind, da sie keiner Subsumtion bei den einschlägigen Ehrenschutzvorschriften zugänglich sind.

Als unbestimmter Rechtsbegriff ist die persönliche Ehre und damit ihr Inhalt juristisch zu definieren, denn „was der Staat nicht definieren kann, das kann er auch nicht schützen“[268]. Im Gesetzes- und Verfassungssystem der Bundesrepublik Deutschland und nach der Werteordnung des Grundgesetzes gilt es zudem, die Ehre von der uneingeschränkt zu schützenden Würde des Menschen (Art. 1 Abs. 1 GG) abzugrenzen, denn es können sich manche Injurien oder ehrkränkende Verhaltensweisen zugleich auch als würdelose und menschenverachtende Verhaltensweisen erweisen[269]. Weiter ist die Ehre als persönlichkeitskernnahes Rechtsgut vom allgemeinen Persönlichkeitsrecht im Sinne des Art. 2 Abs. 1 i.V.m. Art. 1 Abs. 1 GG und in Sinne der §§ 823 Abs. 1, 1004 BGB abzugrenzen. Schließlich muß für den Bereich der §§ 185 ff. StGB der Umfang des strafrechtlichen Ehrenschutzes dargestellt werden, um dann später den öffentlich-rechtlichen Dienstherren die rechtlichen Anforderungen an deren Fürsorgepflichtmaßnahmen zum Schutze der Ehre der ihnen unterstellten Amtswalter aufzuzeigen.

Neben den genannten rechtlichen Aspekten müssen bei der Ehre aber auch die tatsächlichen gesellschaftlichen Umstände berücksichtigt werden. Die Ehre unterliegt nicht nur einem stets veränderbaren subjektivem Verständnis, sondern auch dem gesellschaftlichen Wandel über die Jahrhunderte. Als soziologisch-psychologischer Befund gilt, daß die Ehre als moralische Kategorie bei Teilen der Bevölkerung zunehmend an Bedeutung verliert und schon verloren hat. Nur noch wenige benutzen heutzutage die althergebrachten Formulierungen wie „bei meiner Ehre“ oder „auf Ehre!“, die noch in der Renaissance über die Aufklärung bis hin zur Romantik rezipiert wurden. Das persönlich abgegebene Ehrenwort symbolisiert zwar immer noch eine starke persönliche Bindung, aber mittlerweile wird es doch im persönlichen Umgang nur selten verwandt und abgegeben. Umso schwerer wiegt es in moralischen Kategorien daher, wenn dann das Ehrenwort mißbraucht wird[270]. Die ideelle bzw. moralische Komponente der Ehre wurde aber auch schon in früheren Zeiten vereinzelt geleugnet. So soll der Begründer des Hauses *Rothschild* ausgesprochen haben: „Wer mir mein Geld nimmt, nimmt mir meine Ehre“[271]. Die Ehre als moralische Kategorie ist aber auch schon von Staats wegen mißbraucht worden, erwähnt sei hier nur der Treueschwur der nationalsozialistischen SS: „Meine Ehre heißt Treue“. Die gesellschaftliche Entwicklung hin zu der Leistungs- und Wissens-

---

268 *Isensee*, Freiheitsrechte, S. 35.

269 Davon zeugen u.a. Entscheidungen der Wehrdienstsenate des Bundesverwaltungsgerichts bezüglich ehrenrühriger, entwürdigender, schikanöser und demütigender Behandlungen von Rekruten und Soldaten durch Vorgesetzte durch sog. Bestrafungs- und Erziehungsrituale oder durch sexuelle Belästigung, siehe z.B. BVerwG, NVwZ-RR 1999, 321 ff.; NVwZ 1999, 659 ff.

270 So verweigert Bundeskanzler a.D. *Helmut Kohl* seit 1999 unter Bezugnahme auf sein Ehrenwort die Namensnennung derjenigen Personen, die Spenden zugunsten seiner Partei tätigten, und der tot aufgefundene ehemalige Ministerpräsident von Schleswig-Holstein *Uwe Barschel* wollte 1987 durch sein Ehrenwort die gegen ihn erhobenen Vorwürfe von Wahlkampfmanipulationen entkräften.

271 Zitiert nach *Tenckhoff*, JuS 1988, 197 (198).

gesellschaft im 21. Jahrhundert, unter Betonung der Individualität des einzelnen, hat diesen Bedeutungsverlust der persönlichen Ehre als Wert beschleunigt. Das Grundgesetz und die von ihm geprägte Rechtsordnung der Bundesrepublik Deutschland gebieten aber insgesamt einen Ehrenschutz, der wesentlich höhere und strengere Anforderungen an die Wahrung der Ehre stellt[272]. Einer Vergrößerung dieser Diskrepanz müssen der Staat und seine Organe aber Einhalt gebieten, um dem Recht der Ehre (wieder) zur Geltung zu verschaffen. Damit soll aber umgekehrt aber auch nicht idealistischen Vorstellungen Vorschub geleistet werden. Es gilt auch beim Ehrenschutz aufgrund der beamtenrechtlichen Fürsorgepflicht zu beachten, daß nicht jede Unhöflichkeit und Ehrkränkung – rechtlich gesehen – auch eine Ehrverletzung darstellt.

Allgemein-phänomenologisch gesehen beinhaltet der Ehrbegriff sowohl objektive Elemente (Sittlichkeit im Wesen und Verhalten, Anerkennung, Reputation, Ansehen, Respekt, Wertschätzung, Sozialprestige, Leumund, Rang, Status, Ruhm, Ehrenhaftigkeit, Lobpreisung, Freisein von Schande) als auch subjektive Elemente (z.B. Selbstwertgefühl, Ehrbewußtsein und -gefühl, Selbstachtung, Geltungsbedürfnis und -verlangen, Ehrsucht, innerer Wert) sowie zusätzliche moralische Postulate aus der Zeit des Naturrechts und der Aufklärung (Achtung des Menschen an sich aufgrund seiner ihm von Geburt an zukommenden Würde), die je nach Sachzusammenhang unterschiedlich akzentuiert werden und auch bei der rechtlichen Beurteilung der Ehre zu einer differenzierten Darstellung zwingen[273].

Im folgenden werden diese verschiedenen Aspekte exemplarisch und geschichtlich überblicksartig näher dargestellt, um im Ergebnis zu einem aktuellen tatsächlichen und rechtlichen Verständnis der persönlichen Ehre als Rechtsgut zu gelangen, das als Grundlage der weiteren Ausführungen zum Fürsorgepflichtanspruch dienen soll. Es wird sich zeigen, daß die Ehre kein antiquierter Wert ist, sondern auch aktuelle Relevanz hat.

B. Außerrechtliche Ehrbegriffe und historischer Abriß

Die Ehre als Begriff im täglichen Leben und in der Umgangssprache wird übereinstimmend in die sog. innere und äußere Ehre unterteilt[274].

Die „innere Ehre" ist in einem allgemeinen und grundsätzlichen Sinne die dem Menschen aufgrund seines Menschsein und der damit verbundenen Würde von Natur aus zukommende, im Rahmen der Menschen- und Grundrechte zustehende und unverzichtbare Achtung, die der Mensch von seinen Mitmenschen beanspruchen kann. Hingegen versteht man unter der „äußeren Ehre" das spezifisch individuelle Ansehen einer Person in einem gesellschaftsbezogenen Rahmen, das ihr aufgrund ihrer Leistung, ihres Arbeitsbereichs und ihrer sozialen Stellung von der Umwelt, der Gesellschaft und dem Staat zugebilligt wird.

---

272 Siehe u.a. die umfassenden Darstellungen bei *Mackeprang*, Ehrenschutz im Verfassungsstaat, S. 1 ff.; *Stark*, Ehrenschutz in Deutschland, S. 1 ff.; *Tettinger*, Die Ehre – ein ungeschütztes Verfassungsgut?, S 1 ff.

273 Eine ausführliche Darstellung der Phänomenologie der Ehre findet sich bei *Mackeprang*, Ehrenschutz im Verfassungsstaat, S. 162-191.

274 Hierbei handelt es sich nicht um eine tautologische Definition, sondern um eine sinnvolle Untergliederung, die helfen soll, den Fokus auf die einzelnen Begriffsmerkmale zu lenken.

Die Ehre als unveräußerliches und geschütztes Recht darf keine Einschränkung durch Diskriminierung aufgrund von Alter, Rasse, Abstammung, Klasse, Religion, Glaube und Geschlecht erfahren (vgl. den Verbotskatalog von Art. 3 Abs. 3 GG). Als sog. Ehrenkodex oder Sittenkodex grenzt die Ehre als Standes-, Berufs-[275], Familien- oder Geschlechtsehre in Hinsicht auf Gesellschaft und Situationen Verhaltenweisen mit spezifischer Akzentuierung von sittlichen Normen ab[276].

Geschichtlich gesehen mußte die Ehre in der griechischen Antike nach fast übereinstimmender Ansicht der griechischen Philosophen und Staatstheoretiker jeweils durch den Einzelnen erworben werden, was grundsätzlich durch die Arete geschah, also durch Tauglichkeit, Tüchtigkeit oder Vorzüglichkeit in einem auf die Polis, also den Stadtstaat, bezogenen Handeln[277]. *Aristoteles* erkannte in der Ehre, die letztlich nur gesucht werde, um sich seiner Gutheit zu versichern, nicht das höchste Gute, sondern in der ihr überzuordnenden Arete das höhere Ziel. In der Stoa galt die Ehre zwar als „guter Ruf", in bezug auf das anzustrebende Glück aber als nebenrangig. Im germanischen Altertum hingegen wurde die Ehre, die für jedes freie Individuum als lebenswichtig angesehen wurde, zwar grundsätzlich vorausgesetzt, aber auch an die Erfüllung ethischer Mindestanforderungen gebunden, z.B. Tapferkeit beim Mann. Verglichen mit diesen antiken Ansätzen gilt hingegen beim heutigen Ehrbegriff, daß – in Übereinstimmung mit der germanischen Ansicht – jedem Menschen bereits von Geburt an eine Ehre zukommt, die zu achten ist. Ein Mindestmaß an Ehre muss von keinem Menschen mehr selbst verdient werden, es steht ihm kraft seiner biologischen Existenz und seines Menschseins von Anfang an zu.

Auch in der Bibel und in den christlichen Lehren finden sich Ansätze zu einer Definition der Ehre. So ist die Ehre im Alten Testament an die Herrlichkeit Gottes gebunden, während sie nach dem Neuen Testament auf der durch Gnade basierenden Gottes- und Christusebenbildlichkeit des Menschen und auf seiner Berufung zu zukünftiger Herrlichkeit beruht[278]. Bekannt ist der Ausspruch, Ehre sei Gott in der Höhe und Frieden auf Erden[279]. Nach der katholischen Moraltheologie ist die Ehre die Hochschätzung, die jemandem gebührt, weil seine Lebensführung dem christlichen Sittengesetz und den besonderen Anforderungen seiner Tätigkeit entspricht. Sie wird sündhaft verletzt durch Verweigerung der Ehrerbietung und durch Schädigung des guten Rufs. Die evangelische Theologie leitet die menschliche Ehre von der Ehre, die der Mensch Gott schuldet[280], ab und unterscheidet zwischen der Ehre vor anderen und der Ehre vor sich selbst[281]. Aus diesen christlichen Ansätzen ergibt sich für den Ehrbegriff, daß dieser unabhängig vom objektiven Verhalten des Ehrträgers auch durch moralische und sittliche Aspekte geprägt

---

[275] Die Berufsehre bzw. das Berufsethos der Rechtsanwälte wird z.B. durch das ehrengerichtliche Verfahren vor den Anwaltsgerichten verdeutlicht, siehe hierzu §§ 92 ff. und §§ 113 ff. BRAO.

[276] Vgl. Brockhaus – Die Enzyklopädie[20], Stichwort „Ehre", Band 6, Leipzig, 1996.

[277] Hier wird der Begriff „Arete" in seinem ursprünglichen Kontext gebraucht. Seit *Sokrates* hat er in der philosophischen Ethik die Bedeutung von „Tugend", vgl. Brockhaus – Die Enzyklopädie[20], Stichwort „Arete", Band 2, Leipzig, 1996.

[278] Zweiter Brief an die Korinther: 3, 18; Zweiter Brief an die Thessalonicher: 2, 14; Erster Brief des Petrus: 5, 4.

[279] Evangelium des Lukas: 2, 14.

[280] Ebd.: 17, 18; Evangelium des Johannes: 5, 42-44; Der Brief an die Römer: 4, 20.

[281] Vgl. Brockhaus – Die Enzyklopädie[20], Stichwort „Ehre", Band 6, Leipzig, 1996.

ist. Daher definierte der deutsche Philosoph der Aufklärung *Immanuel Kant*, der die Ehre zu den „Glücksgaben“ zählt, diese in der Tugendlehre und nicht in der Rechtslehre seines grundlegenden Werks „Metaphysik der Sitten“, denn er empfand den Ehrenschutz als sittliche und nicht als rechtliche Kategorie. Nach *Kant* hat „ein jeder Mensch rechtmäßigen Anspruch auf Achtung von seinem Nebenmenschen, und wechselseitig ist er dazu auch gegen jeden anderen verbunden“[282].

Auch in der Literatur finden sich verschiedentlich Aussagen bezüglich einer Definition der Ehre. Der deutsche Dramatiker *Hermann Sudermann* gibt Ende des 19. Jahrhunderts den genannten Zwiespalt zwischen kognitiver Existenz der Ehre und der praktischen Unmöglichkeit deren Definition zutreffend wieder. So formuliert er einerseits: „Es gibt gar keine Ehre ! [...].Was wir gemeinhin Ehre nennen, das ist wohl nichts weiter, wie der Schatten, den wir werfen, wenn die Sonne der öffentlichen Achtung uns bescheint. – Aber das Schlimmste bei allem ist, daß wir so viel verschiedene Sorten von Ehre besitzen als gesellschaftliche Kreise und Schichten“[283]. Diesen Befund durch eine Äußerung des Strafrechtlers *Karl Binding* ergänzend „flattern wie ein Vogelschwarm die so verschiedenen Dinge gleichen Namens [...] um unser Haupt“, wenn man von Ehre spricht[284]. Andererseits spricht sich *Sudermann* dann sehr wohl für die Existenz der Ehre aus, denn er ist der Ansicht, daß „es nur eine Ehre gibt, wie nur eine Sonne und einen Gott. Das muß man fühlen“[285]. Diesen gesamten Zwiespalt aufgreifend verwendet der Dichter *Gotthold E. Lessing* in seinem Lustspiel „Minna von Barnhelm“ eine negativ-tautologische Definition. Nach ihm gilt, daß „die Ehre nicht die Stimme unsers Gewissen ist, nicht das Zeugnis weniger Rechtschaffnen – [...] – Die Ehre ist – die Ehre“[286]. Anhand dieser verschiedenen Aperçus zeigt sich zunächst einmal zunächst die grundsätzliche Berechtigung, die Ehre überhaupt zu definieren, denn es ist – unabhängig vom konkreten Ehrinhalt – trotz mancher Zweifel nahezu unbestritten, daß die Ehre als moralische Kategorie und als Wert an sich existiert, auch wenn hierfür keine exakte und nachvollziehbare Begründung vorhanden ist.

Der lebensnotwendige und zugleich -gefährdende, Aspekt der Ehre als moralische Kategorie, die auch heute noch von Bedeutung für das gesellschaftliche Zusammenleben ist, wird auch verschiedentlich in der Literatur hervorgehoben. In *William Shakespeares* „König Richard der Zweite“ wird ausgeführt: „Ehre ist des Lebens einziger Gewinn; Nehmt Ehre weg, so ist mein Leben hin. Drum, [...], laßt mich um Ehre werben, ich leb in ihr und will auch für sie sterben.“[287]. In „König Heinrich der Vierte“ äußert sich *Shakespeare* hingegen entgegengesetzt und greift die grundlegenden Zweifel an der Existenz der Ehre an sich auf: „Was ist Ehre? Ein Wort. Was steckt in dem Wort „Ehre? Was ist diese

---

282 *Kant*, Tugendlehre, § 38, S. 600. Grundlage dieses Anspruches sind die Würde und die Persönlichkeit des Menschen, so daß Verachtung und Verhöhnung eine pflichtwidrige Verletzung dieses Rechtes darstellen: ebd. § 39, S. 601 und § 44, S. 605 ff.

283 *Sudermann*, Die Ehre, 2. Akt, 11. Szene.

284 *Binding*, Die Ehre und ihre Verletzbarkeit^2, S. 1 f.

285 *Sudermann*, Die Ehre, 2. Akt, 11. Szene.

286 *Lessing*, Minna von Barnhelm oder Das Soldatenglück, 4. Aufzug, 6. Auftritt.

287 *Shakespeare*, König Richard der Zweite, 1. Aufzug, 1. Auftritt (in der Übersetzung von *August Wilhelm Schlegel*).

Ehre? Luft [...] – Ehre ist nichts als ein gemalter Schild beim Leichenzuge."[288] In seiner Tragödie „Hamlet" betont dann *Shakespeare* aber wiederum die große Bedeutung der Ehre, die bei ihm allerdings in einem ständisch-feudalen Kontext steht, indem er aussprechen läßt: „Wahrhaft groß sein, heißt, nicht ohne großen Gegenstand sich regen, doch einen Strohhalm selber groß verfechten, wenn Ehre auf dem Spiel."[289]. Ergänzt werden kann diese herausragende moralisch-sittliche Bedeutung der Ehre durch die Sentenz des Philosophen *Max Stirners*: „Wer für die Ehre kämpft, der achtet des Lebens nicht; wer aber für sein Leben kämpft, der achtet der Ehre nicht. Ehre verloren, alles verloren!"[290].

Schließlich hat der deutsche Philosoph *Arthur Schopenhauer* eine gängige und in der rechtswissenschaftlichen Literatur häufig zitierte Definition der Ehre entwickelt, die wegen ihrer juristischen Verwendbarkeit den weiteren rechtlichen Ausführungen dieser Untersuchung zugrunde gelegt und auch später wieder aufgegriffen werden soll[291]. *Schopenhauer* unterteilt die Güter des menschlichen Lebens in drei Klassen, wobei er unter der Kategorie „Von Dem, was Einer vorstellt" versteht, wie eine Person in der Vorstellung der anderen ist. Diese Meinung anderer über eine Person besteht aus den Elementen Ehre, Rang und Ruhm. Aber auch *Schopenhauer* sieht die Schwierigkeiten in der Erörterung des Ehrbegriffes. Die teilweise vorhandene Charakterisierung, daß die Ehre das äußere Gewissen, und das Gewissen die innere Ehre sei, lehnt er zurecht als undeutlich ab[292]. Nach *Schopenhauer* gilt:

> „Die Ehre ist, objektiv, die Meinung anderer von unserem Wert, und subjektiv, unsere Furcht vor dieser Meinung."[293]

Als Ergebnis dieser außerrechtlichen Ausführungen zum Ehrbegriff zeigt sich zusammenfassend, daß die Ehre sowohl als Wert an sich und moralische Kategorie anerkannt als auch für das Zusammenleben der Menschen lebensnotwendig ist. Da die Ehre sowohl durch objektive als auch durch subjektive Elemente geprägt ist, und dem gesellschaftlichen Wandel unterliegt, ist im außerrechtlichen Bereich eine Definition der Ehre, die eine umfassende Beurteilung aller Aspekte der Ehre eröffnet, nicht möglich.

C. Der Ehrbegriff im Gesetzes- und Verfassungssystem der Bundesrepublik Deutschland

Die Schwierigkeiten, eine konsensfähige Definition des Ehrbegriffes zu finden, ergeben sich auch beim geltenden Recht der Bundesrepublik Deutschland. Wie bereits erwähnt

---

288 *Shakespeare*, König Heinrich der Vierte, 1. Teil, 5. Aufzug, 1. Szene (in der Übersetzung von *August Wilhelm Schlegel*). Dieser Ausspruch bezieht sich aber auf die ritterliche Ehre, die damit kritisiert wird.

289 *Shakespeare*, Hamlet, 4. Aufzug, 4. Szene (in der Übersetzung von *August Wilhelm Schlegel*).

290 *Stirner*, Die Lebenslustigen, Korrespondenzen, Leipziger Allgemeine Zeitung, 5. November 1842, Nr. 309, S. 3677, Beilage, Neuabdruck des Originals im Max-Stirner-Archiv-Leipzig, aufbereitet durch *Kurt W. Fleming*.

291 *Erman/Ehmann*[10], Anh. § 12 BGB, Rz. 224; *Tettinger*, JZ 1983, 317 (319); *Binding*, Die Ehre und ihre Verletzbarkeit[2], S. 6; *Isensee*, Grundrecht auf Ehre, S. 16. *Hirsch*, Ehre und Beleidigung, S. 12 f., Fn. 54 zweifelt hingegen an deren Nützlichkeit für die juristische Praxis.

292 *Schopenhauer*, Aphorismen zur Lebensweisheit, Kapitel I und Kapitel IV.

293 Ebd., Kapitel IV.

handelt es sich bei dem Recht der persönlichen Ehre sowohl im Verfassungsrecht als auch im einfachen Gesetzesrecht um einen unbestimmten Rechtsbegriff. Die Ehre wird bereits seit *Thomas v. Aquin* als ideelles bzw. immaterielles Rechtsgut verstanden. Dieses bedarf zwingend einer Konkretisierung, denn es muß rechtlich bestimmt oder bestimmbar sein, was als Schutzgut des Ehrenschutzes gilt. Anderenfalls ließen sich die grundgesetzlich verbürgten Grundrechte, z.B. die Kommunikationsgrundrechte und die Kunstfreiheit des Art. 5 GG, nicht in rechtlich zulässiger Weise über Art. 5 Abs. 2 GG (verfassungsimmanent) einschränken. Im Strafrecht erfordert darüber hinaus das grundgesetzliche Bestimmtheitsgebot des Art. 103 Abs. 2 GG eine Definition dessen, was Ehre sein soll, denn sonst wären die einschlägigen Strafrechtsnormen der §§ 185 ff. StGB verfassungswidrig.

Ähnlich wie bei der Darstellung der für die Fürsorgepflicht relevanten Fallkonstellationen[294] bedarf es bei der Definition des Ehrbegriffs als notwendige rechtliche Voraussetzung zur Begründung einer Ehrenschutzverpflichtung des Dienstherrn keiner näheren Analyse, ob und inwieweit die ehrenrührige Verhaltensweise von etwaigen (Grund-) Rechten des Störers, z.B. Art. 5 GG oder § 193 StGB gedeckt ist. Es soll im folgenden lediglich der Schutzbereich des einfachgesetzlichen und des verfassungsrechtlichen geschützten Rechtsguts der persönlichen Ehre dargestellt werden. Zwar stellt sich der Ehrenschutz im Gesetzes- und Verfassungssystem der Bundesrepublik Deutschland aufgrund der wechselseitigen Abhängigkeit der Schranke des Art. 5 Abs. 2 GG zu den Grundrechten aus Art. 5 Abs. 1 GG, zum allgemeinen Persönlichkeitsrecht (Art. 2 Abs. 1 i.V.m. Art. 1 Abs. 1 GG) als verfassungsimmanente Schranke und aufgrund der sog. praktischen Konkordanz der Grundrechte untereinander stets als Ergebnis einer vielschichtigen (subjektiven) und wertenden Abwägung im Einzelfall dar, so daß es durchaus zu Abgrenzungsschwierigkeiten kommen kann[295]. Diese Unzulänglichkeiten können aber die Notwendigkeit einer möglichst objektiven Definition und inhaltlichen Konturierung des wertausfüllungsbedürftigen Begriffs des Ehre, wie bei jeder anderen Norm, nicht beeinflussen. Ob und in welchem Umfang hingegen die Position des ehrverletzenden Störers bei dem noch darzustellenden Kernproblem dieser Untersuchung, dem Ehrenschutzanspruch des Beamten gegenüber seinem Dienstherrn aufgrund der Fürsorgepflicht, zu berücksichtigen ist, wird bei der eingehenden Analyse von Tatbestand und Rechtsfolge im Zusammenhang erörtert[296].

I. Einfachrechtliche Ehrbegriffe und deren gesetzliche Verankerung

Im Normbereich unterhalb der Verfassung finden sich in verschiedenen Rechtsgebieten Anknüpfungs- und Berührungspunkte für das Recht der persönlichen Ehre. Vorbild- und

---

294 Siehe hierzu die Ausführungen ab S. 29 dieser Untersuchung.

295 Eine weitergehende Darstellung hierzu muß unterbleiben, da es vorliegend nicht darauf ankommt, das komplexe Problem der verfassungsgemäßen Lösung der Kollision des Rechts der persönlichen Ehre mit anderen Grundrechten, insbesondere den Kommunikationsgrundrechten des Art. 5 Abs. 1 GG und der Kunstfreiheit des Art. 5 Abs. 3 GG darzustellen, denn es soll gerade nicht die Rechtsbeziehung Störer/ Amtswalter, sondern nur das Verhältnis Dienstherr/Beamter dargestellt werden. Daher ist auch nicht Aufgabe dieser Untersuchung, die Schutzbereiche der kollidierenden Grundrechte, die dann konsequenterweise auch dargestellt werden müßten, miteinzubeziehen. Siehe hierzu aber die ausführlichen Monographien von: *Mackeprang*, Ehrenschutz im Verfassungsstaat, S. 1 ff.; *Stark*, Ehrenschutz in Deutschland, S. 1 ff.

296 Eine umfassende Darstellung dieser Problematik findet sich ab S. 102 dieser Untersuchung.

Leitfunktion hat insofern der strafrechtliche Ehrbegriff, der in den anderen Rechtsgebieten teilweise analog angewandt oder zumindest als Basis für einen eigenständigen Ehrbegriff herangezogen wird. Im Gegensatz zu den materiellen Rechtsgütern, z.B. Leib, Leben, Gesundheit oder Eigentum, die vergleichsweise einfach und konsensual definiert werden können, ergibt sich bei der inhaltlichen Definition und Deduktion des ideellen und immateriellen Rechtsguts der persönlichen Ehre – ähnlich wie beim bereits dargestellten außerrechtlichen Bereich – ein breites Spektrum divergierender Auffassungen.

1. Strafrechtlicher Ehrbegriff

Auch wenn im Strafgesetzbuch an keiner Stelle der Begriff der „Ehre" erwähnt ist, ist es heute nahezu einhellige Meinung, daß die Ehre das durch die Straftatbestände des 14. Abschnitts (§§ 185 ff. StGB: Beleidigung, Verleumdung und üble Nachrede), geschützte Rechtsgut ist[297]. Inhalt und Grenzen des strafrechtlichen Ehrbegriffs sind allerdings seit über einem Jahrhundert heftig umstritten, auch wenn die Rechtsprechung, um dem Bestimmtheitsgebot des Art. 103 Abs. 2 GG Genüge zu tun, diese Vorschriften nahezu einheitlich auslegt. Es würde allerdings den Rahmen dieser Untersuchung überschreiten, sämtliche vertretenen Auffassungen und ihre jeweiligen Nuancen (von objektiver Betrachtungsweise bis hin zu streng subjektiver Sicht) hier darzustellen, denn praktisch relevante Unterscheide ergeben sich jenseits terminologischer Divergenzen kaum[298]. Lediglich die wichtigsten Auffassungen sollen daher nachfolgend wiedergegeben werden:

Die faktische Ehrtheorie legt soziologisch und psychologisch motiviert beim Ehrbegriff unterschiedliche Aspekte zugrunde. In der monistischen Ausprägung dieser Theorie wird lediglich auf die tatsächliche Außenseite des Rufs, des Ansehens und der gesellschaftlichen Anerkennung bzw. Wertschätzung abgestellt, dessen sich der Ehrträger in der Gesellschaft erfreut[299]. Mit dieser objektiven Sichtweise wird nur die „äußere Ehre" geschützt. Bei der dualistischen Ausformung dieser Theorie wird sowohl das tatsächliche subjektive Ehrgefühl[300], das der einzelne von sich hat, als auch der gute Ruf in seiner realen Existenz berücksichtigt[301], womit diese Ausformung dem noch darzustellenden normativ-faktischen Begriff inhaltlich sehr nahe kommt. Gegen die faktischen Ehrbegriffe sprechen jedoch mehrere Argumente. Das Recht könne keinen Anlaß haben, den – möglicherweise unverdienten – guten Ruf im Wege des Ehrenschutzes zum schutzwürdigen Rechtsgut zu erklären[302]. Es wäre schlicht unbillig, wenn derjenige ungeschützt bliebe, der zu Unrecht in einem schlechten Ruf steht, und derjenige geschützt würde, der zu Unrecht einen guten Ruf genießt[303]. Das subjektive und unter Umständen trügerische Ehrgefühl dürfe nicht zugrunde gelegt werden, da das zu schützende Rechtsgut nicht auf den stets wandelbaren Vorstellungen des Rechtsgutsinhabers (übersteigerte Ehrsucht bis hin zu tiefster

---

297 *Tenckhoff*, JuS 1988, 197 (201); *Maurach-Schröder-Maiwald*, BT 1[8], § 24 I, Rz. 2.

298 Inwieweit noch Unterschiede bestehen, die auch für die Auslegung der §§ 185 ff. StGB relevant sind, wurde zuletzt von *Hirsch*, FS Wolff, S. 125 ff. dargestellt.

299 Vgl. *Maurach-Schröder-Maiwald*, BT 1[8], § 24 I, Rz. 2.

300 Vgl. *Hirsch*, Ehre und Beleidigung, S. 15 f.; *Ignor*, Beleidigung, S. 32 ff.

301 Vgl. LK/*Herdegen*[10], Vor § 185 StGB, Rz. 6; *Tenckhoff*, Die Bedeutung des Ehrbegriffs, S. 54 ff.

302 *Maurach-Schröder-Maiwald*, BT 1[8], § 24 I, Rz. 3.

303 *Tenckhoff*, JuS 1988, 197 (202).

Depression) und dessen individueller Empfindlichkeit beruhen könne, zumal die Feststellung des jeweiligen Ehrgefühls im Prozeß „ungeheuer schwierig" sei[304]. Der Ehrenschutz des Überempfindlichen werde sonst überdehnt und der des besonders Unempfindlichen unangemessen eingeschränkt[305]. Dies hätte insbesondere bei Geisteskranken oder Kindern, bei denen kein oder noch kein voll ausgeprägtes Ehrgefühl vorhanden ist, weiter zur Folge, daß deren Ehre nicht ausreichend geschützt wäre, wenn man das Ehrgefühl als maßgeblichen Maßstab zugrunde legen würde[306]. Im übrigen sei bei einer dualistischen Sichtweise nicht zu erkennen, welcher Aspekt für die Ehre maßgeblich sein soll, wenn das Ehrgefühl und der Ruf nicht identisch sind[307]. Daher wird der faktische Ehrbegriff insgesamt heute kaum noch vertreten[308].

Eine andere Auffassung deutet den Ehrbegriff rein normativ und versteht unter Ehre den wirklichen sittlichen und sozialen Wert des Menschen, der ihm kraft seiner Menschen- bzw. Personenwürde und aufgrund seines sittlichen-sozialen Verhaltens zukommt[309]. Geschützt ist somit weder das bei Geltungssüchtigen oft übersteigerte subjektive Ehrgefühl noch der vom wirklichen Wert des Ehrträgers nicht immer gedeckte gute Ruf in seiner realen Existenz, sondern allein der aus der verdienten Wertgeltung hervorgehende Anspruch auf Achtung der Persönlichkeit, wie er durch die sittliche Integrität sowie das Fehlen elementarer menschlicher Unzulänglichkeiten in der Person des Ehrträgers berechtigterweise begründet ist[310]. Das „Normative" an dieser Auffassung ist, daß es sich bei der Ehre um einen Achtungsanspruch bzw. um einen Wert handelt, der als solcher zu schützen ist. Die Formalisierung der Ehre als Wert besteht in dem Achtungsanspruch. Dieser besteht aus zwei unterschiedlichen Komponenten[311]. Der „konstante" Faktor ist der allgemeine Menschenwert oder die Personenwürde als das sehr Grundsätzliche, das jedem Menschen aufgrund seines Menschseins zukommt[312]. Der „variable" Faktor hingegen bezieht sich darauf, wie die fehlenden Unzulänglichkeiten bestimmt werden[313]. Hierbei wird entweder auf die „werthafte Lebensführung"[314] oder auf die „objektive Sittenordnung"[315] abgestellt und anschließend geprüft, ob der Ehrträger (schuldhaft) seine ihm obliegenden sittlichen und rechtlichen oder bloß sozialen Pflichten verletzt hat[316].

---

304 *Wolff*, ZStW 81 (1969), 886 (887); *Tenckhoff*, Die Bedeutung des Ehrbegriffs, S. 64, 82 m.w.N.

305 *Geppert*, JURA 1983, 530 (532 f.).

306 *Tenckhoff*, JuS 1988, 197 (202); *ders.*, Die Bedeutung des Ehrbegriffs, S. 105.

307 *Tenckhoff*, Die Bedeutung des Ehrbegriffs, S. 59.

308 LK/*Herdegen*[10], Vor § 185 StGB, Rz. 6.

309 *Hirsch*, Ehre und Beleidigung, S. 30 ff. und S. 45 ff.; LK/*Herdegen*[10], Vor § 185 StGB, Rz. 5 ff.; *Tenckhoff*, JuS 1988, 197 (201 ff., 206). Siehe auch *Mackeprang*, Ehrenschutz im Verfassungsstaat, S. 176 ff.

310 *Hirsch*, Ehre und Beleidigung, S. 84, 90; *Tenckhoff*, JuS 1988, 197 (205 f.).

311 *Tenckhoff*, Die Bedeutung des Ehrbegriffs, S. 54.

312 LK/*Herdegen*[10], Vor § 185 StGB, Rz. 4 f.; *Tenckhoff*, Die Bedeutung des Ehrbegriffs, S. 41 f.

313 Die Untergliederung in eine statisch-konstante und eine dynamisch-variable Komponente erfolgt bei: *Ignor*, Beleidigung, S. 34 f.; *Nolte*, Beleidigungsschutz, S. 43; *Stark*, Ehrenschutz in Deutschland, S. 27.

314 *Tenckhoff*, JuS 1988, 197 (204); *ders.*, Die Bedeutung des Ehrbegriffs, S. 41 und S. 46 ff.

315 *Hirsch*, Ehre und Beleidigung, S. 59 f. und S. 72 ff.

316 Ob in einer (schuldhaften) Verletzung sittlicher Pflichten eine Ehrminderung liegt, ist innerhalb der normativen Theorie umstritten, vgl. *Binding*, Die Ehre und ihre Verletzbarkeit[2], S. 16; *Hirsch*, Ehre und Beleidigung, S. 72 ff. In BGHSt 36, 145 (148) wurde die Verletzung rechtlicher Pflichten ausdrücklich offengelassen. Vgl. hierzu weiter: *Hirsch*, FS Wolff, S. 136 ff.

Zugunsten des Ehrträgers spricht aber eine Rechtsvermutung für den vollen Ehrbestand, denn schließlich kann es die Rechtsordnung nicht zulassen, daß mangels Gegenbeweises willkürlich eine Ehrminderung oder Ehrlosigkeit angenommen wird[317]. Bei der normativen Ehrtheorie wird insgesamt der objektiv verdiente Geltungswert und somit die sog. innere Ehre für maßgeblich erklärt[318] und hingegen nicht die tatsächliche Geltung der Ehre bei anderen (guter Ruf bzw. „äußere Ehre") oder bei sich selbst (Ehrbewußtsein)[319]. Bei Letzteren handelt es sich schließlich nur um psychologische und soziologische Reflexe der wahren Ehre in der Außenwelt, auf die man sich nicht beziehen könne, da dann der Schutz der Ehre als Rechtsgut nicht gewährleistet wäre[320].

Aber auch gegen die normative Ehrtheorie sprechen einige Gründe[321]. Als Hauptargument gegen diesen Ehrbegriff kann der Einwand angesehen werden, daß die Ehre als „wahrer innerer Wert" eines Menschen durch Außenstehende nicht – oder allenfalls nur mittelbar – verletzt werden kann[322]. Dem wird wiederum entgegengehalten, daß eine Substanzminderung für das Vorliegen einer Rechtsgutsverletzung gar nicht erforderlich ist, denn die Ehrverletzung besteht bei unveränderten Bestand der inneren Ehre darin, daß die Anerkennung seitens der Umwelt und das Bewußtsein der eigenen Werthaftigkeit schwieriger oder gar nicht zu realisieren sei[323]. Entscheidend gegen den rein normativen Charakter spricht, daß zu pointiert soziale Wertungsgesichtspunkte berücksichtigt werden, bei denen nicht klar ist, wer deren Maßstäbe festlegt. Es würde den Menschen, die sich nicht gemeinschaftsnützlich verhalten oder sich nicht gesellschaftlich bewähren wollen, ein Großteil ihres Achtungsanspruchs genommen[324]. Weiter ist bei einer rein normativen Definition der „seinsmäßige Bezug" der Ehre[325] und der eigentliche Grund, aus dem das Strafrecht den Ehrträger vor Ehrbeeinträchtigungen schützt[326], nicht zu erkennen. Schließlich ist die Bezugnahme auf die Menschen- oder Personenwürde im Hinblick auf den von den Ehrdelikten mitumfaßten Schutz staatlicher Institutionen gemäß § 194 Abs. 3 und Abs. 4 StGB sehr fraglich[327].

---

317 *Tenckhoff*, JuS 1988, 197 (204).

318 *Wessels-Hettinger*, BT1[27], Rz. 464; *Schönke-Schröder/Lenckner*[26], Vorbem. §§ 185 ff. StGB, Rz. 1.

319 Hier ist zur Klarstellung auf eine uneinheitliche Terminologie hinzuweisen. Der Begriff der „inneren Ehre" wird in der juristischen Literatur verschiedentlich gebraucht. Teilweise wird hiermit inhaltlich das subjektive Ehrgefühl oder die Selbstachtung verbunden, vgl. *Erman/Ehmann*[10], Anh. § 12 BGB, Rz. 223; *Isensee*, Grundrecht auf Ehre, S. 6. Auf dieses Verständnis kann – wie schon beim faktischen Ehrbegriff erläutert – zutreffend nicht zurückgegriffen werden, da sich diese subjektive Kategorie einer rechtlichen Würdigung entzieht. Vielmehr ist unter „innerer Ehre" die jedem Menschen als Träger geistiger und sittlicher Werte von Geburt an zukommende und auf der Menschenwürde basierende Achtung zu verstehen.

320 *Tenckhoff*, Die Bedeutung des Ehrbegriffs, S. 101 ff., S. 129 ff. und S. 145 ff.; *ders.*, JuS 1988, 197 (203).

321 Vgl. die Auflistung bei *Tenckhoff*, Die Bedeutung des Ehrbegriffs, S. 53 f.

322 *Schönke-Schröder/Lenckner*[26], Vorbem. §§ 185 ff. StGB, Rz. 1; *Wolff*, ZStW 81 (1969), 886 (889 f.).

323 *Tenckhoff*, Die Bedeutung des Ehrbegriffs, S. 90 f.; *ders.*, JuS 1988, 197 (203).

324 *Stark*, Ehrenschutz in Deutschland, S. 30.

325 *Wolff*, ZStW 81 (1969), 886 (888).

326 *Hirsch*, Ehre und Beleidigung, S. 24; *Wolff*, ZStW 81 (1969), 886 (890).

327 *Schönke-Schröder/Lenckner*[26], Vorbem. §§ 185 ff. StGB, Rz. 1. Dem hält *Hirsch*, FS Wolff, S. 141 entgegen, daß es sich bei § 194 Abs. 3 und 4 StGB um positivrechtliche Ausnahmefälle handele.

Die Rechtsprechung[328] und die herrschende Meinung in der strafrechtlichen Literatur[329] sind daher konsequent der Ansicht, daß sich im Ehrbegriff normative und faktische Elemente untrennbar verschlingen[330], so daß beide Aspekte zu kombinieren sind, wobei in Abhängigkeit von den tatsächlichen Umständen entweder der eine oder der andere Gesichtspunkt stärker betont wird. Der Bundesgerichtshof formuliert dies so: „Die Ehre umfaßt zum einen die dem Menschen als personalem Träger geistiger und sittlicher Werte zukommende ‚innere Ehre' und zum anderen seine darauf beruhende Geltung, also seinen guten Ruf und seine Wertschätzung innerhalb der menschlichen Gesellschaft. Wesentliche Grundlage der ‚inneren Ehre' und damit Kern der Ehrhaftigkeit des Menschen ist die ihm unverlierbar von Geburt ab zuteil gewordene Personenwürde. Aus der inneren Ehre fließt der verdiente und strafbewehrte Rechtsanspruch eines jeden, daß weder seine innere Ehre noch sein guter äußerer Ruf (‚äußere Ehre') geringschätzig beurteilt oder gar völlig mißachtet, daß er vielmehr entsprechend seiner inneren Ehre behandelt wird“[331]. Dieser soziale Achtungs- und Geltungsanspruch ist das eigentliche Schutzobjekt der Ehrschutzdelikte gemäß §§ 185 ff. StGB. Nach *Wolff*, der diesem Ansatz ebenfalls zustimmt, aber ihn auch weiterentwickelt hat, geht es bei der Ehre um „das die Selbständigkeit ermöglichende“ gegenseitige personale „Anerkennungsverhältnis“ zwischen den in einer Gesellschaft zusammenlebenden Menschen“[332].

Zur inhaltlichen Begründung bezieht sich die normativ-faktische Ehrtheorie auf zwei Argumentationsstränge: Die „innere Ehre“ ist zunächst von der Selbsteinschätzung des Betroffenen abhängig, also ein psychologischer Sachverhalt, und kann daher als solche keine rechtliche Kategorie sein. Sie bedarf daher der objektiven Begrenzung in dem Sinne, daß einerseits auf die jedermann zukommende Personen- und Menschenwürde und andererseits auf den verdienten sozialen Geltungsanspruch abgestellt wird[333]. Um eine akzeptable Abgrenzung zum (allgemeinen) Persönlichkeitsrecht des Ehrträgers zu erreichen, legt die Rechtsprechung im wesentlichen den personalen und nicht den sozialen Geltungswert[334] zugrunde. Durch eine Gleichsetzung des Rechtsgut der Ehre mit der Personenwürde oder der (ideellen) Persönlichkeitssphäre verlöre es seine Konturen[335]. Die „äußere Ehre“ muß aber auch bei einer Ehrdefinition berücksichtigt werden, da keine Person in der Gesellschaft isoliert dasteht, sondern stets in soziale und gesellschaftliche

---

328 BGHSt 1, 288 (289); (GS) 11, 67 (70 f.); 36, 145 (150).

329 *Tröndle-Fischer*[51], § 185 StGB, Rz. 2; *Wolff*, ZStW 81 (1969), 886 ff.; *Schönke-Schröder/Lenckner*[26], Vorbem. §§ 185 ff. StGB, Rz. 1; *Tettinger*, JZ 1983, 317 (319 f.); *Gössel*, FS Schlüchter, S. 296.

330 Erstmals explizit herausgearbeitet wird dies bei *Engisch*, FS Lange, S. 413 ff.

331 BGHSt (GS) 11, 67 (70 f.).

332 *Wolff*, ZStW 81 (1969), 886 (899 ff.). Auf der einen Seite wird Kritik an diesem weitem Begriff von *Nolte*, Beleidigungsschutz, S. 43 geübt, denn diese Umschreibung sei zu allgemein. Auch Ruhm, Prestige und Respekt seien Formen der Anerkennung, die Selbständigkeit ermöglichen, vgl. *Tenckhoff*, Die Bedeutung des Ehrbegriffs, S. 127, 162, 174; LK/*Herdegen*[10], Vor § 185 StGB, Rz. 9, 11. Auf der anderen Seite wird der damit verbundene „Fortschritt“ begrüßt, der darin liegt, daß die Ehre nicht nur individuelle Qualitäten berücksichtigen darf, sondern auch das Zwischenmenschliche aufgreift, das in „der sozialen Kommunikation“ liegt, siehe *Amelung*, Ehre als Kommunikationsvoraussetzung, S. 11.

333 *Erman/Ehmann*[10], Anh. § 12 BGB, Rz. 225.

334 BGHSt 36, 145 (150); LK/*Herdegen*[10], Vor § 185 StGB, Rz. 8 ff.; *Hirsch*, Ehre und Beleidigung, S. 45 ff. und S. 59; *Tenckhoff*, Bedeutung des Ehrbegriffs, S. 35 ff.; OLG Düsseldorf, NJW 1998, 3214 f.

335 LK/*Herdegen*[10], Vor § 185 StGB, Rz. 2 ff.; *Hirsch*, Ehre und Beleidigung, S. 90.

Vorgänge in der Unwelt integriert ist und somit von der Wertschätzung anderer Personen abhängig ist[336]. Dieser herrschende strafrechtliche Ehrbegriff besteht also zusammenfassend aus der normativen Komponente („innere Ehre") als Grundlage und der ergänzenden faktischen Komponente („äußere Ehre")[337].

2. Zivilrechtlicher Ehrbegriff

Im Zivilrecht wird im Einklang mit der Entstehungsgeschichte des Bürgerlichen Gesetzbuchs (BGB) die persönliche Ehre zunächst über die strafrechtlichen Schutzgesetze der §§ 185 ff. StGB in Verbindung mit § 823 Abs. 2 BGB in das Recht der unerlaubten Handlungen eingeführt. Insoweit kann bezüglich des Ehrbegriffs auf die obigen Ausführungen verwiesen werden.

Daneben besteht gemäß §§ 823 Abs. 1, 826 BGB ein deliktischer Schutz, der insbesondere vorsätzlich-sittenwidrige Schädigungen erfaßt. Die persönliche Ehre ist nämlich eine „klassische" Schutzposition und Ausprägung des allgemeinen Persönlichkeitsrechts, das seinerseits unter das „sonstige Recht" i.S.v. § 823 Abs. 1 BGB subsumiert wird[338]. Vorteil dieser Regelung ist, daß damit – im Gegensatz zum Strafrecht – auch fahrlässige Ehrverletzungen (bezogen auf § 823 Abs. 1 BGB) das zivilrechtliche Sanktionensystem auslösen[339]. Die damit unter weiteren Voraussetzungen verbundene Verpflichtung zur Zahlung eines Schmerzensgelds gemäß § 253 Abs. 2 BGB n.F. / § 847 BGB a. F.[340] wurde vom Bundesgerichtshof praeter legem zu § 253 BGB a.F. entwickelt[341]. Das Bundesverfassungsgericht[342] und die Literatur haben dem in der Folge aufgrund des verfassungsrechtlich gebotenen Ehrenschutzes zugestimmt[343]. Die Anspruchsgrundlage für den Schmerzensgeldanspruch wurde jedoch in §§ 823 ff. BGB i.V.m. Art. 2 Abs. 1 und Art. 1 Abs. 1 GG gesehen[344]. Ergänzend zu den §§ 823 Abs. 1, 826 BGB tritt der Schutz der geschäftlichen Ehre (824 BGB) und der sexuellen Selbstbestimmung (§ 825 BGB n.F.). Weitere Normen mit ehrschützendem Charakter sind die (quasi-)negatorischen Ansprüche gemäß §§ 12, 823 Abs. 1, 1004 BGB (analog) und die Regelung des Rechts am eigenen Bild (§§ 22 ff. KUG).

Soweit zu diesen zivilrechtlichen Normen Entscheidungen oder Kommentierungen erfolgt sind, wird jedoch überwiegend auf eine Definition der Ehre verzichtet, oder es wird auf das allgemeine Persönlichkeitsrecht ausgewichen[345]. Die teilweise vorhandenen Aussagen zum Ehrbegriff sind „fragmentarisch und lassen eine einheitliche Definition des

---

336 *Otto*, FS Schwinge, S. 75 f.

337 *Ignor*, Beleidigung, S. 41: Beide Elemente sind daher nicht gleichrangig, entscheidend sei zunächst die „innere Ehre", während die „äußere Ehre" nur einen abgeleiteten Geltungsgrund habe.

338 BGHZ 13, 334 (338); 24, 72 (78); 39, 124 (127 f.); 78, 274 (279); 95, 212 (214); 99, 133 (135).

339 *Erman/Ehmann*[10], Anh. § 12 BGB, Rz. 221.

340 Das Zweite Gesetz zur Änderung schadensersatzrechtlicher Vorschriften vom 19. Juli 2002, (BGBl. I, S. 2674 ff.) hat u.a. die Regelung zum Schmerzensgeld mit Wirkung zum 1. August 2002 geändert.

341 Die Leitentscheidungen hierzu sind BGHZ 26, 349 ff. („Herrenreiter"); 35, 363 ff. („Ginsengwurzel").

342 BVerfGE 34, 269 ff. („Soraya").

343 Siehe insofern die Ausführungen zum Amtshaftungsanspruch ab S. 298 dieser Untersuchung.

344 BGH, NJW 2000, 2195 (2197); NJW 1996, 984 (985); NJW 1996, 985 (987).

345 So findet sich z.B. im Standardkommentar „Palandt" keine Definition des Ehrbegriffs.

Begriffs der Ehre nicht erkennen“[346]. Der zivilrechtliche Schutz der Ehre umfaßt unbestritten den Ruf, das Ansehen einer Person in den Augen anderer, ihre soziale Geltung und damit die „äußere Ehre“. Das subjektive Ehrgefühl wird für nicht maßgeblich erklärt, während die „innere Ehre“, die Selbstachtung des Menschen, auch geschützt wird[347]. Mitunter wird die persönlichen Ehre schlicht mit dem (sozialen) Achtungsanspruch[348] gleichgesetzt[349]. Nach vereinzelter Auffassung soll die Ehre den „Gesamtwert der Individualität“ und so „die Summe der ihr anhaftenden Werte“ repräsentieren[350]. Überwiegend finden sich im zivilrechtlichen Schrifttum lediglich Verweise auf den straf- und verfassungsrechtlichen Ehrbegriff[351]. Es ist daher im Ergebnis davon auszugehen, daß kein eigenständiger zivilrechtlicher Ehrbegriff existiert[352].

3. Öffentlich-rechtlicher und beamtenrechtlicher Ehrbegriff

Im öffentlichen Recht – unter Ausschluß des noch darzustellenden Verfassungsrechts – sind mit Ausnahme des Ordnungsrechts und des öffentlichen Dienstrechts mangels gesetzlicher Regelungen kaum Fallkonstellationen denkbar, bei denen das Recht der persönlichen Ehre als Rechtsgut zu berücksichtigen wäre. Soweit im öffentlichen Recht Regelungen der Ehre ergangen sind, ergeben sich diese aus einigen völkerrechtlichen Verträgen[353], die innerstaatlich den Rang eines einfachen Gesetzes haben.

Häufiger Anlaß zu verwaltungsgerichtlichen Aussagen über das Rechtsgut Ehre war das bereits erwähnte Problem des „Ehrenschutzes im öffentlichen Recht“[354] und die damit verbundene Abwehr von hoheitlichen Ehrverletzungen zu Lasten des Bürgers, die im Rahmen eines Verwaltungsaktes oder schlicht hoheitlichen Handels durch die öffentliche Hand erfolgten[355].

---

346 *Wellbrock*, Persönlichkeitsschutz, S. 36 ff. m.w.N.

347 MüKo/*Rixecker*[4], § 12 BGB Anh., Rz. 61; *Siebrecht*, JuS 2001, 337.

348 BGHZ 39, 124 (128).

349 *Kübler*, NJW 1999, 1281 (1283 und Fn. 31, 1285) setzt Ehre mit Reputation und sozialem Geltungsanspruch gleich, denn es geht beim Ehrenschutz nur um die Beeinträchtigung von Ruf und Ansehen. Damit lehnt er einen Schutz der „inneren Ehre“ ab, denn Menschenwürde habe nichts mit Reputation zu tun, so daß er sich nur auf die „äußere Ehre“ bezieht. Die so definierte Ehre, d.h. die beanspruchte und gewährte Geltung, sei somit immer ein Element der bestehenden Machtverhältnisse. Diese Mindermeinung ist mit den obigen Ausführungen zum nicht mehr vertretenen faktischen Ehrbegriff, dem die Ansicht von *Kübler* im Ergebnis entspricht, abzulehnen. Weiter fehlt jeglicher Bezug zur Person und damit zur von Geburt an bereits gegebenen Ehre, was gar nichts mit etwaigen (politischen) Machtverhältnissen zu tun hat.

350 *Hubmann*, Das Persönlichkeitsrecht[2], S. 288 f.

351 *Erman/Ehmann*[10], Anh. § 12 BGB, Rz. 222 ff.; *Hager*, AcP 196 (1996), 167 (171).

352 *Altenbach*, Rechtsschutz gegen ehrverletzende Äußerungen der öffentlichen Hand, S. 22; *Mackeprang*, Ehrenschutz im Verfassungsstaat, S. 20; *Stark*, Ehrenschutz in Deutschland, S. 31.

353 Art. 10 Abs. 2 der Europäischen Menschenrechtskonvention (EMRK) bezeichnet den „Schutz des guten Rufes“. Nach Art. 12 der Allgemeinen Erklärung der Menschenrechte der Vereinten Nationen (UN) und des nahezu wortgleichen Art. 17 des Internationalen Pakts über bürgerliche und politische Rechte darf niemand rechtswidrigen Beeinträchtigungen seiner Ehre und seines guten Rufes ausgesetzt werden. Siehe hierzu ausführlich: *Tettinger*, Die Ehre – ein ungeschütztes Verfassungsgut?, S. 20 ff.

354 Vgl. hierzu allgemein: *Faber*, Der Schutz der Ehre und des Rufes vor herabsetzenden Äußerungen des Staates, S. 1 ff.; *Richtberg*, Ehrenschutz im Öffentlichen Recht, S. 1 ff.; *Altenbach*, Rechtsschutz gegen ehrverletzende Äußerungen der öffentlichen Hand, S. 1 ff.

355 Vgl. BVerwGE 82, 76 (78).

Soweit in verwaltungsgerichtlichen Entscheidungen das öffentliche Dienstrecht, sub specie des Beamtenrechts, als Rechtsmaterie betroffen ist, liegen entweder Fallgestaltungen der hier zu untersuchenden Fürsorge- und Schutzpflicht des Dienstherrn oder disziplinarrechtliche Maßnahmen, insbesondere aufgrund ehrkränkenden und zum Teil menschenwürdeverachtenden Verhaltens von Vorgesetzten z.B. gegenüber den ihnen unterstellten Soldaten, zugrunde. Bei den hiermit insgesamt konkret angesprochenen Entscheidungen aus der Verwaltungsgerichtsbarkeit findet sich jedoch kaum eine Auseinandersetzung mit dem materiellen Gehalt des Rechtsguts der Ehre, vielmehr wird dessen Bedeutung und Inhalt konkludent vorausgesetzt, oder es werden die straf- und verfassungsrechtlichen Definitionen der Ehrbegriffs herangezogen[356]. Ausdrücklich wurde die geschützte persönliche Ehre eines Menschen vom Bundesverwaltungsgericht dahingehend definiert, daß sie in dem grundsätzlich jedermann aufgrund seiner Menschenwürde zustehenden uneingeschränkten Anspruch besteht, nicht unverdient, d.h. im Widerspruch zum vorhandenen Ehrbestand, herabgesetzt zu werden. Fällt jedoch dem Ehrträger selbst ein menschlich unzulängliches oder makelhaftes Verhalten gegenüber dem „Beleidiger" zur Last, so kann sein Ehrbestand und damit der aus ihm fließende Achtungsanspruch im Einzelfall entsprechend seinem Fehlverhalten gemindert sein[357]. An anderer Stelle setzt das Bundesverwaltungsgericht die Ehre schlicht mit dem sozialen Geltungsanspruch gleich[358]. Dies dürfte zwar im Ergebnis dem bereits genannten normativ-faktischen Ehrbegriff unter Betonung der normativen Komponente entsprechen, führt aber in der Folge ebenso wie im Zivilrecht zu der Erkenntnis, daß kein eigenständiger öffentlich-rechtlicher Ehrbegriff (unter Ausschluß des Verfassungsrechts) existiert.

4. Ergebnis

Die Ehre als Rechtsgut des einfachen Gesetzesrechts ist Ausfluß der jedermann zukommenden Menschen- und Personenwürde und wird durch die Abhängigkeit vom sozial- und gesellschaftlichem Verhalten des Ehrträgers geprägt, womit kumulativ Aspekte der „inneren Ehre" (Achtung aufgrund der Menschenwürde) und der „äußeren Ehre" (guter Ruf) umfaßt sind, die somit beide unter einfachgesetzlichen, insbesondere strafrechtlichen Schutz gestellt werden. Wesentliches Ergebnis ist weiterhin, daß beim Ehrbegriff keine individuelle Empfindlichkeit oder gar das subjektive Ehrgefühl berücksichtigt werden darf, sondern der Ehrbegriff ist zwingend objektiv zu bestimmen. Der so formulierte normativ-faktische Ehrbegriff entspricht im Ergebnis den Kategorien, die schon der Philosoph *Schopenhauer* in seiner bereits genannten Ehrdefinition dargelegt hat, kombiniert mit dem objektiv-normativen Element, daß es sich bei der persönlichen Ehre um einen sozialen Geltungs- und Achtungs*anspruch* handelt. Für die Dienstherren ist der strafrechtliche Ehrbegriff von besonderer Bedeutung, denn ihnen wird gemäß §§ 194 Abs. 3, 77a StGB bei Beleidigung ihnen unterstellter Beamter ein eigenes Strafantragsrecht eingeräumt.

---

[356] Vgl. BVerwGE 63, 312 (313); 76, 181 (185); 103, 81 (85).

[357] BVerwGE 63, 312 (313).

[358] BVerwGE 82, 76 (78).

II. Verfassungsrechtlicher Ehrbegriff und die grundgesetzliche Verankerung des Ehrenschutzes

Auch auf verfassungsrechtlicher Ebene finden sich mehrere Anknüpfungspunkte für das Recht der persönlichen Ehre. Allerdings ist auch im Grundgesetz keine rechtsgültige Definition des Ehrbegriffs vorhanden, unabhängig davon in welcher konkreten Grundgesetznorm das Recht der persönlichen Ehre verfassungsrechtlich verankert wird[359]. Eine inhaltliche Konturierung muß daher mangels positivrechtlicher Normierung auf Grundlage der Verfassung selbst und der darin niedergelegten Prinzipien in Wege der Deduktion erfolgen. Hierzu muß vor allem der an exponierter Stelle gewährleistete Schutz der Menschenwürde gemäß Art. 1 Abs. 1 GG, ergänzt um die in Art. 20 GG normierten fundamentalen Staatsgrundsätze der Bundesrepublik Deutschland berücksichtigt werden. Da die Dienstherren über Art. 1 Abs. 3 GG an die Grundrechte und über Art. 20 Abs. 3 GG an Gesetz und Recht gebunden sind, sind sowohl die folgenden verfassungsrechtlichen als auch die bereits genannten einfachgesetzlichen Vorgaben für den Ehrenschutz zugunsten der ihnen unterstellten Beamten für sie von besonderer Bedeutung. Dies gilt um so mehr, da die Grundrechte nicht nur Abwehrcharakter (status negativus) haben, sondern auch staatliche Schutzpflichten (status positivus i.S.v. *Georg Jellinek*) begründen können.

1. Verfassungsrechtliche Verankerung der Ehre

Der Inhalt des verfassungsrechtlichen Ehrbegriffs und der Umfang dessen grundgesetzlicher Gewährleistung sind grundsätzlich voneinander zu unterscheiden, da beide Aspekte an sich zueinander insignifikant sind, auch wenn beide Begriffe große Ähnlichkeiten aufweisen[360]. Es soll dennoch zunächst die verfassungsrechtliche Verankerung dargestellt werden, da sich schon hieran einzelne Merkmale und Komponenten des verfassungsrechtlichen Ehrbegriffs zeigen und die Ehre zu anderen Grundrechten abgegrenzt werden kann. Das Recht der persönlichen Ehre ist – mit Ausnahme der Schrankenregelung in Art. 5 Abs. 2 GG – im Grundgesetz nicht ausdrücklich als geschützte Rechtsposition und Grundrecht verankert, so daß es umstritten ist, durch welche Vorschrift(en) der verfassungsrechtliche Ehrenschutz gewährleistet wird.

a.) Ausprägung der gemäß Art. 1 Abs. 1 GG geschützten Menschenwürde

Vereinzelt wird in der Literatur[361] in Übereinstimmung mit der früheren Rechtsprechung des Bundesverfassungsgerichts[362] angenommen, daß Art. 1 Abs. 1 GG auch die Ehre des Menschen schützt. Denn die Würde des Menschen setze auf der einen Seite die Selbstachtung, auf der anderen Seite die Achtung und den Respekt Dritter voraus[363], also genau

---

[359] Einige Länderverfassungen regeln den Ehrenschutz hingegen ausdrücklich. So lautet Art. 3 der Verfassung des Landes Hessen (1946): „Leben und Gesundheit, Ehre und Würde des Menschen sind unantastbar“, während es in Art. 4 S. 1 der Verfassung für Rheinland-Pfalz (1947) heißt: „Die Ehre des Menschen steht unter dem Schutz des Staates“.

[360] *Stark*, Ehrenschutz in Deutschland, S. 27.

[361] *Bleckmann*, Staatsrecht II – Die Grundrechte[4], § 21, Rz. 47; *Maunz-Dürig-Herzog-Scholz/Dürig*, Art. 1 GG, Rz. 16.

[362] BVerfGE 15, 283 (286); 30, 173 (194); 38, 1 (21).

[363] *Bleckmann*, Staatsrecht II – Die Grundrechte[4], § 21, Rz. 47.

die Elemente, die die Ehre ausmachen. Die Menschenwürde bildet hiernach den „Kern menschlicher Ehre“, denn der Mensch ist auf eine soziale Gemeinschaft hin angelegt und ist kein isoliertes Individuum. Beide Rechtsgüter sind somit auf Anerkennung gerichtet und damit „von fremden Urteil abhängig“[364]. Der daraus resultierende Achtungsanspruch begründet im wesentlichen zunächst Unterlassungspflichten. Ein Rufmord zum Beispiel, also der stärkste und umfassende Angriff auf die persönliche Ehre, der den Menschen seines sozialen Umfelds – hierzu gehört selbstverständlich auch der Arbeits- bzw. Dienstbereich – berauben soll, gilt daher als Angriff auf die Menschenwürde des Betroffenen[365].

Dennoch ist es notwendig, die persönliche Ehre von der Menschenwürde zu unterscheiden und abzugrenzen:

Die Menschenwürde als Dimension der Person ist unwiderruflich und uneinschränkbar angeboren. Sie kommt per se jedem Menschen aufgrund seines Menschseins, ohne Rücksicht auf seine konkreten Lebensumstände und -bedingungen, zu. Die Menschenwürde besteht auch uneingeschränkt bei einer etwaigen Selbsterniedrigung und hängt auch nicht von einem Bewußtsein oder der Kenntnis ab, selbst würdevoll zu sein. Sie liegt im Vorfeld etwaiger Differenzierungen und Diskriminierungen aus rechtlichen, biologischen, sozialen, politischen oder religiösen Gründen, soweit diese im Hinblick auf Art. 3 Abs. 3 GG überhaupt zulässig wären. Der Schutz der Menschenwürde ist absolut, er deckt „ein menschheitlich universales und egalitäres Bild des Menschen“[366] ab, das uneinschränkbar und unverzichtbar ist. Die Menschenwürde ist Ausdruck der Unverfügbarkeit des Menschen für andere Personen und den Staat. Niemand darf einer Behandlung ausgesetzt werden, die seine Subjektsqualität in Frage stellt und ihn zum bloßen Objekt macht. Diese Tabuzone darf keinem Menschen genommen werden. Verletzbar ist aber, vergleichbar zum Recht der persönlichen Ehre, nicht die Menschenwürde an sich, sondern der sich aus ihr ergebende Achtungsanspruch[367]. Die unantastbare Menschenwürde bildet den Kern und das Fundament der Persönlichkeit und ist von zugleich moralischer und rechtlicher Natur, die zur biologischen Natur und menschlichen Existenz hinzukommt.

Die Ehre hingegen ist jedoch ein Rechtsgut, das von verschiedenen individuellen und gesellschaftlichen Faktoren abhängig ist. Sie stellt – jenseits eines ebenfalls unverfügbaren Ehrminimums – den verdienten Achtungs- und Geltungsanspruch des Ehrträgers dar, d.h. dieser kann den Umfang seiner Ehre durch eigene (soziale) Leistung vergrößern, sich dadurch also einen besonderen bzw. erhöhten Achtungsanspruch erwerben. Dies gilt jedoch nicht für die Menschenwürde. Sie wird nicht durch Leistung, (erworbene) Fähigkeiten oder durch einen sozialen Status begründet und kann auch nicht durch gesellschaftsschädliches Handeln oder Untätigkeit verloren werden[368]. Die individuelle und rollenspezifische Lebensgestaltung ist außerhalb des reinen Menschseins und damit nicht mehr vom Schutz der Menschenwürde umfaßt. Die Ehre ist vielmehr ein konkretes Derivat der auf einer vergleichsweise hohen Abstraktionsebene verbleibenden Menschenwürde.

---

364 *Isensee*, Grundrecht auf Ehre, S. 6 f.

365 *Kriele*, NJW 1994, 1897 (1897 f.).

366 *Isensee*, AfP 1993, 619 (627).

367 So BVerfGE 87, 209 (228), das damit die sog. „Objektformel“ von *Günter Dürig* präzisiert.

368 Vgl. *Isensee*, AfP 1993, 619 (627); BVerfGE 86, 375 (399).

Aus dem absoluten Schutz der Menschenwürde folgt, daß in jeder Antastung der Menschenwürde unweigerlich ein verfassungsrechtlich nicht zu rechtfertigender Gesetzes- und Verfassungsverstoß liegt. In dieser unumstößlichen Rechtsfolge liegt auch der Grund, aus dem die Menschenwürde in der Praxis zunächst keine wesentliche Bedeutung hatte, da sie für den juristischen Exzeß, also den Ausnahmefall, konzipiert wurde.

Das Recht der persönlichen Ehre kann hingegen mit anderen Grundrechten kollidieren. Es kann dann hierbei als Abwehrgrundrecht im Wege der praktischen Konkordanz und unter Berücksichtigung des Übermaßverbots oder als Grundrecht, das eine staatliche Schutzpflicht begründet, nach Maßgabe des Untermaßverbots entweder dem kollidierenden Grundrecht vorgehen oder hinter diesem zurücktreten.

Diesem fundamentalen Unterschied zur Menschenwürde muß auch durch die verfassungsrechtliche Verortung der Ehre genüge getan werden, so daß im Ergebnis eine (alleinige) Anbindung der Ehre an die Menschenwürdegarantie des Art. 1 Abs. 1 GG abzulehnen ist.

b.) Unterfall des allgemeinen Persönlichkeitsrechts (Art. 2 Abs. 1 i.V.m. Art. 1 Abs. 1 GG)

Die heutige Judikatur des Bundesverfassungsgerichts[369] und des Bundesverwaltungsgerichts[370] sowie die herrschende Meinung in der Literatur[371] sind der Ansicht, daß die persönliche Ehre als Bestandteil des allgemeinen Persönlichkeitsrechts verfassungsrechtlichen Schutz gemäß Art. 2 Abs. 1 i.V.m. Art. 1 Abs. 1 GG genießt[372]. Dieses Recht auf freie Entfaltung der Persönlichkeit, basierend auf der Menschenwürde[373], sichert jedem Einzelnen einen autonomen Bereich privater Lebensgestaltung, in dem er seine Persönlichkeit und Individualität entwickeln, bewahren und vor (staatlichen oder privaten) An- und Übergriffen schützen kann. Dieser umfassende Persönlichkeitsschutz dient der Verwirklichung der Menschenwürde, denn Persönlichkeitsschutz und Menschenwürde stehen in einem inneren, unauflösbaren Zusammenhang[374]. Zu den Ausprägungen und einzelnen Schutzgütern dieses umfangreichen Sammelgrundrechts zählt neben der Privat-, Geheim- und Intimsphäre, dem Recht am eigenen Bild und am gesprochenen Wort, dem Recht auf informationelle Selbstbestimmung schließlich auch das Recht des einzelnen auf Selbstdarstellung. Jeder Mensch soll grundsätzlich selbst entscheiden können, ob und wie er sich Dritten oder der Öffentlichkeit gegenüber darstellen will und was seinen sozialen

---

369 BVerfGE 43, 130 (137); 54, 148 (153 f.); 54, 208 (217); 60, 329 (339); 61, 1 (17); 65, 1 (41); 67, 213 (228); 72, 155 (170); 75, 369 (379 f.); 79, 256 (268); 93, 266 (290); 97, 125 (147).

370 BVerwGE 82, 76 (78).

371 *Pieroth-Schlink*, Grundrechte[19], Rz. 377; *Jarass-Pieroth*[7], Art. 2 GG, Rz. 31a; *Fernau*, Mißbilligende Äußerungen, S. 92; *Kriele*, NJW 1994, 1897 (1898); *Sachs/Murswiek*[3], Art. 2 GG, Rz. 74; *Dreier/Schulze-Fielitz*, Art. 5 GG, Rz. 119; *Sachs/Bethge*[3], Art. 5 GG, Rz. 163; *Tettinger*, JuS 1997, 769 (770); *Isensee*, Grundrecht auf Ehre, S. 10; *Stern*, FS Hübner, S. 823; *Stark*, Ehrenschutz in Deutschland, S. 34 ff.

372 Mit der Entscheidung BVerfGE 34, 269 (281 ff.) („Soraya") hat das Bundesverfassungsgericht die Rechtsprechung des Bundesgerichtshofs zum allgemeinen Persönlichkeitsrecht anerkannt und zu einem allgemeinen Persönlichkeits*grundrecht* ausgebaut und von zivilrechtlichen Beschränkungen befreit.

373 *Isensee*, AfP 1993, 619 (626); *Haas*, FS Fürst, S. 161.

374 Vgl. *Maunz-Dürig-Herzog-Scholz/Herzog*, Art. 1 GG, Rz. 16.

Geltungsanspruch ausmachen soll[375]. Dieser Fallgruppe ist auch das Recht der persönlichen Ehre zuzuordnen. Es gilt damit als klassische Ausprägung des allgemeinen Persönlichkeitsrechtes.

Bei dem allgemeinen Persönlichkeitsrecht als „Kombinationsgrundrecht" ist die Zitierreihenfolge der Grundrechtsnormen besonders zu beachten, da das Freiheitsrecht der allgemeinen Handlungsfreiheit gemäß Art. 2 Abs. 1 GG zurecht an erster Stelle genannt wird, auch wenn der Ursprung der Ehre in der Menschenwürde gemäß Art. 1 Abs. 1 GG liegt[376]. Diese Zuordnung zu zwei Grundrechtsnormen bedeutet Polarität[377]. Zwar ergibt sich in der Folge grundsätzlich die Frage, welcher Anteil des verfassungsrechtlichen Schutzes der unantastbarem Menschenwürde und welcher Anteil der allgemeinen Handlungsfreiheit zukommt. Aber hier geht es nicht um eine prozentuale Verteilung, sondern um die normgemäße Verdeutlichung, daß das allgemeine Persönlichkeitsrecht und seine Ausprägungen grundsätzlich einschränkbare Grundrechte und dem Prinzip der Güterabwägung unterliegende Normen darstellen[378]. Je näher aber die zu beurteilende Rechtsfrage der Menschenwürde und damit dem Kern der Persönlichkeit kommt, um so größere Anforderungen sind an die verfassungsrechtliche Rechtfertigung zu stellen und um so intensiver gerät der verfassungsrechtliche Ehrenschutz. Dies hat zunächst den rechtlichen Vorteil, daß fallangemessene Abwägungen erfolgen können, ohne daß das verfassungsunmittelbare Verdikt der Verfassungswidrigkeit bei Antastung der Menschenwürde eingreift. Die rechtliche Gefahr besteht aber darin, daß es zu einer Entwertung der Menschenwürdegarantie und damit zu einer nicht mehr hinnehmbaren „Banalisierung der Grundrechte"[379] kommen kann. Soweit aber der verfassungsrechtliche Ehrenschutz betroffen ist, ist keine entsprechende Gefahr zu erkennen, so daß der grundrechtliche Ehrenschutz wesentlich durch das allgemeine Persönlichkeitsrecht gemäß Art. 2 Abs. 1 i.V.m. Art. 1 Abs. 1 GG erfolgt.

Als Ergebnis eines Vergleichs der einzelnen grundrechtlichen Schutzbereiche des allgemeinen Persönlichkeits(grund)rechts, der Ehre und der Menschenwürdegarantie läßt sich festhalten, daß nicht jede Verletzung des allgemeinen Persönlichkeits(grund)rechts, sub specie des Selbstdarstellungsrechts, auch das Recht der persönlichen Ehre verletzt, während umgekehrt jede Ehrverletzung auch zugleich eine Verletzung des allgemeinen Persönlichkeits(grund)rechts darstellt. Verglichen mit der Menschenwürde gilt ähnliches. Nicht jede Ehrverletzung muß sich auch zugleich als menschenwürdeverachtendes Verhalten darstellen. Hingegen ist jede menschenwürdeverachtende Handlung zugleich auch eine schwere Ehrverletzung, denn die Ehre und der damit verbundene Achtungsanspruch basiert – wie bereits dargestellt – auf der grundgesetzlichen Menschenwürdegarantie.

---

375 Vgl. BVerfGE 35, 202 (220); 54, 148 (155); 63, 131 (142); ErfK/*Dieterich*[4], Art. 2 GG, Rz. 48.

376 Hervorzuheben ist weiterhin, daß beide Grundrechte in Verbindung gesetzt werden, also nicht mit „und" verknüpft werden, was eine einheitliche verfassungsrechtliche Gewährleistung nahelegt, vgl. *Stark*, Ehrenschutz in Deutschland, S. 36.

377 *Isensee*, Grundrecht auf Ehre, S. 10.

378 *Stern*, FS Hübner, S. 825; *Nolte*, Beleidigungsschutz, S. 43 f.

379 Dieser Begriff geht auf das Sondervotum des Richters *Grimm* (BVerfGE 80, 164 ff.) zur – nicht unmittelbar einschlägigen – Entscheidung BVerfGE 80, 137 ff. („Reiten im Walde") zurück.

Das verfassungsrechtliche allgemeine Persönlichkeitsrecht darf jedoch nicht mit dem namensgleichen zivilrechtlichen Recht verwechselt werden[380]. Es besteht eine Diversität, auch wenn beide Rechte teilidentisch sind und in der Rechtsprechung keine nennenswerten Differenzen festzustellen sind. Das verfassungsrechtliche allgemeine Persönlichkeitsrecht bindet den Gesetzgeber in begrenztem Umfang, während das zivilrechtliche allgemeine Persönlichkeitsrecht grundsätzlich dem vollem Zugriff des Gesetzgebers unterliegt, sofern er sich im verfassungsrechtlich vorgeformten Rahmen bewegt. Präziser formuliert bedeutet dies, daß in das allgemeine Persönlichkeits(grund)recht durch den Staat nur auf Grundlage eines Gesetzes (Vorbehalt des Gesetzes), wenn überwiegende Allgemeininteressen vorliegen, eingegriffen werden darf. Diese Voraussetzungen gelten hingegen nicht für das zivilrechtliche allgemeine Persönlichkeitsrecht, das nur im Verhältnis der Bürger untereinander gilt[381]. Außerdem kann das zivilrechtliche allgemeine Persönlichkeitsrecht wesentlich weiter gehen als das verfassungsrechtliche, denn es obliegt dem Gesetzgeber im Rahmen seiner Gestaltungsfreiheit, dieses Recht im Zivil- und im Strafrecht entsprechend auszugestalten.

c.) Die grundrechtliche Schranke des Art. 5 Abs. 2 GG

Das Recht der persönlichen Ehre ist zwar ausdrücklich in Art. 5 Abs. 2 GG erwähnt, aber es setzt dort lediglich neben den allgemeinen Gesetzen und den gesetzlichen Bestimmungen zum Schutz der Jugend als Rechtsgut den Kommunikationsgrundrechten des Art. 5 Abs. 1 GG Grenzen. Es handelt sich hierbei also nicht um eine eigenständige abwehrrechtliche Position, sondern vielmehr um eine Grenze der Grundrechtsausübung durch einen (potentiellen) Störer. Für eine weitere inhaltliche Präzisierung des Ehrbegriffs muß daher grundsätzlich auch diese Schrankenregelung berücksichtigt werden[382]. Trotz dieser dem Wortlaut an sich nach eindeutigen Regelung in Art. 5 Abs. 2 GG ergibt sich in Rechtsprechung und Literatur eine unterschiedliche Bedeutung des dort normierten Schutzguts der persönlichen Ehre.

Umstritten ist, ob „das Recht der persönlichen Ehre“ unmittelbar grundrechtsbegrenzende Wirkung entfaltet, oder ob es dafür der Umsetzung durch ein (allgemeines) Gesetz bedarf, so daß die Schranke des Rechts der persönlichen Ehre inhaltlich der Schranke des allgemeinen Gesetzes aus Art. 5 Abs. 2 GG entspricht.

Nach der durch die Judikatur des Bundesverfassungsgerichts entwickelten sog. Wechselwirkungslehre[383] muß die Schrankentrias des Art. 5 Abs. 2 GG „im Lichte der Bedeutung der Kommunikationsgrundrechte des Art. 5 Abs. 1 GG gesehen werden. Die dort genannten Schranken sind ihrerseits aus der Erkenntnis der wertsetzenden und schlechthin konstituierenden Bedeutung dieser Grundrechte im freiheitlich demokratischen Rechtsstaat auszulegen und so in ihrer das Grundrecht beschränkenden Wirkung selbst

---

380 *Hubmann*, Das Persönlichkeitsrecht², S. 112 f.; *Ehmann*, JuS 1997, 193 (197).

381 *Ehmann*, JuS 1997, 193 (197).

382 *Nolte*, Beleidigungsschutz, S. 45.

383 Diese wird despektierlich auch „Schaukeltheorie“ genannt.

wieder einzuschränken."[384]. Die Schranke der „allgemeinen Gesetze" wird somit auf das Recht der persönlichen Ehre übertragen, dem somit keine eigenständige und im Schrankensystem des Art. 5 Abs. 2 GG relevante Funktion zuerkannt wird[385]. Somit ist diese Schranke praktisch bedeutungslos. Dieser Rechtssprechung stimmen daher auch nur wenige zu[386].

Ansonsten wird dieser Position in der Literatur von einer herrschenden Meinung explizit widersprochen[387]. Der Schrankenvorbehalt der allgemeinen Gesetze und des Rechts der persönlichen Ehre seien wie zwei sich überschneidende Kreise, ohne jedoch deckungsgleich zu sein oder sich gar auszuschließen[388]. Schon nach dem Wortlaut ergebe sich eine sprachlich induzierte, sachliche Differenzierung[389] zwischen „allgemeinen *Gesetzen*" und „dem *Recht* der persönlichen Ehre", die dem Grundgesetz auch an anderer Stelle zu entnehmen sei, wie Art. 20 Abs. 3 GG ausweise[390]. Gegen die materielle Gleichsetzung mit den allgemeinen Gesetzen spricht weiter, daß die Bestimmungen zum Schutze der Ehre gerade keine allgemeinen Gesetze sind, sondern sich bei Anwendung der Theorien von *Rothenbücher* (Sonderrechtslehre) und *Smend* (Güterabwägungslehre)[391] gerade als Sondergesetze darstellen, die sich gegen die Meinungs(äußerungs)freiheit richten[392]. Entscheidend ist aber, daß das Recht der persönlichen Ehre als Unterfall des allgemeinen Persönlichkeitsrechts gemäß Art. 2 Abs. 1 i.V.m. Art. 1 Abs. 1 GG verfassungsrechtlich geschützt ist, also ein *Verfassungs*rechtsgut und nicht lediglich ein *Gesetzes*rechtsgut ist[393]. Das Recht der persönlichen Ehre ist daher als ausdrücklicher Verfassungsvorbehalt direkt und unmittelbar anwendbar[394] und begrenzt damit die Kommunikationsgrundrechte verfassungsimmanent[395]. Die Wechselwirkungslehre, die bei der Schranke der allgemeinen Gesetze anzuwenden ist, kann auf das Recht der persönlichen Ehre im Ergebnis nicht übertragen werden[396]. Aus diesem Meinungsstreit und seinen

384 BVerfGE 7, 198 ff.; 12, 113 ff.; 42, 143 (150); 42, 163 (169); 54, 129 (136); 60, 234 (240); 62, 1 (10); 62, 230 (243 f.); 66, 116 (150); 68, 226 (231); 69, 257 (269); 82, 43 (50); 82, 272 (280); 90, 255 (259).

385 BVerfGE 24, 278 (282 f.); 42, 163 (169); 54, 129 (136); 60, 234 (240).

386 *Nolte*, Beleidigungsschutz, S. 4 ff. und S. 17; *Kübler*, NJW 1999, 1281 (1285).

387 *Dreier/Schulze-Fielitz*, Art. 5 GG, Rz. 120; *Tettinger*, JuS 1997, 769 (773 f.); *ders.*, JZ 1983, 317 (320); *Stern*, FS Hübner, S. 822 f.; *Isensee*, Grundrecht auf Ehre, S. 33 f.; *Stark*, Ehrenschutz, S. 107 ff.

388 *Maunz-Dürig-Herzog-Scholz/Herzog*, Art. 5 GG, Rz. 244 f.

389 Ebd., Rz. 247.

390 *Stern*, FS Hübner, S. 823.

391 Näher zu diesen Theorien: *Pieroth-Schlink*, Grundrechte[19], Rz.587 ff.; *Mackeprang*, Ehrenschutz im Verfassungsstaat, S. 121 ff.

392 *Stern*, FS Hübner, S. 824.

393 *Mackeprang*, Ehrenschutz im Verfassungsstaat, S. 24; *Maunz-Dürig-Herzog-Scholz/Herzog*, Art. 5 GG, Rz. 247; *Stern*, FS Hübner, S. 823. Nach *Isensee*, Grundrecht auf Ehre, S. 17 ergibt sich dieser Befund bereits schon aus der Schrankenregelung des Art. 5 Abs. 2 GG.

394 *Maunz-Dürig-Herzog-Scholz/Herzog*, Art. 5 GG, Rz. 248; *Stern*, FS Hübner, S. 823.

395 *Mackeprang*, Ehrenschutz im Verfassungsstaat, S. 24. Bei dem schon dargestellten strafrechtlichen Ehrbegriff folgt der Gesetzesvorbehalt somit nicht aus Art. 5 Abs. 2 GG, sondern aus dem Bestimmtheitsgebot des Art. 103 Abs. 2 GG (nulla poena sine lege), vgl. *Stark*, Ehrenschutz in Deutschland, S. 32; *Gornig*, JuS 1988, 274 (278).

396 *Mackeprang*, Ehrenschutz im Verfassungsstaat, S. 140. Um die in diesem Streit verhärteten Fronten wieder in Richtung eines Konsenses zu bewegen, wird die Einführung des Toleranzprinzips als Ausgleichsprinzip zwischen den widerstreitenden Grundrechten befürwortet, vgl. *Schmitt-Glaeser*, NJW 1996, 873 ff.

wesentlichen Argumenten lassen sich aber nur in begrenztem Umfange Rückschlüsse auf den verfassungsrechtlichen Ehrbegriff ziehen. Inhaltlich gesehen führt dieser Streit nämlich zu keiner weiteren Konkretisierung, allenfalls zu der Erkenntnis, daß sich die Grenzen des verfassungsrechtlichen Ehrenschutzes nicht unmittelbar und abschließend aus der Verfassung und unter Umständen erst dem einfachen Gesetzesrecht (z.B. § 193 StGB) entnehmen lassen[397].

d.) Anerkennung eines ungeschriebenen Grundrechts auf Ehre

Über die vorherigen Ausführungen zur verfassungsrechtlichen Gewährleistung hinaus, insbesondere die Verankerung der Ehre auf den verschiedenen Grundrechtsebenen, möchte *Isensee* den Ehrenschutz noch weiter verdeutlichen. Er proklamiert ein ungeschriebenes Grundrecht auf Ehre[398]. Immerhin werde durch Art. 5 Abs. 2 GG diese Wortwahl nahegelegt. Dieses Grundrecht auf Ehre zeige sich wesentlich konkreter als andere Ausprägungen des allgemeinen Persönlichkeitsrechts[399]. Hierdurch soll hauptsächlich das Rechtsgut der persönlichen Ehre aus der Defensivposition genommen werden und stärker prononciert werden, daß die Ehre den gleichen Rang wie die sonstigen aktiv ausgeübten Grundrechtspositionen (z.B. Kommunikations- und Kunstfreiheit) hat, um so die Problematik der möglichen Grundrechtskollisionen und der gegenläufigen grundrechtlichen Interessen, die im Abwägungsprozeß zu berücksichtigen sind, zu verdeutlichen. Die Hervorhebung als zwar ungeschriebenes, aber eigenständiges Grundrecht soll vor allem die einzelnen Sphären grundrechtlicher Gewährleistung im Sinne der Statuslehre von *Georg Jellinek* betonen, also neben dem Abwehrcharakter (status negativus) insbesondere die staatliche Schutzpflicht[400] (status positivus) herausstellen. Nicht umsonst firmiert das Recht der persönliche Ehre im allgemeinen unter dem Terminus Ehrenschutz. Es geht dann um die bereits erwähnte klassische grundrechtliche Dreieckskonstellation (Angreifer, Opfer und Staat), aufgrund derer der Staat aufgefordert ist, positive Maßnahmen zum Schutz des Opfers zu treffen[401]. Hierzu ist der Staat und damit auch seine Dienstherren aufgrund der Grundrechtsbindung gemäß Art. 1 Abs. 3 GG verpflichtet. Dies gilt auch hinsichtlich des Ehrenschutzes der Amtswalter, denn auch diese sind im bereits dargestellten Dienstverhältnis im Sinne von *Isensee* und *Stern*[402] Grundrechtsträger und damit Begünstigte dieser staatlichen Schutzpflicht[403]. Zur Umsetzung der grundrechtlichen Schutzpflicht bedarf es der Ausübung der beamtenrechtlichen und ggf. auch verfassungsrechtlichen Fürsorge- und Schutzpflicht des Dienstherrn, denn nur hieraus kann der tangierte Amtswalter einen einklagbaren Anspruch erlangen. Diese rechtliche Pointierung des verfassungsmäßigen Ehrenschutzes bezüglich dessen umstrittener grundgesetzlicher Verankerung durch *Isensee* hin zu einem

[397] Gewährleistung und Umfang eines verfassungsgemäßen Ehrenschutzes werden ausführlich dargestellt bei: *Stark*, Ehrenschutz in Deutschland, S 1 ff. und *Mackeprang*, Ehrenschutz im Verfassungsstaat, S. 1 ff.

[398] Soweit ersichtlich wurde in der Literatur zu diesem Ansatz von *Isensee* noch keine Stellung genommen.

[399] *Isensee*, Grundrecht auf Ehre, S. 1 ff., S. 10 f.

[400] Vgl. *Amelung*, Ehre als Kommunikationsvoraussetzung, S. 42.

[401] *Isensee*, Grundrecht auf Ehre, S. 14 f.; *Hager*, AcP 196 (1996), 167 (175 f.) m.w.N.

[402] Siehe zu den Rechtssphären im Beamtenrecht die Darstellungen ab S. 38 dieser Untersuchung.

[403] Daher bedarf es auch keiner Ausführungen zu dem umstrittenen Problem, ob und inwieweit eine (mittelbare oder unmittelbare) Drittwirkung des verfassungsrechtlichen Ehrenschutzes anzuerkennen ist, vgl. hierzu *Stark*, Ehrenschutz in Deutschland, S. 37-41; *Isensee*, Grundrecht auf Ehre, S. 11 ff.

ungeschriebenem Grundrecht auf Ehre führt aber zu keiner näheren inhaltlichen Konkretisierung des Rechts der persönlichen Ehre und eröffnet auch keine weiteren Deduktionsmöglichkeiten für eine verfassungsrechtliche Ehrdefinition, so daß dieser Ansatz im Rahmen der vorliegenden Untersuchung auch nicht weiter verfolgt wird.

e.) Ergebnis

Das Recht der persönlichen Ehre im Sinne des Grundgesetzes ist zusammenfassend durch verschiedene verfassungsrechtliche Vorschriften (Art. 5 Abs. 2 GG und Art. 2 Abs. 1 i.V.m. Art. 1 Abs. 1 GG), die in einer Gesamtschau auch als ungeschriebenes Grundrecht auf Ehre bezeichnet werden können, gewährleistet. Materiell-inhaltlich ist die Ehre von der Menschenwürde und vom übergeordneten allgemeinen Persönlichkeits(grund)recht abzugrenzen und zu unterscheiden. Schon die diversifizierte verfassungsrechtliche Verankerung legt mehrere materielle Komponenten eines verfassungsrechtlichen Ehrenschutzes nahe, die sich auch sogleich inhaltlich-definitorisch wiederspiegeln. Der Ehrenschutz nach Maßgabe des Grundgesetzes stellt sich im wesentlichen als staatliche Schutzpflicht dar, die z.B. im Rahmen des Beamtenrechts durch die Fürsorgepflicht des Dienstherrn umzusetzen ist.

2. Der Ehrbegriff im Grundgesetz

Materiell-inhaltlich gesehen konnte sich der Verfassungsgeber des Grundgesetzes hinsichtlich seines Ehrverständnisses, das er in den bereits genannten Verfassungsnormen zugrunde legte, lediglich auf die zuvor schon genannten einfachrechtlichen, insbesondere die strafrechtlichen Ehrbegriffe, als Grundlage stützen. Auf verfassungsrechtlicher Ebene gab es zuvor in der historischen Entwicklung Deutschlands keine verfassungsrechtliche Absicherung der Ehre[404]. „Gefahren für die Ehre entstehen erfahrungsgemäß vor allem durch herabsetzende Äußerungen von seiten Dritter."[405] Solange also die Meinungsfreiheit nicht als originäres Grundrecht gewährleistet war, bedurfte es auch keines verfassungsrechtlichen Ehrenschutzes. Dieser gewann daher auch erst juristische Relevanz, als mit dem Inkrafttreten von Art. 5 Abs. 1 GG die Kommunikationsgrundrechte verfassungsrechtlich garantiert wurden.

In Anknüpfung an die einfachgesetzlichen Ehrenschutzvorschriften[406] umfaßt das verfassungsrechtlich geschützte Rechtsgut der persönlichen Ehre als komplexes Rechtsgut zunächst die sog. innere Ehre, also die Achtung einer Person „als Person", die jedem Menschen a priori als Träger geistiger und sittlicher Werte von Geburt an zukommt[407]. Sie basiert auf der unverlierbaren und unantastbaren Menschenwürde und wird durch das Selbstwertgefühl geprägt. Der Bereich der „inneren Ehre" läßt sich somit Art. 1 Abs.1 GG zuordnen und führt zur Gewährleistung eines Mindestmaßes an Ehre bzw. zu einem

[404] Diese Entwicklung wird bei *Mackeprang*, Ehrenschutz im Verfassungsstaat, S. 31 ff. dargestellt.

[405] Ebd., S. 35; *Stark*, Ehrenschutz in Deutschland, S. 23.

[406] Für eine Auslegung im wesentlichen Einklang mit den straf- und zivilrechtlichen Ehrenschutzbestimmungen spricht sich *Maunz-Dürig-Herzog-Scholz/Herzog*, Art. 5 GG, Rz. 289 aus.

[407] *Dreier/Schulze-Fielitz*, Art. 5 GG, Rz. 119; *Stern*, FS Hübner, S. 824.

existenznotwendigen Ehrminimum[408]. Zentrales Schutzgut (und Mindestinhalt) des Ehrenschutzes ist damit jenes „Anerkennungsverhältnis“, das die grundsätzliche Möglichkeit eines jeden begründet, sich selbst als Person und Persönlichkeit zu entwickeln[409]. Dies ist die statisch-konstante Komponente des verfassungsrechtlichen Ehrenschutzes[410].

Darüber hinaus umfaßt die persönliche Ehre nach der Rechtsprechung des Bundesverfassungsgerichts[411] jedenfalls auch das Ansehen der Person in den Augen anderer[412] und einen diesem Ansehen entsprechenden sozialen Geltungsanspruch[413]. Eine Ehrverletzung liegt daher bei einer verfassungsrechtlich nicht zu rechtfertigenden Beeinträchtigung dieses sozialen Achtungs- bzw. Geltungsanspruchs vor. Diese „äußere Ehre“ wird durch Art. 2 Abs. 1 GG geschützt, da hiermit die Individualität und die Originalität jedes Menschen gewährleistet wird[414]. Angesprochen ist der individuelle Geltungswert, der vom einzelnen bei der Realisierung seiner Möglichkeiten zur Persönlichkeitsentfaltung erworben wird[415]. Dies ist die dynamisch-variable Komponente des verfassungsrechtlichen Ehrenschutzes[416].

Aufgrund des Schutzes durch verschiedene Grundrechtsnormen genießen die genannten Aspekte jedoch einen unterschiedlichen verfassungsmäßigen Schutzumfang[417]. Das Bundesverfassungsgericht führt hierzu aus, daß die Reichweite des verfassungsrechtlich geschützten Ehrenschutzanspruchs wesentlich durch den Umstand beeinflußt und begrenzt werde, daß der soziale Geltungsanspruch des menschlichen Individuums nicht in dessen ausschließlicher Konkretisierungs- und Verfügungsmacht stehe. Wenn der Ehrträger und Grundrechtsberechtigte soziale Beziehungen eingegangen sei und sich in ihnen entfaltet habe, in Kommunikation mit anderen getreten sei oder durch sein Menschsein oder Verhalten auf andere einwirke, dann bemesse sich der konkrete Inhalt seines verfassungsrechtlich geschützten Geltungsanspruches im Einzelfall nach einem in gewissem Umfang verselbständigten sozialen Abbild, das dem Betroffenen ungeachtet etwa abweichender oder entgegenstehender eigener Vorstellungen und Absichten zugerechnet werde[418]. Der Schutzumfang der Ehre sei des weiteren objektiv zu bestimmen, denn eine Ehrverletzung könne nicht schon damit begründet werden, daß der vom Ehrträger „selbst definierte soziale Geltungsanspruch“[419] mißachtet oder verletzt worden sei. Der im Begriff der Ehre

---

[408] *Erman/Ehmann*[10], Anh. § 12 BGB, Rz. 224; *Stark*, Ehrenschutz in Deutschland, S. 26; *Mackeprang*, Ehrenschutz im Verfassungsstaat, S. 178; *Tettinger*, Die Ehre – ein ungeschütztes Verfassungsgut?, S. 16.

[409] *Wolff*, ZStW 81 (1969), 886 (889 ff.).

[410] *Stark*, Ehrenschutz in Deutschland, S. 26; *Mackeprang*, Ehrenschutz im Verfassungsstaat, S. 181.

[411] BVerfG, NJW 1989, 3269: Warnung der damaligen Bundesregierung vor „Jugendreligionen“ – hier: „Transzendentale Meditation“.

[412] *Stern*, FS Hübner, S. 824 unter Hinweis auf *Tettinger*, JZ 1983, 317 (319).

[413] *Sachs/Murswiek*[3], Art. 2 GG, Rz. 74; *Dreier/Schulze-Fielitz*, Art. 5 GG, Rz. 119.

[414] *Nolte*, Beleidigungsschutz, S. 16; *Stark*, Ehrenschutz in Deutschland, S. 26.

[415] *Mackeprang*, Ehrenschutz im Verfassungsstaat, S. 179.

[416] *Stark*, Ehrenschutz in Deutschland, S. 27; *Mackeprang*, Ehrenschutz im Verfassungsstaat, S. 181.

[417] *Stern*, FS Hübner, S. 824.

[418] BVerfG, NJW 1989, 3269. Aufgrund der Maßgeblichkeit der individuellen und subjektiven Lebensführung wird dieser Aspekt auch „Sozialehre“ genannt.

[419] Vgl. BVerfGE 54, 148 (153 ff.); 54, 208 (217). Daher ist dieser Begriff schon ein Widerspruch in sich selbst. Der Grundrechtsträger kann nicht Gegenstand und Reichweite seines Grundrechts selber definieren, vgl. *Isensee*, Grundrecht auf Ehre, S. 19.

erfaßte und verfassungsrechtlich geschützte soziale Achtungs- und Geltungsanspruch[420] sei weitaus stärker durch objektive Elemente geprägt, die ihm aufgrund seiner sozialen, gewissermaßen „dialogischen“ Natur notwendig anhaften[421], so daß eine individuelle Empfindlichkeit oder die bei jedem Menschen unterschiedlich ausgeprägte Selbstachtung nicht als rechtlich relevanter Maßstab herangezogen werden kann[422]. Eine Ehrverletzung könne deshalb um so weniger festgestellt werden, je mehr die (vermeintlich) ehrverletzende Handlung ein Bild des Betroffenen zeichnet, das sein tatsächliches Auftreten objektiv zutreffend wiedergibt[423].

Zusammenfassend zeigt sich damit auch auf verfassungsrechtlicher Ebene ein dualistischer Ehrbegriff. Unter der persönlichen Ehre im Sinne des Grundgesetzes ist zunächst der jedem Menschen kraft seiner biologischen Existenz und der damit verbundenen Würde a priori zustehende sittlich-personale Geltungswert („innere Ehre“), aber auch der von ihm nach Maßgabe seines individuellen Verhaltens im Laufe der Zeit (wohl)erworbene soziale Geltungswert innerhalb der Gesellschaft („äußere Ehre“), der also den guten Ruf umfaßt, zu verstehen[424]. Im Ergebnis soll auch hiermit der Ehrbegriff nicht willkürlich und vereinfachend in einzelne Bestandteile zerlegt werden. Durch diese Definition werden lediglich einzelne Komponenten des einheitlichen, wenngleich komplexen, verfassungsrechtlichen Schutzguts des Rechts der persönlichen Ehre hervorgehoben.

III. Der verfassungsrechtliche Ehrbegriff und dessen Verhältnis zu den einfachgesetzlichen Ehrbegriffen

Der inhaltlich dargestellte und durch seine verfassungsrechtliche Verankerung konturierte grundgesetzliche Ehrbegriff ist nicht völlig identisch mit den zuvor genannten einfachgesetzlichen Ehrbegriffen[425]. Dies ergibt sich zunächst aufgrund der historischen Entwicklung. Das Strafgesetzbuch stammt aus dem Jahre 1871, das Grundgesetz ist 1949 in Kraft getreten und die zivilrechtliche Rechtsprechung zum allgemeinen Persönlichkeitsrecht hat sich unter dessen Geltung entwickelt. Eine bloße Übernahme des strafrechtlichen Ehrbegriffs in die Verfassung ist nicht gegeben, denn es erfolgte eine genuine und diversifizierte Verankerung und damit eine „erhöhte Bestandsgarantie“[426] der verfassungsrechtlich geschützten Ehre gegenüber dem einfachen Gesetzesrecht. Zur Auslegung des verfassungsrechtlichen Ehrbegriffs sind aber neben den grundgesetzlichen Vorgaben die einfachgesetzlichen Ehrbegriffe ergänzend heranzuziehen. Darüber hinaus sind auch die Adressaten der Regelungen der Ehre zum einen als Verfassungsrechtsgut und zum anderen als Gesetzesrechtsgut sind verschieden. Auf verfassungsrechtlicher Ebene werden ein Abwehrrecht und eine staatliche Schutzpflicht begründet, während im einfachen Gesetzesrecht das Verhältnis der Bürger untereinander geregelt wird.

---

420 So auch die Literatur: *Sachs/Murswiek*[3], Art. 2 GG, Rz. 74.

421 BVerfG, NJW 1989, 3269.

422 Die Argumente hierfür wurden bereits bei der Ablehnung des faktischen Ehrbegriffs dargestellt.

423 BVerfG, NJW 1989, 3269.

424 So im Ergebnis *Mackeprang*, Ehrenschutz im Verfassungsstaat, S. 181; *Hubmann*, Das Persönlichkeitsrecht[2], S. 288 f.; *Stark*, Ehrenschutz in Deutschland, S. 25 ff.; *Nolte*, Beleidigungsschutz, S. 16.

425 Vgl. *Tettinger*, JZ 1983, 317 (318). Näher zum Gesamten: *Stark*, Ehrenschutz in Deutschland, S. 27 ff.

426 *Stark*, Ehrenschutz in Deutschland, S. 28.

Dies führt aber auch nicht zu einer völligen Unabhängigkeit beider Begriffe, denn die verfassungsrechtlichen Vorgaben zwingen im einfachen Recht zu einer verfassungskonformen Auslegung. Im übrigen legt die Begriffsidentität im Rahmen einer grammatikalischen Auslegung wenigstens größere Ähnlichkeiten nahe, unabhängig von einem teils weiteren oder teils restriktiveren Schutzumfang. Vom verfassungsrechtlichen Ehrenschutz umfaßt sind z.B. auch straflose Ehrminderungen, während umgekehrt nicht alle Aspekte, die vom zivilrechtlichen Ehrenschutz umfaßt werden, auch vom allgemeinen Persönlichkeits(grund)recht erfaßt werden. Zusammenfassend sind beide Ehrbegriffe trotz partieller Differenzen überwiegend kongruent.

D. Zusammenfassung

Es hat sich gezeigt, daß eine einfache und alle Aspekte umfassende Definition der persönlichen Ehre als (Grund-)Rechtsgut nur ansatzweise gelingen kann. Entscheidend ist, daß die Ehre als Rechtsbegriff objektiv zu bestimmen ist, so daß kein Raum für eine individuelle Empfindlichkeit oder eine übersteigerte subjektive Ehrsucht vorhanden ist. Der straf- und verfassungsrechtliche Ehrbegriff sind im wesentlichen deckungsgleich. Bei Vernachlässigung einzelner Nebenaspekte wird unter der persönlichen Ehre in der Werteordnung des Grundgesetzes zunächst der dem einzelnen kraft seines Menschseins und der damit verbundenen Würde a priori zustehende sittlich-personale Geltungswert („innere Ehre"), aber auch der von ihm nach Maßgabe seines individuellen Verhaltens im Laufe der Zeit (wohl)erworbene soziale Geltungswert innerhalb der Gesellschaft („äußere Ehre"), der also das Ansehen bzw. den guten Ruf umfaßt, verstanden. Es gilt in Erfüllung der verfassungsrechtlichen Verpflichtungen aus Art. 1 Abs. 3 GG und Art. 20 Abs. 3 GG, daß dieses (Grund)Recht auch durch die öffentlich-rechtlichen Dienstherren zu schützen ist.

Drittes Kapitel: Der Anspruch des Beamten aus der Fürsorge- und Schutzpflicht (dienstrechtlicher Primäranspruch) und dessen Geltendmachung

Dem methodischen Verlauf dieser Arbeit folgend werden nach der bisherigen Darstellung der rechtstheoretischen Grundlagen des Ehrenschutzes aufgrund der Fürsorgepflicht des Dienstherrn die dogmatischen Charakteristika, also Tatbestand und Rechtsfolge, der Fürsorge- und Schutzpflicht als Anspruchsgrundlage (subjektiv-öffentliches Recht) für einen Erfüllungsanspruch des Beamten näher analysiert und systematisiert. Dies beinhaltet daneben auch die genaue Darstellung der verfahrensmäßigen Voraussetzungen, um den Anspruch erfolgreich beim Dienstherrn bzw. gegebenenfalls vor Gericht geltend machen zu können, um so den Praxisbezug der vorliegenden Untersuchung zu gewährleisten.

A. Anspruchsgrundlagen für den dienstrechtlichen Fürsorge- und Schutzpflichtanspruch des Beamten gegen den Dienstherrn

Zugunsten des Beamten kommen grundsätzlich mehrere öffentlich-rechtliche Anspruchsgrundlagen auf unterschiedlichen Ebenen der geltenden Rechtsordnung in Betracht. Diese sollen im folgenden entsprechend ihrer logischen Normanwendung (lex specialis derogat legi generali) dargestellt werden, wobei aber die einfachgesetzlichen Normen nur insoweit anzuwenden sind, wie sie – normhierarchisch gesehen – Normen höherer Geltung, z.B. der Verfassung, entsprechen (lex superior derogat legi inferiori).

I. § 79 BBG, § 48 BRRG als unmittelbare beamtenrechtliche Anspruchsgrundlage

Wie bereits dargestellt[427] kommen speziellere Gesetzesnormen für den Ehrenschutz zugunsten des Beamten durch den Dienstherrn mit Ausnahme der Fallkonstellationen bei ehrenrühriger sexueller Belästigung, die von §§ 1 Abs. 2, 2 Abs. 2, 6 BSchuG (Beschäftigtenschutzgesetz) erfaßt werden, nicht in Betracht, so daß hierfür stets auf die allgemeine beamtenrechtliche Fürsorgepflicht als Auffangtatbestand zurückzugreifen ist. § 79 BBG, § 48 BRRG und die jeweiligen entsprechenden landesrechtlichen Vorschriften stellen insoweit die einfachgesetzliche, selbständige und unmittelbare Rechtsgrundlage für den Erfüllungs- bzw. den Primäranspruch des Amtswalters dar[428]. Diese Normen enthalten nicht nur eine Verpflichtung des Dienstherrn, sondern führen auch zu einem subjektiv-öffentlichen Recht des Beamten. Die Verpflichtung des Dienstherrn wird durch einen Anspruch des Beamten ergänzt. Dies ergibt sich zwar nicht unmittelbar aus dem Wortlaut selbst, der nämlich nur die Verpflichtung, nicht aber die Anspruchsberechtigung zum Aus-

427 Siehe hierzu die Ausführungen ab S. 11 dieser Untersuchung.

428 Heute allgemeine Auffassung, vgl. u.a. *Schnellenbach*, Beamtenrecht in der Praxis[5], Rz. 408; *v.Münch*, Öffentliches Dienstrecht[8], S. 52; *Schütz/Schachel*, § 85 LBG NRW, Rz. 11; BVerwGE 41, 253 (256); 52, 247 (250). Die früher vom Reichsgericht und Bundesgerichtshof unter Bezug auf § 618 Abs. 1, Abs. 3 BGB vertretene Auffassung, daß die Fürsorge- und Schutzpflicht nur einen Schadensersatzanspruch (in Geld) wegen verletzter Fürsorgepflicht darstelle, und die damit verbundene Beschränkung auf die sekundäre Ersatzpflicht gelten heute als überholt, vgl. *Schack*, NDBZ 1952, 194; *Idel*, NJW 1955, 1300.

druck bringt, sondern ausschließlich aus der systematischen Stellung der Normen. § 79 BBG und § 48 BRRG sind nämlich jeweils die Eingangsbestimmungen der Gesetzesunterabschnitte mit dem Titel „Rechte des Beamten". Der Beamte erhält somit – soweit konkret bestimmbare Fürsorgeleistungen noch nicht erbracht wurden und diese zugleich noch realisierbar sind – einen vor dem Verwaltungsgericht einklagbaren[429] Erfüllungsanspruch[430], ehe ihm aus der sich ansonsten konsequent ergebenden Verletzung der Fürsorgepflicht durch den Dienstherrn ein (etwaiger) Schaden entsteht[431]. Diese gesetzlichen Regelungen werden aus den bereits genannten Gründen für den Fürsorge- und Schutzpflichtanspruch der Richter, (Berufs- und Zeit-)Soldaten, Wehrpflichtigen und Zivildienstleistenden als weitere öffentlich-rechtliche und beamtenrechtsähnlich ausgestaltete Dienst- und Treueverhältnisse in rechtsanaloger Weise angewandt[432].

II. Art. 33 Abs. 5 GG als subsidiäre verfassungsrechtliche Anspruchsgrundlage

Wie bereits dargestellt gewährleistet Art. 33 Abs. 5 GG die Fürsorgepflicht des Dienstherrn verfassungsrechtlich als hergebrachten Grundsatz des Berufsbeamtentums, wobei hinsichtlich des zu untersuchenden Gegenstands, dem Ehrenschutz des Beamten, der inhaltlich geschützte Bereich beider Fürsorgepflichten nach richtiger Auffassung insoweit identisch ist[433]. Damit Art. 33 Abs. 5 GG als subsidiäre verfassungsrechtliche Anspruchsgrundlage zugunsten des Beamten herangezogen werden kann, muß diese Vorschrift neben der objektiv-inhaltlichen Gewährleistung ein grundrechtsgleiches subjektives Recht des Beamten und damit einen Anspruch auf Gewährung von Ehrenschutz durch den Dienstherrn als Fürsorgemaßnahme enthalten[434]. Aber bis auf wenige Ausnahmen in der rechtswissenschaftlichen Literatur, die in Art. 33 Abs. 5 GG überhaupt keinen subjektiv-rechtlichen Inhalt, sondern lediglich einen objektiv-rechtlichen Regelungsauftrag an den Gesetzgeber und eine institutionelle Garantie des Berufsbeamtentums sehen[435], wird in der überwiegenden Literatur sowie in der früheren Rechtsprechung des Bundesverfassungsgerichts daneben ein grundrechtsgleiches subjektives Recht auf Sicherung einer verfassungsgemäßen beamtenrechtlichen Gesetzgebung angenommen[436], das aber insoweit nicht als Anspruchsgrundlage für die Fürsorgepflicht im Einzelfall zur Anwendung gelangen kann.

Mit dem bereits erwähnten und diesbezüglich grundlegenden Beschluß des Bundesverfassungsgerichts vom 15. Dezember 1976[437] wurde darüber hinaus erstmals die Mög-

---

[429] Siehe hierzu die näheren Ausführungen ab S. 233 dieser Untersuchung.

[430] GKÖD/*Fürst*, § 79 BBG, Rz. 50. Dieser Anspruch setzt kein etwaiges Verschulden beim Dienstherrn voraus, bzw. er ist hiervon unabhängig: BVerwGE 41, 253 (257); *Weimar*, RiA 1964, 166.

[431] Daher erscheint der Terminus Schadensabwendungspflicht in diesem Zusammenhang adäquater zu sein als der doch zum Teil antiquiert und patriarchalisch anmutende Begriff der Fürsorgepflicht.

[432] Siehe hierzu die Begründung ab S. 13 dieser Untersuchung.

[433] Siehe hierzu die dogmatischen Ausführungen ab S. 20 dieser Untersuchung.

[434] Vgl. *Bender*, DÖV 1977, 565 (566).

[435] *Pieroth-Schlink*, Grundrechte[19], Rz. 1031; *Lecheler*, AöR 103 (1978), 349 (360 f.); *v.Münch-Kunig/Kunig*[5], Art. 33 GG, Rz. 53, 55. Nicht eindeutig hingegen: *Jarass-Pieroth*[7], Art. 33 GG, Rz. 32.

[436] *Battis*[3], § 79 BBG, Rz. 4; *Westermann*, Fürsorgepflicht, S. 278 f.; *Schmidt-Bleibtreu-Klein*[9], Art. 33 GG, Rz. 34; *Maunz-Dürig-Herzog-Scholz/Maunz*, Art. 33 GG, Rz. 82.

[437] BVerfG, Az. 2 BvR 841/73, veröffentlicht in: BVerfGE 43, 154 ff. (166-168) = NJW 1977, 1189 ff. = ZBR 1977, 254 ff. = DVBl. 1977, 562 ff. = DÖV 1977, 558 ff. = RiA 1978, 14 ff. (Zusammenfassung).

lichkeit eröffnet, Art. 33 Abs. 5 GG unmittelbar als Maßstab im Rahmen eines Verfassungsbeschwerdeverfahrens heranzuziehen, um eine behördliche Einzelfallentscheidung im Rahmen der Ausübung pflichtgemäßen Ermessens bei vorhandener und nicht verfassungswidriger einfachgesetzlicher Regelung auf ihre Kongruenz mit dem verfassungsrechtlichen Grundsatz der Fürsorge- und Schutzpflicht überprüfen zu können[438]. Das Bundesverfassungsgericht begründet seinen Rekurs auf Art. 33 Abs. 5 GG für eine Anspruchsberechtigung des Beamten mit der „Eigentümlichkeit von in der Verfassung gewährten Ansprüchen", die zwar wegen ihrer Formulierung in summarischer Kürze – mögen diese in Grundrechten, grundrechtsähnlichen Vorschriften oder Grundsätzen der Verfassung enthalten sein – keine „*bestimmte, konkrete* Leistung" gewähren können und somit „der Ausfaltung im einfachen Gesetz zugänglich und regelmäßig bedürftig sind, aber trotzdem unbeschadet dieser Regelung im einfachen Gesetz *unmittelbar* anwendbar sind, und zwar nicht nur als (auslegungsbedürftiger) Maßstab für die Kontrolle der Verfassungsmäßigkeit des einfachen Gesetzes, sondern – weil und insoweit sie eben dem Bürger gewährte verfassungsrechtliche Ansprüche enthalten – auch in der Weise, daß ihnen unmittelbar im Wege der Auslegung Rechtsfolgen entnommen werden, die ihrerseits generellen Charakter haben, also auf eine Vielzahl von Fällen anwendbar sind und das einfache Gesetz mit der Folge ergänzen, daß der durch Auslegung der Verfassungsvorschrift gewonnene konkrete Verfassungssatz auf jeden konkreten Sachverhalt, der jenem explizierten Verfassungssatz unterfällt, angewendet werden kann und angewendet werden muß."[439] Dies ergebe sich zudem aus einem sonst nicht zutage tretenden relevanten Verhältnis von Verfassungsrecht und einfachem Recht: „Gelegentlich ist derselbe Rechtssatz sowohl im Verfassungsrecht als auch im einfachen Recht enthalten."[440] Die Regelung in Art. 33 Abs. 5 GG sei ähnlich summarisch formuliert wie in § 79 BBG, § 48 BRRG, so daß die Exekutive und die Gerichte den konkreten Fall nur mit einem „Rückgriff" auf die Verfassungsvorschrift entscheiden können, zumal das Bundesverfassungsgericht ohnehin nur die Verfassungsnorm anwenden dürfe. Dieses müsse dann, da es den Rechtsschutz nicht verweigern dürfe, auf eine Verfassungsbeschwerde hin die Verfassungsvorschrift auf den Einzelfall anzuwenden[441]. Aufgabe der Verfassungsrechtsprechung sei es schließlich, einer allgemeinen Tendenz folgend, derjenigen Auslegung einer die Rechtspositionen des Bürgers schützenden Verfassungsnorm, insbesondere Grundrechten und ihnen gleichkommenden Bestimmungen, den Vorzug zu geben, die die juristische Wirkungskraft der betreffenden Norm am stärksten entfaltet[442]. Schließlich hänge die Reichweite von Grundrechten nicht von den Regelungen der betreffenden Materie im einfachen Gesetzesrecht ab, sondern müsse vielmehr unmittelbar aus der Verfassungsnorm selber erschlossen werden. Die somit in Art. 33 Abs. 5 GG enthaltenen objektiven und subjektiven Rechtsgarantien stünden – insgesamt gesehen – nebeneinander und ergänzten sich[443].

---

438 Vgl. hierzu auch: BGHZ 9, 322 (326 f.).

439 BVerfGE 43, 154 (168).

440 Ebd., S. 169 unter Bezugnahme auf BVerfGE 36, 342 (361).

441 Ebd., S. 169 f.; GKÖD/*Fürst*, § 79 BBG, Rz. 8 stimmt diesem Aspekt zu.

442 Ebd., S. 167 unter Bezugnahme auf BVerfGE 6, 55 (72); 32, 54 (71).

443 Ebd., S. 167 unter Bezugnahme auf BVerfGE 31, 58 (73).

Die dargestellte Auffassung des Bundesverfassungsgerichts wird in der einschlägigen Literatur nur von einer Mindermeinung geteilt[444]. Da aber mit dieser Entscheidung über die bereits zuvor entschiedenen subjektiv-rechtlichen Ansprüche des Beamten[445] hinausgegangen wird, und es zu einer entsprechenden Ausweitung der Prüfungskompetenz des Bundesverfassungsgerichts kommt, wird sie von einer abweichenden Meinung in einem Sondervotum zweier Senatsmitglieder[446] (zulässig gemäß § 30 Abs. 2 S. 1 BVerfGG) und von einem überwiegendem Teil der beamten- und verfassungsrechtlichen Literatur – wenngleich aus unterschiedlichen Gründen – weitgehend kritisiert und abgelehnt[447], auch wenn einzelne Aspekte, z.B. die Weiterentwicklung des Rechtsschutzes der Beamten, sogar positiv herausgehoben werden[448] oder die „Entscheidung vom Ergebnis her für begrüßenswert" gehalten wird[449]. Die Entscheidung wird unter funktionsrechtlichen Gesichtspunkten überwiegend als überflüssiger Eingriff in die Kompetenz und den Funktionsbereich der Verwaltungsgerichte als die zuständigen Fachgerichte angesehen[450], der die Befürchtungen vom Bundesverfassungsgericht als sog. „Superrevisionsgericht" weiter aufrecht erhält[451]. Schließlich führe die methodisch zweifelhafte Ableitung von gesetzlich nicht geregelten Individualansprüchen aus der Institutsgarantie des Art. 33 Abs. 5 GG, so die Befürchtung, nicht nur zu einer Korrektur des Gesetzgebers, sondern vielmehr zu dessen Ersetzung[452] durch Verfassungskasuistik[453]. Das Bundesverfassungsgericht hat indes seine Rechtsprechung in späteren Entscheidungen[454] – stillschweigend – aufrechterhalten, ohne sich in den seither vergangenen über 25 Jahren mit der hieran geübten Kritik auseinandergesetzt zu haben[455].

---

444 *Stern*, StaatsR I², § 11 III 4, S. 353 m.w.N.; *Plog-Wiedow-Beck-Lemhöfer*, § 79 BBG, Rz. 1; *Maunz-Dürig-Herzog-Scholz/Maunz*, Art. 33 GG, Rz. 82 (die dortige Aussage erfolgte allerdings zeitlich vor der Entscheidung des Bundesverfassungsgerichts); *Peine-Heinlein*, Beamtenrecht², S. 22; *Becker*, ZBR 1978, 255 (266). *Isensee*, Grundrecht auf Ehre, S. 24 stimmt dem im Zusammenhang mit dem Ehrenschutz der Beamten kraft Fürsorgepflicht explizit zu, allerdings ohne nähere Begründung. *Wind-Schimana-Wichmann-Langer*, Öffentliches Dienstrecht⁵, Rz. 39. Bei *Becker*, RiA 1978, 14 (16) und *Niedermaier-Günther*, ZBR 1977, 238 ff. finden sich neben zustimmenden Äußerungen auch kritische Aussagen zum Beschluß des Bundesverfassungsgerichts. Bei *Schnellenbach*, Beamtenrecht in der Praxis⁵, Rz. 418, Fn. 240 („Individualrecht") wird hingegen nicht deutlich, welcher Auffassung er folgt.

445 Vgl. BVerfGE 3, 288 (333); 4, 205 (210); 8, 1 (16 ff.); 8, 332 (356); 9, 268 (286 f.); 12, 81 (87); 15, 298 (301 f.); 35, 79 (146); 37, 167 (173); 38, 1 (12).

446 Sondervotum (dissenting vote) der Richter *Wand* und *Niebler*: BVerfGE 43, 177 ff.

447 *Weiß-Niedermaier-Summer-Zängl/Summer*, Art. 2 BayBG, Erl. 12 und Art. 86 BayBG, Erl. 2c. Bei Mitarbeiterkommentar/*Dollinger-Umbach*, Art. 33 GG, Rz. 88 f. wird eine vermittelnde Auffassung vertreten, die das Sondervotum der Richter *Wand* und *Niebler* aufgreift.

448 *Becker*, RiA 1978, 14 (16): „beachtliche Weiterentwicklung"; *Niedermaier-Günther*, ZBR 1977, 238: „Abrundung des Rechtschutzes aus Art. 33 Abs. 5 GG".

449 AK/*Schuppert*², Art. 33 GG, Rz. 76.

450 *Battis*³, § 79 BBG, Rz. 4; *Schnellenbach*, VerwArch 92 (2001), 2 (11).

451 *Hilg*, Beamtenrecht³, § 32 I, S. 378; *Bender*, DÖV 1977, 565; *Becker*, RiA 1978, 14 (16); *Niedermaier-Günther*, ZBR 1977, 238.

452 *Köpp*, Öffentliches Dienstrecht⁷, S. 419 f., Rz. 16.

453 *Summer*, ZBR 1992, 1.

454 Insbesondere: BVerfGE 46,97 (117); 58, 68 (76); Siehe auch BVerfGE 44, 249 (262); 64, 367 (375); 76, 256 (298 f.); 81, 363 (375); 99, 300 (314 ff.).

455 Im Interesse der Rechtssicherheit für die Beamten wäre es jedoch wünschenswert, wenn das Bundesverfassungsgericht Gelegenheit fände, seine Rechtsprechung zu begründen, vgl. *Becker*, RiA 1978, 14 (17).

Soweit in der Literatur unter Hinweis auf den Wortlaut und die grammatische, genetische und systematische Auslegung jeglicher subjektiv-rechtlicher Gehalt bei Art. 33 Abs. 5 GG verneint wird[456], wird die Judikatur des Bundesverfassungsgerichts schon im Ansatz abgelehnt. Durch die Anerkennung eines subjektiven Rechts würde die institutionelle Garantie denaturiert, und das Bundesverfassungsgericht schwinge sich zum „Beamtengesetzgeber 1. Klasse" auf[457]. Die Zielsetzung von Art. 33 Abs. 5 GG, der sich ausschließlich an den Gesetzgeber wenden würde, würde verkannt, so daß eine den einfachgesetzlichen beamtenrechtlichen Bestimmungen „zuwiderlaufende Rechtsanwendung im Einzelfall nicht zugleich einen Verstoß gegen Art. 33 Abs. 5 GG enthalten kann."[458] Es wird insofern auf die uneingeschränkte Anwendung der vorrangigeren einfachgesetzlichen Regelungen im öffentlichen Dienstrecht verwiesen. Es fehle im übrigen an dem Bedürfnis für die zusätzliche Überprüfung einer Fürsorgepflichtmaßnahme am Maßstab des Art. 33 Abs. 5 GG[459]. Die Garantie der Fürsorgeverpflichtung des Dienstherrn erfolge nicht im subjektiven Interesse des Beamten, sondern allein im Interesse der Allgemeinheit[460]. Eine drittschützende Wirkung könne nicht daraus abgeleitet werden, Vorschriften eine möglichst große Wirkungskraft zu verleihen. Aus der pauschalen Aufnahme des Art. 33 GG in den Grundrechtskatalog des Art. 93 Abs. 1 Nr. 4a GG könne nicht auf einen subjektiv-rechtlichen Charakter geschlossen werden, da von dieser Verweisung nur bestehende subjektive Rechte umfaßt seien, die in Art. 33 Abs. 5 GG aber gerade nicht vorhanden seien[461]. Insoweit handele es sich um eine logisch nicht zulässige petitio principii. Ergänzend wird neuerdings argumentiert, daß die These von der subjektiv-rechtlichen Dimension des Art. 33 Abs. 5 GG neben der ohnehin kritisierten Unterscheidung des Bundesverfassungsgerichts zwischen Grundsätzen des Berufsbeamtentums, die zu beachten oder nur zu berücksichtigen sind, eine weitere Abweichung vom ursprünglichen Wortlaut bedeute, der lediglich von einer „Berücksichtigung der hergebrachten Grundsätze" spricht, was eine Ansprüchlichkeit und eine unmittelbare Rechtspositionen von vornherein ausschließe[462].

Eine vermittelnde Ansicht in der Literatur stimmt dem Bundesverfassungsgericht unter Hinweis auf die unmittelbare Geltung objektiven Verfassungsrechts zwar dahingehend zu, daß Art. 33 Abs. 5 GG konsequenterweise auch einen selbständigen objektiv-rechtlichen Prüfungsrahmen für behördliche Einzelfallentscheidungen bildet, denn schließlich binde Art. 33 Abs. 5 GG den Dienstherrn auch bei der Ausübung des Ermessens[463]. Grundlage

456 *Pieroth-Schlink*, Grundrechte[19], Rz. 1031; *Jarass-Pieroth*[7], Art. 33 GG, Rz. 32; *Lecheler*, AöR 103 (1978), 349 (360 f.); *ders.*, HdbStR, § 72, Rz. 68; *v.Münch-Kunig/Kunig*[5], Art. 33 GG, Rz. 55; *Kunig*, Recht des öffentlichen Dienstes[12], S. 706 ff., Rz. 39; BerlK/*Lecheler*, Art. 33 GG, Rz. 91. Siehe auch *Köpp*, Öffentliches Dienstrecht[7], S. 421 f., Rz. 17. Nach ihm sei allenfalls ein grundrechtsähnliches Individualrecht (als berufsspezifisches Abwehrrecht) gleichrangig neben der institutionellen Garantie anzuerkennen, dessen genauerer rechtlicher Bedeutungsgehalt sich aber diesseits nicht erschließen läßt.

457 AK/*Schuppert*[2], Art. 33 GG, Rz. 74.

458 Ebd., Rz. 76.

459 Sondervotum der Richter *Wand* und *Niebler*: BVerfGE 43, 177 (184).

460 Vgl. *Lecheler*, AöR 103 (1978), 349 (361).

461 *v.Münch-Kunig/Kunig*[5], Art. 33 GG, Rz. 55; BerlK/*Lecheler*, Art. 33 GG, Rz. 91.

462 BerlK/*Lecheler*, Art. 33 GG, Rz. 92 f.

463 *Lecheler*, HdbStR[2], § 72, Rz. 66; vgl. auch *Scheerbath-Höffken-Bauschke-Schmidt*, Beamtenrecht[6], § 5 II, S. 89.

dieser Ansicht ist insbesondere eine gegenüber der ganz herrschenden Meinung erweiterte Auslegung des bereits erwähnten Traditionskriteriums, denn Art. 33 Abs. 5 GG zwinge den Gesetzgeber das Beamtenrecht zeitgemäß weiterzuentwickeln. Mittlerweile bestehe die Bundesrepublik Deutschland schon eine so geraume Zeit und sei verfestigt und bewährt, so daß diese Entwicklung auch zu einer Traditionsbildung im Beamtenrecht herangezogen werden müsse[464]. Ein grundrechtsgleiches subjektives Recht und damit zugleich ein mit der Verfassungsbeschwerde durchsetzbarer Anspruch im Einzelfall werden hingegen in Übereinstimmung mit der zuvor genannten Ansicht kategorisch verneint[465].

Die überwiegende Meinung in der Literatur[466] sowie das erwähnte Sondervotum[467] lehnen die Judikatur des Bundesverfassungsgerichts ebenfalls ab, allerdings lediglich mit dem Hinweis darauf, daß eine behördliche Einzelfallentscheidung (Ebene: Dienstherr/Beamter) als Ergebnis der Ausübung pflichtgemäßen Ermessens die verfassungsrechtlich als hergebrachter Grundsatz gewährleistete Fürsorgepflicht gemäß Art. 33 Abs. 5 GG (Ebene: Gesetzgeber/Beamter) niemals verletzen könne. Im Unterschied zu den vorherigen Auffassungen wird in Art. 33 Abs. 5 GG zwar auch ein subjektiv-rechtlicher Inhalt gesehen, der sich allerdings im Unterschied zur Ansicht der Senatsmehrheit des Bundesverfassungsgerichts auf ein grundrechtsgleiches Recht zur Sicherung einer verfassungsgemäßen beamtenrechtlichen Gesetzgebung beschränkt. Die Auslegung von Art. 33 Abs. 5 GG als grundrechtsgleiches subjektives Recht in Form einer Anspruchsgrundlage im Einzelfall überschreite die Grenzen zulässiger Gesetzesinterpretation. Die Vorschrift wende sich mit ihrem objektiv-rechtlichen Gehalt primär bzw. in erster Linie an den Gesetzes- und Verordnungsgeber und könne daher nur Maßstab im Einzelfall sein, wenn die einfachgesetzliche Regelung, einschließlich der ungeschriebenen allgemeinen Grundsätze des Beamtenrechts, mit der Verfassung unvereinbar sei, insbesondere weil der Gesetzgeber seinem Regelungsauftrag überhaupt nicht oder nur zum Teil nachgekommen sei[468]. Pointierter formuliert bedeutet dies, daß die verfassungsrechtliche Fürsorgepflicht als Generalklausel nur dann eine selbständige und unmittelbare Anspruchsgrundlage des Beamten gegenüber seinem Dienstherrn sein könnte, wenn in einer Notlage eine konkrete gesetzliche Regelung fehlen würde[469]. Da aber bezüglich der § 79 BBG und § 48 BRRG von niemanden deren Verfassungswidrigkeit oder ein für etwaige Notlagen zu geringer Schutzumfang vertreten wird, scheidet hiernach die verfassungsrechtliche Fürsorgepflicht als Anspruchsgrundlage aus[470]. Der Schutzrahmen von Art. 33 Abs. 5 GG werde durch diese Generalklauseln schließlich auch nicht unterschritten, so daß sich auch deswegen die Feststellung verbiete, die zu überprüfende Maßnahme der Verwaltung im Einzelfall sei mit Art. 33 Abs. 5 GG unvereinbar. Dogmatischer Hintergrund dieser Ansicht ist weiterhin das bereits dargestellte umstrittene Verhältnis der beamtenrechtlichen zur verfassungsrecht-

464 *Lecheler*, HdbStR², § 72, Rz. 64 a.E.; vgl. auch AK/*Schuppert*², Art. 33 GG, Rz. 71.

465 *Lecheler*, AöR 103 (1978), 349 (360 ff.); *ders.*, HdbStR², § 72, Rz. 68.

466 *Menger*, VerwArch 69 (1978), 221 (226); *Weiß-Niedermaier-Summer-Zängl/Summer*, Art. 86 BayBG, Erl. 2c; *Battis*³, § 79 BBG, Rz. 4; *Westermann*, Fürsorgepflicht, S. 285 f.; *Summer*, PersV 1998, 76 (78); *Bender*, DÖV 1977, 565 (566); Mitarbeiterkommentar/*Dollinger-Umbach*, Art. 33 GG, Rz. 88.

467 Sondervotum der Richter *Wand* und *Niebler*: BVerfGE 43, 177 ff.

468 Sondervotum der Richter *Wand* und *Niebler*: BVerfGE 43, 177 (178 f.).

469 *Lecheler*, HdbStR², § 72, Rz. 50.

470 Sondervotum der Richter *Wand* und *Niebler*: BVerfGE 43, 177 (178).

lichen Fürsorgepflicht als hergebrachtem Grundsatz des Berufsbeamtentums[471], denn im Unterschied zur widersprüchlichen Rechtsprechung des Bundesverfassungsgerichts[472] erfordert nach den Vertretern dieser Literaturansicht der Verfassungsrang einer durch Auslegung der einfachgesetzlichen Fürsorgepflicht gewonnenen Ausprägung im Einzelfall seinerseits, daß diese Einzelfallausprägung die Merkmale eines hergebrachten Grundsatzes des Berufsbeamtentums im Sinne des Art. 33 Abs. 5 GG erfüllen müsse, denn nicht jede Ausprägung stelle einen Grundsatz bzw. ein Kernstrukturprinzip dar[473]. Im Einzelfall sei daher der Inhalt der verfassungsrechtlichen Fürsorgepflicht historisch kaum mehr ermittelbar, so daß bei einer Gegenwartsinterpretation der Anschein einer historisch begründbaren Rechtstradition erzeugt werde, zumal auch keine „fundierte rechtliche Detaillierung" vorhanden sei, um „Art. 33 Abs. 5 GG operabel zu gestalten"[474].

Eine Stellungnahme und Bewertung dieser differenzierten Ansichten in Rechtsprechung und Literatur muß mehrere rechtliche Aspekte von Art. 33 Abs. 5 GG sowie das bereits dargestellte umstrittene Verhältnis der beamtenrechtlichen zur verfassungsrechtlichen Fürsorgepflicht des Dienstherrn berücksichtigen, die zunächst unmittelbar zu der Erkenntnis führen, daß diese Vorschrift „weder leicht zu verstehen noch leicht anzuwenden ist"[475].

Übereinstimmend kann zunächst festgehalten werden, daß Art. 33 Abs. 5 GG verschiedene Rechtsgarantien enthält und objektive Rechtswirkungen entfaltet, nämlich als Einrichtungs- bzw. Strukturgarantie, als Regelungsauftrag an den Gesetzgeber und als Rechtsgrundlage zur Einschränkung von Grundrechten des Beamten, soweit dies für den Dienstbetrieb erforderlich ist[476]. Den Kritikern der Entscheidung des Bundesverfassungsgerichts ist auch insoweit zuzustimmen, daß im konkreten Fall die entscheidungserheblichen Ausführungen des Gerichts zu Art. 33 Abs. 5 GG trotz ihrer Verallgemeinerungsfähigkeit verfehlt erscheinen[477], denn der Beschluß liest sich nicht nur streckenweise wie eine fachgerichtliche Entscheidung, sondern das Bundesverfassungsgericht hat hier offensichtlich auch seine Prüfungskompetenz überschritten[478]. Genauso stark fällt allerdings auf, daß die hieran geübte Kritik nicht von der Argumentation pro oder contra hinsichtlich einer grundsätzlichen Anwendbarkeit von Art. 33 Abs. 5 GG als Maßstab zur Überprüfung einer konkreten behördlichen Entscheidung im Einzelfall getrennt wird. Die Rechtsausführungen des Bundesverfassungsgerichts können in ihrer Allgemeinheit jedoch auf die Ehrenschutzverpflichtung kraft Fürsorgepflicht des Dienstherrn übertragen werden,

---

471 Siehe hierzu die Ausführungen ab S. 20 dieser Untersuchung.

472 Einerseits: BVerfGE 46, 97 (117); 58, 68 (76). Andererseits: BVerfGE 45, 154 (168); 83, 89 (100).

473 In der Entscheidung BVerfGE 43, 154 ff. wurde aus der Fürsorgepflicht gemäß Art. 33 Abs. 5 GG die Verpflichtung des Dienstherrn zu einem Mindeststandard an ordentlicher und fairer Gestaltung des Verwaltungsverfahrens deduziert. Hiermit ist aber ein allgemeiner Rechtsgrundsatz angesprochen, dessen Ursprung im Rechtsstaatsprinzip gemäß Art. 20 Abs. 3 GG liegt, das gegenüber jedermann, also auch gegenüber den Dienstnehmern, gilt. Vgl. hierzu *Plog-Wiedow-Beck-Lemhöfer*, § 79 BBG, Rz. 6; *Schnellenbach*, VerwArch 92 (2001), 2 (11 f.).

474 *Summer*, PersV 1998, 76 (78).

475 *Scheerbath-Höffken-Bauschke-Schmidt*, Beamtenrecht[6], § 5 II, S. 87; vgl. *v.Münch*, ZBR 1981, 157.

476 Vgl. hierzu BerlK/*Lecheler*, Art. 33 GG, Rz. 87-89; *v.Münch-Kunig/Kunig*[5], Art. 33 GG, Rz. 56 m.w.N. sowie die Ausführungen ab S. 20 und ab S. 38 dieser Untersuchung.

477 Vgl. u.a. *Schnellenbach*, VerwArch 92 (2001), 2 (11).

478 *Becker*, RiA 1978, 14 (16).

da es hierbei im Unterschied zum konkret zu entscheidenden Fall des Bundesverfassungsgerichts keine vorrangigen Rechtsinstitute gibt. Es ist daher im Gegensatz zur scheinbar überzeugenden Auffassung des überwiegenden Teils der Literatur, Art. 33 Abs. 5 GG auch als subsidiäre Anspruchsgrundlage und somit als Prüfungsmaßstab für Fürsorgepflichtmaßnahmen des Dienstherrn im Einzelfall anzuwenden, soweit es den Ehrenschutzanspruch eines Beamten kraft verfassungsrechtlicher Fürsorgepflicht betrifft, denn Art. 33 Abs. 5 GG enthält in Übereinstimmung mit der Mindermeinung neben dem objektivrechtlichen Gehalt eben auch ein entsprechendes grundrechtsgleiches (nach früherer Terminologie: grundrechtsähnliches[479]) subjektiv-öffentliches Recht des Beamten.

Zur Begründung dieser These ist in einem ersten Schritt ein subjektiv-öffentlicher Norminhalt von Art. 33 Abs. 5 GG zu ermitteln, der sich im zweiten Schritt als grundrechtsgleiches Recht erweist und in einem anschließenden dritten Schritt ergibt sich, daß dieses Recht nicht nur den Gesetzgebungsauftrag für eine verfassungsgemäße einfachgesetzliche Fürsorge- und Schutzpflicht absichern soll, sondern auch in Form einer verfassungsrechtlichen Fürsorgepflicht als Anspruchsgrundlage gegenüber dem Dienstherrn bzw. als Prüfungsmaßstab einer Maßnahme des Dienstherrn im Einzelfall anzuwenden ist.

Einem Teil der Literatur zufolge handelt es sich bei der Annahme eines grundrechtsgleichen subjektiv-öffentlichen Rechts in Art. 33 Abs. 5 GG um eine offene Überschreitung des Wortlauts „Das Recht des öffentlichen Dienstes [...] ist zu regeln", denn damit werde ausschließlich der Gesetzgeber als Regelungsadressat angesprochen. Außerdem werde das Berufsbeamtentum nicht im Interesse des einzelnen Beamten und seiner persönlichen Rechtsstellung gewährleistet, sondern ausschließlich im Interesse der Allgemeinheit und des Staates[480], so daß nach einer teleologischen Auslegung ein subjektiv-öffentliches Recht ebenfalls ausscheiden würde. Unterstützt werde ein rein objektiv-rechtlicher Inhalt von Art. 33 Abs. 5 GG dadurch, daß im Unterschied zu Art. 129 Abs. 1 S. 2 WRV keine „wohlerworbenen Rechte" des Beamten garantiert sind. Des weiteren lege auch die Entstehungsgeschichte der Verfassungsnorm mit ihren unterschiedlichen und viel diskutierten Formulierungsvorschlägen bis hin zur unverändert geltenden heutigen Fassung[481] einen rein objektiven Charakter nahe[482]. Schließlich müßte bei einer systematischen Auslegung berücksichtigt werden, daß Art. 33 Abs. 5 GG im organisatorischen Teil des Grundgesetzes und nicht in dessen Grundrechtsteil steht. Dennoch vermag diese Ansicht in Übereinstimmung mit der ständigen Rechtsprechung des Bundesverfassungsgerichts[483], auch des Sondervotums der Richter *Wand* und *Niebler*[484],

---

479 So noch in: BVerfGE 8, 1 (16 ff.).

480 *Lecheler*, HdbStR², § 72, Rz. 68; BerlK/*Lecheler*, Art. 33 GG, Rz. 91.

481 Siehe zur geschichtlichen Entwicklung von Art. 33 Abs. 4-5 GG im Beratungsverfahren des Parlamentarisches Rats 1948/49 die näheren Ausführungen bei: AK/*Schuppert*², Art. 33 GG, Rz. 5, 8-12; *Stern*, FS Ule, S. 199-201; *Westermann*, Fürsorgepflicht, S. 179 ff. sowie im Sondervotum der Richter *Wand* und *Niebler* in BVerfGE 43, 177 (179 ff.).

482 So auch *Menger*, VerwArch 69 (1978), 221 (226), der daher die Prämisse des Bundesverfassungsgerichts vom grundrechtsgleichen Charakter für „nicht unproblematisch" hält.

483 BVerfGE 8, 1 (17); 8, 332 (356); 9, 268 (286 f.); 12, 81 (87); 13, 356 (361); 15, 298 (301 f.); 16, 94 ff.; 35, 79 (146); 37, 167 (173); 38, 1 (12); 71, 39 (62 f.), st. Rspr. In BVerfGE 4, 205 (210) wurde das Vorhandensein von Individualrechten neben der Institutsgarantie hingegen noch offen gelassen.

484 BVerfGE 43, 177 (182).

und der herrschenden Meinung in der Literatur[485], die ein grundrechtsgleiches Recht aus Art. 33 Abs. 5 GG anerkennen, nicht zu überzeugen.

Zur Begründung eines subjektiv-öffentlichen Rechts reicht allerdings der Hinweis auf eine Reflexwirkung der objektiv-rechtlichen Institutsgarantie bezüglich der einzelnen Beamten[486], die hinter der Institution stehen und sie persönlich tragen[487], nicht aus, denn der Rechtsreflex ist rechtsdogmatisch gerade dadurch gekennzeichnet, daß zwar eine Begünstigung als Auswirkung objektiven Rechts gewährt wird, dem Begünstigten aber kein einklagbares subjektives Recht auf diese Begünstigung dadurch verliehen wird, da die jeweilige Norm dann trotzdem noch ausschließlich im öffentlichen Interesse liegt und nicht (zumindest auch) dem Interesse des Beamten zu dienen bestimmt ist[488]. Für ein subjektiv-öffentliches Recht und damit einen verfassungsrechtlichen Anspruch des Amtswalters auf Fürsorge und Schutz durch den Dienstherrn wird also dogmatisch mehr verlangt.

Das Bundesverfassungsgericht hat jedoch zutreffenderweise bereits sehr früh einen subjektiv-rechtlichen Inhalt aus Art. 33 Abs. 5 GG deduziert, der zunächst als grundrechtsähnlich, später als grundrechtsgleich[489] bezeichnet wurde. Auch die Senatsmehrheit erkennt in ihrem hier zu untersuchenden Beschluß sehr wohl die Wortlautüberschreitung, wenn es ausführt, daß „Lehre und Rechtsprechung längst über den dem Wortlaut zu entnehmenden Gehalt des Art. 33 Abs. 5 GG hinausgegangen seien“[490]. Im Gegensatz zur Auffassung im Sondervotum der Richter *Wand* und *Niebler*[491] ist allerdings der Rahmen der zulässigen Auslegungsmöglichkeiten (noch) nicht überschritten worden, auch wenn unter Berücksichtigung von Funktion und Genese des Art. 33 Abs. 5 GG ein anderer Sinngehalt scheinbar nahegelegt wird. In Übereinstimmung mit den anerkannten rechtswissenschaftlichen Methodiklehren kann jedoch eine teleologische Auslegung den anderen Auslegungsarten vorangehen, wobei jedenfalls die Grenzen, die durch die anderen Auslegungsmethoden gesetzt werden, nicht überschritten werden dürfen. Insbesondere die genetische Auslegung kann argumentativ bei zunehmend zeitlichen Abstand in den Hintergrund treten. Das systematische Gegenargument ist für die Auslegung von Art. 33 Abs. 5 GG zunächst wenig aussagekräftig, da z.B. auch Art. 33 Abs. 1-3 und Art. 38 Abs. 1 S. 1 GG anerkanntermaßen grundrechtsgleiche Rechte enthalten[492], obwohl diese Normen auch im Organisationsteil des Grundgesetzes stehen. Der Wortlaut von Art. 38 Abs. 1 S. 1 GG deutet im übrigen ebenfalls keineswegs subjektive grundrechtsgleiche Rechte an. Das historische und grammatikalische Argument, daß bei Art. 33 Abs. 5 GG im Unterschied zum früheren Art. 129 Abs. 1 S. 2 WRV keine „wohlerworbenen Rechte“ des Beamten garantiert

---

485 *Battis*[3], § 79 BBG, Rz. 4; *Weiß-Niedermaier-Summer-Zängl/Summer*, Art. 86 BayBG, Erl. 2c; *Westermann*, Fürsorgepflicht, S. 278 f.; *Maunz-Dürig-Herzog-Scholz/Maunz*, Art. 33 GG, Rz. 82; *Schmidt-Bleibtreu-Klein*[9], Art. 33 GG, Rz. 34; *Stern*, StaatsR I[2], § 11 III 4, S. 353; *Thiele*, DÖD 1988, 273.

486 *Menger*, VerwArch 69 (1978), 221 (227).

487 *Maunz-Dürig-Herzog-Scholz/Maunz*, Art. 33 GG, Rz. 82.

488 Vgl. *Schnellenbach*, ZBR 1982, 301 (303); *Kopp-Schenke*[13], § 42 VwGO, Rz. 83 ff.

489 Vgl. zunächst BVerfGE 8, 1 (17) und dann BVerfGE 43, 154 (167). Das Sondervotum der Richter *Wand* und *Niebler* BVerfGE 43, 177 (182) hält weiter an dem ursprünglichen Begriff fest, was ebenfalls den Dissens in der Sache unterstreicht.

490 BVerfGE 43, 154 (167).

491 BVerfGE 43, 177 (184).

492 *Jarass-Pieroth*[7], Art. 33 GG, Rz. 1 ff. und Art. 38 GG, Rz. 1.

wurden, steht ebenfalls der favorisierten Auslegung nicht entgegen. Im Beamtenrechtsverhältnis haben schon immer Rechte und Ansprüche der Amtswalter bestanden, z.B. wie bei der Fürsorge- und Schutzpflicht in § 79 BBG, § 48 BRRG, auch wenn diese Normen nicht immer unmittelbar als Anspruchsgrundlagen und damit als Rechte des Beamten zu erkennen sind. Damit ist zwar nicht die Rechtsebene (Gesetz oder Verfassung) determiniert, aber jedenfalls können (Grund-)Rechte der Beamten gegeben sein, ohne daß der Wortlaut der Norm dies nahe legen muß. Bei der Auslegung von Art. 33 Abs. 5 GG müssen vielmehr Sinn und Zweck der Verankerung der hergebrachten Grundsätze des Berufsbeamtentums aus der Eigenart des Beamtenverhältnisses selbst entwickelt werden: Der Beamte steht nämlich dem Staat als seinem Dienstherrn gegenüber. Dieser Dienstherr aber ist in seiner Stellung als Gesetzgeber zugleich für die Regelung des Rechtsverhältnisses und die Verteilung der gegenseitigen Rechte und Pflichten allein zuständig und verantwortlich. Der einzelne Beamte hat keine eigenen rechtlichen Möglichkeiten, auf die nähere Ausgestaltung und Bedingungen seines Rechts- bzw. Dienstverhältnisses einzuwirken[493]. Er ist ausschließlich auf die Regelungen angewiesen, die sein Dienstherr als Gesetzgeber[494] getroffen hat. Dies gilt umso mehr, da den Beamten, Richtern, Soldaten, Wehrpflichtigen und Zivildienstleistenden kein kollektives Streikrecht aus Art. 9 Abs. 3 GG zusteht[495]. „Wenn daher das Grundgesetz in Art. 33 Abs. 5 GG unmittelbar die Gewähr dafür bieten will, daß die beamtenrechtliche Gesetzgebung bestimmten eng begrenzten verfassungsrechtlichen Mindestanforderungen entspricht, dann liegt die Annahme nahe, daß den hauptsächlich und unmittelbar Betroffenen ein entsprechendes Individualrecht eingeräumt werden soll, damit sie insoweit in Übereinstimmung mit den rechts- und sozialstaatlichen Grundprinzipien ihre verfassungsmäßige Stellung auch rechtlich wahren können“[496]. Dies mag vereinzelt als Kompensationsmaßnahme angesehen werden[497]. Die „Rechtfertigung“ hierfür liegt aber letztendlich in der Verfassung selbst und ihren Rechtsprinzipien, denn bei teleologischer Betrachtung muß die institutionelle Garantie eines unabhängigen Berufsbeamtentums in seiner tradierten Form aufgrund des Dualismus von Amt und Amtswalter stets die Personen, die Ämter in der Exekutive bzw. Judikative wahrnehmen, einbeziehen und damit subjektive Elemente mitberücksichtigen. Unterstützt wird dieses Ergebnis durch den systematischen Zusammenhang der einzelnen Absätze des Art. 33 GG. Anerkanntermaßen enthalten Art. 33 Abs. 1-3 GG subjektive grundrechtsgleiche Rechte, während Art. 33 Abs. 4-5 GG prima facie objektive Garantien (die sog.

---

493 BVerfGE 8, 1 (17). So aber auch schon RGZ 141, 385 (389), allerdings noch als dogmatische Begründung für die Fürsorgepflicht im allgemeinen, was aber als Argument auch verschiedentlich von der Literatur aufgegriffen wird: *Battis*[3], § 79 BBG, Rz. 3; *Laubinger*, FS Ule, S. 110; *v.d.Heide*, ZBR 1955, 321; *Thiele*, DÖD 1988, 273; *Lecheler*, ZBR 1972, 129 (138).

494 Dies gilt allerdings so nur für den Bund und die einzelnen Bundesländer, die als Gesetzgebungskörperschaften zugleich auch Dienstherren sind. Hiervon betroffen sind die (Bundes- und Landes-)Beamten der unmittelbaren Staatsverwaltung. Beamte der mittelbaren Staatsverwaltung (z.B. Kommunalbeamte) unterliegen nur in begrenztem Umfang der Rechtssetzungsautonomie ihres Dienstherrn, denn grundsätzlich finden auf sie die jeweiligen Beamtengesetze des Bundes oder der Länder Anwendung, und damit Gesetze, die von einem anderen Dienstherrn bzw. Legislativorgan in Kraft gesetzt wurden.

495 Inwieweit die Beamten mit ihren Interessenverbänden (z.B. Deutscher Beamtenbund, Gewerkschaft der Polizei etc.) trotzdem tatsächlichen Druck (Lobbyarbeit, öffentliche Versammlungen etc.) auf die Legislative ausüben können, bedarf mangels rechtlicher Relevanz keiner näheren Darstellung.

496 BVerfGE 8, 1 (17).

497 *Lecheler*, AöR 103 (1978), 349 (361).

Struktur- und Institutsgarantie) enthalten. Die Rechte aus Art. 33 Abs. 1-3 GG sind aber auf ein (schon bestehendes oder noch entstehendes) öffentliches Dienstverhältnis gerichtet, woraus sich der auch objektiv-rechtliche Charakter der Normen ergibt. So ist es nur konsequent, daß es bei den Regelungen in Art. 33 Abs. 4-5 GG auch eine subjektiv-rechtliche Seite gibt. Des weiteren dürfen, um das Berufsbeamtentum nicht zu einem unveränderlichen Teil der Verfassungsordnung werden zu lassen, die Verfassungswirklichkeit sowie geänderte rechtliche Auffassungen nicht außer acht gelassen werden, damit auch eine zeitgemäße Weiterentwicklung des Berufsbeamtentums möglich ist. Die stetige Weiterentwicklung der Grundrechtsdogmatik und des subjektiv-öffentlichen Rechts im allgemeinen war bei der Kreation von Art. 33 Abs. 5 GG nicht vorhersehbar. Wie bei vielen anderen grundgesetzlichen Normen auch ist es im Laufe der über fünfzigjährigen Geltung des Grundgesetzes zu einem stillen Verfassungswandel gekommen. Anhand der zugenommenen und durch die bereits erwähnte sog. Strafvollzugsentscheidung des Bundesverfassungsgerichts[498] abgeschlossenen Verrechtlichung des Beamtenverhältnisses und der damit verbundenen Abkehr vom sog. „Sonderstatusverhältnis" wird deutlich, daß die subjektive Seite, also des Amtswalters als (Grund-)Rechtsträger, immer stärker in den Vordergrund getreten ist. Es hat sich die Auffassung durchgesetzt, daß das Beamtenverhältnis stets ein rechtlich gebundenes Verhältnis ist, in dem mit Ausnahme der reinen Amtstätigkeit und -ausübung die Grundrechte des Beamten gelten. Die tragenden Begründungselemente hierfür sind Art. 1 Abs. 3 GG, das Rechtsstaatsprinzip gemäß Art. 20 Abs. 3 GG sowie die Rechtsschutzgewährleistungspflicht gemäß Art. 19 Abs. 4 GG. Durch diese subjektiven Rechte ist ein notwendiges Gegengewicht zur rein objektiven Seite der Exekutive als Institution und damit des Staates gegeben. Der rechtlichen Durchdringung des Beamtenverhältnisses muß daher auch bei den hergebrachten Grundsätzen des Berufsbeamtentums, die durch Art. 33 Abs. 5 GG zur Grundlage jedes Beamten*rechts*verhältnisses gemacht werden, berücksichtigt werden, denn eine institutionelle Garantie dient zugleich gewollt auch dem Schutz des hiervon begünstigten Personenkreises[499]. Durch die damit verbundene Möglichkeit der gerichtlichen Überprüfung grundlegender beamtenrechtlicher Gewährleistungen, wie z.B. der Fürsorgepflicht oder des Alimentationsgrundsatzes, im Rahmen subjektiver Rechtsschutzverfahren können die (Grund-)Rechte des Beamten effektiv durchgesetzt werden. Somit beinhaltet Art. 33 Abs. 5 GG eine subjektiv-rechtliche Komponente, da die Vorschrift – neben ihrem objektiv-rechtlichen Gehalt – auch zum Schutz der (berechtigten) Interessen der Amtswalter bzw. ihrer subjektiven Rechtsposition bestimmt ist.

Dieser durch teleologische Auslegung deduzierte subjektiv-öffentliche Rechtsgehalt ist schließlich auch ein grundrechtsgleiches Recht[500]. Ein explizites Grundrecht des Beamten stellt Art. 33 Abs. 5 GG schon dem Wortlaut und der systematischen Stellung nach nicht dar. Es ist jedoch ein grundrechtsgleiches Recht, denn subjektive Rechte in der Verfassung können rechtslogisch nur als Grundrechte bzw. als entsprechend geltende Rechte angesehen werden. Ansonsten wären sie entweder nur ein Rechtsreflex, der bereits verneint

---

498 BVerfGE 33, 1 (10 ff.).

499 *Niedermaier-Günther*, ZBR 1977, 238 (239).

500 Diese Terminologie ist mittlerweile unbestritten, vgl. *Pieroth-Schlink*, Grundrechte[19], Rz. 51. Es besteht daher kein Anlaß, auf den früheren Begriff des grundrechtsähnlichen Rechts und etwaige semantische Unterschiede zu rekurrieren oder den Begriffswechsel zu erläutern.

wurde, oder ihnen würde die Durchsetzungsfähigkeit fehlen. Das Bundesverfassungsgericht als das zur Wahrung der Grundrechte verfassungsmäßig berufene Organ darf nur Normen der Verfassung als Prüfungsmaßstab anwenden. Dies gilt unabhängig davon, ob der gleiche Rechtsinhalt – wie z.B. beim Ehrenschutz kraft Fürsorgepflicht – vollständig oder auch nur teilweise einfachgesetzlich geregelt ist. Daher ist die Annahme eines grundrechtsgleichen Rechts die konsequente Fortsetzung der Deduktion eines subjektiv-öffentlichen Rechtsgehalts bzw. sie wird dadurch bedingt. Die Mehrheitsmeinung des Bundesverfassungsgerichts begründete dies damit, daß derjenigen Auslegung einer Norm der Vorzug zu geben ist, die die juristische Wirkungskraft der betreffenden Norm am stärksten entfaltet[501], was bei den hergebrachten Grundsätzen des Berufsbeamtentums dazu führt, daß diese, soweit sie dem Beamten Rechte wie bei der Fürsorgepflicht einräumen, ihre Funktion nur dann entfalten können, wenn sie als grundrechtsgleiches Recht behandelt werden. Die Reichweite einer verfassungsrechtlichen Garantie bzw. Rechtsgewährleistung kann schließlich nicht davon abhängen, in welcher Weise diese bestimmte Materie durch das einfache Recht geregelt ist, sie ist vielmehr unmittelbar aus der Verfassungsnorm selbst zu erschließen[502]. Zu beachten ist aber, daß diese „Tendenz" als Auslegungsprinzip hier nur deswegen berücksichtigt werden kann, da bereits der subjektive Schutzcharakter von Art. 33 Abs. 5 GG dargestellt wurde. Anderenfalls würden Voraussetzung und Schlußfolgerung verwechselt[503]. Daher ist das Prinzip der Grundrechtseffektivität nur in sehr begrenztem Umfang anwendbar und dient eher der Bestätigung des bereits deduzierten Ergebnisses. Unterstützt wird dieser Befund ebenfalls durch die pauschale Aufnahme von Art. 33 GG in den Katalog der Grundrechte und grundrechtsgleichen Rechte bei Art. 93 Abs. 1 Nr. 4a GG, denn es ist den Kritikern der Mehrheitsentscheidung zuzustimmen, daß eine umgekehrte Argumentation, also die Schlußfolgerung von der Erwähnung in Art. 93 Abs. 1 Nr. 4a GG auf den Charakter als grundrechtsgleiches Recht, nicht zulässig ist[504]. Wichtig ist des weiteren, die rechtliche Konsequenz dieser Auslegung von Art. 33 Abs. 5 GG zu benennen: Es gelangt nämlich Art. 1 Abs. 3 GG (analog) zur Anwendung, so daß alle Staatsgewalten auch an dieses grundrechtsgleiche Recht gebunden sind[505], was unmittelbar zum letzten und entscheidenden Glied in der Argumentationskette führt, um Art. 33 Abs. 5 GG als selbständigen Prüfungsrahmen für behördliche Einzelfallentscheidungen und damit als Anspruchsgrundlage der Amtswalter gegenüber ihrem Dienstherrn anwenden zu können.

Das subjektiv-öffentliche und grundrechtsgleiche Recht aus den hergebrachten Grundsätzen des Berufbeamtentums gemäß Art. 33 Abs. 5 GG ist auch nicht nur auf die Sicherung einer verfassungskonformen einfachgesetzlichen Regelung der Fürsorge- und Schutzpflicht gerichtet, was sich in der Tat nur an den Gesetzgeber (Legislative) wenden

---

501 BVerfGE 43, 154 (166 f.). Das Prinzip der Grundrechtseffektivität wurde erstmals in BVerfGE 6, 55 (72) als Auslegungsprinzip dargelegt und angewandt, vgl. auch BVerfGE 32, 54 (71). Allerdings ist es sehr vage formuliert und die Grenzen dieser „Effektivierung" sind auch nicht zu erkennen, so daß es nur mit größter Vorsicht angewandt werden kann und sollte. Es wird daher kritisiert bzw. sogar vollständig abgelehnt, vgl. *Rottmann*, Der Beamte als Staatsbürger, S. 20.

502 BVerfGE 43, 154 (167) und das Sondervotum Richter *Wand* und *Niebler*: BVerfGE 43, 177 (183 f.).

503 Vgl. *Lecheler*, AöR 103 (1978), 349 (362).

504 Vgl. *Lecheler*, AöR 103 (1978), 349 (362).

505 *Rottmann*, Der Beamte als Staatsbürger, S. 20.

würde, sondern beinhaltet auch ein Recht gegenüber dem Dienstherrn (Exekutive) auf fürsorgepflichtgemäße Maßnahmen im Einzelfall, denn die hergebrachten Grundsätze des Berufsbeamtentums binden als unmittelbar geltendes (objektives) Recht alle Staatsgewalten und staatlichen Organe[506]. Das Sondervotum der Richter *Wand* und *Niebler* verkennt allerdings – trotz der zu Anfang noch erfolgten Hervorhebung der unmittelbaren Geltung für alle staatlichen Stellen – diesen Punkt, wenn es seine Ansicht darstellt, daß Art. 33 Abs. 5 GG nur Maßstab im Einzelfall sein könne, wenn die einfachgesetzliche Regelung, einschließlich der ungeschriebenen allgemeinen Grundsätze des Beamtenrechts, mit der Verfassung unvereinbar sei, insbesondere weil der Gesetzgeber seinem Regelungsauftrag überhaupt nicht oder nur zum Teil nachgekommen sei[507]. Damit wird nur die Bindung des Gesetzgebers, nicht aber aller Staatsgewalten berücksichtigt[508]. Das Sondervotum[509] weist jedoch zutreffend darauf hin, daß es zur Begründung der Anwendbarkeit von Art. 33 Abs. 5 GG als Maßstab im Einzelfall einer „Brücke" bedürfe. Die Bindung der Exekutive bzw. des Dienstherrn ergibt sich nun aus verschiedenen Gründen:

Zunächst hat die Exekutive in begrenzten Umfang selbst das Recht, für die öffentlichrechtlichen Dienstverhältnisse Regelungen zu schaffen. Sie erfüllt damit genau den Wortlaut von Art. 33 Abs. 5 GG. Zu diesen Regelungen zählen Rechtsverordnungen, die sich im Rahmen der Ermächtigung durch die Legislative gemäß Art. 80 Abs. 1 S. 2 GG halten müssen[510], aber auch Verwaltungsvorschriften als Binnenrecht. Sie kann mit letzteren die Handhabung des ihr eingeräumten Ermessens regeln, z.B. durch die noch darzustellenden Rechtsschutzrichtlinien für Beamte. Damit regelt sie das öffentliche Dienstrecht. Dadurch bindet Art. 33 Abs. 5 GG den Dienstherrn bei der Ausübung seines Ermessens, das ihm einfachgesetzliche Normen zubilligen[511].

Es ist aber darauf zu achten, daß die vorstehende Argumentation nicht für alle hergebrachten Grundsätze im Sinne des Art. 33 Abs. 5 GG in gleichen Umfange gilt, so daß eine Differenzierung notwendig vorzunehmen ist. Soweit es z.B. den Alimentationsgrundsatz als anerkanntes Strukturprinzip betrifft, richtet sich dieser – unabhängig von der Tatsache, daß damit auch subjektive Rechte des Beamten begründet werden – nahezu vollständig an den Gesetzgeber, denn es ist unstreitig, daß Besoldung und Versorgung der Beamten nur durch ein Parlamentsgesetz geregelt werden können, so daß die Exekutive ausschließlich mit dem Vollzug beschäftigt ist, ohne hierbei ein Ermessen zu haben oder abgeleitete Rechtsnormen setzen zu dürfen.

Anders sieht es hingegen beim Fürsorgepflichtgrundsatz aus. Der Gesetzgeber ist mit den § 79 BBG und § 48 BRRG seinem verfassungsmäßigen Regelungsauftrag gemäß Art. 33 Abs. 5 GG nachgekommen. Die Exekutive muß daher die Fürsorge- und Schutz-

---

506 *Lecheler*, AöR 103 (1978), 349 (358); *Maunz-Dürig-Herzog-Scholz/Maunz*, Art. 33 GG, Rz. 81; *Niedermaier-Günther*, ZBR 1977, 238 (239).

507 Sondervotum der Richter *Wand* und *Niebler*: BVerfGE 43, 177 (178 f.).

508 *Lecheler*, AöR 103 (1978), 349 (359).

509 Sondervotum Richter *Wand* und *Niebler*: BVerfGE 43, 177 (184).

510 Vgl. *Niedermaier-Günther*, ZBR 1977, 238 (239).

511 *Lecheler*, HdbStR^2, § 72, Rz. 66; vgl. auch *Scheerbath-Höffken-Bauschke-Schmidt*, Beamtenrecht^6, § 5 II, S. 89.

pflicht unmittelbar selbst verwirklichen und hat damit einen Entscheidungs- und Gestaltungsspielraum, um diese gewollte Begünstigung umzusetzen[512]. Kern dieser Argumentation ist somit, daß die sich bei den Fürsorgeverpflichtungen zugunsten der Beamten ergebenden, vermeintlich gegensätzlichen Begriffspaare Gesetzgeber/Beamter (Art. 33 Abs. 5 GG) sowie Dienstherr/Beamter (§ 79 BBG, § 48 BRRG) gar keine sind, da jeder Dienstherr, der gegenüber den Amtswaltern zur einfachgesetzlichen beamtenrechtlichen Fürsorge verpflichtet ist, zugleich auch als Gesetzgeber die Implikationen des Art. 33 Abs. 5 GG und damit die verfassungsrechtliche Fürsorgepflicht zu beachten hat. In der Konsequenz führt dies dazu, daß durch die § 79 BBG, § 48 BRRG und Art. 33 Abs. 5 GG für die Fürsorgeverpflichtung keine unterschiedlichen Normadressaten geregelt wurden, da Dienstherr (Exekutive) und Gesetzgeber (Legislative) trotz der formalen Zuordnung zu verschiedenen Staatsgewalten insoweit austauschbar sind[513]. Lediglich die rechtliche Verankerung der Fürsorgepflicht erfolgte auf unterschiedlichen Rechtsebenen. Somit steht der Wortlaut von Art. 33 Abs. 5 GG mit „ist zu regeln" der teleologischen Auslegung der Senatsmehrheit des Bundesverfassungsgerichts nicht entgegen. Daher ist die Exekutive auch von vornherein Normadressat von Art. 33 Abs. 5 GG, soweit es die Fürsorgepflicht des Dienstherrn betrifft. Dies ist somit auch keine etwaig zu kritisierende Ausdehnung des Kreises der Normadressaten[514], denn diese Auffassung setzt vielmehr eine vorherige Beschränkung des Adressatenkreises auf den Gesetzgeber voraus, die aber ihrerseits aufgrund der dargestellten teleologischen Gründe unzulässig ist.

Im übrigen gilt das Rechtsstaatsprinzip gemäß Art. 20 Abs. 3 GG mit der daraus folgenden allgemeinen Bindung der Exekutive an Gesetz und Recht, wovon auch die Verfassung selbst und damit Art. 33 Abs. 5 GG umfaßt ist. Daher muß die Exekutive bei der Vollziehung der Gesetze, z.B. der dargestellten einfachgesetzlichen Fürsorgepflichtnormen, selbstverständlich den Vorrang der Verfassung beachten, so daß z.B. bei der (verfassungskonformen) Auslegung und Anwendung der Fürsorgepflicht als Generalklausel die Vorgaben des Grundgesetzes als höherrangigere Rechtsnorm zu beachten sind[515]. Schließlich ist die unmittelbare Bindung der Exekutive an Art. 33 Abs. 5 GG die Konsequenz der Annahme eines grundrechtsgleichen Rechts, denn es gilt Art. 1 Abs. 3 GG (analog), so daß alle Staatsgewalten Art. 33 Abs. 5 GG als unmittelbar geltendes Recht zu beachten haben.

Die damit verbundene Ausweitung des Rechtsschutzes zugunsten der Beamten, Richter, Soldaten sowie der weiteren öffentlich-rechtlichen Dienstverhältnisse durch die Möglichkeit der Verfassungsbeschwerde stellt auch keine unberechtigte oder nicht nachvollziehbare Privilegierung dieses Personenkreises dar[516], denn wie schon beim Vergleich der beamtenrechtlichen mit der arbeitsvertraglichen Fürsorgepflicht dargelegt wurde, sind diese

512 Vgl. *Niedermaier-Günther*, ZBR 1977, 238 (239).

513 Dies hängt wiederum mit dem bereits genannten Argument zusammen, daß der einzelne Beamte keine eigenen rechtlichen Möglichkeiten hat, auf die nähere Ausgestaltung und Bedingungen seines Rechts- bzw. Dienstverhältnisses einzuwirken. Er ist auf die Regelungen angewiesen, die sein Dienstherr als Gesetzgeber und in Rechtsverordnungen oder in Verwaltungsvorschriften getroffen hat.

514 *Rottmann*, Der Beamte als Staatsbürger, S. 21.

515 *Bender*, DÖV 1977, 565 (566).

516 So aber *Bender*, DÖV 1977, 565 (566).

Pflichten und damit die korrespondierenden Rechte unterschiedlich ausgestaltet. Es kommt hinzu, daß die Verfassung selbst dieses grundrechtsgleiche Recht beinhaltet[517], so daß auch kein Verstoß gegen Art. 3 Abs. 1 GG zu erkennen ist. Der Beamte ist mit der Gewährung dieses grundrechtsgleichen Rechts, das mit der Verfassungsbeschwerde verfolgbar ist, nicht „mehr privilegiert", als es ohnehin durch seinen besonderen Rechtsstatus bedingt ist.

Des weiteren ist zumindest dem bereits erwähnten Einwand der herrschenden Meinung zuzustimmen, daß die subjektive Garantie nicht weiter gehen könne als die objektive institutionelle Garantie[518]. Dies bedeutet, daß es bei der Herleitung eines subjektiven Rechts des Nachweises bedarf, daß es sich hierbei um einen hergebrachten Grundsatz im Sinne des Art. 33 Abs. 5 GG handelt, der also „allgemein oder doch ganz überwiegend und während eines längeren, traditionsbildenden Zeitraums, mindestens unter der Reichsverfassung von Weimar, als verbindlich anerkannt und gewahrt worden ist"[519]. Zwar ist die Rechtsprechung des Bundesverfassungsgerichts zu der Frage, ob der Verfassungsrang einer durch Auslegung der einfachgesetzlichen Fürsorgepflicht gewonnenen Ausprägung im Einzelfall seinerseits den Anforderungen eins hergebrachten Grundsatzes bedarf, widersprüchlich[520]. Beim Ehrenschutzanspruch der Beamten ist dieser Problembereich aber unbeachtlich, wie bereits dargestellt, da insoweit ein hergebrachter Grundsatz vorliegt.

Weiter wird der vorstehenden Auslegung von Art. 33 Abs. 5 GG entgegengehalten, daß es dem Sinn einer institutionellen Garantie des Berufsbeamtentums widerspräche, sie in eine diffuse Menge einklagbarer individueller Rechtsansprüche aufzufasern[521] bzw. in ein Bündel fallbezogener und an den Dienstherrn gerichteter Verhaltensgebote aufzufächern[522], die dann zu einer (nicht vorhersehbaren) Verfassungskasuistik führe. Dies könne zu einer Sinnentleerung des Fürsorge- und Schutzprinzips führen, was auch rechtspolitisch bedenklich erscheine[523]. Dieses Argument ist jedoch ebenfalls nicht stichhaltig, insbesondere da die objektive Institutsgarantie unangetastet bleibt, wenn ein weiterer, daneben stehender und selbständiger subjektiver Rechtsgehalt angewandt wird. Durch das im Wege der Auslegung ermittelte grundrechtsgleiche Recht des Beamten sind keine zusätzlichen einklagbaren Rechtsansprüche auf Verfassungsebene gegeben, die nicht ohnehin schon auf beamtenrechtlicher Ebene selbst gegeben wären. Wie schon mehrfach erwähnt besteht bei beiden Anspruchsgrundlagen bezogen auf den Untersuchungsgegenstand ein inhaltlicher Gleichlauf, denn die Ehrenschutzverpflichtung kraft Fürsorge- und Schutzpflicht des Dienstherrn ist deren originärer Inhalt und nicht erst eine deduzierte Ausprägung[524]: Was sich einfachgesetzlich nicht als Inhalt der Fürsorgepflicht im Einzelfall ermitteln läßt, kann sich dann auch nicht verfassungsrechtlich deduzieren lassen und umgekehrt. Allerdings bleibt es dem Gesetzgeber unbenommen, einfachgesetzlich mehr zu gewährleisten als

---

517 Vgl. *Becker*, RiA 1978, 14 (16).

518 *Menger*, VerwArch 69 (1978), 221 (228).

519 So u.a. BVerfGE 40, 242 (278); 53, 257 (306 f.); 70, 69 (79); 71, 255 (268); 83, 89 (98), st. Rspr.

520 Einerseits: BVerfGE 46, 97 (117); 58, 68 (76). Andererseits: BVerfGE 45, 154 (168); 83, 89 (100). Siehe hierzu auch die weiteren Ausführungen ab S. 20 dieser Untersuchung.

521 *v.Münch-Kunig/Kunig*[5], Art. 33 GG, Rz. 66 a.E.

522 *Bender*, DÖV 1977, 565.

523 *Schnellenbach*, Beamtenrecht in der Praxis[5], Rz. 365; *ders.*, VerwArch 92 (2001), 2 (11).

524 Siehe hierzu die Ausführungen ab S. 20 dieser Untersuchung.

verfassungsrechtlich geboten ist. Es bleibt vielmehr dabei, daß eine Norm zugunsten der Amtswalter gegeben ist, die dazu führt, daß bei der Erfüllung der einfachgesetzlichen Fürsorgepflicht die verfassungsrechtlichen Vorgaben beachtet werden müssen. Sofern dies durch den Dienstherrn oder die Verwaltungsgerichtsbarkeit nicht beachtet wird, wird eine verfassungsrechtliche Kontrollmöglichkeit anhand des Art. 33 Abs. 5 GG eröffnet, da sich ein Einzelfallmaßstab als Regulativ aus dem Grundgesetz ermitteln läßt. Hinsichtlich der Ehrenschutzverpflichtung bleibt es dabei, daß der Dienstherr den Beamten – allgemein betrachtet – gegen unberechtigte Anwürfe in Schutz zu nehmen hat[525]. Es wird dabei auch nicht verkannt, daß es sich bei der (verfassungsrechtlichen und einfachgesetzlichen) Fürsorge- und Schutzpflicht um eine Generalklausel handelt, so daß das, was der Dienstherr dem Beamten an Fürsorge „schuldet", sich nur im Einzelfall „genauer konkretisieren läßt"[526]. Hierbei wird aber vom Dienstherrn und von den Verwaltungsgerichten nichts anderes erwartet, was ohnehin bei der verfassungskonformen Anwendung und Auslegung von Generalklauseln im Allgemeinen gilt: Das deduzierte Ergebnis muß stets verallgemeinerungsfähig sein. Damit wird auch die Gefahr gebannt, daß es bei der unüberschaubaren Anzahl von Fürsorgepflichtkonstellationen bei gleichbleibenden Sachverhalten zu völlig unterschiedlichen Ergebnissen kommt[527].

Dies führt abschließend dazu, daß selbstverständlich vom Bundesverfassungsgericht bei einer auf die Verletzung von Art. 33 Abs. 5 GG gerichteten Verfassungsbeschwerde die funktionell-rechtlichen Grenzen strengstens beachtet werden müssen[528]. Mit der Deduktion eines grundrechtsgleichen Rechts aus Art. 33 Abs. 5 GG ist nämlich zunächst lediglich der Kontroll*maßstab* für einen Verfassungsverstoß festgelegt. In welchem Umfang hingegen das Bundesverfassungsgericht die hoheitliche Maßnahme im Hinblick auf Art. 33 Abs. 5 GG überprüfen darf, ist eine Frage der Kontroll*dichte*[529]. Wie bereits erwähnt gab die Mehrheitsentscheidung des Senats diesbezüglich berechtigten Anlaß zu heftiger Kritik[530]. Beschwerdegegenstand einer Verfassungsbeschwerde sind etwaige Verwaltungsakte des Dienstherrn, insbesondere der gemäß § 126 Abs. 3 BRRG zu ergehende Widerspruchsbescheid sowie die verwaltungsgerichtlichen Entscheidungen, mit denen die Rechtsbehelfe des Amtswalters negativ beschieden worden sind[531]. Vom Bundesverfassungsgericht ist daher das Prinzip der Subsidiarität der Verfassungsbeschwerde bzw. das Erfordernis der vorherigen Rechtswegerschöpfung strikt einzuhalten, um so zu gewähr-

---

525 *Schmidt-Bleibtreu-Klein*[9], Art. 33 GG, Rz. 25; BVerfGE 43, 154 (165); *Jarass-Pieroth*[7], Art. 33 GG, Rz. 49; *Isensee*, HdbVerfR[2], S. 1559, Rz. 68; *Pieroth-Schlink*, Grundrechte[19], Rz. 1034; *Kunig*, Recht des öffentlichen Dienstes[12], S. 760, Rz. 155; *Lecheler*, AöR 103 (1978), 349 (377); *Schnellenbach*, Beamtenrecht in der Praxis[5], Rz. 366a; BVerwGE 99, 56 (59); *Peine-Heinlein*, Beamtenrecht[2], S. 23.

526 BVerfGE 43, 154, 166.

527 Vgl. *Becker*, RiA 1978, 14 (16).

528 Siehe hierzu die näheren Ausführungen ab S. 252 dieser Untersuchung. Ganz allgemein sollte dies vom Bundesverfassungsgericht aufgrund der von ihm propagierten richterlichen Selbstbeschränkung (sog. judicial self restraint) von vornherein der Fall sein.

529 *Jestaedt*, DVBl. 2001, 1309 ff. weist zutreffend darauf hin, daß zwischen diesen beiden Parametern bei den Grenzen verfassungsrechtlicher Kontrollbefugnisse zu unterscheiden ist.

530 Dies weisen insbesondere *Niedermaier-Günther*, ZBR 1977, 238 (241 ff.) ausführlich nach. Die Senatsmehrheit hat ihre Kontrolldichte im konkreten Fall in mehrfacher Hinsicht überbetont und -strapaziert.

531 Siehe zu den Zulässigkeits- und Begründetheitsvoraussetzungen der möglichen Individualverfassungsbeschwerde die näheren Ausführungen ab S. 252 dieser Untersuchung.

leisten, daß es zuvörderst Aufgabe der Verwaltungsgerichte als zuständige Fachgerichte ist, die Verwaltung und deren Entscheidungen und Maßnahmen im Einzelfall zu kontrollieren[532]. Den angegriffenen hoheitlichen Maßnahmen des Dienstherrn liegt nun aber die jeweils einschlägige einfachgesetzliche Fürsorgepflichtnorm und nicht Art. 33 Abs. 5 GG zugrunde. Da eine etwaige Verfassungswidrigkeit von § 79 BBG, § 48 BRRG nicht zu erkennen ist, kann ein Verstoß gegen Art. 33 Abs. 5 GG im wesentlichen nur in einer sich aufgrund der Verletzung „spezifischen Verfassungsrechts" ergebenden verfassungswidrigen Anwendung und Auslegung des einfachen Gesetzesrechts liegen[533]. Die vorstehend dargelegte und per teleologischer Auslegung ermittelte „unmittelbare" Geltung des Art. 33 Abs. 5 GG für die Exekutive stellt sich nicht anders dar, als es bei den Grundrechten und grundrechtgleichen Rechten allgemein der Fall ist. Dies bedeutet, daß die hoheitlichen Entscheidungen aufzuheben sind, wenn Art. 33 Abs. 5 GG als grundrechtsgleiches Recht bezogen auf die Fürsorgepflicht des Dienstherrn überhaupt verkannt wurde, die Bedeutung oder der Umfang dieses Rechts aufgrund einer Fehleinschätzung grundsätzlich verkannt wurde oder sich die Entscheidung als Willkür darstellt[534]. Sofern der vom Bundesverfassungsgericht wahrgenommene Prüfungsumfang entsprechend der Funktion als Verfassungsorgan beschränkt bleibt, besteht auch keine Gefahr, daß es sich über das Verfassungsbeschwerdeverfahren zu einer weiteren Tatsachen- oder Rechtsinstanz und damit zu einem „normalen" Rechtsmittelgericht („Superrevisionsgericht") aufschwingt[535].

III. Ergebnis

Den in einem öffentlich-rechtlichen Dienst- und Treueverhältnis tätigen Amtswaltern stehen zur Durchsetzung ihres Ehrenschutzanspruchs kraft Fürsorgepflicht sowohl die beamtenrechtliche Anspruchsgrundlage der § 79 BBG, § 48 BRRG als auch das grundrechtsgleiche Recht, das sich aus den hergebrachten Grundsätzen des Berufsbeamtentums gemäß Art. 33 Abs. 5 GG ergibt, gegenüber ihrem Dienstherrn zur Verfügung.

B. Tatbestand des beamtenrechtlichen Ehrenschutzanspruchs aufgrund der Fürsorge- und Schutzpflicht

Es gilt im folgenden, die einzelnen Tatbestandsmerkmale der genannten Anspruchsgrundlagen für die Ehrenschutzverpflichtung des Dienstherrn aufgrund seiner Fürsorge- und Schutzpflicht darzustellen. Hierbei wird das vorrangige einfache Gesetzesrecht (§ 79 BBG und § 48 BRRG) zugrunde gelegt, wobei dessen wenige Tatbestandsmerkmale aufgrund des bereits dargestellten inhaltlichen Gleichklangs beim Ehrenschutz sinngemäß auch für das grundrechtsgleiche Recht aus Art. 33 Abs. 5 GG gelten.

---

532 *Schnellenbach*, VerwArch 92 (2001), 2 (14).

533 BVerfGE 18, 95 (92 f.); 21, 209 (216); 28, 151 (160). Der verfassungsgerichtlichen Kontrolle unterliegen als analytische Kontrollstufen des weiteren die fachrichterliche Rechtsfindungsmethode, die Art und Weise der Tatsachenfeststellung und -würdigung sowie die Überprüfung des Entscheidungsergebnisses auf Grundrechtskonformität, vgl. *Jestaedt*, DVBl. 2001, 1309 (1320).

534 *Niedermaier-Günther*, ZBR 1977, 238 (244); Vgl. *Schlaich-Korioth*, Das Bundesverfassungsgericht[5], Rz. 283 ff.

535 Die in diesem Sinne verstandene Rechtsprechung der Senatsmehrheit und vorliegend favorisierte Rechtsauffassung hält *Schnellenbach*, VerwArch 92 (2001), 2 (14) für „durchaus erwägenswert".

I. Angriff gegen ein von der Fürsorge- und Schutzpflicht umfaßtes Rechtsgut

Zunächst müßte das Rechtsgut der persönlichen Ehre eines Beamten, wie es im Zweiten Kapitel der vorliegenden Untersuchung definiert wurde[536], durch eine ehrenrührige Handlungsweise eines internen oder externen Störers angegriffen werden bzw. angegriffen worden sein (repressiver Ehrenschutz) oder ein entsprechender Angriff müsste unmittelbar bevorstehen (präventiver Ehrenschutz). Der repressive und präventive Schutz der Ehre als Unterfall des allgemeinen Persönlichkeitsrechts wird von der Verpflichtung des Dienstherrn zum umfassenden Rechtsgüterschutz und zur Schadensabwendung gemäß § 79 BBG und § 48 BRRG erfaßt[537]. Der insoweit mögliche Täterkreis, die Tatmittel und der Adressatenkreis (potentiell) ehrverletzender Verhaltensweisen wurden in abstracto bereits ausführlich dargestellt[538], so daß nun es bei der Darstellung der tatbestandlichen Anforderungen gilt, konkrete und für die Praxis relevante Fallkonstellationen darzustellen, die unter den Tatbestand der Fürsorge- und Schutzpflicht subsumierbar sind. Hierbei gilt es unter Beachtung des praxisnahen Ansatzes der vorliegenden Untersuchung, idealistische, „mimosenhafte" und damit überzogene Fürsorgeerwartungen, z.B. bei Unhöflichkeiten oder Belästigungen, von vornherein auszuschließen, um den Fürsorgepflichtanspruch rechtlich nicht zu denaturieren und den Dienstherrn über Gebühr in Anspruch zu nehmen.

1. Tatbestandliche Reduktion bezüglich der Anforderungen an den Angriff auf die Ehre als zu schützendes Rechtsgut

Bei den bisherigen Ausführungen zu Inhalt und Umfang der Fürsorgepflicht und zum Rechtsgut der persönlichen Ehre wurde jeweils, wie dort dargestellt[539], die Sicht des Dienstherrn, der kraft Fürsorgepflicht zum Ehrenschutz seiner Amtswalter im sich ergebenden Dreiecksverhältnis zum Störer verpflichtet ist, zugrundegelegt (Richtung: Dienstherr → Beamten), ohne auf den ehrenrührig Handelnden und dessen Grundrechte (z.B. Meinungs-, Presse- oder Kunstfreiheit) bzw. sonstige zu dessen Gunsten sprechende Rechtsnormen (z.B. Wahrnehmung berechtigter Interessen gemäß § 193 StGB) einzugehen. Es ist daher aus Sicht des Dienstherrn für seine Berechtigung[540] zum Ehrenschutz grundsätzlich ausreichend, wenn irgendein ehrrelevantes bzw. ehrenrühriges Verhalten eines internen oder externen Dritten vorliegt, ohne daß rechtlich oder tatsächlich feststehen müßte, daß es sich tatsächlich als Ehrkränkung oder gar als Ehrverletzung erweist.

Fraglich ist nun, ob und inwieweit bei der veränderten Sichtweise im Rahmen der zu erfolgenden Prüfung des korrespondierenden Anspruchs des Beamten (Richtung: Beamter

---

536 Siehe hierzu die näheren Ausführungen ab S. 59 dieser Untersuchung.

537 *Plog-Wiedow-Beck-Lemhöfer*, § 79 BBG, Rz. 19 f.; OVG Lüneburg, NJW 1991, 445; *Weiß-Niedermaier-Summer-Zängl/Summer*, Art. 86 BayBG, Erl. 25 und Erl. 48b; *Leuze*, ZBR 1998, 187 (191); *Haas*, FS Fürst, S. 164; *Summer*, PersV 1988, 76 (83); *Gunkel-Pilz*, Beamtenrecht NRW, S. 358; *Schnellenbach*, Beamtenrecht in der Praxis[5], Rz. 380 und 388; OVG Koblenz, NJW 1987, 1660 (1661); *Köpp*, Öffentliches Dienstrecht[7], S. 473, Rz. 99: „Ehrenschutz"; OVG Saarlouis, Beschluß vom 3. Juli 1995, Az. 1 W 75/94, S. 3 (unveröffentlicht, rechtskräftig); *Scheerbath-Höffken-Bauschke-Schmidt*, Beamtenrecht[6], § 17 II, S. 447.

538 Siehe hierzu die weiteren Ausführungen von S. 29 bis S. 51 dieser Untersuchung.

539 Siehe hierzu die jeweiligen Ausführungen auf S. 29 und auf S. 64 dieser Untersuchung.

540 Hiermit ist begrifflich keine Ermächtigungsgrundlage zum Eingriff in Rechte Dritter, sondern lediglich die normative Grundlage gemeint, aufgrund derer (freiwillig) Schutzmaßnahmen ergriffen werden können.

→ Dienstherrn) Rechtspositionen zugunsten des ehrangreifenden Dritten beim Fürsorge- und Schutzanspruch mit zu berücksichtigen sind, die insoweit zu einer tatbestandlichen Reduktion führen könnten, denn die Berechtigung des Dienstherrn muß nicht notwendigerweise mit der korrespondierenden Verpflichtung bzw. dem Anspruch deckungsgleich sein. Anderenfalls müßten die (Grund-)Rechte des ehrverletzenden Störers (z.B. Art. 5 Abs. 1, Abs. 3 GG) als materielle Kriterien zumindest auf der Rechtsfolgenseite, namentlich bei der Ermessensausübung durch den Dienstherrn, berücksichtigt werden.

Es stellt sich präziser formuliert die Frage, welche tatbestandlichen Anforderungen an die ehrenrührige Verhaltensweise des internen oder externen Störers zu stellen sind, damit sich zugunsten des Amtswalters überhaupt ein Anspruch aus § 79 BBG, § 48 BRRG auf Ehrenschutz durch den Dienstherrn ergeben kann. In einer Parallelwertung zum Polizei- und Ordnungsrecht kann hierfür auf die dort bereits tatbestandlich zu erfolgende Abgrenzung von einer bloßen Belästigung zu einer Gefahr/Störung verwiesen werden.

Der Wortlaut der Fürsorgepflichtnormen (§ 79 BBG, § 48 BRRG) ist insoweit unergiebig, da er lediglich auf die „Sorge zum Wohl des Beamten" und den „Schutz bei der amtlichen Tätigkeit und der Stellung als Beamter" verweist. Allerdings könnte sich aus den Worten „Wohl" und „Schutz" eine materielle Vorwirkung ergeben, so daß es zur Anspruchsbegründung zugunsten des Beamten und damit zur Verpflichtung des Dienstherrn, ähnlich wie bei dessen Berechtigung, tatbestandlich schon ausreichen würde, wenn das Recht der persönlichen Ehre des Beamten durch irgendein ehrenrühriges Verhalten betroffen ist, ohne daß eine Ehrkränkung oder gar eine Ehrverletzung vorliegen muß. Die Fürsorgepflicht als Ausfluß der Schadensabwendungspflicht soll schließlich gerade den Eintritt von Schäden und damit (mögliche) Rechts- und Ehrverletzungen beim Beamten verhindern. Unterstützt wird diese These, wenn auf Art. 33 Abs. 5 GG als subsidiäre Anspruchsgrundlage rekurriert wird, da dann der tatbestandliche Schutzbereich der verfassungsrechtlichen Fürsorgepflicht als insoweit grundrechtsgleiches Recht bereits schon durch jede ehrrelevante Handlung berührt ist, auch wenn dadurch eine (Grund-)Rechtsverletzung noch nicht determiniert ist. Bezüglich dieses Problems läßt sich aber andererseits, wie schon angesprochen, auch eine dogmatische Parallele zu den polizei- und ordnungsbehördlichen Generalklauseln (z.B. § 14 Abs. 1 OBG NRW) oder zur verwaltungsgerichtlichen Klagebefugnis (§ 42 Abs. 2 VwGO) ziehen. Bei diesen letztgenannten Vorschriften wird durch den Gefahrbegriff bzw. die Anforderungen an die behauptete Rechtsverletzung verdeutlicht, daß nicht jedes tatbestandliches Berührtsein bzw. Betroffensein wie auf grundrechtlicher Ebene ausreicht, z.B. bei einer bloßen Belästigung, sondern daß eine Rechts- bzw. Ehrverletzung zumindest möglich bzw. wahrscheinlich sein muß. Übereinstimmend ist der Tatbestand sämtlicher genannter Vorschriften zumindest dann erfüllt, wenn die Rechtsverletzung schon eingetreten ist bzw. die Störung bereits vorliegt. Bezüglich der beamten- und verfassungsrechtlichen Fürsorge- und Schutzpflicht des Dienstherrn finden sich allerdings weder in der Rechtsprechung noch in der Literatur – soweit ersichtlich – entsprechende Ausführungen zu den tatbestandlichen Anforderungen an den Angriff auf das geschützte Rechtsgut, da bei den von der Rechtsprechung entschiedenen Fällen stets eine Ehrkränkung oder eine Ehrverletzung und damit ein Anspruch gegenüber dem Dienstherrn gegeben waren.

Zur näheren, insoweit erforderlichen, argumentativen Auseinandersetzung soll bei der Tatbestandsrelevanz einer ehrenrührigen Handlung für den Ehrenschutzanspruch des Amtswalters die folgende Zweiteilung getroffen werden, die unter Berücksichtigung der ratio legis der Fürsorge- und Schutzpflicht zu einer tatbestandlichen Reduktion führt:

1. Offensichtlich nur ehrberührende bzw. ehrbelästigende, aber weder ehrkränkende noch ehrverletzende Handlungen.
2. Ehrenrührige Handlungen, bei denen eine Ehrkränkung oder gar eine Ehrverletzung mindestens möglich, wahrscheinlich oder sogar schon eingetreten ist[541].

Diese auf einem Evidenzkriterium basierende Differenzierung berücksichtigt in Analogie zu den polizei- und ordnungsbehördlichen Generalklauseln (z.B. § 8 Abs. 1 PolG NRW) oder zur verwaltungsgerichtlichen Klagebefugnis (§ 42 Abs. 2 VwGO) in hinreichendem Maße materiell-rechtliche Aspekte aus der Rechtssphäre des ehrenrührig handelnden Verwaltungsinternen oder Externen, ohne dabei die Prüfung des Fürsorge- und Schutzpflichtanspruchs des Amtswalters gegen seinen Dienstherrn mit den allgemeinen Fragestellungen und Problemen des Ehrenschutzes, vor allem unter Berücksichtigung der extensiven Rechtsprechung des Bundesverfassungsgerichts zur Reichweite der Grundrechte des Art. 5 Abs. 1 und Abs. 3 GG oder der Wahrnehmung berechtigter Interessen gemäß § 193 StGB im Rahmen eines Strafverfahrens, zu belasten. Es soll dem Dienstherrn aber auch nicht jegliche rechtliche Prüfungspflicht im Hinblick auf das Vorliegen einer Ehrkränkung bzw. -verletzung abgenommen werden. Sie soll vielmehr auf ein mit Sinn und Zweck der Fürsorgepflichtnormen angemessenes Maß reduziert werden.

Hiernach sind ehrenrührige Verhaltensweisen, die unter den ersten Punkt der Zweiteilung fallen, vom Tatbestand der Fürsorge- und Schutzpflicht auszuschließen, und insoweit ist eine teleologische Reduktion vorzunehmen. Ein Ehrenschutzanspruch des Beamten gegenüber seinem Dienstherrn ist somit dann nicht gegeben, wenn offensichtlich durch den internen oder externen „Störer" mangels „Qualität" der (vermeintlich) ehrkränkenden Handlung keine Ehrverletzung begangen wird. Da unter diesen Umständen eine Rechtsverletzung beim Beamten ausscheidet, kann der Dienstherr auch keine Ehrenschutzmaßnahme treffen.

Anschauliches Beispiel hierfür sind Unhöflichkeiten, Geschmacklosigkeiten, Unmutsäußerungen, Flapsigkeiten und Belästigungen, die mangels hinreichender inhaltlicher „Qualität" rechtlich zu keiner Ehrverletzung führen (können). Hierbei kann vom betroffenen Amtswalter, wie von jedem anderen auch, erwartet werden, daß er sie toleriert, wenngleich er sie nicht akzeptieren muß. Es ist nicht Aufgabe des Dienstherrn in diesen Fällen kraft Fürsorgepflicht aufgrund etwaiger überempfindlicher und damit überzogener Erwartungen und Ansichten für einen Ehrenschutz der Beamten zu sorgen.

[541] Die Terminologie ist allerdings nicht einheitlich. Sowohl in Rechtsprechung als auch in der Literatur werden Ehrkränkung und Ehrverletzung gleichgestellt, obwohl eine Wortlautanalyse an sich einen qualitativen Unterschied zwischen einer Kränkung und einer Verletzung nahe legt. Teilweise wird die Ehrverletzung auf die Ehrdelikte bezogen, während ein zivilrechtlicher Ehrenschutz schon bei ehrkränkenden Handlungen möglich sein soll. Im folgenden wird auf diese Wortlautklauberei nicht weiter eingegangen, da es lediglich durch eine Negativauswahl darum geht, rein ehrbelästigende Handlungen auszuschließen. Der Terminus ehrenrührige bzw. ehrrelevante Handlungen wird vorliegend als Oberbegriff verwandt.

Fraglich ist in diesem Zusammenhang, ob zu der Kategorie der hinzunehmenden Handlungen, die mangels Tatbestandsrelevanz nicht von der Fürsorgepflicht umfaßt sind, auch ehrenrührige Handlungen zählen, die aus (grund-)rechtlichen Gründen offensichtlich keine Ehrverletzung (mehr) darstellen[542], und die damit einer Belästigung im Sinne der obigen Zweiteilung gleichgesetzt werden könnten. Zur insofern erforderlichen Argumentation soll der ehrenrührige Ausspruch „Soldaten sind (potentielle) Mörder" herangezogen werden. Nach der mittlerweile gefestigten Rechtsprechung des Bundesverfassungsgerichts[543] ist dieser Ausspruch, wenn er als Zitat von *Kurt Tucholsky*[544] verwandt wird, mit dessen faksimilierter Unterschrift versehen oder in ähnlicher Weise gebraucht wird, rechtlich und damit vor allem faktisch nicht (mehr) als strafbare Beleidigung (§ 185 StGB) oder Volksverhetzung (§ 130 Abs. 1 StGB) einzustufen[545]. Hiermit ist, trotz gegenteiliger rechtlicher Äußerungen des Bundesverfassungsgerichts, der Strafrechtsschutz für das Recht der persönlichen Ehre der Soldaten faktisch suspendiert[546], da diese Straftaten nicht mehr verfolgt werden.

Dieser Befund könnte auch beim Tatbestand des Fürsorge- und Schutzpflichtanspruch zu berücksichtigen sein, so daß sich in diesem Zusammenhang (etwaig) beleidigt fühlende Soldaten gegenüber ihrem Dienstherrn keinen Anspruch auf Ehrenschutz aufgrund der soldatenrechtlichen Fürsorgepflicht gemäß § 31 SoldG (mehr) geltend machen könnten. Vergleichbare praktische Beispiele für die beamtenrechtliche Fürsorgepflicht sind die an sich beleidigende Bezeichnung rechtmäßigen Verwaltungshandeln als „Stasi-Methode"[547]

---

542 Diese „rechtlichen Gründe" sind im wesentlichen die als mittlerweile schon fast unumstößlich geltenden Leitsätze und in der Tendenz klar vorgegebenen Argumentationsmuster seitens der Rechtsprechung, insbesondere des Bundesverfassungsgerichts, das in stetiger Konsequenz strafrechtliche Verurteilungen wegen Beleidigungen, Verleumdungen und Verunglimpfungen oder zivilrechtliche Verurteilungen zum Widerruf oder zum Unterlassen unter Berücksichtigung der Schutzbereiche und der konstitutiven Bedeutung von Art. 5 Abs. 1 und Abs. 3 GG für die Demokratie ablehnt, da das kollidierende (Grund-)Recht der persönlichen Ehre aus verfassungsrechtlichen Gründen (nahezu immer) zurücktreten müsse.

543 BVerfGE 93, 266 ff. = NJW 1995, 3303 ff. (Soldaten II); BVerfG, NJW 1994, 2943 ff. (Soldaten I) sowie BVerfG, NJW 1992, 2750 ff.

544 *Kurt Tucholsky* schrieb unter dem Pseudonym *Ignaz Wrobel* in der Zeitung „Die Weltbühne", deren Herausgeber *Carl v. Ossietzky* war, 1931 den Artikel „Der bewachte Kriegsschauplatz", worin er ausführte: „Da gab es vier Jahre lang ganze Quadratmeilen Landes, auf denen war Mord obligatorisch, während er eine halbe Stunde davon entfernt ebenso streng verboten war. Sagte ich: Mord? Natürlich Mord. Soldaten sind Mörder" (Die Weltbühne, Bd. 27 (2/1931), S. 191 f.).

545 In BVerfG, NJW 1995, 3303 ff. wird zwar ausdrücklich hervorgehoben, daß die Äußerung „Soldaten sind Mörder" einen „schwerwiegenden Angriff auf deren Ehre" und eine „tiefe Kränkung" darstellt und insgesamt nicht für zulässig erklärt wird. Dennoch kann festgestellt werden, daß dieser Ausspruch faktisch keine Beleidigung (mehr) darstellt, da es nach den Entscheidungen des Bundesverfassungsgerichts und der Aufhebung der Verurteilungen zu keiner erneuten Verurteilung in diesen und vergleichbaren Fällen gekommen ist. Diese faktische Wirkung der Rechtsprechung zeigt sich sehr deutlich an dem Verhalten eines Strafverteidigers in einem Prozeß wegen Beleidigung von Feldjägern, in dem der Verteidiger ausführte, daß man sogar „Soldaten sind Mörder" ungestraft sagen könne, vgl. FAZ vom 20. September 2000, S. 13.

546 Zu den Auswirkungen dieser Rechtsprechung auf Gesellschaft und Bundeswehr siehe: *Schultze-Rhonhof*, Wozu noch tapfer sein?[4], S. 110 ff., der sogar zum Ergebnis gelangt, daß das Bundesverfassungsgericht damit einseitig das bestehende Dienst- und Treueverhältnis der Soldaten aufgekündigt habe. Zutreffend ist jedenfalls, daß das Bundesverfassungsgericht die faktische Wirkung seiner Rechtsprechung (wohl) nur unzureichend in seinen Überlegungen berücksichtigt hat.

547 OLG Koblenz, NStZ-RR 2000, 44; BVerwG, NVwZ 1998, 403 ff. = ZBR 1998, 242 ff.

oder „Gestapo-Methode“[548], die nach höchstrichterlicher Rechtsprechung trotz der „schreierischen Diffamierung“ der betroffenen Beamten ebenfalls keine verfolgbare Straftat darstellen dürften, da in den genannten Fällen die ehrenrührigen Äußerungen von der Meinungs(äußerungs)freiheit des „Störers“ gemäß Art. 5 Abs. 1 GG gedeckt waren. Sofern die vom Dienstherrn zu beurteilenden ehrenschutzrechtlichen Fallkonstellationen ähnlich oder vergleichbar gelagert sind, weil die (grund-)rechtliche Zulässigkeit der Verhaltensweise des ehrenrührig Handelnden offensichtlich gegeben ist, so daß z.B. keine strafrechtlich verfolgbare Beleidigung (mehr) vorliegt, könnte dies zu einem tatbestandlichen Ausschluß derartiger Fallkonstellationen von der Fürsorge- und Schutzpflicht führen, da etwaige Ehrenschutzmaßnahmen, wie z.B. ein Strafantrag des Dienstherrn (§ 194 Abs. 3 S. 1 StGB), mangels Erfolgsaussichten von vornherein aussichtslos sind[549]. Jedoch würde damit der Tatbestand der Fürsorgepflicht in unzulässiger Form eingeschränkt werden, denn den genannten Entscheidungen ist zu entnehmen, daß die Verletzung des Rechtsguts der persönlichen Ehre zwar nicht mehr strafrechtlich verfolgt wird, aber eine – auch grundrechtlich relevante – (schwere) Ehrkränkung liegt beim Betroffenen in jedem Fall vor. Das zuvor genannte Kriterium der Aussichtslosigkeit und damit der Sinnlosigkeit einer Ehrenschutzmaßnahme ist daher nicht von Relevanz für den Tatbestand, sondern vielmehr für die ordnungsgemäße Wahrnehmung des Ermessens auf der Rechtsfolgenseite, so daß die Betroffenen zwar einen Ehrenschutzanspruch geltend machen können, der Dienstherr aber rechtlich vertretbar unter Hinweis auf eine „klare“ höchstrichterliche Rechtsprechung ein Tätigwerden ablehnen kann. Sofern seitens eines Dienstherrn jedoch die Auffassung bestünde, daß in diesen Fällen eine Änderung der höchstrichterlichen Rechtsprechung herbeigeführt werden könne, muss es ihm zumindest möglich sein, (freiwillig) gegen den ehrenrührigen Störer vorzugehen. Dies wäre aber nur dann rechtlich zulässig, wenn die ehrenrührige Verhaltensweise vom Tatbestand der Fürsorge- und Schutzpflicht erfaßt würde. Es sind daher der Bundesminister der Verteidigung und der Deutsche Bundestag[550] als Dienstherrenorgane für die Bundesrepublik Deutschland zurecht nach den sog. „Soldaten-sind-Mörder“-Beschlüssen des Bundesverfassungsgerichts ihrer soldaten- und verfassungsrechtlichen Fürsorgepflicht gegenüber den Bundeswehrsoldaten dadurch nachgekommen, daß sie sich zum Dienst der Soldaten bekannten, diesen ihrer Achtung versicherten und „Mißdeutungen und Mißverständnissen“ der Beschlüsse im Hinblick auf den damit entstandenen Eindruck, man könne nun Soldaten straffrei als Mörder bezeichnen, entgegentraten. Zusammenfassend ist also eine weitere tatbestandliche Einschränkung unter Berücksichtigung materieller Kriterien aus der Rechtssphäre des Störers, die zu einer offensichtlichen (grund-)rechtlichen Zulässigkeit seines Verhaltens

[548] BVerfG, NJW 1992, 2815 f. = StV 1992, 268 ff.; LG Hechingen, NJW 1984, 1766 f.

[549] Der Betroffene hätte sogar durch eine etwaige Verurteilung seines Dienstherrn zur Stellung des Strafantrags aufgrund der Fürsorgepflicht weder einen rechtlich noch tatsächlich feststellbaren Schutz erreicht, da der Strafantrag mangels „rechtlicher Qualität“ der ehrenrührigen Handlung eben ins Leere gehen würde.

[550] Bundestags-Drucksache 12/8523, Beschluß vom 21. September 1994 in der 243. Sitzung der 12. Wahlperiode, Protokolle S. 21635-21640. Dies erfolgte unter Bezugnahme auf das abweichende Sondervotum der Richterin am Bundesverfassungsgericht *Haas*, aus dem sich ergibt, daß diejenigen nicht schutzlos gestellt werden dürfen, die die Gebote befolgen, die sich aus dem Verteidigungsauftrag der Verfassung und der staatsbürgerlichen Pflicht ergeben, und gerade deshalb angegriffen werden, vgl. BVerfGE 93, 266 (313 ff.). Der damalige Bundesminister der Verteidigung *Volker Rühe* äußerte sich in einer öffentlichen Erklärung am 21. September 1994, zitiert bei: *Schultze-Rhonhof*, Wozu noch tapfer sein?[4], S. 113.

führen, nicht gegeben, so daß vom Tatbestand der Fürsorge- und Schutzpflicht lediglich die ausschließlich ehrberührenden bzw. ehrbelästigenden Handlungen auszuschließen sind[551].

Die wesentliche inhaltliche Begründung für diese teleologische Reduktion besteht darin, daß der Dienstherr in der genannten Fallkonstellation als Teil der Exekutive und damit als Grundrechtsadressat gemäß Art. 1 Abs. 3 GG ausschließlich die Grundrechte des (vermeintlichen) Störers zu achten hat, da es bei Belästigungen gerade zu keiner Kollision mit dem grundgesetzlich geschützten Recht der persönlichen Ehre eines Beamten gekommen ist, so daß auch keine staatliche Schutzpflicht zugunsten des Amtswalters durch die einfachgesetzlichen Fürsorge- und Schutznormen umgesetzt werden muß. Diese Fallkonstellationen müssen auch schon auf tatbestandlicher Ebene des Fürsorgepflichtanspruchs kraft teleologischer Reduktion ausgeschieden werden[552]. Dies ist vergleichbar mit den Belästigungen, die von der Gefahr und Störung im Polizei- und Ordnungsrecht abgegrenzt werden müssen. Ansonsten würde nämlich die Fürsorgepflicht als Schadensabwendungspflicht tatbestandlich dann eingreifen, wenn weder tatsächlich noch rechtlich ein Schadenseintritt und damit eine Rechtsverletzung vorliegt und auch nicht zu befürchten ist. Dies ist mit Sinn und Zweck der Normen, der in dem Rechtsgüterschutz besteht, unvereinbar. Hinzu kommt als Argument der Praxisbezug, da der Dienstherr auch in den Fällen, bei denen es offensichtlich bei einer Ehrbelästigung mangels inhaltlicher oder rechtlicher „Qualität" verbliebe, Ermessenserwägungen anstellen müßte, die dann konsequenterweise im Ergebnis zu einer Untätigkeit seitens des Dienstherrn führen müßten. Sollte der Dienstherr aber bei den Fällen, in denen offensichtlich keine Ehr- und damit keine Rechtsverletzung vorliegt, Ermessenserwägungen unterlassen, würde er wegen Ermessensnichtgebrauch rechtswidrig handeln, obwohl er im Ergebnis zu keiner Handlung aufgrund der Fürsorgepflicht verpflichtet wäre, da kein (etwaiger) Schaden von einem Rechtsgut abzuwenden gewesen wäre. Weiter ist es praktisch außerordentlich schwierig, das Unterlassen von Ermessenserwägungen von einem Untätigbleiben als Ergebnis von Ermessenserwägungen zu unterscheiden, d.h. der Dienstherr müßte dann also jedes Mal einen Vorgang anlegen und sein Vorgehen dokumentieren. Diesem Ergebnis kann auch nicht entgegengehalten werden, daß es bei den polizeilichen und ordnungsbehördlichen Generalklauseln (z.B. § 14 Abs. 1 OBG NRW) ein sog. nachgeschaltetes Ermessen auf der Rechtsfolgenseite gibt, das sich in das Entschließungsermessen (das „Ob" des Tätigwerdens) und das Auswahlermessen (das „Wie" des Tätigwerdens) unterteilt, denn bei diesen Normen findet bereits über den Gefahrbegriff eine Selektion und Reduktion auf tatbestandlicher Ebene statt. Wie bereits dargestellt findet sich bei § 79 BBG, § 48 BRRG aufgrund des weitreichenden und abstrakten Wortlauts gerade keine derartige Einschränkung, die sich an einem Tatbestandsmerkmal festmachen ließe, so daß sie vorliegend bei ehrenrührigen Verhaltensweisen, die unter den ersten Punkt der Zweiteilung fallen, aus Sinn und Zweck durch eine teleologische Reduktion vorzunehmen ist, damit dem Tatbestand der beamtenrechtlichen Fürsorge- und Schutzpflicht insoweit eine Eingrenzungsfunktion zukommt.

---

551 Diese tatbestandliche Auslegung durch den Dienstherrn unterliegt selbstverständlich der vollen verwaltungsgerichtlicher Kontrolle.

552 Hieraus ergibt sich, daß die Berechtigung und die Verpflichtung des Dienstherrn nicht deckungsgleich sind, so daß es ehrenrührige Handlungen gibt, bei denen der Amtswalter zwar keinen Anspruch hat, der Dienstherr aber gleichwohl berechtigt ist, (freiwillig) Maßnahmen zum Ehrenschutz seiner Beamten treffen zu können, oder die er sogar aufgrund der genannten staatsethischen Aspekte treffen sollte.

Bezogen auf die ehrenrührigen Verhaltensweisen, die potentiell oder sogar tatsächlich ehrverletzend sind, obliegt dem Dienstherrn also eine einheitliche rechtliche Prüfungspflicht bei den ihm zur Kenntnis gelangten Verhaltensweisen gegenüber seinen Beamten zu überprüfen bzw. zu prognostizieren, daß offensichtlich keine bloße Belästigung oder Unhöflichkeit und damit keine ehrenrührige Verhaltensweise vorliegt, die ausschließlich vom ersten Punkt der obigen Zweiteilung erfaßt wird. Dies erfolgt im Rahmen einer Plausibilitätskontrolle, die voller verwaltungsgerichtlicher Kontrolle unterliegt.

Ein noch weitergehender rechtlicher Prüfungsumfang, z.B. ob eine Ehrverletzung schon eingetreten ist[553], und damit eine noch weitergehende tatbestandliche Reduktion ist dem Dienstherrn aber nach Sinn und Zweck der § 79 BBG, § 48 BRRG nicht aufzuerlegen, so daß zumindest die Möglichkeit bzw. Wahrscheinlichkeit einer Ehrkränkung der -verletzung für den Fürsorge- und Schutzanspruch tatbestandlich schon ausreichend ist. Würde nämlich als tatbestandliche und damit einschränkende Voraussetzung für den Fürsorgepflichtanspruch das Vorliegen einer nicht nur tatbestandlichen, sondern auch rechtswidrigen oder schuldhaften Ehrverletzung verlangt werden, hätte dies für den Dienstherrn zur Konsequenz, daß er anhand einer unter Umständen umfangreichen rechtlichen Prüfungspflicht unterliegen würde. Eine an sich ehrverletzende Äußerung kann aber im Hinblick auf die Meinungs- und Medienfreiheiten (Art. 5 Abs. 1 GG) oder die Kunstfreiheit (Art. 5 Abs. 3 GG) gleichwohl nicht strafbar sein, durch die Wahrnehmung berechtigter Interessen (§ 193 StGB) gerechtfertigt sein, oder schließlich könnte der Injuriant auch ohne Vorsatz, also fahrlässig oder schuldlos und damit straflos gehandelt haben. Weiter könnte der ehrangreifende Störer trotz einer einprägsamen und starken Formulierung die Grenze zur Schmähkritik noch nicht überschritten haben[554], oder er könnte sich auf das sog. Recht zum Gegenschlag berufen. Eine dahingehende Prüfungspflicht des Dienstherrn, diese Aspekte schon tatbestandlich zu berücksichtigen, ist von der ratio legis der Fürsorgepflichtnormen nicht gedeckt. Die Rechtsprechung des Bundesverfassungsgerichts zugunsten der (noch) zulässigen Grundrechtsausübung durch den „Störer" bei Ehrangriffen zu Lasten Dritter ist schwer zu überblicken, da die dort und von den Instanzgerichten vorgenommenen Abwägungen und Aussagedeutungen aufgrund ihrer Inkonsistenz nicht unmittelbar nachzuvollziehen, geschweige denn vorherseh- und berechenbar sind. Von diesen dogmatischen Unwägbarkeiten muß aber der Tatbestand des Fürsorgepflichtanspruchs des Amtswalters befreit bleiben, da der Dienstherr sonst seiner Schadensabwendungspflicht, die auch bei potentiell möglichen Rechtsverletzungen greift, nicht genügen kann. Schließlich wurde in den genannten Fällen der objektive Schein einer Ehrkränkung bzw. -verletzung erzeugt, den der Dienstherr durch geeignete Schutzpflichtmaßnahmen aufgrund der Fürsorgepflicht beseitigen muß. Bei der pflichtgemäßen Ausübung des Ermessens auf der Rechtsfolgenseite müssen diese genannten Aspekte hingegen berücksichtigt werden.

---

553 Dies entspräche dem Vorliegen einer Störung im polizei- und ordnungsbehördlichen Sinne, obwohl für den Tatbestand der dortigen Generalklauseln das Vorliegen einer Gefahr ausreichend ist.

554 Diese Grenze zur unzulässigen Schmähkritik wurde nach der Rechtsprechung z.B. nicht bei den bereits erwähnten Bezeichnungen rechtmäßigen Verwaltungshandeln als „Stasi-" oder „Gestapo-Methode" überschritten, vgl. OLG Koblenz, NStZ-RR 2000, 44; BVerwG, NVwZ 1998, 403 ff.; BVerfG, NJW 1992, 2815 f. Anders wurde hingegen bei der Bezeichnung eines Beamten als „allergrößte Pfeife" entschieden, vgl. LG Oldenburg, NJW-RR 1995, 1427 ff.

Diese nur geringfügige tatbestandliche Berücksichtigung materieller Kriterien aus der Rechtssphäre des ehrenrührig Handelnden führt bei diesem im übrigen auch nicht zu etwaigen rechtlichen Nachteilen oder gar zu einer Grundrechtsverletzung, denn der Dienstherr ist wie jedes andere staatliche Organ an die Grundrechte des (vermeintlichen) Störers gebunden (Art. 1 Abs. 3 GG). Aber die Fürsorge- und Schutzpflichtnormen stellen ohnehin keine Ermächtigungsgrundlage zum Eingriff in die Rechte eines Dritten dar, was sich auch an dem noch darzustellendem Handlungsspektrum des Dienstherrn zeigen wird. Beim Großteil der dort genannten Ehrenschutzmaßnahmen (z.B. Ehrenerklärung, Strafantragsstellung, Strafanzeige, Gewährung von Unterstützungsleistungen zur notwendigen Rechtsverteidigung des angegriffenen Beamten) greift der Dienstherr nicht in die (Grund-) Rechtssphäre des ehrenrührig Handelnden ein. Anders ist es hingegen zu beurteilen, wenn der Dienstherr z.B. presse- oder zivilrechtliche Gegendarstellungs-, Berichtigungs- und Unterlassungsansprüche gegenüber Dritten geltend machen möchte. Dies ist für den Dienstherrn nur insofern rechtlich erfolgreich möglich, wie sich der ehrenrührig handelnde Störer nicht selbst auf seine Grundrechte berufen kann, so daß der Dienstherr dann auch in eigenen Rechte verletzt sein muß. Dann ist aber auch nicht die Fürsorgepflicht die normative Grundlage, sondern vielmehr z.B. §§ 1004 Abs. 1 S. 2, 823 Abs. 1 BGB analog, deren tatbestandliche Voraussetzungen jeweils erfüllt sein müssen.

Zusammenfassend ergibt sich hieraus, daß für den Tatbestand der Fürsorgepflicht des Dienstherrn das tatbestandliche Betroffensein eines im Rahmen der Schadensabwendungspflicht geschützten Rechtsguts eines Beamten ausreichend ist. Belästigungen, Unmutsäußerungen oder Ehrminderungen, die den Betroffenen zwar ärgern mögen, ihn aber nicht in seinem Recht der persönlichen Ehre verletzen (können) genügen hingegen nicht. Vielmehr muß aufgrund einer teleologischen Reduktion zumindest die Möglichkeit oder sogar die Wahrscheinlichkeit der Verletzung der persönlichen Ehre eines Amtswalters durch den ehrenrührigen Angriff eines Störers gegeben sein[555]. Für den Tatbestand der Fürsorgepflicht des Dienstherrn ist es ferner unbeachtlich, ob die ehrenrührige Handlung rechtswidrig oder schuldhaft verursacht wurde.

2. Praktische Fallkonstellationen für den beamtenrechtlichen Ehrenschutzanspruch

In Übereinstimmung mit den bereits abstrakt dargestellten ehrenschutzrelevanten Fallkonstellationen[556] sollen im folgenden überblicksartig Sachverhalte aus der Gerichtspraxis sowie sonstige, im täglichen Dienstbetrieb vorkommende Beispiele aus dem Beamten-, Richter- und Soldatenrecht systematisch eingeordnet wiedergegeben werden, bei denen es zu Ehrverletzungen zu Lasten eines Amtswalters gekommen ist. Erneut wird hierbei die Grobuntergliederung dahingehend zugrundegelegt, ob der Ehrangriff auf den Amtswalter extern oder durch Verwaltungsangehörige erfolgt ist, ohne daß damit die einheitliche

---

[555] *Weiß-Niedermaier-Summer-Zängl/Summer*, Art. 86 BayBG, Erl. 48b spricht in diesem Zusammenhang davon, daß „gewichtige Gründe" für ein strafbares Verhalten des Störers und damit für eine Ehrverletzung beim betroffenen Amtswalter vorliegen müssen, damit der Dienstherr z.B. den Strafantrag stellen muß. Inhaltlich gesehen sind diese „gewichtigen Gründe" gleichzusetzen mit der vorliegend für den Fürsorgepflichtanspruch tatbestandlich zu verlangenden Möglichkeit bzw. Wahrscheinlichkeit einer Ehrverletzung.

[556] Siehe zu diesen Fallkonstellationen die näheren Ausführungen ab S. 29 dieser Untersuchung.

Fürsorge- und Schutzpflicht in unterschiedliche Pflichten aufgeteilt werden soll[557]. Diese Beispiele wurden so gewählt, daß in Übereinstimmung mit den Ausführungen zum einfach- und verfassungsrechtlichen Ehrbegriff dabei entweder der sittlich-personale Geltungswert („innere Ehre“) eines Beamten, der ihm kraft seines Menschseins und der damit verbundenen Würde a priori zusteht, oder der von ihm nach Maßgabe des individuellen Verhaltens im Laufe der Zeit (wohl)erworbene soziale Geltungswert innerhalb der Gesellschaft („äußere Ehre“), also das Ansehen bzw. der gute Ruf, durch den Störer verletzt wurden.

a.) Ehrangriffe durch Verwaltungsexterne

Sämtliche Injurien durch Verwaltungsexterne lassen sich zunächst grundsätzlich den strafrechtlichen Ehrenschutzbestimmungen der §§ 185 ff. StGB (Beleidigung, üble Nachrede sowie Verleumdung) zuordnen, woraus sich auch die folgende Systematik ergibt. Zu den mittlerweile neben Gesten und Handzeichen üblichen Ausdrücken bei (Formal-) Beleidigungen durch Verwaltungsexterne bzw. Dritte zählen unter anderem die Beschimpfungen und zum Teil dümmlichen Beleidigungen von Politessen durch Kraftfahrzeugführer als „Schlampe“, „Dumme Kuh“, „Trottel in Uniform“, „Rassistin“, „uniformiertes Straßenmädchen“, „Bordsteinschwalbe“[558], oder wenn sie mit dem Ausspruch „Sie sind ja krankhaft dienstgeil“ bedacht werden. Damit vergleichbar ist es, wenn Polizisten als „Wegelagerer“[559], „Scheißbullen“[560], „Wichser“[561] oder „Stasi“, Soldaten als „(potentielle) Mörder“[562], „Folterknechte“[563], „Henker im Wartestand“[564] oder „Wehrsklavenhalter“[565], Lehrer als „faule Säcke“ und schließlich Richter als „Verfassungsfeinde“[566], „Skandal-Richter“[567] oder „Robenknechte von Moabit“[568] bezeichnet bzw. dem „Volksgerichtshof“[569] zugeordnet werden. Ebenso stellt es rechtlich und tatsächlich eine Beleidigung dar, wenn einem Richter „Starallüren“ und ein „Schandurteil“ vorgeworfen werden[570]. Weitere hier zu nennende Beispiele sind die folgenden Injurien: Ein „Satiremagazin“ versah das Foto eines querschnittsgelähmten Reserve-Offiziers der Bundeswehr

---

557 Siehe zur Ablehnung einer solchen Unterteilung die Ausführungen auf S. 16 dieser Untersuchung.

558 Auf die Wiedergabe heftigerer, mit eindeutigem sexuellem Bezug versehener oder unterhalb der Gürtellinie liegender Beschimpfungen wird vorliegend verzichtet.

559 Vgl. *Tröndle-Fischer*[51], § 185 StGB, Rz. 9.

560 OLG Oldenburg, JR 1990, 127 (128).

561 Beispielsweise hatte der Abgeordnete des Deutschen Bundestages und Mitglied von Bündnis 90/ Die Grünen *Rezzo Schlauch* Polizeibeamte bei einem sog. Castor-Transport mit diesem Schimpfwort bedacht (vgl. Bonner General-Anzeiger vom 26. März 1998, S. 2).

562 BVerfGE 93, 266 ff. = NJW 1995, 3303 ff. (Soldaten II); BVerfG, NJW 1994, 2943 ff. (Soldaten I); BVerfG, NJW 1992, 2750 ff.; BayObLG, NJW 1991, 1493; OLG Frankfurt, NJW 1991, 2032 ff.; NJW 1989, 1367 ff.; LG Frankfurt, NStZ 1990, 233 ff.

563 BGHSt 36, 83 ff. = NJW 1989, 1365 ff. = NStZ 1989, 361 ff.

564 AG Spaichingen, NJW 1991, 1496 f.

565 LG Kaiserslautern, NJW 1989, 1369 ff.

566 OLG Koblenz, OLGSt § 185 StGB, S. 52.

567 Siehe *Arenhövel*, ZRP 2004, 61.

568 KG Berlin, JR 1978, 422 ff.

569 OLG Hamburg, NJW 1990, 1246 f.

570 Vgl. *Kisker*, NJW 1981, 889 (891).

mit den ehrverletzenden Worten „geb. Mörder“ und „Krüppel“[571]. Mitarbeitern des Wiesbadener Ausländeramtes wurde im Rahmen eines Abschiebungsverfahrens unterstellt, „nachträglich in die SS eintreten zu wollen“[572]. Ein Untersuchungshäftling bezeichnete in einem Brief an seinen Sohn und seine Ehefrau die mit seinem Fall befaßten Richter und Staatsanwälte als „verlogene Gerechtigkeitsprediger“[573]. Ein *taz*-Kolumnist titulierte im Rahmen seiner Kommentierung eines Bundeswehr-Gelöbnisses die Feldjäger, deren Aufgabe die Abschirmung der Veranstaltung gegen störende Demonstranten war, als „Waschbrettköpfe“ und „Kettenhunde“[574]. Weiter wurden Staatsbedienstete als „hochnäsiger Tropf“[575] „allergrößte Pfeife“[576] oder „Staatsfeind“[577] tituliert. Dem Leiter einer Kreisbehörde wurde vorgeworfen, „Maßstäbe des finstersten Mittelalters“ anzulegen, so daß „man dem Amtsschimmel in den breiten Hintern treten sollte“[578]. Im Zusammenhang mit der Rotlicht- und Drogenaffäre des *Michel Friedman* wurde ein Berliner Oberstaatsanwalt als „durchgeknallter Staatsanwalt“[579] bezeichnet. Zu den unwahren und diffamierenden Tatsachenbehauptungen durch Verwaltungsexterne, die meistens in Form von Presse- bzw. Medienberichten oder durch Eingaben und Beschwerden an die Behörde erfolgen, zählt z.B. der Vorwurf der unbefugten Verschwendung öffentlicher Gelder „auf der Basis von Günstlings- und Vetternwirtschaft“[580], der Vorwurf an einem Bürgermeister von „Unregelmäßigkeiten“ bei Abrechnungen im Zusammenhang mit der Überprüfung durch den Rechnungshof[581]. Hierzu zählt auch der Vorwurf eines Dienstvergehens oder strafbaren Verhaltens (z.B. Rechtsbeugung, Vorteilsnahme Bestechlichkeit[582], Begehung

---

571 BVerfGE 86, 1 ff. = NJW 1992, 2073 ff.

572 So der ARD-Kabarettist *Dieter Hildebrand* in seiner Fernsehsendung Anfang Juni 2000. Der Richter am Bundesverfassungsgericht a.D. *Friedrich Hentschel* wertet diese Aussage als bloßen Angriff auf die Behörde und nicht auf einzelne Beamte, so daß nach seiner Meinung die Stadt Wiesbaden in einem etwaigen Strafprozeß „ganz schlechte Karten“ hätte, vgl. SPIEGEL Nr. 24/2000 vom 12. Juni 2000, S. 104.

573 BVerfG, StV 1991, 306.

574 Hierfür wurde der „Satiriker“ *Wiglaf Droste* vom Amtsgericht Tiergarten am 19. September 2000 zu einer Geldstrafe von 2.100 DM verurteilt, nachdem der zuständige Kommandeur des Feldjägerbataillons Strafantrag gestellt hatte. Den Einwänden *Drostes*, daß es sich bei den verwandten Bezeichnungen am „harmlose Beschreibungen“ bzw. Neologismen handele, und daß er sich durchaus hätte beleidigend äußern können, wenn er es in seinem Kommentar gewollt hätte, folgte das Gericht nicht. Es urteilte vielmehr knapp: „Keiner muß sich so etwas bieten lassen“, vgl. Süddeutsche Zeitung vom 20. September 2000, S. 10 und FAZ vom 20. September 2000, S. 13.

575 BVerfG, NStZ 1994, 357.

576 LG Oldenburg, NJW-RR 1995, 1427 ff.

577 OLG Celle, AfP 1984, 223 ff.

578 OLG Düsseldorf, AfP 1982, 234 f.

579 Der Mitherausgeber der Wochenzeitung „Die Zeit“, *Michael Naumann*, bezeichnete so den Berliner Oberstaatsanwalt *Hansjürgen Karge*. *Naumann* wurde vom AG Tiergarten zu 30 Tagessätzen à 300 EUR verurteilt, nachdem er den Strafbefehl in gleicher Höhe nicht akzeptiert hatte, Berliner Zeitung vom 30. Juni 2003, S. 22 und vom 10. November 2003, S. 19 sowie Focus Nr. 46/2003 vom 10. November 2003, S. 16.

580 Vgl. BGH, NJW 1983, 1183.

581 VGH Kassel, RiA 1995, 194 ff. = NVwZ-RR 1994, 596 ff. = ZBR 1995, 214 ff.

582 So hat z.B. ein Arbeitsloser, der bereits mehrfach wegen übler Nachrede vorbestraft war und dem die Fahrerlaubnis nach einer Trunkenheitsfahrt entzogen worden war, im verwaltungsgerichtlichen Verfahren und bei den Vorgesetzten der zuständigen Führerscheinstelle einem dortigen Beamten vorgeworfen, zwischen 1.000-5.000 DM für die Erteilung einer Fahrerlaubnis verlangt zu haben. Hierfür wurde er vom AG Rheinbach wegen Verleumdung zu einer Geldstrafe von 2.250 DM verurteilt, vgl. Bonner General-Anzeiger vom 22. Februar 1999, S. 13.

von Aussage-[583] oder Sexualdelikten) durch den Amtswalter, z.B. indem Richtern durch einen Rechtsanwalt in einer Talkshow „Rechtsbeugung aus Furcht vor der Überprüfung eines unglaublich skandalösen Urteils“[584] vorgeworfen wird. Diese Vorwürfe können sich ferner zwar prima facie nur auf das Privatleben bzw. das außerdienstliche Verhalten des Beamten beziehen, aber im Ergebnis sollen sie doch dienstliche Relevanz beanspruchen, wie z.B. der Vorwurf an einen Richter oder ermittelnden Staatsanwalt von Kontakten zum sog. Rotlichtmilieu, um den Betroffenen als amtsunwürdig erscheinen zu lassen. Gemengelagen aus Werturteil und unwahrer Tatsachenbehauptung liegen dann vor, wenn einem Richter vorgeworfen wird, sein „Urteil verfälsche geltendes Recht“ oder sei „wegen unrichtiger Würdigung des Sachverhalts ungerecht“[585], oder er sei ausländerfeindlich. Gleiches gilt, wenn durch Beschwerden oder Eingaben an die vorgesetzte Schulbehörde einem Lehrer eine „unzulässige, politische Einflußnahme“ auf seine Schüler vorgehalten und seine Verfassungstreue in Frage gestellt wird[586]. Aufsehen erregt und ein größeres Medienecho hervorgerufen hat schließlich jüngst ein BILD-Journalist, der im Rahmen eines Zeitungsberichts über einen wiederholt aufgegriffenen Drogendealer einen „Hinweis an den Haftrichter“ abgab, indem er auf den in § 112a StPO geregelten Haftgrund der Wiederholungsgefahr hinwies, nachdem der zuständige Haftrichter trotz der erneuten Festnahme auf frischer Tat keinen Haftbefehl gegen den Verdächtigen erlassen hatte[587].

In Übereinstimmung mit den obigen Ausführungen zur tatbestandlichen Reduktion ist jedoch im jeweiligen konkreten Einzelfall zu ermitteln, ob nicht doch ausschließlich eine bloße Belästigung und somit keine (mögliche) Ehrkränkung bzw. -verletzung beim betroffenen Amtswalter vorliegt. So ist im Unterschied zu Beamten mit reiner Innendiensttätigkeit gerade von Beamten im Außendienst oder mit erheblichen Publikumsverkehr eine gewisse Dickfelligkeit (vgl. die Sprichworte: „Wo gehobelt wird, da fallen Späne“ oder „Wer die Hitze nicht verträgt, sollte nicht in der Küche arbeiten“[588]) und eine Ruhe in sich selbst zu verlangen, um die Schutzpflicht, ausgehend von überzogenen und kleinlichen Fürsorgeerwartungen, nicht zu mißbrauchen[589]. Anderseits kann die unter Umständen erhöhte Gefahr von Ehrverletzungen aber auch nicht als übliches „Berufsrisiko“ abgetan werden, das im Vergleich zu den zum Teil erheblichen Gefahren für Leib, Leben und Gesundheit, denen einige Beamtengruppen ausgesetzt sind,

---

583 OVG Münster, ZBR 1989, 122 f. = NVwZ 1989, 578 ff. = DVBl. 1988, 1074 ff.

584 BGHSt 44, 209 ff. = NJW 1998, 508 ff. = MDR 1999, 435 f. = StV 1999, 313 ff. = JR 1999, 516 ff.

585 Vgl. *Kisker*, NJW 1981, 889 (891).

586 VGH Mannheim, ZBR 1983, 265.

587 Der betroffene Haftrichter fühlte sich in seiner beruflichen Ehre verletzt, da ihm durch diesen „Hinweis“ – eines juristisch unerfahrenen Journalisten – die fachliche Kompetenz abgesprochen werde, da er sein Handwerkszeug angeblich nicht kenne. Tatsächlich hätte mangels eines Haftbefehlsantrags der zuständigen Staatsanwaltschaft ohnehin kein Haftbefehl erlassen werden dürfen. Das AG Halle verurteilte den Journalisten zu einer Geldstrafe i.H.v. 1.200 DM wegen Beleidigung, da er mit seinem „Hinweis“ den Boden sachlicher Kritik verlassen habe, vgl. Süddeutsche Zeitung vom 26. Mai 2000, S. 23; vom 2. Juni 2000, S. 23; vom 6. Juni 2000, S. 21. Es ist aber doch sehr fraglich, ob überhaupt eine Beleidigung vorliegt, denn der „Hinweis“ kann auch nur als Äußerung eines juristischen Laien verstanden werden.

588 Letztgenanntes Sprichwort geht auf *Harry S. Truman* (1884-1972), 33. Präsident der USA, zurück.

589 Es soll – wie bereits mehrfach angedeutet – eine realistische und praktische Handhabung der Fürsorgepflicht dargestellt werden, unter ausdrücklichem Verzicht auf eine introvertierte Normativität, die jegliche alltägliche Praktikabilität zumeist außen vor läßt.

keine aktiven Schutzmaßnahmen erfordert und eher zu vernachlässigen ist[590]. Nur weil jemand Beamter geworden ist und eine hoheitliche Tätigkeit ausübt, bedeutet dies nicht, daß er auf sein Recht der persönlichen Ehre, das eben auch im Dienstbereich gilt, verzichtet oder gar in dessen Verletzung eingewilligt hat.

Zur Klarstellung soll nochmals hervorgehoben werden, daß selbstverständlich kein etwaig verbitterter und frustrierter Bürger daran gehindert werden soll, seine schutzwürdigen Interessen vor den zuständigen Verwaltungsbehörden oder der Justiz nachdrücklich zu verfolgen. Hierfür stehen ihm uneingeschränkt die Grundrechte, insbesondere die Meinungs- und Medienfreiheiten des Art. 5 Abs. 1 GG zur Seite. Der Ehrenschutz kraft Fürsorgepflicht der öffentlichen Verwaltung soll weiter nicht dazu dienen, sachliche, aber auch scharfe Kritik an ihrer Amtstätigkeit abzublocken, an deren Ausübung im Einklang mit der Rechtsordnung der Bürger auch dort ein berechtigtes Interesse haben muß, wo (schuldhafte) Pflichtverletzungen einen Bürger selbst unmittelbar betreffen[591]. Auch im Zusammenhang mit der sog. Urteils- oder Beamtenschelte geht es nicht darum, berechtigte Kritik, Anregungen sowie anschließende Diskussionen zu beeinflussen oder gar zu untersagen. Auch soll der Fürsorgepflichtanspruch nicht von der blauäugigen Annahme durchsetzt werden, es gebe für Richter und für die sonstigen Amtswalter eine Welt, in der sie keinerlei Anfeindungen ausgesetzt sind[592]. Jedoch walten des öfteren wenig edle Motive, sondern eher niedrigere Beweggründe. „Kritische" Medienberichte können sich dann als substanzlos, als Ergebnis eines „Stocherns im Nebel" oder schlicht als Lüge und damit als ehrverletzend erweisen. Sobald dann jedoch der Kampf um die Person begonnen hat und der Kampf um die Sache aufgegeben wurde, ist wieder die Fürsorge- und Schutzpflicht des Dienstherrn angesprochen. Wilder Verbalradikalismus über schmutzige Denunziationen bis hin zur Verwendung von Fäkalsprache ist deutlich unangebracht und macht nur allzu sehr deutlich, daß es nicht mehr um die Sache, sondern nur noch um die Person geht[593]. Aber nicht jede ehrverletzende Handlung oder Beleidigung soll auf die Goldwaage gelegt werden, so kann nicht bei jeder kleineren bzw. leichteren Beleidigung ein Tätigwerden des Dienstherrn aufgrund der Fürsorge- und Schutzpflicht verlangt werden.

Hinzu kommt ein weiterer zu berücksichtigender rechtlicher Aspekt, wenn der ehrenrührig Handelnde und externe Dritte Beteiligter eines Verwaltungs- oder Gerichtsverfahrens ist. Aufgrund des Grundsatzes des rechtlichen Gehörs im Zivil[594]- und Strafverfahren[595] ist es anerkannt, daß trotz ehrenrühriger Verhaltensweise ein Abwehranspruch des Betroffenen dann nicht gegeben ist, wenn die Tatsachenbehauptung oder das (Un-) Werturteil zur Rechtsverfolgung oder -verteidigung in einem förmlichen Verfahren dient (rechtliches Gehör), also mit Blick auf die konkrete Prozeßsituation zur Rechtswahrung

---

590 So aber *Kübler*, NJW 1999, 1281 (1286).

591 So sogar schon die besonders restriktive Rechtsprechung des Reichsgerichts zum früheren § 193 RStGB, vgl. RGSt 61, 400 (401); 62, 83 (93 ff.). Siehe auch in bezug auf die Presse, *Jarass*, DÖV 1986, 721 (724).

592 Vgl. *Kisker*, NJW 1981, 889 (890).

593 *Kübler*, NJW 1999, 1281 (1286) weist zwar zutreffend auf dieses Problem hin, befürwortet aber in nicht hinnehmbarer Weise im Ergebnis unter Hinweis auf die individuelle Selbstbestimmung die Zulässigkeit von Schmähkritiken etc., die er verharmlosend als „Schimpfen auf Regierung und Justiz" bezeichnet.

594 Vgl. *Palandt/Sprau*[63], § 823 BGB, Rz. 104; BGH, NJW 1971, 284; GRUR 1973, 550 (551); VersR 1977, 836; NJW 1978, 751 (753), jeweils m.w.N.; LG Berlin, NJW 1984, 1760.

595 Vgl. BVerfG, NJW 1991, 29; LG Hechingen, NJW 1984, 1766 f.

geeignet und erforderlich ist. Von dem dargestellten Grundsatz sind wiederum zwei Ausnahmen anerkannt, die nicht mehr als zulässiges Verhalten im Rahmen der Rechtsverfolgung oder -verteidigung zu werten sind: zum einen, wenn eine Partei in einem Rechtsstreit leichtfertig Behauptungen aufstellt, deren Unhaltbarkeit ohne weiteres auf der Hand liegt, zum anderen, wenn offensichtlich[596] die beeinträchtigende Äußerung ohne jeden inneren Zusammenhang mit der Ausübung oder Verteidigung von Rechten steht, der sie (angeblich) dienen soll, wie z.B. eine Schmähkritik[597] oder ein Angriff auf die Menschenwürde. Die zu diesem Komplex ergangene Rechtsprechung kann auch auf die Beteiligten eines Verwaltungs- (vgl. § 13 VwVfG) oder Gerichtsverfahrens übertragen werden[598], d.h. es muß nicht jede temperamentvolle ehrverletzende Äußerung oder Entgleisung gleich zum Gegenstand eines vermeintlichen Fürsorgepflichtanspruchs gemacht werden. Dieses Ergebnis kann auch aus RiStBV[599] Nr. 232, Abs. 2 entnommen werden. Hiernach sollen Beleidigungen innerhalb von z.B. Schreiben, Beschwerden oder Gnadengesuchen, wenn der Äußernde durch Maßnahmen von Justizbehörden betroffen ist, nur dann strafrechtlich verfolgt werden, wenn es sich um ernst zu nehmende Ehrkränkungen handelt, die mit der beabsichtigten Rechtsverfolgung nichts mehr zu tun haben, und es zur Wahrung der Rechtspflege geboten ist, einzuschreiten. Anders kann die rechtliche Beurteilung der ehrenrührigen Handlung jedoch dann ausfallen, wenn die Ehrverletzung häufiger oder regelmäßig, wenngleich nicht notwendigerweise vom selben Störer, begangen wird. Dies ist z.B. bei den Beleidigungen der Politessen durch die Kraftfahrzeugführer der Fall, die eben Beteiligte eines Verwaltungs- bzw. Ordnungswidrigkeitenverfahren sind. Dann kann die Quantität der ehrenrührigen Handlungen in für die Fürsorge- und Schutzpflicht relevante „Qualität" umschlagen, so daß die zuvor genannte Privilegierung der Injurien und der Täter ebenfalls nicht mehr eingreift.

b.) Ehrangriffe durch Verwaltungsinterne (Angehörige der Exekutive)

Weiter können eine Vielzahl von behörden- und verwaltungsinternen Verhaltensweisen rechtliche Qualität hinsichtlich des Ehrenschutzanspruchs kraft Fürsorge- und Schutzpflicht erlangen, wobei erst ein hinzunehmendes sozialadäquates Mindestmaß bzw. das sog. „Maß der Sozialverträglichkeit" überschritten sein muß, um einer inflationären Anzahl von vermeintlichen Fürsorgepflichtkonstellationen zu begegnen[600]. Bei spaßig gemeinten Neckereien oder heftigeren, wenngleich sachlichen behördeninternen Diskussion kommt es zu keiner (möglichen) Verletzung des Rechts der persönlichen oder beruflichen Ehre, so daß jegliche Grundlage für eine etwaige Fürsorgepflichtmaßnahme fehlt. In der Aussage

---

596 In diesem Zusammenhang wird demnach genauso das Evidenzkriterium herangezogen wie bei der zuvor dargestellten tatbestandlichen Reduktion der Fürsorge- und Schutzpflicht.

597 Der Vorwurf an einen Ermittlungsrichter, die von ihm angeordneten Telefonüberwachungsmaßnahmen seien (objektiv) willkürlich, erfüllt z.B. nicht den Tatbestand der Beleidigung gemäß § 185 StGB, da er im Rahmen einer sachgerechten Verteidigung erhoben wurde, OLG Düsseldorf, NJW 1998, 3214 (3215).

598 *Palandt/Sprau*[63], § 823 BGB, Rz. 104; Vgl. *v.Harnack*, Die Praxis der Öffentlichen Verwaltung[2], S. 128; *Seyfarth*, NJW 1999, 1287 (1289); *Wenzel*, Das Recht der Wort- und Bildberichterstattung[5], 10. Kapitel, Rz. 36.

599 Dies sind die Richtlinien für das Strafverfahren und das Bußgeldverfahren, die seit 1. Februar 1997 in einer bundeseinheitlichen geltenden Fassung existieren.

600 *Schütz/Schachel*, § 85 LBG NRW, Rz. 38; *Summer*, PersV 1988, 76 (83). Siehe auch die Ausführungen auf S. 28 dieser Untersuchung.

des Dienstherrn, ein Amtswalter sei „dienstlich überfordert", wurde im Sachzusammenhang mit einer Reduzierung der Zuständigkeiten keine Ehrverletzung gesehen, da der Dienstherr den Amtswalter immerhin noch „für intelligent genug" hält, den nunmehr reduzierten Aufgabenbereich wahrzunehmen[601]. Der Vergleich der Rechtskenntnisse eines Richters mit denen eines Rechtskandidaten ist hingegen ehrverletzend[602]. Die Grenze der Sozialverträglichkeit ist des weiteren grundsätzlich bei Injurien überschritten, die sich den strafrechtlichen Ehrenschutzbestimmungen der §§ 185 ff. StGB zuordnen lassen, so z.B. wenn ein Abteilungsleiter im Bundeskanzleramt und ehemaliger Diplomat Soldaten der Flugbereitschaft mehrfach als „Arschlöcher" beschimpft und diese auffordert, „ihm gefälligst Kaviar zu bringen"[603], oder wenn andere „Kraftausdrücke" und Schimpfworte verwandt werden. So hat *Oskar Lafontaine* während seiner Zeit als Oberbürgermeister von Saarbrücken kritische Aussagen von Beamten als Äußerungen von „Sesselfurzern" abgetan[604]. Der hessische Ministerpräsident *Roland Koch* bezeichnete einen ihm namentlich nicht bekannten Ministerialbeamten des Wirtschaftsministeriums als „Mops"[605]. Eine Formalbeleidigung und damit einen Ehrangriff stellt es dar, wenn ein Beamter der Verwaltung des Deutschen Bundestags von der früheren Präsidentin des Deutschen Bundestags *Rita Süßmuth* als „Referatsleiterperson" bezeichnet wird[606]. Auch das Bezichtigen eines Kollegen der „unkorrekten Dienstausübung" in einer Personalversammlung[607] oder die Bezeichnung einer dienstlichen Anordnung als „Unverschämtheit"[608] stellt eine ungerechtfertigte und ehrverletzende Herabsetzung dar. Eine Beleidigung durch herabsetzende Äußerungen liegt z.B. auch in dem Schreiben eines Kollegen an den Dienstvorgesetzten, in dem einem Beamten in bezug auf seinen Geisteszustand „wahnhafte Querulanz" und

---

601 OVG Saarlouis, Beschluß vom 3. Juli 1995, Az. 1 W 75/94, S. 3 (unveröffentlicht, rechtskräftig).

602 RGSt 5, 55 ff.; *Tröndle-Fischer*[51], § 185 StGB, Rz. 9.

603 Wegen dieser Äußerungen Anfang November 2001 des Leiters der außen- und sicherheitspolitischen Abteilung im Bundeskanzleramt, Ministerialdirektor *Michael Steiner*, wurde dieser Vorfall als sog. „Kaviar-Affäre" bezeichnet. Die betroffenen Soldaten beschwerten sich bei ihrem Dienstherrn und der Sachverhalt wurde an die Medien lanciert. *Steiner* bestritt diese Äußerungen nicht, tat sie aber als „Scherz" in leicht alkoholisiertem Zustand infolge nervlicher Anspannung ab, und entschuldigte sich im Rahmen eines Interviews mit einer Tageszeitung, nicht aber persönlich bei den Soldaten. Aufgrund weiterer, schon publik gewordener Fehler in seiner Amtsführung, sah sich *Steiner* zu einem Demissionsgesuch gezwungen, das Bundeskanzler *Gerhard Schröder* annahm. Gegen *Steiner* wurde ein Disziplinarverfahren eingeleitet. Vgl. hierzu Bonner General-Anzeiger vom 21. November 2001, S. 1 und S. 3; SPIEGEL Nr. 48/2001 vom 26. November 2001, S. 22; FAZ vom 21. November 2001, S. 1 und S. 3.

604 So das Zitat in der FAZ vom 24. Mai 1995, S. 6, dem *Lafontaine* nicht widersprochen hat.

605 Genauer äußerte sich *Koch* während seiner Anhörung vor dem Spenden-Untersuchungsausschuß des Deutschen Bundestags im Februar 2001 wie folgt: „Ein Mops vom Wirtschaftsministerium schläft da fest. Ich habe mir überlegt, ob ich den mal wecke." *Koch* entschuldigte sich persönlich und in einem Schreiben an den Ausschußvorsitzenden, nachdem der betroffene Beamte einen Rechtsanwalt eingeschaltet hatte. Er bekannte sich zu der „Unsitte, ihm namentlich nicht bekannte Ministerialbeamte gelegentlich als ‚Mops' bezeichnet zu haben". Dies sei eine „Flapsigkeit" gewesen, wie er sie sich aber „im Prinzip erhalten" wolle. Selbstverständlich wollte er „niemanden" in seiner Ehre (Ergänzung des Verfassers) „verletzen." Er habe nicht erwartet, daß jemand sich dadurch so getroffen fühlen könnte, zumal Möpse als fröhlich und kinderlieb gelten, vgl. Rheinische Post vom 29. Januar 2002, S. 4.

606 Zitiert nach *Leuze*, ZBR 1998, 187.

607 OVG Koblenz, NJW 1987, 1660.

608 VG Freiburg, VBlBW 1990, 271.

„Schübe“ unterstellt werden und der Vorwurf erhoben wird, er sei bei einer dienstlichen Zusammenkunft „nicht ganz normal“ bzw. „nicht klar im Geiste“ gewesen[609].

Bei ehrenrührigen Handlungen im Rahmen des Vorgesetztenverhältnisses darf aber nicht alles „auf die Goldwaage gelegt werden“[610]. Gerade bei Beamten, die nicht in einem administrativen Bürobereich isoliert agieren, sondern wie Soldaten, Polizeivollzugsbeamte, BGS-Beamte etc. in Gruppen oder Teams handeln müssen, ist mit Rücksicht auf die Aufrechterhaltung der notwendigen Disziplin, insbesondere in Gefechts- oder Einsatzsituationen, ein etwas derberer und rauherer Umgangston als in einem Bürobereich nicht immer vermeidbar und gelegentlich durchaus sogar angebracht.

Allerdings darf niemals die Grenze zu persönlich werdenden Verunglimpfungen und Beleidigungen überschritten werden oder der betreffende Amtswalter der Lächerlichkeit preisgegeben werden. Zu berücksichtigen ist des weiteren, ob sich die ehrenrührige Verhaltensweise auch spontan ergeben hat. Die damit verbundene innerdienstliche Toleranzgrenze wurde daher z.B. durch die vulgäre Bezeichnung der Leistungen einer BGS-Hundertschaft im Anschluß an eine Übung als „Scheiße“ und „Scheißladen“ nicht überschritten, da dies in dem quasi-militärischen Bereich noch hinzunehmen sei[611]. In einem Bürobereich hingegen wäre dies ein deutlich unangemessenes Verhalten eines Vorgesetzten[612], das aufgrund der Fürsorgepflicht vom Dienstherrn disziplinarrechtlich weiterzuverfolgen ist. Ebenso wurde durch das Anbrüllen und Anschreien eines Beamten, verbunden mit der Aufforderung, keine Widerworte zu geben und nur „Jawohl“ zu sagen, die genannte Toleranzgrenze überschritten, da hiermit die rein sachliche Ebene verlassen wurde und rein persönliche Herabsetzungen erfolgten, die insbesondere von Vorgesetzten mit einem höheren Bildungsgrad zu vermeiden gewesen wären[613]. Dasselbe gilt, wenn Vorgesetzte zu ihnen unterstellten Soldaten sagen „Ich glaube, ich bin hier nur von Idioten umgeben“ oder „Wenn sie wie Schweine leben, können sie auch nur wie Schweine arbeiten.“[614] Nicht nur ehrverletzend, sondern auch menschenverachtend sind vereinzelte schikanöse „Strafmaßnahmen“ gegen unterstellte Soldaten, die erst recht nicht mehr hinzunehmen sind und disziplinarrechtlich vom Dienstherrn zu verfolgen sind[615].

---

609 VGH Mannheim, *Schütz* ES/B III 1 Nr. 2 = ZBR 1983, 41 (Ls.).

610 *Summer*, PersV 1988, 76 (83).

611 BDiG, DÖD 1974, 182.

612 *v.Hoyningen-Huene*, BB 1991, 2215 bringt für das Arbeitsrecht eine Parallele: Dort ist die Beurteilung des Verhaltens eines Vorgesetzten von der Branchenzugehörigkeit abhängig. Ein Bauarbeiter, der von seinem Polier als „fauler Hund“ beschimpft wird, wundert sich möglicherweise hierüber kaum, während ein Bankkassierer, der durch den Prokuristen so tituliert werden würde, zurecht entsetzt wäre.

613 BDiG, DÖD 1974, 182 f. Ergänzend hierzu führt *v.Hoyningen-Huene*, BB 1991, 2215 für das Arbeitsrecht aus, daß es auch auf die Schichtzugehörigkeit der Beteiligten sowie die Stellung und Einschätzung des Adressaten ankommt, so daß die Einordnung des Vorgesetztenverhaltens als Beleidigungstatbestand nicht nur nach generellen Maßstäben zu beurteilen ist.

614 So wörtliche Auszüge aus dem Jahresbericht 2000 (42. Bericht) des Wehrbeauftragten, Bundestags-Drucksache 14/5400 vom 13. März 2001, S. 14.

615 Innerdienstlicher Maßstab hierfür ist bei der Bundeswehr das Konzept „Innere Führung“, das z.B. durch den Erlaß „Erzieherische Maßnahmen“ umgesetzt wird und jedem Vorgesetzten genau aufzeigt, welche Vorgehensweisen kraft Befehlsgewalt gegenüber unterstellten Soldaten zulässig bzw. unzulässig sind.

Zu den ehrverletzenden und ansehensmindernden internen Verhaltenswiesen zählen des weiteren unwahre Tatsachenbehauptungen und die öffentliche Kritik an einem Beamten oder seiner Amtsführung durch den Dienstherrn, vertreten durch den Dienstvorgesetzten oder den jeweils zuständigen (Bundes- oder Landes-)Minister. Diese öffentliche Kritik des Dienstherrn kann nachteilige Tatsachenbehauptungen oder mißbilligende Werturteile hinsichtlich des betroffenen Amtswalters enthalten:

Wichtigster Fall in diesem Zusammenhang ist die Entscheidung des Bundesverwaltungsgerichts vom 29. Juni 1995[616], die sowohl in Rechtsprechung als auch in der beamtenrechtlichen Literatur große Beachtung erfahren hat:. Ausgangspunkt dieses Verfahrens war die Veröffentlichung des Buchs „Ich bin katholisch getauft und Arier" im Jahre 1985. Darin stellten drei Lehrer die Geschichte ihres nordrhein-westfälischen Gymnasiums während der Zeit des Nationalsozialismus, insbesondere die Situation jüdischer Schüler, dar. Der damalige Kultusminister des Landes Nordrhein-Westfalen hielt am 19. März 1988 vor den Teilnehmern einer politischen Veranstaltung eine Rede zum Thema „Gewährleisten unsere Schulen heutzutage die demokratische Erziehung unserer Kinder?", in der er dem langjährigen Schulleiter dieses Gymnasiums vorwarf, er habe sich an einer Diffamierung und Isolation der drei Autoren des Buchs beteiligt, er habe bei der Behandlung des Buchs eine „Mentalität der Verdrängung" gepflegt und sein Verhalten sei als „Hinweis auf fließende Grenzen und Grauzonen von konservativ-autoritärem und rechtsgerichtetem Denken" zu werten. Der betroffene Oberstudiendirektor begehrte eine Widerrufserklärung des Ministers, die den Hörern des Vortrags in geeigneter Form zur Kenntnis gebracht werden sollte. Dies lehnte der Kultusminister ab. Sowohl das erstinstanzliche Klage- und als auch das Berufungsverfahren blieben erfolglos[617]. Erst das Bundesverwaltungsgericht gab im Revisionsverfahren der (allgemeinen) Leistungsklage des Schulleiters in vollem Umfang statt[618].

In einem anderen Fall nahm ein Staatssekretär zum Verhalten eines ihm unterstellten Beamten einem Bürger gegenüber mit der Bemerkung Stellung, er halte eine Formulierung in einem Schreiben seines Beamten für „unüberlegt und unangebracht"[619]. Der Bundeskanzler a.D. *Helmut Schmidt* soll als Begründung für die Versetzung eines Beamten in den einstweiligen Ruhestand öffentlich von „schwerwiegenden Indiskretionen" gesprochen haben[620]. Einem emeritierten Hochschulprofessor wurde in einer Presseerklärung seiner früheren Universität die jahrzehntelange Kenntnis der Nazi-Vergangenheit und der Doppelidentität des früheren Rektors unterstellt, so daß ihm ein objektiv pflichtwidriges Verhalten

---

[616] BVerwG, Az. 2 C 10/93, veröffentlicht in: BVerwGE 99, 56 ff. = NJW 1996, 210 ff. = DVBl. 1995, 1248 ff. = JuS 1997, 76 ff. = *Schütz* ES/B III 1 Nr. 22 = ZBR 1995, 370 ff. = DÖD 1996, 36 ff. = PersV 1996, 130 (Ls.) = ZTR 1996, 45 ff. = NVwZ 1996, 270 (Ls.) = NWVBl. 1996, 101 ff. Auf dieses Urteil wird besonders Bezug genommen bei *Gielen*, JR 1996, 10 (12) und *Leuze*, ZBR 1998, 187 (192 f.).

[617] Die rechtliche Beurteilung des Falles durch die Verwaltungsgerichte des Landes Nordrhein-Westfalen gehört nach *Haas*, FS Fürst, S. 168 zu den „eher zu düsteren Kapiteln der beamtenrechtlichen Rechtsprechung".

[618] Das schließlich obsiegende Urteil dürfte allerdings den sieben (!) Jahre dauernden Rechtsstreit kaum aufwiegen können, zumal sich auch die Adressaten der abzugebenden Widerrufserklärung vermutlich gewundert haben dürften, was diese Erklärung, als sie ihnen zuging, nach so vielen Jahren noch bewirken sollte.

[619] VGH Kassel, ZBR 1974, 261 ff.

[620] OVG Münster, ZBR 1984, 16 f.

mit der Folge eines disziplinarrechtlichen Verfahrens zur Last gelegt wurde[621]. Ein Polizeipräsident rügte die Vorgehensweise eines Kriminalbeamten in einer Presseerklärung als „unverantwortlich", „selbstdisqualifizierend" und „unwürdigen Angriff". Anlaß hierfür war, daß der Beamte einem Vorgesetzten dienstintern und öffentlich vorgeworfen hatte, daß dieser auf einer Fortbildungsveranstaltung, an der der Beamte selbst nicht teilgenommen hatte, geäußert haben soll: „Es gibt Sachbearbeiter, die wissen alles besser. Die gehören ja am besten in den Gasofen"[622]. Ein Landesjustizminister warf pauschal dem Leiter und den Bediensteten einer Justizvollzugsanstalt anläßlich des Ausbruchs eines Gewaltverbrechers zunächst in einer nichtöffentlichen Tagung des Strafvollzugsausschusses und später öffentlich vor, daß vor allem „Schlamperei" als Ursache für den Ausbruch in Frage komme, obwohl zu diesen Zeitpunkt die Untersuchungen noch nicht abgeschlossen waren[623]. Schließlich äußerte sich ein Landrat über einen früheren Leiter des Amts für Abfallwirtschaft im Rahmen eines Pressegesprächs dahingehend, daß dieser mit „viel Eigenmacht und wenig Transparenz seine Entscheidungen an Ausschüssen vorbei" getroffen habe[624].

Neben der Erhebung eines ehrverletzenden Vorwurfs kommen auch ehrverletzende innerdienstliche (Disziplinar-)Maßnahmen, z.B. Versetzung, Umsetzung, Aufgabenentzug, Mißbilligungen oder Suspendierung in Betracht, bei denen sich die Ehrverletzung entweder aus den Handlungen selbst oder deren Begleitumständen ergibt. Paradebeispiel hierfür ist die Affäre um den General *Günter Kießling* aus dem Jahre 1984, in deren Verlauf der General wegen des tatsächlich unhaltbaren und frei erfundenen Verdachtes der Homosexualität, ohne daß es zu einer verwaltungsinternen Überprüfung des Vorwurfs gekommen war, unter unwürdigen Umständen aus der Bundeswehr entlassen wurde[625].

Schließlich können sich (systematisches) „Mobbing"[626], „Bossing" oder „Staffing" sowie sexuelle Belästigung nicht als nur ehrverletzend, sondern auch als menschenwürdeverachtendes Verhalten erweisen, sofern es erkennbar nicht mehr um die Sache, sondern nur noch um die Person geht[627]. Wie schon erwähnt finden sich Beispiele hierfür fast ausnahmslos im Zusammenhang mit der Bundeswehr, insbesondere im Verhalten der soldatischen Vorgesetzten gegenüber den ihnen unterstellen Soldaten und Wehrpflichtigen

621 Der frühere Rektor der RWTH Aachen und Literatur-Professor *Hans Schwerte* alias *Hans Schneider* war SS-Offizier im persönlichen Stab *Heinrich Himmlers* gewesen und hatte nach dem Zweiten Weltkrieg seine Identität geändert. Im Zuge der Aufarbeitung dieses Skandals, der 1995 aufgedeckt wurde, äußerte die Hochschulleitung 1996 in einer Pressemitteilung den Verdacht, daß der emeritierte ordentliche Professor *Dyserinck* seit 1958 Mitwisser der Doppelidentität *Schneider/Schwerte* sei. Dieser hatte die Vorwürfe stets zurückgewiesen, disziplinarrechtliche Ermittlungen hatte es nicht gegeben. Die Hochschule hat dadurch ihre Fürsorgepflicht verletzt, indem sie *Dyserinck* bloßstellte und mißbilligende Werturteile ihm gegenüber geäußert hat. Im Rahmen einer Leistungsklage wurde sie zum Widerruf binnen eines Monats verurteilt, vgl. VG Aachen, Urteil vom 14. Dezember 2000, Az. 1 K 842/97, S. 11 (unveröffentlicht, rechtskräftig).

622 BGH, DÖD 1977, 16 ff.

623 Der Trierische Volksfreund, Ressort Rheinland-Pfalz und Nachbarn, vom 11. Januar 2001, S. 4 und vom 12. Januar 2001, S. 5 berichtete dies in bezug auf den rheinland-pfälzischen Justizminister *Herbert Mertin* (FDP) anläßlich des Ausbruchs eines Gewaltverbrechers aus der Trierer JVA Ende 2000.

624 OVG Koblenz, NVwZ-RR 2000, 805 f. = RiA 2000, 305 f.

625 Siehe hierzu die näheren Ausführungen ab S. 180 dieser Untersuchung.

626 Vgl. LAG Thüringen, DB 2001, 1204 ff. = BB 2001, 1358 ff. = NZA-RR 2001, 347 ff.

627 Bezüglich Mobbing: *Schütz/Schachel*, § 85 LBG NRW, Rz. 38.

sowie gegenüber den zivilen Mitarbeitern, die z.B. in der Verwaltung oder im Sanitätsdienst angestellt sind. So wurden von der Rechtsprechung des öfteren Verhaltensweisen wie beispielsweise das Dulden bzw. Durchführen sog. Aufnahmerituale, bewußt demütigende Behandlung oder Mißhandlung von Soldaten, sog. Bestrafungsrituale sowie erhebliche sexuelle Belästigungen als ehr- und menschenwürdeverletzend qualifiziert[628].

II. Betroffensein des Dienstverhältnisses eines Amtswalters

Soweit also die rechtliche Verletzung des Rechtsguts der persönlichen bzw. beruflichen Ehre eines Amtswalters zumindest möglich oder wahrscheinlich bzw. sogar schon eingetreten ist, muß aber tatbestandlich zugleich, in Übereinstimmung mit dem Wortlaut der § 79 BBG, § 48 BRRG, die amtliche Tätigkeit dieses Amtswalters im Rahmen des Dienst- und Treueverhältnisses oder dessen Stellung als Beamter betroffen sein. Dies ist, wie bereits dargestellt, dann der Fall, wenn entweder ausschließlich oder zumindest auch das Dienstverhältnis durch die potentiell ehrverletzende Verhaltensweise betroffen ist[629]. Diese Bestimmung hat im Rahmen einer Negativabgrenzung durch Auslegung der ehrenrührigen Verhaltensweise unter Beachtung der jeweiligen konkreten Umstände im Einzelfall zu erfolgen (vgl. §§ 133, 157 BGB). Das Dienstverhältnis ist konkret dann betroffen, wenn die Ehrverletzung nicht ausschließlich aus dem rein privaten Raume stammt, sondern vielmehr entweder dem Amtswalter gegenüber während der Ausübung seiner Amtstätigkeit oder in Bezug auf seine amtliche Stellung getätigt wurde.

Die vorstehend aufgeführten Beispiele wurden daher so ausgewählt, daß vom inhaltlichen und zeitlichen Kontext her stets das Dienstverhältnis eines Amtswalters betroffen ist, da durch die verwendeten (erwiesen) unwahren Tatsachenbehauptungen oder die Wortwahl bei der Beleidigung, Diffamierung oder Schmähung, bei der die Person des Amtswalters im Zentrum der „Kritik" stand, auch nicht nur das Amtsverhältnis, sondern aufgrund des personalen Substrats und Zusammenhang auch (ausschließlich) das Dienstverhältnis betroffen wurde, wobei die Verletzungen des Rechts der persönlichen oder beruflichen Ehre entweder auf die Amtstätigkeit oder in Bezug auf die amtliche Stellung erfolgt sind. Es sollte dabei gerade die persönliche Integrität des Amtswalters oder er selber als Person angegriffen werden, z.B. beim Vorwurf der mißbräuchlichen Vermischung privater mit öffentlichen Interessen bei der Korruption[630]. Die zuvor genannten Diffamierungen und Schmähungen zielen überhaupt nicht auf eine geistige Auseinandersetzung zwischen den Beteiligten, sondern ausschließlich auf die persönliche Abwertung und Ausgrenzung im Dienstverhältnis. Sie sind somit ein „Paradebeispiel für Intoleranz"[631].

Soweit jedoch durch eine potentiell ehrverletzende Handlung trotz vordergründig erscheinender persönlicher Ehrverletzung ausschließlich die hinter dem Amtswalter stehende juristische Person des öffentlichen Rechts bzw. der Dienstherr Opfer des Ehrangriffs sein soll oder nur das Verwaltungshandeln als solches angegriffen bzw.

---

[628] Siehe zum Gesamten die Ausführungen mit weiteren Nachweisen auf S. 29 dieser Untersuchung.

[629] Vgl. hierzu die näheren Ausführungen und die dogmatische Begründung ab S. 37 dieser Untersuchung.

[630] Vgl. *Ladeur*, AfP 1991, 584 (586).

[631] *Schmitt-Glaeser*, NJW 1996, 873 (877).

kritisiert wird, ohne daß jeweils ein personales Substrat (persönlicher Angriff oder zumindest Individualisierbarkeit eines Amtswalters) zu erkennen ist, scheidet ein Anspruch gegen den Dienstherrn aufgrund der Fürsorge- und Schutzpflicht schon tatbestandlich aus. Bei ausschließlichem Betroffensein des Amtsbereichs im Sinne der Dreiteilung der Rechtssphären im Beamtenrecht kann kein persönliches Rechtsgut eines Amtswalters durch den Dienstherrn vor einer Verletzung geschützt werden[632]. Diese letztgenannten Fälle liegen – vorbehaltlich der konkreten Umstände im Einzelfall – z.B. dann vor, wenn die Bundeswehr als „Terrorgemeinschaft" oder als „gigantische Mordmaschinerie"[633], die GSG 9 des Bundesgrenzschutzes als „Killertruppe"[634], oder das Oberlandesgericht Nürnberg als „Reichsparteitags-OLG"[635] bezeichnet werden, sowie wenn auf einem Demonstrationsplakat der Vorwurf „Mannheimer Polizei ermordet [...]" erhoben und „Schluß mit dem Polizeiterror" gefordert wird[636], da hierbei ein bestimmbarer personaler Bezug zu einem konkreten Amtswalter allenfalls mittelbar herzustellen ist. Ein stärkerer persönlicher Bezug und damit wiederum das Betroffensein des Dienstbereichs können allerdings dann gegeben sein, wenn z.B. rechtmäßiges Verwaltungshandeln als „Stasi-Methode"[637] oder als „Gestapo-Methode"[638] bezeichnet wird, Politessen der örtlichen Verkehrsraumüberwachung „Raubrittertum" oder Polizeivollzugsbeamten „Bullen-Abzocke" vorgeworfen wird oder das jeweilige funktionale Verwaltungshandeln als (objektiv) willkürlich[639] betrachtet oder mit einem Schimpfwort versehen wird. Jegliches personales Substrat fehlt hingegen üblicherweise bei der oft armseligen, von falschen Tatsachen ausgehenden, pauschalen und undifferenzierten Beamten- oder Urteilsschelte[640], die sich jeweils großer medialer Beliebtheit erfreuen, gewisse Vorurteile in der Bevölkerung scheinbar bestätigen und so dem gesamten öffentlichen Dienst nicht gerade förderlich sind. Zu dieser Kategorie zählt auch der bereits erwähnte „faule-Säcke"-Ausspruch des heutigen Bundeskanzlers *Gerhard Schröder* in bezug auf Lehrer im allgemeinen, oder wenn der Richterschaft im allgemeinen von einem Ministerpräsidenten „katastrophale Fehlurteile mit zum Teil grotesken Begründungen"[641] vorgeworfen werden.

---

632 Insofern würde es dann schon an der Verletzung der persönlichen Ehre und somit am zuvor genannten Tatbestandsmerkmal des Fürsorge- und Schutzpflichtanspruch scheitern.

633 BGHSt 36, 83 (84). Hier wurde eine Verurteilung wegen eines Ehredelikts abgelehnt, da „die Menschenwürde der Soldaten" durch diese Aussage „nicht angetastet werden sollte".

634 OLG Köln, OLGSt § 185 StGB, S. 35 = AfP 1980, 112.

635 Das BVerfG, NJW 1994, 1149 konnte in dieser Äußerung keine Beleidigung bzw. keine Ehrverletzung erkennen. Im Anschluß hieran hat jedoch das OLG Bamberg, NJW 1994, 1972 ff. wiederum eine Verletzung des "wohl der Menschenwürde zuzurechnenden Anspruchs auch von Richtern oder von Strafvollzugsbediensteten auf Wahrung ihrer persönlichen und beruflichen Ehre" angenommen. Damit lag eine grobe Beleidigung i.S.d. § 31 Abs. 1 Nr. 4 StVollzG vor, so daß erneut die Rechtmäßigkeit einer Verfügung einer Strafvollzugsbehörde bejaht wurde, aufgrund derer Briefe eines Strafgefangenen angehalten wurden.

636 OLG Frankfurt, NJW 1977, 1353 f.

637 OLG Koblenz, NStZ-RR 2000, 44; BVerwG, NVwZ 1998, 403 ff. = ZBR 1998, 242 ff.

638 BVerfG, NJW 1992, 2815 f. = StV 1992, 268 ff.; LG Hechingen, NJW 1984, 1766 f.

639 OLG Düsseldorf, NJW 1998, 3214 (3215).

640 Es gibt trotzdem gewichtige staatsethische Gründe, daß der Dienstherr sich (freiwillig) auch hiergegen mit den erforderlichen Schritten wendet, auch wenn dies außerhalb des Fürsorgepflichtanspruchs liegt und somit auch nicht justiziabel ist, siehe insoweit die Ausführungen ab S. 131 dieser Untersuchung.

641 So eine nicht bestrittene und zitierte Äußerung des früheren niedersächsischen Ministerpräsidenten *Gerhard Glogowski* (vgl. Bonner General-Anzeiger vom 5. Oktober 1999, S. 2).

Beim Vergleich einer dienstlichen Handlung eines Soldaten mit „Stasi-Methoden" geht es nach dem Bundesverwaltungsgericht[642] nicht darum, die Rechtswidrigkeit einer bestimmten Maßnahme festzustellen. Vielmehr soll durch die Bezugnahme auf „Stasi-Methoden" auch die Verwerflichkeit der Maßnahme besonders herausgestellt und zum Ausdruck gebracht werden, daß sich der sie verantwortende Soldat von Motiven habe leiten lassen, die von der ganz überwiegenden Meinung der Bevölkerung als menschenverachtend und als unvereinbar mit den Prinzipien des demokratischen Rechtsstaates eingestuft werden, so daß eine Beleidigung i.S.v. § 185 StGB vorliegt[643]. Ähnliches gilt, wenn rechtmäßiges Verwaltungshandeln, das auf demokratisch-rechtstaatlichen Gesetzen basiert, mit den willkürlichen und menschenverachtenden Methoden der Gestapo verglichen wird. Eine massivere Beleidigung und schwerwiegenderen Vorwurf dürfte wohl kaum gegenüber einem rechtmäßig handelndem Amtswalter erhoben werden können[644].

Entsprechend ist auch der Wertungsexzeß zu beurteilen, wenn der Polizei und damit den handelnden Beamten „Terror" und „Mord" vorgeworfen werden[645]. Sachliche Kritik ist hier nicht mehr zu erkennen, es geht ausschließlich um die Person des handelnden Beamten. Durch derartige Vergleiche wird der Betroffene in seinem Dienstverhältnis in seiner persönlichen und beruflichen Ehre und seiner Menschenwürde angegriffen, so daß sich insoweit auch für ihn ein Anspruch aufgrund der Fürsorgepflicht des Dienstherrn ergibt. Bei der Bezeichnung einer richterlichen Maßnahme als „willkürlich" wurde hingegen kein personales Substrat gesehen, da nicht die Ehre des Richters Angriffsziel war, sondern allein dessen hoheitliches Handeln[646].

III. Anspruchsberechtigter Personenkreis

Anspruchsberechtigt und damit Gläubiger des Fürsorgepflichtanspruchs gegenüber dem Dienstherrn als Schuldner sind zunächst einmal alle genannten Amtswalter im aktiven Dienst, also sämtliche Beamten, Richter im Bundes- oder Landesdienst, (Berufs- oder Zeit-)Soldaten, Wehrpflichtigen und Zivildienstleistenden. Für die Beamten- und Richterschaft in ihrer Gesamtheit gilt diese Anspruchsberechtigung vollkommen unabhängig von ihrem konkreten Rechtsstatus bzw. der Art des Beamtenverhältnisses (vgl. § 5 BBG). Beamte oder Richter auf Lebenszeit (Regelfall), auf Probe (z.A.: „zur Anstellung"), auf Widerruf (z.B. Referendare), auf Zeit (kommunale Wahlbeamte, z.B. Bürgermeister), voll-

[642] BVerwG, NVwZ 1998, 403 ff. = ZBR 1998, 242 ff.

[643] a.A. OLG Koblenz, NStZ-RR 2000, 44.

[644] So auch *Kiesel*, NVwZ 1992, 1129 (1135). Das Bundesverfassungsgericht hat in seiner Entscheidung dies zwar auch berücksichtigt, dann aber gleichwohl festgestellt, daß auch scharfe und übersteigerte Äußerungen in den Schutzbereich von Art. 5 Abs. 1 GG fallen. Das Recht des Bürgers, Maßnahmen der öffentlichen Gewalt ohne Furcht vor staatlichen Sanktionen zu kritisieren, gehöre zum Kernbereich des Grundrechts der Meinungsäußerungsfreiheit. Die (grundrechtliche) Zulässigkeit der Äußerung könne nicht danach beurteilt werden, ob die Maßnahme der öffentlichen Gewalt rechtmäßig oder rechtswidrig war, so daß die Verurteilung wegen Beleidigung aufgrund Verstoßes gegen Art. 5 Abs. 1 GG rechtswidrig ist, vgl. BVerfG, NJW 1992, 2915 (2916). Neben dem betroffenen Amtswalter hat das Bundesverfassungsgericht damit auch dessen Dienstherrn diskreditiert, der in diesem Fall zurecht und unter Beachtung seiner Fürsorgepflicht Strafantrag gemäß § 194 Abs. 3 S. 1 StGB gestellt hatte.

[645] OLG Frankfurt, NJW 1977, 1353 f.

[646] OLG Düsseldorf, NJW 1998, 3214 (3215).

oder teilzeitbeschäftigte Beamte oder auch die sog. politischen Beamten (z.B. beamteter Staatssekretär) sind insoweit im gleichen Umfang anspruchsberechtigt, sofern nicht die jeweilige Ernennung nichtig oder zurückgenommen worden ist. Gegenüber einem Beamtenbewerber besteht aber jedenfalls keine Fürsorgepflicht, da noch kein öffentlich-rechtliches Dienst- und Treueverhältnis begründet wurde oder besteht[647].

Im Regelfall endet zwar das jeweilige aktive Statusverhältnis mit dem Eintritt in den (endgültigen oder einstweiligen) Ruhestand, und wandelt sich bei Vorliegen der gesetzlichen Voraussetzungen in das Ruhestandverhältnis des Pensionärs um (vgl. §§ 35-47 BBG). Im Ausnahmefall endet es mit der Entlassung ohne anschließende weitere öffentlich-rechtliche Sonderbeziehung, wie es z.B. bei den Zeitsoldaten, Wehrpflichtigen und Zivildienstleistenden der Fall ist. Nach § 79 S. 1 BBG, § 48 S. 1 BRRG wirkt die Fürsorgepflicht jedoch auch „für die Zeit nach Beendigung des Beamtenverhältnisses" fort, die dann aber entsprechend dem begrenzten Rechtsstatus aufgrund des Wegfalls der Dienstleistungsleistungspflicht beim Pensionär oder beim Entlassenen zu reduzieren ist[648]. Die Fürsorgepflicht gilt somit in verminderten Umfang für sämtliche Ruhestandsbeamten[649], z.B. auch für emeritierte Hochschulprofessoren[650]. Eine noch stärkere Reduktion der Fürsorgepflicht ist jedoch dann gegeben, wenn anstelle des Ruhestandsverhältnisses eine Entlassung vorliegt. Zwar können auch entlassene Beamten sowie die Zeitsoldaten, Wehrpflichtigen und Zivildienstleistenden einen Fürsorgepflichtanspruch geltend machen[651]. Sie sind dann insofern eher mit den nach zivilrechtlichen Maßstäben zu beurteilenden Arbeitnehmern vergleichbar, bei denen nach Beendigung des Arbeitsverhältnisses nur noch vereinzelte Nachwirkungen (sog. culpa post pactum finitum) in Betracht kommen. Deren Grundsätze können bei entlassenen öffentlich-rechtlichen Amtswaltern vergleichend herangezogen werden. Insgesamt hängt aber der Ehrenschutz aufgrund der Fürsorge- und Schutzpflicht ohnehin nicht von der bei Pensionären oder Entlassenen entfallenen Dienstleistungspflicht ab, so daß der gegebene Persönlichkeitsschutz bei allen ausgeschiedenen Amtswaltern gleich zu beachten ist[652].

Durch den Fürsorgepflichtanspruch sind schließlich auch die Familie des Amtswalters sowie nach dessen Tode die Hinterbliebenen und die erbberechtigten Familienangehörigen geschützt. Zu diesem privilegierten Personenkreis zählt lediglich der engere bzw. nächste Familienkreis (sog. Kleinfamilie[653]). Hierzu gehören die Ehegatten, Kinder sowie zukünftig auch eingetragene Lebenspartner, soweit sie besoldungsrechtlich berücksichtigt werden. Inhaber des Fürsorgepflichtanspruchs bleibt aber zu Lebzeiten ausschließlich der Beamte selbst[654]. Die genannten Angehörigen des Beamten sind dann lediglich anspruchs-

---

[647] *Plog-Wiedow-Beck-Lemhöfer*, § 79 BBG, Rz. 2.

[648] *Weiß-Niedermaier-Summer-Zängl/Summer*, Art. 86 BayBG, Erl. 7c.

[649] *Schütz/Schachel*, § 85 LBG NRW, Rz. 9; GKÖD/*Fürst*, § 79 BBG, Rz. 48.

[650] VG Aachen, Urteil vom 14. Dezember 2000, Az. 1 K 842/97, S. 11 (unveröffentlicht, rechtskräftig).

[651] Vgl. BVerwGE 24, 92 (96).

[652] *Weiß-Niedermaier-Summer-Zängl/Summer*, Art. 86 BayBG, Erl. 7c.

[653] GKÖD/*Fürst*, § 79 BBG, Rz. 48; *Weiß-Niedermaier-Summer-Zängl/Summer*, Art. 86 BayBG, Erl. 7b.

[654] *Schütz/Schachel*, § 85 LBG NRW, Rz. 9; *Summer*, PersV 1988, 76 (80). a.A. GKÖD/*Fürst*, § 79 BBG, Rz. 48 unter Hinweis auf die Regelung des echten Vertrags zugunsten Dritter gemäß § 328 Abs. 1 BGB, denn es sei mit der Regelung in § 79 BBG, § 48 BBRG keine bloße Begünstigung wie beim unechten Vertrag zugunsten Dritter (§ 328 Abs. 2 BGB) beabsichtigt, sofern die Familienmitglieder selbst betroffen sind.

begünstigt[655]. Nach dessen Tode können hingegen die Hinterbliebenen und die Erben den Fürsorgepflichtanspruch im unveränderten Umfang selbst geltend machen, soweit der Anspruchsinhalt nicht höchstpersönlicher Natur und damit auch nicht vererbbar ist[656].

IV. Anspruchsgegner bzw. verpflichteter Dienstherr

Zur Erfüllung des Anspruchs aufgrund der beamtenrechtlichen Fürsorgepflicht ist als Anspruchsgegner und Passivlegitimierter dem Wortlaut nach allein der Dienstherr verpflichtet, nicht aber einzelne, dessen Aufgaben wahrnehmende Amtsträger, was auch für die ordnungsgemäße Bezeichnung des Beklagten im Rahmen eines gerichtlichen Verfahrens gilt[657]. Im folgenden wird nun genauer dargestellt, was sich hinter diesem, ebenfalls auf *Otto Mayer* zurückgehenden Begriff[658] des Dienstherrn verbirgt, und wer im konkreten Einzelfall tatsächlich die Erfüllung der Fürsorge- und Schutzpflicht sicherstellen und umsetzen muß.

1. Dienstherr und Dienstherrenfähigkeit

Dienstherr eines Amtswalters ist zunächst diejenige juristische Person des öffentlichen Rechts mit Dienstherrenfähigkeit, in deren Diensten der Betroffene steht, d.h. zu der das öffentlich-rechtliche Dienst- und Treueverhältnis besteht[659]. Diese juristische Person wird damit zu einem Träger öffentlicher Verwaltung und ist damit als Dienstherr der zwingende andere Beteiligte jeden Dienstverhältnisses, dem gegenüber die Pflichten und Rechte des Beamten aus dem Beamtenrechtsverhältnis bestehen. Im Falle der Abordnung des Amtswalters zu einem anderen Dienstherrn (vgl. § 27 BBG, §§ 17, 123 BRRG) trifft die Fürsorge- und Schutzpflicht grundsätzlich den aufnehmenden Dienstherrn. Soweit beim bisherigen Dienstherrn noch Kompetenzen verbleiben, z.B. Berechnung und Auszahlung der Bezüge, bleibt eine etwaige Fürsorgepflicht insofern für ihn bestehen. Sofern ein Amtswalter zulässigerweise ein Haupt- und ein Nebenamt ausübt, sind die jeweiligen Dienstherren in ihrem Bereich zu Fürsorge und Schutz ihm gegenüber verpflichtet.

Die Dienstherrenfähigkeit, also die Fähigkeit, Träger von Beamtenverhältnissen zu sein[660], ist hiernach zwingende Voraussetzung für die Existenz und Annahme eines Dienstherrn und damit für dessen Personalhoheit gegenüber den Beamten. Sie kann nur juristischen Personen des öffentlichen Rechts zustehen (§ 133 BRRG), d.h. juristische Personen des Privatrechts sind dienstherrenunfähig. § 121 BRRG bestimmt abschließend den diesbezüglich möglichen Kreis von juristischen Personen des öffentlichen Rechts[661]. Dienstherr eines Beamten können gemäß § 121 Nr. 1 BRRG nur die Bundesrepublik Deutschland, die Bundesländer sowie die Gemeinden und Gemeindeverbände sein (sog. originäre oder

---

655 *Weiß-Niedermaier-Summer-Zängl/Summer*, Art. 86 BayBG, Erl. 7b.

656 Vgl. *Plog-Wiedow-Beck-Lemhöfer*, § 79 BBG, Rz. 3.

657 BVerwGE 99, 56 (58); 75, 354 (355); BVerwG, DÖV 1968, 429 = ZBR 1968, 230. Siehe hinsichtlich der Beklagtenseite die Ausführungen ab S. 249 dieser Untersuchung.

658 Vgl. *Schütz*, DÖD 1959, 181.

659 Zur Ermittlung des jeweiligen Dienstherrn müssen die Ernennungsurkunde oder, wenn es zu einem Dienstherrenwechsel gekommen ist, die entsprechenden Verfügungen herangezogen werden.

660 *Schütz*, DÖD 1959, 181, 183.

661 Vgl. insofern auch die Definition in § 15 Abs. 2 ArbPlSchG.

natürliche Dienstherrenfähigkeit). Ferner trifft dies gemäß § 121 Nr. 2 BRRG für sonstige öffentlich-rechtliche Körperschaften[662], Anstalten und Stiftungen zu, wenn ihnen die Dienstherrenfähigkeit schon vor Inkrafttreten des Beamtenrechtsrahmengesetzes zustand (sog. Dienstherrenfähigkeit kraft Besitzstand) oder ihnen später durch Bundes- oder Landesgesetz, Rechtsverordnung oder Satzung übertragen wurde (sog. derivative Dienstherrenfähigkeit). Sofern entweder die Bundesrepublik Deutschland oder die Bundesländer als Dienstherr betroffen sind, ist nach der Regelung in § 79 BBG, § 48 BRRG im Ergebnis der Staat – wie schon im früheren § 36 DBG – derjenige, gegen den sich der Fürsorgepflichtanspruch richtet[663].

Nach § 123a BRRG ist zusätzlich die Möglichkeit eröffnet, wenn öffentlich-rechtliche Institutionen in eine privatrechtlich organisierte Einrichtung der öffentlichen Hand umgewandelt werden[664], daß die Dienstherrenbefugnis auf den privatrechtlichen Arbeitgeber übergeht. Die Rechtsstellung des Beamten bleibt unberührt, § 123a Abs. 3 S. 1 BRRG. Für die privatrechtlichen Nachfolgeorganisationen der früheren Deutschen Bundespost (Deutsche Telekom AG, Deutsche Post AG und Postbank AG) ergibt sich dies aus Art. 143b Abs. 3 GG. Allerdings werden die juristischen Personen des Privatrechts dann nicht selber zum Dienstherrn, sondern sind beliehene Träger öffentlicher Verwaltung[665].

Die vorgenannten Grundsätze gelten uneingeschränkt nur für Beamte der unmittel- und mittelbaren Staatsverwaltung. Die Rechtsstellung der Richter im Bundes- oder Landesdienst, (Berufs- und Zeit-)Soldaten, Wehrpflichtigen und Zivildienstleistenden als weitere öffentlich-rechtliche Dienst- und Treueverhältnisse unterscheidet sich zwar grundsätzlich vom Beamtenstatus, aber zumindest bezüglich der Fürsorgepflicht des Dienstherrn können sie nach obigen Ausführungen als in ihrem Wesenskern vergleichbar angesehen werden[666]. Bei der Dienstherrenfähigkeit bezüglich dieser Amtsträger sind Besonderheiten zu beachten. Für die Richter ergibt sich aus § 3 DRiG, daß nur der Bund und die Länder Dienstherren eines Richters sein können. Bei (Berufs- und Zeit-)Soldaten, Wehrpflichtigen und Zivildienstleistenden ist ausschließlich die Bundesrepublik Deutschland deren Dienstherr.

2. Zur Wahrnehmung verpflichteter Personenkreis – der (Dienst-)Vorgesetzte

Der Dienstherr als juristische Person des öffentliche Rechts kann selber nicht handeln, sondern kann nur durch seine Organe und seine Amtswalter als Erfüllungsgehilfen tätig werden. Die wichtigsten zu nennenden Stellen seitens des Dienstherrn sind nach § 3 BBG (z.B. auch § 3 LBG NRW) die oberste Dienstbehörde, der Dienstvorgesetzte und der

---

662 So besitzen z.B. die Landesversicherungsanstalten die Dienstherreneigenschaft, während Universitäten diese grundsätzlich nicht besitzen. An sich wären hiervon auch die als öffentlich-rechtliche Körperschaften organisierten Kirchen umfaßt. Allerdings besitzen sie keine Dienstherrenfähigkeit, so daß es bei ihnen auch keine „weltlichen“ Beamtenverhältnisse gibt.

663 GKÖD/*Fürst*, § 79 BBG, Rz. 48.

664 Die Umwandlung erfolgt zumeist in eine Aktiengesellschaft (z.B. Deutsche Bahn AG oder Universitätsklinikum Aachen AG) oder in eine Gesellschaft mit beschränkter Haftung.

665 *Kunig*, Recht des öffentlichen Dienstes[12], S. 688, Rz. 10.

666 Siehe hierzu die Ausführungen auf S. 13 dieser Untersuchung.

Vorgesetzte[667]. Daneben obliegt die Wahrnehmung der Fürsorge- und Schutzpflicht ganz allgemein allen Personen, also auch angestellten Verwaltungsbediensteten, deren sich der Dienstherr bei Erfüllung seiner Pflichten bedient.

Oberste Dienstbehörde des Beamten ist generell die oberste Behörde des Dienstherrn, in deren Dienstbereich er ein Amt bekleidet (§ 3 Abs. 1 BBG, § 3 Abs. 1 Nr. 1 LBG NRW), sofern nicht Sondervorschriften eingreifen[668]. Diese Zugehörigkeit zu einem Geschäftsbereich eines Ministeriums basiert in der Regel auf der Zuordnung der Planstelle bzw. des Dienstpostens zu einem bestimmten Haushaltsplan von Bund oder Land. Oberste Dienstbehörde von Beamten bei den Gemeinden und den Gemeindeverbänden ist hiervon abweichend die Vertretung der Gemeinde (der Rat) oder des Gemeindeverbandes (der Kreistag), vgl. § 3 Abs. 1 Nr. 2 LBG NRW. Bei den öffentlich-rechtlichen Institutionen, die eine sog. derivative Dienstherrenfähigkeit besitzen, bestimmt das entsprechende Bundes- oder Landesrecht die jeweilige oberste Dienstbehörde (vgl. § 3 Abs. 1 Nr. 3 LBG NRW). Bei Ruhestandsbeamten ist die oberste Dienstbehörde diejenige, die zuletzt diese Aufgabe in bezug auf den Beamten ausgeübt hat. Die Zuständigkeiten der obersten Dienstbehörde sind in den Beamtengesetzen festgelegt, so daß beim Fehlen einer Zuständigkeitsregelung, wie z.B. bei der Fürsorge- und Schutzpflicht, der Dienstvorgesetzte für die Wahrnehmung und Ausübung von Rechten und Pflichten verantwortlich ist[669].

Dienstvorgesetzter des Beamten ist, wer für beamtenrechtliche Entscheidungen über die persönlichen Angelegenheiten der ihm nachgeordneten Beamten zuständig ist (§ 3 Abs. 2 S. 1 BBG, § 3 Abs. 2, Abs. 4 S. 1 LBG NRW), womit eine persönliche Vorgesetztenstellung konstituiert wird. Konkret richtet sich dies nach dem jeweiligen Behördenaufbau (z.B. § 3 Abs. 2 S. 3 BBG), etwaig ausgeübten Delegationsbefugnissen sowie sonstigen Anordnungen oder Anweisungen. Mit dem Dienstvorgesetzten ist aber im Unterschied zum Vorstehenden erstmals eine Personen und nicht lediglich eine Institution angesprochen. Gemäß dem klassischen, dreistufigen Behördenaufbau ist zischen dem unmittelbaren, den höheren und dem höchsten Dienstvorgesetzten zu unterscheiden. Letztgenannter ist wiederum der Leiter der obersten Dienstbehörde, in der Regel also der zuständige Ressortminister auf Bundes- oder Landesebene. Nicht alle Amtswalter der genannten öffentlich-rechtlichen Dienst- und Treueverhältnisse haben diese drei Dienstvorgesetzten. Je höher der Betroffene im Behördenaufbau tätig ist, um so weniger Dienstvorgesetzte kommen in Betracht und deren Funktionen fallen zusammen. So ist der Ressortminister zugleich unmittelbarer und höchster Dienstvorgesetzter für die in seinem Ministerium tätigen Beamten. Bei Beamten der Gemeinden, der Gemeindeverbände und der sonstigen juristischen Personen des öffentlichen Rechts ist jeweils nur ein Dienstvorgesetzter vorhanden (z.B. § 3 Abs. 2 S. 1 Nr. 2 und Nr. 3 LBG NRW). Bei Ruhestands- und früheren Beamten gilt als Dienst-

---

[667] Um den Umfang dieser Untersuchung nicht zu überschreiten, werden in diesem Zusammenhang nur die abstrakten Grundregeln dargestellt. Auf konkrete Beispiele und die genaue einzelnen Behördenstrukturen von Bund, Ländern und Gemeinden muß verzichtet werden. Im übrigen ist davon auszugehen, daß jeder Beamte seine oberste Dienstbehörde kennt.

[668] Abweichend hiervon regelt z.B. § 176 Abs. 1 S. 3 BBG die oberste Dienstbehörde für Beamte bei den Verfassungsorganen. Nach § 48 Abs. 3 PostVerfG ist oberste Dienstbehörde für Beamten der ehemaligen Deutschen Bundespost die Generaldirektion der jeweiligen Nachfolge- und Aktiengesellschaft.

[669] Vgl. *Scheerbath-Höffken-Bauschke-Schmidt*, Beamtenrecht[6], § 10 II Nr. 2a, S. 200.

vorgesetzter der letzte Dienstvorgesetzte (z.B. § 3 Abs. 2 S. 2 LBG NRW). Zu den wichtigsten Pflichten[670] der Dienstvorgesetzten gehört nun die Wahrnehmung und Ausübung der Fürsorge- und Schutzpflicht gegenüber den unterstellten Amtswaltern. Sie sind diejenigen, die im konkreten Einzelfall handeln und darüber entscheiden müssen, ob und wie die ihnen unterstellten Amtswalter bei ihrer amtlichen Tätigkeit und in ihrer Rechtsstellung zu schützen sind. Daneben üben die Dienstvorgesetzten in der Regel auch die gesetzlichen Disziplinarbefugnisse aus.

(Amts-)Vorgesetzter eines Beamten ist, wer dem Beamten für seine dienstliche Tätigkeit Anordnungen erteilen kann (§ 3 Abs. 2 S. 2 BBG, § 3 Abs. 5 S. 1 LBG NRW). Dies ist jeder dem Beamten dienstlich Übergeordnete, der aber nicht notwendigerweise ranghöher sein muß. Auch Angestellte können Vorgesetzte eines Beamten sein. Auch die Bestimmung dessen, wer konkret (Amts-)Vorgesetzter ist, richtet sich nach dem Behördenaufbau (vgl. § 3 Abs. 5 S. 2 LBG NRW). Es ist zwischen dem unmittelbaren, höheren, weiteren nächsthöheren und höchsten Vorgesetzten zu unterscheiden. Im Einzelfall kann es zur Identität von Dienst- und Disziplinarvorgesetztem und dem (Amts-)Vorgesetzten kommen. Allerdings ist die Stellung als Vorgesetzter für den Tatbestand der Fürsorge- und Schutzpflicht unbeachtlich, denn mit der Vorgesetztenstellung konkretisiert sich das Über- und Unterordnungsverhältnis, und der Beamte wird als inkorporierter Teil der Exekutive angesprochen bei sächlichen Fragen, so daß das Amtsverhältnis betroffen ist, während die Fürsorge- und Schutzpflicht dem Dienstverhältnis aufgrund der (Grund-)Rechtsgeltung zugewiesen ist. Dies zeigt sich auch schon an den Rechtsschutzmöglichkeiten, denn gegen Maßnahmen und Entscheidungen des Dienstvorgesetzten kann der Betroffene klagen, gegen dienstliche Anweisungen des Vorgesetzten lediglich remonstrieren[671]. Allerdings ist jeder Vorgesetzte selbstverständlich zur Wahrung der Rechte, z.B. des Rechts der persönlichen Ehre, der ihm unterstellten Beamten seitens des Dienstherrn verpflichtet.

Im Zuge der (Nicht-)Wahrnehmung der Fürsorge- und Schutzpflicht durch die vorstehend genannten Organe und Dienstvorgesetzten und der Berücksichtigung der (Grund-)Rechte durch die Vorgesetzen kommt es zu einer Zurechnung dieses Verhaltens zum Dienstherrn gemäß § 89 Abs. 1 BGB, der die Vorschriften des § 31 BGB (Haftung für Organe) für anwendbar erklärt, und gemäß dem Rechtsgedanken aus § 278 BGB (Haftung für Erfüllungsgehilfen), so daß der Dienstherr deren Verschulden wie eigenes Verschulden zu vertreten hat[672], was insbesondere bei dessen Haftung aufgrund der noch darzustellenden sekundärrechtlichen Schadensersatzansprüche zu beachten ist.

Zusammenfassend muß also die Fürsorge- und Schutzpflicht vom Dienstherrn wahrgenommen werden, der sich dafür der obersten Dienstbehörde und des Dienst- und Disziplinarvorgesetzten bedient. Kommt es durch diese Organe oder sonstige Verwaltungsbedienstete zu einem ehrverletzenden und damit auch zu einem fürsorgepflichtwidrigen Verhalten, so wird dies dem Dienstherrn zugerechnet. Insbesondere in den Fällen, in denen die Ehrverletzung vom Dienstvorgesetzten selbst herrührt, verdichtet sich dann die klassische Dreiecks-Konstellation der Fürsorge- und Schutzpflicht, wie bereits darge-

---

[670] Dies wird sogar als oberste Pflicht angesehen, ebd., § 10 III Nr. 3a, S. 204.

[671] Ebd., § 10 IV Nr. 2, S. 206.

[672] GKÖD/*Fürst*, § 79 BBG, Rz. 48; *Plog-Wiedow-Beck-Lemhöfer*, § 79 BBG, Rz. 22.

stellt[673], zu einem Zwei-Personen-Verhältnis, das aber insofern zu keiner veränderten Beurteilung der beamtenrechtlichen Fürsorge- und Schutzpflicht führt.

V. Verjährung und Verwirkung

Um den Fürsorge- und Schutzpflichtanspruch mit Aussicht auf Erfolg durchsetzen zu können, darf dieser Anspruch weder verjährt noch verwirkt worden sein. Die regelmäßige Verjährungsfrist für diesen Anspruch beträgt gemäß § 195 BGB analog a.F. insgesamt dreißig Jahre[674], sofern nicht §§ 196, 197 BGB a.F. entsprechend eingreifen. Diese Frist beginnt mit der Entstehung des Anspruchs (§ 198 BGB a.F.), also zum Zeitpunkt der Entstehung der Fürsorgeverpflichtung beim Dienstherrn. Eine vorherige Verwirkung dieses Fürsorgepflichtanspruchs zu Lasten des Amtswalters ist nach allgemeinen Regelungen, also beim Vorliegen eines Zeit- und eines Umstandsmoments, möglich. Hierbei ist insbesondere zu berücksichtigen, daß bei Fürsorgepflichtansprüchen eine halbwegs zeitnahe Abwicklung erfolgen muß, damit die Erfüllung dieses Anspruchs noch sinnvoll ist, so daß eine Verwirkung schon nach vergleichsweise wenigen Jahren angenommen werden kann, da der Dienstherr nicht mehr mit einer Geltendmachung rechnen muß, wenn der aktuelle Fürsorgeanlaß bereits längere Zeit zurückliegt[675].

C. Rechtsfolge des Fürsorge- und Schutzpflichtanspruchs

> „Von der Ehre geforderte Dinge sind um so nachdrücklicher gefordert, wenn die Gesetze sie (leider) nicht verlangen."[676]

Rechtsdogmatisch gesehen ist nun der Kern des Ehrenschutzanspruchs zugunsten des Beamten darzustellen, da der Fürsorge- und Schutzanspruch gegenüber dem Dienstherrn gemäß § 79 BBG, § 48 BRRG als generalklauselartiger Auffangtatbestand mangels gesetzlicher Regelung einer konkreten Rechtsfolge in der Regel das Ergebnis der Wahrnehmung und Ausübung pflichtgemäßen Ermessens seitens des Dienstherrn darstellt.

Zwar legt der Wortlaut der Fürsorgepflichtnormen mit den Formulierungen „hat [...] zu sorgen" und „Er schützt ihn [...]" auf den ersten Blick eine gebundene Entscheidung des

---

673 Siehe hierzu die Ausführungen auf S. 32 und S. 46 dieser Untersuchung.

674 Durch das Schuldrechtsmodernisierungsgesetz vom 29. November 2001 (BGBl. I, S. 3138 ff.) wurde u.a. das allgemeine Verjährungsrecht (§§ 194 ff. BGB) ab dem 1. Januar 2002 völlig neu geordnet und z.B. eine dreijährige Regelverjährungsfrist (§ 195 BGB n.F.) und neue Fristberechnungen eingeführt. Für Ansprüche außerhalb des BGB, insbesondere öffentlich-rechtliche Ansprüche wie z.B. den primärrechtlichen Fürsorge- und Schutzpflichtanspruch muß es daher im Zweifel bei der Fortgeltung der §§ 195 ff. BGB a.F. bleiben, es sei denn, daß eine Interessen- und Normzweckanalyse ergibt, daß die neue Regelung dem betroffenen Anspruch angemessen ist, vgl. BVerwGE 52, 16 (23). Den Gesetzesmaterialien ist an sich nicht zu entnehmen, daß der Gesetzgeber die Verjährung öffentlich-rechtlicher Ansprüche reformieren wollte und den Staat durch kürzere Fristen entlasten wollte, vgl. *Mansel*, NJW 2002, 89 (91). Für die primärrechtlichen Folgeansprüche und die Sekundäransprüche werden entsprechende Änderungen zwar angenommen (vgl. *Dötsch*, NWVBl. 2001, 385 ff.), nicht jedoch für den Fürsorge- und Schutzpflichtanspruch. Anderer Auffassung ist MüKo/*Grothe*[4], § 195 BGB, Rz. 12 f. Im übrigen wird der Streit um die neue, kürzere Verjährungsfrist durch die bei dem Fürsorgepflichtanspruch besonders zu beachtende Verwirkung entschärft.

675 *Weiß-Niedermaier-Summer-Zängl/Summer*, Vorbem. zu Art. 86-102 BayBG, Erl. 8c.

676 *Montesquieu*, Vom Geist der Gesetze, 4. Buch, 2. Kapitel (in der Übersetzung von *Kurt Weigand*).

Dienstherrn nahe. Aber bereits dem Wortlaut nach hat der Gesetzgeber auf eine Regelung der Art und Weise, wie der Dienstherr seiner Fürsorgeverpflichtung nachzukommen hat, ausdrücklich verzichtet, und er mußte sogar wegen der Vielzahl von möglichen Fallgestaltungen auch hierauf verzichten. Darüber hinaus ist der Dienstherr aber auch nach teleologischen Erwägungen nicht in jedem Einzelfall verpflichtet, Fürsorge- und Schutzmaßnahmen zu ergreifen. Es muss dem Dienstherrn möglich sein, nach Prüfung im Einzelfall sich zu einer Untätigkeit zu entschließen, da beispielsweise Ehrenschutzmaßnahmen den Störer aufwerten könnten oder die Injurie weiter verschärfen könnten. Somit kann aus § 79 BBG, § 48 BRRG nur ein schlichter Handlungsauftrag entnommen werden, bei dem der Dienstherr unter Ausübung pflichtgemäßen Ermessens entscheiden kann, ob und mit welchen konkreten Maßnahmen der Dienstherr seiner Beistands- bzw. Schutzpflicht bei Ehrangriffen nachkommt. Mangels einer zwingenden Verpflichtung des Dienstherrn ist kein gebundener Anspruch des Beamten gegeben. Vielmehr kommt dem Dienstherrn bei Ehrkränkungen – ähnlich wie im Polizei- und Ordnungsrecht – ein Entschließungs- und Auswahlermessen zu.

Aus verschiedenen Rechtsgründen kann es dann allerdings zu einer Ermessensreduzierung oder zu einer Ermessensreduktion auf Null kommen, so daß für den Dienstherrn nur eine einzige Entscheidung zur Erfüllung seiner Pflicht in Betracht kommt. Dann wäre der Dienstherr beispielsweise verpflichtet, den betroffenen Beamte gegen unberechtigte Anwürfe bzw. Vorwürfe[677] in Schutz zu nehmen sowie ihm Hilfen zu bieten, damit er sich gegen Behauptungen und Anschuldigungen Dritter, die seine Amtsführung betreffen, zur Wehr setzen kann[678]. Nur in diesen Ausnahmefällen ist ein gebundener Anspruch des Beamten auf eine konkrete Ehrenschutzmaßnahme gegeben.

I. Ermessensspielraum und Ermessensrichtlinien für den Dienstherrn

Der Dienstherr hat somit zunächst einen weiten Ermessensspielraum, wie er seiner Fürsorge- und Schutzpflicht genügen will. Diese bedeutet aber auch als Ermessensleitlinie, daß der Dienstherr bei allen Handlungen und Maßnahmen – ausgehend vom Wohlwollen gegenüber seinem Beamten und dem Willen, ihn gerecht zu behandeln – sowohl die dienstlichen als auch die außerdienstlichen Interessen des Beamten angemessen zu berücksichtigen und ihn insbesondere vor Nachteilen und Schäden zu bewahren hat[679]. Der Dienstherr handelt hierbei in eigener Verantwortung unter Beachtung von Recht und Gesetz und darf keiner anderen Stelle, z.B. dem Personalrat, einen bestimmenden Einfluß auf seine Entscheidung einräumen, um sich so der eigenen Entschlußfähigkeit mehr oder minder zu entledigen[680]. Schließlich soll das Verhältnis zwischen Amtswalter und dem zur

---

677 BVerfGE 43, 154 (165); *Schmidt-Bleibtreu-Klein*[9], Art. 33 GG, Rz. 25; *Jarass-Pieroth*[7], Art. 33 GG, Rz. 49; *Isensee*, HdbVerfR[2], S. 1559, Rz. 68; *Pieroth-Schlink*, Grundrechte[19], Rz. 1034; *Kunig*, Recht des öffentlichen Dienstes[12], S. 760, Rz. 155; *Lecheler*, AöR 103 (1978), 349 (377); BVerwGE 99, 56 (59).

678 BVerwGE 118, 10 ff. = NJW 2003, 3217 ff. = NVwZ 2004, 246 ff. = DVB. 2003, 1546 ff. = DÖV 2003, 769 ff. = ZBR 2004, 56 ff. = NWVBl. 2003, 340 f.

679 *Wind-Schimana-Wichmann-Langer*, Öffentliches Dienstrecht[5], Rz. 236; BVerwGE 19, 19 ff.; 44, 27 ff.; 60, 212 ff.; *Wagner*, Beamtenrecht[7], Rz. 237; GKÖD/*Fürst*, § 79 BBG, Rz. 1, 19; *Weiß-Niedermaier-Summer-Zängl/Summer*, Art. 86 BayBG, Erl. 41b.

680 BVerfGE 9, 268 (286); *Fischbach*[3], § 79 BBG, S. 682; GKÖD/*Fürst*, § 79 BBG, Rz. 18.

Erfüllung der Fürsorgepflicht konkret verpflichteten Dienstvorgesetzten von gegenseitiger Offenheit und Vertrauen geprägt sein[681].

Das Bundesverwaltungsgericht[682] und die Instanzgerichte[683] haben aber wiederholt judiziert, daß der Dienstherr befugt ist, die ihm durch das Gesetz eingeräumte Gestaltungsfreiheit in der Ausübung der Fürsorgepflicht, also den Umfang der Fürsorgepflicht, vorab durch ermessenslenkende Verwaltungsvorschriften (Ermessensrichtlinien) für bestimmte Fallgruppen nach abstrakt-generellen Gesichtspunkten zu binden[684], sofern die zugrunde liegenden Erwägungen der Zielsetzung der vom Gesetz eingeräumten Ermächtigung entsprechen. Derartige, im Interesse einer einheitlichen Ausübung der Fürsorgepflicht erlassene Verwaltungsvorschriften haben zur Folge, daß der Dienstherr alle in ihnen angesprochenen Fälle hiernach behandeln muß und von dem determinierten Ergebnis nur abweichen darf, wenn wesentliche Besonderheiten des Einzelfalls dies rechtfertigen[685]. Umgekehrt bedeutet dies, daß diese Richtlinien dann auch dem betroffenen Amtswalter in Verbindung mit Art. 3 Abs. 1 GG einen subjektiv-individuellen Anspruch auf Einhaltung dieser Richtlinien einräumen, da der Dienstherr seine Ermessensausübung selbst gebunden hat[686]. Dies drückt sich allerdings hauptsächlich nur in Geldleistungen aus. Im Zusammenhang mit den hier zu untersuchenden Fallkonstellationen für den Ehrenschutz durch den Dienstherrn sind aber insofern lediglich die noch darzustellenden „Richtlinien über den Rechtsschutz für Verwaltungsangehörige in Strafsachen und Bußgeldverfahren" zu berücksichtigen[687].

II. Grundsätzlicher Anspruch des Beamten auf ermessensfehlerfreie Entscheidung (Destination)

Ganz allgemein gilt bei Ermessensentscheidungen sowohl im Beamtenrecht als auch im sonstigen Verwaltungsrecht, daß der Anspruchberechtigte zunächst lediglich einen Anspruch auf eine ermessensfehlerfreie Entscheidung (sog. Destination) durch den Dienstherrn hat, d.h. der Beamte kann nur verlangen, daß der Dienstherr seinen gesetzlichen und verfassungsrechtlichen Verpflichtungen unter Berücksichtigung der nachfolgend darzustellenden Ermessenleitlinien und -gesichtspunkte mit einer gesetzeskonformen Maßnahme bzw. Entscheidung nachkommt. Dies bedeutet grundsätzlich, daß der Dienstherr im Rahmen pflichtgemäßer Ermessensausübung sich entscheiden muß, ob er überhaupt tätig wird (sog. Entschließungsermessen), und wenn ja, in welchem Umfang er tätig werden will (sog. Auswahlermessen). Erst nachdem das für den Ehrenschutz der Beamten kraft Fürsorgepflicht mögliche Handlungsinstrumentarium des Dienstherrn in seiner Gesamtheit dargestellt worden ist, kann geprüft werden, ob sich bei bestimmten der zu untersuchenden Fallkonstellationen das gegebene Ermessen wegen der zu berücksichtigenden Interessengesichtspunkte verdichtet oder gar auf Null reduziert, weil der Dienstherr aus Rechts-

---

681 *Korn-Tadday*, § 85 LBG NRW, Erl. 2.

682 BVerwGE 28, 353 (355 f.); 44, 72 (74 f.); BVerwG, NJW 1985, 1041.

683 OVG Koblenz, NVwZ-RR 1995, 456.

684 *Schütz/Schachel*, § 85 LBG NRW, Rz. 12.

685 *Battis*[3], § 79 BBG, Rz. 8.

686 Vgl. BVerwGE 28, 353 (356); 95, 98 (100).

687 Siehe hierzu die näheren Ausführungen ab S. 204 dieser Untersuchung.

gründen nur auf eine einzige Art und Weise dem Ehrenschutz seiner Bediensteten nachkommen kann.

III. Berücksichtigungsbedürftige Ermessenskriterien beim Dienstherrn

Fraglich ist nun, nach welchen Kriterien der Dienstherr sein Ermessen auszuüben hat, insbesondere in wessen Interesse er seiner Fürsorge- und Schutzpflicht nachzukommen hat, damit die getroffene Entscheidung als ermessensfehlerfrei angesehen werden kann (vgl. § 40 VwVfG, § 114 VwGO). Neben den persönlichen Interessen des von der Ehrkränkung konkret tangierten Amtswalters kommen hierfür – nicht notwendigerweise gegenläufige – allgemeine dienstliche und behördliche Interessen des Dienstherrn sowie ideelle Interessen des Staates im allgemeinen in Betracht. Art und Umfang der in dieser Gemengelage von Beamten-, Dienstherren- und Staatsinteressen zu berücksichtigenden Aspekte und Kriterien sollen im folgenden dargestellt werden. *Summer* drückt dies zutreffend durch die auf *Cicero* zurückgehende Frage „Cui bono?“ aus, indem er nach dem „inneren Grund“ der Fürsorgepflicht fragt[688]. In der Praxis zeigen sich gerade bei der Ermessensausübung im Rahmen der Fürsorge- und Schutzpflicht erhebliche Defizite auf Seiten der Dienstherren.

1. Individualinteressen des betroffenen Beamten

Der Dienstherr schuldet seine Maßnahmen zum Ehrenschutz kraft Fürsorgepflicht sowohl bei externen als auch bei internen Injurien unbestritten zunächst im Interesse des durch die ehrenrührige Verhaltensweise konkret tangierten Amtswalters, denn schließlich soll die Fürsorgepflicht nach ihrer ratio legis und eine hierauf gestützte Maßnahme – zumindest auch – dem Schutz des Amtswalters als Begünstigten und Anspruchsinhaber und dem Schutz dessen Individualinteressen dienen (sog. Schutznormlehre[689]). Daher ist die Fürsorgepflicht auch ein subjektiv-öffentliches Recht und nicht nur ein Rechtsreflex, denn sie beinhaltet die Rechtsmacht eines einzelnen, die ihm kraft öffentlichen Rechts verliehen wurde, vom Staat ein konkretes Handeln, Dulden oder Unterlassen zu verlangen (Anspruch)[690]. Wie aber bereits dargestellt[691] stellt sich die pflichtgemäße Erfüllung der Fürsorgepflicht als Ergebnis der Abwägung zwischen den betroffenen Individualinteressen und den Interessen der Allgemeinheit, insbesondere fiskalischen Interessen, dar. Hierbei ist trotz der persönlichen Ausrichtung der Fürsorgepflicht zu beachten, daß die öffentliche Verwaltung im Interesse und zum Wohle der Allgemeinheit besteht und der Amtswalter hierauf auch verpflichtet ist (§ 52 Abs. 1 BBG). Wenn also der Dienstherr trotz Berücksichtigung persönlicher Interessen auf übergeordnete Interessen der Allgemeinheit rekurriert und diesen den Vorrang einräumen sollte, ist er aufgrund der Fürsorgepflicht dennoch gehalten, im Rahmen des Möglichen den schutzwürdigen Interessen des tangierten Beamten Rechung zu tragen[692]. Zu den schutzwürdigen Interessen des Betroffenen gehört neben dem unmittelbar beeinträchtigtem Rechtsgut der persönlichen Ehre auch die

---

688 Vgl. *Summer*, PersV 1988, 76 (79).

689 *Kopp-Schenke*[13], § 42 VwGO, Rz. 83 ff.

690 *Schmitt Glaeser-Horn*, Verwaltungsprozeßrecht[15], Rz. 157 f. Dies wurde bereits schon den Ausführungen ab S. 85 zugrundegelegt, dort allerdings aufgrund der Gesetzessystematik begründet.

691 Siehe hierzu die Ausführungen auf S. 17 dieser Untersuchung.

692 *Plog-Wiedow-Beck-Lemhöfer*, § 79 BBG, Rz. 4.

Gesundheit des Beamten als Rechtsgut, denn gerade bei ehrverletzenden verwaltungsinternen Maßnahmen, z.B. beim „Mobbing", kann es in der Folgezeit zu körperlichen und psychischen Erkrankungen (Depressionen, Angstzuständen) kommen, vor denen der Dienstherr den Beamten kraft seiner Schadensabwendungspflicht zu schützen hat.

2. Allgemeine dienstliche und behördliche Interessen des Dienstherrn

Daß eine Fürsorgepflichtmaßnahme dem hiervon begünstigten Amtswalter nützt, ist aber nicht alleiniger Grund, dieselbe zu treffen. Es steht nicht im Widerspruch zu einem subjektiv-öffentlichen Recht, wenn durch die konkrete Rechtsnorm auch Interessen der Allgemeinheit oder andere Interessen geschützt werden[693].

Neben den Individualinteressen des Amtswalters müssen aber auch allgemeine dienstliche und behördliche Interessen seines Dienstherrn berücksichtigt werden, denn für die Bestimmung des Umfangs der Fürsorgepflicht kommt es unter Beachtung der „überragenden Machtstellung des Staates"[694] gegenüber dem in die staatliche Organisation eingegliederten Amtswalters auf eine Abwägung zwischen einerseits dessen berechtigten Individualinteressen und andererseits den öffentlichen, insbesondere den rein fiskalischen, Interessen und der staatlichen Ordnung an[695].

Soweit fiskalische Aspekte angesprochen sind, wird üblicherweise sofort auf die Finanznot der öffentlichen Hand und des jeweiligen Dienstherrn verwiesen, um so ein hoheitliches Einschreiten mangels finanzieller Mittel oder wegen eines unverhältnismäßig großen Finanzaufwands zu unterlassen. Dieses vorgeschobene Argument der Finanznot kann aber leicht entkräftet werden, da Ehrenschutzmaßnahmen im wesentlichen keine Kosten verursachen bzw. dem Dienstherrn nicht haushaltstechnisch zur Last fallen[696]. Des weiteren zeigt dieses pauschale Argument der Dienstherren die mangelnde Berücksichtigung des Umstands, daß stets eine Abwägung zwischen den fiskalischen Interessen und den persönlichen Belangen des verletzten Amtswalters getroffen werden muß. Zwar sollen betriebswirtschaftliche Erkenntnisse nicht in Frage gestellt werden, so daß es vor allem aus Sicht des steuerzahlenden Bürgers als Ziel wünschenswert ist, eine öffentliche Verwaltung zu haben, die mit den Kriterien von Leistung und Effizienz vertraut ist, und die ihr Handeln auch unter dem Gesichtspunkt einer Kosten-Nutzen-Relation beurteilen kann. Aber auch der (moderne) Staat ist mehr als ein Dienstleistungsunternehmen und kann nicht allein unter finanziellen Gesichtspunkten gesehen werden. Nicht nur bei der Fürsorgepflicht sind im Rahmen des staatlichen Handelns eine Vielzahl ideeller Aspekte zu berücksichtigen, die im folgenden dargestellt werden sollen und bei einer rein betriebswirtschaftlichen Beurteilung unberücksichtigt blieben, so daß fiskalische Aspekte

---

693 Vgl. *Schmitt Glaeser-Horn*, Verwaltungsprozeßrecht[15], Rz. 158.

694 *Battis*[3], § 79 BBG, Rz. 3.

695 *Schütz/Schachel*, § 85 LBG NRW, Rz. 14; *Battis*[3], § 79 BBG, Rz. 8; *Wind-Schimana-Wichmann-Langer*, Öffentliches Dienstrecht[5], Rz. 236; vgl. *Thiele*, DÖD 1962, 221 (225).

696 Ausnahmen hiervon sind die Gewährung finanzieller Beihilfen an den Amtswalter, um ihm eine angemessene Rechtsverteidigung zu ermöglichen, oder die Kosten eines zivil- oder presserechtlichen Verfahren des Dienstherrn gegen den ehrkränkenden Störer. Siehe zum Gesamten die Ausführungen ab S. 151 dieser Untersuchung.

Ehrenschutzmaßnahmen kraft Fürsorgepflicht nur in denkbar wenigen Fällen ernsthaft entgegenstehen können.

Weiter hat der Dienstherr, vertreten durch den Behördenleiter, dessen Amtswalter einem ehrenrührigen Verhalten ausgesetzt ist, auf das Ansehen und den Ruf seiner Behörde[697] in der Öffentlichkeit zu achten, damit keine Zweifel an der rechtmäßigen, pflichtbewußten und verantwortungsvollen Wahrnehmung und Erfüllung der gesetzlich übertragenen Aufgaben aufkommen. Wenn z.B. Politessen bei ihrer Aufgabenwahrnehmung täglich einem aggressiven und ehrenrührigen Verhalten ausgesetzt sind, muß der Dienstherr berücksichtigen, welche „Wertschätzung" der rechtmäßigen und notwendigen Arbeit der Verkehrsraumüberwacher damit zum Ausdruck gebracht wird, die sich indirekt nicht nur gegen die Amtswalter, sondern vielmehr gegen die Kommune und deren Verwaltung selbst richtet[698]. Über das Ansehen der Behörde hinaus ist vom Dienstherrn aber auch auf das Ansehen des öffentlichen Dienstes im allgemeinen oder zumindest des Image des Berufsbeamtentums in der Öffentlichkeit zu achten[699]. Jedem Amtswalter sind erhebliche Dienstpflichten auferlegt, und er hat, wenn nötig, Partei für den Staat und dessen Institutionen zu ergreifen. Umgekehrt formuliert bedeutet dies, daß der Beamte nicht durch eine „uninteressierte, kühle innerlich-distanzierte Haltung gegenüber Staat und Verfassung" dazu beitragen darf, die rechtlichen und tatsächlichen Grundlagen seines Handelns zu zerstören[700]. Da jedes öffentlich-rechtliche Dienst- und Treueverhältnis gegenseitig, wenngleich nicht synallagmatisch, ausgestaltet ist, bedeutet dies für das Verhalten des Dienstherrn kraft Fürsorgepflicht umgekehrt, daß er als Organ des Staates es nicht zulassen kann, daß das Berufsbeamtentum als Institution und die entsprechenden Amtsträger, z.B. durch negative Medienberichte, diskreditiert und ehrenrührig behandelt werden[701]. Ansonsten könnte eine Staats- und Behördenverdrossenheit bei den Bediensteten erzeugt bzw. weiter verstärkt werden.

Schließlich sind aber auch ganz handfeste, praktische und über den konkret betroffenen Amtswalter hinausgehende Aspekte vom Dienstherrn, vertreten durch den Behördenleiter, zu berücksichtigen. Sollte er seinen rechtlichen Verpflichtungen nicht nachkommen, kann dies negative Auswirkungen auf die Motivation bzw. die Dienst- und Entscheidungsfreudigkeit[702], die Arbeitskraft seiner Mitarbeiter und das Betriebsklima im allgemeinen haben. Nicht nur bei externen ehrverletzenden Anschuldigungen, sondern auch bei internen Beleidigungen oder einer von Mobbing geprägten und angespannten verwaltungsinternen Situation kann die Nicht- oder Mißachtung der Fürsorge- und Schutzpflicht durch den

---

697 *Minz*, SKV 1967, 285 (288); *Els*, RiA 1993, 229 (230). Die Behörde kommt ansonsten ins Gerede.

698 So ist es mehr als begrüßenswert, wenn die Stadt Köln als Dienstherr in einer Presseerklärung mitteilt, daß sie nicht weiter Beschimpfungen von Politessen hinnehme. Leider mußte nämlich festgestellt werden, daß die Aggressivität gegenüber den Politessen weiter zugenommen habe. Fast täglich würden die Politessen und ihre männlichen Kollegen beschimpft und beleidigt. Bisher sei dies tolerant hingenommen worden, aber durch die jüngste Entwicklung sei die Stadt Köln als Dienstherr gezwungen, weniger Nachsicht zu üben, so daß in den bisher hingenommen Fällen ab sofort konsequent Strafanträge bei der Staatsanwaltschaft gestellt werden, vgl. Pressemitteilung der Stadt Köln – Der Oberstadtdirektor –, Nr. 383 vom 21. April 1998 sowie den darauf bezug nehmenden Artikel des Bonner General-Anzeiger vom 22. April 1998, S. 39.

699 *Thiele*, DÖD 1988, 273 (276 f.).

700 BVerfGE 39, 334 (348 f.).

701 Vgl. *Thiele*, DÖD 1988, 273 (277). *Haas*, FS Fürst, S. 166 (mögliche Erosion des Berufsbeamtentums).

702 *Haas*, FS Fürst, S. 167; Vgl. *Weimar*, RiA 1964, 84 (85).

Dienstherrn zu einer langsamen und bürgerfernen Aufgabenwahrnehmung, zu einem Dienst nach Vorschrift oder zu einem sog. „Blaumachen“ bzw. „Krankfeiern“ und somit zu erhöhten Fehlzeiten führen. Eine derartige Behörde wäre weder in der Öffentlichkeit noch in der Exekutive selbst gut angesehen, so daß sich auch erhebliche Schwierigkeiten bei der stets notwendigen Rekrutierung neuer Beamter sowie bei der Karriereförderung vorhandener Beamter ergeben könnten. Diese würden sich nämlich zurecht fragen, warum sie sich eine Tätigkeit in dieser Behörde (weiter) „antun“ sollten und würden nach „besseren Jobs“ bei anderen öffentlichen Dienstherren oder privaten Arbeitgebern Ausschau halten. Dieser Arbeitsplatzwechsel ist zwar oft nur der letzte Ausweg für den Betroffenen oder die sonstigen Verwaltungsbediensteten, die das Verhalten ihres Dienstherrn genau wahrnehmen, aber daß diese Gefahr für den Dienstherrn besteht, kann nicht ernsthaft bestritten werden.

3. Allgemeine staatliche und ideelle Interessen

Die bereits aufgeworfene Frage nach dem „inneren Grund“ der Fürsorgepflicht des Dienstherrn gegenüber seinen Amtswaltern ist des weiteren auch Teil der Staatsethik[703]. In diesem Zusammenhang muß folgendes berücksichtigt werden: Der Staat und seine Dienstherren können als juristische Personen des öffentlichen Rechts nicht selber handeln, sondern kommen ihren Aufgaben durch ihre jeweiligen Organe und Amtswalter nach, d.h. umgekehrt, die Amtswalter repräsentieren den jeweiligen Dienstherrn und werden in der Öffentlichkeit mit diesem gleichgesetzt. Die Legitimation der Dienstherren ist aber in letzter Konsequenz Ausdruck der Volkssouveränität (Art. 20 Abs. 2 S. 1 GG). Besonders deutlich wird dieses bei Gerichtsurteilen, die „Im Namens des Volkes“ ergehen. Daher haben die Amtswalter sich in ihrer amtlichen Tätigkeit politisch neutral, ihrem jeweiligen Dienstherrn gegenüber treu und loyal bei der Erfüllung der ihnen übertragenen Aufgaben zu sein und würdevoll zu verhalten (vgl. §§ 52-54 BBG), um im Außenverhältnis zum Bürger das Vertrauen der Allgemeinheit in die Achtungswürdigkeit und Integrität der Verwaltung zu fördern. Die Amtswalter und ebenso die Angestellten und Arbeiter im öffentlichen Dienst geben durch ihr Handeln somit ein Staatsbild und ein Staatsverständnis wieder. Andererseits beeinflußt aber auch das Handeln des Staates, nämlich wie er seinen gesetzlichen und verfassungsrechtlichen Verpflichtungen, z.B. der Fürsorge- und Schutzpflicht gegenüber seinen Bediensteten, nachkommt, auch seine Selbstdarstellung[704] und sein Selbstverständnis[705]. Diese Selbstdarstellung zeigt sich beispielsweise allgemein in Staatssymbolen (Flagge, Nationalhymne, Wappen, Dekor, Münzen, Dienstsiegel), Ritualen, Feiertagen, Zeremonien, Etikette, protokollarischer Ordnung, Uniformen, Roben, sowie Orden, Titeln und Ehrenzeichen. Zugespitzt ausgedrückt bedeutet dies: So wie der Staat sich gegenüber seinen ihm unterstellten Amtswaltern verhält, müßte und sollte er konsequenterweise auch selbst behandelt werden (wollen).

Hiermit wird eine ideelle Kategorie angesprochen, denn das Ergebnis der in allen Jahrhunderten der Menschheitsgeschichte entwickelten und kontrovers diskutierten Staatstheorien ist nach überwiegender Ansicht zumindest, daß der Staat als abstrakt konzipiertes

---

703 So ausdrücklich: *Spieker*, Die Polizei 1994, 83 (85).

704 Siehe hierzu ausführlich: *Quaritsch*, Probleme der Selbstdarstellung des Staates, S. 1 ff.

705 Vgl. *Hartmann*, Selbstdarstellung, S. 176.

Rechtssubjekt Träger eigener sittlicher Werte ist. Diesem so verfaßten demokratischen Rechtsstaat der Bundesrepublik Deutschland dienen neben den Verfassungsorganen auch alle Amtswalter, die ihr Amt treuhänderisch zum Wohl der Allgemeinheit und des Gemeinwesens wahrnehmen (sollen). Aber nur und solange man dem Staat und seinen Institutionen einen solchen Wert zuerkennt, ist es noch sinnvoll, von dem Beamtenverhältnis als öffentlich-rechtlichem Dienst- und Treueverhältnis zu sprechen, denn dieses wäre geradezu anachronistisch, wenn der Staat nur noch als ein Apparat oder als ein „Dienstleistungsunternehmen" ohne jeglichen sittlichen Eigenwert angesehen werden würde. Die Konsequenzen für die vorliegend zu untersuchende beamtenrechtliche Fürsorgepflicht hängen also wesentlich vom jeweiligen Staatsverständnis ab. Unabhängig hiervon ist aber jeder Staat eine organisierte „Entscheidungs- und Wirkungseinheit" (*Hermann Heller*), die auch durch Repräsentation nach außen sichtbar werden muß, nämlich „als geistige Einheit aller Bürger, aus der sich solidarische Gemeinsamkeit, Organisation, Rechte und Pflichten ergeben"[706].

Es gilt daher im folgenden zu analysieren, ob und inwieweit der Dienstherr den Ehrenschutz für seine Amtswalter auch im Interesse der Allgemeinheit bzw. zum Schutze des Staates selbst oder aus weiteren übergeordneten staatspolitischen bzw. staatsethischen und somit aus ideellen Interessen zu leisten hat. Dies gilt umso mehr, da bei Vernachlässigung dieser Interessen die grundgesetzliche institutionelle Garantie des Berufsbeamtentums in Frage gestellt werden könnte, so daß schließlich aufgrund der engen rechtlichen und tatsächlichen Verflechtung des Staatswesens mit dem institutionalisiertem Berufsbeamtentum auch der Staat selbst Schaden nehmen kann.

a.) Staatsräson[707]

Der Begriff der Staatsräson wurde – soweit ersichtlich – zwar erstmals von *Summer*[708] unter dem Aspekt der Effizienz der Exekutive in die Diskussion um die Handhabung des Ehrenschutzanspruchs der Beamten eingeführt[709], aber von diesem nicht näher dargestellt und analysiert, was im folgenden nachgeholt wird. Bei der Staatsräson handelt es sich um einen in Deutschland lange Zeit gemiedenen Begriff[710], der aber auf eine lange politikwissenschaftliche und geschichtliche Grundlage zurückblicken kann[711] und durchaus seinen Nutzen für das Problem des beamtenrechtlichen Ehrenschutzes aufgrund der Fürsorgepflicht des Dienstherrn zeigt.

Im Mittelalter erfolgte die staatliche Machtausübung der politisch Verantwortlichen ursprünglich ausgerichtet auf das Ideal der virtù (*Niccolò Machiavelli*), orientiert an der Maxime der Gerechtigkeit (*Jean Bodin*) oder bedacht auf das Wohl des Herrschers. Mit der

---

706 *Isensee*, Staatsrepräsentation, S. 223.

707 Es wird der deutschen Schreibweise „Staatsräson" und nicht der französisch angelehnten Schreibweise „Staatsraison" gefolgt.

708 *Summer*, PersV 1988, 76 (79 f., 83); *Weiß-Niedermaier-Summer-Zängl/Summer*, Art. 86 BayBG, Erl. 5a.

709 *Els*, RiA 1993, 229 (233) erwähnt ganz allgemein die Staatsräson als zu beachtendes Interesse bei der Wahrnehmung der Fürsorgepflicht des Dienstherrn.

710 In der juristischen Fachliteratur sind im Gegensatz zu politik- und geschichtswissenschaftlichen Publikationen nur sehr wenige Monographien und Aufsätze zu verzeichnen.

711 Vgl. hierzu z.B. *Stolleis*, Staat und Staatsräson in der frühren Neuzeit, S. 1 ff.

Herauslösung des politischen Denkens aus philosophischen, theologischen und rechtlichen, insbesondere naturrechtlichen Bindungen kam es zu einem Bedeutungswandel hin zu einem säkularisierten und rein politischem Begriff der Staatsräson. Dieser bedeutet kurz formuliert, daß das Interesse des Staates allem anderen vorangeht. Die Staatsvernunft (ratio status) und damit das Staatswohl sind absolute und oberste Richtschnur allen staatlichen Handelns. Diesem Ziel hat sich alles unterzuordnen. Genauer bezeichnet die Staatsräson die strenge Bindung an die Zweckdienlichkeit für die politische Gewalt, für die Selbsterhaltung und das Wachstum des Staates als Institution. Die Maxime der Handhabung des staatlichen Machtapparates liegt ausschließlich in der Herrschaftsausübung und Machtbewahrung selbst, und zwar nach außen wie nach innen. Der Staat wird zum Selbstzweck, lebt nach eigenen Gesetzen und setzt sich über geltendes Recht und herrschende Sitte und Moral hinweg, was vornehmlich im aufgeklärten Absolutismus, z.B. bei *Friedrich II.*, erfolgte. Es findet keine Reflexion mehr statt, ob und worin der Staat selber eine (ihn transzendierende) Rechtfertigung oder etwaige Grenzen findet[712]. Durch die Staatsräson werden unter Hinweis auf öffentliche Interessen oder das Gemeinwohl rechtliche Schranken durchbrochen, Recht und Moral vermischt und das eigentliche Ziel, die Verfolgung der eigenen politischen Interessen, verschleiert[713]. Infolgedessen wurde dieser Begriff insbesondere von den Naturrechtlern stark kritisiert. Im Laufe des 19. Jahrhunderts wurde die Lehre von der Staatsräson durch die bürgerlich-liberale Rechtsstaatlichkeitsdoktrin des modernen Staates abgelöst. Sie wurde aber niemals hinfällig. Der Begriff der Staatsräson hat nämlich das politische Denken über Jahrhunderte geprägt, wobei insbesondere der Totalitarismus des 20. Jahrhunderts die Problematik verdeutlicht hat, die aus einer uneingeschränkten Anwendung der Staatsräson resultieren kann.

In diesem von sämtlichen, insbesondere rechtlichen Bindungen losgelöstem Verständnis kann der schillernd-abstrakte und zum Teil emotional verwandte Begriff der Staatsräson heutzutage verständlicherweise nicht mehr verwandt werden, denn die Bundesrepublik Deutschland ist ein demokratisch-verfaßter Rechtsstaat und eine gefestigte Demokratie. Somit erscheinen prima facie Rechtsstaat und Staatsräson als sich widersprechende oder gar feindliche Leitbegriffe[714]. Die Vielzahl der Antinomien[715] wird u.a. dadurch besonders verdeutlicht, daß die Staatsräson Opportunität verkörpert, während der Rechtsstaat durch Legalität gekennzeichnet ist[716].

Fraglich ist aber, ob aus dem gemeinsamen Element „Staat" beider Begriffe (Rechts*staat* und *Staats*räson) nicht doch ein aktuelles Verständnis der Staatsräson abgeleitet werden kann, um so zu einer (juristischen) Renaissance des Begriffs durch Definition einer Staatsräson der Bundesrepublik Deutschland zu gelangen. Hierbei sind sowohl die Zweck-Mittel-Relation staatlichen Handelns, die Staatsinteressen als auch die konstitutionelle

---

712 *Menger*, Deutsche Verfassungsgeschichte der Neuzeit[8], Rz. 118, 246; *Zippelius*, Allgemeine Staatslehre[13], S. 3; Deutsches Rechts-Lexikon[3], Stichwort „Staatsraison", S. 3952 f.

713 Vgl. *Stolleis*, Staat und Staatsräson in der frühren Neuzeit, S. 11.

714 Vgl. *Isensee*, HdbStR, § 162, Rz. 76; *Rumpf*, Der Staat 19 (1980), 273.

715 Siehe hierzu eine detaillierte Auflistung bei *Rumpf*, Der Staat 19 (1980), 273 (283).

716 Vgl. ebd., S. 286.

(idealistische) Werte- und Gesellschaftsordnung (Staatsidee) als einzelne Elemente zu berücksichtigen[717].

Die Staatsräson wird durch das Verfassungsrecht wesentlich beeinflußt und determiniert, so daß das Grundgesetz inhaltlich in die Staatsräson einfließt, denn eine Staatsräson bezieht sich immer auf einen konkreten Staat, also auf die durch ihre Verfassung als demokratischen Rechtsstaat konstituierte Bundesrepublik Deutschland[718]. Über diese Interdependenz wird die Staatsräson zum Rechtsbegriff, so daß sie sich nur aus und mit der Verfassung selbst legitimieren und ermitteln läßt[719]. Prägnant formuliert: „Ein Verfassungsstaat hat keine andere ‚Räson' als seine Verfassung"[720].

Allgemeiner Konsens eines rationalen und damit begriffs-adäquaten Verständnisses der Staatsräson dürfte daher sein, daß es ein rechtliches und politisches Postulat dahingehend gibt, daß die Interessen und Prinzipien des als schützenswert erkannten und anerkannten Gemeinwesens als staatspolitisches Interesse „nach innen wie nach außen"[721] zu wahren sind. Eine so verstandene Staatsräson ist im Unterschied zu früheren Erscheinungsformen am Staatsganzen und damit am Gemeinwohl ausgerichtet. Sie wird durch den Gedanken der „streitbaren" bzw. „wehrhaften" Demokratie gekennzeichnet, der z.B. in den Staatsschutzdelikten der §§ 80 ff. StGB verkörpert wird. Das Gegenteil zu einer derart verstandenen Staatsräson sind die politischen Augenblicksinteressen[722], also der reine Opportunismus, der die zukünftigen Folgen eines Verhaltens nicht bedenkt und so mangels einer großen Leitlinie zu einer nicht vorhersehbaren Einzelfallbeliebigkeit führt, die rechtlich schwer angreifbar sein mag, aber auf lange Zeit zu Enttäuschung, Verdruß, Mißmut oder gar zur Ablehnung des staatlichen Handelns führen kann.

Die Staatsräson repräsentiert also den Grundkonsens einer Verfassung und beinhaltet die allgemeinen Ziele, Leitsätze und Strukturprinzipien des Staatswesens in seiner Gesamtheit, also die Staatsidee. Kurz zusammengefaßt: Die Staatsräson der Bundesrepublik Deutschland ist ihre freiheitlich-demokratische Grundordnung[723], wie sie durch die Recht-

---

717 Vgl. ebd., S. 276.

718 *Isensee*, HdbStR, § 162, Rz. 76 a.E.

719 *Klein*, FS Doehring, S. 464 f. Der in diesem Zusammenhang auftretende Begriff der „Verfassungsräson" ist abzulehnen, da der Staat und sein aktives Handeln und nicht seine Verfassung legitimiert werden soll.

720 *Arndt*, NJW 1961, 897 (899).

721 Vgl. *Isensee*, HdbStR, § 162, Rz. 15.

722 *Summer*, PersV 1988, 76 (83).

723 *Rumpf*, Der Staat 19 (1980), 273 (291). Das Bundesverfassungsgericht umschreibt die beispielsweise in Art. 10 Abs. 2, Art. 11 Abs. 2, Art. 18, Art. 21 Abs. 2 und Art. 73 Nr. 10 lit. b.) GG erwähnte freiheitlich-demokratische Grundordnung als eine Ordnung, „die unter Ausschluß jeglicher Gewalt- und Willkürherrschaft eine rechtsstaatliche Herrschaftsordnung auf der Grundlage der Selbstbestimmung des Volkes nach dem Willen der jeweiligen Mehrheit und der Freiheit und Gleichheit darstellt. Zu den grundlegenden Prinzipien dieser Ordnung sind mindestens zu rechnen: die Achtung vor den im Grundgesetz konkretisierten Menschenrechten, vor allem dem Recht der Persönlichkeit auf Leben und freie Entfaltung, die Volkssouveränität, die Gewaltenteilung, die Verantwortlichkeit der Regierung, die Gesetzmäßigkeit der Verwaltung, die Unabhängigkeit der Gerichte, das Mehrparteienprinzip und die Chancengleichheit für alle politischen Parteien mit dem Recht auf verfassungsmäßige Bildung und Ausübung einer Opposition", BVerfGE 2, 1 (12 f.); 5, 85 (197); 69, 315 (345 f.).

sprechung des Bundesverfassungsgerichtes definiert wird, und deren notwendige Bewahrung nach innen wie nach außen[724].

Von *Summer* wurde nun im Zusammenhang mit der Fürsorgepflicht des Dienstherrn als Topoi der Staatsräson der Bundesrepublik Deutschland die Effizienz der Exekutive und die Gesetzmäßigkeit der Verwaltung benannt[725]. Dem ist uneingeschränkt zuzustimmen, zumal das Prinzip der Gesetzmäßigkeit der Verwaltung explizit vom Bundesverfassungsgericht als wesentlicher Aspekt der freiheitlich-demokratischen Grundordnung benannt wurde. Andererseits ist dieses aber auch Teil des Rechtsstaatsprinzips gemäß Art. 20 Abs. 3 GG[726], also eines der grundlegendesten Prinzipien des Staates und damit unmittelbar Teil der Staatsidee. Die Erfüllung der Fürsorgepflicht des Dienstherrn unter Verknüpfung mit den zuvor genannten Prinzipien, die im übrigen bei jeglichem Gesetzesvollzug durch die Exekutive zu beachten sind, versehen die Umsetzung der Fürsorgepflicht mit umfangreichen verfassungsrechtlichen „Weihen". Dies ruft grundsätzlich die Gefahr eines Mißbrauchs und einer Überstrapazierung verfassungsrechtlicher Prinzipien hervor, da deren Maßstäbe zu allgemein und umfangreich gehalten sind, so daß sie für den Vollzug einfachen Gesetzesrechts kaum greifbar und handhabbar sind. Aber gerade die Fürsorgepflicht ist ein wichtiges Institut und „Werkzeug" zur Wahrung der Staatsintegrität und damit der Bewahrung der Staatsräson im Inneren. Kein Staat, auch kein verfaßter Rechtsstaat, kann es sich auf Dauer leisten, seine Amtswalter schutzlos den Kräften preiszugeben, die den Staat allgemein oder nur hinsichtlich einzelnen Exekutivhandelns angreifen[727]. Die Staatsgewalt, basierend auf der Volkssouveränität (Art. 20 Abs. 2 GG), erfordert aber zur effizienten Durch- und Umsetzung hoheitlichen Handelns die Abwehr von Angriffen gegen hoheitliche Maßnahmen an sich, wie z.B. den Gesetzesvollzug, und die handelnden Beamten. Diese Schutzaufgabe bezieht sich auf Angriffe von außen auf die jeweilige Staatsgewalt und richtet sich aber auch auf Angriffe, die von innerhalb der jeweiligen Staatsgewalt selbst herrühren. Daran wird nochmals deutlich, daß eine Differenzierung zwischen den einzelnen Pflichten im Rahmen der § 79 BBG, § 48 BRRG sinnlos und praxisfern ist[728]. Mit der Fürsorgepflicht des Dienstherrn wird somit letztlich das Prinzip der Gesetzmäßigkeit der Verwaltung als Unterfall des Rechtsstaatsprinzips gemäß Art. 20 Abs. 3 GG geschützt, womit die verfassungsmäßige freiheitlich-demokratische Grundordnung der Bundesrepublik Deutschland gewahrt werden soll[729]. Genau dies wurde aber als Inhalt eines modernen Verständnisses der Staatsräson zuvor begründet, so daß *Summer* nur zugestimmt werden kann.

---

724 *Klein*, FS Doehring, S. 469 ff. stimmt dem zwar grundsätzlich zu, ist aber zugleich der Auffassung, daß damit das spezifische Element, das den deutschen Verfassungsstaat individuell auszeichnet und von anderen modernen Verfassungsstaaten unterscheidet, nicht deutlich genug in Erscheinung tritt. Nach *Klein* ist insbesondere auf die geschichtliche Entwicklung, die Niederlage des Nationalsozialismus und die als Konsequenz hieraus gezogene unbedingte Grundrechtsgeltung und die Menschenwürdegarantie zu betonen. Die Staatsräson sei also die Bewahrung und Herstellung der Freiheit aller Deutschen. Dieser eher politische Aspekt wird daher in den weiteren rechtlichen Ausführungen nicht vertieft.

725 *Summer*, PersV 1988, 76 (79 f.).

726 *Els*, RiA 1993, 229 (233) setzt sogar Rechtsstaatlichkeit und Staatsräson gleich.

727 *Summer*, PersV 1988, 76 (79).

728 Siehe hierzu schon die Ausführungen auf S. 16 dieser Untersuchung.

729 So *Summer*, PersV 1988, 76 (80).

Neben diesem rein exekutiven Aspekt der Staatsräson, der die Beamten, Soldaten, Wehrpflichtigen und Zivildienstleistenden betrifft, sind auch die Richter im Bundes- oder Landesdienst mit in die Betrachtung einzubeziehen, denn auch sie haben einen Fürsorgepflichtanspruch gegenüber ihrem Dienstherrn. Vergleichbar mit den möglichen Auswirkungen von Ehrkränkungen auf den gesamten Bereich der Exekutive können diese Sorgen auch auf das Ansehen der Judikative als weitere Staatsgewalt in der Öffentlichkeit übertragen werden. Vom Rechtsstaatsprinzip des Grundgesetzes ist auch das Gewaltenteilungsprinzip und die Gewährleistung der richterlichen Unabhängigkeit (Art. 97 GG) sowie die Gewährleistung des Rechtsschutzes durch einen Richter (Art. 19 Abs. 4 GG) umfaßt[730]. Diese Prinzipien sind elementare Voraussetzungen einer funktionierenden Rechtspflege und sind damit ebenfalls Ausdruck eines der Grundprinzipien der Bundesrepublik Deutschland als verfaßtem Rechtsstaat und sind somit auch von der Staatsräson im obigen Sinne erfaßt. Sofern die Ehrangriffe sich gegen die Richter am Bundesverfassungsgericht richten, ist daneben auch ein oberstes Verfassungsorgan mittelbar betroffen, so daß auch originäre Institutionen der Verfassung und damit die Verfassung selbst getroffen werden sollen. Diese genannten Aspekte gilt es, ergänzend zum Schutz der Exekutive, im Rahmen der Staatsräson zu schützen, was bei der Wahrnehmung der Fürsorgepflicht entsprechend zu beachten ist.

Wenn also zum Ehrenschutz der Beamten Fürsorgeaktivitäten seitens der Dienstherren unterlassen werden würden, setzten sie sich zwangsläufig dem Vorwurf aus, das Rechtsstaatsprinzip des Grundgesetzes und seine Ausprägungen sowie Art. 1 Abs. 3 GG nicht genau zu beachten oder gar mißachten zu wollen, obwohl gerade sie als Staatsorgane aufgrund der Staatsräson aufgerufen sind, die Bediensteten, die schließlich auch im Dienstverhältnis Träger des Grundrechts der persönlichen Ehre sind, vor entsprechenden Schäden an ihren Rechtsgütern zu schützen. Die Staatsräson muß daher konsequent verkörpert und in der Praxis angewandt werden, also materialisiert und damit greif- und bemerkbar werden. Die Dienstherren haben somit bei ihren Maßnahmen aufgrund der Fürsorge- und Schutzpflicht auch die Staatsräson im Rahmen ihrer Ermessensausübung zu beachten.

b.) Ehre bzw. Würde des Staates sowie dessen ideelle Selbstbehauptung

Die Ehre bzw. Würde des Staates wurde erstmals von *Isensee* in die Problematik des Ehrenschutzes der Beamten eingeführt[731] und von anderen unter den Gesichtspunkten der ideellen Selbstbehauptung[732] und der Bestandskraft des Staates aufgegriffen. Dahinter verbirgt sich ein Begriffs- und Bedeutungskonglomerat, das von Literatur und Rechtsprechung bisher so gut wie unbeachtet geblieben ist. Lediglich die Rechtsprechung des Bundesverfassungsgerichts zur Strafbarkeit gemäß § 90a StGB (Verunglimpfung des Staates und seiner Symbole) und damit indirekt zur Reichweite der grundrechtlichen Freiheiten des Art. 5 GG, vor allem der Kunstfreiheit gemäß Art. 5 Abs. 3 GG, kann hier leicht erhellend herangezogen werden. Um dem Rahmen der Untersuchung nicht zu überschreiten, können allerdings nicht sämtliche staats- und vor allem völkerrechtlichen

---

730 Siehe hierzu den vertiefenden Aufsatz von *Kisker*, NJW 1981, 889 ff.

731 *Isensee*, Grundrecht auf Ehre, S. 25; *ders.*, ZBR 1998, 295 (311). Vgl. *ders.*, AfP 1993, 619 (628).

732 *Weiß-Niedermaier-Summer-Zängl/Summer*, Art. 86 BayBG, Erl. 25a; Den Topos der ideellen Selbstbestimmung hat aber auch schon *Isensee*, Grundrecht auf Ehre, S. 25 genannt.

Implikationen der Ehre bzw. der Würde des Staates dargestellt werden[733]. Für die Ermessensausübung beim Ehrenschutzanspruch aufgrund der Fürsorgepflicht des Dienstherrn soll zumindest terminologische Klarheit hergestellt und eine inhaltliche Konturierung vorgenommen werden. Soweit bei den folgenden Ausführungen zur Staatsehre bzw. -würde begrifflich Bezug auf den „Staat" genommen wird, ist damit die Bundesrepublik Deutschland als verfaßter Rechtsstaat und als Subjekt des innerstaatlichen Rechts und des Völkerrechts angesprochen, das sie unzweifelhaft in Erfüllung der Kriterien im Sinne der sog. „Drei-Elemente-Lehre" von *Georg Jellinek* (Staatsvolk, Staatsgewalt und Staatsgebiet)[734] darstellt.

Es gilt im folgenden zu untersuchen, ob und inwieweit dem Staat als Rechtssubjekt überhaupt Ehre bzw. Würde zukommen kann und inwieweit zwischen diesen Begriffen zu unterscheiden ist oder diese synonym angewandt werden können. *Friedrich Schiller* führt in seiner romantischen Tragödie „Die Jungfrau von Orléans" aus:

> „Nichtswürdig ist die Nation, die nicht ihr Alles freudig setzt an ihre Ehre"[735].

So unbefangen, wie es diese Sentenz vermuten läßt, kann allerdings die Existenz einer Staatsehre bzw. -würde nicht angenommen werden, zumal beide Begriffe in der heutigen Zeit, die fast ausschließlich auf die individuelle Selbstverwirklichung gerichtet ist und den Sinn für das Gemeinwesen verkümmern läßt, unter einem allgemeinen Bedeutungsverlust leiden und sogar unzeitgemäß erscheinen. Außerdem läßt sich auch aus dem Grundgesetz – historisch bedingt – kein unmittelbarer staatlicher Ehrenschutz ableiten. Systematischer Ausgangspunkt für die Beurteilung der Rechtsfrage hinsichtlich einer Staatsehre ist, daß es nicht um den direkten Transfer der bereits für natürliche Personen dargestellten verfassungs- und einfachrechtlich geschützten Rechts der (persönlichen) Ehre und der Menschenwürde auf den Staat geht, denn der Staat kann sich selbstverständlich auf diese (Menschen-)Rechte nicht berufen. Er ist schließlich gemäß Art. 1 Abs. 3 GG ausdrücklich Grundrechtsverpflichteter und nicht -träger. Dennoch stellt sich die Frage, inwieweit diese immateriellen und ideellen Rechtsgüter analog auf den Staat als Rechtssubjekt übertragen werden können, wobei dann selbstverständlich die persönlich-individuellen Bezüge der genannten Begriffe entsprechend auf den Staat angepaßt werden müssen.

Historisch gesehen ging man im 18. Jahrhundert in bezug auf die Nation von einem dualistischen Staatswürdebegriff aus, zum einen von „Glanz und Ruhm" („gloire") des Staates als ursprünglichem Wesen und zum anderen von der eigentlichen „Würde" („dignité") des Staates, also des auf der Repräsentation nach außen basierenden Achtungsanspruchs, der darauf beruht, daß jede Nation eine unabhängige Vereinigung einer Vielzahl

---

733 Dies gilt beispielsweise für die Frage, ob der Bundespräsident als Staatsoberhaupt und oberster Repräsentant originärer „Wahrer der Staatswürde ist (vgl. hierzu *Partsch*, Von der Würde des Staates, S. 28 ff.), denn vorliegend soll gerade dargestellt werden, ob und inwieweit der Schutz der Staatswürde bzw. -ehre durch die verschiedenen Dienstherren selbst und nicht nur durch den Bundespräsidenten als namhaften Vertreter der Bundesrepublik Deutschland als Dienstherrn wahrgenommen werden muß. Auch sollen keine näheren Ausführungen zu den Strafrechtsbestimmungen der §§ 90-90b StGB, insbesondere zu den Tathandlungen „beschimpfen" und „böswillig verächtlich machen", vorgenommen werden.

734 *Kriele*, Einführung in die Staatslehre[5], § 18, S. 77; *Maurer*, Staatsrecht I[2], § 1, Rz. 6 ff.

735 *Schiller*, Die Jungfrau von Orléans, 1. Akt, 5. Szene.

von Menschen ist und damit achtbarer ist als jeder einzelne Mensch[736]. Daneben sollte auch die Staatsherrschaft repräsentiert werden. Vergleichbar mit den obigen Ausführungen zum Ehrbegriff kann rechtliche Qualität lediglich dem letztgenannten Aspekt, also dem durch die Staatsrepräsentation nach außen dringenden Achtungsanspruch, zukommen. Dieser Aspekt liegt auch dem heutigen Völkerrecht zugrunde, das die Würde des Staates zu den Grundrechten des Staates zählt und in ihr einen Gegenstand der ideellen Selbstbehauptung jedes Staates innerhalb der Völkerrechtsgemeinschaft sieht[737]. Durch die Strafrechtsbestimmungen der §§ 102-104a StGB wird innerstaatlich die Ehre ausländischer Staaten mittelbar geschützt. In der heutigen staats- und verfassungsrechtlichen Literatur finden sich vereinzelte, dann aber auch zum Teil divergierende Äußerungen zu diesem Problemkomplex[738]. Auffallend hierbei ist, daß keine klare Begrifflichkeit herrscht, sondern vielmehr werden „Staatswürde" und „Staatsehre" synonym und alternierend verwandt. Diese semantische Gleichstellung erfolgt hier zutreffenderweise, da beide Begriffe eng zusammenhängen und beim Staat der individuelle Bezug zur Persönlichkeit und zum Menschensein an sich, der beim Individuum zu einer Differenzierung zwingt[739], nicht gegeben ist.

Die Kritiker lehnen eine Würde bzw. Ehre der Bundesrepublik Deutschland schon aus grundsätzlichen Gründen ab. Es gebe keine Würde des Staates, sondern nur die gemäß Art. 1 Abs. 1 GG als unantastbar zu achtende und zu schützende Würde des Menschen[740]. Diese menschlich-individuellen Attribute könnten nicht auf Kollektivgebilde oder sogar den Staat übertragen werden[741]. Im übrigen handele es sich um einen Zirkelschluß, anzunehmen, daß, wenn die §§ 90a ff. StGB die Würde des Staates als Rechtsgut schützen sollen – so die herrschende Meinung –, eine solche auch existieren müsse. Dieses vermeintliche Rechtsgut sei sogar Träger eines erheblichen Gefahrenpotentials für sämtliche Grundrechte, indem mit einem kaum eingrenzbaren Begriff unter Überbetonung des Staatlichen operiert werde, denn die Ehre bzw. Würde des Staates ließe sich nicht definieren. Die „letzte" Konsequenz dieser Ansicht, daß dann die genannten Strafrechtsbestimmungen wegen Verstoßes gegen das Bestimmtheitsgebot des Art. 103 Abs. 2 GG verfassungswidrig wären, wird allerdings – soweit ersichtlich – nicht gezogen. Schließlich sei die Würde des Staates als apriorische Eigenschaft von der Akzeptanz des Staates als Eigenschaft a posteriori abzugrenzen: Akzeptiere die Gesellschaft in der Praxis eine staatliche Maßnahme, so geschehe dies aufgrund der aposteriorischen Beziehung zwischen

---

736 *Partsch*, Von der Würde des Staates, S. 9 ff.

737 BK/*Klein*, Art. 22 GG, Rz. 76; *Berber*, Völkerrecht I², S. 202, 205 ff.; *Partsch*, Von der Würde des Staates, S. 12 ff., besonders Fn. 25; *Isensee*, Grundrecht auf Ehre, S. 25; *Hartmann*, Staatszeremoniell, S. 15. Die völkerrechtliche Rechtslage, die zur Würde des Staates korrespondierend eine Mindestpflicht zur Ehrerbietung (sog. Grundpflicht) zwischen den Staaten statuiert und in deren Verletzung ein sog. völkerrechtliches Delikt sieht, soll vorliegend nicht weiterverfolgt werden, da der innerstaatliche Problemkomplex der Staatswürde bzw. -ehre dargestellt werden soll.

738 Erstmals und umfassend wurde die Würde/Ehre des Staates in dem Werk von *Partsch*, Von der Würde des Staates, S. 1 ff. aus dem Jahre 1967 analysiert.

739 Siehe hierzu die Ausführungen ab S. 73 dieser Untersuchung.

740 *Häberle*, HdbStR, § 20, Rz. 66.

741 *Fischer*, JZ 1990, 68 (70); *Isensee*, Grundrecht auf Ehre, *S. 53;Hartmann*, Selbstdarstellung, S. 176 empfindet das Übertragen von ursprünglich menschlichen Eigenschaften auf den Staat im Lichte von Art. 1 Abs. 1 GG als „mutigen Schritt".

staatlicher Handlung und öffentlichem Bewußtsein. Die vermeintliche Würde des Staates sei demgegenüber unabhängig und vor allem der Handlung vorgelagert. Soweit der Staat von seinen Bürgern (positiv wie negativ) in ihr Bewußtsein aufgenommen werde, hänge dies nicht von einer Würde des Staates, sondern vielmehr von seiner Anerkennung oder Tolerierung ab. Deswegen wird im weiteren die Kategorie der Glaubwürdigkeit staatlichen Handelns als moderne Sichtweise des Problemkomplexes eingeführt[742]. Die nationalstaatliche Konzeption der Staatswürde sei schließlich ein Vorläufer der verfassungsrechtlichen Legitimation von staatlicher Gewalt, denn die Staatsgewalt wurde durch das Ansehen des Staates legitimiert. In demokratischen Ordnungen könne der Staat keine eigene Würde entfalten, da alle Staatsgewalt vom Volke ausgehe, die Volkssouveränität (vgl. Art. 20 Abs. 2 S. 1 GG)[743]. Entwickeln würde sich höchstens die für ein demokratisches Staatswesen notwendige Anerkennungswürdigkeit des Staates[744].

Die überwiegende Meinung in der Literatur geht hingegen in Übereinstimmung mit dem Völkerrecht von der Existenz einer Würde des Staates[745] oder auch von einer Ehre des Staates[746] aus, die innerstaatlich z.B. ihren Ausdruck in den Staatssymbolen, in der Selbstdarstellung des Staates, im Protokoll und auch in der Dienstpflicht eines Amtswalters zu „achtungswürdigem Verhalten“ (vgl. § 36 S. 3 BRRG, § 54 S. 3 BBG[747]) findet[748]. Es sei zwar grundsätzlich schwierig, wenngleich nicht unmöglich, traditionelle Begriffe auf die heutige Zeit und deren Verhältnisse zu übertragen. Aber die Schwierigkeiten bei der Definition des Rechtsguts der Staatsehre bzw. -würde seien nicht so groß wie von der Mindermeinung angenommen, so daß auch keine Gefahr der unzulässigen Einschränkung von Grundrechten (z.B. Art. 5 GG) bestehe. Bedenklich sei auch das von der Mindermeinung behauptete Exklusivitätsverhältnis von Volkssouveränität bzw. demokratischer Legitimation und Staatswürde. Es sei nicht nachvollziehbar, warum die Würde des Staates nicht auch der aposteriorische Erfolg seiner Selbstdarstellung sein könne, da doch gerade hierbei den Bürgern bzw. deren gewählten Repräsentanten die Möglichkeit gegeben wird, auf demokratischen Wege am Staat zu partizipieren (z.B. durch Wahlen) und kraft der verfassungsgemäßen Legitimation regulierend auf den Staat einzuwirken, um so dem Staat die Zustimmung zu geben, diesem zu einer würdevollen Repräsentation zu verhelfen und ihm die Loyalität auszudrücken. In Anlehnung an *Rudolf Smend* und dessen Integrationslehre kann daher formuliert werden, daß in der Akzeptanz die (Wieder-)Herstellung des – unbewußt – Selbstverständlichen, nämlich der Ehre bzw. Würde des Staates, auf der Ebene des Bewußtseins beim Bürger liegt. Schließlich sind beide Rechtsgüter auf Anerkennung respektive – bezogen auf den Staat – auf Akzeptanz durch die Bürger angelegt.

---

742 *Tsatsos*, Von der Würde des Staates zur Glaubwürdigkeit der Politik, S. 1 ff.

743 *Häberle*, HdbStR, § 20, Rz. 65 ff.

744 *Tsatsos*, Von der Würde des Staates zur Glaubwürdigkeit der Politik, S. 34 ff.

745 *Isensee*, Grundrecht auf Ehre, S. 25; *Kiesel*, NVwZ 1992, 1129 (1136); *Giese*, Das Würde-Konzept, S. 76 f.; BK/*Klein*, Art. 22 GG, Rz. 78; *Hartmann*, Staatszeremoniell, S. 169 ff.; *Schick*, ZBR 1986, 33 (35); *Haas*, FS Fürst, S. 165.

746 *Bank*, DÖV 1964, 757 ff.; *Schroeder*, JZ 1979, 89 (90); *Hirsch*, FS Wolff, S. 141: „korporativer Ehrinhaber Staat“.

747 Siehe hierzu ausführlich: *Biletzki*, ZBR 1998, 84 ff. Bei *Haas*, FS Fürst, S. 165 wird dies angedeutet.

748 *Quaritsch*, Probleme der Selbstdarstellung des Staates, S. 13ff, S. 32 ff.; *Partsch*, Von der Würde des Staates, S. 18 ff.

Dies kann als Staats-[749] bzw. Verfassungspflege oder sogar als Verfassungspatriotismus[750] bezeichnet werden, womit aber nicht notwendigerweise aktives Handeln verbunden sein muß. Wie im Privat- und Strafrecht sind damit im wesentlichen Unterlassungspflichten angesprochen, damit die Ehre bzw. Würde nicht verletzt wird[751]. Im übrigen kann auch die Entstehungsgeschichte des Grundgesetzes positiv zur Begründung einer Staatswürde herangezogen werden. So äußerte sich der Abgeordnete der FDP-Fraktion *Theodor Heuss* im Parlamentarischen Rat dahingehend, daß auch der Staat Träger eingeborener Rechte sei, so daß durch das Staatsgrundgesetz nicht die innere Würde des Staates gekränkt werden dürfe[752]. Auch wenn in Art. 1 Abs. 1 GG zurecht die Würde des Menschen für unantastbar erklärt wird, werde damit weder die Würde des Staates dementiert noch gekränkt. „Vielmehr begründet es sie und gibt ihr die liberalen Proportionen."[753] Schließlich ist die Kategorie der Glaubwürdigkeit, wie sie die Kritiker befürworten, wenig greifbar, zumal hier auch eine persönliche Eigenschaft eines Zeugen (vgl. § 173 VwGO i.V.m. § 395 Abs. 2 S. 2 ZPO), die Menschen vorbehalten ist, auf den Staat übertragen wird[754]. In Übereinstimmung mit den Befürwortern einer Staatsehre bzw. -würde sind daher keine grundsätzlichen Bedenken zu erkennen, die es verbieten würden, die menschlichen Eigenschaften der Ehre und der Würde auch auf den Staat sinngemäß zu übertragen[755], zumal sich eine Vielzahl von Indizien finden lassen, die eine solche Konzeption bestätigen.

Im Ausgangspunkt für eine rechtlich schlüssige Argumentation muß zunächst hervorgehoben werden, daß zumindest die Würde/Ehre von Verfassungsorganen[756], aber auch von Behörden und sonstigen öffentlich-rechtlichen Institutionen (z.B. der Bundeswehr oder eines Landkreises[757]) überwiegend akzeptiert ist. Dies hat u.a. seinen gesetzlichen Ausdruck in den Strafantragsrechten gemäß § 194 Abs. 3 S. 2, Abs. 4 StGB gefunden[758].

---

749 *Ronneberger*, ZBR 1981, 164 (166).

750 Vgl. *Isensee*, Staatsrepräsentation, S. 223 ff.; *Klein*, FS Doehring, S. 466 f.

751 Es würde z.B. schon genügen, wenn den Bürgern bewußt würde, daß sie nicht nur Rechte gegenüber dem Staat, sondern auch Pflichten für den Staat haben (z.B. Steuerzahlungs- und Wehrpflicht) und für ihn einzutreten haben. Dies gilt vor allen für sämtliche Amtswalter, um selber nicht in Loyalitätskonflikte zu geraten, vgl. *Ronneberger*, ZBR 1981, 164 (166).

752 Rede des Abgeordneten *Heuss* in der 2. Plenarsitzung des Parlamentarischen Rats vom 9. September 1948, Stenographische Berichte, S. 44; vgl. *Isensee*, Grundrecht auf Ehre, S. 26.

753 *Isensee*, Grundrecht auf Ehre, S. 26.

754 *Hartmann*, Selbstdarstellung, S. 176; *ders.*, Staatszeremoniell, S. 169.

755 Vgl. Deutsches Rechts-Lexikon[3], Stichwort „Ehre", S. 1186, wonach dies ohne Rücksicht auf eine individuelle Ehrhaftigkeit erfolgen muss. Die Staatswürde bzw. -ehre wird hier als „Rechtswürde" bezeichnet.

756 Für den Deutschen Bundestag wurde dies bei der Verhüllung des Reichstags durch die Aktionskünstler *Christo* und *Jeanne-Claude Javacheff* sichtbar, vgl. hierzu *Butzer*, JuS 1997, 1014 (1017 f.). Als Argumentationstopoi im Rahmen der parlamentarischen Diskussion wurde auf die Würde des Hauses bzw. die Würde des Parlaments rekurriert, die nach der Geschäftsordnung der meisten Parlamente (vgl. § 7 Abs. 1 GO-BT) zu schützen ist. Im anglo-amerikanischen Rechtskreis wird dies als „Dignity of The House" bezeichnet.

757 Siehe hierzu: VGH Kassel, NJW 1990, 1005 = NVwZ 1990, 587 (Ls.).

758 Zustimmend: *Biletzki*, ZBR 1998, 84 (85); *Faber*, Der Schutz der Ehre und des Rufes vor herabsetzenden Äußerungen des Staates, S. 233; *Altenbach*, Rechtsschutz gegen ehrverletzende Äußerungen der öffentlichen Hand, S. 25; *Richtberg*, Ehrenschutz im Öffentlichen Recht, S. 112 f.; *Schönke-Schröder/Lenckner*[26], Vorbem. §§ 185 ff. StGB, Rz. 3; *Tröndle-Fischer*[51], § 185 StGB, Rz. 18; BVerfG, NJW 1995, 3303 (3303); BVerfGE 81, 278 (292); BGHSt 36, 83 (89). Kritisch hierzu: *Wessels-Hettinger*, BT1[27], Rz. 468 f. Ablehnend hingegen *Gounalakis*, NJW 1996, 481 (483) und *Fischer*, JZ 1990, 68 ff.

Ein derartiges Antragsrecht bei einer Beleidigung setzt voraus, daß ein Ehrenschutz der betroffenen öffentlich-rechtlichen Institution besteht und sie somit beleidigungsfähig ist. Bei Beleidigungen von Behörden und Beamten ist neben der unmittelbaren Verletzung der persönlichen Ehre eines Amtswalters mittelbar auch der Staat selber verletzt, denn ihm und seinen Organen soll mit der Injurie gerade die Ehre und Würde abgesprochen werden[759], auch wenn zunächst die Ehre des Beamten als Träger des Staatsgedankens verletzt wird[760]. Da den genannten staatlichen Institutionen menschliche Eigenschaften fehlen und auch nicht auf die Würde/Ehre der Menschen, die in dem Staat leben, abgestellt werden kann, werden die Begriffe der Würde/Ehre in bezug auf den Staat mit dem Ansehen und dem Ruf dieser juristischen Personen des öffentlichen Rechts in der Öffentlichkeit (äußere Ehre) und der dahinterstehenden verfassungsmäßigen Ordnung gleichgesetzt[761], insbesondere um den strafrechtlichen Ehrenschutz gemäß §§ 90a-b, 185 ff. StGB begründen zu können[762]. Für die Achtung und das Ansehen der Gerichte hat dies seinen gesetzlichen Ausdruck in § 175 Abs. 1 GVG („Würde des Gerichts“) gefunden und durch die Ordnungsmittel gemäß § 178 GVG soll dies vor Mißbrauch geschützt werden. Die Wahrung des „Ansehens der Rechtspflege“ (RiStBV Nr. 232, Abs. 1 und Abs. 2) hat strafprozessuale Relevanz. Auch die Dienstpflicht des Amtswalters zu „achtungswürdigem Verhalten“ (§ 54 S. 3 BBG, § 36 S. 3 BRRG) wäre sonst nicht begründbar. Die Verfassungsorgane und die sonstigen Institutionen repräsentieren aber den Staat, da er nicht ohne sie handeln könnte. Es ist somit ein Widerspruch, z.B. dem Deutschen Bundestag als Verfassungsorgan eine eigene Würde zuzusprechen und diese gleichzeitig der Bundesrepublik Deutschland als Staat und oberstem Dienstherrn abzusprechen.

Unterstützt wird dieser Aspekt zur Begründung einer Staatsehre, die sich im Ansehen in der sozialen Gemeinschaft widerspiegelt, durch die Tatmodalitäten der §§ 90a-b StGB. „Beschimpfen“ bedeutet eine besonders verletzende Form der Mißachtung, während durch das „Verächtlichmachen“ etwas als der Achtung unwert und unwürdig hingestellt wird[763]. Daher soll auch die Dienstpflicht zu „achtungswürdigem Verhalten“, die durch das Disziplinarrecht abgesichert ist, einen Ansehensverlust des Staates vermeiden[764]. Dies geht aber nur, wenn der Staat Ansehen und damit eine Würde/Ehre überhaupt besitzt[765]. Hinzu kommt, daß der Staat zur Erhaltung des Vertrauens der Bürger in seine Legalität und seine Legitimität des Schutzes vor sachlich unbegründeten Herabsetzungen bedarf[766], so daß es

---

759 Vgl. *Partsch*, Von der Würde des Staates, S. 24.

760 Vgl. *Weimar*, DÖD 1964, 91; *ders.*, DÖD 1964, 210.

761 *Bank*, DÖV 1964, 757; *Schroeder*, JZ 1979, 89 (90). Im Unterschied zu den obigen Ausführungen bei der Definition des Rechts persönlichen Ehre und der Abgrenzung zur Menschenwürde bedarf es in bezug auf den Staat keiner näheren Differenzierung zwischen Würde und Ehre, da beide Termini inhaltlich mit der Anerkennung gleichlaufen. Insofern ist die angesprochene semantische Gleichsetzung und der uneinheitliche bzw. alternierende Sprachgebrauch nicht zu beanstanden.

762 *Faber*, Der Schutz der Ehre und des Rufes vor herabsetzenden Äußerungen des Staates, S. 233; VGH Kassel, NJW 1990, 1005 = NVwZ 1990, 587 (Ls.); *Roggemann*, JZ 1992, 934 (935, 938). Daher ist die verbreitete Bezeichnung „Ehrenschutz des Staates“ insofern unglücklich.

763 *Schroeder*, JZ 1979, 89 (92).

764 So ausdrücklich: *Biletzki*, ZBR 1998, 84 (85).

765 *Partsch*, Von der Würde des Staates, S. 24 f.

766 *Faber*, Der Schutz der Ehre und des Rufes vor herabsetzenden Äußerungen des Staates, S. 233.

legitime Aufgabe des Staates ist, seine Würde zu entfalten und zu pflegen[767]. Damit soll eine unter Umständen heftige Auseinandersetzung zwischen Staat und Bürger in der Sache nicht einschränkt oder gar unterdrückt werden. Der (sachliche) Kampf mit und gegen den Staat unterliegt denselben rechtlichen Kautelen wie Auseinandersetzungen zwischen Bürgern, es muß um die Sache und nicht um die Person gehen[768].

Im einfachen Gesetzesrecht finden sich schließlich weitere Anknüpfungspunkte für eine Staatswürde, wenn für die Rechtsmäßigkeit behördlichen Verhaltens die Belange bzw. (politischen) Interessen der Bundesrepublik Deutschland (vgl. z.B. §§ 10 Abs. 1 S. 1, 30, 32, 37 Abs. 1 Nr. 2, 45 Abs. 1 AuslG oder § 7 Abs. 1 Nr. 1 PaßG) zu berücksichtigen sind[769]. Zu diesen Belangen muß mit Rücksicht auf das Völkerrecht und die Beziehungen zu anderen Staaten auch die – völkerrechtlich unbestrittene – Wahrung ihrer Ehre zählen, um im internationalen Staatenverkehr effektiv agieren zu können. Da die Ehre anderer Staaten zu wahren ist, wäre es nicht nachvollziehbar, die Ehre bzw. Würde des eigenen Staates nicht als zu berücksichtigenden Belang anzusehen, denn das würde ohne erkennbaren Grund, den eigenen Staat als weniger wichtig und schützenswert erscheinen lassen.

Neben diesen dogmatischen Erwägungen finden sich auch einige Indizien, die für das Vorhandensein einer Staatsehre bzw. -würde sprechen. Ohne dieses Rechtsgut wären sämtliche Symbole, Zeremonien, Orden, Titel und Rituale inhaltslose und damit sinnlose Handlungen[770]. Vielmehr ist es so, daß durch Sinnbilder und das Staatszeremoniell an das Staatsgefühl der Bürger appelliert werden soll, denn auch der (moderne) Staat kommt nicht ohne ideelle Aspekte und Interessen aus. Der Staat ist auch heute noch ein Gemeinwesen, das jenseits von Unterschieden in Einzelfragen auf einem gemeinsamen psychologischen und wertemäßigen Grundkonsens aller Bürger beruht, um so integrationsfördernd und identitätsbildend wirkt. „Verunglimpfungen von Staat und Verfassung werden daher von den meisten Menschen als Kränkung ihrer ‚Ideale' aufgefaßt."[771] Basierend auf einem – zumeist emotionalen – Wertgefühl und Wertebewußtsein entsteht bei den Bürgern ein Bekenntnis zu ihrem Staat und seinen Organen, das als Staatsgefühl zu bezeichnen ist. Dieses Staatsgefühl wirkt aber nicht nur in Richtung Bürger-Staat, sondern führt auf Staatsebene zu Wechselwirkungen, prägt und festigt das Fundament der Staatsehre bzw. -würde, um dann über das Ansehen in der Öffentlichkeit als Rechtsgut, das sogar (Grund-) Rechte der Bürger einzuschränken vermag, wieder sichtbar zu werden[772]. Die Selbstdarstellung des Staates ist erkennbarer Ausdruck seiner eigenen Würde. Allerdings sind die diesbezüglichen Repräsentationsmerkmale personell und zeitlich so stark zurückgedrängt worden, daß der Staat heute fast ausschließlich bei den Bürgern durch seine Amtswalter und deren Handeln wahrgenommen und repräsentiert wird. Ehrenrührige Verhaltensweisen gegenüber Amtswaltern berühren also unmittelbar den Staat und seine Ehre/Würde.

---

767 *Hartmann*, Staatszeremoniell, S. 170.

768 Vgl. BGH, JZ 1963, 401 (403). Beleidigungen, Beschimpfungen, Verächtlichmachungen und Verunglimpfungen sind nicht durch das Recht zur Kritik gedeckt.

769 *Partsch*, Von der Würde des Staates, S. 23 f.

770 Vgl. *Quaritsch*, Probleme der Selbstdarstellung des Staates, S. 19.

771 *Schroeder*, JZ 1979, 89 (90).

772 Vgl. *Hartmann*, Staatszeremoniell, S. 170.

Die Würde/Ehre des Staates drückt sich zusammenfassend nicht nur in seinem Ansehen („äußere Ehre") bei den Bürgern aus, sondern auch in seiner (ehrenvollen) Selbstdarstellung. Diese Aspekte sind zunächst grundsätzlich von dem bereits erwähnten Topos der Bestandskraft des Staates zu unterscheiden, da sie in dessen Vorfeld liegen[773], denn es kann nur etwas Bestand haben, wenn es überhaupt existiert. Andererseits wendet sich jedes Verhalten, das sich gegen die Bestandskraft des Staates und dessen ideelle Selbstbehauptung wendet, auch gegen die zugrundeliegenden Rechtsgüter der Würde/Ehre des Staates. Als rechtsstaatlich verfaßte Demokratie ist die Bundesrepublik Deutschland in ihrem von der inneren Zustimmung der Staatsbürger[774] abhängigen Bestand konstitutiv auf ein Mindestmaß an Achtung dieser Bürger ihr gegenüber angewiesen, vor allem um deren Grundrechtsausübung selbst wirksam gewährleisten zu können. Dies ist als verfassungsrechtlich geschütztes Rechtsgut einzustufen, daß im Wege der verfassungsimmanenten Schranken Grundrechte wie die Kunstfreiheit gemäß Art. 5 Abs. 3 GG einzuschränken vermag[775]. Der Schutz des Staates und seiner Symbole darf aber andererseits nicht zu einer Immunisierung des Staates gegen Kritik und selbst gegen Ablehnung führen[776]. Auch ist der Staat gehindert, beliebige Symbole einzuführen, um so den grundrechtlichen Schutz weiter einzuschränken[777]. Hieraus ergibt sich zusammenfassend, daß sich die Bestandskraft der Bundesrepublik Deutschland und ihre ideelle Selbstbehauptung im Spannungsbereich zwischen der Wahrung der zugrundeliegenden Staatswürde und der Gewährleistungspflicht der Grundrechte, die so wenig wie möglich eingeschränkt werden dürfen, bewegt. Insofern ist es zutreffend, wenn diese Gesichtspunkte im Zusammenhang gesehen werden[778].

Somit ist beim Ehrenschutzanspruch des Beamten kraft Fürsorgepflicht festzustellen, daß gerade der Aspekt der Staatsehre von den Dienstherren verkannt wird. Im Zuge der Verrohung der Umgangsformen und der Radikalisierung der Sprache, die von der Rechtsprechung des Bundesverfassungsgerichts zugelassen wird, lehnen es die Dienstherren ab, überhaupt zum Ehrenschutze ihrer Bediensteten tätig zu werden, oder sie kommen ihrer Verpflichtung nur im minimalen und gerade rechtlich zulässigen Umfang nach[779]. Es stellt

---

[773] *Schroeder*, JZ 1979, 89 (90).

[774] Vgl. ebd., S. 90.

[775] Vgl. BVerfG, NJW 2001, 596 (597).

[776] BVerfGE 81, 278 (294); 81, 298 (304 ff.); BVerfG, NJW 2001, 596. Dem stimmt der Richter am Bundesverfassungsgericht a.D. *Friedrich Hentschel* in einem Interview zu, vgl. SPIEGEL Nr. 24/2000 vom 12. Juni 2000, S. 104. Im Ergebnis sind der Staat und seine Einrichtungen somit, sofern nicht die Amtswalter persönlich getroffen sind, den Schmähkritiken nahezu vollkommen schutzlos ausgesetzt.

[777] BVerfGE 81, 278 (294); 81, 298 (304 ff.); BVerfG, NJW 2001, 596. Die vom Bundesverfassungsgericht in diesen Entscheidungen (Urinstrahl auf Bundesflagge, Verhöhnung von Staatsanwälten mit „Preisrätseln", „Verballhornung der Nationalhymne" etc.) getroffenen Abwägungen zugunsten der Kunstfreiheit grenzen in Auslegung und Argumentation an Rabulistik und zeugen von Lebensferne, zumal das Gericht mit seiner Entscheidung seine zurecht aufgeführten Abgrenzungskriterien selbst konterkariert. Ohne die multiplen Ursachen des Scheiterns der Weimarer Republik simplifizieren zu wollen, dürfen derartige Exzesse, die sich außerhalb grundrechtlicher Freiheiten bewegen, nicht blauäugig hingenommen werden, denn erfahrungsgemäß folgt einer Radikalisierung der Sprache eine solche der Tat, vgl. *Kiesel*, NVwZ 1992, 1129 (1137).

[778] *Schütz/Schachel*, Art. 86 BayBG, Rz. 25; so aber auch: *Isensee*, Grundrecht auf Ehre, S. 25.

[779] Vgl. BVerwG NVwZ 1998, 403 (405), das wörtlich ausführt: „Wenn vor diesem Hintergrund der Bundesminister der Verteidigung gegenüber der Vorsitzenden der SPD-Landtagsfraktion festgestellt hat: 'Ich muß jedoch Vergleiche mit 'Stasi-Methoden' zurückweisen', so ist er hiermit seiner Fürsorgepflicht gegenüber dem Antragsteller – noch – nachgekommen."

sich aber daher konsequent die Frage, aus welchen Gründen potentielle Amtswalter überhaupt noch in den Staatsdienst eintreten oder aktive Beamte, die kraft ihres Berufes zur Wahrung der Rechtsordnung dieses Staates verpflichtet sind, weiter motiviert arbeiten sollen, wenn ihr Dienstherr gleichzeitig jegliche ideelle Selbstbehauptung und staatliche Würde ablegt und ablehnt, die sonst mit der Amtsführung und -ausübung verbunden wäre und zugunsten des Amtswalters wirken würde[780]. Die mangelnde oder gar fehlende Selbstverteidigung des Staates kann jegliches Engagement lähmen und zur Resignation führen[781]. Dem Staate fehlen so die ideellen Anreize, seine Bediensteten an sich zu binden und diese für ihn zu motivieren. *Isensee* formuliert dies zutreffend: „Wo aber ideelle Anreize fehlen, bleiben nur die materiellen übrig. Ein Staat, der nicht Ehre bieten kann, muß zahlen, zahlen, zahlen."[782] Wenn also der Staat und damit dessen Dienstherren sich nicht selbst aufgeben und damit sich ihrer ideellen staatlicher Würde und Autorität entledigen wollen, haben diese staatliche Würde dadurch zu zeigen, daß sie zum Schutze ihrer Bediensteten deren Ehre schützen und verteidigen. Staatliche Würde muß durch die Staatsrepräsentanten umgesetzt werden.

c.) Zusammenfassung

Bei den genannten allgemein staatlichen und ideellen Interessen zeigt sich zusammenfassend, daß sie nicht so idealtypisch und getrennt bei der Ermessensausübung des Dienstherrn herangezogen können wie sie jeweils einzelnen dargestellt werden konnten. Es ergeben sich nämlich erhebliche Abgrenzungsschwierigkeiten zwischen diesen einzelnen Aspekten, da die Staatswürde und -ehre mit der Bestandskraft des Staates und dessen (ideeller) Selbstbehauptung in engem Zusammenhang steht.

Über die (ideelle) Selbstbehauptung und Selbstachtung des Staates wird aber auch seine Staatsräson mit der Staatswürde verknüpft, denn das, was von Staats wegen im Kern behauptet und verteidigt werden muß, ist genau das, was den Staat auszeichnet und charakterisiert, also die bereits dargestellte Staatsräson. Soweit beispielsweise die Auswirkungen mangelnder Erfüllung der Fürsorgepflicht auf die Motivationslage der Amtswalter betrachtet werden, ergeben sich ebenfalls Interdependenzen, da bei der sich ergebenden Unzufriedenheit und Verdrossenheit schwer zu differenzieren ist, ob sie sich noch ausschließlich auf die Behörde oder schon auf den Dienstherrn und den Staat an sich bezieht. Letzteres sollte im Interesse einer funktionierenden Exekutive als Staatsgewalt unbedingt vermieden werden. Somit ist vorliegend insgesamt ein Motivbündel bzw. Konglomerat von diversen staatlichen Interessen vom Dienstherrn bei der Wahrnehmung seiner Fürsorge- und Schutzpflicht und der pflichtgemäßen Ausübung des ihm eingeräumten Ermessens zu berücksichtigen.

Abschließend muß in diesem Zusammenhang noch betont werden, daß es sich bei diesen staatsethischen Gesichtspunkten ausschließlich um ermessensrelevante Aspekte handelt, die die Berechtigung und Verpflichtung des Dienstherrn aufgrund der Fürsorge-

---

780 Hierbei handelt es sich inhaltlich um dasselbe Argument, das bereits zuvor bei den behördlichen Interessen dargestellt wurde, nun aber auf den Staat als Gemeinwesen und in seiner Gesamtheit bezogen wird.

781 Vgl. *Schroeder*, JZ 1979, 89 (90).

782 *Isensee*, ZBR 1998, 295 (311).

pflicht rechtfertigen können und sollen. Sie sollen hingegen ausdrücklich nicht als Begründung dafür dienen, als etwaige verfassungsimmanente Schranke die Grundrechte des ehrverletzenden Störers (z.B. Art. 5 Abs. 1 und Abs. 3 GG) einzuschränken, denn bei den Fürsorgepflichtnormen handelt es sich, wie bereits dargestellt, nicht um Ermächtigungsgrundlagen zum Eingriff in die Rechte Dritter[783].

4. Interessen des ehrverletzenden Störers

Als letztes berücksichtigungsbedürftiges Ermessenskriterium ist auf den ehrverletzenden Störer und dessen (erkennbare) Motivlage abzustellen. Hierbei sind die Person, die näheren Tatumstände, die Spontaneität der ehrenrührigen Handlung, eine beabsichtigte Provokation, die Häufigkeit sowie die Schwere und Öffentlichkeitswirksamkeit der Ehrverletzung zu berücksichtigen, wobei es für ein Tätigwerden aufgrund der Fürsorgepflicht im Grundsatz ausreichend ist, daß eine externe oder interne Ehrverletzung erfolgt ist, denn sonst würden die vorstehend erläuterten Ermessensgesichtspunkte neutralisiert. Hinsichtlich der Person des Ehrverletzers ist besonders darauf zu achten, ob es sich um einen Verwaltungsbediensteten handelt, dem gegenüber der Dienstherr nämlich auch selbst (beamten- oder arbeitsvertragsrechtlich) zu Fürsorge und Schutz verpflichtet ist. Sofern jedoch beim Störer oder seiner ehrverletzenden Tat entsprechende Aspekte oder besondere Umstände vorliegen, können sie im Einzelfall sogar eine Untätigkeit des Dienstherrn rechtfertigen. Zumindest aber können sie es rechtfertigen, daß der Dienstherr bei seinem noch darzustellenden Handlungsinstrumentarium mildere Mittel (z.B. eine Ermahnung) anderen Maßnahmen vorzieht.

5. Ergebnis

Im Rahmen seiner Ermessensentscheidung beim Ehrenschutzanspruch hat der Dienstherr eine umfangreiche Berücksichtigung unterschiedlicher Interessen vorzunehmen, wobei die genannten Ermessensgesichtspunkte – mit Ausnahme der Interessen des ehrverletzenden Störers – inhaltlich nicht gegensätzlicher Natur sind, sondern sich vielmehr gegenseitig ergänzen und verstärken. Vorrangig ist das persönliche Interesse des betroffenen Beamten. Auch staatliche Interessen sind beim Ehrenschutz zu berücksichtigen, da der Staat es nicht hinnehmen kann, daß die Amtswalter, die von ihm legitimerweise übertragene Aufgaben und Funktionen wahrnehmen, beleidigt werden, denn der Dienstherr darf sich und seine Organisationseinheiten (wie das Amt) aus Gründen der Staatsräson und der ideellen Selbstbehauptung nicht schutzlos stellen. Schließlich wird bei der Wahrnehmung der Fürsorgepflicht vom Dienstherrn unter Beachtung der verfassungsrechtlichen Vorgaben „nicht mehr verlangt als dieser nicht auch bei der Anwendung unbestimmter Rechtsbegriffe

---

783 Daher wurde vorliegend auch nicht näher auf das Argument der Kritiker einer Staatsehre oder -würde eingegangen, die in diesem – ihrer Meinung nach vermeintlichen – Rechtsgut ein erhebliches Gefahrenpotential für sämtliche Grundrechte sehen, indem mit einem kaum eingrenzbaren Begriff unter Überbetonung des Staatlichen operiert werde. Dem ist insofern zuzustimmen, daß gerade bei einer verfassungsimmanenten Schranke das Rechtsgut klar definiert und bestimmt werden muß, damit es eine Einschränkung von Freiheitsrechten rechtfertigen kann. Diese Definition ist aber erfolgt, so daß eine Grundrechtseinschränkung mit der Staatsräson und der Staatsehre rechtlich möglich erscheint, was aber mangels Relevanz für die beamtenrechtliche Fürsorgepflicht nicht weiter vertieft werden braucht.

leisten muß."[784] Es besteht nämlich bei der Nichtbeachtung oder Vernachlässigung des Ehrenschutzes zugunsten der Beamten durch die Dienstherren auch die nicht zu unterschätzende Gefahr, daß das Beamtenverhältnis zu einem Rechtsverhältnis unter anderen wird, was aber mit den verfassungsrechtlichen Vorgaben (noch) nicht in Einklang zu bringen ist. Die Fürsorgeverpflichtung ist somit entsprechend ernst zu nehmen. Anderenfalls setzen sich die betroffenen Dienstherren dem Vorwurf politischen Opportunismus oder gar der stillschweigenden Billigung der Injurien aus. Dies gilt umso mehr, wenn jegliche Fürsorgepflichtaktivität vom Dienstherrn unterlassen wurde.

IV. Eigene Sachverhaltsermittlung unter Anhörung des Amtswalters als Grundvoraussetzung der Ermessensausübung durch den Dienstherrn

Unabhängig von der Schwere der ehrenrührigen Verhaltensweise eines Externen oder eines Verwaltungsinternen gegenüber einem Beamten ist zunächst der Sachverhalt, der dieser Ehrverletzung zugrunde liegt, seitens des Dienstherrn unter Anhörung des betroffenen Amtswalters möglichst umfassend zu ermitteln[785], damit dieser eine zutreffende Tatsachengrundlage erhält, aufgrund derer es als etwaiges Ergebnis der Ermessensausübung zu einer Fürsorge- und Schutzmaßnahme zugunsten des betroffenen Amtswalters kommen kann.

Zunächst besteht die Verpflichtung des Dienstherrn, den Sachverhalt umfassend mit allen ihm zur Verfügung stehenden Mitteln zügig aufzuklären und eine tragfähige und ausreichende Beurteilungsgrundlage zu schaffen[786]. Diese Aufklärung, die insbesondere auch im öffentlichen Interesse liegt und der Integrität der Verwaltung dient, kann informell, durch Vorermittlungen und Einleitung eines förmlichen Disziplinarverfahrens nach den Disziplinarordnungen der Länder bzw. durch die unmittelbare Einleitung eines Disziplinarverfahrens (§§ 17-37 BDG), durch aktive Förderung eines staatsanwaltschaftlichen Ermittlungsverfahrens oder durch die Wahrnehmung der Rechts-, Dienst- und Fachaufsicht erfolgen. Bei der internen Aufklärung von Vorwürfen Dritter hat sich der Dienstherr um Objektivität zu bemühen[787]. Eine Nicht- oder Mißachtung der Pflicht zur zumutbaren Sachverhaltsermittlung und -aufklärung[788] als Grundvoraussetzung einer pflichtgemäßen Wahrnehmung der Fürsorgepflicht stellt ihrerseits schon eine Verletzung der Fürsorgepflicht zu Lasten des betroffenen Beamten sowie eine Verletzung der Pflicht zu achtungs- und vertrauensgerechten Verhalten (§ 54 S. 3 BBG)[789] und damit eine Amtspflichtverletzung dar[790]. Selbst wenn der Dienstherr im Ergebnis auf der Rechtsfolgenseite des Fürsorgepflichttatbestands nicht einschreiten und damit Schutzmaßnahmen nicht durchführen möchte, muß er eine hinreichende Tatsachengrundlage hierfür schaffen, um nicht

---

784 So *Lecheler*, HdbStR², § 72, Rz. 95, auch wenn der Vergleich nicht korrekt ist, denn unbestimmte Rechtsbegriffe sind auf der Tatbestandsebene vorhanden, während sich die Wahrnehmung der Fürsorgepflicht auf der Ermessensseite abspielt, so daß die verwaltungsgerichtliche Kontrolldichte auch unterschiedlich ist.

785 *Scheerbath-Höffken-Bauschke-Schmidt*, Beamtenrecht⁶, § 17 II, S. 447; VGH Mannheim, ZBR 1983, 265.

786 BGH, MDR 2000, 333, 334; *Lindgen*, DÖD 1983, 234.

787 *Schütz/Schachel*, § 85 LBG NRW, Rz. 36.

788 Vgl. BGH, MDR 2000, 333, 334.

789 BVerwG, ZBR 2002, 139 ff.

790 OLG Schleswig, NVwZ-RR 2001, 494 (495). Siehe hierzu die Ausführungen zu den sekundärrechtlichen Schadensersatzansprüchen ab S. 279 dieser Untersuchung.

ermessensfehlerhaft und damit rechtswidrig zu handeln. Erst recht gilt diese Verpflichtung, wenn der Dienstherr zu Lasten des von der Ehrverletzung Betroffenen handeln möchte[791]. (Anonyme) Pauschalvorwürfe, denunziatorische Schreiben, Gerüchte und nicht nachprüfbare Tatsachenbehauptungen taugen nicht als Grundlage irgendeiner Entscheidung, auch nicht im Beamtenrecht. Vorrangig sind die behördeninternen Ermittlungsmöglichkeiten – vor allem das Disziplinarrecht (vgl. § 21 BDG), aber auch die Möglichkeit der Rechts-, Dienst- und Fachaufsicht – wahrzunehmen, um nicht durch die Einleitung[792], aktive oder passive[793] Förderung eines staatsanwaltschaftlichen Ermittlungsverfahrens oder durch eine wissentlich unwahre bzw. leichtfertig, aber in schwerwiegender Weise verdächtigende Strafanzeige[794] seinerseits schon eine Fürsorgepflichtverletzung zu begehen.

Im Rahmen der gebotenen eigenen Sachverhaltsermittlung ist insbesondere der von der Ehrverletzung betroffene Amtswalter selber anzuhören. Ihm muß Gelegenheit gegeben werden, zu diesem Sachverhalt Stellung zu nehmen und hierbei u.a. zu erklären, wie er sich in der Situation verhalten hat. Die dogmatische Begründung für dieses Anhörungserfordernis variiert: Die Anhörung ist eine Ausprägung des allgemeinen, verfassungsrechtlich niedergelegten Grundsatzes des rechtlichen Gehörs[795]. Dies bedeutet, daß eine Entscheidung der Exekutive nur auf solche Umstände gestützt werden darf, zu denen sich der Betroffene vorher äußern konnte. Das Anhörungserfordernis ist, wenn es sich auf belastende Verwaltungsakte bezieht, allgemein in § 28 VwVfG geregelt. Aber auch die Ablehnung eines begünstigenden Verwaltungsaktes oder einer sonstigen hoheitlichen Maßnahme stellt einen Eingriff dar[796]. Spezialgesetzliche Anhörungsrechte des Beamten (z.B. §§ 13 Abs. 2 S. 2, 26 Abs. 1 S. 3, 60 Abs. 2, 90b BBG) sind bezüglich der (Nicht-)Erfüllung der Fürsorge- und Schutzpflicht nicht vorhanden. Soweit der Dienstherr also Entscheidungen bezüglich seiner Fürsorgeverpflichtung durch Verwaltungsakt trifft, z.B. die Ablehnung eines Darlehens zur Rechtsverteidigung, greift diese Vorschrift ein, denn auch bei der rechtswidrigen Verweigerung einer Begünstigung liegt ein Eingriff in Rechte des Beteiligten vor.

---

791 Siehe hierzu die näheren Ausführungen zur sog. *Kießling*-Affäre ab S. 180 dieser Untersuchung sowie VGH Mannheim, ZBR 1983, 265.

792 *Schick*, ZBR 1986, 33 (35). Vgl. auch BGH, MDR 2000, 333 ff.: Hier hatte der Dienstvorgesetzte das Ergebnis von internen Verwaltungsermittlungen, in denen einem Beamten Dienstverfehlungen, Betrug und Urkundenfälschung vorgeworfen wurden, an die zuständige Staatsanwaltschaft zusammen mit einer Strafanzeige übermittelt, ohne daß der Betroffene zuvor gehört worden war. Die disziplinarrechtlichen Vorermittlungen wurden bis zum Abschluß des staatsanwaltschaftlichen Ermittlungsverfahrens ausgesetzt. Erst nach der verantwortlichen Vernehmung des Beschuldigten klärte sich der Sachverhalt auf.

793 Vgl. VG Koblenz, DÖD 1983, 231 ff.: Dort hatte ein Vorgesetzter ein strafrechtliches Ermittlungsverfahren veranlaßt bzw. gefördert, obwohl er aufgrund seiner eigenen Ermittlungen erhebliche Zweifel an der Erfüllung eines Straftatbestands hatte, die er aber der Staatsanwaltschaft nicht offengelegt hat (Fürsorgepflichtverletzung durch vorschnelles Aussetzen der Strafverfolgung bzw. passive Förderung).

794 BVerwG, ZBR 2002, 139 ff.

795 *Wolff-Bachhof-Stober*, Verwaltungsrecht II^{5}, § 116, Rz. 25.

796 So die herrschende Meinung, z.B. *Maurer*, Allgemeines Verwaltungsrecht^{14}, § 19, Rz. 20; *Wagner*, DÖV 1988, 277 (279) argumentiert, daß eine Ablehnung genauso den Bürger betreffen könne wie ein Eingriff, zumal die Grenzziehung zwischen „Eingriff“ und „Nichteingriff“ schwer falle. Dagegen ist z.B. BVerwGE 66, 184 (186).

Soweit der Dienstherr hingegen durch ein schlichthoheitliches Handeln bzw. Unterlassen seiner Fürsorgepflicht ermessensfehlerfrei nachkommen möchte, kann das Anhörungserfordernis unterschiedlich begründet werden. Die Fürsorgepflicht des Dienstherrn gemäß § 79 BBG, § 48 BRRG gewährleistet ihrerseits nicht nur Schadensabwendungspflichten, sondern konstituiert auch eine schon im Vorfeld von Maßnahmen greifende Anhörungspflicht[797], z.B. bei der Umsetzung, Dienstpostenübertragung oder der Versetzung eines politischen Beamten in den einstweiligen Ruhestand[798]. Die Anhörungspflicht kann ihrerseits aber auch aus dem Rechtsstaatsprinzip gemäß Art. 20 Abs. 3 GG oder aus dem besonderen öffentlich-rechtlichen Dienst- und Treueverhältnis abgeleitet werden, denn der Beamte steht hinsichtlich seines Fürsorgepflichtanspruchs dem Dienstherrn als Träger eigener Rechte gegenüber, so daß es aufgrund der genannten Regelungen und Rechtsinstitute zu verlangen ist, den Beamten anzuhören, bevor aus einem Sachverhalt, in dem es zu Ehrverletzungen beim betroffenen Beamten gekommen ist, Folgen abgeleitet werden, die ihm abträglich sind oder zumindest sein können[799], wie z.B. die nicht genügende Umsetzung des Ehrenschutzes kraft Fürsorgepflicht. Diese Anhörungspflicht kommt inhaltlich gesehen je nach Schwere der Belastung des Beamten sowie nach den individuellen Umständen im Einzelfall dem Maß der Gewährung in § 28 Abs. 1 VwVfG (des Bundes oder der Länder) nahe, ohne mit ihm vollumfänglich deckungsgleich zu sein[800]. Sofern ein (förmliches) Disziplinarverfahren eingeleitet oder disziplinarrechtliche Vorermittlungen durchgeführt werden, ergibt sich das Anhörungserfordernis aus den spezialgesetzlichen Regelungen, vgl. § 20 Abs. 2 BDG (n.F.) bzw. §§ 26 Abs. 2, 59 BDO (a.F.) Im Ergebnis besteht jedenfalls Einigkeit dahingehend, daß eine entsprechende Anhörung zu erfolgen hat. Eine Nachholung der Anhörung, sofern diese unter § 28 Abs. 1 VwVfG fällt, und damit eine Heilung des Verfahrensfehlers ist gemäß § 45 Abs. 1 Nr. 3 VwVfG im Widerspruchsverfahren möglich oder erfolgt unter den Voraussetzungen des § 46 VwVfG[801]. Dies bedeutet aber nicht, daß es wegen der fehlenden Sanktionswirkung der Nichtanhörung im Sinne der Fürsorgepflicht des Dienstherrn ist, von vornherein auf die Anhörung zu verzichten[802]. Der betroffene Beamte hat daher auch ein Recht darauf, daß seine (Disziplinar-)Vorgesetzten, einschließlich der politischen Spitzen, die Angelegenheit prüfen und ihm Gelegenheit zur Stellungnahme geben bzw. ihn anhören, bevor intern oder extern ehrverletzende Kritik geübt wird, denn diese Kritik stellt sonst selbst schon eine dem Dienstherrn zurechenbare Fürsorgepflichtverletzung dar[803].

---

797 *Schnellenbach*, Beamtenrecht in der Praxis⁵, Rz. 368; *Schütz/Schachel*, § 85 LBG NRW, Rz. 15; VGH Mannheim, ZBR 1983, 265; *Wolff-Bachhof-Stober*, Verwaltungsrecht II⁵, § 116, Rz. 25.

798 *Wagner*, DÖV 1988, 277 (280); *Weiß-Niedermaier-Summer-Zängl/Summer*, Art. 86 BayBG, Erl. 44g.

799 *Schnellenbach*, VerwArch 92 (2001), 2 (8); *Korn-Tadday*, § 85 LBG NRW, Erl. 3; *Wolff-Bachhof-Stober*, Verwaltungsrecht II⁵, § 116, Rz. 25; BGH, MDR 2000, 333, 334.

800 *Kunig*, ZBR 1986, 253 (257 ff., 260); *Schnellenbach*, Beamtenrecht in der Praxis⁵, Rz. 368.

801 *Schnellenbach*, Beamtenrecht in der Praxis⁵, Rz. 368 f.; OVG Bautzen, NVwZ-RR 2002, 53 (54).

802 *Weiß-Niedermaier-Summer-Zängl/Summer*, Art. 86 BayBG, Erl. 44g.

803 *Summer*, PersV 1988, 76 (83). Siehe auch VGH Mannheim, ZBR 1983, 265: Dort hat der Dienstherr seine Fürsorge- und Schutzpflicht verletzt, indem er Schüleraussagen, die einen Lehrer schwer belasteten, nicht zum Anlaß genommen hat, den zugrundeliegenden Sachverhalt alsbald unter Anhörung des betroffenen Lehrers aufzuklären.

Sofern der Amtswalter allerdings schon einen konkreten Antrag auf eine Fürsorgepflichtmaßnahme bei seinem Dienstherrn gestellt hat[804], kommt dem Anhörungserfordernis keine große Bedeutung mehr zu, da der Beamte schon durch die Antragsstellung gehört wurde, so daß eine ablehnende Entscheidung keine vorherige Anhörungspflicht begründet.

V. Allgemeines Handlungsinstrumentarium des Dienstherrn zum Ehrenschutz

Aus der Fürsorge- und Schutzpflicht ergibt sich, daß der Dienstherr jeden Beamten vor (potentiellen) Verletzungen seiner Ehre, die durch Verwaltungsexterne oder -interne erfolgen können oder bereits eingetreten sind, zu schützen hat. Für die sich somit ergebende Beistands- und Schadensabwendungspflicht steht dem Dienstherrn zur Erfüllung ein vielgestaltiges Handlungsinstrumentarium zur Verfügung, das – basierend auf den bereits abstrakt genannten Fallkonstellationen – zunächst unabhängig von den konkreten Umständen des Einzelfalls umfassend und zugleich differenzierend dargestellt werden soll. Die Wahl der jeweiligen adäquaten und geeigneten Handlungsweise des Dienstherrn zur Erfüllung seiner Fürsorgepflicht richtet sich in Abhängigkeit von Art, Umfang und Intensität der inkriminierten Verhaltensweise und den erkennbaren Motiven des Ehrangreifers. Hinsichtlich der Intensität ist bei einem Ehrangriff unterhalb der Strafbarkeitsschwelle, beispielsweise bei fahrlässigen Ehrverletzungen, vom Dienstherrn wesentlich weniger aufgrund der Fürsorge- und Schutzpflicht zu verlangen, als wenn ein Straftatbestand im Raum steht. Bei Handlungen eines Verwaltungsinternen ist darauf zu achten, ob die mögliche oder bereits eingetretene Ehrverletzung noch innerhalb der Verwaltung geblieben oder schon publik gemacht worden ist. Weiter muß der Dienstherr hierbei nicht nur die Schutzpflicht zugunsten des gekränkten Amtswalters, sondern auch die (beamtenrechtliche oder arbeitsvertragliche) Fürsorgepflicht, die ihm gegenüber dem ehrverletzenden internen Störer obliegt, berücksichtigen, um nicht seinerseits durch die Schutzmaßnahme für den Betroffenen eine Fürsorgepflichtverletzung zu Lasten des Störers zu begehen. Die Verschiedenartigkeit der denkbaren tatsächlichen Fälle führt jedoch dazu, daß kein allgemein gültiges, rechtliches Patentrezept entworfen und angeboten werden kann.

Bei den nachfolgenden Handlungsoptionen des Dienstherrn zum Ehrenschutz handelt es sich im wesentlichen um finanziell bzw. haushaltstechnisch nicht relevante Möglichkeiten, denn das Spektrum der Fürsorgepflicht ist neben dem materiellen Bereich auch im erheblichem Umfang durch immaterielle Aspekte gekennzeichnet. Wesentliches immanentes Differenzierungsmerkmal beim nachfolgenden Handlungsinstrumentarium des Dienstherrn ist, ob die ehrenrührige Handlung von externen Dritten oder von Verwaltungsbediensteten bzw. dem Dienstherrn selbst herrührt, denn gegenüber einem externen Störer stehen dem Dienstherrn keine administrativen bzw. hoheitlichen Maßnahmen zur Verfügung[805]. Die folgende Darstellung beinhaltet cum grano salis eine Steigerung der Schutzintensität der Maßnahmen des Dienstherrn, wobei mit den leichteren und weniger intensiven Handlungsoptionen begonnen wird. Sie ist zwar nicht abschließend, dürfte aber die meisten praxisrelevanten Fallkonstellationen abdecken:

---

[804] Siehe hierzu die näheren Ausführungen ab S. 234 dieser Untersuchung.

[805] *Jarass*, DÖV 1986, 721 (724).

1. Zurückweisung der ehrenrührigen Handlungsweise eines Verwaltungsexternen oder -internen

Es ist in Rechtsprechung[806] und Literatur[807] zunächst allseits anerkannt, daß der Dienstherr jeden Beamten bei seiner amtlichen Tätigkeit und in seiner dienstlichen Stellung gegen ehrverletzende und damit unberechtigte Angriffe und Vorwürfe, unabhängig ob sie extern (z.B. durch unwahre bzw. entstellende Medienberichte oder innerhalb von Beschwerden und Eingaben an die Dienststelle) oder intern (z.B. durch Denunziation oder in Vermerken) erfolgen, zumindest dadurch aufgrund der Fürsorgepflicht in Schutz zu nehmen hat, indem er sich – in einem ganz allgemeinen Sinne – schützend vor den Betroffenen stellt. Konkreter formuliert bedeutet dies, daß der Dienstherr bzw. die für ihn handelnden Personen den ehrverletzenden Angriff, beispielsweise den Vergleich konkreter dienstlicher Handlungen von Soldaten mit „Stasi-Methoden"[808] oder den Vergleich eines spezifischen, aber rechtmäßigen Verwaltungshandelns mit „Gestapo-Methoden"[809], zurückzuweisen und sich dagegen zu verwahren hätten[810]. Ehrverletzende Unterstellungen können als „haltlos und in ihrer Zielrichtung als verunglimpfend" bezeichnet werden[811]. Auch kann ein Hinweis, daß der Dienstherr den betroffenen Beamten in Schutz zu nehmen habe, angebracht sein[812]. Form und Inhalt der somit geschuldeten Erklärung des Dienstherrn, die auch eine explizite Ehrenerklärung[813] sein kann, müssen der ansehensbeeinträchtigenden Äußerung möglichst entsprechen oder ihr nahe kommen. Hierbei ist von folgendem Grundsatz auszugehen: Je schwerwiegender der Vorwurf gegenüber dem Amtswalter ist, desto deutlicher hat seine Zurückweisung durch den Dienstherrn zu erfolgen. Inhaltlich gesehen ist die ehrenrührige Verhaltensweise als grundlos und unberechtigt zurückzuweisen, bei (erwiesen) unwahren Tatsachenbehauptungen kann gegebenenfalls die Beifügung einer Begründung hilfreich sein, und der Dienstherr hat sich gegen die ehrenrührige Handlung ausdrücklich zu verwahren[814]. Bei der Zurückweisung eines ehrenrührigen Verhaltens kommt eine Veröffentlichung oder öffentliche Bekanntgabe des Handelns des Dienstherrn durch Presseerklärungen in Betracht, wenn der ehrangreifende Störer seinerseits zuvor die Öffentlichkeit gesucht hatte. Diese Grundsätze können uneingeschränkt auf die notwendige Zurückweisung eines Ehrangriffs, der aus der Exekutive oder Judikative selbst herrührt oder ihr zuzurechnen ist, übertragen werden, denn auch hier muß der Dienstherr seiner allgemeinen Verpflichtung aus der Fürsorgepflicht, sich schützend vor den angegriffenen Beamten zu stellen, nachkommen.

Als ein praktisches Beispiel für eine derartige Erklärung des Dienstherrn kann der Vergleich einer konkreten dienstlichen Handlung von Soldaten mit „Stasi-Methoden"

---

806 BVerwGE 99, 56 (59); BVerwG, NVwZ 1998, 403; VGH Mannheim, ZBR 1983, 265.

807 *Schütz/Schachel*, § 85 LBG NRW, Rz. 16 ff.; *Wind-Schimana-Wichmann-Langer*, Öffentliches Dienstrecht⁵, Rz. 253; *Wollweber*, NVwZ 2000, 1384 (1385); *Battis*³, § 79 BBG, Rz. 15.

808 BVerwG, NVwZ 1998, 403 (405) = ZBR 1998, 242 (244); OLG Koblenz, NStZ-RR 2000, 44.

809 BVerfG, NJW 1992, 2815 f. = StV 1992, 268 ff.; LG Hechingen, NJW 1984, 1766 f.

810 *Schütz/Schachel*, § 85 LBG NRW, Rz. 38.

811 BVerwG, Buchholz 11 Art. 2 GG Nr. 79.

812 Vgl. VGH Mannheim, *Schütz* ES/B III 1 Nr. 2 = ZBR 1983, 41 (Ls.).

813 Siehe hierzu die näheren Ausführungen ab S. 171 dieser Untersuchung.

814 Vgl. *v. Harnack*, Die Praxis der Öffentlichen Verwaltung², S. 128.

herangezogen werden[815]. Der Dienstherr hat in diesem Fall zutreffend seine Fürsorgeverpflichtung erkannt, denn durch diesen Vergleich soll besonders herausgestellt und zum Ausdruck gebracht werden, daß sich der verantwortliche Soldat von Motiven habe leiten lassen, die von der ganz überwiegenden Meinung der Bevölkerung als menschenverachtend und als unvereinbar mit den Prinzipien des Rechtsstaates eingestuft werden. Daher hat der Bundesminister der Verteidigung in einem Schreiben an die ehrverletzende Störerin ausgeführt: „Ich muß jedoch Vergleiche mit ‚Stasi-Methoden' zurückweisen." Dies ist zwar die denkbar knappste Form einer Zurückweisung. Eine etwas ausführlichere hätte nicht geschadet, zumal im konkreten Fall der Eindruck entstehen konnte, daß der zuständige Bundesminister seine Zurückweisung selber wieder durch ihren Kontext relativieren wollte, indem er der Ehrverletzerin „volles Verständnis" entgegenbringt. Dennoch hat das Bundesverwaltungsgericht diese Maßnahme des Dienstherrn als (noch) ausreichend für den Ehrenschutz befunden[816]: „Der Dienstherr ist hiermit seiner Fürsorgepflicht gegenüber dem Betroffenen – noch – nachgekommen. Die Zurückweisung des Vorwurfs der ‚Stasi-Methoden' scheint zwar durch ihren Kontext relativiert zu werden, wenn der Bundesminister von dem ‚vollen Verständnis' für die Reaktion auf die Fotografiermaßnahme und anschließend von der disziplinarrechtlichen Untersuchung des Vorfalls spricht. Die Zurückweisung ist aber in sich klar und eindeutig. Der Bundesminister der Verteidigung hat sich ohne Einschränkung gegen den Vergleich mit ‚Stasi-Methoden' verwahrt. [...] Unter Beachtung der allgemeinen Grundsätze über die Auslegung von Willenserklärungen (vgl. §§ 133, 157 BGB) gibt die Zurückweisung des ‚Stasi-Vergleichs' als solche keinen Anlaß zu Mißverständnissen. Nach dem objektiven Erklärungsinhalt des Antwortschreibens des Bundesministers kann die Äußerung nur dahingehend verstanden werden, daß er sich von dem Vergleich mit ‚Stasi-Methoden' distanziert."[817] Wenn im zu entscheidenden Fall die angegriffene Handlung des Soldaten rechtmäßig und nicht rechtswidrig gewesen wäre, hätte sich der Dienstherr in seiner Erklärung ergänzend bei seiner Zurückweisung auf die Rechtmäßigkeit der angegriffenen Maßnahme beziehen können.

Weiteres praktisches Beispiel für eine (konkludente) Zurückweisung eines ehrenrührigen Vorwurfs sind die Erklärungen des Bundesministers der Verteidigung und des Deutschen Bundestag[818], als Dienstherrenorgane für die Bundesrepublik Deutschland, die sich nach den sog. „Soldaten-sind-Mörder"-Beschlüssen des Bundesverfassungsgerichts in Erfüllung ihrer soldaten- und verfassungsrechtlichen Fürsorgepflicht gegenüber den Bundeswehrsoldaten zum Dienst der Soldaten im allgemeinen bekannten, den Soldaten

---

[815] BVerwG, NVwZ 1998, 403 ff. = ZBR 1998, 242 ff.: In diesem Fall wurde Soldaten von einem Kasernenkommandeur der rechtswidrige Befehl erteilt, friedliche Teilnehmer einer Mahnwache außerhalb des Kasernengeländes und zur Dokumentation möglicher Straftaten zu fotografieren, erteilt. Eine Landtagsabgeordnete, die an dieser Demonstration teilgenommen hatte, erhob daraufhin den inkriminierten Vorwurf in einem Schreiben an den Bundesminister der Verteidigung. Dieser antwortete der Abgeordneten schriftlich mit dem dargestellten Inhalt. Dieser Briefwechsel wurde in der lokalen Presse veröffentlicht.

[816] Siehe zum insofern zugrundezulegenden Maßstab des sog. Untermaßverbots die Ausführungen ab S. 232 dieser Untersuchung.

[817] BVerwG, NVwZ 1998, 403 (405) = ZBR 1998, 242 (244).

[818] Bundestags-Drucksache 12/8523, Beschluß vom 21. September 1994 in der 243. Sitzung der 12. Wahlperiode, Protokolle S. 21635-21640. Der damalige Bundesminister der Verteidigung *Volker Rühe* äußerte sich ebenfalls am 21. September 1994 im gleichen Sinne, zitiert bei: *Schultze-Rhonhof*, Wozu noch tapfer sein?[4], S. 113.

ihre Achtung versicherten und „Mißdeutungen und Mißverständnissen" der Beschlüsse im Hinblick auf den damit entstandenen Eindruck, man könne nun Soldaten straffrei als Mörder bezeichnen, entgegentraten denn es dürfen diejenigen nicht schutzlos gestellt werden, die die Gebote befolgen, die sich aus dem Verteidigungsauftrag der Verfassung und der Wahrnehmung der staatsbürgerlichen Pflicht selbst ergeben, und gerade deshalb angegriffen werden[819].

Insgesamt muß sich bei dieser Handlungsoption der Dienstherr nur insoweit inhaltlich mit der ehrenrührigen Verhaltensweise des Störers auseinandersetzen, bis er erkennen kann bzw. ermittelt hat, in welcher geeigneten Form und – entsprechend der Eingriffsintensität – wie deutlich er sie zurückzuweisen und sich dagegen zu verwahren hat. Im Ergebnis handelt es sich um eine relativ schwache Handlungsoption des Dienstherrn, die in der Praxis einen bewußt bzw. vorsätzlich ehrverletzend handelnden Störer kaum beeindrucken dürfte. Sie kann daher entweder bei häufigeren oder stärkeren Ehrverletzungen nur der Auftakt einer intensiveren Wahrnehmung der Fürsorge- und Schutzpflicht sein oder sie ist, wenn aus tatsächlichen oder rechtlichen Gründen keine schärferen Schutzmaßnahmen möglich oder anzuraten sind, eine der wenigen verbleibenden Möglichkeiten, um dem betroffenen Beamten zeigen zu können, daß der Dienstherr den Ehrangriff wahrgenommen hat und ihn auch mißbilligt.

2. Verwarnung/Ermahnung eines ehrangreifenden Verwaltungsexternen oder -internen

Sofern sich aus den Umständen der Injurie mildernde Umstände auf Seiten des ehrverletzenden, verwaltungsexternen oder -internen Störers erkennen lassen oder nur eine geringe Intensität der Ehrverletzung gegeben ist, kann der Dienstherr den Injurianten unter Anwendung des Verhältnismäßigkeitsprinzips verwarnen. Er kann ihm dadurch – bildlich gesehen – den erhobenen Zeigefinger zeigen und ihn ermahnen, die Injurie nicht zu wiederholen. Bei einem externen Störer ist dies dann angebracht, wenn der Dienstherr sonst z.B. durch Strafantrag oder -anzeige oder ein presserechtliches Vorgehen unangemessen im Vergleich zum Sachverhalts reagieren würde, beispielsweise bei einem einmaligen Verhalten oder wenn – in Übereinstimmung mit obigen Ausführungen[820] – der ehrenrührig handelnde Störer ebenso wie der betroffene Beamte Beteiligter eines Verwaltungsverfahrens ist (vgl. § 13 VwVfG des Bundes oder der Länder) und die ehrkränkende Handlung (zumindest mittelbar) auch der Rechtswahrnehmung des Störers dient. Der Dienstherr kann den Injurianten vor einer Wiederholung oder Weiterverbreitung seiner Anwürfe durch ein (Antwort-)[821]Schreiben warnen, ihn zur Unterlassung auffordern und ihm gegebenenfalls bei Nichtbeachtung mit weiteren, insbesondere strafprozessualen Mitteln drohen[822]. Auch bei Verwarnung bzw. Ermahnung durch den Dienstherrn kommt eine Veröffentlichung oder Öffentlichmachung der behördlichen Schutzmaßnahme in Betracht, wenn der ehrkränkende, externe Störer seinerseits zuvor in die Öffentlichkeit (z.B. Medienberichte, Leserbriefe, Demonstrationen, Talk-Show-Auftritte) gegangen war.

---

819 So das abweichende Votum von *Haas*, BVerfGE 93, 266 (313 ff.); *Haas*, FS Fürst, S. 163 f.

820 Siehe hierzu die Ausführungen ab S. 110 dieser Untersuchung.

821 Ein Antwortschreiben ist dann angebracht, wenn die Injurie in einer schriftlichen Eingabe/Beschwerde oder Ähnliches an die Behörde bzw. den Dienstherrn erfolgt ist.

822 *v.Harnack*, Die Praxis der Öffentlichen Verwaltung^2, S. 128.

Bei einem beamteten Störer kann ebenfalls eine Ermahnung bzw. Mißbilligung[823] durch den Dienstherrn erfolgen, um ihm aufzuzeigen, daß sein ehrenrühriges Verhalten mißbilligt oder zumindest als bedenklich eingestuft wird[824]. Sie kommt bei verschiedenen Konstellationen in Betracht. Sie ist zum einen eine Art „Notmaßnahme", um noch der Fürsorgepflicht zu genügen, wenn strafprozessuale und disziplinarrechtliche Maßnahmen aus rechtlichen Gründen nicht (mehr) möglich sind, weil z.B. die Strafantrags- (vgl. §§ 77 ff. StGB) und Verjährungsfristen (vgl. §§ 78, 78a StGB, § 15 BDG (n.F.), § 3 LDO NRW) abgelaufen sind. Sie kommt kraft Verhältnismäßigkeitsgrundsatz als milderes Mittel in Betracht, wenn keine schuldhafte, sondern lediglich eine objektive Pflichtverletzung gegeben ist, so daß ein Disziplinarverfahren nicht möglich ist (vgl. § 77 Abs. 1 BBG bzw. § 83 Abs. 1 LBG NRW). Bei der schriftlichen („förmlichen") oder mündlichen Mißbilligungen handelt es sich kraft Gesetzes gemäß § 6 S. 2 BDG (n.F.), § 6 Abs. 2 BDO (a.F.) bzw. § 6 Abs. 3 LDO NRW nicht um eine Disziplinarmaßnahme, so daß sie in den genannten Konstellationen eine adäquate Schutzpflichtmaßnahme sein kann.

Mit der Mißbilligung und der eventuellen Aufnahme in die Personalakte ist zunächst die Dokumentation des beanstandeten Sachverhalts beabsichtigt. Inhaltlich gesehen muß der Dienstherr dabei ferner seine Mißbilligung des Verhaltens („kann nicht gut heißen", „halte ich für bedenklich" oder „kann nicht geduldet werden") und die Ermahnung des Betroffenen, zukünftig derartige Verhaltensweisen zu unterlassen, aussprechen. Die Formulierungen des Dienstherrn müssen so gewählt sein, daß sie dem von der Ehrkränkung Betroffenen den erforderlichen Schutz gewähren, d.h. der ermahnte Störer muß die Äußerung des Dienstherrn auch als Zurechtweisung wahrnehmen und verstehen können (sog. objektiver Empfängerhorizont, vgl. §§ 133, 157 BGB). Hervorzuheben ist, daß einer Mißbilligung keine Warnfunktion zukommt, d.h. der Dienstherr kündigt damit keine bestimmten zukünftigen beamten- oder arbeitsrechtlichen Schritte zu Lasten des ehrkränkenden, verwaltungsinternen Störers an. Dies wäre eine in der Relation stärker einzustufende Maßnahme, zumal im Wiederholungsfalle der Ehrkränkung gegenüber dem ehrverletzend handelnden Beamten weiterhin der Grundsatz gelten würde, daß kraft des Opportunitätsprinzips die Einleitung eines (förmlichen) Disziplinarverfahrens zu überprüfen wäre, so daß dieses nicht zwingend durchgeführt werden muß und somit auch nicht als unbedingte Konsequenz angekündigt werden kann[825].

Sollen gegenüber einem nichtbeamteten Verwaltungsinternen (Angestellter oder Arbeiter) arbeitsrechtliche Schritte, wie z.B. eine Kündigung vorbereitet werden, muß die Schutzmaßnahme des Dienstherrn die Anforderungen an eine Abmahnung, die durch die Rechtsprechung des Bundesarbeitsgerichts entwickelt wurden[826], einhalten, so daß vor allem der Warnfunktion entsprochen werden muß[827]. Ansonsten handelt es sich arbeitsrechtlich auch lediglich um eine Ermahnung, Mißbilligung oder sog. Vertragsrüge.

---

823 Synonyme hierfür sind auch Beanstandung, Tadel, Rüge, Zurechtweisung oder Belehrung.

824 VGH Mannheim, *Schütz* ES/B III 1 Nr. 2 = ZBR 1983, 41 (Ls.).

825 Das disziplinarrechtliche Vorgehen gegen einen beamteten ehrkränkenden Störer wird ab S. 218 dieser Untersuchung dargestellt.

826 Vgl. u.a. BAG, AP Nr. 3 zu § 1 KSchG 1969 Abmahnung.

827 Diese arbeitsrechtlichen Maßnahmen gegen nichtbeamtete Verwaltungsbedienstete werden ab S. 216 dieser Untersuchung näher dargestellt.

3. Richtigstellung von Tatsachen, Gegendarstellung in den Medien und Geltendmachung von zivilrechtlichen Widerrufs-, Schadensersatz- und Unterlassungsansprüchen gegenüber Verwaltungsexternen

Bei unwahren, unsachlichen, tendenziösen, entstellenden oder denunziatorischen Darstellungen über die Amtsführung oder in Zusammenhang mit der dienstlichen Tätigkeit eines Beamten in den Medien, die durch die aufgestellten Tatsachenbehauptungen ehrkränkend sind, kann sich der Dienstherr mit der Geltendmachung von presserechtlichen Gegendarstellungs-[828] oder Berichtigungsansprüchen[829] – sog. publizistischer Schutz[830] –, von zivilrechtlichen Abwehransprüchen oder durch sonstige geeignete Maßnahmen schützend vor den betroffenen Amtswalter stellen[831]. Dies gilt vor allen dann, wenn sich die ehrenrührige Handlung als versuchte Beeinflussung der pflichtgemäßen Wahrnehmung der dienstlichen Aufgaben oder als Versuch zur Ausübung unsachlichen Drucks auf die Amtsführung darstellt[832], so daß auch ein Schutz des Beamten durch den Dienstherrn zu erfolgen hat, selbst wenn die Äußerung über den Beamten oder dessen Amtsführung nicht den Charakter einer strafrechtlichen Beleidigung hat[833] und damit keine strafbare Handlung darstellt[834]. Der „Schutz vor der Presse“ ist schließlich nicht weniger wichtig als der oftmals überbetonte „Schutz der Presse“[835]. Dieser öffentlichkeitswirksam wahrzunehmende Schutz durch den medienerfahrenen Dienstherrn ist auch dann geboten, wenn die Diensthandlung schon längst erfolgt, also eine Beeinflussung nicht mehr stattfinden kann, aber der handelnde Beamte nachträglich in seiner Ehre oder in seinem Persönlichkeitsrecht verletzt werden soll. Als Minus zu der oben genannten Maßnahme kommt zumindest eine Erklärung in Betracht, die auf die Dienstpflicht des Beamten zu unparteiischer Amtsführung unter Berücksichtigung aller Belange verweist[836]. Es gilt, im folgenden die verschiedenen tatsächlichen und rechtlichen Möglichkeiten des Dienstherrn in Abhängigkeit von der ehrverletzenden Handlung darzustellen. Soweit es um die Geltendmachung von eigenen presse- und zivilrechtlichen Ansprüchen gegenüber dem ehrkränkenden Störer geht, ist darauf hinzuweisen, daß dem Dienstherrn diesbezüglich keine eigenen administrativen Möglichkeiten zustehen. Zur Durchsetzung seiner Ansprüche muß der Dienstherr – wie jeder Private auch – die Gerichte anrufen[837].

---

[828] *Jarass*, DÖV 1986, 721 (724).

[829] VGH Mannheim, *Schütz* ES/B III 1 Nr. 2 = ZBR 1983, 41 (Ls.).

[830] *Summer*, PersV 1988, 76 (83).

[831] *Scheerbath-Höffken-Bauschke-Schmidt*, Beamtenrecht[6], § 17 II 3d, S. 447; *Westermann*, Fürsorgepflicht, S. 292 f.; *Wind-Schimana-Wichmann-Langer*, Öffentliches Dienstrecht[5], Rz. 253; *Schnellenbach*, ZBR 1981, 301 (306); *ders.*, Beamtenrecht in der Praxis[5], Rz. 388; *Wagner*, Beamtenrecht[7], Rz. 242; *Gunkel-Pilz*, Beamtenrecht NRW, S. 359; *Hartmann-Janssen*[4], Art. 86 BayBG, Erl. 2c, S. 124; *Thiele*, DÖD 1988, 273 (276); *Grün*, Beamtenrecht[2], S. 73; *Schütz/Schachel*, § 85 LBG NRW, Rz. 37; *Weimar*, RiA 1962, 84; *Plog-Wiedow-Beck-Lemhöfer*, § 79 BBG, Rz. 19.

[832] Siehe § 98 Satz 3 LBG BW und § 99 Satz 3 SächsBG, die explizit einen Schutz vor politischer Einflußnahme von außen verlangen.

[833] *Weimar*, DÖD 1964, 91 (92).

[834] *ders.*, RiA 1964, 84.

[835] *Medicus*, Bürgerliches Recht[19], Rz. 615.

[836] *Plog-Wiedow-Beck-Lemhöfer*, § 79 BBG, Rz. 19.

[837] *Jarass*, DÖV 1986, 721 (724).

a.) Eigene Möglichkeiten des Dienstherrn zur Richtigstellung von Tatsachen oder zur Erwiderung

Sofern (erwiesen) unwahre, unsachliche, tendenziöse, entstellende oder denunziatorische Darstellungen und Äußerungen über die Amtsführung oder in Zusammenhang mit der dienstlichen Tätigkeit eines Amtswalters, die die persönliche oder berufliche Ehre des Betroffenen verletzen, in die Öffentlichkeit, z.B. durch entsprechende Medienberichte, gelangt sind, hat der Dienstherr die Möglichkeit zur Richtigstellung der Tatsachen, der Erwiderung oder der Ergänzung, um aufgrund einer vollständigen und korrekten Sachverhaltsbasis die ehrenrührigen Tatsachenbehauptungen als unwahr entkräften und verleumderisch bezeichnen zu können. Soweit mit diesen ehrenrührigen, öffentlichen Äußerungen auch negative Werturteile verbunden sind, kann sich der Dienstherr der zuvor genannten Zurückweisung, der Ermahnung oder der noch darzustellenden Ehrenerklärung[838] bedienen.

Die Möglichkeit zur Richtigstellung von Tatsachen, zur Unterrichtung oder zur Erwiderung gegenüber Medienberichten oder der Öffentlichkeit stellt sich unabhängig davon, ob gegen den Dienstherrn bzw. die zuständige Behörde ein etwaiger Auskunftsanspruch geltend gemacht, an diesen ein Auskunftsbegehren gerichtet[839] oder der Dienstherr von sich aus selbst tätig wird (sog. Öffentlichkeitsarbeit). Da aber grundsätzlich sämtliche Verwaltungsbediensteten, inklusive des jeweiligen Behördenleiters, der beamtenrechtlichen Verschwiegenheits- oder sogar Geheimhaltungspflicht unterliegen, kann diese Möglichkeit nicht ohne weiteres wahrgenommen werden. Im Bereich des Bundesrechts (z.B. § 63 BBG) und in den meisten Bundesländern (z.B. § 66 LBG NRW, Art. 72 BayBG) ist daher bestimmt, daß für Äußerungen, die im Zusammenhang mit der eigenen dienstlichen Tätigkeit oder einzelnen Verwaltungsbediensteten der Behörde stehen, nur der Behördenleiter oder ein von ihm bestimmter Beamter bzw. eine besonders ermächtigte Person in Betracht kommen, üblicherweise ein Pressesprecher, -beauftragter oder -referent. Damit ist im Umkehrschluß der Grundsatz bestätigt, daß sich alle sonstigen Verwaltungsbediensteten entsprechender Äußerungen über dienstliche Angelegenheiten zu enthalten haben, selbst wenn sie nicht von der Verschwiegenheits- oder Geheimhaltungspflicht erfaßt werden[840].

Der Dienstherr kann somit z.B. in einer Presseerklärung oder -konferenz (als Eilmaßnahme) öffentlich Stellung zu ehrenrührigen, unwahren Tatsachenbehauptungen oder Vorwürfen Stellung nehmen[841], die Tatsachen ergänzen bzw. vervollständigen, auf Fehler in der Sachverhaltsdarstellung in den Medienberichten aufmerksam machen oder auf Behauptungen und Vorwürfe erwidern. Ziel dieser Maßnahmen muß es in Wahrnehmung der Schutzpflicht gegenüber dem Betroffenen sein, die Ehrenrührigkeit der aufgestellten Behauptungen herauszustellen und durch die Richtigstellung oder Erweiterung der Tatsachen ein Bewußtsein dafür zu schaffen, daß die Weiterverbreitung der unwahren Behauptungen

---

838 Siehe insofern die Ausführungen ab S. 171 dieser Untersuchung.

839 Es bedarf vorliegend keiner näheren Ausführung, ob, inwieweit und auf welche Anspruchsgrundlage gestützt die Medien oder Bürger gegenüber der Behörde einen Auskunftsanspruch geltend machen können.

840 *Schütz/Maiwald*, § 66 LBG NRW, Rz. 5.

841 *Plog-Wiedow-Beck-Lemhöfer*, § 79 BBG, Rz. 19; VGH Kassel, RiA 1995, 194 (197) = NVwZ-RR 1994, 596 ff. = ZBR 1995, 214 ff. = *Schütz* ES/B III 1 Nr. 20; *Schick*, ZBR 1986, 33 (35); BVerwGE 113, 158 ff.

freiwillig seitens der Medien oder der Privaten unterlassen wird, da sie eben jeglicher sachlicher Grundlage entbehren und somit eine zivil- oder strafrechtliche Verfolgung dieser sonst fortdauernden Beleidigungen möglich ist.

Dieses Ziel kann aber nur dann erreicht werden, wenn die Auskunft wahrheitsgemäß – dies sollte ohnehin selbstverständlich sein – und vollständig erfolgt, wobei vom Dienstherrn zu beachten ist, daß die Persönlichkeitsrechte und die Ehre des Betroffenen nicht erneut, diesmal durch den Dienstherrn selbst, verletzt werden[842]. So hat der Dienstherr nach pflichtgemäßen Ermessen zu entscheiden, ob und innerhalb welcher Grenzen er Auskünfte über Straf- und Disziplinarverfahren gegen ihm unterstellte Amtswalter, insbesondere den von der Ehrverletzung Betroffenen, an die Medien weitergibt, damit er nicht in vermeintlicher Erfüllung der Schutzpflicht gegenüber dem Verletzten eine erneute Ehrverletzung vornimmt bzw. eine vorhandene Ehrkränkung intensiviert. Bei der insofern notwendigen Abwägung sind neben der Fürsorge- und Schutzpflicht die Grundsätze über die Nichtöffentlichkeit des Disziplinarverfahrens, die Geheimhaltung der Personalakten, die dienstliche Schweigepflicht sowie die Persönlichkeitsrechte und Grundrechte des Betroffenen zu berücksichtigen, wobei von der Rechtsprechung entsprechende Auskünfte grundsätzlich als zulässig erachtet worden sind[843]. Wenn aber dem in seiner persönlichen oder beruflichen Ehre verletzten Amtswalter weder eine strafrechtlich oder disziplinarrechtlich verfolgbare Handlung noch ein entsprechendes Unterlassen vorgeworfen werden kann, wie es in den zu untersuchenden Ehrenschutzkonstellationen in der Regel der Fall sein dürfte[844], ist die öffentliche Bekanntgabe dieser Ergebnisses sogar geboten. Der Dienstherr kann mit den entsprechenden Verfahrensauskünften sehr effektiv für eine wahrheitsgemäße Tatsachengrundlage sorgen, womit sich in der Folge die ehrenrührigen Tatsachenbehauptungen als unwahr erweisen werden, was auch im Interesse des verletzten Beamten liegen dürfte. Daher sind auch unter Fürsorgegesichtspunkten keine einschränkenden Interessen zu erkennen, die ein Verbot entsprechender Auskünfte über Straf- und Disziplinarverfahren gegen den ehrverletzten Beamten rechtfertigen würden.

b.) Gegendarstellungsanspruch des Dienstherrn gegenüber den Medien

Da der Dienstherr durchaus nachvollziehbare oder sogar berechtigte Gründe haben kann, nicht auf eine freiwillige Korrektur der ehrenrührigen, unwahren Tatsachenbehauptungen in den Medien zu warten, kann er darüber hinaus einen Gegendarstellungsanspruch geltend machen[845]. Sinn und Zweck dieses Anspruchs ist es nämlich, das allgemeine Persönlichkeits(grund)recht (Art. 2 Abs. 1 i.V.m. Art. 1 Abs. 1 GG) und somit auch das Recht der persönlichen und beruflichen Ehre der ihm unterstellten Amtswalter zu schützen[846]. Im Unterschied zu den nachfolgend dargestellten zivilrechtlichen Ehrenschutz-

---

842 Vgl. *Schütz/Maiwald*, § 66 LBG NRW, Rz. 15.

843 Maßgeblich und grundlegend hierfür ist OVG Lüneburg, NJW 1991, 445 f.

844 Anderenfalls müßte in Übereinstimmung mit den Ausführungen zur Definition des Rechts der persönlichen Ehre überlegt werden, ob es durch das pflichtwidrige oder strafrechtlich relevante Verhalten des Amtswalters zu einer Minderung seines sozialen Geltungsanspruchs (sog. äußere Ehre) gekommen ist.

845 Hierzu grundlegend und umfänglich *Seitz-Schmidt-Schoener*, Der Gegendarstellungsanspruch[3], Rz. 1 ff.

846 Vgl. BVerfGE 63, 131 (142); 73, 118 (201); BGHZ 66, 182, 195; *Mackeprang*, Ehrenschutz im Verfassungsstaat, S. 62 f.; *Stark*, Ehrenschutz, S. 177. Dies bedeutet aber nicht, daß der Gegendarstellungsanspruch ein Anspruch wegen Ehrverletzung ist, *Groß*, DVBl. 1981, 247 (250).

bestimmungen wird der medienrechtliche Gegendarstellungsanspruch vorbehaltlos staatlichen Stellen im Rahmen ihrer funktionalen Interessenwahrnehmung zuerkannt[847]. Der Gegendarstellungsanspruch ergibt sich aus den Landespressegesetzen (siehe z.B. § 11 Abs. 1 PresseG NRW[848]), Rundfunk- und Mediengesetzen sowie aus verschiedenen Staatsverträgen[849]. Hiernach sind sämtliche Medien, also Presse sowie öffentlich-rechtliche und private Fernseh- und Rundfunksender, auf Verlangen des Betroffenen[850] verpflichtet, bei aufgestellten oder verbreiteten (ehrenrührigen) Tatsachenbehauptungen – hingegen nicht bei Werturteilen[851] – in Bezug auf eine Person oder Stelle eine eigene Gegendarstellung des Betroffenen, ohne Rücksicht darauf, ob diese wahr oder unwahr ist, abzudrucken oder auszustrahlen[852]. Darin liegt auch der wesentliche Unterschied zu einem Widerrufsanspruch, denn beim Gegendarstellungsanspruch handelt es sich um eine vorbereitete Erklärung des Betroffenen, die die Medien veröffentlichen müssen, und zwar unabhängig von der Wahrheit oder Unwahrheit der Tatsachenbehauptungen in der Erstveröffentlichung. Auf ein etwaiges Verschulden des Anspruchsverpflichteten (z.B. Verleger, Anbieter, Redakteur) bei der Erstveröffentlichung kommt es nicht an. Inhaltlich und formal gesehen muß die begehrte Gegendarstellung die beanstandeten Tatsachenbehauptungen benennen, gegensätzliche Tatsachenbehauptungen enthalten[853] (Prinzip der Tatsache gegen Tatsache), schriftlich abgefaßt, eigenhändig unterzeichnet, sowie unverzüglich[854] ab Kenntnis, spätestens aber drei Monate nach der Erstveröffentlichung, verlangt werden. Bei der Veröffentlichung der Gegendarstellung ist das Prinzip der Waffengleichheit zu berücksichtigen[855]. Sie muß ebenfalls unverzüglich, möglichst in der nächsten Veröffentlichung oder Sendung, grundsätzlich in der selben Art (Layout, Platzierung, Form, Druck etc.) und an derselben oder einer gleichwertigen Stelle kostenfrei veröffentlicht werden[856]. Eine (inhaltliche) Kommentierung der Gegendarstellung durch die verpflichteten Medien ist unzulässig. Der Anspruch ist im Zivilrechtsweg im Wege der

---

847 Vgl. *Richtberg*, Ehrenschutz im Öffentlichen Recht, S. 41 f.; MüKo/*Rixecker*[4], § 12 BGB Anh., Rz. 241.

848 Diese Vorschrift ist im wesentlichen identisch mit den anderen landesrechtlichen Vorschriften, wobei es je nach Bundesland einen entsprechenden § 10 oder § 11 des jeweiligen Landespressegesetzes gibt.

849 Aufgrund der verschiedenen Regelungen kann insofern von einem „Flickenteppich“ gesprochen werden.

850 Im Gegendarstellungsrecht gibt es keinen Verletzten. Vielmehr soll jedem durch eine Veröffentlichung Betroffenen das Recht zur Entgegnung eingeräumt werden, was dem tradierten Grundsatz des „audiatur et altera pars“ entspricht, vgl. *Groß*, DVBl. 1981, 247 (248, 250); *Stark*, Ehrenschutz, S. 177.

851 Hier gilt es in Übereinstimmung mit der verfassungs- und zivilgerichtlichen Rechtsprechung unter Beachtung von Art. 5 Abs. 1 GG genau zwischen Tatsachenbehauptungen und Werturteilen zu differenzieren. Problematisch sind Gemengelagen, wenn also beide Äußerungen in einer einheitlichen Aussage verbunden sind. Hier ist auf das Schwergewicht der Äußerung abzustellen, oder es ist der Versuch einer Unterteilung in beide Aussageteile vorzunehmen, da ansonsten im Zweifel ein Werturteil mit der Folge der fehlenden Gegendarstellungsfähigkeit vorliegt, vgl. *Stark*, Ehrenschutz, S. 47 ff.; *Hager*, AcP 196 (1996), 167 (213 ff.).

852 Bei der vorliegenden zusammenfassenden Darstellung der verschiedenen Gegendarstellungsansprüche sollen Unterschiede in den einzelnen Regelungen vernachlässigt werden und lediglich die Grundzüge des Gegendarstellungsrechts bei den verschiedenen Medien erläutert werden. Nähere Ausführungen, insbesondere zu den einzelnen Tatbestandsmerkmalen, verbieten sich, da ansonsten vom Kern dieser Untersuchung, dem Fürsorgepflichtanspruch des Beamten, abgewichen werden würde.

853 Meinungsäußerungen und Werturteile des Betroffenen sind nicht vom Gegendarstellungsrecht gedeckt.

854 Dem Betroffenen bleibt ab Kenntnis der Erstveröffentlichung eine Bedenkzeit, wonach im Regelfall zwei Wochen zulässig sind. § 121 BGB findet insofern keine Anwendung, vgl. *Stark*, Ehrenschutz, S. 178.

855 *Stark*, Ehrenschutz, S. 179; *Siebrecht*, JuS 2001, 337 (340).

856 MüKo/*Rixecker*[4], § 12 BGB Anh., Rz. 246 ff.

einstweiligen Verfügung (§§ 935 ff. ZPO) durchsetzbar[857]. Damit soll eine vor allem zeitnahe Rechtswahrnehmung und Durchsetzung der Richtigstellung oder Ergänzung gewährleistet werden, denn andere zivil- und strafrechtliche Mittel zum Ehrenschutz haben regelmäßig erst dann Erfolg, wenn der zugrundeliegende Sachverhalt (in der Öffentlichkeit) wieder in Vergessenheit geraten ist[858].

Die Aktivlegitimation des Dienstherrn für den medienrechtlichen Gegendarstellungsanspruch ist unabhängig davon gegeben, ob durch die ehrkränkende Tatsachenbehauptung in den Medien ausschließlich ein Beamter oder auch die Behörde bzw. der Dienstherr selbst verletzt wurde. Bei den entsprechenden Anspruchsgrundlagen wird nämlich lediglich auf eine (unmittelbare) Betroffenheit einer Person oder Stelle und damit im Unterschied zu den nachfolgenden zivilrechtlichen Ehrenschutzansprüchen nicht auf eine (mögliche) Verletzung rekurriert. Für die Aktivlegitimation beim Gegendarstellungsanspruch ist mit Ausnahme des bayerischen Pressegesetzes, das dem Wortlaut nach eine unmittelbare Betroffenheit voraussetzt, eine mittelbare Betroffenheit beim Anspruchsberechtigten ausreichend. Diese ist bei einer Behörde in der Regel gegeben, selbst wenn sich eine Medienäußerung gegen einen einzelnen Beamten oder dessen Verhalten richtet, da mit dieser Äußerung zumindest auch die Interessenssphäre der Behörde berührt wird[859]. Diese Interessenssphäre ist genau dann betroffen, wenn auch das Dienstverhältnis betroffen ist, so daß eine Verneinung der medienrechtlich relevanten Betroffenheit auch zugleich dazu führen würde, daß auch kein Fürsorgepflichtanspruch des Beamten gegeben wäre, da dieser eben ein ehrenrühriges Verhalten voraussetzt, daß im Dienstverhältnis im Sinne der Dreiteilung der Rechtssphären im Beamtenrecht relevant wird. Die von der ehrverletzenden Medienäußerung mittelbar betroffene Behörde/Stelle dürfte üblicherweise diejenige Behörde sein, bei der der konkret betroffene Beamte seinen Dienst verrichtet, so daß die im Verwaltungsaufbau übergeordneten Behörden dann weder unmittelbar noch mittelbar betroffen sind und somit auch nicht für den medienrechtlichen Gegendarstellungsanspruch aktivlegitimiert sind.

Allerdings erweist sich die Gegendarstellung in der Praxis als ein schwaches und ineffektives Instrument, denn mit ihr wird die ehrenrührige Tatsachenbehauptung erneut verbreitet, so daß die Ehrverletzung, die gerade unterbunden werden sollte, wiederholt erfolgt. Dem Adressaten, der wegen des hohen Bedeutungsgrades der Presse- und Rundfunkfreiheit (Art. 5 Abs. 1 GG) in der Bundesrepublik Deutschland und aufgrund der vielfachen Bezeichnung und selbstauferlegten Aufgabe der Medien als „vierte Staatsgewalt“[860] der

---

857 So die ausdrückliche Regelung in den Landespressegesetzen, ein Hauptsacheverfahren ist nur in Bayern und Hessen möglich.

858 Vgl. BVerfGE 63, 131 (142); *Siebrecht*, JuS 2001, 337 (340).

859 *Seitz-Schmidt-Schoener*, Der Gegendarstellungsanspruch³, Rz. 70 ff.; *Scheerbath-Höffken-Bauschke-Schmidt*, Beamtenrecht⁶, § 17 II, S. 447, Fn. 87. Auch nach dem bayerischen Pressegesetz wird dieses Ergebnis aufgrund einer extensiven Auslegung der „unmittelbaren Betroffenheit“ angekommen, so daß hier letztendlich kein nennenswerter Unterschied in den Landespressegesetzen besteht.

860 Dieser positiv besetzte Begriff ist mehr als widersprüchlich, insbesondere da sämtliche Medienunternehmen auch Wirtschaftsunternehmen sind und damit zunächst originär eigene kommerzielle und eben keine staatlichen Interessen oder Aufgaben wahrnehmen. Daher kann diese optimistische Grundhaltung nicht geteilt werden, da sich auch schon des öfteren in der Praxis gezeigt hat, daß negative und unter Umständen ehrenrührige Medienberichte nicht immer und im gesamten Umfang den Tatsachen entsprechen.

Presse ein Primärvertrauen entgegenbringt, erscheint derjenige, der die Gegendarstellung beansprucht, doch eher als „Prozeßhansel", der eine „Medienschelte" betreiben möchte, so daß der Betroffene in seiner Glaubwürdigkeit als eingeschränkt angesehen wird[861]. Nach der Veröffentlichung der Gegendarstellung verbleibt es doch zumeist bei dem Eindruck „Da war doch etwas", denn der Betreffende hatte es immerhin für nötig erachtet, die Gegendarstellung zu bewirken.

Schließlich ist der sog. „Redaktionsschwanz" erlaubt, durch den die Medien erklären dürfen, daß sie zum Abdruck der Gegendarstellung rechtlich verpflichtet seien, im übrigen aber bei ihrer Auffassung und Darstellung verbleiben[862]. Daß der Anspruchsverpflichtete dies zulässigerweise erklären darf, ergibt sich aus der bereits erwähnten Besonderheit des Gegendarstellungsanspruchs, die auch zugleich die große Schwäche dieses Rechts ist, denn wegen der Eilbedürftigkeit kommt es nicht zu einer Überprüfung und Beweiserhebung, ob der Medienbericht oder die Entgegnung zutrifft und wahrheitsgemäß ist[863]. Der Betroffene kann sich gegen dem „Redaktionsschwanz" nicht zur Wehr setzen. Im Ergebnis drücken die Medien somit eine Mißbilligung gegenüber demjenigen aus, der seine Rechte wahrnimmt, indem sie seine Gegenbehauptungen als unwahr erscheinen lassen, so daß von der zuvor postulierten Waffengleichheit im Gegendarstellungsrecht nicht viel übrig bleibt[864].

c.) Zivilrechtlicher Unterlassungs-, Beseitigungs- und Schadensersatzanspruch des Dienstherrn gegenüber ehrverletzenden Verwaltungsexternen

Aufgrund der genannten Schwächen des Gegendarstellungsrechts kann der Dienstherr, um seiner Ehrenschutzverpflichtung gegenüber den ihm unterstellten Beamten nachzukommen, auch mit eigenen zivilrechtlichen Ansprüchen gegen den ehrverletzenden Störer vorgehen, damit dessen rechtswidriges Verhalten von Rechts wegen sanktioniert werden kann. Dies setzt aber zunächst voraus, daß ein öffentlich-rechtlicher Dienstherr überhaupt zivilrechtliche Ansprüche, bei denen dann die allgemeinen ehrenschutzrechtlichen Frage- und Problemstellungen zu beachten sind, geltend machen kann.

(a) Grundsätzliche dogmatische Anwendbarkeit dieser Ansprüche

In der zivilgerichtlichen Rechtsprechung[865] ist es anerkannt, daß ein Dienstherr bzw. eine juristische Person des öffentlichen Rechts im Bereich der hoheitlichen Aufgabenerfüllung sich mit Unterlassungsklagen gegen drohende ehrenrührige (erwiesen) unwahre Tatsachenbehauptungen und Werturteile wenden, die Beseitigung entsprechender Tatsachenbehauptungen sowie Schadensersatz erreichen kann, wenn die Straftatbestände der §§ 185 ff. StGB erfüllt sind. Auch juristische Personen des öffentlichen Rechts und deren behördliche Organe sind nach ganz herrschender Meinung in Rechtsprechung[866] und

---

861 Vgl. *Kriele*, NJW 1994, 1897 (1904); *Stark*, Ehrenschutz, S. 180.

862 MüKo/*Rixecker*[4], § 12 BGB Anh., Rz. 245; *Stark*, Ehrenschutz, S. 179.

863 So *Mackeprang*, Ehrenschutz im Verfassungsstaat, S. 63, während *Siebrecht*, JuS 2001, 337 (340) dies als Vorteil einordnet.

864 MüKo/*Rixecker*[4], § 12 BGB Anh., Rz. 245; *Stark*, Ehrenschutz, S. 180.

865 BGH, NJW 1982, 2246; NJW 1983, 1183 f.; NJW 1984, 1607 (1608).

866 VGH Kassel, NJW 1990, 1005 = NVwZ 1990, 587 (Ls.); BGH, NJW 1983, 1183 f.; NJW 1984, 1607 (1608); NJW 1982, 2246; BGHSt 6, 186 (187); 9, 265 (266); 36, 83 (88 f.).

Literatur[867] durch die §§ 185 ff. StGB strafrechtlich und mit diesen als Schutzgesetze auch über § 823 Abs. 2 BGB zivilrechtlich gegen beleidigende Angriffe geschützt. Über den angesprochenen § 823 BGB sind der deliktische und über die Verbindung mit § 1004 Abs. 1 BGB (analog) auch der sog. quasi-negatorische Schutz von Behörden grundsätzlich möglich. Die Ansprüche des Staates gegenüber einem Bürger sind nach ganz herrschender Meinung insgesamt auf dem Zivilrechtsweg (§ 13 GVG) zu verfolgen[868]. Eigene hoheitliche Maßnahmen sind nicht möglich.

Diese Rechtsprechung zum zivilrechtlichen Ehrenschutz von juristischen Personen des öffentlichen Rechts, wie z.B. Dienstherren, begegnet keinen durchgreifenden rechtlichen Bedenken, sie ist vielmehr auch im Kontext mit den Ausführungen zur Staatsehre bzw. -würde zu sehen[869]. Zwar fehlt es grundsätzlich an der dem Privatrecht zugrundeliegenden Gleichordnung, wenn staatliche Organe und Institutionen ihre Aufgaben erfüllen, da diese dann gemäß Art. 20 Abs. 3 GG an Recht und Gesetz, sowie über Art. 1 Abs. 3 GG an die Grundrechte der Bürger gebunden sind, so daß die juristischen Personen des öffentlichen Rechts grundrechtsunfähig sind und sich nicht auf das allgemeine Persönlichkeitsrecht im Sinne von Art. 2 Abs. 1 i.V.m. Art. 1 Abs. 1 GG, sub specie des Rechts der persönlichen Ehre, berufen können. Der Bundesgerichtshof nimmt dennoch eine zur privatrechtlichen Gleichordnung vergleichbare Interessenlage an, da es z.B. bei ehrenrührigen Äußerungen sowohl gegenüber juristischen Personen des privaten als auch des öffentlichen Rechts darum geht, daß die Äußerung von einem Bürger bzw. Privatrechtssubjekt herrührt, so daß ein dagegen gerichtetes Rechtsschutzbegehren privatrechtlicher Natur sein muß[870]. Der zivilrechtliche Ehrenschutz beruht daneben auch auf § 194 Abs. 3 StGB, der davon ausgeht, daß die Straftatbestände der §§ 185 ff. StGB auch gegenüber einer „Behörde oder einer sonstigen Stelle, die Aufgaben der öffentlichen Verwaltung wahrnimmt“, erfüllt werden können[871]. Damit wird im Ergebnis kein „sensibler Staat“[872] geschaffen oder das Rechtsgut der persönlichen Ehre unmittelbar auf staatliche Stellen übertragen. Vielmehr geht es um die Wahrung des Ansehens und des Rufs dieser juristischen Personen des

---

867 *Tröndle-Fischer*[51], § 185 StGB, Rz. 18 f.; *Schönke-Schröder/Lenckner*[26], Vorbem. §§ 185 ff. StGB, Rz. 3; *Richtberg*, Ehrenschutz im Öffentlichen Recht, S. 112 f.; *Gössel*, FS Schlüchter, S. 302 ff.: ablehnend *Fischer*, JZ 1990, 68 ff.

868 Eine Mindermeinung widerspricht allerdings diesen Thesen. *Ladeur*, AfP 1991, 584 (588 ff.) ist der Ansicht, daß aus dem Schutz der §§ 185 ff. StGB nicht notwendigerweise auch auf § 823 Abs. 2 BGB geschlossen werden könnte, denn dessen Anwendbarkeit setze eine zivilrechtliche Streitigkeit voraus und begründe sie nicht. *Ladeur* konstruiert den Schutz des Staates nicht als Schutz von „Persönlichkeit“ sondern als Funktionsschutz, um so die persönlichkeitsrechtlichen Elemente abzulösen. Weiter sei die Einordnung des Ehrenschutzes für öffentliche Verwaltungen ein Überbleibsel traditioneller Verwaltungsrechtsdogmatik. Er plädiert daher dafür, daß diese Klagen dann auch vor den Verwaltungsgerichten durchgesetzt werden müssen, wenn sich der Staat gegen herabsetzende Äußerungen von Bürgern wehren möchte.

869 Siehe hierzu die weiteren Ausführungen ab S. 138 dieser Untersuchung.

870 BGH, NJW 1983, 1183 f.; NJW 1984, 1607 ff.; a.A. *Ladeur*, AfP 1991, 584 (588 ff.).

871 Zustimmend: *Biletzki*, ZBR 1998, 84 (85); *Faber*, Der Schutz der Ehre und des Rufes vor herabsetzenden Äußerungen des Staates, S. 233; *Altenbach*, Rechtsschutz gegen ehrverletzende Äußerungen der öffentlichen Hand, S. 25; *Richtberg*, Ehrenschutz im Öffentlichen Recht, S. 112 f.; *Schönke-Schröder/Lenckner*[26], Vorbem. §§ 185 ff. StGB, Rz. 3; *Tröndle-Fischer*[51], § 185 StGB, Rz. 18; BVerfG, NJW 1995, 3303 (3303); BVerfGE 81, 278 (292); BGHSt 36, 83 (89); BGH, NJW 1983, 1183 f. Kritisch hierzu: *Wessels-Hettinger*, BT1[27], Rz. 468 f. Ablehnend hingegen *Gounalakis*, NJW 1996, 481 (483) und *Fischer*, JZ 1990, 68 ff.

872 *Richtberg*, Ehrenschutz im Öffentlichen Recht, S. 115.

öffentlichen Rechts in der Öffentlichkeit, wie es auch bei juristischen Personen des Privatrechts der Fall ist. Dies ist ein schützenswertes Rechtsgut, so daß sowohl der (quasi-)negatorische Schutz über §§ 823 Abs. 1, 1004 Abs. 1 S. 2 BGB analog hergestellt als auch § 823 Abs. 2 BGB angewandt werden können, denn die §§ 185 ff. StGB sind nach allgemeiner Auffassung Schutzgesetze im Sinne dieser Vorschrift[873]. Im übrigen führt dies auch zu keiner Privilegierung der Staates bzw. der Dienstherren. Diese werden nämlich (höchstens) genau so geschützt, wie es der Schutzumfang der zivil- und strafrechtlichen Normen für alle Privatrechtssubjekte vorsieht, was vor allem dazu führt, daß bei den tatbestandlichen Anforderungen an die zivilrechtlichen Ehrenschutznormen neben dem verletzten Rechtsgut vor allem die Grundrechte des ehrverletzenden Störers (insbesondere Art. 5 Abs. 1 GG) zu berücksichtigen sind. Der Dienstherr kann mit seinen zivilrechtlichen Ansprüchen nur dann erfolgreich sein, wenn das ehrenrührige Verhalten nicht mehr von den Grundrechten des kritischen oder scharf formulierenden Bürgers gedeckt ist[874]. Insofern kommt es zu einer Überlagerung der zivilrechtlichen Ansprüche mit dem Verfassungsrecht, sub specie der Grundrechte[875].

(b) Unterlassungsanspruch

Ein Unterlassungsanspruch gegenüber ehrverletzenden Äußerungen wird dogmatisch auf eine Analogie zu §§ 12 S. 2, 862 Abs. 1 S. 2, 1004 Abs. 1 S. 2 BGB gestützt[876], wobei sich das zu schützende Rechtsgut, also das Recht der persönlichen Ehre, entweder aus § 823 Abs. 1 BGB („sonstiges Recht") oder aus § 823 Abs. 2 BGB i.V.m. § 185 ff. StGB ergibt[877]. Mit diesem Anspruch kann sich der Verletzte gegen ehrverletzende unwahre Tatsachenbehauptungen und ehrverletzende Werturteile bzw. Meinungsäußerungen[878] präventiv schützen, wenn ein rechtswidriger Eingriff in das Rechtsgut der persönlichen Ehre dadurch vorliegt, daß eine tatsächliche Vermutung einer Wiederholungsgefahr gegeben ist, weil der Anspruchsgegner bereits die persönliche Ehre verletzt hat, oder weil die Verletzung der Ehre in nicht allzu ferner Zukunft greifbar bevorsteht bzw. ernsthaft droht (sog. Erstbegehungsgefahr)[879].

Soweit es um die Verhinderung von ehrkränkenden Meinungsäußerungen geht, ist dies nach der Rechtsprechung aufgrund der großen konstitutionellen Bedeutung der Freiheiten des Art. 5 Abs. 1 GG – in bezug auf die Pressefreiheit wäre dies eine Form der „Vorzensur"[880] – allerdings erst dann rechtlich möglich, wenn mit diesem Werturteil die Grenze

---

[873] Siehe u.a. *Palandt/Sprau*[63], § 823 BGB, Rz. 65; BGHZ 90, 113 (117); BGH, NJW 1994, 2614 (2616); MüKo/*Rixecker*[4], § 12 BGB Anh., Rz. 60.

[874] Bei der nachfolgenden zusammenfassenden Darstellung der verschiedenen zivilrechtlichen Ehrenschutzbestimmungen sollen lediglich deren Grundzüge erläutert werden. Nähere Ausführungen, insbesondere zu den einzelnen Tatbestandsmerkmalen, verbieten sich, da ansonsten vom Kern dieser Untersuchung, dem Fürsorgepflichtanspruch des Beamten, abgewichen werden würde.

[875] Vgl. *Seyfarth*, NJW 1999, 1287.

[876] MüKo/*Rixecker*[4], § 12 BGB Anh., Rz. 179; *Stark*, Ehrenschutz, S. 163.

[877] *Seyfarth*, NJW 1999, 1287 (1288).

[878] BGH, NJW 1982, 2246; *Stark*, Ehrenschutz, S. 164; MüKo/*Rixecker*[4], § 12 BGB Anh., Rz. 179.

[879] BGHZ 117, 264 (271); MüKo/*Rixecker*[4], § 12 BGB Anh., Rz. 180.

[880] *Siebrecht*, JuS 2001, 337 (338), was allerdings ein Pleonasmus in bezug auf Art. 5 Abs. 1 S. 3 GG ist.

zur Schmähkritik überschritten wird[881], d.h. es erfolgt insofern nur ein sehr begrenzter Schutz. Zur Bestimmung dieser Grenze hat eine Abwägung der beteiligten Grundrechtspositionen zu erfolgen, das Abwägungsergebnis ist offen[882] und richtet sich nach den Umständen des Einzelfalls (z.B. Anlaß, Intensität, Öffentlichkeitswirksamkeit)[883]. Diese Grenze ist z.B. noch nicht bei der Bezeichnung des Verhaltens eines Trägers öffentlicher Gewalt „als dem Gemeinwohl abträglich“, obwohl es pflichtgemäß erfolgt ist, erreicht[884]. Hingegen wurde die Grenze zur Schmähkritik mit dem Vorwurf überschritten, „ein Arbeitsamt verschwende unbefugt öffentliche Gelder auf der Basis von Günstlings- und Vetternwirtschaft in Reinkultur“[885].

Sofern es sich bei der ehrverletzenden Äußerung um eine Tatsachenbehauptung handelt, deren Unwahrheit (mittlerweile) entweder feststeht, die offenbar unrichtig war oder die bewußt wahrheitswidrig aufgestellt worden ist[886], wird der Unterlassungsklage stets stattgeben[887], wobei es unbeachtlich ist, ob der Ehrverletzer bei der Äußerung sich auf die Wahrnehmung berechtigter Interessen (§ 193 StGB) berufen konnte, denn an der Weiterverbreitung derartiger Aussagen besteht kein rechtliches Interesse[888]. Im Falle der Nichterweislichkeit der Wahrheit einer ehrenrührigen Tatsachenbehauptung, wenn also ein sog. non liquet vorliegt, müßte dies unter Berücksichtigung von § 186 StGB zu Lasten des Äußernden gehen (Klagestattgabe), während unter Berücksichtigung allgemeiner Beweislastregeln der Verletzte das Risiko der Nichterweislichkeit trägt, womit die Klage abzuweisen wäre[889]. Die neuere Rechtsprechung[890] differenziert im Hinblick auf Art. 5 Abs. 1 GG zwischen einer erweiterten Darlegungslast des ehrenrührig Äußernden und der Beweislast des klagenden Verletzten. Derjenige, der eine ehrenrührige Tatsache behauptet, muß seiner erweiterten Darlegungslast dadurch nachkommen, daß er gewisse Belegtatsachen für seine Behauptung und die Umstände, aus denen sich die Wahrnehmung berechtigter Interessen ergibt, darlegt, wobei eine hinreichende Substantiierung erfolgen muß, eine bloße Behauptung ist unzureichend[891]. Damit soll dem Kläger die Möglichkeit gegeben werden, auf diese Umstände einzugehen und die Unwahrheit der Tatsachenbehauptung zu beweisen. Es kommt dann in der Regel zu einer Beweiserhebung. Kommt der Beklagte seiner erweiterten Darlegungs- und Substantiierungspflicht nicht nach oder wird die Unwahrheit beweisen, wird seine Äußerung als unwahr behandelt und der Unterlassungsklage stattgegeben. Im anderen Fall wird die Klage aber nicht unmittelbar abgewiesen, es erfolgt vielmehr eine Prüfung und eine Abwägung dahingehend, ob der Persönlichkeits- oder Ehrenschutz des Klägers ausnahmsweise nicht doch den Vorrang vor den Grundrechten des Art. 5 GG des Angreifers erfordert, anderenfalls ist die Unter-

---

[881] BGHZ 45, 296 (308 ff.); 65, 325 (333); 91, 117 (121 f.); 99, 133 (139); BGH, NJW 1982, 2246 (2247).

[882] BVerfGE 93, 266 (293).

[883] *Seyfarth*, NJW 1999, 1287 (1289 f.).

[884] OLG Celle, NVwZ 1985, 69 (70).

[885] Vgl. BGH, NJW 1983, 1183.

[886] OLG Celle, NVwZ 1985, 69 (70).

[887] *Stark*, Ehrenschutz, S. 164; *Seyfarth*, NJW 1999, 1287 (1290).

[888] BVerfGE 90, 241 (247); 97, 125 (149).

[889] BVerfGE 54, 148 (157 f.); *Seyfarth*, NJW 1999, 1287 (1292).

[890] BVerfG, NJW 1999, 1322 ff.; Vgl. BGHZ 132, 13 (17, 23).

[891] *Hager*, AcP 196 (1996), 167 (188).

lassungsklage nach allgemeinen Beweislastregeln abzuweisen[892]. Auf ein (etwaiges) Verschulden des Äußernden/Beklagten kommt es nicht an, entscheidend ist die objektive Rechtswidrigkeit seiner ehrverletzenden Äußerung[893].

Neben einer unterlassungsfähigen ehrverletzenden Äußerung des Beklagten muß auch eine Gefahrenlage für die (drohende) Ehrverletzung gegeben sein. Eine Gefahr liegt dann vor, wenn eine auf Tatsachen gegründete objektive ernstliche Besorgnis weiterer oder erstmaliger ehrverletzender Äußerungen besteht, was sich nach den Umständen des Einzelfalls richtet. Diese Gefahr muß konkret sein und glaubhaft gemacht werden, eine bloß abstrakte Gefahr reicht nicht aus[894]. Eine Wiederholungsgefahr wird vermutet, wenn es bereits zu einer Ehrverletzung und damit zu einem rechtswidrigen Eingriff gekommen ist[895], wobei diese Rechtsvermutung widerlegbar ist. Bei ehrenrührigen Werturteilen liegt eine Wiederholungsgefahr vor, wenn sich der Äußernde nicht auf die Wahrnehmung berechtigter Interessen (vgl. § 193 StGB) stützen und damit nicht auf ein berechtigtes Interesse an der Wiederholung seiner Kritik berufen kann[896].

Aufgrund der dargestellten Tatbestandsmerkmale und Kriterien hat eine Unterlassungsklage überwiegend nur bei öffentlichkeitswirksamen Äußerungen von ehrverletzenden Tatsachenbehauptungen, deren Unwahrheit offensichtlich ist, oder bei ehrverletzenden Meinungsäußerungen, die die Grenze zur Schmähkritik überschritten und damit jegliche sachliche Basis verloren haben, Aussicht auf Erfolg.

(c) Beseitigungs- und Widerrufsanspruch

Ein Beseitigungs- bzw. Widerrufsanspruch gegenüber ehrverletzenden Tatsachenbehauptungen – Werturteile sind nicht widerrufsfähig[897] – wurde früher dogmatisch als deliktischer Anspruch auf §§ 823 Abs. 1, 823 Abs. 2 BGB i.V.m. §§ 185 ff. StGB i.V.m. § 249 S. 1 BGB[898] gestützt, während er sich heute als negatorischer, verschuldensunabhängiger Anspruch auf eine Analogie zu §§ 823 Abs. 1, 12, 862, 1004 Abs. 1 S. 2 BGB gründet[899]. Vorteil dieser Anspruchsgrundlage ist, daß es nicht mehr des schwierigen Nachweises eines rechtswidrigen und schuldhaften Verhaltens des Ehrverletzers bedarf[900].

---

892 *Seyfarth*, NJW 1999, 1287 (1291 f.); *Siebrecht*, JuS 2001, 337 (338).

893 *Stark*, Ehrenschutz, S. 165; *Siebrecht*, JuS 2001, 337 (338).

894 *Palandt/Bassenge*[63], § 1004 BGB, Rz. 32.

895 BGH, NJW 1986, 2503 (2505); NJW 1987, 2225 (2227); NJW 1994, 1281 (1283).

896 BGH, NJW 1982, 2246; *Palandt/Sprau*[63], § 823 BGB, Rz. 101.

897 Art. 5 Abs. 1 GG verbietet es, daß jemand seine Meinung ändern muß: BGHZ 10, 104 (105); 37, 187 (189); *Stark*, Ehrenschutz, S. 157; MüKo/*Rixecker*[4], § 12 BGB Anh., Rz. 187. Somit kommt auch hier der bereits angesprochenen Abgrenzung von Tatsachenbehauptung und Werturteil entscheidende Bedeutung zu.

898 Vgl. RGZ 88, 130 (133); 97, 343 (344 f.).

899 *Siebrecht*, JuS 2001, 337 (339); MüKo/*Rixecker*[4], § 12 BGB Anh., Rz. 183; *Seyfarth*, NJW 1999, 1287 (1293).

900 Der negatorische Anspruch ist also von seinen tatbestandlichen Voraussetzungen einfacher gefaßt, so daß er den deliktischen Widerrufsanspruch in der Praxis verdrängt hat, zumal die Rechtsfolge (Naturalrestitution oder Beseitigung der Beeinträchtigung) in beiden Fällen grundsätzlich auf ein „Sich-Distanzieren“ gerichtet und somit identisch ist, vgl. *Stark*, Ehrenschutz, S. 156. Allerdings ist eine Naturalrestitution, vor allem bei Veröffentlichung in Massenmedien oft nicht möglich, da der gewonnene Eindruck beim Adressaten nicht mehr beseitigt werden kann, vgl. *Siebrecht*, JuS 2001, 337 (339); *Palandt/Heinrichs*[63], § 253 BGB, Rz. 3.

Das Bestehen des Beseitigungs- und Widerrufsanspruchs knüpft allein an die Widerrechtlichkeit der Rechtsverletzung an[901]. Mit diesem Beseitigungsanspruch wird die Korrektur der Folgen eines in der Vergangenheit liegenden Eingriffs, nämlich der Äußerung der ehrkränkenden Tatsachenbehauptung, begehrt. Er ist somit ein zivilrechtlicher Folgenbeseitigungsanspruch[902], womit auch der Unterschied zum zuvor dargestellten präventiven Unterlassungsanspruch offensichtlich wird.

Damit der Widerrufsanspruch überhaupt tatbestandlich erfüllt sein kann, muß nach allgemeiner Ansicht die zu widerrufende ehrenrührige Tatsachenbehauptung unwahr sein. Dies muß zweifelsfrei positiv feststehen[903], in der Regel hat daher eine Beweiserhebung zu erfolgen. Wahre oder richtige Behauptungen können nicht widerrufen werden, denn dies würde einen grundrechtlich nicht zu rechtfertigenden Zwang zur Unwahrheit bedeuten[904], der von der Rechtsordnung nicht gedeckt ist, so daß die Klage des „Verletzten" abzuweisen ist[905]. Die bewiesene Unwahrheit impliziert auch die Rechtswidrigkeit des Eingriffs in das Rechtsgut der persönlichen Ehre. Wenn die Unwahrheit aber nicht eindeutig feststellbar ist oder gar ein non liquet vorliegt, hängen die Erfolgaussichten des Widerrufsanspruchs von der Beweislastverteilung ab[906]. Auch hier widerstreiten § 186 StGB und die allgemeine zivilrechtliche Beweislastverteilung. Zunächst gibt es eine Substantiierungspflicht des Angreifers, der darlegen muß, aus welchen Gründen er seine Behauptung herleitet, soweit dies ihm möglich ist. Verweigert er dies, gilt dies als Zugestehen der vom Verletzten behaupteten Unwahrheit[907]. Ansonsten hat nunmehr wieder der Kläger die Möglichkeit, seiner Beweislast nachzukommen. Kann aber der Angreifer darlegen, daß er in Wahrnehmung berechtigter Interessen (§ 193 StGB) gehandelt hat, ist von der Wahrheit der Tatsachenbehauptung auszugehen[908]. Bleibt aber im Ergebnis offen, wessen Darstellung zutreffend ist, geht dieses non liquet nach den allgemeinen zivilrechtlichen Beweislastregelungen zu Lasten des Verletzten[909]. Hinsichtlich des Beurteilungszeitpunktes der (Un-) Wahrheit kommt es auf die letzte mündliche Tatsachenverhandlung an, so daß der Äußernde das Risiko trägt, daß er sich – im Zeitpunkt der Äußerung – über die Wahrheit der Tatsachenbehauptung getäuscht hat[910].

Neben der bewiesenen Unwahrheit der Tatsachenbehauptung muß auch eine fortdauernde Beeinträchtigung der Rechtssphäre bzw. des Rechtsguts der persönlichen Ehre des Verletzten vorliegen[911]. Entscheidend ist insofern der Maßstab eines objektiven Beobachters[912]. Ein Widerruf dient nicht der Genugtuung des in seiner Ehre gekränkten

---

901 MüKo/*Rixecker*[4], § 12 BGB Anh., Rz. 183; BGHZ 128, 1.
902 BGHZ 69, 181 (183); *Seyfarth*, NJW 1999, 1287 (1293).
903 *Palandt/Sprau*[63], Einf. v. § 823 BGB, Rz. 32.
904 *Stark*, Ehrenschutz, S. 158.
905 *Seyfarth*, NJW 1999, 1287 (1293).
906 *Stark*, Ehrenschutz, S. 158 f.
907 MüKo/*Rixecker*[4], § 12 BGB Anh., Rz. 196.
908 BGHZ 95, 212 (219 f.).
909 MüKo/*Rixecker*[4], § 12 BGB Anh., Rz. 197 a.E.
910 BGHZ 57, 325 (328); *Seyfarth*, NJW 1999, 1287 (1294). Hierzu kritisch: *Hager*, AcP 196 (1996), 167 (179 f.).
911 *Palandt/Sprau*[63], Einf. v. § 823 BGB, Rz. 29, 32.
912 *Seyfarth*, NJW 1999, 1287 (1293).

Opfers[913] oder gar der Demütigung bzw. Bloßstellung des Angreifers[914], auch kann keine Entschuldigung oder eine Ehrenerklärung verlangt werden[915]. Damit hängt auch zusammen, daß der Widerruf geeignet und erforderlich sein muß, um die Rechtsbeeinträchtigung zu beseitigen[916]. Es hat insofern eine Verhältnismäßigkeitsprüfung zu erfolgen. Wenn nur noch geringe Nachwirkungen zu erkennen sind, fehlt es an der Erforderlichkeit, denn dann geht es dem Verletzten beispielsweise nur noch um Genugtuung[917]. Der bereits erfolgte Abdruck einer medienrechtlichen Gegendarstellung vermag die Erforderlichkeit des Widerrufs nicht einzuschränken[918].

Der Widerruf muß der eingetretenen Rechtsverletzung entsprechen, muß also sich auf die beanstandete, rechtswidrige und ehrverletzende Tatsachenbehauptung beziehen. Nach der Rechtsprechung darf der Angreifer allerdings seine Widerrufserklärung mit dem Hinweis versehen, er gebe sie kraft einer gerichtlichen Verurteilung ab[919]. Andere Zusätze sind ihm hingegen nicht gestattet.

Neben dem vollständigen Widerruf werden von der Anspruchsgrundlage auch schwächere Formen umfaßt wie das Verlangen nach Richtigstellung, Korrektur, Ergänzung in Teilbereichen oder in einem Nebenpunkt (eingeschränkter Widerruf) sowie die Aussage, daß der Äußernde erklärt, daß er an seiner Behauptung nicht mehr festhalte, wenn ernstliche Anhaltspunkte für die Wahrheit der Behauptung fehlen[920].

Aufgrund der für den Verletzten schwierigen materiell-rechtlichen Lage und der Beweislastverteilung im gerichtlichen Verfahren, das sich über Jahre hinziehen kann, ist der Widerrufsanspruch nicht leicht zu realisieren. Im Zuge des Widerrufs kann es allein schon durch die Wiederholung oder gar Verstärkung der Injurie zu einer erneuten Ruf- und Ehrschädigung kommen, die schwerer wiegt, als ein etwaiger Rechtsverzicht. Eine schon längere Zeit zurückliegende Ehrkränkung kann mit einem Widerruf ebenfalls nur sehr eingeschränkt beseitigt werden[921]. Im Ergebnis stellt der Widerrufsanspruch, vor allem wegen der zuvor genannten Möglichkeit des Angreifers, sich mit einem bestimmten Zusatz indirekt von seinem Widerruf zu distanzieren und die Tatsachenbehauptung verdeckt aufrechtzuerhalten, in der Praxis keine effektive Möglichkeit zum Schutz des Rechts der persönlichen Ehre dar[922].

---

913 BGHZ 10, 104 (106).

914 BGHZ 89, 198 (202); *Mackeprang*, Ehrenschutz im Verfassungsstaat, S. 50.

915 MüKo/*Rixecker*[4], § 12 BGB Anh., Rz. 186.

916 *Stark*, Ehrenschutz, S. 160; BGHZ 10, 104 (105); 31, 308 (320 f.); 89, 198 (201 ff.); MüKo/*Rixecker*[4], § 12 BGB Anh., Rz. 189.

917 BGHZ 10, 104 (106); 14, 163 (176); 31, 308 (321); 68, 331 (337); 89, 198 (202); *Seyfarth*, NJW 1999, 1287 (1293 f.).

918 BVerfG, NJW 1998, 1381 (1384); MüKo/*Rixecker*[4], § 12 BGB Anh., Rz. 189.

919 BVerfGE 28, 1 (9); MüKo/*Rixecker*[4], § 12 BGB Anh., Rz. 192.

920 *Siebrecht*, JuS 2001, 337 (339); *Seyfarth*, NJW 1999, 1287 (1293).

921 Vgl. *Mackeprang*, Ehrenschutz im Verfassungsstaat, S. 51.

922 *Stark*, Ehrenschutz, S. 162.

(d) Schadensersatzanspruch

Ein Schadensersatzanspruch wegen erfolgter Ehrverletzung läßt sich dogmatisch auf § 823 Abs. 1 BGB, § 823 Abs. 2 BGB i.V.m. §§ 185 ff. StGB sowie auf §§ 824, 826 BGB stützen. Wesentlich sind aber insofern die erstgenannten Vorschriften, wobei das Recht der persönlichen Ehre entweder als Unterfall des allgemeinen Persönlichkeitsrechts („sonstiges Recht") oder als Schutzgesetz angesehen wird. In jedem Fall muß dieses Recht durch ein rechtswidriges und schuldhaftes Verhalten eines Angreifers verletzt worden sein. Sofern die Straftatbestände der §§ 185 ff. StGB erfüllt sind, liegt darin unmittelbar der haftungsbegründende Tatbestand für den Schadensersatzanspruch. Um eine Verletzung der persönlichen Ehre als Unterfall des allgemeinen Persönlichkeitsrechts begründen zu können, bedarf es einer gesonderten Prüfung und einer umfassenden Güter- und Pflichtenabwägung in bezug auf Angreifer und Verletzten[923]. Hierbei kommt es entscheidend darauf an, ob sich der Angreifer auf seine Grundrechte berufen kann, wobei z.B. Schmähkritiken oder menschenwürdeverachtende Äußerungen hiervon nicht mehr gedeckt sind.

Beim Vorliegen des haftungsbegründenden Tatbestands einer der genannten Schadensersatznormen muß daneben auch der haftungsausfüllende Tatbestand zum Ersatz eines materiellen Schadens gegeben sein, d.h. es muß ein adäquat-kausaler Zusammenhang zwischen der Schädigungshandlung und dem Schadenseintritt bestehen, damit der Schadensersatz gemäß §§ 249 ff. BGB erfolgen kann. Der Schaden selbst wird nach der Differenzhypothese ermittelt. Ein Vermögensschaden ist dann gegeben, wenn der jetzige tatsächliche Wert des Vermögens geringer ist als Wert , den das Vermögen ohne das schädigende Ereignis haben würde[924]. Diese Verringerung des Vermögens bei einem Dienstherrn dürfte im wesentlichen aus Aufwendungen bestehen, die getätigt wurden, um die eingetretene Ehrverletzung in der Öffentlichkeit wieder zu beseitigen[925]. Diese Aufwendungen müssen aber erforderlich gewesen sein, d.h. die Erstattungsfähigkeit richtet sich danach, ob ein vernünftiger, wirtschaftlich denkender Menschen nach den Umständen des Falls diese zur Beseitigung der Störung bzw. zur Schadensminderung nicht nur als zweckmäßig, sondern auch als erforderlich ergriffen haben dürfte, wobei eine Ex-ante-Betrachtung vorzunehmen ist[926]. Unter Berücksichtigung dieser Kriterien kommen nur wenige Maßnahmen eines Dienstherrn zum Schutze des Rechts der persönlichen Ehre ihm unterstellter Amtswalter in Betracht, die als Aufwendungen ersetzt werden können. Sofern der Dienstherr Pressekonferenzen abhält oder -erklärungen veröffentlicht, kommen zwar grundsätzlich Materialkosten in Betracht, die aber sehr gering sein dürften. Personalkosten entstehen dem Dienstherrn nicht, da er seine Bediensteten ohnehin vergüten bzw. alimentieren muß. Medienrechtliche Gegendarstellungen sind ebenfalls im Grundsatz kostenlos. Erstattungsfähige Aufwendungen können daher in der Regel erst dann entstehen, wenn Dritte eingeschaltet werden, z.B. Rechtsanwälte, die gegen die Ehrverletzung und den Störer vorgehen sollen[927]. Im Zusammenhang mit den noch darzustellenden Rechts-

---

923 BGHZ 35, 363 (368); 50, 133 (143).

924 *Palandt/Heinrichs*[63], Vorbem. v. § 249 BGB, Rz. 8.

925 MüKo/*Rixecker*[4], § 12 BGB Anh., Rz. 206; *Stark*, Ehrenschutz, S. 169.

926 BGHZ 54, 82 (85); 63, 295 (296).

927 MüKo/*Rixecker*[4], § 12 BGB Anh., Rz. 206.

schutzrichtlinien[928] kann der Dienstherr zur Gewährleistung der notwendigen Rechtsverfolgung und -verteidigung seinen Bediensteten ein zinsloses Darlehen gewähren oder die Kosten übernehmen, wobei auf eine Rückforderung verzichtet werden kann, sofern dem Amtswalter selbst nichts vorzuwerfen ist. Unter diesem Gesichtspunkt können dem Dienstherrn Kosten bzw. Aufwendungen entstehen, die durch die Ehrverletzung verursacht wurden. Insgesamt ergibt sich jedoch, daß der Ersatz eines materiellen Schadens – unabhängig von der Beweisbarkeit des rechtswidrigen und schuldhaften Verhaltens – nur in wenigen Fällen möglich ist, zumal dies nur bei Maßnahmen in Betracht kommt, die zum Ehrenschutz der Beamten geeignet und erforderlich sind.

Der Ersatz eines immateriellen Schadens (§ 253 Abs. 2 BGB n.F. / § 847 BGB a.F.) ist zwar ebenfalls grundsätzlich möglich, wobei er aber im Zusammenhang mit dem Ehrenschutz der Amtswalter aus mehreren Gründen ausgeschlossen ist. Zum einen verwehrt die zivilgerichtliche Rechtsprechung juristischen Personen und Personenverbänden des Privatrechts eine Geldentschädigung für immaterielle Schäden, da die damit verbundene Genugtuung nicht einem körperschaftlichen Verband, sondern nur einzelnen Personen verschafft werden kann[929]. Diese Argumentation gilt erst recht für juristische Personen des öffentlichen Rechts, z.B. Dienstherren, da hier der personale Bezug noch geringer ist. Anders als bei privatrechtlichen juristischen Personen kann bei den juristischen Personen des öffentlichen Rechts nicht auf dahinterstehende persönliche Gesellschafter zurückgegriffen werden. Im übrigen stellt sich schon ein grundsätzliches Problem, denn es ist nicht zu erkennen, wie die Geltendmachung eines Ersatzanspruchs wegen ideeller Schäden seitens des Dienstherrn dem Ehrenschutz der ihm unterstellten Amtswalter kraft Fürsorgepflicht dienen kann.

(e) Umfang der Aktivlegitimation des Dienstherrn

Es müssen daher noch die Aktivlegitimation des Dienstherrn zur Geltendmachung der genannten zivilrechtlichen Ansprüche und deren Umfang mit seiner (möglichen) Verpflichtung aus der beamten- und verfassungsrechtlichen Fürsorge- und Schutzpflicht abgeglichen und auf Kohärenz überprüft werden. Soweit nämlich durch eine Ehrverletzung ausschließlich der Dienstherr als juristische Person des öffentlichen Rechts verletzt ist und der Dienstherr mit zivilrechtlichen Ansprüchen ausschließlich der eigenen Ehrverletzung begegnen möchte, ist dies nicht mehr von der Fürsorgepflicht umfaßt, da kein (etwaiger) Schaden von einem Rechtsgut eines Amtswalters abzuwenden ist[930]. Damit also ein aktives rechtliches Handeln des Dienstherrn gegen einen ehrkränkenden externen Störer (z.B. Beseitigungs- oder Unterlassungsanspruch) vom betroffenen Beamten aufgrund der Fürsorge- und Schutzpflicht überhaupt verlangt werden kann, muß durch die inkriminierte Handlung, wie bereits dargestellt[931], eine mögliche Verletzung des Rechts der persönlichen oder beruflichen Ehre eines Amtswalters und das Betroffensein des Dienstverhältnis gegeben sein. Es ergibt sich somit das Problem, ob daneben auch eine Ehrverletzung bei

[928] Siehe hierzu die näheren Ausführungen ab S. 204 dieser Untersuchung.

[929] Vgl. u.a. BGHZ 78, 24 (27 f.); MüKo/*Rixecker*[4], § 12 BGB Anh., Rz. 221.

[930] Diese Sachverhaltsvariante liegt jenseits der zu untersuchenden Ehrenschutzkonstellationen kraft Fürsorgepflicht, so daß sie auch nicht weiter dargestellt wird, vgl. aber *Ladeur*, AfP 1991, 584 (586 ff.).

[931] Siehe insofern die weiteren Ausführungen ab S. 43 sowie ab S. 119 dieser Untersuchung.

der öffentlich-rechtlichen Körperschaft selbst vorliegen muß, oder ob es ausreichend ist, wenn die zuvor genannten Kriterien erfüllt sind, damit der Dienstherr eigene zivilrechtliche Ansprüche gegenüber dem ehrverletzenden Störer geltend machen kann.

Wie bereits dargestellt stellt nach richtiger Auffassung auch die Ehre des Staates und seiner Organe in Form des Ansehens- und Rufschutzes in der Öffentlichkeit ein gemäß §§ 185 ff. StGB strafrechtlich geschütztes Rechtsgut dar[932]. Dies gilt zunächst unabhängig davon, ob und inwieweit daneben auch die persönliche Ehre eines Amtswalters betroffen ist. Soweit aber dann durch die ehrenrührige Handlung ausschließlich ein Amtswalter unmittelbar betroffen und in seinen Rechten verletzt ist, kann der Dienstherr dessen Ehrenschutz mit zivilrechtlichen Behelfen nicht verfolgen, denn das dem Dienstvorgesetzten durch § 194 Abs. 3 S. 1 StGB im öffentlichen Interesse, aber auch aus Gründen seiner Fürsorgepflichten eingeräumte eigenständige Strafantragsrecht[933] kann für den zivilrechtlichen Ehrenschutz keinen entsprechenden Niederschlag, etwa in einer (erweiterten) Aktivlegitimation oder in einer Prozeßstandschaft der Anstellungskörperschaft des beleidigten Amtsträgers, finden. Anderenfalls würde die öffentliche Hand gegenüber einem privaten Arbeitgeber, der in solchen Fällen als nur mittelbar Betroffener ebenfalls keinen Deliktsschutz hätte, ohne Sachgrund privilegiert werden[934], so daß eine nur mittelbare Verletzung des Dienstherrn für die Geltendmachung der zivilrechtlichen Ehrenschutzansprüche nicht ausreichend ist. Eine darüber hinausgehende Auslegung würde nämlich die Grenzziehung zwischen unmittelbar und mittelbar Verletztem, die gerade auch in der differenzierenden Regelung der Strafantragsrechte nach § 194 Abs. 3 StGB anerkannt ist, weithin verwischen. In aller Regel wird von einer an der Amtsführung eines Beamten geübten Kritik (mittelbar) auch die vorgesetzte bzw. aufsichtsführende Dienststelle mitbetroffen sein. Diese aber schon deshalb als unmittelbare Verletzte in den Schutz der §§ 185 ff. StGB einzubeziehen, widerspräche der in § 194 Abs. 3 StGB zugrunde gelegten gesetzgeberischen Wertung, die davon ausgeht, daß die Beleidigung des Beamten wegen seiner Amtsführung nicht notwendig eine solche der Behörde mitenthält[935]. Dies bedeutet, daß der Dienstherr für die ihm zustehenden zivilrechtlichen Ansprüche, die er aufgrund seiner beamtenrechtlichen Fürsorge- und Schutzpflicht geltend machen kann, nur insoweit überhaupt aktiv legitimiert ist, wie er durch ein- und dieselbe inkriminierte ehrenrührige Handlung neben dem angesprochenen Amtswalter selber unmittelbar verletzt ist, was er durch deren Auslegung und Ermittlung deren Finalität zu ermitteln hat[936]. Bei einer ausschließlichen Verletzung des betroffenen Amtswalters stehen dem Dienstherrn daher keine zivilrechtlichen Ansprüche zu, so daß er andere Ehrenschutzmaßnahmen ergreifen muss.

---

[932] Siehe diesbezüglich die vertiefenden Ausführungen ab S. 138 dieser Untersuchung.

[933] Siehe hierzu die näheren Ausführungen ab S. 190 dieser Untersuchung.

[934] BGH, NJW 1983, 1183 f.

[935] *Schönke-Schröder/Lenckner*[26], § 194 StGB, Rz. 10 ff.; BGH, NJW 1983, 1183 (1184). Dies ist auch der Unterschied zur Aktivlegitimation beim medienrechtlichen Gegendarstellungsanspruch, bei dem eine (mittelbare) Betroffenheit ausreichend ist.

[936] Siehe hierzu die Ausführungen ab S. 43 dieser Untersuchung.

(f) Gerichtliche Geltendmachung

Sofern nach den vorstehenden Ausführungen dem Dienstherrn selbst zivilrechtliche Ansprüche zustehen, die nicht nur geeignet und erforderlich sind zum eigenen, sondern auch zum Ehrenschutz ihm unterstellter Amtswalter, sind diese mit der allgemeinen Leistungsklage oder in Wege der einstweiligen Verfügung (§§ 935 ff. ZPO)[937] gerichtlich geltend zu machen. Hierbei sind aber § 15a Abs. 1 Nr. 3 EGZPO und die damit verbundene, fakultative Regelung eines vorprozessualen Gütetermins bei Gerichtsverfahren bezüglich bestimmter Ehrverletzungen zu beachten[938]. Einige Bundesländer (u.a. Nordrhein-Westfalen, Bayern, Baden-Württemberg und Schleswig-Holstein) haben von dieser Regelung schon Gebrauch gemacht, einige Länder treffen Vorbereitungen hinsichtlich einer vergleichbaren Regelung, während andere Bundesländer kein derartiges Schlichtungsverfahren beabsichtigen[939]. Bei einer obsiegenden gerichtlichen Entscheidung ist vom Dienstherrn die Zwangsvollstreckung gemäß den §§ 888 ff. ZPO einzuleiten[940].

4. Abgabe einer Ehrenerklärung zugunsten des Amtswalters gegenüber Verwaltungsexternen und -internen

Des weiteren kann der Dienstherr auch eine Ehrenerklärung[941] zugunsten des von einer Ehrverletzung betroffenen Amtswalters gegenüber Dritten bzw. der Öffentlichkeit abgeben. Mit einer solchen Erklärung wird das verletzte Rechtsgut im Unterschied zu den zuvor genannten Handlungsoptionen, die sich überwiegend auf den zugrundeliegenden Sachverhalt beziehen, besonders hervorgehoben, und der Dienstherr gibt unmißverständlich zu erkennen, daß er die Verhaltensweise des Störers als ehrverletzend empfindet und sich ausdrücklich dagegen wendet. Inhaltlich geht diese Erklärung sowohl weiter als eine Zurückweisung der ehrenrührigen Handlung als auch weiter als ein (mögliches) presse- oder zivilrechtliches Vorgehen des Dienstherrn, da hiermit ganz ausdrücklich der Beamte als ehrenwerte Person, die sich in beruflicher und persönlicher Hinsicht nichts zu schulden hat kommen lassen, herausgestellt werden kann. Der Dienstherr kann sich auf der Grundlage der dienstlichen Beurteilungen und des ihm bekannten dienstlichen Verhaltens des Betroffenen dahingehend äußern, daß eine ehrverletzende Unterstellung bzw. ein ehrenrühriger Vorwurf infam ist, da dem Beamten das vorgeworfene Verhalten nicht zuzutrauen ist, oder es sich als Ergebnis von verwaltungsinternen (Disziplinar-)Ermittlungen gezeigt hat, daß kein Dienstvergehen oder ein strafrechtlich verfolgbare Handlung bzw. ein entsprechendes Unterlassen gegeben ist[942]. Gleichzeitig kann damit die Injurie als falsch,

---

937 Hinsichtlich des Beseitigungs- und Widerrufsanspruchs wird dies teilweise in der Literatur wegen der (möglichen) Vorwegnahme der Hauptsache bestritten, vgl. MüKo/*Rixecker*^{4}, § 12 BGB Anh., Rz. 202; *Siebrecht*, JuS 2001, 337 (339).

938 Die Ehrverletzung darf nicht durch Presse oder Rundfunk begangen worden sein und das Verfahren muß, soweit es vermögensrechtliche relevant ist, in die Zuständigkeit des Amtsgerichts fallen. Auf die Darstellung der genaueren tatbestandlichen Anforderungen wird allerdings vorliegend verzichtet.

939 Siehe hierzu die Beilage „Die Umsetzung des § 15a EGZPO in den Ländern" zu NJW-Heft 51/2001.

940 Vgl. hierzu *Stark*, Ehrenschutz, S. 190 ff.; MüKo/*Rixecker*^{4}, § 12 BGB Anh., Rz. 203 f.

941 Dieser Begriff wird ausdrücklich von *Loewenheim-Wilhelm*, ZBR 1965, 97 (102); *Summer*, PersV 1988, 76 (83), OVG Münster, *Schütz* ES/B III 1 Nr. 29 sowie *Plog-Wiedow-Beck-Lemhöfer*, § 79 BBG, Rz. 24 verwendet. Vgl. auch MüKo/*Rixecker*^{4}, § 12 BGB Anh., Rz. 186.

942 Vgl. zur Zulässigkeit derartiger Aussagen: OVG Lüneburg, NJW 1991, 445 f.

unangebracht und deutlich überzogen gebrandmarkt werden. Nach den Maßnahmen, bei denen der Dienstherr aktiv selbst gegen die Ehrverletzung oder den ehrkränkenden Störer vorgeht, ist dies diejenige Maßnahme, mit der der Dienstherr seine Schutzpflicht gegenüber dem Beamten besonders stark herausstellen und damit keinen Zweifel an seinem Willen, der Fürsorge- und Schutzpflicht zu genügen, aufkommen lassen kann.

5. Beseitigung bzw. Rückgängigmachung eines fürsorgepflichtwidrigen Verhaltens seitens des Dienstherrn

Nicht nur durch Externe, sondern auch durch den Dienstherrn selbst oder durch ein ihm zurechenbares Verhalten eines (Dienst- oder Disziplinar-)Vorgesetzten oder eines anderen Dienstherrenorgans kann es zu einem fürsorgepflichtwidrigen und damit rechtswidrigen Verhalten gekommen sein. Es können z.B. unwahre, ehrverletzende Tatsachenbehauptungen aufgestellt und verbreitet worden sein, die durch Interviews oder Pressemitteilungen in die Öffentlichkeit gelangt sind oder aber zumindest innerdienstlich erfolgt sind. Des Weiteren können ehrenrührige (Disziplinar-)Maßnahmen zu Lasten eines Amtswalters vorgenommen worden sein. Diese fürsorgepflichtwidrigen Maßnahmen bzw. der damit hervorgerufene fürsorgepflichtwidrige Zustand könnten nun ihrerseits im Wege der Fürsorge- und Schutzpflicht des Dienstherrn zu beseitigen bzw. rückgängig zu machen sein, so daß es zu einer Wiedergutmachung bzw. Rehabilitation des Betroffenen kommen würde.

a.) Dogmatisches Verhältnis dieses Erfüllungsanspruchs zum sog. Folgenbeseitigungsanspruch und zu Schadenseratzansprüchen

Zunächst muß bei dieser Handlungsoption des Dienstherrn im Rahmen des Erfüllungs- bzw. Primäranspruchs die allgemeine Rechtsfrage vorab geklärt werden, ob ein Fürsorgepflichtanspruch überhaupt einen derartigen Inhalt haben kann und, wenn ja, wie sich dann das dogmatische Verhältnis zum sog. Folgenbeseitigungsanspruch und zu den sekundärrechtlichen Schadensersatzansprüchen darstellt, die für einem Amtswalter genauso wie für jeden anderen Bürger in Betracht kommen.

Im Kern geht es hierbei, z.B. beim Widerruf bzw. bei einer Berichtigung (erwiesen) unwahrer Tatsachenbehauptungen eines Verwaltungsinternen, um die Beseitigung der Folgen eines vorherigen fürsorgepflichtwidrigen und damit rechtswidrigen Verhaltens durch den Dienstherrn. Dieses Verhalten muß entweder vom Dienstherrn selbst herrühren, oder er muß es sich aufgrund seiner Organisations- und Disziplinargewalt zurechnen lassen. Dies gilt zunächst unabhängig davon, ob diese Pflicht schuldhaft oder ohne Verschulden verletzt wurde. Es kommt ausschließlich darauf an, daß der Dienstherr objektiv der Fürsorgepflicht nicht nachgekommen ist[943]. Ein auf die Beseitigung fürsorgepflichtwidriger Maßnahmen (= andauernder, rechtswidriger Zustand) gerichteter Fürsorgepflichtanspruch deckt sich auf der Rechtsfolgenseite inhaltlich mit dem allgemeinen Folgenbeseitigungsanspruch[944], so daß eine Abgrenzung zwischen beiden Anspruchsgrundlagen notwendig wird. Es sei zunächst hervorgehoben, daß dies indifferent zu der allgemeinen Abgrenzung zischen

943 *Grabendorff-Arend-Müller-Pitzer*², § 87 LBG RP, Erl. 4a.

944 Vgl. OVG Koblenz, NJW 1987, 1660 ff. Siehe zum sog. öffentlich-rechtlichen Folgenbeseitigungsanspruch die Ausführungen ab S. 266 dieser Untersuchung.

Primär- und Sekundärrechtsschutz ist, denn auch der Folgenbeseitigungsanspruch zählt als abgeleiteter Anspruch noch zum Primärrechtsschutz, weil er den Abwehranspruch gegen rechtswidriges staatliches Handeln fortsetzt, indem er zur Beseitigung dessen Folgen den früheren, rechtmäßigen Zustand (wieder-)herstellen will und damit eine Restitution ermöglichen soll[945]. Sofern ein schuldhaftes Verhalten seitens des Dienstherrn vorliegt, kommt darüber hinaus auch ein Schadensersatzanspruch wegen Fürsorgepflichtverletzung in Betracht, mit dem z.B. der Widerruf einer ehrenrührigen Tatsachenbehauptung als Naturalrestitution grundsätzlich möglich ist[946]. Allerdings gehört dieser Anspruch zur Sekundärrechtsebene. Im Ergebnis können somit drei verschiedene Anspruchsgrundlagen im Grundsatz die gleiche Rechtsfolge nach sich ziehen.

Das zu dieser gesamten Abgrenzungsproblematik vorhandene Meinungsspektrum in Rechtsprechung und Literatur ist nicht sonderlich stark ausgeprägt. Es fehlen vor allem dogmatische Ausführungen zur Rechtsfolgenseite dieser Ansprüche, während zugleich praktische Erwägungen dominieren.

Ein Teil der beamtenrechtlichen Literatur entnimmt nun aber der Fürsorgepflicht die Verpflichtung, auf die Beseitigung fürsorgepflichtwidrig erfolgter Amtshandlungen hinzuwirken[947]. Der Erfüllungs- bzw. Primäranspruch sei auch dann gegeben, wenn die Nichterfüllung der Fürsorge- oder Schutzpflicht fehlerhaft ist[948]. Sofern die Erfüllung der Fürsorgepflicht, z.B. durch einen Widerruf ehrenrühriger (erwiesen) unwahrer Tatsachenbehauptungen, also noch möglich sei, bedarf es insoweit keines Rückgriffs mehr auf abgeleitete primärrechtliche Folgeansprüche oder gar Sekundäranspruche[949]. Diese greifen aber weiterhin in dem Umfang ein, wie die Fürsorgepflicht aus rechtlichen oder tatsächlichen Gründen nicht zur Geltung gelangen kann. *Schenke* wendet dagegen ein, daß aus dem Umstand, daß die Vornahme oder das Unterlassen einer bestimmten Amtshandlung gegen die Fürsorgepflicht verstößt, sich rechtslogisch noch nicht ableiten ließe, daß es auch zur Fürsorgepflicht gehöre, auf die Beseitigung dieser rechtswidrigen Vorgehensweise hinzuwirken. Die hinter der Bejahung eines solchen Anspruchs stehende ratio sei keine andere als jene, die den Folgenbeseitigungsanspruch trägt. Ein Teil der Literatur kommt daher zum Ergebnis, daß ein solcher Beseitigungsanspruch nicht mehr nur isoliert aus der Fürsorgepflicht abgeleitet werden sollte, sondern auch aus dem Folgenbeseitigungs-

945 *Axer*, DVBl. 2001, 1322; *Brugger*, JuS 1999, 625 (626 ff.); *Maurer*, Allgemeines Verwaltungsrecht[14], § 30, Rz. 1 ff.; *Ossenbühl*, Staatshaftungsrecht[5], S. 286. Bedenken hiergegen haben *Detterbeck-Windthorst-Sproll*, Staatshaftungsrecht, § 17, Rz. 36 und § 18, Rz. 8. Nach Auffassung von *Weiß-Niedermaier-Summer-Zängl/Summer*, Art. 86 BayBG, Erl. 11a ist der Folgenbeseitigungsanspruch hingegen der erste Sekundäranspruch. Dagegen spricht jedoch, daß es bei diesem Anspruch nicht um eine finanzielle Kompensation (Entschädigung und Schadensersatz) geht, was aber dogmatisch die Zuordnung zur Ebene des Sekundärrechtsschutzes voraussetzt.

946 VGH Kassel, ZBR 1974, 261; *Löwer*, JA 1975, 689 (692).

947 So schon *Idel*, NJW 1955, 1300 (1301). Dies ergibt sich ferner konkludent bei *Schnellenbach*, Beamtenrecht in der Praxis[5], Rz. 388 a.E. Die Rechtsprechung, namentlich das Bundesverwaltungsgericht, hat sich hierzu – soweit erkennbar – nicht geäußert.

948 *Battis*[3], § 79 BBG, Rz. 22. Es handelt sich um einen – minderen – Anspruch, den fürsorgepflichtwidrigen Akt ex tunc aufzuheben, so schon *Idel*, NJW 1955, 1300 (1301).

949 *Plog-Wiedow-Beck-Lemhöfer*, § 23 BBG, Rz. 21.

anspruch, so daß beide Ansprüche zugleich, also kumulativ gegeben sind[950]. Dogmatisch gesehen ist dies zwar keine echte Gegenposition zur vorherigen Meinung, die den Anspruch aus der Fürsorgepflicht solange für gegeben hält, wie die Erfüllung der Fürsorgepflicht noch möglich ist, und somit ein Vorrang- oder Spezialitätsverhältnis beider Anspruchsgrundlagen annimmt. Nach *Battis* kann der Folgenbeseitigungsanspruch bei rechtswidriger Verletzung der Fürsorgepflicht anstelle des Erfüllungsanspruches aufgrund der Fürsorgepflicht treten[951]. Es wird aber auch aus praktischer Sicht vertreten, daß es auf eine genaue Abgrenzung zwischen beiden Ansprüchen und damit auf die Anwendbarkeit der einen oder der anderen Norm nicht ankomme, da der Folgenbeseitigungsanspruch jedenfalls nicht weiter gehen würde als der dargelegte Anspruch aus der Fürsorgepflicht[952].

Die verwaltungsgerichtliche Rechtsprechung zu diesem gesamten Bereich ist uneinheitlich: Zunächst wurde der Folgenbeseitigungsanspruch favorisiert[953], obgleich auch der Schadensersatzanspruch wegen Fürsorgepflichtverletzung angewandt wurde[954]. Dann wurde das Verhältnis des Folgenbeseitigungs- zum Fürsorgepflichtanspruch explizit offengelassen[955]. Es wurden aber auch beide Normen gleichzeitig herangezogen[956], bis schließlich der Fürsorgepflichtanspruch bei gleichzeitiger ausdrücklicher Nichterörterung der Abgrenzung zum Folgenbeseitigungsanspruch angewandt wurde[957], verbunden mit der Feststellung, daß es sich nicht um Schadensersatz, sondern um die Erfüllung der noch möglichen Fürsorgepflicht handele[958]. In methodischer Hinsicht wurde die jüngste Entscheidung des Bundesverwaltungsgerichts zu diesem Themenkomplex als beamtenrechtliche Überlagerung des Folgenbeseitigungsanspruchs gewertet[959].

Ein Teil der verwaltungswissenschaftlichen Literatur wendet schließlich weiterhin den allgemeinen Folgenbeseitigungsanspruch in derartigen Konstellationen an[960].

---

950 *Schenke*, Fälle zum Beamtenrecht[2], S. 118 ff., S. 122 (Fn. 91) sowie S. 172 (Fn. 54); *Schnellenbach*, Beamtenrecht in der Praxis[5], Rz. 388 a.E., Rz. 391 a.E. Dem schließt sich auch konkludent das OVG Koblenz, NJW 1987, 1660 (1661) an, das allerdings im konkreten Fall einen Widerrufsanspruch aus beiden Rechtsgrundlagen mangels Zurechnung der ehrkränkenden Äußerung zum Dienstherrn verneint hat.

951 *Battis*[3], § 79 BBG, Rz. 23; Vgl. *Wittinger-Herrmann*, ZBR 2002, 337 (339).

952 *Plog-Wiedow-Beck-Lemhöfer*, § 79 BBG, Rz. 19a.

953 BVerwGE 59, 319 (325 f.). Allerdings begehrte in diesem Fall kein Beamter, sondern ein Bürger die Beseitigung einer ehrverletzenden hoheitlichen Äußerung.

954 VGH Kassel, ZBR 1974, 261 ff.

955 BVerwGE 75, 354 (355) = JZ 1987, 422 = *Schütz* ES/B III 1 Nr. 13 = NJW 1987, 2529 ff.

956 OVG Koblenz, NJW 1987, 1660 (1661) sowie OVG Münster, ZBR 1984, 16 (17), ohne allerdings eine nähere dogmatische Begründung hierfür darzustellen.

957 BVerwGE 99, 56 (62) = NJW 1996, 210 (212) = DVBl. 1995, 1248 (1250) = JuS 1997, 76 ff. = *Schütz* ES/B III 1 Nr. 22 = ZBR 1995, 370 ff. = DÖD 1996, 36 ff. = PersV 1996, 130 (Ls.) = ZTR 1996, 45 ff. = NVwZ 1996, 270 (Ls.) = NWVBl. 1996, 101 ff.

958 So BVerwGE 99, 56 (63 a.E.) in deutlicher Abkehr zu VGH Kassel, ZBR 1974, 261 ff.

959 *Hufen*, JuS 1997, 76 (78). Diese Würdigung ist sehr zweifelhaft, da das Bundesverwaltungsgericht ausweislich der Leitsätze und der anschließend genannten Normenkette die Fürsorgepflicht des Dienstherrn anwendet und damit vielmehr diesen Anspruch mit dem Folgenbeseitigungsanspruch überlagert. Es hat also methodisch genau umgekehrt zur Ansicht von *Hufen* judiziert.

960 *Maurer*, Allgemeines Verwaltungsrecht[13], § 29, Rz. 3 a.E.; *Ossenbühl*, Staatshaftungsrecht[5], S. 290 f.; Nach *Faber*, NVwZ 2003, 159 (160) und *dies.*, Der Schutz der Ehre und des Rufes vor herabsetzenden Äußerungen des Staates, S. 191 handelt sich bei dem Anspruch des Beamten auf Fürsorge um einen Spezialfall des Folgenbeseitigungsanspruches.

Ausgangspunkt für eine zutreffende rechtliche Bewertung dieser Streitfrage muß sein, daß die Fürsorgepflicht des Dienstherrn, trotz ihres allgemeinen, subsidiären Charakters, eine spezielle beamtenrechtliche Anspruchsgrundlage ist, die in der Regel ein Ermessen auf der Rechtsfolgenseite nach sich zieht. Der Folgenbeseitigungsanspruch ist dagegen ein allgemeiner, für jeden Bürger geltender Anspruch, der auf eine konkrete Rechtsfolge gerichtet ist, somit also gebunden ist und unmittelbar mit der allgemeinen Leistungsklage verfolgt werden kann. Insofern können die allgemeinen rechtsmethodischen Regeln, mit denen üblicherweise ein Vorrang- oder Spezialitätsverhältnis zwischen mehreren Anspruchsgrundlagen begründet werden kann, nicht unmittelbar herangezogen werden, da die abzugrenzenden Anspruchsgrundlagen rechtlich unterschiedlich ausgestaltet sind.

Beiden Ansprüchen ist aber gemeinsam, daß in einer öffentlich-rechtlichen Sonderbindung eine aktive Maßnahme gegen ein fürsorgepflichtwidriges und damit rechtswidriges hoheitliches Handeln durch den Dienstherrn erfolgen soll. Es ist daher zunächst der Auffassung zuzustimmen, die der Fürsorgepflicht die Verpflichtung entnimmt, auf die Beseitigung fürsorgepflichtwidrig erfolgter Amtshandlungen und damit zur Beseitigung staatlichen Unrechts hinzuwirken, wobei es irrelevant ist, ob diese Handlungen schuldhaft oder schuldlos erfolgt sind. Die Fürsorge- und Schutzpflicht des Dienstherrn beinhaltet als wesentlichen Kern, wie bereits dargestellt, die Verpflichtung zur Abwendung von Schäden von sämtlichen Rechtsgütern des Beamten. Der Erfüllungs- bzw. Primäranspruch „setzt daher seiner Natur nach weder ein vorangegangenes rechtswidriges noch gar ein schuldhaftes Verhalten des Dienstherrn voraus.“[961] Der Erfüllungsanspruch aus der Fürsorgepflicht muß aber dann erst recht zur Anwendung gelangen, wenn ein Schaden schon dadurch eingetreten ist, daß der Dienstherr sich (schuldhaft) fürsorgepflichtwidrig verhalten hat. Im übrigen wird nur somit der besondere Charakter des Beamtenverhältnisses als öffentlich-rechtliches Dienst- und Treueverhältnis angemessen berücksichtigt, denn sonst könnte der Dienstherr durch eigenes (schuldhaftes) Fehlverhalten den betroffenen Beamten unmittelbar auf primärrechtliche Folgeansprüche oder auf die Sekundäransprüche verweisen, ohne daß das einschlägige Beamtenrecht zur Anwendung gelangen würde.

Dies bedeutet zunächst, daß der Abgrenzung des Fürsorgepflichtanspruchs vom Schadensersatzanspruch wegen Fürsorgepflichtverletzung, die das Bundesverwaltungsgericht in seinem jüngsten Urteil vorgenommen hat, zuzustimmen ist, wonach der primäre Fürsorgepflichtanspruch solange zur Anwendung gelangt, wie die Erfüllung der geschuldeten Fürsorge- und Schutzpflicht dem Dienstherrn noch möglich ist[962]. Erweist sich also die Erfüllung als (nachträglich) unmöglich, kommen nur Schadensersatzansprüche in Betracht[963]. Im übrigen entspricht dies aber auch dem allgemein anerkannten Vorrang des Primär- vor dem Sekundärrechtsschutz[964]. Auf die ebenfalls notwendige Abgrenzung des

961 *Plog-Wiedow-Beck-Lemhöfer*, § 79 BBG, Rz. 24 a.E.

962 BVerwGE 99, 56 (63). Mit der dort erfolgten Abgrenzung zu einem Schadensersatzanspruch wegen Fürsorgepflichtverletzung (ein Amtshaftungsanspruch kommt insoweit nicht in Betracht) bezogen auf den Widerruf einer ehrkränkenden Äußerung als Naturalrestitution wurde der rechtliche Akzent, der im Urteil des VGH Kassel, ZBR 1974, 261 ff. noch beim Schadensersatzanspruch lag, auf die Fürsorgepflichtebene verlagert, die auch dann (noch) eingreift, wenn der Fürsorgepflicht (schuldhaft) nicht entsprochen wurde.

963 *Schnellenbach*, Beamtenrecht in der Praxis[5], Rz. 410.

964 Vgl. hierzu *Axer*, DVBl. 2001, 1322 ff.

Fürsorgepflichtanspruchs zum Folgenbeseitigungsanspruch kann dies jedoch nicht angewandt werden, insbesondere da diese beiden Ansprüche der Primärrechtsschutzebene zuzuordnen sind[965]. Es sind nämlich keine Konstellationen denkbar, in denen die Fürsorgepflicht des Dienstherrn zur Beseitigung des (von ihm zurechenbar verursachten) rechtswidrigen Zustands wegen Unmöglichkeit nicht zur Anwendung gelangen kann, während gleichzeitig der Folgenbeseitigungsanspruch zur Anwendung gelangen könnte, denn dieser enthält anerkannterweise das Ausschlußtatbestandsmerkmal der „Unmöglichkeit der Folgenbeseitigung“. Bei einer Unmöglichkeit zur Beseitigung des fürsorgepflichtwidrigen Verhaltens wäre dann überhaupt kein Anspruch mehr des Amtswalters gegen seinen Dienstherrn gegeben, was eine etwaige Übertragbarkeit dieser Abgrenzung ad absurdum führt.

Zuzustimmen ist vielmehr der Auffassung in der Literatur zum Verhältnis von Fürsorgepflicht- zum Folgenbeseitigungsanspruch, wonach beide Anspruchsgrundlagen kumulativ zur Anwendung gelangen können, so daß der Beamte als Anspruchsinhaber ein Wahlrecht hat, auf welche Norm er sein „Beseitigungsbegehren“ richten möchte. Die jüngste Rechtsprechung des Bundesverwaltungsgerichts muß nämlich dahingehend verstanden werden, daß beim Fürsorgepflichtanspruch, der grundsätzlich dem Dienstherrn ein Ermessen gibt, in den Konstellationen, in denen auch ein allgemeiner Folgenbeseitigungsanspruch gegeben ist, in der Regel eine Ermessensreduktion auf Null angenommen werden sollte, um so auch zu einem gebundenen Fürsorgepflichtanspruch und damit zu identischen Rechtsfolgen bei beiden Ansprüchen zu gelangen. Insofern kommt es dann zu einer „Überlagerung“[966] beider Ansprüche, allerdings ausgehend vom Folgenbeseitigungsanspruch. Ein Vorrang oder gar die Spezialität des Fürsorgepflichtanspruchs ist damit aber nicht determiniert, denn es handelt sich immer noch um einen Ermessensanspruch, so daß bei einem verwaltungsgerichtlichen Verfahren das prozessuale Risiko besteht, daß die (angenommene) Ermessensreduktion in obigen Konstellationen vom Gericht nicht akzeptiert wird, auch wenn dies je nach Eindeutigkeit der Tatsachengrundlage im Einzelfall eine lediglich hypothetische Gefahr darstellen mag. Es ist dennoch rechtsmethodisch sehr zweifelhaft, einen beamtenrechtlichen Ermessensanspruch, bei dem eine Ermessensreduktion auf Null im Einzelfall erfolgen kann, einem allgemein geltenden, aber stets gebundenen Folgenbeseitigungsanspruch vorzuziehen. Im übrigen sollte es doch dem klagenden Beamten als begünstigtem Anspruchsinhaber überlassen sein, ob er die besondere öffentlich-rechtliche Verbindung (dann Fürsorgepflichtanspruch) betonen möchte, oder ob er seine Rechte, wie jeder andere Bürger auch, über den allgemeinen Folgenbeseitigungsanspruch geltend macht. Auch aus praktischer Sicht kann in der Regel kein Anspruch favorisiert werden: Zwar ist der Fürsorgepflichtanspruch tatbestandlich einfacher ausgestaltet, dafür müßte aber die Ermessensreduktion näher begründet werden. Der gewohnheitsrechtlich anerkannte Folgenbeseitigungsanspruch ist tatbestandlich komplexer ausgestaltet, gibt aber eine gebundene Entscheidung. Von der Rechtsfolge her gesehen sind beide Ansprüche, wie in der Literatur festgestellt wird[967], nahezu identisch[968], wenn beim

---

[965] Siehe hierzu die näheren Ausführungen auf S. 265 dieser Untersuchung.

[966] Vgl. *Hufen*, JuS 1997, 76 (78).

[967] *Plog-Wiedow-Beck-Lemhöfer*, § 79 BBG, Rz. 19a.

[968] Trotz dieser praktischen Erwägung ist die dogmatische Abgrenzungsproblematik darzustellen und zu entscheiden.

Fürsorgepflichtanspruch die Ermessensreduktion auf Null gegeben ist. Eine inhaltliche Ausnahme ergibt sich lediglich dahingehend, daß beim Fürsorgepflichtanspruch auch negative ehrverletzende Werturteile beseitigt werden müssen[969], während beim allgemeinen Folgenbeseitigungsanspruch nur der Widerruf ehrenrühriger (erwiesen) unwahrer Tatsachenäußerungen möglich ist[970]. Diese dogmatische Besonderheit in einer besonderen Fallkonstellation, die nachfolgend noch begründet wird, kann aber zu keinem generellem Vorrang des Fürsorgepflichtanspruchs vor dem allgemeinen Folgenbeseitigungsanspruch führen, denn hinsichtlich des ehrenrührigen Werturteils greift dann der allgemeine öffentlich-rechtliche Unterlassungsanspruch zugunsten des Betroffenen ein[971]. Somit kommen zur Beseitigung eines vorherigen fürsorgepflichtwidrigen Verhaltens sowohl der Fürsorgepflichtanspruch als auch der Folgenbeseitigungsanspruch mit der rechtlichen Konsequenz in Betracht, daß der Beamte als Anspruchsinhaber ein Wahlrecht hat, auf welche Norm er sein Begehren stützen möchte.

b.) Widerruf bzw. Korrektur ehrverletzender Äußerungen von Verwaltungsinternen (1. Fallgruppe)

Als erste Fallgruppe dieser „Beseitigungsverpflichtung" durch den Dienstherrn soll der Widerruf bzw. die Korrektur ehrverletzender, hoheitlicher Äußerungen hervorgehoben werden. Nicht nur Externe, sondern auch Verwaltungsbedienstete und sogar der Dienstherr selbst können (erwiesen) unwahre, ehrverletzende Tatsachenbehauptungen und (Un-)Werturteile aufgestellt und diese z.B. durch unzulässige, öffentliche Kritik an der Amtsführung eines Beamten verbreitet haben. Auch durch Interviews, Pressemitteilungen, Schreiben an Dritte, öffentliche Reden oder Ähnliches kann die Injurie an die Öffentlichkeit gelangen. Schließlich kann diese ehrverletzende Äußerung auch rein innerdienstlich erfolgen, um einen Beamten zu mobben, kaltzustellen oder ihn auf sonstige Weise negativ zu beeinflussen.

Im Unterschied zum zivilrechtlichen Beseitigungs- bzw. (quasi-)negatorischen Widerrufsanspruch gemäß §§ 823 Abs. 1, 1004 Abs. 1 S. 2 BGB analog[972] wird bei dem Widerrufsanspruch kraft Fürsorgepflicht nicht zwischen ehrenrührigen (erwiesen) unwahren Tatsachenbehauptungen und (Un-)Werturteilen differenziert[973]. Beide Äußerungen widersprechen objektiv der Fürsorgepflicht des Dienstherrn[974]. Damit aber die entsprechende

---

969 VGH Kassel, ZBR 1974, 261 (263); *Löwer*, JA 1975, 689 (692); BVerwGE 99, 56 (59); VG Aachen, Urteil vom 14. Dezember 2000, Az. 1 K 842/97, S. 11 (unveröffentlicht, rechtskräftig); OVG Koblenz, NVwZ-RR 2000, 805 f. = RiA 2000, 305 f.

970 *Ossenbühl*, Staatshaftungsrecht[5], S. 306; *Weiß-Niedermaier-Summer-Zängl/Summer*, Art. 86 BayBG, Erl. 25a ; *Löwer*, JA 1975, 689 (692).

971 *Ossenbühl*, Staatshaftungsrecht[5], S. 306.

972 Siehe insofern die näheren Ausführungen ab S. 165 dieser Untersuchung.

973 *Faber*, NVwZ 2003, 159 (160); a.A. OVG Münster, ZBR 1984, 16 (17), das in dem Vorwurf der „schwerwiegenden Indiskretion" ein Werturteil gesehen hat, das weder über den Folgenbeseitigungsanspruch noch aufgrund der Fürsorgepflicht widerrufsfähig war. Gegen die Widerrufsfähigkeit von Werturteilen auch VGH München, NVwZ 1986, 327; NVwZ-RR 1990, 213 (214); VGH Mannheim, NJW 1990, 1808 (1809).

974 VGH Kassel, ZBR 1974, 261 (263); *Löwer*, JA 1975, 689 (692); BVerwGE 99, 56 (59); VG Aachen, Urteil vom 14. Dezember 2000, Az. 1 K 842/97, S. 11 (unveröffentlicht, rechtskräftig); OVG Koblenz, NVwZ-RR 2000, 805 f. = RiA 2000, 305 f.

ehrverletzende Äußerung überhaupt als fürsorgepflichtwidriges Verhalten eingestuft werden kann, muß sie vom Dienstherrn selbst herrühren, von diesem veranlaßt worden sein oder diesem zumindest zurechenbar sein. Sofern der ehrverletzend Handelnde nicht ausschließlich als Privatperson, sondern offiziell in seiner Eigenschaft als für einen Geschäftsbereich zuständiger Minister, (Dienst- oder Disziplinar-)Vorgesetzter, als Erfüllungsgehilfe oder als sonstiges Dienstherrenorgan dem betroffenen Amtswalter gegenübertritt und damit hoheitlich handelt, ist die Zurechnung zum Dienstherrn zu bejahen, vor allem da es ihm aufgrund der Dienst- und Fachaufsicht und seiner Organisationsgewalt obliegt, derartige Verhaltensweisen von vornherein zu unterbinden[975]. Aus dieser Zuordnung zum hoheitlichen Bereich ergibt sich auch eine weitere inhaltlich-materielle Begründung für die vorstehende These, daß im vorliegenden Zusammenhang nicht zwischen (erwiesen) unwahren Tatsachenbehauptungen und Werturteilen differenziert wird. Das Grundrecht der Meinungs(äußerungs)freiheit gemäß Art. 5 Abs. 1 GG, das nach der Rechtsprechung des Bundesverfassungsgerichts an sich zu dieser Unterscheidung zwingen würde, da niemand durch Rechtszwang sich von einer ausgesprochenen Wertung lossagen könne, gilt nicht für den hoheitlich handelnden Amtswalter bzw. für den Dienstherrn, denn im Amtsbereich kann er sich nicht auf Grundrechte berufen[976]. Es ist ferner auch kein rechtlich beachtliches Interesse des verklagten Dienstherrn zu erkennen, der den Widerruf eines Werturteils als „demütigende Abbitte“, um einen Terminus des Reichsgerichts[977] aufzugreifen, und damit als unzumutbar erscheinen lassen würde, denn dies wäre nur dann der Fall, wenn es sich um eine höchstpersönliche Auffassung handeln würde. Da aber dem verklagten Dienstherrn kein „höchstpersönliches“ Werturteil mangels Grundrechtsberechtigung zusteht, greift dieser Einwand nicht. Schließlich muß auch die rechtliche Lücke geschlossen werden, die dadurch entsteht, daß eine Veröffentlichung des strafgerichtlichen Tenors bei Verurteilung des Beleidigers, mit der der Betroffene den ehrkränkenden Vorwurf entkräften kann, beim verklagten Dienstherrn aus Rechtsgründen nicht möglich ist, da der Dienstherr bzw. der Staat keinen strafrechtlichen Sanktionen unterworfen ist[978].

Es obliegt dem Dienstherrn kraft seiner Fürsorgepflicht bei ehrverletzenden Äußerungen (z.B. bei unwahren Tatsachenbehauptungen, mißbilligenden Werturteilen oder überzogener, öffentlicher Kritik) ganz allgemein dafür zu sorgen, daß die damit verbundene Ansehensbeeinträchtigung und Ehrverletzung des betroffenen Amtswalters durch eine geeignete und nach Form und Adressatenkreis der beeinträchtigenden Äußerung entsprechende Erklärung für die Zukunft ausgeräumt und damit rückgängig gemacht wird[979].

---

975 Siehe hierzu die Ausführungen ab S. 184 dieser Untersuchung.

976 Vgl. *Hufen*, JuS 1997, 76 (77).

977 Vgl. u.a. RGZ 60, 12 (19).

978 Vgl. hierzu insgesamt VGH Kassel, ZBR 1974, 261 (263).

979 BVerwGE 99, 56 (63) = NJW 1996, 210 ff. = DVBl. 1995, 1248 ff. = JuS 1997, 76 ff. = DÖD 1996, 36 ff. = *Schütz* ES/B III 1 Nr. 22 = ZBR 1995, 370 ff. = NWVBl. 1996, 101 ff. = PersV 1996, 130 (Ls.) = ZTR 1996, 45 ff. = NVwZ 1996, 270 (Ls.). Auf dieses wichtige Urteil weist *Battis*, NJW 1996, 1034 (1038) in seinem jährlichen Entwicklungsbericht zum Beamtenrecht hin. Siehe schließlich auch das Fallbeispiel „Ministerrede“ bei *Behrens*, Beamtenrecht^2, § 6, Rz. 9. Diese Rechtsprechung wird aufgegriffen von: GKÖD/*Fürst*, § 79 BBG, Rz. 28; *Plog-Wiedow-Beck-Lemhöfer*, § 79 BBG, Rz. 19a; *Wittinger-Herrmann*, ZBR 2002, 337 (339).

Es ist im folgenden näher auf Inhalt, Adressatenkreis und Form dieser „Beseitigungserklärung“ einzugehen:

Inhaltlich gesehen muß hierbei die vom Dienstherrn selbst oder einem Dienstherrenorgan aufgestellte unwahre Tatsachenbehauptung oder das Werturteil widerrufen, berichtigt oder zumindest klargestellt werden. Soweit dies bei ehrverletzenden Wertungen oder Werturteilen nicht möglich ist, muß der Dienstherr sich zumindest für die Injurie entschuldigen[980]. In dieser „Beseitigungserklärung“ muß dann beispielsweise der Vorwurf oder Verdacht ausgeräumt werden, der betroffene Beamte habe (schuldhaft oder auch nur objektiv) dienstpflichtwidrig gehandelt oder sich gar strafbar gemacht. Es reicht zur Beseitigung der objektiv eingetretenen Ansehensminderung nicht aus, daß der Dienstherr seine fehlende Absicht zur Ehrverletzung betont, oder daß er sein Bedauern darüber ausspricht, daß der Betroffene dies als Ehrverletzung wahrgenommen hat[981]. Ferner muß der Dienstherr gegebenenfalls Gegendarstellungen oder Berichtigungen zu ehrverletzenden, unwahren Tatsachenbehauptungen ihm unterstellter Behörden und Amtswalter abgeben, um die Injurie, die ansonsten fortbestehen würde, rückgängig zu machen und damit zu beseitigen.

Maßgeblicher Zeitpunkt für die Beurteilung der Wahrheitsmäßigkeit bzw. Unwahrheit der zugrundeliegenden ehrverletzenden Tatsachenbehauptung beim Widerrufsanspruch ist der Zeitpunkt der letzten mündlichen Tatsachenverhandlung oder der gerichtlichen Entscheidung[982]. Inwieweit der Erkenntnisstand des Dienstherrn zur Zeit der Äußerung der Tatsachenbehauptung dieselbe schon als hinreichend gesichert und damit als mit Sicherheit wahr erscheinen lassen konnte, muß insoweit unberücksichtigt bleiben, so daß ein Widerrufsanspruch ausscheidet, wenn sich der öffentliche gemachte Vorwurf durch den weiteren Geschehensablauf oder ein Disziplinarverfahren bestätigt und damit als wahr erweist[983].

Adressat einer derartigen „Beseitigungserklärung“ ist zunächst der betroffene Amtswalter. Darüber hinaus muß diese Erklärung im Rahmen des Möglichen gegenüber den Empfängern der ehrverletzenden Äußerung erfolgen, womit unter Umständen ein großer Adressatenkreis umschrieben ist. Eine vorprozessual oder im Laufe des gerichtlichen Verfahrens erfolgte „Beseitigungserklärung“, die nur gegenüber dem Betroffenen oder dem Gericht ergangen ist, genügt nicht[984]. Sollte ein Verwaltungsangehöriger z.B. in einer öffentlichen Rede die Amtsführung eines Beamten durch ehrenrührige unwahre Tatsachenbehauptungen kritisieren, hat der Beamte einen Anspruch auf Richtigstellung gegenüber allen Besuchern dieser Veranstaltung. Sollte die ehrenrührige Tatsachenäußerung in einer Pressemitteilung verbreitet worden sein, muß gegenüber dem Personenkreis, dem diese

---

980 *Weiß-Niedermaier-Summer-Zängl/Summer*, Art. 86 BayBG, Erl. 25a.

981 BVerwGE 99, 56 (63).

982 OVG Koblenz, NVwZ-RR 2000, 805 f. Dies entspricht im übrigen, da der Widerrufsanspruch per allgemeiner Leistungsklage durchgesetzt wird, den Grundsätzen zum maßgeblichen Beurteilungszeitpunkt für die Sach- und Rechtslage, vgl. *Schmitt Glaeser-Horn*, Verwaltungsprozeßrecht[15], Rz. 528.

983 OVG Koblenz, NVwZ-RR 2000, 805 f. = RiA 2000, 305 f. Auf dieses Urteil weist *Battis*, NJW 2001, 1101 (1105) in seinem jährlichen Entwicklungsbericht zum Beamtenrecht hin.

984 BVerwGE 99, 56 (62).

Erklärung mit dem ehrverletzenden Inhalt zuvor zugesandt worden ist, die Widerrufs-, Berichtigungs- oder Klarstellungserklärung abgegeben werden[985].

Die „Beseitigungserklärung" sollte zunächst aus Beweisgründen in schriftlicher Form erfolgen. Sie muß schriftlich ergehen, wenn die belastende und ehrverletzende Äußerung zuvor mündlich erfolgt ist, denn die damalige Tatsituation (z.B. eine öffentliche Sitzung, Versammlung etc.) kann nicht wieder so hergestellt werden. Außerdem ist eine schriftliche Erklärung eingängiger und länger andauernd als eine mündliche Erklärung.

In der Praxis mußte das Land Nordrhein-Westfalen eine Widerrufserklärung wegen verschiedener, einzeln schon aufgeführter, unwahrer Tatsachenbehauptungen in bezug auf den langjährigen Schulleiters eines Gymnasiums gegenüber den Zuhörern einer Veranstaltung abgeben[986]. Nicht widerrufen werden mußte nach der Rechtsprechung hingegen die öffentliche Kritik eines Dienstherrn, ein Beamter habe mit „viel Eigenmacht und wenig Transparenz" gehandelt, nachdem sich dieser Vorwurf in einem Disziplinarverfahren eindeutig erhärtet und bestätigt hatte[987]. Der Vorwurf der „unkorrekten Dienstausübung" hätte hingegen widerrufen werden müssen, wenn sich die inkriminierte Äußerung nicht als eine private und damit dem Dienstherrn nicht zurechenbare Aussage erwiesen hätte[988]. Der hessische Ministerpräsident *Roland Koch* sah sich mangels Widerrufbarkeit seiner „Mops"-Äußerung zu einer persönlichen Entschuldigung beim Beamten und zur schriftlichen Entschuldigung in einem Schreiben an den Ausschußvorsitzenden „gezwungen", allerdings erst nachdem der Betroffene eine verwaltungsgerichtliche Klage rechtshängig gemacht hatte und bereits ein Verhandlungstermin anberaumt worden war[989]. Der bereits erwähnte „Schlamperei"-Vorwurf eines Landesjustizminister bezüglich der Ursache für den Ausbruch von Gewaltverbrechern ist – die Unwahrheit unterstellt – ebenfalls zu widerrufen.

c.) Rückgängigmachung von (Disziplinar-)Maßnahmen zu Lasten des betroffenen Amtswalters (2. Fallgruppe) und die sog. *Kießling*-Affäre

Als zweite Fallgruppe dieser „Beseitigungsverpflichtung" durch den Dienstherrn kann die Rückgängigmachung von (Disziplinar-)Maßnahmen zu Lasten des betroffenen Amtswalters angesehen werden. Bei ehrverletzenden Angriffen eines verwaltungsexternen oder auch eines -internen Störers ist in nicht gerade wenigen Fällen zu beobachten, daß sich die betroffenen Dienstherrn ihrer fürsorgepflichtmäßigen Verpflichtung zum Ehrenschutz der ihnen unterstellten Amtswalter überhaupt nicht (mehr) bewußt sind. Vielmehr intensivieren sie teilweise durch ihr Verhalten und Krisenmanagement die Ehrverletzung und stellen damit den betroffenen Amtswalter (bewußt oder unbewußt) erst

---

985 VG Aachen, Urteil vom 14. Dezember 2000, Az. 1 K 842/97, S. 2 (unveröffentlicht, rechtskräftig).

986 BVerwGE 99, 56 ff. = NJW 1996, 210 ff. = DVBl. 1995, 1248 ff. = JuS 1997, 76 ff. = *Schütz* ES/B III 1 Nr. 22 = ZBR 1995, 370 ff. = DÖD 1996, 36 ff. = PersV 1996, 130 (Ls.) = ZTR 1996, 45 ff. = NVwZ 1996, 270 (Ls.) = NWVBl. 1996, 101 ff.

987 OVG Koblenz, NVwZ-RR 2000, 805 f. = RiA 2000, 305 f.

988 OVG Koblenz, NJW 1987, 1660 (1661).

989 *Koch* entschuldigte sich dahingehend, daß er selbstverständlich niemanden" in seiner Ehre (Ergänzung des Verfassers) „verletzen wollte. Er habe nicht erwartet, daß jemand sich dadurch so getroffen fühlen könnte, zumal Möpse als fröhlich und kinderlieb gelten, vgl. Rheinische Post vom 29. Januar 2002, S. 4.

recht schutzlos. Aus dem vermeintlichen Bemühen, Schaden von der Behörde durch negative Publicity („schlechte Presse“) oder durch die Veröffentlichung von ehrverletzenden Angriffen abzuwenden, werden bei externen oder internen Ehrangriffen anstelle der vorliegend dargestellten Handlungsmöglichkeiten zum Ehrenschutz vielmehr (Disziplinar-)Maßnahmen zu Lasten des betroffenen Beamten vorgenommen. Diesem werden u.a. die Aufgaben und Funktionen entzogen, in den Innendienst (z.B. bei Polizeibeamten) versetzt oder sie werden vorläufig vom Dienst suspendiert. Sofern der Betroffene sog. politischer Beamte ist (§ 31 BRRG, § 36 BBG) oder einen entsprechenden Dienstrang innehat (§ 50 SoldG: ab Brigadegeneral) wird er unmittelbar in den einstweiligen Ruhestand versetzt[990]. Sofern hierfür eine Begründung abgegeben wird, wird auf das (angeblich) zerrüttete Vertrauensverhältnis abgestellt. Diese Maßnahmen des Dienstherrn erfolgen zum Teil in Kombination mit dem Hinweis auf die dienstliche Verschwiegenheitspflicht (§ 61 BBG, § 39 BRRG), was umgangssprachlich als sog. „Maulkorb“-Erlaß bezeichnet wird. Zusammenfassend führt dies dazu, daß die betroffenen Amtswalter den weiteren Geschehensverlauf und die damit oft verbundene Wiederholung und Intensivierung der Injurie „über sich ergehen lassen müssen“. Insgesamt wird hierbei durch den Dienstherrn bzw. dessen Disziplinarverantwortlichen von den gesamten Möglichkeiten des Spektrums der Disziplinarmaßnahmen des § 5 BDG n.F. (inhaltlich gleichbedeutend mit z.B. § 5 LDO NRW), also vom Verweis, über die Geldbuße bis hin zur Entfernung aus dem Dienst und Kürzung oder gar Aberkennung des Ruhegehaltes, zu Lasten des ehrangegriffenen Amtswalters durchaus Gebrauch gemacht. Genauere statistische Angaben sind insofern jedoch nicht vorhanden. In der Praxis dürften allerdings von den Dienstvorgesetzten die subtileren, sonstigen beamtenrechtlichen Möglichkeiten (z.B. Versetzung, Umsetzung oder Geschäftsverteilungsplanänderung), die eine verdeckte Disziplinierung ohne einen konkreten Vorwurf enthalten, präferiert werden, um so wegen zum Teil fehlender Außenwirkung der internen (Organisations-)Maßnahmen den Rechtsschutz des Amtswalters noch weiter einzuschränken. Eine solche Vorgehensweise der Dienstherrn wurde durch das Bundesverwaltungsgericht[991] als Verstoß gegen die beamtenrechtliche Fürsorge- und Schutzpflicht und unzulässige Umgehung des Disziplinarrechts angesehen, so daß dem betroffenen Beamten mittels allgemeiner Leistungs- oder gar Feststellungsklage die Möglichkeit gegeben wurde, sich gegen solche diskriminierenden und fürsorgepflichtwidrigen Maßnahmen zu wehren[992].

Paradebeispiel für eine notwendige spätere Rückgängigmachung einer dienstlichen Maßnahme des Dienstherrn (hier: Versetzung eines Soldaten in den einstweiligen

---

990 So wurde jüngst in der Schweiz der Leiter des dortigen Nachrichtendienstes, Divisionär *Peter Regli*, vom Dienst suspendiert, nachdem ihm in Presseberichten und durch den Rechtsanwalt *Bellassi* in einer Art „Schmuddel-Kampagne“ näherer Umgang mit Prostituierten und Waffenschmugglern vorgeworfen worden war. Alle Vorwürfe erwiesen sich als haltlos und waren von den Medien nicht verifiziert worden. Im Anschluß hieran wurde tituliert: „Super-GAU im Schweizer Journalismus“ oder „Staatsdiener schützen – Presse auf Ethik verpflichten“. Die persönliche und berufliche Ehre des Betroffenen wurde durch die sog. *Belassi*-Affäre so stark beschädigt, daß er voll rehabilitiert werden mußte, wieder ins Amt eingesetzt wurde und eine konsequente strafrechtliche Verfolgung des ehrverletzenden Täters eingeleitet wurde. Vgl. Zeit-Fragen, extra, Sonderausgabe Nr. 7/1999 vom 1. September 1999.

991 BVerwGE 60,144 (148 ff.).

992 *Hufen*, Verwaltungsprozeßrecht[5], § 14, Rz. 48.

Ruhestand gemäß § 50 SoldG[993]) als Versuch der Rehabilitation, beispielsweise durch eine Wiedereinsetzung ins Amt, ist die bereits eingangs[994] erwähnte „*Kießling*-Affäre“[995]. Diese hat sich – knapp zusammengefaßt – wie folgt abgespielt[996]:

Ab Mitte November 1983 wurden wegen des Verdachtes der Homosexualität, gestützt auf „Ermittlungen“ des Militärischen Abschirmdienstes (MAD), innerdienstlich Vorwürfe gegen den damaligen ranghöchsten General der Bundeswehr und stellvertretenden NATO-Oberbefehlshaber Europa *Günter Kießling* erhoben, der mit fast 45 Dienstjahren der dienstälteste Soldat der Bundeswehr war. Dieser wurde daraufhin aufgrund seiner persönlichen Lebensführung als potentielles Erpressungsopfer und als erhebliches „Sicherheitsrisiko“ eingestuft. Das von General *Kießling* abgegebene Offiziersehrenwort und die Erklärung, daß diese Vorwürfe völlig haltlos seien, reichte weder dem Generalinspekteur der Bundeswehr General *Altenburg* noch dem Bundesminister der Verteidigung (BMVg) *Manfred Wörner*. Ohne Überprüfung der Vorwürfe wurde General *Kießling* unter unwürdigen Umständen kurz vor Heiligabend 1983 mit Wirkung zum 31. Dezember 1983 in den einstweiligen Ruhestand versetzt, nachdem diese Absicht schon zehn Tage bekannt gewesen war[997]. Erst durch eine Presseerklärung des Bundesverteidigungsministeriums vom 4. Januar 1984 wurde die „*Kießling*-Affäre“ öffentlich. Im weiteren Verlauf stellte es sich dann heraus, daß die gegen General *Kießling* erhobenen Vorwürfe frei erfunden und gegenstandslos waren. Noch im Januar 1984 konstituierte sich der Verteidigungsausschuß des Deutschen Bundestags als Untersuchungsausschuß gemäß Art. 45a Abs. 2 GG. Es wurde ermittelt, daß General *Kießling* die volle innerdienstliche Aufklärung der gegen ihn erhobenen Vorwürfe gefordert hatte, aber das Verteidigungsministerium keinerlei Anstrengungen zur Sachverhaltsermittlung unternommen hatte. *Kießling* wurde von Bundespräsident *v. Weizsäcker* erneut zum General berufen und damit rehabilitiert. Am 26. März 1984 wurde er dann wegen Erreichung der Altersgrenze mit einem Großen Zapfenstreich – dem Generalsrang entsprechend – ehrenvoll in den Ruhestand verabschiedet. Hierbei war Bundesminister *Wörner* zwar anwesend, ein Wort des Bedauerns oder eine Entschuldigung wurde weder öffentlich noch privat abgegeben. Dieses Geschehen führte zur ersten Krise in der Regierung *Kohl*, der die Rücktrittsgesuche von Bundesverteidigungsminister *Wörner* nicht annahm. *Wörner* blieb bis 1988 im Amt und wurde später NATO-Generalsekretär.

Diese Affäre macht unter dem Gesichtspunkt der Fürsorgepflicht des Dienstherrn mehreres deutlich: Ohne große Not, denn der ehrenrührige Vorwurf war zu diesem Zeitpunkt noch ein Verwaltungsinternum, und unter Außerachtlassung gesetzlicher Vorgaben, wie z.B. des Untersuchungsgrundsatzes und der Anhörungspflicht des Betroffenen, wurde hier eine Maßnahme durch den Dienstherrn vorgenommen. Mangels Öffentlichkeit des ehrenrührigen Vorwurfs bestand auch kein Aufklärungsdruck seitens der Medien und damit auch keine Zeitnot für den Dienstherrn. Es wäre für diesen, genauer für den damaligen Verteidigungsminister als handelnde und verantwortliche Person, kein Problem in tat-

---

993 Hierbei handelt es sich um eine Parallelvorschrift zu § 36 BBG, wonach sog. politische Beamte jederzeit in den vorzeitigen Ruhestand verabschiedet werden können. Im SoldG findet diese Möglichkeit für den Dienstherrn nach § 50 SoldG ab dem Dienstrang eines Brigadegenerals Anwendung.

994 Siehe hierzu die Ausführungen auf S. 2 dieser Untersuchung.

995 Aufgrund des rechtlich und persönlich inakzeptablen Vorgehens des damaligen Bundesministers der Verteidigung *Manfred Wörner* müßte diese Affäre eigentlich nach ihm selbst benannt werden.

996 Eine sehr persönliche Sicht dieser Affäre vermittelt *Mainhardt Graf von Nayhauß* in seinen Büchern „Bonn vertraulich“, S. 134-148 und „Denk ich zurück an Bonn“, S. 77-79. Vgl. hierzu weiter FAZ-Artikel „Gehen müssen, bleiben dürfen“ vom 11. Januar 2001, S. 4.

997 Parallelen zum Verlauf der Affäre um den Wehrmachtsgeneral *von Fritsch* aus dem Jahre 1938 sind offenkundig.

sächlicher Hinsicht gewesen, den ehrenrührigen Vorwürfen durch ein rechtsstaatlichen Maßstäben genügendes verwaltungsinternes Ermittlungsverfahren, das entweder ein offizielles Disziplinar- oder ein informelles sonstiges Verfahren hätte sein können, nachzugehen, um seiner Fürsorge- und Schutzpflicht zugunsten von General *Kießling* nachzukommen. Der Dienstherr wird seiner Schutzverpflichtung nicht gerecht, wenn er trotz einer offensichtlich oder leicht erkennbaren Ehrverletzung durch einen verwaltungsinternen Störer nicht eingreift und sogar dem hiervon betroffenen Beamten Maßnahmen aussetzt, denn damit wird den unsachlichen und ehrverletzenden Motiven des Störers zum Erfolg verholfen. Es müßte nämlich vielmehr gegen den ehrverletzenden Störer und nicht gegen das „Objekt" der Störung vorgegangen werden[998], so daß sich vor allem dienstliche Maßnahmen zu Lasten von General *Kießling* verboten hätten, solange die Untersuchungen nicht abgeschlossen sind, denn die ehrenrührig handelnden „Angreifer" sind beweispflichtig. Erst durch das tatsächliche Vorgehen des Dienstherrn in der Affäre wurde die Ehrverletzung begangen und dann noch intensiviert, so daß eine Fürsorge- und Schutzpflichtverletzung ersten Ranges und bis dahin unbekannten Ausmaßes erfolgt ist. Aufgrund der bereits dargestellten allgemeinen Verpflichtung des Dienstherrn zur Beseitigung eines fürsorgepflichtwidrigen Verhaltens gebietet es die Fürsorgepflicht in einem solchem Fall, selbst wenn sie bis dahin (schuldhaft) verletzt worden ist, daß der Dienstherr dafür zu sorgen hat, daß die von ihm vorgenommenen dienstlichen Maßnahmen rückgängig gemacht werden, wenn sich der ehrenrührige Vorwurf als haltlos und damit als ehrverletzend herausstellt. Diese Rehabilitierung dient dann im klassischen Wortsinne als Ehrenrettung bzw. als Wiederherstellung der Ehre. Eine öffentliche Rehabilitierung z.B. durch entsprechende Presseerklärungen ist in dem Maße erforderlich, wie die ehrverletzenden, dienstlichen Maßnahmen selbst zuvor publik geworden sind.

d.) Schlußbetrachtung

Abschließend soll hinsichtlich dieser „Beseitigungsverpflichtung" des Dienstherrn noch eine wichtige Erkenntnis und Konsequenz hervorgehoben werden: Zwar kann an sich das fürsorgepflichtwidrige Verhalten des Dienstherrn (z.B. ehrverletzende Äußerungen) durch diesen selbst aufgrund der Fürsorgepflicht rückgängig gemacht werden. Damit ist auch grundsätzlich die Möglichkeit zur (vollständigen) Rehabilitation des Betroffenen eröffnet. Durch die erfolgte ehrverletzende Behandlung ist der hiervon konkret betroffene Beamte jedoch für seine weitere Karriere gezeichnet und mit einer Art „sozialen Makels" behaftet. Dem Dienstherrn kann es nämlich durch die spätere Rückgängigmachung nicht gelingen, die von ihm selbst verursachte Ehr- und Fürsorgepflichtverletzung vollständig zu kompensieren, so daß dies nur einen Versuch zur Rehabilitation darstellen kann. So wurde General *Kießling* zwar erneut in das öffentlich-rechtliche Dienst- und Treueverhältnis berufen (vgl. §§ 39, 40 BBG), der ehrenrührige Makel der Erpressbarkeit aufgrund seines angeblichen persönlichen Verhaltens bleibt aber weiter bestehen. Ebenso bleibt ein negativer (Rest-)Eindruck bezogen auf die betroffene Person und die näheren Umstände haften[999]. Letzteres gilt für die Adressaten einer „Beseitigungserklärung" von ehrverletzen-

[998] So BayVGH, BayVBl. 1959, 351.

[999] *Isensee*, AfP 1993, 619 (628) stellt zutreffend heraus, daß trotz des seit der sog. *Kießling*-Affäre verstrichenen Zeitraums der Name bei denen, die sich an die Affäre erinnern, eher Assoziationen mit dem Vorwurf als mit der (versuchten) Rehabilitierung weckt.

den, hoheitlichen Äußerungen. Auch ihnen dürfte sich wahrscheinlich der vorstehende Eindruck aufdrängen, und der Gedanke, daß es sich bei dem betroffenen Amtswalter um einen „notorischen Rechthaber" handelt, ergibt sich fast zwangsläufig. Dieses Ergebnis beruht allerdings auf dem verletzten Rechtsgut der persönlichen Ehre selbst, da dessen immaterielle Verletzung niemals vollständig ausgeglichen werden kann.

Es muß daher zu einer Vorverlagerung der beamtenrechtlichen Pflichten des Dienstherrn kommen (präventiver Ehrenschutz). Weder durch den Dienstherrn noch durch seine Organe und Erfüllungsgehilfen darf es zu einer fürsorgepflichtwidrigen und ehrverletzenden Verhalten kommen. Somit ist es mit äußersten Nachdruck zu verlangen, daß der Dienstherr seiner Fürsorge- und Schutzpflicht zugunsten des betroffenen Beamten schon im Vorfeld eigener Handlungen, z.B. etwaiger Äußerungen oder (Disziplinar-)Maßnahmen, dadurch nachkommt, daß er diese wegen der möglichen Fürsorgepflichtwidrigkeit und Ehrverletzung unterläßt. Nur auf diese Weise kann verhindert werden, daß die Verpflichtung zum Schutze der Rechtsgüter seiner Bediensteten trotz nachträglicher Beseitigungspflicht im Ergebnis nicht leerläuft[1000].

6. Unterlassung eines erstmaligen oder erneuten ehrenrührigen Verhaltens eines Verwaltungsinternen bzw. des Dienstherrn

Der Dienstherr kann kraft der Fürsorgepflicht nicht nur zu einem Handeln, sondern auch zu einem Unterlassen bei (drohender) Ehrverletzung durch Verwaltungsinterne oder sogar durch ihn selbst verpflichtet sein. Dieser Anspruch ist einer (drohenden) Fürsorgepflichtverletzung vorgelagert und soll damit gerade die erstmalige oder erneute Verletzung der Fürsorge- und Schutzpflicht durch den Dienstherrn verhindern. Dieser ist nicht nur verpflichtet, Schäden durch Dritten zu begegnen, sondern er ist erst recht verpflichtet, daß keine Rechts- und Ehrverletzungen durch ihn selbst erfolgen[1001]. Dies ergibt sich auch aus der vorstehenden Schlußbetrachtung, da eine vom Dienstherrn (zurechenbar) erfolgte Ehrverletzung niemals vollständig kompensiert werden kann. Systematisch gesehen ist diese präventive Unterlassungsverpflichtung, wie schon beim Folgenbeseitigungsanspruch dargestellt, die konsequente Umsetzung der Fürsorgepflicht des Dienstherrn als Schadensabwendungspflicht auf deren Rechtsfolgenseite.

a.) Dogmatisches Verhältnis dieses Erfüllungsanspruchs zum öffentlich-rechtlichen Unterlassungsanspruch

Vorrangig muß zunächst in diesem Zusammenhang die Frage beantwortet werden, wie sich das dogmatische Verhältnis eines Unterlassungsanspruchs kraft Fürsorgepflicht zum allgemein geltenden öffentlich-rechtlichen Unterlassungsanspruch darstellt. An sich könnte diesbezüglich auf die obigen Ausführungen zur Abgrenzung des Folgenbeseitigungsanspruchs vom Fürsorgepflichtanspruch[1002] verwiesen werden, denn es besteht ein enger dogmatischer Zusammenhang zwischen dem vorgelagerten öffentlich-rechtlichen Unterlassungsanspruch, der eine drohende künftige Rechtsverletzung abwenden soll, und dem

---

[1000] Dies leitet unmittelbar zu den folgenden Ausführungen zur Unterlassungsverpflichtung über.

[1001] *Weiß-Niedermaier-Summer-Zängl/Summer*, Art. 86 BayBG, Erl. 9c, Erl. 10i und Erl. 25a.

[1002] Siehe hierzu die Ausführungen ab S. 172 dieser Untersuchung.

Folgenbeseitigungsanspruch, der die Rückgängigmachung einer eingetretenen Rechtsverletzung ermöglichen soll[1003]. *Ossenbühl* behandelt folgerichtig den Folgenbeseitigungs- und den Unterlassungsanspruch sogar im Rahmen eines einheitlichen grundrechtlichen Schutzanspruchs auf Unterlassung, Beseitigung und Herstellung[1004]. Damit insofern keine dogmatischen Widersprüche entstehen, müßte bezüglich der Abgrenzungsproblematik bei einer Unterlassungskonstellation konsequent die bereits genannte und begründete Anspruchsparallelität angenommen werden.

Die verwaltungsgerichtliche Rechtsprechung hierzu ist nicht homogen, vereinzelt wird der öffentlich-rechtliche Unterlassungsanspruch favorisiert[1005], während überwiegend die Fürsorgepflicht des Dienstherrn als speziellerer Maßstab angesehen wird[1006]. Die Literatur äußerst sich – bis auf eine Ausnahme[1007] – hierzu nicht. Allerdings kann die verwaltungsgerichtliche Judikatur aus den zur Abgrenzung zum Folgenbeseitigungsanspruch schon genannten Gründen nicht so unbefangen übernommen werden, denn der Fürsorgepflichtanspruch stellt sich, wie bereits dargestellt, grundsätzlich als Ermessensanspruch dar, während der öffentlich-rechtliche Unterlassungsanspruch ein gebundener Anspruch ist, der unmittelbar mit der allgemeinen Leistungsklage verfolgt werden kann. Zwar ist in den Situationen der Erstbegehungs- oder der Wiederholungsgefahr bezogen auf den Fürsorgepflichtanspruch kaum eine konkrete Situation vorstellbar, bei der es bezüglich des Unterlassens als Rechtsfolge nicht zu einer Ermessensreduktion auf Null käme, denn welche Alternative hat ein Dienstherr, der fürsorgepflichtwidrige Maßnahmen unterlassen soll? Wenn er nichts machen darf, hat er auch kein Ermessen, so daß beide Ansprüche im Ergebnis die gleiche Rechtsfolge nach sich ziehen. Dennoch kann der vorhandene dogmatische Unterschied beider Anspruchsgrundlagen, auch wenn er wohl ausschließlich hypothetischer Natur ist, nicht durch praktische und einzelfallbezogene Erwägungen verwischt werden, da es an der Verallgemeinerungsfähigkeit dieser Aspekte fehlen würde. Dies gilt umso mehr, wenn mit *Ossenbühl* ein einheitlicher grundrechtlicher Schutzanspruch auf Unterlassung, Beseitigung und Herstellung angenommen wird[1008], da sonst Widersprüche zu der bereits begründeten Anspruchsparallelität des Fürsorgepflichtanspruchs zum Folgenbeseitigungsanspruch auftreten würden, wenn man gleichzeitig den öffentlich-rechtlichen Unterlassungsanspruch zurücktreten lassen würde. Der vereinzelte Hinweis in der Literatur, daß eine vorbeugende Unterlassungsklage möglich sei, ist für das hier zu untersuchende materiell-rechtliche Problem unergiebig, da damit lediglich die Klageart, nicht aber der damit verfolgte bzw. verfolgbare materielle Anspruch näher

---

[1003] *Brugger*, JuS 1999, 625 (627, 629); BVerwGE 82, 76 (95). Es liegt nur eine zeitliche Trennung vor.

[1004] *Ossenbühl*, Staatshaftungsrecht[5], S. 285 ff.; kritisch hierzu *Schoch*, VerwArch 79 (1988), 1 (23 f.).

[1005] VGH Kassel, NJW 1989, 1753 f. unter Hinweis auf BVerwGE 59, 319 (325) m.w.N.; *Hufen*, Verwaltungsprozeßrecht[5], § 16, Rz. 9.

[1006] OVG Lüneburg, NJW 1991, 445; OVG Saarlouis, Beschluß vom 3. Juli 1995, Az. 1 W 75/94, S. 3 (unveröffentlicht, rechtskräftig).

[1007] Nach *Weiß-Niedermaier-Summer-Zängl/Summer*, Art. 86 BayBG, Erl. 10i, Erl. 9c und Erl. 25a ergibt sich die Unterlassungsverpflichtung bereits aus der Fürsorgepflicht, so daß insofern der allgemeine öffentlich-rechtliche Unterlassungsanspruch nicht mehr herangezogen werden darf. Allerdings wird explizit Bezug auf eine Wiederholungsgefahr als materiell-rechtliche Anspruchsvoraussetzung genommen.

[1008] *Ossenbühl*, Staatshaftungsrecht[5], S. 285 ff. und S. 300 ff.

qualifiziert wird[1009]. Es verbleibt daher in Übereinstimmung mit den obigen Ausführungen dabei, daß es rechtsmethodisch sehr zweifelhaft ist, einen beamtenrechtlichen Ermessensanspruch, bei dem zwar eine Ermessensreduktion auf Null vorliegen dürfte, einem allgemein geltenden, aber stets gebundenen öffentlich-rechtlichen Unterlassungsanspruch vorzuziehen. Somit kommen zur Durchsetzung des Unterlassens eines drohenden fürsorgepflichtwidriges Verhaltens seitens des Dienstherrn sowohl der Fürsorgepflichtanspruch als auch der öffentlich-rechtliche Unterlassungsanspruch mit der Folge in Betracht, daß der Beamte als Anspruchsinhaber ebenfalls ein Wahlrecht hat, auf welche Norm er sein Begehren stützen möchte.

b.) Einzelfälle der Unterlassungsverpflichtung

Bei den folgenden Ausführungen zu einzelnen Unterlassungsverpflichtungen des Dienstherrn aufgrund seiner Fürsorge- und Schutzpflicht wird zwischen der Konstellation, in der eine Erstbegehungsgefahr für eine fürsorgepflichtwidrige Maßnahme gegeben ist, und zwischen der Situation, in der hierfür eine Wiederholungsgefahr vorliegt, unterschieden[1010]:

So hat der Dienstherr und alle für ihn handelnden Organe zum Schutz der Ehre seiner Bediensteten ehrverletzende Verhaltensweisen und Angriffe, insbesondere ehrverletzende und ansehensmindernde Äußerungen, von vornherein zu unterlassen[1011]. Dies ergibt sich daraus, daß der Dienstherr den Beamten vor ungerechtfertigten (Ehr-)Angriffen schützen muß, so daß er selbst erst recht nicht seine Beamten angreifen darf[1012]. So muß der Dienstherr durch eine geeignete Verwaltungsstruktur und Personalauswahl dafür sorgen, daß es gar nicht erst zu ehrverletzenden Verhaltensformen wie „Mobbing", „Bossing" oder „Staffing" und damit zu einem Kampf am Arbeitsplatz kommt. Ebenso muß der Dienstherr Situationen verhindern, in denen es zu ehrenrühriger sexueller Belästigung kommen kann. Damit sind präventive Maßnahmen angesprochen, so daß vom Dienstherrn alle Möglichkeiten zur Vorbeugung auszuschöpfen sind, um den Ehrenschutz seiner Bediensteten gegen ehrverletzende verwaltungsinterne Handlungen effektiv gewährleisten zu können[1013].

Die beamtenrechtliche Fürsorgepflicht verbietet es darüber hinaus dem Dienstherrn, den Beamten durch Kritik an seiner Person oder Amtsführung gegenüber Dritten, insbesondere öffentlich, ohne rechtfertigenden Grund bloßzustellen. Dies gilt sowohl für nachteilige Tatsachenbehauptungen als auch für mißbilligende Werturteile. Hierbei ist es nicht

---

1009 *Weiß-Niedermaier-Summer-Zängl/Summer*, Art. 86 BayBG, Erl. 25a.

1010 Siehe auch insofern die Ausführungen zum zivilrechtlichen Unterlassungsanspruch ab S. 163 dieser Untersuchung.

1011 OVG Lüneburg, NJW 1991, 445; OVG Saarlouis, Beschluß vom 3. Juli 1995, Az. 1 W 75/94, S. 3 (unveröffentlicht, rechtskräftig).

1012 *Hufen*, JuS 1997, 76 (77).

1013 Im Arbeitsrecht stehen dem privatrechtlichen Arbeitgeber folgende Möglichkeiten zur Verfügung: Verbote von beleidigenden und kränkenden Äußerungen und Handlungen sowie die Information hierüber, Seminare über wechselseitige Respektierung im Betrieb (§ 98 Abs. 6 BetrVG), Betriebsvereinbarungen über Maßnahmen zu Lasten eines ehrverletzenden internen Störers sowie das Fragerecht bei Einstellungen hinsichtlich einschlägiger Vorstrafen, vgl. *v. Hoyningen-Huene*, BB 1991, 2215 (2216 f.).

erforderlich, daß der Beamte namentlich genannt wird[1014]. Es ist ausreichend, wenn der betroffene Beamte bestimm- bzw. ermittelbar ist, d.h. wenn sich aus dem Zusammenhang ergibt, wer gemeint ist, oder wenn alle Beteiligten wissen, wer gemeint ist. In der jüngsten Rechtsprechung sind zu diesem Themenbereich[1015] einige Entscheidungen ergangen. Dieses Verbot gilt nicht nur für den unmittelbaren (Dienst-)Vorgesetzten, sondern gilt auch für die jeweilig verantwortliche Leitungsebene (Minister, Staatssekretär) und für den Regierungschef (Bundeskanzler, Ministerpräsident etc.)[1016]. Auch die politischen Spitzen der Regierung sind Teile der Exekutive und damit an die beamten- und verfassungsrechtliche Verpflichtungen gebunden[1017], so daß sie bei entsprechendem Fehlverhalten zurecht mit Klagen der hiervon betroffenen Beamten rechnen müssen.

Rechtfertigender Grund für eine derart nachteilige Äußerung oder öffentliche Kritik seitens des Dienstherrn kann dessen Wille sein, die Öffentlichkeit – veranlaßt z.B. durch ein Auskunftsbegehren von Medien[1018] – über innerdienstliche Vorgänge und hierzu kraft Dienst-, Rechts- und Fachaufsicht ergangene Weisungen zu informieren. Für die Zulässig- bzw. Unzulässigkeit derartiger Äußerungen hat eine Abwägung zwischen den berechtigten Interessen des Amtswalters, der Fürsorge- und Schutzpflicht des Dienstherrn und dem Informationsinteresse der Öffentlichkeit an kritikwürdigen Vorgängen in der Exekutive zu erfolgen[1019], wobei zu berücksichtigen ist, daß gerade für derartige Fälle das Disziplinarrecht zur Anwendung gelangen sollte. Aus dem Vorstehenden ergibt sich, daß die Fürsorgepflicht den Dienstherrn und seine Organe verpflichtet, sich gegenüber Dritten eines negativen bzw. mißbilligenden und ehrverletzenden (Un-)Werturteils über einen Beamten oder dessen Amtsführung, z.B. durch die Wahl eines beleidigenden Vokabulars[1020], zu enthalten. Sachliche Kritik an der amtlichen Tätigkeit eines Beamten darf jedoch stets geübt werden[1021], denn der Dienstherr ist schließlich in der Öffentlichkeit für das Verhalten seines Amtswalters verantwortlich. Der Dienstherr darf aber bei einer öffentlichen Kritik nur Tatsachenfeststellungen treffen, die dem Beweis nach Richtigkeitsmaßstäben zugänglich sind, also Bewertungen wie zulässig/unzulässig, richtig/falsch, rechtmäßig/rechtswidrig. Aber auch bei Abgabe derartiger Bewertungen darf der Be-

---

[1014] BVerwGE 99, 56 ff. = NJW 1996, 210 ff. = DVBl. 1995, 1248 ff. = JuS 1997, 76 ff. = *Schütz* ES/B III 1 Nr. 22 = ZBR 1995, 370 ff. = DÖD 1996, 36 ff. = PersV 1996, 130 (Ls.) = ZTR 1996, 45 ff. = NVwZ 1996, 270 (Ls.) = NWVBl. 1996, 101 ff.; VG Aachen, Urteil vom 14. Dezember 2000, Az. 1 K 842/97, S. 2 (unveröffentlicht, rechtskräftig); OVG Koblenz, NVwZ-RR 2000, 805 f. = RiA 2000, 305 f.; *Schnellenbach*, Beamtenrecht in der Praxis^5, Rz. 389; *Plog-Wiedow-Beck-Lemhöfer*, § 79 BBG, Rz. 19a; *Schütz/Schachel*, § 85 LBG NRW, Rz. 16; *Weiß-Niedermaier-Summer-Zängl/Summer*, Art. 86 BayBG, Erl. 25a.

[1015] Siehe hierzu die näheren Ausführungen ab S. 114 dieser Untersuchung.

[1016] Auf das sog. Ressortprinzip (z.B. Art. 65 S. 1 GG, Art. 55 Abs. 2 NWVerf.) können sich die Minister hierfür nicht berufen, da die selbständige und eigenverantwortliche Führung des Geschäftsbereichs nichts damit zu tun hat, mit welchen Mitteln der Minister seine Vorstellungen gegenüber den ihm nachgeordneten Beamten unter Wahrung der beamten- und verfassungsrechtlichen Fürsorgepflicht durchsetzen kann, vgl. BVerwGE 99, 56 (61 f.). Damit ist klar, daß es keinen allgemeinen „Politikvorbehalt" gibt, dem sich die Fürsorgepflicht unterordnen müßte, vgl. *Hufen*, JuS 1997, 76 (78).

[1017] Vgl. *Weiß-Niedermaier-Summer-Zängl/Summer*, Art. 86 BayBG, Erl. 25a.

[1018] OVG Saarlouis, Beschluß vom 3. Juli 1995, Az. 1 W 75/94, S. 3 (unveröffentlicht, rechtskräftig).

[1019] Vgl. *Hufen*, JuS 1997, 76 (77).

[1020] *Weiß-Niedermaier-Summer-Zängl/Summer*, Art. 86 BayBG, Erl. 25a.

[1021] GKÖD/*Fürst*, § 79 BBG, Rz. 28.

troffene nicht „über Gebühr vor Dritten bloßgestellt werden“[1022]. Es ist hierbei besonders auf eine sachliche, wenngleich deutliche Form der Darstellung, die unnötige Schärfen vermeiden muß, zu achten[1023]. Eine Flucht in die Öffentlichkeit“[1024], um anstelle der innerorganisationsrechtlich möglichen Maßnahmen einen nach außen getragenen Meinungskampf zu führen[1025], ist dem Dienstherrn wie auch allen Bediensteten regelmäßig verwehrt. Der Dienstherr hätte es vielmehr im Wege der Dienst-, Rechts- und Fachaufsicht in der Hand gehabt, das vom ihm kritisierte Verhalten seines Beamten (z.B. bei einer Ermessensausübung) durch konkrete Weisungen zu lenken und in seine Richtung zu steuern. Schließlich ist zu beachten, daß der Dienstherr durch die öffentliche Kritik an der Person eines Beamten oder dessen Amtsführung nicht das Disziplinarrecht durch eine „informelle Ahndung“ umgehen darf[1026], denn im Rahmen eines Disziplinarverfahrens hätte geklärt werden können, ob wirklich eine schuldhafte Pflichtverletzung (= Dienstvergehen) oder zumindest eine objektiv grobe Pflichtverletzung vorgelegen hat. Dieser letztgenannte Punkt ist insbesondere für die ministerielle Ebene bzw. die Regierungsebene zu berücksichtigen, denn ein Minister hat üblicherweise erheblich wirkungsvollere Möglichkeiten der Öffentlichkeitsarbeit, während der betroffene Beamte kraft Loyalitäts- und Amtsverschwiegenheitsprinzip gehindert ist, seinerseits an die Öffentlichkeit zu gehen, um sich zu rechtfertigen oder für seine (Rechts-)Auffassung zu werben.

Allerdings ist der Dienstherr aufgrund der Fürsorgepflicht nicht verpflichtet, eine rechtswidrige Amtsführung des Beamten der Öffentlichkeit gegenüber zu decken[1027], z.B. durch die rechtswidrige Verweigerung der Mitteilung des Namens des handelnden Amtswalters an den Geschädigten. Auch steht die Fürsorge- und Schutzpflicht, wenn schwerwiegende Mängel des Verwaltungsvollzugs einer breiten Öffentlichkeit bekannt geworden sind, einer wahrheitsgemäßen Unterrichtung der Öffentlichkeit unter Zuhilfenahme der Medien über Beanstandungen, durchgeführte Disziplinarverfahren und die hieraus für die handelnden Amtswalter gezogenen Konsequenzen nicht entgegen[1028].

Praktische Beispiele für die Unterlassungsverpflichtung sind: Die öffentliche Äußerung verschiedener, einzelner unwahrer Tatsachenbehauptungen in bezug auf den langjährigen Schulleiter eines Gymnasiums durch den zuständigen Kultusminister ist zum einen rückgängig zu machen, wie bereits dargestellt, und ist zum anderen zukünftig zu unterlassen, denn aufgrund der schon erfolgten Ehrverletzung bestand eine konkrete Wiederholungsgefahr[1029]. Ebenso wurde einem Dienstherrn aufgegeben, die ehrenrührige Be-

---

[1022] VGH Kassel, ZBR 1974, 261 (262); *Löwer*, JA 1975, 689 (692); *Battis*³, § 79 BBG, Rz. 15.

[1023] BVerwGE 99, 56 (59).

[1024] Siehe zu der Frage, ob und inwieweit einem Amtswalter bei Verletzung des Ehrenschutzesanspruchs kraft Fürsorgepflicht die „Flucht in die Öffentlichkeit“ als ultima ratio zusteht, die weiteren Ausführungen ab S. 311 dieser Untersuchung.

[1025] BVerwGE 99, 56 (59 f.); *Plog-Wiedow-Beck-Lemhöfer*, § 79 BBG, Rz. 19a; *Gielen*, JR 1996, 10 (12); GKÖD/*Fürst*, § 79 BBG, Rz. 28.

[1026] *Hufen*, JuS 1997, 76 (77).

[1027] BVerwG, NJW 1960, 1538; NJW 1975, 1333; VGH München, NJW 1974, 379.

[1028] OVG Koblenz, NVwZ-RR 2000, 805 = RiA 2000, 305.

[1029] BVerwGE 99, 56 ff. = NJW 1996, 210 ff. = DVBl. 1995, 1248 ff. = JuS 1997, 76 ff. = *Schütz* ES/B III 1 Nr. 22 = ZBR 1995, 370 ff. = DÖD 1996, 36 ff. = PersV 1996, 130 (Ls.) = ZTR 1996, 45 ff. = NVwZ 1996, 270 (Ls.) = NWVBl. 1996, 101 ff.

hauptung gegenüber Dritten zu unterlassen, ein Beamter „schrecke nicht davor zurück, die Unwahrheit zu verbreiten“[1030]. In der Aussage eines Dienstherrn, ein Beamter sei „dienstlich überfordert“, liegt zwar ein an sich unzulässiges Werturteil. Aber diese Aussage führt nicht zu einer Ehrverletzung, wie bereits dargestellt wurde, da der Dienstherr den Beamten zumindest noch „für intelligent genug“ hält, den nunmehr reduzierten Aufgabenbereich wahrzunehmen[1031], so daß auch kein Unterlassungsanspruch gegenüber dem Dienstherrn gegeben ist. Gleiches gilt für die Bezeichnung ehrverletzender Unterstellungen eines Beamten als „haltlos und in ihrer Zielrichtung als verunglimpfend“, denn sie stellte schon keine Ehrverletzung dar, denn damit wurde ein Bild des Betroffenen verbreitet, das sein tatsächliches Auftreten im Grunde objektiv zutreffend wiedergibt[1032] und damit seine „äußere“ Ehre nicht beeinträchtigt. Hingegen hätte der Landesjustizminister den bereits erwähnten „Schlamperei“-Vorwurf bezüglich der Ursache für den Ausbruch von Gewaltverbrechern – zu diesem Zeitpunkt waren die eingeleiteten Untersuchungen noch nicht beendet – weder intern erheben noch öffentlich wiederholen dürfen, so daß er auch von der Unterlassungsverpflichtung erfaßt wird.

Sollte es aber bereits schon zu ehrverletzenden Verhaltensweisen durch den Dienstherrn selbst oder durch ihm zurechenbar handelnde Bedienstete gekommen sein, ist der Dienstherr aufgrund der Fürsorgepflicht verpflichtet, dafür zu sorgen, daß zukünftige ehrverletzende Verhaltensweisen und Äußerungen unterbleiben[1033]: So ist z.B. ein weiteres Mobbing zu unterlassen[1034]. Ferner muß der Dienstherr die bereits erfolgte ehrverletzende Handlung nach den bereits genannten Grundsätzen beseitigen und wieder rückgängig machen[1035]. Zur Umsetzung der Unterlassungspflicht hat sich der Dienstherr insbesondere seiner Weisungsbefugnis im Rahmen der Dienst-, Rechts- und Fachaufsicht zu bedienen, um den Störer per Weisung zur Unterlassung aufzufordern. Wenn offensichtlich nur ein einmaliges Verhalten oder nur eine geringfügige Ehrverletzung vorliegt, kann der Dienstherr den ehrverletzenden verwaltungsinternen Störer auch nur verwarnen und ihn dabei auffordern, die Ehrverletzung nicht zu wiederholen[1036]. Schließlich kann der Dienstherr dem ehrverletzenden Störer auch die bisherige und vor allem die zukünftige Dienstrechtswidrigkeit seines Verhaltens aufzeigen, indem er bei einem beamteten Störer unmittelbar ein Disziplinarverfahren einleitet oder ihm bei zukünftiger Nichtbeachtung die Durchführung eines Disziplinarverfahrens androht, aber die erfolgte Ehrverletzung kraft Opportunitätsprinzip nicht verfolgt und es bei einer bloßen Ermahnung beläßt. Bei Angestellten und Arbeitern im öffentlichen Dienst kann der Dienstherr arbeitsrechtliche

---

[1030] VGH Kassel, NJW 1989, 1753 f.

[1031] OVG Saarlouis, Beschluß vom 3. Juli 1995, Az. 1 W 75/94, S. 3 (unveröffentlicht, rechtskräftig). Hinzu kommt, daß sich diese Äußerung auf ein Minimum an Begründung für die Aufgabenreduzierung als dienstinterne Entscheidung beschränkt, ebd., S. 5.

[1032] BVerwG, Buchholz 11 Art. 2 GG Nr. 79.

[1033] *Plog-Wiedow-Beck-Lemhöfer*, § 79 BBG, Rz. 24.

[1034] Zum Schutz vor Mobbing durch den Arbeitgeber ist bisher – soweit ersichtlich – lediglich ein maßgebliches Urteil (LAG Thüringen, DB 2001, 1204 ff. (Ls. Nr. 5) = BB 2001, 1358 ff. = NZA-RR 2001, 347 ff.) ergangen, in dem die beklagte Sparkasse unter Festsetzung eines Ordnungsgelds von 50.000 DM zum Unterlassen des von ihren Vorständen getätigten systematischen Psychoterrors mit dem Ziel der Zersetzung der Persönlichkeit des Betroffenen verurteilt wurde.

[1035] Siehe hierzu die näheren Ausführungen ab S. 172 dieser Untersuchung.

[1036] Siehe hierzu die weiteren Ausführungen ab S. 154 dieser Untersuchung.

Maßnahmen in Übereinstimmung mit dem sog. ultima-ratio-Prinzip wie Abmahnung[1037], verhaltensbedingte (ordentliche) Kündigung oder außerordentliche Kündigung[1038] vornehmen (vgl. § 4 Abs. 1 Nr. 1 BSchuG). Daneben muß der Dienstherr auch organisatorische Maßnahmen wie die Umsetzung oder Versetzung einzelner Bediensteter oder gar eine Reorganisation von Abteilungen in Betracht ziehen. Hierbei ist zu beachten, daß beispielsweise bei „Mobbing" nicht gegen das Opfer der Ehrverletzung, sondern gegen den/die Täter, wie z.B. den ehrverletzend handelnden Vorgesetzten, vorgegangen wird[1039]. Insgesamt hat der Dienstherr hierbei einen vielgestaltigen Handlungsspielraum, um entsprechend der Intensität und Schwere der Ehrverletzung zu handeln.

7. Strafprozessuale Möglichkeiten des Dienstherrn

Soweit durch die ehrenrührige Handlung des Störers die Verletzung von Straftatbeständen, vor allem der Straftatbestände des 14. Abschnitts (§§ 185-189 StGB, im wesentlichen Beleidigung, Verleumdung und üble Nachrede), in Betracht kommt, stehen dem Dienstherrn als geeignete Mittel zur Schutzgewährung die strafprozessualen Möglichkeiten des Strafantrags, der Strafanzeige bei der zuständigen Strafverfolgungsbehörde und des Privatklageverfahrens zur Verfügung. Diese Maßnahmen richten sich zunächst gegen Ehrverletzungen durch Verwaltungsexterne, z.B. bei mündlichen Beleidigungen von Beamten oder bei schriftlichen Beleidigungen, die den betroffenen Beamten an seiner Dienststelle erreicht. Sie kommen aber auch bei Ehrverletzungen zu Lasten eines Beamten, die von Verwaltungsangehörigen begangen wurden, in Betracht, wobei dann aber vom Dienstherrn, wie bereits erwähnt, auch die Fürsorgepflicht gegenüber dem (vermeintlich oder tatsächlich) strafbar handelnden Amtswalter zu berücksichtigen ist.

a.) Ausübung des Strafantragsrechtes gemäß §§ 194 Abs. 3 S. 1, 77a StGB

Soweit eine ehrenrührige Verhaltensweise strafrechtlich gemäß §§ 185-189 StGB[1040] verfolgt werden soll, bedarf es hierzu als notwendige prozessuale Verfolgungsvoraussetzung eines Strafantrags gemäß § 194 StGB, da die Beleidigungsdelikte sog. Antragsdelikte darstellen. Das Strafantragsrecht steht zunächst grundsätzlich dem unmittelbar Verletzten bzw. dem Opfer zu (vgl. §§ 194 Abs. 1, 77 Abs. 1 StGB)[1041]. Durch § 194 Abs. 3 S. 1 StGB (§ 196 StGB/RStG a.F.) in Verbindung mit § 77a StGB wird das Straf-

---

1037 Die Abmahnung muß im Unterschied zu einer bloßen Ermahnung drei Funktionen erfüllen: Sie muß das dienstvertragswidrige bzw. strafrechtlich relevante Verhalten des Störers in konkreten Vorfall aufzeigen (Dokumentationsfunktion), der Störer muß ernsthaft an seine vertraglichen Pflichten erinnert und aufgefordert werden, solche Beleidigungen von Kollegen zukünftig zu unterlassen (Erinnerungs- und Ermahnungsfunktion), und der Störer muß vor Konsequenzen für das Arbeitsverhältnis bei weiterem Fehlverhalten gewarnt werden (Warnfunktion), vgl. *v.Hoyningen-Huene*, BB 1991, 2215 (2219).

1038 Je nach dem Grad und Umfang der Ehrverletzung ist hier das arbeitsrechtliche zulässige Mittel vom Dienstherrn bzw. öffentlichen Arbeitgeber auszuwählen. Bei groben Ehrverletzungen oder ehrenrühriger, sexueller Belästigung kommt in der Regel eine außerordentliche Kündigung, ohne vorherige Abmahnung, in Betracht, da die Fortsetzung des Dienstvertrags dem öffentlichen Arbeitgeber nicht zuzumuten ist. Die Interessenabwägung kraft des ultima-ratio-Prinzips hat sehr sorgfältig zu erfolgen, vgl. ebd., S. 2219.

1039 Vgl. § 4 Abs. 3 BSchuG. Siehe auch die weiteren Ausführungen ab S. 216 dieser Untersuchung.

1040 *Tröndle-Fischer*[51], § 194 StGB, Rz. 2.

1041 Dies wird aber vorliegend nicht weiter verfolgt, da es vom Thema dieser Untersuchung nicht umfaßt ist, ob und wie der betroffene Amtswalter selbst strafrechtlich gegen den Injurianten vorgehen kann.

antragsrecht bei Beleidigungen auf den Dienstvorgesetzten im beamtenrechtlichen Sinne[1042] erweitert, wenn ein ihm unterstellter Amtsträger (siehe die Legaldefinition in § 11 Abs. 1 Nr. 2 StGB), ein für den Dienst besonders Verpflichteter (siehe die Legaldefinition in § 11 Abs. 1 Nr. 4 StGB) oder ein Soldat während der Ausübung seines Dienstes, in Beziehung auf seinen Dienst oder im Zusammenhang mit dessen Amtsführung beleidigt wird, wobei ein konkret verletzter Beamter oder zumindest ein individualisierbarer Personenkreis, dessen persönliche Ehre verletzt worden ist, vorhanden sein muß[1043]. Es wurde somit ein eigenes und selbständiges Strafantragsrecht des Dienstherrn, verbunden mit dem Recht zur Privatklage (vgl. § 374 Abs. 2 StPO), geschaffen, mit dem maßgeblicher Einfluß auf die Durchführung eines Strafverfahrens gegen einen ehrverletzenden Störer ausgeübt werden kann.

(a) Sinn und Zweck dieses Antragsrechtes

Es ist allgemein anerkannt, daß das eigenständige Strafantragsrecht des Dienstherrn nach § 194 Abs. 3 S. 1 StGB dem Ehrenschutz des ihm unterstellten Beamten, insbesondere im Außenverhältnis, dient[1044]. Hierdurch kann sich die (möglicherweise) mittelbar betroffene Behörde[1045] schützend vor ihre Amtswalter stellen[1046]. Die darin eingeräumte Befugnis ist dem Dienstherrn im Interesse der Öffentlichkeit und der Behörde an der Abwehr von Ehrverletzungen gegen staatliche Organe, deren Ansehen durch eine Beleidigung beeinträchtigt wird, an der Wahrung der Ehre des Amtes und an der Klärung der Vorwürfe gegeben[1047]. Aber dieses Strafantragsrecht besteht nicht nur im öffentlichen Interesse, sondern wurde dem Dienstherrn auch als Ausfluß seiner Fürsorgepflicht und damit auch im Interesse des betroffenen Staatsbediensteten eingeräumt[1048]. Insgesamt zeigt sich hieran die Abwehrfunktion im Rahmen der Wahrnehmung der Fürsorgepflicht des Dienstherrn, denn es soll aktiv gegen die Ehrverletzung bzw. den ehrverletzenden Störer vorgegangen werden. Somit ist der Dienstherr beim Vorliegen der tatbestandlichen Voraussetzungen zum Strafantrag aufgrund seiner Fürsorge- und Schutzpflicht berechtigt[1049], und je nach Fallkonstellation muß er den Strafantrag sogar stellen[1050]. Der Vorgesetzte hat stets,

---

1042 Siehe hierzu die Ausführungen ab S. 124 dieser Untersuchung.

1043 Es ist nicht ausreichend, daß ein Ehrangriff jedenfalls Behördenbediensteten im allgemeinen galt, vgl. LK/*Jähnke*[10], § 77a StGB, Rz. 9.

1044 *Monhemius*, Beamtenrecht, Rz. 306; *Wind-Schimana-Wichmann-Langer*, Öffentliches Dienstrecht[5], Rz. 253; *Grabendorff*[2], § 79 BBG, S. 86; *Summer*, PersV 1988, 76 (83); *Peine-Heinlein*, Beamtenrecht[2], S. 91; GKÖD/*Fürst*, § 79 BBG, Rz. 28; *Wiese*, Beamtenrecht[3], S. 176.

1045 BGHSt 7, 256 (260) 9, 265 (266); RGSt 4, 220 (222); 7, 79 (81); 19, 23 (24).

1046 *Tröndle-Fischer*[51], § 194 StGB, Rz. 8.

1047 *Wind-Schimana-Wichmann-Langer*, Öffentliches Dienstrecht[5], Rz. 253; *Wenzel*, DÖD 1955, 25; *Fischbach*[3], § 79 BBG, S. 708; *Weimar*, RiA 1964, 84; LK/*Herdegen*[10], § 194 StGB, Rz. 10.

1048 BGHSt 44, 209 (213); *Schönke-Schröder/Lenckner*[26], § 194 StGB, Rz. 10; *Leuze*, ZBR 1998, 187 (191); LK/*Jähnke*[10], § 77a StGB, Rz. 3; *Schick*, ZBR 1986, 33 (35).

1049 *Hartmann-Janssen*[4], Art. 86 BayBG, Erl. 2b, S. 124; *Minz*, SKV 1967, 285 (288); *Fischbach*[3], § 79 BBG, S. 708; *Lumm*, NDBZ 1964, 153; *Schick*, ZBR 1986, 33 (35).

1050 *Schnellenbach*, Beamtenrecht in der Praxis[5], Rz. 388; *Plog-Wiedow-Beck-Lemhöfer*, § 79 BBG, Rz. 19; *Battis*[3], § 79 BBG, Rz. 15; *Wagner*, Beamtenrecht[7], Rz. 242; *ders.*, VR 1982, 130 (131); *Grün*, Beamtenrecht[2], S. 73; *Summer*, PersV 1988, 76 (83); *Hilg*, Beamtenrecht[3], § 32 I, S. 379; *Minz*, SKV 1967, 285 (288); *Weimar*, RiA 1962, 84; *ders.*, DÖD 1964, 91; *Wenzel*, DÖD 1955, 25 (26); *Lumm*, NDBZ 1964, 153; *v.d.Heide*, ZBR 1955, 364 (367); *Schütz*, DÖD 1958, 201 (204).

so auch in zweifelhaften Fällen, nach pflichtgemäßem Ermessen zu prüfen[1051], ob das öffentliche oder das dienstliche Interesse eine Strafverfolgung durch die Staatsanwaltschaft erfordert, wobei er natürlich auch die Interessen des verletzten Amtswalters in seinen Entscheidungsfindungsprozeß miteinbeziehen muß[1052], um seiner Fürsorgepflicht diesem gegenüber zu genügen. Sofern die Strafverfolgung als zweckmäßig erscheint, sollte der Dienstvorgesetzte hiervon in aller Regel – „zur Entlastung des Beamten"[1053] – Gebrauch machen[1054]. Einige Vertreter in der Literatur sind sogar der Auffassung, daß der Strafantrag immer zu stellen ist, um das Antragsrecht nicht auszuhöhlen[1055]. Die Stellung des Strafantrags zeigt sich in der Praxis als das geeignete Mittel, dem Beamten das Gefühl zu vermitteln, mit der Injurie nicht allein gelassen zu werden[1056]. Gerade hier zeigt sich dann, ob jemand ein guter oder ein schlechter Dienstvorgesetzter ist, nämlich ob er den Mut aufbringt, den betroffenen Amtswalter gegen ehrenrührige Verhaltensweisen in Schutz zu nehmen[1057].

(b) Berechtigter Dienstvorgesetzter

Zur Stellung des Strafantrags ist gemäß § 194 Abs. 3 S. 1 StGB der Dienstvorgesetzte berechtigt, der in § 77a Abs. 1-4 StGB für verschiedene Gruppen von Amtswaltern unter maßgeblicher Bezugnahme auf die jeweiligen öffentlich-rechtlichen Dienst- und Treueverhältnisse näher spezifiziert wird: Der Dienstvorgesetzte ist bei Beamten derjenige, dem der Betroffene zur Zeit der Tat unterstellt war[1058], womit in der Regel der unmittelbare Dienstvorgesetzte, also der Behördenleiter angesprochen ist (vgl. § 3 Abs. 2 S. 1 BBG, § 3 Abs. 2, Abs. 4 S. 1 LBG NRW). Aber auch die höheren und der höchste Dienstvorgesetzte, was sich nach dem jeweiligen Behördenaufbau richtet (vgl. § 3 Abs. 2 S. 3 BBG), sind zur Strafantragsstellung berechtigt. Bei Berufsrichtern, die keinen Dienstvorgesetzten im beamtenrechtlichen Sinne haben (§ 26 DRiG), ist derjenige antragsberechtigt, der die Dienstaufsicht über die Richter führt[1059]. Sollten (Berufs- oder Zeit-)Soldaten oder Wehrpflichtige verletzt sein, ist zur Antragsstellung der Disziplinarvorgesetzte und somit auch der Bundesminister der Verteidigung als höchster Disziplinarvorgesetzter berechtigt (vgl. § 1 Abs. 5 SoldG i.V.m. §§ 23 ff. WDO). Sollte kein Dienstvorgesetzter vorhanden sein (z.B. bei Zivildienstleistenden, ehrenamtlichen Richtern oder den Richtern am Bundesver-

1051 VGH Mannheim, *Schütz* ES/B III 1 Nr. 2 = ZBR 1983, 41 (Ls.); GKÖD/*Fürst*, § 79 BBG, Rz. 28.

1052 *Hildebrandt-Demmler-Bachmann*, § 85 LBG NRW, Erl. 3.2.

1053 *Schütz/Schachel*, § 85 LBG NRW, Rz. 37.

1054 So *Gunkel-Pilz*, Beamtenrecht NRW, S. 359 und *Wind-Schimana-Wichmann-Langer*, Öffentliches Dienstrecht[5], Rz. 253; *Strunk*, Beamtenrecht[3], Rz. 226.

1055 *Leuze*, ZBR 1998, 187 (192); *Weiß-Niedermaier-Summer-Zängl/Summer*, Art. 86 BayBG, Erl. 58b; *Ule*, § 48 BRRG, Rz. 4, S. 199. Inwieweit also bei diesem umstrittenen Problem entweder ein Ermessen auf Seiten des Dienstherrn oder eine Ermessensreduktion auf Null und damit ein Anspruch auf Stellung des Strafantrags gegeben ist, wird argumentativ ab S. 227 dieser Untersuchung dargestellt.

1056 *Summer*, PersV 1988, 76 (83). So hat die Stadt Köln als Dienstherr mitgeteilt, daß sie nicht mehr weiter Beschimpfungen von Politessen und anderen Bediensteten hinnehmen und ab sofort konsequent Strafanträge stellen werde (Pressemitteilung der Stadt Köln – Der Oberstadtdirektor –, Nr. 383 vom 21. April 1998).

1057 Vgl. *Hilg*, Beamtenrecht[3], § 32 I, S. 379.

1058 *Tröndle-Fischer*[51], § 77a StGB, Rz. 2; *Schönke-Schröder/Stree*[26], § 77a StGB, Rz. 2.

1059 Dies ist üblicherweise der Direktor oder Präsident des Gerichts, dem der ehrverletzte Berufsrichter angehört. Der jeweilige Justizminister ist als oberster Dienstaufsichtsführender ebenfalls antragsberechtigt.

fassungsgericht) ist die betroffene Dienststelle, vertreten durch den jeweiligen (Behörden-) Leiter, zum Strafantrag berechtigt. Bei ehrgekränkten Regierungsmitgliedern ist das jeweilige Kollegialorgan antragsberechtigt, wobei sich die entsprechende Beschlußfassung zur Strafantragstellung nach der jeweiligen Geschäftsordnung richtet. Sofern in den genannten Fällen der Behördenleiter als unmittelbarer (Dienst- oder Disziplinar-)Vorgesetzter zum Strafantrag berechtigt ist, gilt diese Berechtigung auch für denjenigen, der zu seinen ständigen Vertreter bestellt worden ist[1060]. Wenn mehrere Dienstvorgesetzte i.S.v. §§ 194 Abs. 3 S. 1, 77a StGB als Antragsberechtigte in Betracht kommen, so hat die Auswahl danach zu erfolgen, welcher Vorgesetzter sachnäher bzw. welches Sachgebiet betroffen ist, auf das sich die Beleidigung bezieht[1061].

(c) Form sowie Strafantrags- und Verjährungsfristen

Unter formellen Gesichtspunkten muß der Strafantrag des Dienstvorgesetzten gemäß § 158 Abs. 2 StPO bei einem Gericht oder der Staatsanwaltschaft schriftlich oder zu Protokoll oder bei einer Polizeibehörde schriftlich angebracht werden.

Wie bei anderen verfahrensrechtlichen Möglichkeiten ist die zulässige Ausübung des Strafantragsrechts gemäß §§ 194 Abs. 3 S. 1, 77b StGB fristgebunden, wobei gleichzeitig auch darauf zu achten ist, daß noch keine Verjährung (§§ 78 ff. StGB[1062]), die ebenfalls ein eigenständiges, strafprozessuales Verfahrenshindernis darstellt, eingetreten ist[1063].

Die Antragsfrist gemäß § 77b StGB ist eine Ausschlußfrist und beträgt in der Regel drei Monate, beginnend ab dem Zeitpunkt[1064], ab dem der Antragsberechtigte, also der Vertreter der Behörde (s.o.), Kenntnis von Tat und Täter erlangt, sofern der Berechtigte tatsächlich und rechtlich in der Lage ist, den Strafantrag zu stellen. Diese Kenntnis muß allgemein so beschaffen sein, daß der Verletzte bei Abwägung aller Umstände vom Standpunkt eines besonnenen Menschen beurteilen kann, ob er den Strafantrag stellt oder nicht[1065]. Bei der Kenntnis von der Tat reicht die Kenntnis der Tathandlung allein nicht aus, es kommt vielmehr darauf an, daß genügend Wissen über die wesentlichen Tatumstände und den Täter – aber keine Gewißheit über Detailwissen – vorhanden ist, so daß die (objektive) Tatbestandsverwirklichung, z.B. der §§ 185 ff. StGB, nahe liegen muß[1066]. Der Täter ist bekannt, sobald er individualisierbar ist. Die Kenntnis des Namens ist hingegen nicht erforderlich[1067]. Ob dem Strafantragsberechtigten die notwendige Kenntnis gerade in seiner

---

1060 BGHSt 44, 209 (212).

1061 Vgl. *Weimar*, DÖD 1964, 210; *Tröndle-Fischer*[51], § 194 StGB, Rz. 11.

1062 Grundsätzlich beträgt die Verjährungsfrist für Beleidigungsdelikte gemäß § 78 Abs. 3 Nr. 5 StGB drei Jahre. Bei sog. Presse- oder Rundfunkinhaltdelikten (z.B. ehrkränkende Artikel, Reportagen oder Aussagen in Fernsehsendungen) gilt hingegen eine wesentlich kürzere Verjährungsfrist von sechs Monaten, vgl. z.B. § 25 Abs. 1 S. 1 LandespresseG NRW, das inhaltsgleich mit den anderen Landespressegesetzen ist.

1063 Im Zusammenhang mit dem Strafantragsrecht des Dienstvorgesetzten gemäß § 194 Abs. 3 S. 1 StGB ist hinsichtlich der zu beachtenden Fristen jüngst ein umfängliches Urteil des Bundesgerichtshofes ergangen: BGHSt 44, 209 ff. = NJW 1998, 508 ff. = MDR 1999, 435 f. = StV 1999, 313 ff. = JR 1999, 516 ff.

1064 Näheres zu Beginn und Ende der Antragsfrist ist in § 77b Abs. 1 S. 2, Abs. 2 StGB geregelt.

1065 *Schönke-Schröder/Stree*[26], § 77b StGB, Rz. 10; BGHSt 44, 209 (212).

1066 BGHSt 44, 209 (212).

1067 *Tröndle-Fischer*[51], § 77b StGB, Rz. 3-5.

dienstlichen Eigenschaft oder als Privatperson vermittelt wurde, ist unerheblich[1068]. Eine Zurechnung der Kenntnis eines Behördenbediensteten, der nicht der Berechtigte oder dessen Stellvertreter ist, erfolgt nicht[1069], so daß der Fristbeginn durchaus erst weit nach der ehrverletzenden Tat liegen kann. Bei mehreren Strafantragsberechtigten laufen deren Fristen jeweils getrennt[1070].

(d) Verhältnis des Strafantragsrecht des Beamten und des Dienstherrn zueinander und das Interesse der Strafverfolgungsbehörde

Wie bereits erwähnt kann der betroffene Beamte als Verletzter auch seinerseits Strafantrag gemäß §§ 194 Abs. 1 S. 1, 77 StGB stellen. Sein Strafantragsrecht besteht unabhängig von dem Antragsrecht seines Dienstherrn und davon, ob dieser bereits einen Strafantrag gestellt hat, dieses beabsichtigt oder dieses Recht nicht wahrnehmen möchte[1071]. In der Praxis wird überwiegend nicht vom Dienstherrn, sondern vom betroffenen Beamten selbst Strafantrag gestellt, sofern von diesem Recht überhaupt Gebrauch gemacht wird[1072].

Die meisten der wegen Verletzung der §§ 185 ff. StGB eingeleiteten Ermittlungsverfahren werden dann aber, sofern überhaupt ein hinreichender Tatverdacht gegeben ist, durch die Staatsanwaltschaft aufgrund des Opportunitätsprinzips gemäß §§ 153, 153a StPO eingestellt. Häufig erfolgt auch die Verweisung auf den Privatklageweg (§ 374 Abs. 1 Nr. 2 StPO), da die Staatsanwaltschaft das öffentliche Interesse (§ 376 StPO i.V.m. RiStBV Nr. 86 f.) an der Anklageerhebung verneint. Dessen Vorliegen hat die Staatsanwaltschaft nach pflichtgemäßen Ermessen und in eigener Verantwortung zu prüfen[1073], wobei es aber durchaus zu berücksichtigen ist, wer von den Antragsberechtigen den Strafantrag gestellt hat, oder ob gar beide diesen gestellt haben. Wenn nämlich neben dem verletzten Beamten auch der Dienstvorgesetzte den Strafantrag gestellt hat, wird seitens der Staatsanwaltschaft der Beleidigung eine andere Bedeutung zugemessen, so daß dann in aller Regel das öffentliche Interesse an der Strafverfolgung auch bejaht werden dürfte[1074].

Nach RiStBV Nr. 232, Abs. 1 ist das öffentliche Interesse im Sinne von § 376 StPO bei Beleidigungen von Justizangehörigen, insbesondere Richtern und Staatsanwälten, regelmäßig gegeben, sofern der Dienstvorgesetzte den Strafantrag nach § 194 Abs. 3 S. 1 StGB gestellt hat. Näheres zum Verhältnis dieses Strafantragsrechts zum öffentlichen Interesse im Sinne von § 376 StPO liefert RiStBV Nr. 229: Auch wenn ein Strafantrag durch den Dienstvorgesetzten gestellt wurde, prüft die Staatsanwaltschaft autonom, ob ein öffentliches Interesse an der Strafverfolgung besteht. Soll dieses verneint werden, so ist dem Dienstvorgesetzten Gelegenheit zu geben, sich hierzu zu äußern (RiStBV Nr. 229, Abs. 2). Letzteres gilt auch, wenn der Dienstvorgesetzte keinen Strafantrag gestellt hat, die

---

1068 BGHSt. 44, 209 (213).

1069 *Dau*, NJW 1988, 2650 (2655).

1070 LK/*Jähnke*[10], § 77a StGB, Rz. 5.

1071 Vgl. VGH Mannheim, *Schütz* ES/B III 1 Nr. 2 = ZBR 1983, 41 (Ls.); LK/*Herdegen*[10], § 194 StGB, Rz. 10; *Wenzel*, DÖD 1955, 25 (26).

1072 *Summer*, PersV 1988, 76 (83) geht stillschweigend von der Selbstverständlichkeit aus, daß der ehrverletzte Amtswalter seinen entsprechenden Strafantrag stellt.

1073 *Meyer-Goßner*[47], § 376 StPO, Rz. 7; LK/*Herdegen*[10], § 194 StGB, Rz. 10.

1074 *Weimar*, DÖD 1964, 91.

Staatsanwaltschaft jedoch das öffentliche Interesse (trotzdem) bejahen möchte (RiStBV Nr. 229, Abs. 3). Nach den allgemeinen Regelungen der RiStBV Nr. 86, Abs. 2 ist ein öffentliches Interesse dann gegeben, wenn der „Rechtsfrieden über den Lebenskreis des Verletzten hinaus gestört" worden ist, was in der Regel bei ehrverletzenden Äußerungen in den (Massen-)Medien der Fall sein dürfte, da die Injurie hiermit erfahrungsgemäß weit verbreitet wird, so daß die staatliche Schutzpflicht zum Ehrenschutz mit der Durchführung eines Strafverfahren seitens der zuständigen Staatsanwaltschaft umgesetzt werden müßte.

Im Verhältnis des Strafantragsrechtes des betroffenen Beamten zum Strafantragsrecht des Dienstherrn gilt folgendes: Der Dienstherr kann den Beamten nicht zwingen, einen eigenen Strafantrag zu stellen, einen gestellten Antrag wieder zurückzunehmen oder gar ein etwaiges Klageerzwingungsverfahren (nicht) durchzuführen. Die Gehorsamspflicht des Beamten und die Disziplinargewalt des Dienstherrn gehen nicht soweit, daß sie dies regeln könnten[1075], denn die Wahrnehmung von Rechten im eigenen Rechtskreis des Beamten ist bis auf wenige Ausnahmen der Dienstgewalt des Dienstherrn entzogen. Der Beamte hat aber die eventuelle Empfehlung seines Dienstherrn zu prüfen, von der Strafverfolgung abzusehen, um eine Aufbauschung der Angelegenheit in der Öffentlichkeit zu vermeiden, was vor allem dann in Betracht kommt, wenn keine öffentliche Beleidigung vorliegt[1076], weil diese z.B. in einem denunziatorischen Schreiben an die Behörde erfolgt ist. Ebenso kann sich der verletzte Beamte überlegen, ob er auf den Strafantrag oder das Klageerzwingungsverfahren verzichtet, wenn sein Dienstherr bereits diese strafprozessualen Verfahrensschritte eingeleitet hat. Sollte der betroffene Beamte seinen bereits gestellten Strafantrag zurückziehen, wird das Strafantragsrecht seines Dienstvorgesetzten davon nicht berührt, so daß ein von diesem bereits gestellter Strafantrag rechtlich vollwirksam bleibt.

b.) Strafanzeige bei der zuständigen Strafverfolgungsbehörde

Weiter hat der Dienstherr, vertreten durch den Dienst- oder Disziplinarvorgesetzten, das Recht zur Strafanzeige bei der zuständigen Strafverfolgungsbehörde (§ 158 Abs. 1 StPO). Sofern für die konkrete Behörde bzw. Dienststelle das Legalitätsprinzip (vgl. §§ 152, 160, 170 StPO) gilt, was im wesentlichen bei der Staatsanwaltschaft und ihren Hilfsbeamten (§ 152 GVG) der Fall ist, besteht sogar eine Pflicht zur Strafanzeige[1077]. Wenn ehrenrührige Angriffe auf einen Amtswalter erfolgt sind, kommen als anzuzeigende Straftatbestände üblicherweise die §§ 185 ff. StGB (im wesentlichen Beleidigung, Verleumdung und üble Nachrede), aber auch Nötigung (§ 240 StGB), die Aussagedelikte (§§ 153 ff. StGB) sowie falsche Verdächtigung (§ 164 StGB) oder das Vortäuschen einer Straftat (§ 145d StGB) in Betracht, sofern bei letzteren ein ehrkränkender Bezug gegeben ist. Wenn die entsprechende Straftat mit ehrverletzender Wirkung von einem Externen begangen wurde, stellt sich das Strafanzeigerecht des Dienstherrn in der Regel genauso dar, wie es bei jedem Bürger gemäß Art. 2 Abs. 1 GG in Verbindung mit dem Rechtsstaatsprinzip (Art. 20 Abs. 3 GG) auch der Fall ist, wenn er von (möglichen) strafbaren

---

[1075] So die ganz herrschende Meinung, vgl. *Schäfer*, DVBl. 1961, 776 (777 f.). *v.Harnack*, Die Praxis der Öffentlichen Verwaltung^2, S. 128, der dies früher befürwortete, kann heute nicht mehr zugestimmt werden.

[1076] Vgl. *Fischbach*^{3}, § 79 BBG, S. 708; *ders.*, § 36 DBG, S. 509 f.; *Wenzel*, DÖD 1955, 25 (27).

[1077] VGH Mannheim, *Schütz* ES/B III 1 Nr. 2 = ZBR 1983, 41 (Ls.); *Schütz/Schachel*, § 85 LBG NRW, Rz. 37; *Jarass*, DÖV 1986, 721 (724).

Handlungen Kenntnis erlangt, sofern nicht ausnahmsweise das Legalitätsprinzip und damit eine Anzeigepflicht herrscht. Im Regelfall kann der Dienstherr in den Grenzen, die wiederum das Strafrecht z.B. durch die Strafvereitelung (im Amt) gemäß §§ 258 f. StGB setzt, entscheiden, ob er die Strafanzeige erstattet. Sofern dem Dienstvorgesetzten z.B. Sachverhalte oder bestimmte Tatsachen vorenthalten wurden, kann er trotzdem die Strafanzeige erstatten, ohne seinerseits strafrechtliche Konsequenzen fürchten zu müssen. Ausnahmen hiervon sind dann gegeben, wenn mit der Strafanzeige die Grenzen, die z.B. durch die Straftatbestände der falschen Verdächtigung (§ 164 StGB) oder des Vortäuschens einer Straftat (§ 145d StGB) gesetzt werden, überschritten werden, d.h. der für den Dienstherr handelnde Amtswalter hätte wissentlich unwahr oder leichtfertig in schwerwiegender Weise verdächtigend die Strafanzeige erstattet[1078]. Ein etwaiger Eingriff in die Rechtssphäre des ehrkränkenden Beschuldigten liegt ansonsten durch die Strafanzeige seitens des Dienstherrn nicht vor, da die zuständige Strafverfolgungsbehörde das Vorliegen eines Anfangsverdachts zur Einleitung eines Ermittlungsverfahren (vgl. §§ 152 Abs. 2, 160 Abs. 1 StPO) in eigener Kompetenz zu (über-)prüfen hat. Entsprechend zu den zivilrechtlichen Ansprüchen stehen dem Dienstherrn insofern auch keine eigenen administrativen (Eingriffs-)Möglichkeiten zur Verfügung.

Verändert stellt sich hingegen die Sach- und Rechtslage dar, wenn gegen einen Verwaltungsangehörigen, z.B. einen unterstellten Beamten, Strafanzeige in Wahrnehmung der Fürsorgepflicht gegenüber einem anderen Amtswalter erstattet werden soll. Wenn z.B. ein Beamter seinen Kollegen beim gemeinsamen (Dienst-)Vorgesetzten der Bestechlichkeit im Amt (§ 332 StGB), der Untreue (§ 266 StGB), eines sonstiges strafbaren Verhaltens oder eines Dienstvergehens bezichtigt, liegt hierin ein ehrenrühriger Angriff, so daß der Dienstherr zunächst kraft Fürsorgepflicht ganz allgemein gehalten ist, die Ehre des betroffenen Beamten zu schützen. Insofern könnte der Dienstherr, wenn das sog. Opportunitätsprinzip für ihn gilt, auch eine Strafanzeige gegen den ehrenrührig handelnden Beamten, z.B. wegen Beleidigung (§§ 185 ff. StGB) oder wegen falscher Verdächtigung (§ 164 StGB), erstatten, um seiner Ehrenschutzverpflichtung nachzukommen. Bei Geltung des Legalitätsprinzips, wie es z.B. bei den allgemeinen Strafverfolgungsbehörden der Fall ist, müßte sogar die Strafanzeige erstattet werden, da die Erforschung und Verfolgung von Straftaten eine Amtsaufgabe ist, die nicht nur bei Externen, sondern auch bei den eigenen Kollegen gilt[1079].

In jedem Fall darf der Dienstherr die ihm seinerseits auch gegenüber dem ehrangreifenden Beamten obliegende Fürsorge- und Schutzpflicht nicht verletzen, denn eine Verwirkung dieses beamten- und verfassungsrechtlichen Anspruchs des Störers durch eigenes strafrechtliches oder dienstpflichtwidriges Verhalten kommt nicht in Betracht[1080]. Der

---

1078 BVerfGE 74, 257 (261 ff.).

1079 Sofern es hierbei jedoch um Beleidigungen gemäß §§ 185 ff. StGB geht, wird das Legalitäts- wieder vom Opportunitätsprinzip verdrängt, da es sich um Antrags- und Privatklagedelikte handelt, die eine gesetzliche Ausnahme vom Legalitätsprinzip darstellen.

1080 Eine Reduktion des Fürsorgepflichtumfangs, insbesondere bei vorsätzlichem Verhalten, ist jedoch möglich, vgl. *Els*, RiA 1993, 229 (233).

(Dienst-)Vorgesetzte befindet sich somit in einem Interessenkonflikt[1081], in dem aber auch noch weitere Aspekte zu berücksichtigen sind. Der in die Pflicht genommene (Dienst-) Vorgesetzte möchte seinerseits auch nicht dem Vorwurf ausgesetzt werden, er habe die ihm nach § 54 S. 3 BBG bzw. § 36 S. 3 BRRG obliegende Pflicht zu achtungs- und vertrauenswürdigem Verhalten verletzt. Nach der Rechtsprechung ist es nämlich dienstpflichtwidrig, wenn ein Amtswalter wissentlich unwahre oder leichtfertig in schwerwiegender Weise verdächtigende Strafanzeigen erstattet. Sofern dies vom Vorgesetzten gegenüber einem ihm unterstellten Beamten erfolgt, stellt es darüber hinaus auch eine Fürsorgepflichtverletzung des Dienstherrn dar, da es in Einklang mit den vorherigen Ausführungen[1082] zu verlangen ist, daß der anzeigenerstattende (Dienst- oder Disziplinar-)Vorgesetzte zuvor alle verwaltungsinternen Methoden ausschöpft, um eine Klärung der streitigen Angelegenheit innerhalb der Exekutive möglichst selbst herbeizuführen oder sich zumindest hierum zu bemühen.

Die Erstattung einer Strafanzeige in bezug auf ein Verhalten eines Verwaltungsbediensteten muß im Rahmen der Ausübung pflichtgemäßen Ermessens bei der Wahrnehmung der Fürsorge- und Schutzpflicht gegenüber dem Betroffenen grundsätzlich ultima ratio sein, es sei denn, es sind besondere Regelungen oder Umstände im konkreten Fall gegeben, die es im Einzelfall rechtfertigen, an die Öffentlichkeit und die Strafverfolgungsbehörden heranzutreten[1083], oder der konkrete Dienstherr unterliegt gar dem Legalitäts- und nicht dem Opportunitätsprinzip (= Anzeigepflicht).

Im allgemeinen hat der anzeigenerstattende (Dienst-)Vorgesetzte zwischen folgenden Aspekten eine Güterabwägung vorzunehmen, wobei eine gewisse Unsicherheit hinsichtlich des Abwägungsergebnisses stets gegeben und hinzunehmen ist. Es sind die Interessen der Allgemeinheit an der strafrechtlichen Untersuchung eines internen Vorgangs und der Bestrafung der Täter[1084], die Behörden- und Dienstherreninteressen (z.B. Geheimhaltungs- und Verschwiegenheitspflicht, Integrität der Verwaltung, sowie Ansehen und Ruf der Behörde bzw. der Exekutive), das Schutzinteresse des Betroffenen sowie das Fürsorgepflichtinteresse und der Persönlichkeitsschutz des Täters zu berücksichtigen[1085]. Bei leichten Delikten bzw. bei Bagatellstraftaten wird im allgemeinen eine Pflicht zur Strafanzeige verneint, während diese bei schwereren und schwersten Straftaten, selbst wenn die Tat außerdienstlich begangen wurden, angenommen wird[1086]. Zwar werden interne wie externe Ehrverletzungen im allgemeinen eher dem Bagatellbereich zugeordnet, was sich auch an der Zuordnung zu den Antrags- und Privatklagedelikten erkennen läßt, jedoch muß notwendigerweise ein Abgleich mit den obigen Ausführungen zur Strafantragsstellung erfolgen, denn die Stellung eines Strafantrags kann auch mit einer Strafanzeige verbunden

---

1081 Dieser Konflikt wird ausführlich im Aufsatz von *Els* dargestellt, vgl. ebd., S. 229 ff., dort jedoch bezogen auf alle denkbaren Straftatbestände, ohne allerdings auf die vorliegend relevante Konstellation einzugehen, bei der ein Ehrdelikt oder ein Straftatbestand mit ehrkränkender Wirkung von einem Amtswalter zum Nachteil eines Kollegen begangen wird.

1082 Siehe insofern die Ausführungen ab S. 148 dieser Untersuchung.

1083 BVerwG, NJW 2001, 3280.

1084 Die Behörde soll nicht ins Gerede kommen, indem die Amtsführung oder Dienstaufsicht angezweifelt werden oder gar der Verdacht eines Vertuschenwollens aufkommt.

1085 BGH, MDR 2000, 333 (334); *Els*, RiA 1993, 229 (236).

1086 Vgl. *Els*, RiA 1993, 229 (236).

sein[1087], und die dabei zu berücksichtigenden Interessen und Aspekte sind identisch. Wenn also bei einer verwaltungsinternen Ehrverletzung ein Strafantrag vom Dienstherrn aufgrund der Fürsorge- und Schutzpflicht zu stellen ist, muß dieser auch die Strafanzeige aus dem gleichen Rechtsgrund erstatten (können).

c.) Privatklageverfahren gemäß §§ 374 ff. StPO

Sofern die zuständige Staatsanwaltschaft mangels hinreichenden Tatverdachts oder mangels eines öffentlichen Interesses an der Erhebung der öffentlichen Klage (vgl. §§ 170, 376 StPO) das Ermittlungsverfahren eingestellt hat, ist der Dienstvorgesetzte bei den für eine Ehrverletzung in Betracht kommenden Straftatbeständen der §§ 185-189 StGB zur selbständigen Privatklage gemäß §§ 374 Abs. 1 Nr. 2, Abs. 2 StPO i.V.m. §§ 194 Abs. 3 S. 1, 77a StGB berechtigt[1088].

Vorteil des Privatklageverfahrens ist, daß es zeitlich nicht befristet ist. Ist also der unter Umständen notwendige Strafantrag fristgerecht gestellt worden, kann die Privatklage bis zur Verjährungsfrist des entsprechenden Delikts erhoben werden. Soweit das Privatklagedelikt, z.B. die Beleidigung, ein Antragsdelikt ist (§§ 185, 194 StGB), liegt in der Erhebung der Privatklage zugleich auch schon die Stellung des Strafantrags. Wenn ausschließlich der Dienstherr das Privatklageverfahren betreibt, besteht unter prozeßtaktischen Gesichtspunkten die Möglichkeit, den betroffenen Beamten als Zeugen zu vernehmen und damit als Beweismittel in die Hauptverhandlung einzubringen.

Auf die folgenden Nachteile und Besonderheiten des Privatklageverfahrens muß allerdings ebenfalls kurz hingewiesen werden, da sie in den meisten Fällen dazu führen, daß das Verfahren nicht betrieben wird[1089]: Der Privatkläger ist gemäß §§ 379, 379a StPO i.V.m. § 67 GKG zur Zahlung eines Prozeßkostenvorschusses bzw. zur Sicherheitsleistung verpflichtet. Die Staatsanwaltschaft kann gemäß § 377 StPO an dem Verfahren mitwirken oder es gar übernehmen. Im Unterschied zu sonstigen Privatklageverfahren bei einer Beleidigung bedarf es bei Strafantragsstellung durch den Dienstvorgesetzten gemäß § 380 Abs. 3 StPO keines vorherigen Sühneversuchs (§ 380 StPO) als Zulässigkeitsvoraussetzung für die Erhebung der Privatklage. In der Praxis schreckt vor allem die Regelung in § 383 Abs. 2 StPO von der Durchführung des Privatklageverfahrens ab, da hiernach das Gericht das Verfahren jederzeit einstellen kann, wenn es die (angebliche) Schuld des Täters für gering erachtet, ohne daß es der Zustimmung eines weiteren Beteiligten bedarf. Diese Verfahrenseinstellung führt dann gemäß § 471 Abs. 2 StPO zur Kostentragungspflicht des Privatklägers (Kostenrisiko), wobei es unter dem Fürsorge- und Schutzaspekt zugunsten des ehrverletzten Beamten von (finanziellem) Vorteil ist, wenn der Dienstherr dieses

---

1087 *Meyer-Goßner*[47], § 158 StPO, Rz. 3 f.

1088 Siehe zur näheren rechtlichen Ausgestaltung des Privatklageverfahrens die §§ 374 ff. StPO, sowie z.B. allgemein zum Privatklageverfahren: *Roxin*, Strafverfahrensrecht[25], § 61, Rz. 1 ff. und *Meyer-Goßner*[47], Vor § 374 StPO, Rz. 1 ff.

1089 Die gesetzliche Bestimmung der Beleidigungsdelikte als Privatklagedelikte und die verfahrensrechtliche Ausgestaltung des Privatklageverfahrens führt daher zu einer Schwächung des Ehrenschutzes, die unter verfassungsrechtlichen Gesichtspunkten in der Literatur zum Teil heftig kritisiert wird, vgl. *Mackeprang*, Ehrenschutz im Verfassungsstaat, S. 258 ff.

Kostenrisiko trägt[1090], zumal sich hieran auch die Ernsthaftigkeit seines Vorgehens gegen den ehrverletzenden Störer erkennen läßt.

8. Rechtliche Beratung des Beamten hinsichtlich seiner zivilrechtlichen und strafprozessualen Möglichkeiten

Des weiteren könnte der Dienstherr aufgrund der Fürsorge- und Schutzpflicht dazu verpflichtet sein, den von einem ehrverletzenden Angriff betroffenen Amtswalter hinsichtlich seiner zivilrechtlichen[1091] und strafprozessualen[1092] Möglichkeiten[1093] gegenüber dem Störer zu beraten. Dies hätte prima facie für den Dienstherrn den Vorteil, daß er selbst nur in sehr beschränkten Umfang tätig werden müßte, ansonsten aber nicht weiter in Erscheinung treten würde. Der Nachteil für den Dienstherrn bestünde allerdings darin, rechtlich zutreffende Auskünfte erteilen zu müssen, um einer Schadensersatzpflichtigkeit zu entgehen. Zunächst gilt es daher, Art und Umfang einer Beratungspflicht aufgrund der Fürsorgepflicht durch den Dienstherrn im allgemeinen darzustellen, bevor eine mögliche Beratung in bezug auf die rechtlichen Möglichkeiten für ein eigenes Vorgehen des betroffenen Beamten gegen den ehrverletzenden Störer analysiert wird.

Eine allgemeine behördliche Beratungs- und Belehrungspflicht, wie sie als Sollvorschrift gemäß § 25 VwVfG gegenüber jedermann besteht, ist aufgrund der Fürsorge- und Schutzpflicht des Dienstherrn gegenüber den Amtswaltern nicht gegeben[1094], da die spezielleren und weitergehenden Besonderheiten des öffentlich-rechtlichen Dienst- und Treueverhältnisses, die für die durch § 25 VwVfG geregelte Bürgernähe irrelevant sind, berücksichtigt werden müssen[1095]. Der Dienstherr ist im Beamtenrechtsverhältnis zunächst ganz allgemein verpflichtet, den Beamten in allen dienstlichen Angelegenheiten einschließlich der Besoldung und Versorgung zutreffend, aber nicht uneingeschränkt zu beraten[1096]. Die Einschränkung gilt für Umstände, die vernünftigerweise jedem Amtswalter bekannt sein dürften, und für Kenntnisse, die von einem Beamten entsprechend seiner Tätigkeit und seines Status erwartet werden können. Zum Beispiel ist der Dienstherr nicht verpflichtet, einen begünstigten Beamten dann zu informieren, wenn dieser sich durch

---

[1090] Vgl. *Schönke-Schröder/Lenckner*[26], § 194 StGB, Rz. 10.

[1091] Zivilrechtlich kann der betroffene Beamte, genauso wie zuvor für den Dienstherrn dargestellt, mit einem Unterlassungsanspruch (§§ 12 S. 2, 862 Abs. 1 S. 2, 1004 Abs. 1 S. 2 BGB analog), einem Beseitigungs- und Widerrufsanspruch (§§ 823, 12 S. 2, 862 Abs. 1 S. 2, 1004 Abs. 1 S. 2 BGB analog), einem Schadensersatzanspruch (deliktische Ansprüche gemäß § 823 Abs. 1 BGB bzw. § 823 Abs. 2 BGB i.V.m. §§ 185-187 StGB), einem Schmerzensgeldanspruch (§ 253 Abs. 2 BGB n.F. / § 847 BGB a.F.) oder bei sog. Presseinhaltsdelikten mit einem medienrechtlichen Gegendarstellungsanspruch vorgehen.

[1092] Strafprozessual hat der betroffene Beamte, genauso wie zuvor für den Dienstherrn dargestellt, die Möglichkeit zur Strafanzeige, zur Strafantragsstellung (§§ 194 Abs. 1, 77 StGB) sowie zur Durchführung eines Privatklageverfahren gemäß §§ 374 ff. StPO.

[1093] Diese eigenen rechtlichen Möglichkeiten des ehrverletzten Amtswalters gegenüber dem Störer und die damit verbundenen allgemeinen Fragestellungen des Ehrenschutzes sind jedoch nicht Gegenstand dieser Untersuchung, so daß sie im folgenden auch nicht näher dargestellt werden.

[1094] *Weiß-Niedermaier-Summer-Zängl/Summer*, Art. 86 BayBG, Erl. 44.

[1095] *Battis*[3], § 79 BBG, Rz. 10; *Plog-Wiedow-Beck-Lemhöfer*, § 79 BBG, Rz. 7; *Schnellenbach*, Beamtenrecht in der Praxis[5], Rz. 371; *Wagner*, DÖV 1988, 277 (281).

[1096] Siehe BVerwGE 44, 36 (44). Vgl. hinsichtlich Besoldung und Versorgung: BVerwG, ZBR 1985, 22; ZBR 1990, 124 und 127.

Lektüre von Gesetzes- und Verordnungsblättern über die Rechtslage unschwer selbst informieren könnte oder diese rechtlichen Kenntnisse zumutbar bei dem Amtswalter vorausgesetzt werden können[1097]. Weiter setzt eine Beratungspflicht in der Regel voraus, daß der Beamte von sich aus um eine Auskunft oder Beratung nachsucht. Der Dienstherr ist also nicht verpflichtet, den Beamten unaufgefordert und somit quasi ungefragt über alle für ihn eventuell bedeutsamen Tatsachen und Umstände aufzuklären[1098], so daß eine Beratung kraft Fürsorge- und Schutzpflicht nur schwer begründbar ist. Ausnahmen sind dann anzunehmen, wenn der Dienstherr erkennt, daß der Beamte die Sach- oder Rechtslage nicht oder nicht vollständig erfaßt. Schließlich muß sich der Amtswalter an die zuständige Stelle innerhalb der Behörde bzw. des Verwaltungsaufbaus wenden. Wenn er bei der unzuständigen Stelle nachfragt, darf diese die Beratung ablehnen und ihn an die zuständige Stelle verweisen. Wenn der Dienstherr dann dem um Beratung nachsuchenden Amtswalter doch eine Auskunft erteilt bzw. erteilen muß, so muß sein Rat „richtig, vollständig und sachgemäß sein"[1099], da ansonsten dem Beamten schon aus diesem Grunde ein Schadensersatzanspruch wegen Fürsorgepflichtverletzung erwachsen würde. Im Rahmen der Beratung ist der Beamte über irrige Vorstellungen bezüglich seiner Rechtsstellung aufzuklären und nach rechtserheblichen Tatsachen zu befragen[1100].

Gegen eine etwaige Beratungspflicht des Beamten im Hinblick auf dessen eigenen zivilrechtlichen und strafprozessualen Möglichkeiten gegen einen ehrverletzenden Störer dürfte bereits sprechen, daß es schon aus der Sicht des Dienstherrn grundsätzlich schwer fällt, hierin überhaupt eine dienstliche Angelegenheit als Grundlage für eine Beratungspflicht zu erblicken. Bei zivilrechtlichen und strafprozessualen Ehrenschutzmaßnahmen des betroffenen Beamte wird dieser selbst tätig werden, so daß prima facie vielmehr eine private Angelegenheit vorliegen dürfte. Zu einer dienstlichen Angelegenheit kann dies lediglich dadurch werden, wenn es ausreichend wäre, daß der Beamte während seiner Amtstätigkeit oder aufgrund seines Status beleidigt worden ist und er nun selbst – und möglicherweise auch stellvertretend für seinen Dienstherrn – gegen den ehrverletzenden Störer vorgehen soll. Damit würde aber im Ergebnis die Fürsorge- und Schutzpflicht des Dienstherrn konterkariert, da er gerade nicht selber aktiv werden braucht und sich somit bewußt vor seiner eigenen (rechtlichen) Verantwortung drücken kann, was einem vielfachen Wunsch einiger Dienstvorgesetzter entsprechen dürfte.

Als Residuum und somit als einzig übrigbleibende Ehrenschutzmaßnahme durch den Dienstherrn könnte dann zwar eine etwaige Beratungspflicht in Betracht kommen, wie es auch vereinzelt in der beamtenrechtlichen Literatur angenommen wird[1101], aber mit deren Anerkennung würde es gerade akzeptiert und dem Dienstherrn leichtgemacht, daß dieser sich aus der Erfüllung der Fürsorge- und Schutzpflicht nahezu vollständig zurückziehen kann. Dies widerspricht aber den genannten staatsethischen Aspekten, denn für deren Durchsetzung muß der Dienstherr im eigenen Interesse selbst sorgen. Daneben sprechen

---

1097 BVerwGE 44, 36 (44); 52, 70 (78 f.); 64, 209 (215 f.); 65, 197 (203); 69, 197 (203), st. Rspr.

1098 Vgl. für Versorgungsansprüche: BVerwG, NVwZ 1998, 400.

1099 *Ule*, § 48 BRRG, Rz. 5, S. 199; *Schütz/Schachel*, § 85 LBG NRW, Rz. 19.

1100 Vgl. *Schnellenbach*, Beamtenrecht in der Praxis[5], Rz. 370; *Scheerbath-Höffken-Bauschke-Schmidt*, Beamtenrecht[6], § 17 II, S. 444.

1101 *Weimar*, DÖD 1964, 91 (92).

auch allgemeine und inhaltliche Gründe gegen eine derartige Beratungspflicht des Dienstherrn. Zunächst liegt den vorstehend dargestellten Grundsätzen der Beratungspflicht die Annahme zugrunde, daß der betroffene Beamte ein selbständiges Rechtssubjekt ist und er für sich selbst Verantwortung, auch in rechtlicher Hinsicht, übernehmen muß. Somit ist der Beamte in allen dienstlich relevanten Gebieten vom Dienstherrn dann nicht (mehr) zu beraten, wenn er dort über eigene Kenntnisse verfügt oder er in zumutbarer Weise über derartige Kenntnisse verfügen sollte. Wenn der Beamte jedoch selbst gegen den ehrverletzenden Störer vorgeht, ist der dienstliche Bezug, trotz einer eventuellen finanziellen Unterstützung seitens des Dienstherrn[1102], kaum gegeben, so daß dies im Ergebnis als private Angelegenheit anzusehen ist, zumal das zivilrechtliche Prozeßrisiko ausschließlich beim Beamten selbst liegt. Da der Beamte dann aber als selbständiges Rechtssubjekt tätig werden würde, entfiele damit schon aus allgemeinen Gesichtspunkten eine diesbezügliche Beratungspflicht des Dienstherrn.

Selbst wenn dennoch eine dienstliche Angelegenheit angenommen wird, wäre die Beratung mit einem immensen inhaltlichen Aufwand verbunden, denn sie müßte rechtlich zutreffend sein, damit der Dienstherr einer eigenen Schadensersatzpflichtigkeit entgeht. Nun sind aber die zivil- und strafrechtlichen Fragen des allgemeinen Ehrenschutzes, wie bereits dargestellt, sehr komplex, teilweise umstritten und mit höchstrichterlicher Kasuistik versehen, so daß z.B. im Rahmen einer rechtlichen Beratung durch den Dienstherrn die Abgrenzung zwischen Tatsachenbehauptungen und Werturteilen und die hieraus für die zivilrechtliche Rechtsverfolgung zu ziehenden Konsequenzen erläutert und auf den konkreten Fall angewandt werden müßten. Diese entsprechende rechtliche Kenntnis von Fragestellungen und Problemen des allgemeinen Ehrenschutz dürfte aber bei keinem Dienstherrn vorliegen, ohne ihm hieraus einen Vorwurf zu machen, denn dies hat mit seiner exekutiven Tätigkeit nichts zu tun, so daß eine etwaige Beratung auch nicht die gleiche rechtliche Qualität wie z.B. einer rechtsanwaltlichen Beratung besitzen kann. Zwar braucht die Beratung durch den Dienstherrn nicht umfassend zu sein, wenn sie aufgrund der juristischen Komplexität jedoch ein Mindestniveau kaum erreichen kann, kann sie auch von vornherein unterbleiben, da sie ihren Zweck, Hilfestellung für den Beamten zu sein, nicht erreichen kann. Inhaltlich müßte im übrigen die Beratung durch den Dienstherrn auch auf die Ansicht von *Redeker*, einem der angesehensten Rechtsanwälte in Deutschland, eingehen, der warnt, „man könne von einem Ehrenschutzprozeß nur noch abraten, er wird regelmäßig erfolglos bleiben“[1103]. Um die fehlenden rechtlichen Kenntnisse zu kompensieren, wird nun vorgeschlagen, daß der Dienstherr, der seiner Beratungspflicht sonst nicht nachkommen könnte, dem betroffenen Beamten zur Beratung einen Rechtsanwalt zur Verfügung stellt[1104], womit dann zumindest die inhaltliche Qualität der Beratung faktisch gesichert sein sollte. Deren Kosten müßten dann allerdings vom Dienstherrn getragen werden. Ohne auf haushaltsrechtliche Probleme einzugehen, käme dann wieder das schon genannte Argument zum Tragen, daß der Dienstherr sich in vermeintlicher Erfüllung der Fürsorge- und Schutzpflicht im Ergebnis dieser gerade entziehen würde, da nämlich nicht

---

[1102] Siehe zu den Rechtsschutzrichtlinien, aufgrund derer z.B. Vorschüsse oder zinslose Darlehen beantragt werden können, die näheren Ausführungen ab S. 215 dieser Untersuchung.

[1103] *Redeker*, NJW 1993, 1835 (1836).

[1104] *Weimar*, DÖD 1964, 91 (92).

er, sondern der Beamte nach der rechtlichen Beratung die Hauptlast des Vorgehens gegen den ehrverletzenden Störer tragen würde. Der Verdacht eines „Freikaufens" von eigener Verantwortung gegenüber dem Dienstherrn wäre dann wohl gerechtfertigt.

Zusammenfassend ist eine rechtliche Beratung des Beamten dahingehend, wie er selbst zivilrechtlich und strafprozessual gegen den Injurianten vorgehen kann, abzulehnen, da dies die für ein privates Vorgehen des Beamten anzuerkennende rechtliche Selbständigkeit mißachten und dem Dienstherrn erlauben würde, sich im Ergebnis seiner Fürsorge- und Schutzpflicht zu Lasten des betroffenen Beamten zu entledigen, obwohl gerade das Gegenteil, ein aktives Vorgehen gegen die Ehrverletzung und den Störer, erreicht werden soll.

9. Erteilung einer prozessualen Aussagegenehmigung an den betroffenen Amtswalter

Weiter kann der Dienstherr bei der Wahrnehmung der Fürsorge- und Schutzpflicht dem betroffenen Amtswalter eine prozessuale Aussagegenehmigung erteilen, damit dieser in eigenen zivilrechtlichen Verfahren oder im Rahmen eines Straf- oder Ordnungswidrigkeitenverfahrens seine schutzwürdigen Belange, die durch die eingetretene Ehrverletzung beeinträchtigt wurden, durchsetzen kann.

Diese prozessuale Aussagegenehmigung ist ein Residuum der Fürsorgepflicht bzw. deren Mindestinhalt, wenn der Dienstherr andere Ehrenschutzmaßnahmen nicht ergreifen kann oder will. Der Dienstherr darf schließlich den Beamten nicht dadurch schutzlos stellen, daß dieser sich nicht selbst gegen eine Ehrverletzung zur Wehr setzen kann. Wenn schon der Dienstherr nicht selbst aktiv die Ehre des Amtswalters wieder herstellen bzw. die Folgen einer Ehrverletzung beseitigen will, so muß er dem betroffenen Beamten wenigstens die Möglichkeit eröffnen, dies in eigenen Verfahren durchführen zu können. Hierzu gehört auch, daß dem betroffenen Beamten eine Aussagegenehmigung gemäß § 376 ZPO, § 54 StPO erteilt wird. Bei Verweigerung der Genehmigung kann der Beamte ansonsten einer strafprozessualen Verfolgung ausgesetzt sein, gegen die er sich nur schwer wehren kann, oder es wird ihm unmöglich, ein eigenes zivilgerichtliches Ehrenschutzverfahren einzuleiten oder weiter zu verfolgen.

Grundsätzlich gilt für sämtliche Beamten eine umfassende Pflicht zur Verschwiegenheit in allen dienstlichen Angelegenheiten (§ 61 Abs. 1 BBG, § 64 Abs. 1 LBG NRW), die auch zu hergebrachten Grundsätzen des Berufsbeamtentums gemäß Art. 33 Abs. 5 GG zählt[1105]. Unter diese Pflicht fallen alle dienstlichen und privaten Informationen, die der Betreffende während der dienstlichen Tätigkeit, im Zusammenhang mit ihr oder nur bei Gelegenheit, also unmittelbar oder mittelbar mit seinem Dienst erfahren hat. Offenkundige Tatsachen oder einfache Beleidigungssachverhalte (z.B. bei Politessen) sind von der Verschwiegenheitspflicht ausgenommen. Es kommt nur auf die tatsächliche Kenntnis an und nicht darauf, ob derjenige die Dienstinterna in rechtlich zulässiger Weise erlangt hat. Diese Pflicht zur Verschwiegenheit besteht gegenüber jedermann, so auch gegenüber Gerichten, Staatsanwaltschaften. Der Beamte ist somit sowohl in eigenen Verfahren als (Privat-) Kläger als auch in Verfahren, insbesondere Strafverfahren, gegen ihn gehindert, über die Ehrverletzung an sich sowie die näheren Tatumstände (z.B. bei Vergabeverfahren im

---

[1105] *Weiß-Niedermaier-Summer-Zängl/Zängl*, Art. 69 BayBG, Erl. 16.

Hinblick auf einen Korruptionsvorwurf) zu berichten, was ihm die Rechtswahrnehmung de facto unmöglich macht. In Disziplinarverfahren, insbesondere bei einem Verfahren, das sich gegen den Betroffenen selbst richtet, gilt die Amtsverschwiegenheitspflicht jedoch nicht[1106].

Der Antrag auf Erteilung der Aussagegenehmigung ist grundsätzlich von der Stelle (Gericht, Staatsanwaltschaft) zu stellen, vor der der Beamte aussagen soll. Er kann aber auch vom Beamten selbst gestellt werden. Handelt es sich um ein eigenes, vom Beamten selbst betriebenes Verfahren (zivilgerichtliches Ehrenschutzverfahren oder strafrechtliches Privatklageverfahren), so ist die Aussagegenehmigung von ihm selbst zu beantragen. Aus dem Antrag muß sich ergeben, auf welche dienstlichen Angelegenheit(en) sich die Aussagegenehmigung beziehen soll[1107].

Die Aussagegenehmigung (= Entbindung von der Verschwiegenheitspflicht) obliegt dem Dienstvorgesetzten, der dabei nach pflichtgemäßen Ermessen zu entscheiden hat und diese unter Beachtung des Verhältnismäßigkeitsgrundsatzes nur dann verweigern darf, wenn die Aussage dem Wohl des Dienstherrn abträglich, diesem Nachteile bereiten oder die Aufgabenerfüllung ernstlich gefährden oder erheblich erschweren würde (§ 62 Abs. 1 BBG, § 65 Abs. 1 LBG NRW). Dieser allgemeine Grundsatz gilt jedoch nicht für Aussagegenehmigungen in Verfahren, in denen ein (ehrverletzter) Beamte Partei oder Beschuldigter ist. Unabhängig von den vorstehenden Kriterien darf die Aussagegenehmigung nur versagt werden, wenn die dienstlichen Rücksichten es unabweisbar erfordern (§ 62 Abs. 3 BBG, § 65 Abs. 3 LBG NRW), d.h. wenn bei verständiger Würdigung der dienstlichen Belange eine Genehmigung keinesfalls vertretbar erscheint. Hieraus ergibt sich, daß die schutzwürdigen bzw. berechtigten Interessen des (ehrverletzten) Amtswalters und die beamtenrechtliche Fürsorgepflicht diesem gegenüber ganz besonders bei der vom Dienstvorgesetzten zu treffenden Entscheidung zu berücksichtigen sind. Daraus wird der Grundsatz abgeleitet, daß dem (ehrverletzten) Beamten die eigene Rechtswahrnehmung bzw. -verteidigung so weit wie irgend möglich gestattet werden muß, so daß die Versagungsgründe restriktiv auszulegen sind und nur in Ausnahmefällen greifen[1108].

Wenn aber der Dienstherr aus unabweisbaren dienstlichen Gründen zulässigerweise die Aussagegenehmigung verweigert, obwohl das beabsichtigte prozessuale Vorbringen oder Vorgehen des betroffenen Amtswalters der Wahrnehmung eigener berechtigter Interessen dient, sind vom Dienstherrn andere Ehrenschutzmaßnahmen aufgrund der Fürsorgepflicht zu treffen (§ 62 Abs. 3 S. 2 BBG, § 65 Abs. 3 S. 2 LBG NRW)[1109]. Hiermit wird von Gesetzes wegen die Fürsorge- und Schutzpflicht des Dienstherrn erweitert. Zu beachten ist, daß die Verweigerung der Aussagegenehmigung grundsätzlich von der obersten Dienstbehörde als zuständige Stelle getroffen wird (§ 62 Abs. 4 BBG, § 65 Abs. 4 LBG NRW), so daß es erst recht zu erwarten und zu verlangen ist, daß die Entscheidung pro oder contra

---

[1106] *Schütz/Maiwald*, § 64 LBG NRW, Rz. 5 ff. und Rz. 11.

[1107] *Weiß-Niedermaier-Summer-Zängl/Zängl*, Art. 70 BayBG, Erl. 9; *Schütz/Maiwald*, § 64 LBG NRW, Rz. 13.

[1108] *Bank*, ZBR 1961, 332 (334); *Schütz/Maiwald*, § 65 LBG NRW, Rz. 4.

[1109] Auf diese Selbstverständlichkeit (!), die allerdings in Vergessenheit geraten zu sein scheint, weisen *Schütz/Schachel*, § 85 LBG NRW, Rz. 37; *Schütz*, DÖD 1958, 201 (204); *Bank*, ZBR 1961, 332 (334) hin.

Erteilung der Aussagegenehmigung tatsächlich unter Einbeziehung aller wesentlichen Umstände und der daraus resultierenden Folgen getroffen wird. Sofern nicht andere, der in dieser Untersuchung dargestellten Optionen zum Ehrenschutz bestehen, kann der Dienstherr den betroffenen Amtswalter z.B. von finanziellen Nachteilen befreien oder einen mit der Materie vertrauten Rechtsanwalt mit dessen Interessenwahrnehmung beauftragen[1110].

10. Übernahme von notwendigen Kosten der Rechtsverteidigung des Amtswalters

Darüber hinaus ist es allgemein anerkannt, daß der Dienstherr die dem Beamten bereits entstandenen oder diesem noch entstehenden notwendigen Kosten für die Inanspruchnahme von Rechtsschutz, soweit dieser dienstlich veranlaßt ist, als Ausfluß der Fürsorge- und Schutzpflicht vollständig oder teilweise zu übernehmen bzw. zu erstatten hat[1111], wobei dies cum grano salis die einzige Maßnahme des Dienstherrn ist, die ihm kostenmäßig und damit haushaltstechnisch zur Last fällt[1112].

Hervorzuheben ist unter Betonung des Wortlauts der Fürsorgepflichtnormen, daß mit dieser Rechtsverteidigung der Beamter ausschließlich die Abwehr ehrenrühriger Angriffe auf die Integrität seines Amtes oder seiner Person als Amtsträger verfolgen darf[1113], so daß ein rein privates Verteidigungsinteresse nicht zu billigen ist. Des weiteren hat der Beamte im Rahmen seiner Rechtsverteidigung alles zu unterlassen, was andere als Verletzung ihrer Ehre auffassen könnten, so daß er nicht zu den gleichen Mitteln wie der Injuriant greifen darf. Ein „Recht zum Gegenschlag" steht im nicht zu. Andererseits muß der betroffene Beamte aber auch allen unberechtigten Angriffen entschieden entgegentreten, damit nicht der Eindruck entsteht, als seien die erhobenen Vorwürfe berechtigt[1114] oder man könne Beamte im Gegensatz zu anderen Bürgern gefahrlos beleidigen, ohne rechtliche Konsequenzen befürchten zu müssen.

a.) Regelungen in Verwaltungsvorschriften im Verhältnis zur beamtenrechtlichen Fürsorgepflicht

Durch Verwaltungsvorschriften (z.B. auf Grundlage von § 200 BBG, § 238 Abs. 2 LBG NRW) haben die meisten Dienstherren sowohl auf Bundes-[1115] als auch auf Länder

[1110] *Schütz/Maiwald*, § 65 LBG NRW, Rz. 4 a.E.; *Weiß-Niedermaier-Summer-Zängl/Zängl*, Art. 70 BayBG, Erl. 7 a. E.

[1111] *Wind-Schimana-Wichmann-Langer*, Öffentliches Dienstrecht[5], Rz. 255; *Schnellenbach*, Beamtenrecht in der Praxis[5], Rz. 403 m.w.N.; *ders.*, ZBR 1981, 301 (307); *Illbertz-Stiller*, Öffentliches Dienstrecht, S. 16; *Köpp*, Öffentliches Dienstrecht[7], S. 473, Rz. 99; *Summer*, PersV 1988, 76 (83); *Plog-Wiedow-Beck-Lemhöfer*, § 79 BBG, Rz. 20; GKÖD/*Fürst*, § 79 BBG, Rz. 28; *Schnupp*, PersV 1973, 13.

[1112] Die Kosten für die sonstigen Maßnahmen des Dienstherrn, z.B. Zurückweisung, Widerruf, Strafantrag oder Ehrenerklärung, sind derart minimal, daß sie vernachlässigt werden können.

[1113] VGH Kassel, NVwZ-RR 1994, 596 ff.; *Schnellenbach*, Beamtenrecht in der Praxis[5], Rz. 390.

[1114] *Plog-Wiedow-Beck-Lemhöfer*, § 53 BBG, Rz. 13.

[1115] Im Bund gilt das Rundschreiben des Bundesministers des Inneren, im Einvernehmen mit dem Bundesminister für Finanzen, über den Rechtsschutz in Strafsachen für Bundesbedienstete vom 8. Juli 1965 (GMBl S. 210 f.), aufgehoben und neugefaßt durch Rundschreiben vom 1. Juli 1985 (GMBl S. 432), geändert durch Bekanntmachung vom 22. Mai 1991 (GMBl S. 497) sowie aufgehoben und neugefaßt durch Rundschreiben vom 29. November 1999 (GMBl. S. 814 f.).

ebene[1116] sowie vereinzelt auch Kommunen[1117] die ihnen obliegende Fürsorgepflicht gegenüber ihren Beamten, gegen die wegen einer dienstlichen Verrichtung oder eines Verhaltens, das mit einer dienstlichen Tätigkeit zusammenhängt, u.a. ein Straf- oder Bußgeldverfahren eingeleitet wird, hinsichtlich Art und Umfang des zu gewährenden Schutzes konkretisiert (= Rechtsschutzrichtlinien)[1118]. In Nordrhein-Westfalen gibt es darüber hinaus einen allgemeingültigen Kabinettsbeschluß, der den Rechtsschutz für Mitglieder der Landesregierung regelt[1119], während hierfür auf Bundesebene die entsprechende Verwaltungsvorschrift analog zur Anwendung gelangt[1120]. Diese im Interesse einer einheitlichen Ausübung der beamtenrechtlichen Fürsorgepflicht und nach generellen Gesichtspunkten geregelten Verwaltungsvorschriften haben zur Folge, daß der Dienstherr gemäß Art. 3 Abs. 1 GG alle in ihnen angesprochenen Fälle gleich behandeln muß (= Selbstbindung) und nur davon abweichen darf, wenn wesentliche Besonderheiten im Einzelfall dies rechtfertigen[1121]. Sie sind somit ermessenslenkend[1122] bzw. ermessensbindend[1123].

[1116] Beispielsweise existieren folgende Länderreglungen: In *Nordrhein-Westfalen* gilt der Gemeinsame Runderlaß des Innenministers und des Finanzministers des Landes Nordrhein-Westfalen über Rechtsschutz für Landesbedienstete in Strafsachen und Bußgeldverfahren vom 30. Oktober 1967 (MBl. NRW S. 1806), geändert durch Gemeinsame Runderlasse vom 15. Februar 1972 (MBl. NRW S. 580) und vom 16. September 1981 (MBl. NRW S. 2092). In *Bayern* gilt die Gemeinsame Bekanntmachung der Bayerischen Staatsministerien des Innern, der Justiz und der Finanzen vom 6. Februar 1998 (FMBl. S. 75) mit dem Titel „Rechtsschutz für Bedienstete des Freistaates Bayern", die sämtliche Vorgängerregelungen ersetzt hat. In *Baden-Württemberg* gelten die Richtlinien des Innenministeriums über den Rechtsschutz für Landesbedienstete in Straf- und anderen Verfahren vom 12. Januar 1990 (GABL. S. 98). Für *Rheinland-Pfalz* gilt die Verwaltungsvorschrift über Rechtsschutz für Landesbedienstete vom 21. Februar 1991 (JBl S. 53).

[1117] Für die Kommunalbeamten gelten die jeweiligen Länderregelungen nicht unmittelbar. Sie gelten aber zumindest als Richtschnur, bzw. die kommunalen Dienstherrn können die Grundzüge der Länderreglungen heranziehen, sofern nicht schon eine andere Verwaltungspraxis begründet wurde, vgl. *Wind-Schimana-Wichmann-Langer*, Öffentliches Dienstrecht[5], Rz. 255. Der Stadtrat der Stadt Siegburg (NRW) hat hingegen eine eigene Dienstanweisung für die „Übernahme von Rechtsschutzkosten bei städtischen Bediensteten" verabschiedet, wobei hiervon auch Disziplinarverfahren erfaßt werden und die Zuschußhöhe „angemessene Honorare" umfaßt (vgl. Bonner General-Anzeiger vom 25. März 2000, S. 15).

[1118] In Schleswig-Holstein ist hingegen das Landesbeamtengesetz unmittelbar als Rechtsgrundlage heranzuziehen. Hierauf gestützt wurden u.a. auch die Kosten für die Ehrverteidigung der Ministerpräsidentin (nicht der Privatperson *Heide Simonis* !) in Ansehung des ihr übertragenen Amtes im Rahmen der sog. „Pröhl-Affäre" vom Land getragen, vgl. Kleine Anfrage des Abgeordneten *Dr. Trutz Graf Kerssenbrock*, Drucksache 15/1889 des Schleswig-Holsteinischen Landtages, S. 1 f.

[1119] Hiernach gewährt das Land Nordrhein-Westfalen den Ministern und dem Ministerpräsidenten Rechtsschutz bei Ermittlungsverfahren und in parlamentarischen Untersuchungsausschüssen, wenn es sich beim Gegenstand der Prüfung um „dienstliche Tätigkeiten" handelt. Dieser Kabinettsbeschluß aus dem Jahre 1994 ist an die Regelung der Fürsorgepflicht angelehnt. Einzelheiten hierzu können leider nicht dargestellt werden, da nach § 17 Abs. 3 GO Landesregierung NRW die Kabinettssitzungen vertraulich sind und der Ministerpräsident dem Verfasser keine besondere Ermächtigung erteilt hat.

[1120] Vgl. Antwort der Bundesregierung auf die Kleine Anfrage des Abgeordneten *Häfner* und der Fraktion DIE GRÜNEN, bezüglich der Bezahlung von rund 1 Million DM Verteidigerhonorare für die ehemaligen Bundesminister *Graf Lambsdorff* und *Friedrichs*, Bundestags Drucksache 11/5369 vom 10. Oktober 1989.

[1121] BVerwGE NJW 1985, 1041 = NVwZ 1985, 417 (Ls.); OVG Koblenz, NVwZ-RR 2001, 115 (116) = DÖD 2001, 179 ff. = RiA 2001, 203 ff.; NVwZ-RR 1995, 456 = *Schütz* ES/B III 1 Nr. 21.

[1122] Siehe *Häde*, BayVBl. 1999, 673. Auf diesen allgemeinen und instruktiven Aufsatz weist *Battis*, NJW 2001, 1101 (1105) in seinem jährlichen Entwicklungsbericht zum Beamtenrecht hin.

[1123] VG Schwerin, DÖD 1997, 164 (165) = NVwZ-RR 1998, 508 ff.

Die von den verschiedenen Rechtsschutzrichtlinien umfaßten Fallkonstellationen gehen aber über die eigentliche Ehrenschutzproblematik weit hinaus, denn nicht jeder straf- oder disziplinarrechtliche Vorwurf, der zur Einleitung eines entsprechenden Verfahrens geführt hat, oder das jeweilige Verfahren an sich müssen ehrenrührig sein, wenngleich dies z.B. bei Strafverfahren wegen eines Amtsdelikts, z.B. wegen des Verdachts der Vorteilsnahme (§ 331 StGB)[1124], Bestechlichkeit (§ 332 StGB) oder gar Rechtsbeugung durch einen Richter (§ 339 StGB), regelmäßig anzunehmen ist. Daher sind die Regelungen auch nicht nur originärer Ausdruck der Schadensabwendungspflicht als Ausprägung der Fürsorge- und Schutzpflicht[1125], sondern vielmehr Ausfluß einer als Beistandspflicht bei dienstlichen und außerdienstlichen Sonderbelastungen verstandenen Fürsorgepflicht[1126]. Anspruchsgrundlage ist die jeweils einschlägige Fürsorgepflichtnorm (z.B. § 79 BBG, § 85 LBG NRW oder § 31 SoldG) in Verbindung mit der Rechtsschutzrichtlinie[1127], denn mit diesen Verwaltungsvorschriften erfüllt der Dienstherr das Teilgebiet der ihm obliegenden Fürsorgepflicht in bezug auf den Schutz vor ungerechtfertigten Angriffen[1128].

Sinn und Zweck dieser – allerdings nicht abschließenden – Konkretisierung durch die Rechtsschutzrichtlinien besteht darin, daß der von Sonderbelastungen, die ausschließlich durch die dienstlichen Verhältnisse veranlaßt sind, (unverschuldet) betroffene Amtswalter freigestellt wird[1129]. Soweit dem Amtswalter durch die mit seiner dienstlichen Tätigkeit zusammenhängenden Verfahren Kosten und somit finanzielle Belastungen entstehen, darf er diesbezüglich nicht (vollständig) auf seine Besoldung verwiesen werden, da diese Aspekte nicht in die Bemessung der Besoldung eingeflossen sind. Dies gilt erst recht, wenn es sich nachträglich zeigt, daß das jeweilige Verfahren unberechtigt eingeleitet wurde, oder wenn aus Ex-ante-Sicht jedenfalls erkennbar ein Verschulden des Amtswalters fehlt. Die Übernahme oder Verringerung derartiger wirtschaftlicher Belastungen soll in diesem Zusammenhang die innere Unabhängigkeit des Amtswalters stärken und dadurch seine Bereitschaft zur Wahrnehmung seiner dienstlichen Tätigkeiten entsprechend berücksichtigen. Der Beamte soll sich also an der Übernahme oder der ordnungsgemäßen Erfüllung seiner dienstlichen Aufgaben durch Angst vor unberechtigter Strafverfolgung oder die Einleitung sonstiger Verfahren und der damit verbundenen finanziellen Belastungen nicht in seiner Schaffenskraft, seinem Diensteifer und seiner Arbeitsfreude gehemmt oder gar gehindert sehen[1130].

1124 Vgl. OVG Koblenz, NVwZ-RR 2001, 115 ff. = DÖD 2001, 179 ff. = RiA 2001, 203 ff.

1125 So noch *Schnupp*, PersV 1973, 13.

1126 OVG Koblenz, NVwZ-RR 2001, 115; NVwZ-RR 1995, 456 = *Schütz* ES/B III 1 Nr. 21.

1127 OVG Münster, ZBR 1989, 122 f. = NVwZ 1989, 578 ff. = DVBl. 1988, 1074 ff. = *Schütz* ES/B III 1 Nr. 16; *Kreutzer*, NJW 1974, 1805. Unter Hinweis auf die fehlende Außenwirkung derartiger Verwaltungsvorschriften, die nämlich nur Innenrecht sind, wird auch nur allein die beamtenrechtliche Fürsorgepflicht als Anspruchsgrundlage herangezogen: OVG Koblenz, NVwZ-RR 2001, 115 = DÖD 2001, 179 ff. = RiA 2001, 203 ff.; VG Schwerin, DÖD 1997, 164 (165) = NVwZ-RR 1998, 508 ff.; VGH Kassel, RiA 1995, 194 (195) = NVwZ-RR 1994, 596 ff. = ZBR 1995, 214 ff. = *Schütz* ES/B III 1 Nr. 20.

1128 *Häde*, BayVBl. 1999, 673 (674).

1129 Die Fürsorgepflicht zeigt sich also nicht als Schadensabwendungspflicht, sondern mehr als Beistandspflicht, vgl. *Schnellenbach*, Beamtenrecht in der Praxis[5], Rz. 401, 403 sowie BVerwGE 28, 353 (356).

1130 VGH Baden-Württemberg, Beschluß vom 27. September 1996, Az. 4 S 3322/94 (unveröffentlicht), S. 3 f.; *Schnupp*, PersV 1973, 13 (15); OVG Koblenz, NVwZ-RR 2001, 115 (116) = DÖD 2001, 179 ff. = RiA 2001, 203 ff.

Unter den nachfolgenden formellen und materiellen Voraussetzungen ist dem Beamten auf seinen Antrag hin zur Bestreitung der notwendigen Kosten seiner Rechtsverteidigung, die wegen einer dienstlichen Verrichtung oder eines Verhaltens erfolgt, das mit einer dienstlichen Tätigkeit im Zusammenhang steht, ein Vorschuß bzw. Darlehen seitens des Dienstherrn zu gewähren. Immanente Grundvoraussetzung ist aber, wie sich an vielen einzelnen Kautelen dieser Richtlinien zeigt, daß das Dienstverhältnis im Sinne der bereits dargestellten Dreiteilung der Rechtssphären im Beamtenrecht betroffen sein muß.

b.) Formelle Anforderungen

Neben den üblichen formellen Anforderungen, also eines schriftlichen Antrags des Beamten mit den im Einzelfall notwendigen Angaben, werden durch die Rechtsschutzrichtlinien teilweise zusätzliche formelle Anforderungen postuliert[1131]. Gemäß Nr. 2 der Rechtschutzrichtlinie NRW hat der Beamte seinem unmittelbaren Dienstvorgesetzten das Aktenzeichen und die Behörde des anhängigen Verfahrens (Staatsanwaltschaft, Verwaltungsbehörde oder Gericht), eine kurz gefaßte Schilderung des Sachverhalts und seines Verteidigungsvorbringens, die Gründe, warum diese Verteidigungsmaßnahme geboten sei, Namen und Anschrift des (noch zu bestellenden) Verteidigers bzw. Rechtsanwalts sowie die voraussichtlichen Kosten des Rechtsstreits bzw. der rechtsanwaltlichen Vertretung mitzuteilen. Der Amtswalter muß also einige Angaben über das Verfahren, an dem er passiv (oder aktiv) im Hinblick auf seinen Ehrenschutz beteiligt ist, darlegen, damit der Dienstherr eine angemessene Tatsachengrundlage erhält, um pflichtgemäß entscheiden zu können, ob und wie er der finanziellen Unterstützung des Beamten nachzukommen hat. Hieran wird deutlich, daß die Überschrift der verschiedenen Rechtsschutzrichtlinien mißverständlich ist. Der Dienstherr selber gewährt nämlich gerade keinen Rechtsschutz, vielmehr muß der Beamte auf eigene Initiative seinen Rechtsschutz betreiben, für den der Dienstherr lediglich die Bereitstellung finanzieller Mittel in Aussicht stellt[1132].

c.) Materiell-rechtliche Voraussetzungen

Die verschiedenen Rechtsschutzrichtlinien weisen im Kern vergleichbare materiell-rechtliche Voraussetzungen für den Anspruch des Beamten auf, die aber im konkreten Einzelfall mit der jeweilig entsprechenden Regelung auf ihre Kohärenz überprüft werden müssen.

(a) Art des anhängigen Verfahrens und Zeitpunkt

Nach Nr. 1 der Rechtsschutzrichtlinie des Bundes können die Kosten der Rechtsverteidigung eines Beamten in einem Passivprozeß dann übernommen werden, wenn gegen ihn ein strafrechtliches Ermittlungsverfahren oder ein Bußgeldverfahren (Nr. 5 der Rechtsschutzrichtlinie des Bundes) eingeleitet, die öffentliche Klage im strafgerichtlichen Verfahren oder Privatklage (§ 374 StPO) erhoben oder der Erlaß eines Strafbefehls beantragt wird. Nach Nr. 1 der Rechtsschutzrichtlinie NRW ist zusätzlich auch die Nebenklage gemäß § 395 StPO erfaßt, während z.B. die bereits erwähnte kommunale Rechts-

---

[1131] In der Rechtsschutzrichtlinie des Bundes finden sich z.B. keine weiteren formellen Anforderungen.
[1132] *Wilhelm*, ZBR 1966, 6 (7).

schutzrichtlinie der Stadt Siegburg sogar Disziplinarverfahren gegen den Amtswalter mitberücksichtigt. Die Grundgedanken dieser Regelungen können aber auch auf zivilgerichtliche Verfahren übertragen werden, wenn also ein von Amtshandlungen Betroffener gegen den handelnden Amtswalter persönlich vorgeht[1133], denn auch dieser Passivprozeß stellt eine außerdienstliche Sonderbelastung dar, die dann die Beistandspflicht kraft Fürsorgepflicht des Dienstherrn aktualisiert.

Der frühestmögliche Zeitpunkt, ab dem der Dienstherr zur Kostenübernahme verpflichtet sein kann, liegt schon vor der eigentlichen Verfahrenseröffnung seitens der Staatsanwaltschaft, des Gerichts oder der Verwaltungsbehörde. Sobald diese Behörden auf dienstlichem oder außerdienstlichem Wege, z.B. durch Strafanzeige oder durch Medienberichte von dem Verdacht einer Straftat oder eines Dienstvergehens erfahren haben, müssen sie den Sachverhalt erforschen (vgl. § 160 Abs. 1 StPO) und z.B. ein Ermittlungs- oder Bußgeldverfahren einleiten. Bereits ab diesem Zeitpunkt steht dem Amtswalter die Beantragung der Kostenübernahme offen[1134].

Er ist aber keinesfalls gezwungen, sich schon so früh beim Dienstherrn um die Kostenübernahme zu kümmern. Sogar nach Abschluß des entsprechenden Verfahrens kann er diese noch beantragen, die dann konsequenterweise nur in einer Erstattung bzw. vollständigen Übernahme, aber nicht mehr in einem Darlehen bestehen kann. Allerdings muß bei Strafverfahren dann z.B. nach Nr. 4 des Rechtsschutzrichtlinie des Bundes ein „besonders begründeter Fall" vorliegen, wenn bis zum Abschluß des Verfahrens kein Antrag gestellt wurde oder dieser abgelehnt wurde. Bei dieser nachträglichen und zugleich endgültigen Auslagenübernahme auf den jeweiligen Haushalt des Dienstherrn sind die Tatbestandsvoraussetzungen, die zu einem Vorschuß oder Darlehen berechtigen, mit der Folge analog anzuwenden, daß diese nur gewährt werden kann, wenn es bei frühzeitiger Beantragung zu einer Vorschußgewährung gekommen wäre oder diese entgegen einer bereits erfolgten, aber noch nicht bestandskräftigen Ablehnung hätte erfolgen müssen[1135].

(b) <u>Berechtigter Personenkreis</u>

Sämtliche Rechtsschutzrichtlinien umfassen als Begünstigte alle früheren und aktiven Bediensteten des jeweiligen Dienstherrn. Hiervon werden sämtliche Beamte, Angestellte und Arbeiter[1136] des Bundes, der Länder und der bundes- und landesmittelbaren Körperschaften, Anstalten und Stiftungen des öffentlichen Recht sowie Richter erfaßt. Auf Bundesebene kommen noch die (Berufs- und Zeit-)Soldaten, Wehrpflichtigen und Zivildienstleistenden hinzu. Für andere öffentlich-rechtlich Bedienstete (z.B. Minister) gelten diese Regelungen analog (vgl. Nr. 9 und Nr. 10 der Rechtsschutzrichtlinie des Bundes).

1133 *Wind-Schimana-Wichmann-Langer*, Öffentliches Dienstrecht[5], Rz. 255; *Plog-Wiedow-Beck-Lemhöfer*, § 79 BBG, Rz. 20; *Häde*, BayVBl. 1999, 673 (674, 678). Allerdings kommt ein zivilrechtliches Vorgehen eines Bürgers bei hoheitlichem Handeln grundsätzlich nicht in Betracht.

1134 *Wind-Schimana-Wichmann-Langer*, Öffentliches Dienstrecht[5], Rz. 255.

1135 VGH Baden-Württemberg, Beschluß vom 27. September 1996, Az. 4 S 3322/94 (unveröffentlicht), S. 3.

1136 Arbeitsrechtliche Aspekte bleiben unberücksichtigt, da der Schwerpunkt auf dem Beamtenrecht liegt.

(c) Dienstliches Interesse

Voraussetzung für die volle oder zumindest anteilige Kostenübernahme im Rahmen der zu gewährenden finanziellen Unterstützungsleistung ist das dienstliche Interesse an einer zweckentsprechenden Rechtsverteidigung. Durch diese wichtige Voraussetzung werden allerdings die rechtliche Grundlage, sowie Sinn und Zweck der Rechtsschutzrichtlinien verdrängt, denn es stehen nicht mehr Fürsorgepflichtgesichtspunkte, sondern ausschließlich die eigenen Interessen des Dienstherrn bei seiner Entscheidung im Vordergrund[1137].

Das dienstliche Interesse ist zunächst grundsätzlich überhaupt nur dann gegeben, wenn die entsprechenden Verfahren wegen einer dienstlichen Verrichtung des Beamten oder eines Verhaltens, das mit einer dienstlichen Tätigkeit im Zusammenhang steht, eingeleitet wurden (s.o.). Eines unmittelbaren Zusammenhangs zwischen der vom Bediensteten ausgeübten Tätigkeit und dem z.B. ehrenrührigen Vorwurf bedarf es hiernach nicht[1138]. Zu trennen ist die Bestimmung des dienstlichen Interesses von der weiteren tatbestandlichen Voraussetzung, ob tatsächliche Anhaltspunkte für eine Annahme dahingehend bestehen, daß dem Beamten kein oder nur ein geringes Verschulden zur Last fällt[1139].

Aus der bereits dargestellten ratio der Rechtsschutzrichtlinien ergibt sich, daß ein dienstliches Interesse immer dann besteht, wenn die Pflicht des Dienstherrn zur Schutzgewährung eine Entlastung des Beamten durch Gewährung weiterer Geldleistungen außerhalb der Besoldung gebietet[1140]. In der Regel ist also ein Vorschuß bzw. eine Erstattung dann zu gewähren, wenn der Amtswalter im Rahmen einer dienstlichen Tätigkeit gehandelt hat, bei denen die nicht zu vermeidende Gefahr strafrechtlicher Verfolgung gegenüber anderen Beamtenfunktionen erhöht ist und die abschließende Entscheidung über die völlige oder teilweise Übernahme auf den Haushalt vom Ausgang des entsprechenden Verfahrens abhängig gemacht wird. Dies gilt beispielsweise für Polizeivollzugsbeamte, wie es teilweise in manchen Rechtsschutzrichtlinien (vgl. Nr. 1a der Rechtsschutzrichtlinie des Bundes) seinen Eingang gefunden hat. Diese Erwägungen sind aber bei anderen Amtswaltern und der Prüfung des Vorliegen des dienstlichen Interesses analog anzuwenden[1141]. Allgemein gesehen dürften damit sämtliche Amtswalter mit Außendienst oder entsprechendem Publikumsverkehr, z.B. Gerichtsvollzieher, Zollbeamte, Betriebsprüfer der Finanzverwaltung, Außendienstbeamte der örtlichen Ordnungsbehörden, Amtsärzte sowie Feuerwehrbedienstete als insofern „privilegierter" Personenkreis in Betracht kommen.

Zur Bestimmung eines dienstlichen Interesses ist es neben der Berücksichtigung aller Umstände des Einzelfalls relevant, ob und in welchem Umfang durch das Verhalten des

---

[1137] *Wilhelm*, ZBR 1966, 6 (8).

[1138] OVG Münster, ZBR 1989, 122 f. = NVwZ 1989, 578 ff. = DVBl. 1988, 1074 ff. = *Schütz* ES/B III 1 Nr. 16.

[1139] Zwar gibt es gewisse Überschneidungen dahingehend, daß es bei einer nachträglichen Erhärtung des Tatvorwurfs oder sogar einer Verurteilung dem Ansehen des Dienstherrn abträglich ist, wenn dem betroffenen Beamten zuvor Rechtsschutz gewährt worden ist. Dennoch sollten diese Voraussetzungen getrennt geprüft werden.

[1140] VGH Baden-Württemberg, Beschluß vom 27. September 1996, Az. 4 S 3322/94 (unveröffentlicht), S. 4. Dies wurde als Leitsatz in VBlBW 1997 als VGHBW-Ls Nr. 35/1997, S. B9 ausgewiesen.

[1141] Ebd., S. 4.

Bediensteten der Staat bzw. die Gemeinschaft möglicherweise geschädigt sind[1142]. Unter dem Begriff der Schädigung müssen in diesem Zusammenhang nicht nur materielle, sondern auch immaterielle Schäden berücksichtigt werden, so daß der Dienstherr sich bei der Begründung des dienstlichen Interesses auf materielle und ideelle Aspekte stützen kann[1143].

Das dienstliche Interesse in der materiellen Form ist beispielsweise nach den Rechtsschutzrichtlinien dann gegeben, wenn bei einer strafrechtlichen Verurteilung eines Amtswalters mit Schadensersatzansprüchen gegen den Dienstherrn zu rechnen ist. Andere materielle Gesichtspunkte sind damit nicht ausgeschlossen, eine enge Auslegung der dienstlichen Interessen läßt sich nicht rechtfertigen[1144].

Das dienstliche Interesse fehlt hingegen, wenn die (beabsichtigte) Rechtsverfolgung hauptsächlich oder ausschließlich privaten Interessen dient, z.B. wenn der Beamte zwar in seiner persönlichen Ehre, aber ohne dienstlichen Bezug gekränkt wurde. Dann ist nicht mehr das dienstliche Verhalten oder die Stellung als Beamter und damit die Integrität von Amt und Amtswalter das Ziel der Rechtsverteidigung, so daß auch schon keine Fürsorgepflichtkonstellation, die zu einem (etwaigen) Ehrenschutz führen könnte, gegeben ist. So wurde in der Praxis einem Bürgermeister als kommunalem Wahlbeamten die Gewährung von finanziellen Mitteln zur Rechtsverteidigung verweigert, da er diese im Ergebnis lediglich als Privatmann beantragt hatte, der wegen des Vorwurfs von „Unregelmäßigkeiten im Abrechnungsverfahren“ seiner Stadt mit einem privaten Unternehmen Angst um seine Wiederwahl hatte[1145]. Das dienstliche Interesse fehlt des weiteren, wenn die Einleitung des strafrechtlichen Ermittlungsverfahrens – unter Berücksichtigung der Fürsorgepflicht – gerade von der Behörde bzw. dem Dienstherrn selbst initiiert worden ist, da er damit seines eigenes Interesse an der rückhaltlosen Aufklärung eines Sachverhalts bzw. der Vorwürfe offenbart hat. Solange also der Ausgang des Strafverfahrens offen ist, kann dem Dienstherrn eine „automatische“ Rechtsschutzgewährungspflicht und damit die Bejahung eines dienstlichen Interesses nicht zugemutet werden[1146]. Schließlich fehlt das dienstliche Interesse an der zweckgerichtlichen Rechtsverteidigung, wenn von vornherein ersichtlich ist, daß der Beamte – trotz äußerlichen Zusammenhangs mit der dienstlichen Verrichtung – zu einem Verhalten, das mit einem ehrverletzenden Vorwurf bedacht wird, nicht durch die dienstlichen Verhältnissen veranlaßt wurde und er hierbei auch bewußt aus anderen Gründen handelte oder die fehlende dienstliche Veranlassung offen zutage trat und dies für den betroffenen Amtswalter unter Berücksichtigung aller Umstände ohne weiteres hätte erkennbar sein müssen. Dann ist das Verfahrensrisiko nicht mehr von der Fürsorge- und Schutzpflicht des Dienstherrn umfaßt, sondern dem privaten Risikobereich des

---

1142 Vgl. Antwort der Bundesregierung auf die Kleine Anfrage des Abgeordneten *Häfner* und der Fraktion DIE GRÜNEN, Bundestags Drucksache 11/5369 vom 10. Oktober 1989.

1143 Soweit ideelle Interessen zu berücksichtigen sind, kann auf die Ausführungen zu den Ermessenserwägungen des Dienstherrn im Rahmen des Fürsorgepflichtanspruchs, sub specie der Staatsehre und -würde ab S. 131 dieser Untersuchung verwiesen werden.

1144 *Schnupp*, PersV 1973, 13 (15); *Häde*, BayVBl. 1999, 673 (676).

1145 VGH Kassel, RiA 1995, 194 (195 f.) = NVwZ-RR 1994, 596 ff. = ZBR 1995, 214 ff. = *Schütz* ES/B III 1 Nr. 20.

1146 OVG Koblenz, NVwZ-RR 2001, 115 (116) = DÖD 2001, 179 ff. = RiA 2001, 203 ff.

Amtswalters zuzuordnen. Erst recht gilt dies bei der Ausübung von Beamtenfunktionen ohne erhöhte Gefahr strafrechtlicher Verfolgung[1147].

(d) Gebotenheit der Verteidigungsmaßnahme

Weitere Voraussetzung ist, daß die beabsichtigten Verteidigungsmaßnahmen (Bestellung eines Verteidigers, Einholung eines Gutachtens) geboten sind, was wiederum anhand der konkreten Umstände zu beurteilen ist. Die Maßnahmen (zum Ehrenschutz) müssen also nicht nur sinnvoll, sondern geradezu notwendig sein. Soweit es aber um die rechtsanwaltliche Beratung oder Vertretung geht, dürfte die Notwendigkeit aufgrund der Komplexität der Rechtsmaterie gegeben sein, zumal sich die Alternative, daß sich der Amtswalter vor Gericht selbst vertritt, unter Fürsorgepflichtgesichtspunkten kaum ernsthaft vertreten läßt.

(e) Kein oder nur geringes Verschulden

Die Kostenübernahme durch den Dienstherrn bzw. öffentlichen Arbeitgeber gilt aber nur dann, wenn nach den Umständen des Falls die Annahme begründet ist, daß den Beamten kein oder nur ein geringes Verschulden an der ihm zur Last gelegten Straftat bzw. an dem ihm vorgeworfenen Dienstvergehen trifft. Der Nachweis fehlenden oder geringen Verschuldens wird nicht verlangt, es genügt die berechtigte Annahme dieser Voraussetzung. Hierbei dürften besondere Kenntnisse des betroffenen Amtswalters zu berücksichtigen sein, so daß an einen Stadtdirektor, der zugleich Volljurist ist[1148], höhere Anforderungen zu stellen sind als an einen Polizeivollzugsbeamten im mittlerem Dienst. Verneint wurde z.B. die Einstandspflicht des Dienstherrn bei einem Polizeibeamten, der sich in der Wahl des Zwangsmittels vergriff, ohne daß hierfür ein Sachverhaltsirrtum kausal war, und so rechtskräftig wegen Körperverletzung im Amt verurteilt worden ist[1149].

Nach der Rechtsprechung[1150] erfordert es die Fürsorgepflicht hingegen nicht, daß dem betroffenen Amtswalter bei höherem Verschuldensgrad, insbesondere bei vorsätzlichem Verhalten, auch Rechtsschutz gewährt wird. Zwar kann der Dienstherr dem besonderen berufstypischen Risiko einiger Beamtengruppen, z.B. der Polizeivollzugsbeamten, die bei der Bekämpfung der Kriminalität in strafrechtlich relevanter Weise über das Ziel hinausschießen könnten, in weitem Umfang Rechnung tragen. So wurde in Nr. 3 der mittlerweile aufgehobenen Bekanntmachung betreffend den Rechtsschutz für Polizeivollzugsbeamte des Freistaates Bayern in Strafverfahren vom 9. Dezember 1986[1151] geregelt, daß auch im Falle der Verurteilung eines Polizeivollzugsbeamten die notwendigen Rechtsverteidigungskosten solange vom Staatshaushalt übernommen werden wie kein schweres Verschulden vorliegt. Die Fürsorgepflicht fordert eine derartig großzügige Regelung indessen nicht.

[1147] VGH Baden-Württemberg, Beschluß vom 27. September 1996, Az. 4 S 3322/94 (unveröffentlicht), S. 4 und S. 6.

[1148] So das Beispiel zur Rechtsschutzkostenübernahme bei *Wind-Schimana-Wichmann-Langer*, Öffentliches Dienstrecht[5], Rz. 255.

[1149] OVG Koblenz, NVwZ-RR 1995, 456 f. = *Schütz* ES/B III 1 Nr. 21.

[1150] Ebd., S. 456.

[1151] MABl. 1987, S.2, geändert durch Bekanntmachung des Bayerischen Innenministeriums (IMBek) vom 19. März 1991 (MABl. S. 151).

Denn es ist zu bedenken, daß in allen Fällen des Tatbestands- oder Erlaubnistatbestandsirrtums, die für die besondere Entscheidungssituation eines unter psychischer Anspannung schnell handelnden Polizeibeamten besonders bedeutsam sind, von Gesetzes wegen (§ 16 StGB) zwingend der Vorsatz entfällt und nur eine Strafbarkeit wegen fahrlässiger Begehung einer Straftat, sofern dies überhaupt normiert ist, in Betracht kommt.

(f) Unzumutbarkeit der Verauslagung für den Amtswalter

Des weiteren muß die Verauslagung des Kosten dem Rechtsschutzsuchenden nicht zugemutet werden können (vgl. Nr. 1.4 Rechtsschutzrichtlinie NRW und Nr. 1d Rechtsschutzrichtlinie des Bundes). Hierbei ist im wesentlichen auf die persönlichen, sub specie der finanziellen Verhältnisse (= Einkommen) des betroffenen Amtswalters abzustellen. Dazu gehören die besoldungsmäßige Eingruppierung, Unterhaltszahlungen an Ehegatten und Kinder, sowie Verbindlichkeiten (Mietkosten, Schulden, Kreditzahlungen etc.). Die Grenze kann hier nur im Einzelfall gezogen werden, wobei nach Sinn und Zweck der Fürsorgepflicht dies wohlwollend zu erfolgen hat. So soll einem Beamten der Besoldungsstufe B6 die Kostenverauslagung zugemutet werden können[1152]. Andererseits wurden auch schon (ehemaligen) Ministerpräsidenten und Ministern, die weitaus höher besoldet werden, die Kosten der Rechtsverteidigung verauslagt bzw. übernommen[1153].

(g) Keine andere Möglichkeit zur Rechtsschutzerlangung

Schließlich darf der Amtswalter keine andere Möglichkeit zur Erlangung des notwendigen Rechtsschutzes haben, so daß der Dienstherr nur subsidiär seine finanzielle Unterstützung gewährt. Eine Ausnahme hiervon sind Unterstützungen durch Berufsverbände (Nr. 1.5 der Rechtsschutzrichtlinie NRW). Üblicherweise ist diese anderweitige Möglichkeit eine Rechtsschutzversicherung, die auch in bezug auf berufliche Angelegenheiten abgeschlossen wurde. Soweit es bei dieser Rechtsschutzversicherung zu einem Selbstbehalt bzw. Eigenanteil des Versicherungsnehmers kommt, kann der Amtswalter unter Beschränkung seines Antrags zulässigerweise die Übernahme dieses Eigenanteils gemäß den Rechtsschutzrichtlinien beantragen, denn sonst stünde er schlechter als diejenigen, die auf eine vollständige Übernahme der Rechtsschutzkosten durch den Dienstherrn vertrauen[1154].

(h) Erstattungsfähige Kosten und Eigenbeteiligung

Von den Rechtsschutzrichtlinien erfaßt werden die notwendigen Kosten der Rechtsverteidigung. Das sind diejenigen Kosten, die nach Maßgabe der § 91 Abs. 2 ZPO, § 464a Abs. 2 StPO im Rahmen des Kostenfestsetzungsverfahrens nach, §§ 103 ff. ZPO (i.V.m. § 464b StPO) vom Gericht als erstattungsfähig anerkannt wurden. Dafür müssen die verursachten Kosten zur zweckentsprechenden Rechtsverfolgung oder -verteidigung notwendig gewesen sein (s.o.). Weder die Rechtsschutzrichtlinien noch der Dienstherr, vertreten

---

1152 *Wind-Schimana-Wichmann-Langer*, Öffentliches Dienstrecht[5], Rz. 255.

1153 So zahlte das Land NRW aufgrund des erwähnten Kabinettsbeschlusses über 600.000 DM an Anwaltshonoraren für die Beratung und Verteidigung von Ex-Ministerpräsident *Johannes Rau* und dem zurückgetretenen Finanzminister *Heinz Schleußer* im Rahmen der sog. „Flugaffäre", vgl. Focus Nr. 17/2000, vom 24. April 2000, S. 38.

1154 OVG Koblenz, NVwZ-RR 2001, 115 (116) = DÖD 2001, 179 ff. = RiA 2001, 203 ff.

durch die oberste Dienstbehörde, treffen eine originäre Entscheidung über die Notwendigkeit dieser Kosten, sondern sie sind an die gerichtliche Kostenentscheidung gebunden[1155].

Probleme bereiten im Zusammenhang mit der Übernahme von Gebühren und Auslagen Honorarvereinbarungen zwischen Amtswalter und Rechtsanwalt, mit denen höhere Honorare als die gesetzlichen Gebühren vereinbart werden. Es wurde durch die frühere Rechtsprechung nicht beanstandet, daß der Dienstherr bei Strafverfahren, wenn die Staatskasse lediglich die notwendigen Auslagen erstattet (§§ 464a Abs. 2 Nr. 2, 467 Abs. 1 StPO), weitergehende aus einer Honorarvereinbarung des vom Tatvorwurf freigesprochenen Beamten mit seinem Verteidiger herrührende Auslagen nicht übernimmt und der Beamte mit ihnen belastet bleibt[1156]. Der Dienstherr könne davon ausgehen, daß dem Beamten nach § 464a Abs. 2 Nr. 2 StPO i. V. mit § 91 Abs. 2 ZPO die zu einer umfassenden und zweckentsprechenden Rechtsverteidigung erforderlichen Auslagen für seinen Verteidiger erstattet werden, wobei nach Maßgabe des § 12 Abs. 1 BRAGO den Besonderheiten des Einzelfalles innerhalb der Rahmengebühren der §§ 83 ff. BRAGO Rechnung getragen werden kann. Im übrigen könnte der Beamte mit Rechtsbehelfen im Kostenfestsetzungsverfahren, die gerichtliche Entscheidung überprüfen lassen[1157]. Diesen Argumenten bezüglich einer (anteiligen) Übernahme tragen die heutigen Rechtsschutzrichtlinien Rechnung. Nach Nr. 4 der Rechtsschutzrichtlinie NRW oder Nr. 1.3 der Rechtsschutzrichtlinie Bayerns ist im Einzelfall eine anteilige Übernahme zulässig, wenn die vereinbarte Gebühr den Grundsätzen von § 12 Abs. 1 BRAGO Rechnung trägt. Sollten Zweifel über die Angemessenheit dieser Gebühr bestehen, so ist der Mittelwert der einschlägigen Rahmengebühr zugrunde zu legen, wenn nicht nach den Umständen des Einzelfalls höhere oder niedrige Gebühren gerechtfertigt sind oder der Amtswalter die Berechtigung durch Gerichtsentscheidung nachweist[1158]. Nach Nr. 1 des Rechtschutzrichtlinie des Bundes wird hierfür eine Bestätigung der Anwaltskammer über die Angemessenheit des Honorars verlangt.

Nach Nr. 5.3 der Rechtsschutzrichtlinie Bayerns wird dem Beamten in Übereinstimmung mit einigen Rechtsschutzversicherungen aber ein Eigenanteil zugemutet, damit das Interesse des Betroffenen an niedrigen (Verfahrens-)Kosten gestärkt und dem Gefühl einer Versicherungsmentalität vorgebeugt wird. Die nur teilweise Kostenübernahme durch den Dienstherrn soll unnötigem und bedenkenlosem Prozessieren, vor allem in Hinblick auf die Einlegung von Rechtsmitteln, entgegenwirken[1159].

(i) Art der Kostenübernahme

Der Beamte hat keinen Anspruch auf Übernahme der Kosten eines Straf- oder Bußgeldverfahrens, wenn er die entsprechende Handlung tatsächlich während oder in Ausübung seines Amtes begangen hat. Von daher sehen die einzelnen Verwaltungsvorschriften eine Vorschußpflicht des Dienstherrn, meistens aber die Gewährung eines zinslosen Darlehens, das dann je nach Ausgang des Verfahrens vollständig oder teilweise (in Raten) zurück-

[1155] OVG Münster, DÖD 1985, 137 (138) = ZBR 1985, 32 (Auszug).

[1156] OVG Münster, DÖD 1985, 137 f. = ZBR 1985, 32 (Auszug).

[1157] BVerwG, NJW 1985, 1041 = NVwZ 1985, 417 (Ls.); OVG Münster, DÖD 1985, 137 f.

[1158] Vgl. *Wind-Schimana-Wichmann-Langer*, Öffentliches Dienstrecht^5, Rz. 255.

[1159] *Häde*, BayVBl. 1999, 673 (679).

zuzahlen ist, oder gar nur eine Erstattungspflicht vor, so daß der Amtswalter – vergleichbar mit den in einer privaten Krankenkasse Versicherten – die Kosten vorzustrecken hat und das Risiko der Nicht- oder nur Teilerstattung trägt. Nach Nr. 3 der Rechtsschutzrichtlinie des Bundes gilt: Wird der Amtswalter in dem jeweiligen Verfahren entlastet, kann auf seinen Antrag hin auf die Rückzahlung verzichtet werden, soweit er Kostenerstattung durch die Staatskasse oder einen Dritten nicht erlangen kann. Wird der Beamte hingegen z.B. in einem Straf- oder Bußgeldverfahren verurteilt, hat er die Kosten grundsätzlich selber zu tragen und damit ein gewährtes Darlehen, unter Umständen in angemessen Raten, vollständig zurückzuzahlen Bei geringem Verschulden des Amtswalters kann die Rückzahlung eines angemessenen Teils ausnahmsweise erlassen werden[1160].

d.) Zusammenfassung

Es zeigt sich, daß die Gewährung von finanziellen Mitteln zur Wahrnehmung der notwendigen Rechtsverteidigung an strenge Kautelen geknüpft ist, so daß es sich bei diesen Unterstützungsleistungen nicht um ein „Massenphänomen" handelt[1161]. Dennoch können diese Unterstützungsleistungen für einen Amtswalter, der durch ehrenrührige Handlungen einem der genannten Verfahren ausgesetzt ist, eine wertvolle Hilfe sein. Der Dienstherr muß bei seiner Entscheidung die ihm obliegende Fürsorge- und Schutzpflicht angemessen berücksichtigen, vor allem wenn die betreffenden Amtswalter aufgrund ihrer dienstlichen Tätigkeit der erhöhten Gefahr ausgesetzt sind, daß gegen sie entsprechende Verfahren eingeleitet werden. Dies hat keinen etwaigen „Rechtsschutz de luxe"[1162] für die Staatsbediensteten zur Folge. Der Dienstherr kann mit einer finanziellen Beteiligung zum einen zeigen, daß er sich seiner Fürsorgeverpflichtung bewußt ist, und zum anderen unter Beachtung der behördlichen und staatsethischen Interessen dafür sorgen, daß seine Bediensteten und damit indirekt der Dienstherr selbst nicht ehrenrührigen Verhaltensweisen über das von Verfassungs wegen hinnehmbare Maß (z.B. Art. 5 Abs. 1 GG) ausgesetzt werden. Im Unterschied zu den vorherigen Ausführungen zur Beratungspflicht des Dienstherrn[1163] ist dies kein „Freikaufen" von der Fürsorgepflicht, da bei der finanziellen Unterstützung durch den Dienstherrn das dienstliche Interesse im Vordergrund steht, während bei der etwaigen Beratung hinsichtlich des eigenen Vorgehens eine private Angelegenheit des Beamten gegeben ist. Schließlich muß der Zusammenhang mit der zuvor dargestellten prozessualen Aussagegenehmigung[1164] hergestellt werden. Es wäre widersprüchlich, wenn der Dienstherr die finanziellen Hilfeleistungen für Passivprozesse gewähren muß, ohne für die Verfahren gleichzeitig eine Aussagegenehmigung zu erteilen. Daher ist dann insofern ein konsequentes Verhalten des Dienstherrn zu verlangen. Umgekehrt gesehen bedingt jedoch nicht jede erteilte prozessuale Aussagegenehmigung auch die Gewährung von Unterstützungsleistungen, da die Kriterien hierfür unter Beachtung des haushaltsrechtlichen Gebots der Wirtschaftlichkeit und Sparsamkeit wesentlich enger zu fassen sind. Wenn der Dienstherr in rechtlich zulässiger Weise auf andere Ehrenschutz-

---

1160 OVG Koblenz, NVwZ-RR 1995, 456; *Häde*, BayVBl. 1999, 673 (676).

1161 Die Anzahl von Gerichtsentscheidungen und Aufsätzen in der Literatur ist vergleichsweise gering.

1162 *Häde*, BayVBl. 1999, 673 (680).

1163 Siehe hierzu die Ausführungen ab S. 199 dieser Untersuchung.

1164 Siehe insofern die Ausführungen ab S. 202 dieser Untersuchung.

maßnahmen (z.B. die Stellung des Strafantrags) verzichtet, gebietet es die Fürsorgepflicht nicht, daß der Dienstherr dem Beamten auch mit der Gewährung von finanziellen Mitteln als Residuum hilft[1165]. Grundvoraussetzung für ein eigenes Vorgehen des Beamten gegen ehrverletzenden Störer ist vielmehr, wie bereits dargestellt, das Erteilen der prozessualen Aussagegenehmigung, damit dieser überhaupt Aktivprozesse einleiten kann.

11. Übernahme von notwendigen Kosten der Rechtswahrnehmung in Verfahren des betroffenen Amtswalters gegen den ehrkränkenden Injurianten

Neben der finanziellen Unterstützungsleistung durch den Dienstherrn im Rahmen der Rechtsschutzrichtlinien, wenn ein Amtswalter passiv in die bereits genannten Verfahren gezogen wird, kann es die Fürsorge- und Schutzpflicht auch gebieten, daß der Dienstherr die notwendigen Kosten für Aktivprozesse des Amtswalters übernimmt[1166]. Die aktive Position des Amtswalters als Kläger müßte dafür aber sachgerecht und notwendig sein, was dann in Betracht kommt, wenn die Ehrverletzung stark dienst- und amtsbezogen ist[1167], d.h. es dürfen umgekehrt formuliert nicht eigene, private Interessen im Vordergrund stehen[1168]. Soweit aber z.B. der ehrenrührige Vorwurf von Strafbarkeiten im Amt von Dritten bzw. in den Medien erhoben wird, ist der dienstliche Bezug gegeben. Ansonsten hängt dieser von den Umständen im Einzelfall ab. Geeignete Ehrenschutzmöglichkeiten sind zivilrechtliche Verfahren des Beamten gegen den ehrkränkenden Störer auf Unterlassung, auf Beseitigung bzw. Widerruf sowie auf Schadensersatz und Schmerzensgeld[1169]. Zwar kommt auch grundsätzlich ein strafprozessuales Privatklageverfahren in Betracht (§ 374 StPO), mit dem betroffene Amtswalter gegen den Injurianten vorgehen könnte. Allerdings ist das Verfahren aus den genannten Gründen in der Praxis wenig erfolgreich[1170], so daß ein zivilgerichtliches Vorgehen grundsätzlich zweckentsprechender und erfolgversprechender ist.

Da bei eigenen, dem Ehrenschutz dienenden Verfahren materiell-rechtlich die Verletzung des Rechts der persönlichen oder beruflichen Ehre immanent und notwendig der Klagegrund ist, drängt sich das dienstliche Interesse nicht so sehr in der Vordergrund, wie es bei Passivprozessen des Beamten der Fall ist. Von daher müssen die Voraussetzungen für die Gewährung von finanziellen Mitteln zur Bestreitung der selbst initiierten Verfahren enger gefaßt werden. Die genannten Rechtsschutzrichtlinien sind insofern unergiebig, da sie sich inhaltlich auf Passivprozesse beschränken. Daher hat sich im Laufe der Jahre eine Verwaltungspraxis entwickelt, die allerdings mangels Publizität über die gängigen Informationsquellen nicht näher qualifiziert werden kann. Somit ist es zu

---

1165 So aber *Häde*, BayVBl. 1999, 673 (678).

1166 Lediglich *Wilhelm*, ZBR 1966, 6 (8) lehnt diese Analogie unter Hinweis auf den „unzweifelhaften Wortlaut" der verschiedenen Rechtsschutzrichtlinien ab. Allerdings ist die mit ihnen verbundene Konkretisierung nicht abschließend, so daß wieder auf die Fürsorgepflicht als Generalklausel zurückgegriffen werden kann.

1167 *Plog-Wiedow-Beck-Lemhöfer*, § 79 BBG, Rz. 20; *Wind-Schimana-Wichmann-Langer*, Öffentliches Dienstrecht[5], Rz. 255.

1168 *Häde*, BayVBl. 1999, 673 (678).

1169 Siehe insofern die näheren Ausführungen zu den zivilrechtlichen Ehrenschutzansprüchen (des Dienstherrn) ab S. 161 dieser Untersuchung.

1170 Siehe hierzu die Ausführungen auf S. 198 dieser Untersuchung.

begrüßen, daß in Nr. 3.2 der aktuellen Rechtsschutzrichtlinie Bayerns[1171] diese Praxis weitgehend übernommen wurde, wobei ebenfalls mehrere Voraussetzungen kumulativ vorliegen müssen[1172]. Die Gewährung eines Vorschusses oder eines Darlehens an den Beamten muß sowohl aufgrund der Fürsorgepflicht als auch aus dienstlichen Gründen geboten sein, so daß ein innerer Zusammenhang zwischen beiden Aspekten gegeben sein muß. Allerdings ist kaum eine Fallkonstellation denkbar, in der die Fürsorge des Dienstherrn diesen Schutz erfordert, während das dienstliche Interesse ihn nicht gebietet. Weiterhin müssen im konkreten Fall hinreichende Erfolgsaussichten bestehen, und die konkreten Maßnahmen der (zivilgerichtlichen) Rechtsverfolgung müssen wegen der Eigenart der Sach- oder Rechtslage geboten erscheinen (Nr. 3.2.1 der Rechtsschutzrichtlinie Bayerns). Eine vergleichbare Voraussetzung findet sich bei der Prozeßkostenhilfe (§ 114 ZPO), womit erfolgloses Prozessieren verhindert werden soll[1173]. Hinsichtlich der weiteren Voraussetzungen kann auf die obigen Ausführungen für die Passivprozesse verwiesen werden[1174].

Auch ist ein enger Zusammenhang mit der zuvor dargestellten prozessualen Aussagegenehmigung gegeben, denn die Gewährung von finanziellen Unterstützungsleistungen in Aktivprozessen ohne die gleichzeitige Erteilung einer Aussagegenehmigung wäre widersprüchlich. Umgekehrt betrachtet bedingt jedoch nicht jede erteilte prozessuale Aussagegenehmigung auch die Gewährung finanzieller Mittel zur Rechtswahrnehmung.

12. Wahrnehmung dienstinterner (disziplinar- oder arbeitsrechtlicher) Möglichkeiten und Maßnahmen

Der Dienstherr kann schließlich auch zum Schutz der Ehre eines ihm unterstellten Beamten dienstinterne Möglichkeiten gegenüber ihm als Opfer einer Ehrverletzung vornehmen, um ihn (hoffentlich) im Ergebnis von einem ehrverletzenden Vorwurf zu entlasten. Daneben kann der Dienstherr bzw. der öffentliche Arbeitgeber aber auch gegenüber dem ehrangreifenden Verwaltungsbediensteten als Täter, in Abhängigkeit von dessen jeweiligen Rechtsstatus, disziplinar- oder arbeitsrechtliche Möglichkeiten wahrnehmen[1175]. Hiermit sind jedoch nicht die bereits bei der Unterlassungsverpflichtung des Dienstherrn genannten organisatorischen Maßnahmen wie Umsetzung oder Versetzung einzelner Bediensteter, Änderung des Geschäftsverteilungsplans oder gar eine interne Reorganisation umfaßt. Vielmehr sind damit Maßnahmen angesprochen, die das entsprechende

---

[1171] Genauer: Gemeinsame Bekanntmachung der Bayerischen Staatsministerien des Innern, der Justiz und der Finanzen vom 6. Februar 1998 (FMBl. S. 75) unter dem Titel „Rechtsschutz für Bedienstete des Freistaates Bayern".

[1172] *Häde*, BayVBl. 1999, 673 (678). Weder in der Rechtsschutzrichtlinie des Bundes noch in den Verwaltungsvorschriften anderer Bundesländer findet sich – soweit ersichtlich – eine entsprechende Regelung.

[1173] Auch sonst ist der Gedanke grundsätzlich naheliegend, warum der Beamte, der seine Rechte wahrnehmen möchte, vom Dienstherrn nicht auf die Prozeßkostenhilfe verwiesen werden sollte, die im übrigen nicht nur bei Aktiv-, sondern auch bei Passivprozessen greift. Jedoch dürften die meisten Amtswalter in besseren finanziellen Verhältnissen leben, als es dieses „Armenrecht" (nach früherer Bezeichnung) voraussetzt, so daß der Prozeßkostenhilfeantrag in der Regel mangels Bedürftigkeit abgelehnt werden dürfte.

[1174] Siehe insofern die näheren Ausführungen ab S. 207 dieser Untersuchung.

[1175] Die jeweiligen disziplinar- und arbeitsrechtlichen Möglichkeiten des Dienstherrn werden nur kursorisch dargestellt, um den Rahmen dieser Untersuchung nicht zu überschreiten.

Beschäftigungsverhältnis rechtlich gestalten und bis hin zu seiner Beendigung als ultima ratio führen können.

a.) Disziplinarverfahren gegen den Amtswalter als Opfer einer Ehrverletzung

Soweit der Dienstherr tatsächliche Kenntnisse bzw. konkrete Anhaltspunkte erlangt, die den Verdacht eines Dienstvergehens (= schuldhafte Pflichtverletzung) rechtfertigen, selbst wenn sie mit einer ehrenrührigen Verhaltensweise verbunden sind oder eine Ehrverletzung zum Inhalt haben, kann der Dienstherr nach dem einschlägigen Disziplinarrecht gegenüber dem betroffenen, beamteten Amtswalter handeln (§ 17 Abs. 1 S. 1 BDG n.F., § 26 Abs. 1 S. 1 LDO NRW). Diese rechtliche Verpflichtung besteht unabhängig davon, ob dem Dienstherrn die Erkenntnisse verwaltungsintern oder durch Verwaltungsexterne vermittelt wurden. Beispiele hierfür sind z.B. Medienberichte, die den ehrenrührigen Vorwurf von Amtsdelikten beinhalten, Strafanzeigen gegen Amtswalter wegen sexueller Belästigung sowie Eingaben oder Beschwerden über ehrverletzendes Verhalten von soldatischen Vorgesetzten. Zu beachten ist hierbei der Zweck des Disziplinarverfahrens, der nicht in der Ahndung von Unrecht, sondern im Schutz der Integrität der Verwaltung besteht, da ansonsten die Aufgabenwahrnehmung der öffentlichen Verwaltung beeinträchtigt wäre. Motiv für ein Disziplinarverfahren gegenüber dem betroffenen Amtswalter als Opfer sollte daher die objektive Untersuchung des zugrundeliegenden Sachverhalts durch den Dienstherrn sein, um feststellen zu können, ob tatsächlich eine schuldhafte Pflichtverletzung, lediglich eine objektive Pflichtverletzung oder ein pflichten- und rechtsgemäßes Verhalten auf Seiten des Betroffenen vorliegt. Um die damit notwendige Sachverhaltsaufklärung durchzuführen, haben nach dem neuen Bundesdisziplinargesetz Ermittlungstätigkeiten unter Anhörung des Betroffenen (§§ 20, 21 BDG) im Rahmen eines einheitlichen Disziplinarverfahrens zu erfolgen (§§ 17-37 BDG). Nach früherer und teilweise noch gültiger Rechtslage sind hingegen zunächst sog. (nichtförmliche) Vorermittlungen unter Anhörung des Betroffenen (vgl. §§ 26-28 LDO NRW) mit dem Ziel der Überprüfung durchzuführen, ob ein anschließendes förmliches Disziplinarverfahren (vgl. §§ 33-36 LDO NRW) einzuleiten ist. Da in dem zweiten Verfahrensabschnitt erneut eine Untersuchung zu erfolgen hat, kommt es bei Anwendung dieser Normen zu einer zweifachen, zeitaufwendigen und dem sich aus der Fürsorgepflicht ergebenden Beschleunigungsgrundsatz zuwiderlaufenden Sachverhaltsuntersuchung, die der zügigen Klärung abträglich ist. Dies wurde nunmehr durch die einmalige Untersuchung für den Bereich des Bundesdisziplinarrechts durch das BDG abgeschafft.

Daneben hat auch der in seiner Ehre verletzte beamtete Amtswalter das Recht, beim (höheren) Dienstvorgesetzten gemäß § 18 BDG (n.F.) / § 34 BDO (a.F.) die Einleitung eines (förmlichen) Disziplinarverfahrens gegen sich selbst zu beantragen, um sich von dem ehrenrührigen Verdacht eines Dienstvergehens oder einer strafbaren Handlung zu entlasten (sog. Selbstreinigungsverfahren)[1176]. Allerdings kann diese Möglichkeit dem Betroffenen nur in Ausnahmefällen empfohlen werden, da dann gerade nicht gegen den ehrangreifenden Störer, sondern vielmehr gegen ihn als Opfer vorgegangen wird, was seine Position und Ansehen nicht gerade verbessert und ihn – zumindest zeitweise – bis zur erhofften

---

[1176] Auf diese Möglichkeit weist z.B. BVerwGE 75, 354 (355) = JZ 1987, 422 = *Schütz* ES/B III 1 Nr. 13 = NJW 1987, 2529 ff. hin.

Entlastung weiterhin belastet. Des weiteren würde der Betroffene sich damit selbst vorläufigen Maßnahmen wie z.B. Suspendierung oder Aufgabenentzug aussetzen, was ebenfalls nicht in seinem Interesse stehen dürfte.

Das Ergebnis dieser disziplinarrechtlichen Untersuchungen sollte dann hoffentlich, damit es dem betroffenen Beamten im Hinblick auf seinen Ehrenschutz überhaupt nützt, in einer (vollständigen) Entlastung von dem disziplinar- oder strafrechtlichen Vorwurf bestehen. Anderenfalls bestätigt sich sonst der Vorwurf, so daß der Amtswalter aufgrund eigener Verfehlungen nur einen reduzierten Schutz (z.B. gegen allgemeine Schimpfworte) geltend machen kann. Ein – aus Sicht des Betroffenen – positives Verfahrensergebnis kann der Dienstherr auch Dritten, insbesondere den Medien, gegenüber mitteilen. Zwar handelt es sich bei Disziplinarverfahren um dienstinterne Verfahren, deren Ergebnisse grundsätzlich nicht für die Öffentlichkeit bestimmt sind, so daß die Bekanntgabe stets nach einer Abwägung, insbesondere der Fürsorgepflicht gegenüber dem Amtswalter, zu erfolgen hat. Bei einem positiven Ausgang für den Betroffenen ist die öffentliche Bekanntgabe dieser Ergebnisses sogar geboten. Der Dienstherr kann mit entsprechenden Verfahrensauskünften z.B. in einer Presseerklärung oder -konferenz nunmehr effektiv für eine wahrheitsgemäße Tatsachengrundlage sorgen, auf Fehler in der öffentlichen Sachverhaltsdarstellung aufmerksam machen oder auf die Vorwürfe erwidern, womit sich in der Folge ehrenrührige Behauptungen als unwahr oder Werturteile aus unangebracht und überzogen erweisen werden. Dies dürfte sehr im Interesse des ehrgekränkten Amtswalters liegen. Eingeschränkt wird die Aussagekraft der disziplinarmäßigen Entlastung dadurch, daß damit über die Ehrenrührigkeit der Verhaltensweise des Störers noch nichts gesagt wird[1177]. Dies muß in einem separaten Verfahren im Rahmen einer aktiven Schutzgewährung erfolgen.

b.) Disziplinarverfahren gegen einen ehrangreifenden, beamteten Verwaltungsinternen

Soweit die ehrenrührige Verhaltensweise von beamteten Verwaltungsinternen, z.B. von „Kollegen“ oder vom (Dienst-)Vorgesetzten, herrührt, kann die Fürsorge- und Schutzpflicht zugunsten des Betroffenen auch ein disziplinarrechtliches Einschreiten des Dienstherrn gegen den Störer rechtfertigen. Allerdings muß dieser verwaltungsinterne Störer der Disziplinargewalt des gleichen Dienstherrn unterliegen, so daß bei einem dienstherrenfremden Beamten lediglich an dessen Dienstherrn mit der Aufforderung herangetreten werden kann, gegen den Betreffenden ein (förmliches) Disziplinarverfahren durchzuführen.

Unabhängig davon, wie der jeweilige Dienstherr von dem Vorwurf erfahren hat, z.B. verwaltungsintern durch den ehrverletzten Amtswalter oder durch Kollegen des ehrkränkenden Störers, sind von der zuständigen Behörde als Dienstherrenorgan die notwendigen disziplinarrechtlichen Verfahren einzuleiten und durchzuführen. Nach dem früheren Bundesdisziplinarrecht (§ 3 BDO) sowie dem noch geltenden Landesrecht (vgl. § 3 LDO NRW) hat die zuständige Behörde hierbei nach pflichtgemäßen Ermessen zu entscheiden, da das Opportunitätsprinzip gilt[1178], so daß ein Disziplinarverfahren nicht stets

---

1177 VGH Kassel, NJW 1989, 1753.

1178 VGH Mannheim, *Schütz* ES/B III 1 Nr. 2 = ZBR 1983, 41 (Ls.). Ferner wurde § 3 LDO NRW in der Gesetzessammlung *v. Hippel/Rehborn*, Gesetze des Landes Nordrhein-Westfalen, 89. Lieferung, München, 2004 mit der nichtamtlichen Überschrift „Opportunitätsprinzip“ versehen.

eingeleitet werden muß. Durch das BDG ist es im Bereich des Bundesrechts insoweit zu einem Paradigmenwechsel gekommen, da eine Nachfolgevorschrift zu § 3 BDO a.F. nicht vorhanden ist und § 17 Abs. 1 BDG eine Einleitung von Amts wegen vorsieht, so daß nunmehr dort das Legalitätsprinzip gilt[1179] und damit ein Disziplinarverfahren stets einzuleiten ist.

Unabhängig von den Prinzipien, die für den Dienstherrn im für ihn einschlägigen Disziplinarrecht gelten, führt die Fürsorge- und Schutzpflicht zugunsten des ehrverletzten Opfers, insbesondere bei Geltung des Opportunitätsprinzips, aber nicht dazu, daß mit den Regelungen ein Anspruch auf Durchführung des Disziplinarverfahrens gewährt wird[1180]. Es besteht nämlich auch kein subjektives Recht eines Bürgers oder eines von einer dienstpflichtwidrigen Maßnahme Betroffenen und somit auch kein Anspruch zugunsten eines Beamten gegen seinen Dienstherrn, disziplinarrechtliche Maßnahmen gegen einen ehrkränkenden verwaltungsinternen beamteten Störer einzuleiten. Dies ergibt sich aus dem bereits genannten Rechtfertigungsgrund des Disziplinarrechts, der nämlich im Schutz der Integrität der Verwaltung selbst besteht. Dies liegt ausschließlich im öffentlichen und nicht im individuellen Interesse.

Sofern sich der Dienstherr für ein disziplinarrechtliches Einschreiten entscheidet, kann – bezogen auf den Gegenstand der vorliegenden Untersuchung – ein disziplinarrechtlich als Dienstvergehen verfolgbares (vgl. § 77 Abs. 1 S. 1 BBG, § 45 Abs. 1 S. 1 BRRG, § 23 Abs. 1 SoldG) Verhalten in der Verletzung verschiedener Pflichten liegen: Zunächst verstoßen ehrverletzende oder menschenwürdeverachtende Handlungen von Vorgesetzten oder „Kollegen" gegen die Pflicht zu würdevollem Verhalten (vgl. § 54 S. 1 BBG, § 26 S. 3 BRRG) bzw. die Pflicht zur Achtungs- und Vertrauensgewährung im dienstlichen Bereich (vgl. § 17 Abs. 2 S. 1 SoldG). Vorgesetzte, die sich gegenüber ihnen unterstellten Soldaten oder Zivildienstleistenden ehrverletzend verhalten, verstoßen gegen ihre Fürsorgepflicht gegenüber Untergegeben (vgl. § 10 Abs. 3 SoldG, § 30a ZDG). Im Wehrrecht kommen noch die Kameradschaftspflicht (vgl. § 12 S. 2 SoldG) sowie die Grundpflicht des Soldaten zum treuen Dienen (vgl. § 7 SoldG) hinzu. Gerade bei einem ehrverletzenden Verhalten in Vorgesetztenstellung, zumal wenn wie z.B. bei einem Offizier die Zuordnung zum gehobenen oder höheren Dienst gegeben ist, ist darauf zu achten, daß der (Dienst- oder Disziplinar-)Vorgesetzte damit seine vornehmsten Pflichten verletzt hat und so seine dienstliche Autorität verliert, kein Vertrauen mehr genießt, den dienstlichen Zusammenhalt untergräbt, den Dienstbetrieb stört und damit letztendlich die Funktionsfähigkeit und Einsatzbereitschaft der Behörde bzw. der Institution beeinträchtigt[1181].

Die Kasuistik hierzu ist zwar unübersichtlich, aber es lassen sich einige charakteristische Fallgruppen bilden, bei denen zu erkennen ist, daß die ehrverletzende Handlung nichts mit der Erfüllung der dienstlichen Aufgaben zu tun hat:

1179 So *Urban*, NVwZ 2001, 1335 (1337), der allerdings auch unter Geltung des alten Rechts den Verfolgungsgrundsatz angenommen hat.

1180 VGH Mannheim, *Schütz* ES/B III 1 Nr. 2 = ZBR 1983, 41 (Ls.).

1181 Vgl. BVerwGE 86, 218 (222); 103, 257 ff.; BVerwG, NVwZ-RR 2001, 43, st. Rspr.

Die genannten Dienstpflichten sind bei beschimpfenden Äußerungen oder beleidigenden Handlungen gegenüber Vorgesetzten, Untergebenen und Kollegen verletzt, da hierdurch die vertrauensvolle Zusammenarbeit als Zweck der Pflicht zu würdevollem Verhalten im behördlichen Innenverhältnis gefährdet ist[1182]. Beispiele hierfür sind verbale Entgleisungen im allgemeinen, abfällige Bemerkungen über „die Unfähigkeit und Faulheit typischer Ossis" und die manuelle Berührung der Stirn eines unterstellten Amtswalters, um diesen mit den Fingern wegzuschieben[1183], die Äußerung „[...] den sollte man teeren, federn, hintern Wagen spannen und übern Berg schleifen"[1184], das Bezichtigen des Vorgesetzten „des schlechten Benehmens, der Impertinenz gegenüber vorgesetzten Behörden, der bösartigen Verfolgungswut und der beharrlich an den Tag gelegten kriminellen Energie"[1185] oder das Bezeichnen des zuständigen Ressortministers als „Witzblattfigur"[1186]. Auch beim Mobbing durch „Kollegen" und „Vorgesetzte" kann gegen ausfindig gemachte „Täter" disziplinarrechtlich eingewirkt werden[1187].

Eine weitere Fallgruppe sind Mißhandlungen und entwürdigende bzw. verachtende Verhaltensweisen von Vorgesetzten und „Kollegen", die in der Praxis allerdings überwiegend bei der Bundeswehr erfolgen, z.B. durch die bereits erwähnten Aufnahme-, Erziehungs- oder Bestrafungsrituale[1188]. Aber auch das Traktieren eines Soldaten mit Stockschlägen[1189] oder der Befehl, „Regenwürmer zuzubereiten und zu essen"[1190], sind menschenwürdeverachtend.

Schließlich zählen hierzu auch ehrkränkende, sexuelle Belästigungen (z.B. sexistische und bloßstellende Fragen über die Intim- und Schlafgewohnheiten, sowie ob und wie damit finanzielle Vorteile erlangt werden, verbunden mit Handgreiflichkeiten in die Intim- und Persönlichkeitssphäre[1191]), sexuell ausgerichtete Anbahnungsversuche[1192] mit verbalen Belästigungen und körperlichen Berührungen, verbunden mit Fragen in obszöner und ordinärer Form vor Dritten nach dem letzten Geschlechtsverkehr[1193], oder das wiederholte Küssen und Berühren weiblicher Kolleginnen gegen deren ausdrücklichen Willen[1194].

Zusammenfassend zeigt sich hieran, daß es mehrere Fallgruppen ehrverletzender Verhaltensweisen gibt, die in der Praxis des öfteren auch kumulativ und nicht nur alternativ

---

1182 *Biletzki*, ZBR 1998, 84 (85).

1183 BVerwG, NVwZ-RR 2001, 43 f.

1184 BVerwGE 113, 19 ff.

1185 BVerwGE 76, 181 ff.

1186 So äußerste sich in einem Zeitungsinterview der Oberst und Vorsitzende des Bundeswehrverbandes *Bernhard Gertz* über den Bundesminister der Verteidigung *Rudolf Scharping*, so daß er mit einem Disziplinarverfahren rechnen muß, Bonner General-Anzeiger vom 18. Februar 2002, S. 4.

1187 *Wittinger-Herrmann*, ZBR 2002, 337 (338).

1188 Vgl. BVerwGE 113, 311 ff. = NJW 2000, 2913 f.; BVerwGE 113, 272 ff. = NVwZ-RR 1999, 321 ff. = ZBR 1999, 142 (Ls.) = NZWehrR 1999, 121 ff.; BVerwGE 113, 70 ff. = NVwZ-RR 1998, 320 f.

1189 BVerwGE 86, 362 ff. = NZWehrR 1991, 77 ff.

1190 BVerwGE 93, 108 ff. = NVwZ 19992, 378 (Ls.) = NJW 1992, 587 ff.

1191 BVerwG, NVwZ-RR 2001, 43 f.

1192 BVerwGE 103, 257 ff. = NVwZ 1996, 402 (Ls.) = NJW 1996, 536 ff.

1193 BVerwGE 113, 279 ff. = NVwZ 1999, 659 ff. = NZWehrR 1999, 78 ff. = ZBR 1999, 343 ff.

1194 BVerwGE 113, 290.

gegeben sind, so daß in der Rechtsprechung eine Differenzierung zwischen diesen ehrenrührigen Handlungen kaum vorgenommen wird[1195].

Im Zuge des Disziplinarverfahrens kann es in Abhängigkeit von der Schwere des Pflichtenverstoßes zu Disziplinarmaßnahmen gemäß § 5 BDG/BDO/LDO wie Verweis, Geldbuße, Gehaltskürzung, Degradierung, verbunden mit einer Sperrfrist zur Wiederbeförderung (= Beförderungsverbot), oder Entfernung aus dem Dienst kommen, wobei generalpräventive Gründe besonders zu berücksichtigen sind. Milderungen des Disziplinarmaßes können im Einzelfall dadurch erfolgen, wenn der Beamte beispielsweise impulsiv, unüberlegt, im Affekt oder aus einer begreifbaren Erregung heraus gehandelt hat[1196] oder alkoholisiert und damit vermindert schuldfähig war (vgl. § 21 StGB). Ehrenrührige und nicht erweislich wahre Tatsachenbehauptungen sind nur dann dienstpflichtwidrig, wenn der Beamte mindestens fahrlässig deren Unwahrheit verkennt[1197]. Er muß sich daher soweit wie möglich Gewißheit über die Richtigkeit derartiger Behauptungen verschaffen, bloße Vermutungen hat er als solche zu kennzeichnen, um der Dienstpflichtwidrigkeit zu entgehen[1198]. Sofern ehrverletzende sexuelle Belästigungen erfolgt sind, sind auch die Wertungen des BSchuG, das wegen § 6 BSchuG bei (Berufs- und Zeit-)Soldaten neben dem Soldatengesetz sogar ausdrückliche Anwendung findet, zu beachten. Aus § 4 Abs. 1 Nr. 2 BSchuG folgt die Verpflichtung des Dienstherrn die notwendigen dienstrechtlichen Maßnahmen zu ergreifen. Gegen die vom Dienstherrn verhängten Disziplinarmaßnahmen stehen dem ehrverletzenden Störer die einschlägigen behördlichen und gerichtlichen Rechtsbehelfe zu und damit der Rechtsweg (Art. 19 Abs. 4 GG) offen.

Sofern sich der Dienstherr nach Ausübung pflichtgemäßen Ermessens gegen ein disziplinarrechtliches Einschreiten entscheidet oder sich als Ergebnis eines (förmlichen) Disziplinarverfahrens ergibt, daß kein Dienstvergehen vorliegt, ist damit nicht notwendigerweise die Auffassung verbunden, daß es sich bei dem inkriminierten Verhalten eines Verwaltungsinternen nicht doch noch um eine Ehrverletzung handeln kann[1199].

Wenn der Dienstherr das ehrenrührige, aber nicht dienstpflichtwidrige Verhalten seines Beamten nicht hinnehmen möchte, kann er diesem gegenüber eine sog. einfache Mißbilligung bzw. eine Ermahnung aussprechen. Eine sog. qualifizierte Mißbilligung kommt nur dann in Betracht, wenn doch ein Dienstvergehen im Raum steht, das aber nicht durch ein Disziplinarverfahren geahndet werden soll. Bei beiden Formen der Mißbilligung handelt es sich kraft gesetzlicher Anordnung nicht um eine Disziplinarmaßnahme, § 6 S. 2 BDG (n.F.), § 6 Abs. 2 BDO (a.F.) oder § 6 Abs. 3 LDO NRW[1200].

1195 Siehe z.B. BVerwG, NVwZ-RR 2001, 43 f.

1196 Vgl. OVG Münster, DVBl. 1963, 30; BVerwG, NJW 2002, 155 (159).

1197 *Battis*³, § 54 BBG, Rz. 9 f.

1198 *Biletzki*, ZBR 1998, 84 (85).

1199 VGH Kassel, NJW 1989, 1753.

1200 Siehe zur Mißbilligung des Verhaltens eines Verwaltungsinternen bereits die Ausführungen ab S. 154 dieser Untersuchung.

c.) Arbeitsrechtliche Schritte gegen einen ehrverletzenden nichtbeamteten Verwaltungsbediensteten

Soweit die ehrenrührige Verhaltensweise von einem nichtbeamteten Verwaltungsinternen herrührt, also von „Kollegen" oder (Dienst-)Vorgesetzten stammt, die Angestellte oder Arbeiter im öffentlichen Dienst sind, kann die Fürsorge- und Schutzpflicht zugunsten des Betroffenen auch ein arbeitsrechtliches Vorgehen des Dienstherrn gegen den Störer rechtfertigen. In Betracht kommen insofern als mildestes Mittel die bereits genannte Möglichkeit zur Verwarnung bzw. Ermahnung. Daneben kommen bei entsprechender Intensität und Schwere der Ehrverletzung die arbeitsrechtlichen Möglichkeiten der Abmahnung und Kündigung in Betracht, wie es auch der Gesetzgeber in § 4 Abs. 1 Nr. 1 BSchuG bei sexueller Belästigung vorgesehen hat. Hieran zeigen sich auch schon die Statusunterschiede, denn im Unterschied zum Disziplinarverfahren, das auf Angestellte und Arbeiter im öffentlichen Dienst nicht anwendbar nicht, kann der Dienstherr bzw. öffentliche Arbeitgeber bei Ehrverletzungen nicht so differenziert handeln wie im Beamtenrecht. So ist eine Gehaltskürzung oder Ähnliches arbeitsrechtlich nicht möglich. Ganz allgemein gilt auch im Arbeitsrecht, daß nicht jede kritische, provozierende, überspitzte oder aus Verärgerung gemachte Äußerung eine arbeitsvertraglich relevante Beleidigung darstellt. Soweit aber ein hinzunehmendes sozialadäquates Mindestmaß[1201] bzw. das sog. „Maß der Sozialverträglichkeit"[1202] überschritten ist, stellen Beleidigungen einen allgemein anerkannten Grund sowohl für eine ordentliche als auch für eine außerordentliche Kündigung dar.

Als Vorstufe zu einer (ordentlichen) Kündigung hat nach dem das Kündigungsschutzrecht prägenden ultima-ratio-Prinzip grundsätzlich eine ordnungsgemäße Abmahnung, die bestimmten inhaltlichen Erfordernissen genügen muß[1203], zu erfolgen. Allerdings sind Ehrverletzungen gegenüber (Dienst-)Vorgesetzten und Kollegen dem sog. Vertrauens- und nicht dem Leistungsbereich zuzuordnen, so daß nach der arbeitsgerichtlichen Rechtsprechung das Erfordernis einer vorherigen vergeblichen Abmahnung wiederum entbehrlich sein kann. Dies ist beispielsweise der Fall bei groben Beleidigungen von Vorgesetzten[1204] oder des (öffentlichen) Arbeitgebers sowie bei bewußt ehrverletzenden Äußerungen, die konkrete betriebliche Auswirkungen (z.B. beim „Mobbing"), insbesondere auf die Arbeitsleistung des Betroffenen, haben bzw. den Betriebsfrieden im allgemeinen stören[1205]. In diesen Fällen ist eine Abmahnung in der Regel nicht geeignet, die Störung des Vertrauensverhältnisses zu beseitigen[1206]. Andererseits ist eine Abmahnung jedoch dann erforderlich, wenn es um ein steuerbares Verhalten des Angestellten oder Arbeiters geht und die Wiederherstellung des Vertrauens beim Arbeitgeber erwartet werden kann, was z.B. bei Bagatellverstößen der Fall ist, die erst durch ihre Häufigkeit das Gewicht und die

---

1201 *Schütz/Schachel*, § 85 LBG NRW, Rz. 38.

1202 *Summer*, PersV 1988, 76 (83): „Nicht jedes Wort darf auf die Goldwaage gelegt werden".

1203 Die Abmahnung muß im Unterschied zu einer bloßen Vertragsrüge, Ermahnung oder Mißbilligung der Dokumentationsfunktion, der Erinnerungs- und Ermahnungsfunktion sowie der Warnfunktion genügen, vgl. *v. Hoyningen-Huene*, BB 1991, 2215 (2219); *Schaub*, Arbeitsrechts-Handbuch[10], § 61, Rz. 30 und 32.

1204 *Schaub*, Arbeitsrechts-Handbuch[10], § 61, Rz. 53.

1205 BAG, BB 1978, 660; BAGE 29, 195 ff.; LAG Düsseldorf, NZA-RR 1996, 166.

1206 *Küttner/Eisemann*, Personalbuch[11], Abmahnung, Rz. 13.

Bedeutung für einen Kündigungsgrund erhalten. So muß z.B. bei ständigem, herabsetzendem und ehrverletzendem Umgangston mit Mitarbeitern der Äußernde nicht mit einer Kündigung ohne Vorwarnung rechnen, was wiederum eine Abmahnung erforderlich macht[1207]. Zur Abgrenzung zwischen den genannten Konstellationen ist auf die Umstände des Einzelfalls abzustellen. Hierbei sind der „betriebsübliche" Umgangston, Bildungsgrad der betroffenen Bediensteten, Zeit und Ort des Geschehens (Gesprächssituation) sowie etwaige vorhergehende Provokationen zu berücksichtigen[1208]. Grob vereinfachend ist eine Abmahnung bei Beleidigungen von (Dienst-)Vorgesetzten oder des Arbeitgebers entbehrlich, während sie bei Ehrverletzungen von Mitarbeitern und Kollegen im allgemeinen erforderlich ist. Eine Abmahnung ist stets entbehrlich, wenn der Betreffende ordentlich unkündbar ist, weil er bereits länger als zwanzig Jahre im öffentlichen Dienst gearbeitet hat (vgl. § 55 BAT).

Der öffentliche Arbeitgeber kann wegen einer Ehrverletzung dem Angestellten oder Arbeiter im öffentlichen Dienst gegenüber auch unmittelbar eine Kündigung aussprechen. Diese bedarf, damit sie als ordentliche Kündigung wegen eines verhaltensbedingten Grundes unter Einhaltung der Kündigungsfrist rechtlich wirksam ist (vgl. u.a. § 53 BAT i.V.m. § 1 Abs. 2 S. 1 KSchG), einer vorherigen erfolglosen Abmahnung nach den vorstehend genannten Grundsätzen. Wenn die Kündigung als außerordentliche, fristlose Kündigung ausgesprochen werden soll, bedarf es eines wichtigen Grundes (vgl. § 54 BAT, § 626 BGB), der dem Arbeitgeber die Fortsetzung des Arbeitsverhältnisses unmöglich macht.

Die rechtlich zulässige Kündigungsart richtet sich nach der Schwere der Ehrverletzung, wobei die zuvor erwähnten Kriterien („betriebsüblicher" Umgangston, Bildungsgrad, Gesprächssituation etc.) zu berücksichtigen sind. Im allgemeinen rechtfertigen grobe bzw. schwere Beleidigungen, insbesondere von Vorgesetzten oder des Arbeitgebers, eine außerordentliche Kündigung des Angestellten oder Arbeiters im öffentlichen Dienst. Dabei muß es sich um bewußt und gewollte Ehrverletzungen handeln (z.B. „Schwein", „Betrüger" oder „Idiot"). Es kommt auch hier nicht auf die strafrechtliche Bewertung der Injurie an, sondern darauf, ob dem Arbeitgeber die Fortsetzung des Arbeitsverhältnisses bzw. das Einhalten der ordentlichen Kündigungsfrist unter diesen Umständen zuzumuten ist[1209]. Von einem Arbeitnehmer kann nämlich erwartet werden, daß er ohne Beleidigungen Arbeitsangelegenheiten mit Vorgesetzten regelt. In minder schweren Fällen, vor allem bei Beleidigungen von Kollegen, kommt lediglich eine ordentliche Kündigung durch den Arbeitgeber in Betracht[1210], sofern der Betroffene ordentlich kündbar ist. „Mobbing" rechtfertigt in der Regel eine ordentliche Kündigung des Täters[1211]. Diese kommt auch unter dem Gesichtspunkt der sog. Druckkündigung in Betracht, wenn also die in ihrer Ehre Verletzten sich weigern, zukünftig mit dem Täter zusammenzuarbeiten.

[1207] Ebd., Rz. 14.

[1208] *Schaub*, Arbeitsrechts-Handbuch[10], § 130, Rz. 32 ff.; *Küttner/Eisemann*, Personalbuch[11], Kündigung, verhaltensbedingte, Rz. 29.

[1209] *Küttner/Eisemann*, Personalbuch[11], Kündigung, außerordentliche, Rz. 51.

[1210] *Schaub*, Arbeitsrechts-Handbuch[10], § 130, Rz. 32 ff.

[1211] Ebd., Rz. 34.

13. Untätigkeit des Dienstherrn

Das Ergebnis der pflichtgemäßen Ermessensausübung des Dienstherrn, wie er die ihm obliegende Fürsorge- und Schutzpflicht wahrnimmt, kann grundsätzlich auch in rechtlich zulässiger Weise dahingehend lauten, daß es ihm untunlich und nicht zweckmäßig erscheint, aktiv gegen die Ehrkränkung bzw. den Aggressor vorzugehen und somit untätig zu bleiben. Im Einzelfall können Gründe der Opportunität dafür sprechen, von einer Reaktion seitens des Dienstherrn abzusehen[1212] und „Gras über die Angelegenheit" wachsen zu lassen.

Dies kommt allerdings zunächst nur bei einem ehrenrührigen Verhalten unterhalb der Strafbarkeitsschwelle in Betracht[1213]. Wenn die Intensität oder Schwere der Ehrverletzung relativ gering ist, z.B. aufgrund eines fahrlässigen Handelns, sollte der Dienstherr untätig bleiben, um ansonsten sich nicht selber der Gefahr und der Kritik dahingehend auszusetzen, er würde „mit Kanonen auf Spatzen schießen". Weiterer Grund für eine Untätigkeit kann es z.B. sein, einer (erkennbar) beabsichtigten Provokation nicht nachzugeben. Jegliche Fürsorgepflichtaktivität wäre dann im Sinne des Ehrenschutzes kontraproduktiv und könnte den ehrverletzenden Störer sogar noch aufwerten, was diesen und seine Tat nur bestätigen würde. Bei einem ehrverletzenden Verhalten eines Verwaltungsinternen zu Lasten eines anderen Kollegen kann es ebenfalls rechtlich zulässig sein, von einer Fürsorgemaßnahme (z.B. der Erstattung einer Strafanzeige) abzusehen, wenn eine umfassende Güterabwägung, die die genannten Rechtsgüter, Aspekte und Interessen berücksichtigt, erfolgt ist.

Grundsätzlich können auch Nutzen und Aufwand einer möglichen Fürsorgepflichtmaßnahme entgegenstehen. Jedoch ist bei keiner der zuvor dargestellten Handlungsmöglichkeiten des Dienstherrn eine personelle und materielle Überforderung zu erkennen, so daß der (etwaige) Aufwand als Kontragesichtspunkt ausscheidet. Die Erfolgsaussichten der Ehrenschutzmaßnahme, z.B. die Stellung eines Strafantrags, sind jedoch dann zu berücksichtigen, wenn eine (begründete) Prognose seitens des Dienstherrn gegeben ist, daß z.B. eine strafrechtliche Verfolgung trotz einer an sich gegebenen Ehrverletzung gemäß §§ 185 ff. StGB aus rechtlichen, insbesondere verfassungsrechtlichen Gründen offensichtlich ausscheidet. Beispiel hierfür ist z.B. der Ausspruch „Soldaten sind (potentielle) Mörder", der nach der mittlerweile gefestigten Rechtsprechung des Bundesverfassungsgerichts[1214] nicht (mehr) als strafbare Beleidigung (§ 185 StGB) oder Volksverhetzung (§ 130 Abs. 1 StGB) verfolgt wird. Hiermit ist trotz des damit verbundenen schwerwiegenden Ehrangriffs und der tiefen Kränkung der Strafrechtsschutz für das Recht persönlichen Ehre der Soldaten faktisch suspendiert. Weitere Beispiele sind die an sich beleidigende Bezeichnung rechtmäßigen Verwaltungshandeln als „Stasi-Methode"[1215] oder

---

[1212] *Schütz/Schachel*, § 85 LBG NRW, Rz. 38.

[1213] Auf der Rechtsfolgenseite kommt insofern dem Erreichen der Strafbarkeitsschwelle in bezug auf die Ehrverletzung eine Bedeutung zu, während dies auf der tatbestandlichen Seite der Fürsorgepflichtnormen unerheblich ist, wie bereits dargestellt, da der „fragmentarische Charakter des Strafrechts" nicht alle ehrverletzenden Verhaltensweisen, die Grundlage einer Fürsorgepflichtkonstellation sein können, umfassen kann.

[1214] BVerfGE 93, 266 ff. = NJW 1995, 3303 ff. (Soldaten II); BVerfG, NJW 1994, 2943 ff. (Soldaten I) sowie BVerfG, NJW 1992, 2750 ff.

[1215] OLG Koblenz, NStZ-RR 2000, 44; BVerwG, NVwZ 1998, 403 ff. = ZBR 1998, 242 ff.

„Gestapo-Methode“[1216]. Diese ehrenrührigen Äußerungen sind von der Meinungs-(äußerungs)freiheit des „Störers“ gemäß Art. 5 Abs. 1 GG gedeckt, so daß sie nicht (mehr) als Straftat verfolgt werden. Sofern die vom Dienstherrn zu beurteilende Ehrenschutzkonstellation ähnlich oder vergleichbar gelagert ist, weil die (grund-)rechtliche Zulässigkeit des ehrenrührigen Verhaltens offensichtlich gegeben ist, sind etwaige Ehrenschutzmaßnahmen, wie z.B. ein Strafantrag des Dienstherrn (§ 194 Abs. 3 S. 1 StGB), mangels Erfolgsaussichten von vornherein aussichtslos, denn es kann im Ergebnis kein Schaden vom dem Rechtsgut der persönlichen Ehre abgewehrt werden, weil die Grundrechtskollision zugunsten der Meinungsfreiheit aufgelöst wurde[1217]. In diesen Fällen ist es also für den Dienstherrn rechtlich zulässig, sein Ermessen bei der Wahrnehmung der Fürsorgepflicht dahingehend auszuüben, nichts (Weiteres) zu unternehmen.

Schließlich kann es unter Berücksichtigung der staatsethischen Aspekte in grundsätzlich zulässiger Weise dem Willen des Dienstherrn entsprechen, Schaden von der Behörde durch negative Medienpräsenz und damit einen (weiteren) Ansehensverlust zu vermeiden. Dies kann aber im Ergebnis nur ausnahmsweise hinzunehmen sein, denn erfahrungsgemäß können Themen in den Medien und in der Öffentlichkeit lange behandelt werden, so daß der Dienstherr dafür Sorge tragen muß, daß er sich durch seine Untätigkeit gegenüber den (wiederholten) Injurien nicht dem Vorwurf der Billigung und Hinnahme der Ehrverletzung seiner ihm unterstellten Beamten aussetzt. Dieser Vorwurf dürfte jedenfalls unter Berücksichtigung der innerbehördlichen Interessen das Ansehen des Dienstherrn nicht gerade steigern. Somit hat sich der Dienstherr im Ergebnis zwischen „zwei Übeln“ als Alternativen zu entscheiden, wobei es vorliegend zweckmäßiger erscheint, aktiv gegen die Injurie vorzugehen oder zumindest für eine wahrheitsgemäße Tatsachengrundlage zu sorgen. Damit wäre der Dienstherr seiner Fürsorgeverpflichtung nachgekommen, während er im Untätigkeitsfalle die negative Publicity kaum vermeiden könnte, behördenintern für eine „schlechte Stimmung“ sorgt und darüber hinaus seine Verpflichtung kraft Fürsorge- und Schutzpflicht verletzt hätte. Hinzu kommt, daß der Dienstherr bedenken muß, daß der von einer Ehrenkränkung betroffene Beamte dienstrechtlich daran gehindert ist, „auf den groben Klotz einen groben Keil zu setzen“[1218]. Dies unterscheidet den Beamten von den „politischen Spitzen“ der Exekutive, den Medien sowie den sonstigen Staatsbürgern, so daß ihm gegenüber eine besondere Schutzpflicht besteht. Sollte der Dienstherr daher aus politischen Rücksichtnahmen[1219] oder taktischen Erwägungen ablehnen, auf eine Richtigstellung der Tatsachen hinzuwirken und damit den Beamten zu entlasten, muss er dem betroffenen Beamten ermöglichen, sich selbst zu verteidigen und gegen den Störer vorzugehen.

14. Zusammenfassung

Insgesamt zeigt sich an dem dargestellten Handlungsinstrumentarium, daß der Dienstherr vielfältige Möglichkeiten hat, um entsprechend der Intensität und Schwere der

[1216] BVerfG, NJW 1992, 2815 f. = StV 1992, 268 ff.; LG Hechingen, NJW 1984, 1766 f.

[1217] Siehe des weiteren die Ausführungen ab S. 88 dieser Untersuchung zu der Frage, warum dieser Gesichtspunkt nicht schon zu einer tatbestandlichen Reduktion der Fürsorge- und Schutzpflicht führt.

[1218] *Kisker*, NJW 1981, 889 (891).

[1219] Siehe *Wenzel*, Das Recht der Wort- und Bildberichterstattung^5, 2. Kapitel, Rz. 33 a.E.

Ehrverletzung sowohl gegenüber Verwaltungsinternen als auch -externen handeln zu können. Dabei braucht er nicht nur eine Option auszuwählen, einige der Handlungsmöglichkeiten können auch kumulativ bzw. parallel vorgenommen werden, was insbesondere von der Art und Anzahl der ehrverletzenden Störer abhängig ist. So können bei ehrverletzenden Verwaltungsbediensteten sowohl organisatorische Maßnahmen als auch disziplinar- bzw. arbeitsrechtliche Schritte erfolgen. Damit würde der Dienstherr präventiv weiteren Ehrverletzungen vorbeugen und die bereits eingetretenen Ehrkränkungen ahnden. Daneben kommt auch die Stellung eines Strafantrags in Betracht. Bei Ehrverletzungen von Medien bietet sich die Wahrnehmung des publizistischen Schutzes (Gegendarstellungs- und zivilrechtliche Ehrenschutzansprüche) sowie der strafprozessualen Möglichkeiten (Strafantrag und -anzeige) an. Sofern sich ein Verwaltungsbediensteter bei seinen ehrkränkenden Maßnahmen Dritter bzw. der Medien bedienen sollte, z.B. durch Interviews, müssen die vorstehend genannten Möglichkeiten als eine Art Gesamtpaket zum Ehrenschutz angesehen werden. Dies gilt umso mehr, da einige der Ehrenschutzmaßnahmen – isoliert betrachtet – zeitaufwendig, schwer durchzuführen oder mit relativ geringen Erfolgsaussichten behaftet sind, so daß das Durchführen einer einzigen aktiven Ehrenschutzmaßnahme nicht immer den gewünschten Erfolg bringen wird.

VI. Ermessensreduzierung und Ermessensreduktion auf Null beim Dienstherrn bei den ehrenschutzrechtlichen Fallkonstellationen

Dadurch, daß dem Dienstherrn bei der Wahrnehmung seiner Fürsorge- und Schutzpflicht gegenüber den Beamten von Gesetzes wegen regelmäßig ein Ermessensspielraum zukommt, kann ein gebundener Erfüllungsanspruch des betroffenen Beamten auf eine konkrete Maßnahme des Dienstherrn nur ausnahmsweise geltend gemacht werden, wenn sich also das Ermessen aus Rechtsgründen verdichtet oder gar auf Null reduziert, so daß nur eine einzig ermessensfehlerfreie Entscheidung möglich ist. Dies hängt im wesentlichen von den Umständen des jeweiligen Einzelfalles ab[1220].

Genauer betrachtet ist – eine Parallele zum Polizei- und Ordnungsrecht aufgreifend – zwischen verschiedenen Konstellationen zu differenzieren: Zunächst kann der Dienstherr zwingend zum Ehrenschutz verpflichtet sein, wobei er dann auf nur ein ganz konkretes Mittel festgelegt ist. In diesem Fall hätten sich sowohl das Entschließungsermessen (das „Ob“ des Tätigwerdens) als auch das Auswahlermessen (das „Wie“ des Tätigwerdens) auf Null reduziert. Daneben können aber auch Konstellationen für eine Ermessensverdichtung dahingehend vorliegen, daß der Dienstherr zwar ebenfalls zwingend zum Ehrenschutz tätig werden muß, ihm aber kein konkretes Mittel vorgeschrieben werden kann, so daß der Dienstherr aus einem Maßnahmenbündel auswählen kann. In diesem Fall ist das Entschließungsermessen auf Null reduziert, während das Auswahlermessen nahezu vollständig erhalten gebelieben ist. Daneben bestehen konsequenterweise und in Übereinstimmung mit der gesetzlichen Normierung eine Vielzahl von Konstellationen, in denen keine der beiden Ermessensarten reduziert ist, so daß der Dienstherr, wie schon dargestellt, sich zulässigerweise auch für eine Untätigkeit entscheiden kann. Der Umstand, welche dieser unterschied-

---

1220 Vgl. u.a. OVG Münster, *Schütz* ES/B III 1 Nr. 29: Hier verdichtete sich das Ermessen auf die Nennung des ehrkränkenden Störers, damit der betroffene Beamte die Vorwürfe vollends aus der Welt schaffen kann.

lichen Konstellationen im jeweiligen konkreten Fall gegeben ist, hängt wiederum maßgeblich davon ab, ob die Ehrverletzung von Verwaltungsinternen oder -externen herrührt.

1. Fallkonstellationen für eine Ermessensreduktion auf Null

Eine Ermessensreduktion auf Null zugunsten des anspruchsberechtigten Beamten liegt zunächst einmal dann vor, wenn sich die inkriminierte Verhaltensweise eines Verwaltungsexternen nach einer Prognose des Dienstherrn als ehrverletzend im Sinne der Beleidigungsdelikte (§§ 185 ff. StGB) darstellt[1221]. Dann hat der Dienstherr den notwendigen Strafantrag gemäß § 194 Abs. 3 S. 1 StGB zu stellen, damit die ehrverletzende Tat entsprechend strafrechtlich verfolgt werden kann. In der Literatur wird dieser Problembereich überwiegend dahingehend umgangen, indem lediglich festgestellt wird, daß der Dienstherr je nach den Umständen des Falls den Strafantrag zu stellen hat[1222], ohne daß dies dann näher konkretisiert wird[1223]. Teilweise wird ein (gebundener) Anspruch auf Stellung des Strafantrags explizit verneint[1224], so daß es bei der Prüfung nach pflichtgemäßem Ermessen des Dienstherrn verbleibt, ob dieser nach einer Abwägung und Bejahung des öffentlichen Interesses den Strafantrag stellt oder nicht stellt[1225]. Andere sind hingegen der Auffassung, daß zumindest bei eindeutig verleumderischen Angriffen der Beamte einen Rechtsanspruch gegen seinen Dienstherrn auf Stellung des Strafantrags haben soll[1226]. Da aber in der Praxis bei der Verleumdung (§ 187 StGB) der subjektive Tatbestand – der Täter muß die unwahre Tatsache wider besseres Wissen behauptet oder verbreitet haben – üblicherweise schwer nachzuweisen ist, wird diese Beschränkung des Rechtsanspruchs ausschließlich auf die Fälle der Verleumdung zurecht kritisiert[1227].

Um ein Leerlaufen der Berechtigung des Dienstherrn zur Stellung des Strafantrags gemäß § 194 Abs. 3 S. 1 StGB zu verhindern, muß dieser zunächst erweiternd auch bei schwerwiegenden bzw. massiven sowie leichteren, aber wiederholten Ehrangriffen[1228]

[1221] Ehrverletzungen von Verwaltungsinternen, die (möglicherweise) die §§ 185 ff. StGB erfüllen, können hierbei nicht berücksichtigt werden, da dem Dienstherrn auch gegenüber dem ehrverletzenden Störer eine (beamtenrechtliche oder arbeitsvertragliche) Fürsorgepflicht zukommt, so daß er abwägen muß, ob und wenn ja, wie er zum Ehrenschutz des beleidigten Amtswalters tätig werden möchte.

[1222] *Schnellenbach*, Beamtenrecht in der Praxis[5], Rz. 388; *Plog-Wiedow-Beck-Lemhöfer*, § 79 BBG, Rz. 19; *Battis*[3], § 79 BBG, Rz. 15; *Summer*, PersV 1988, 76 (83); *Hilg*, Beamtenrecht[3], § 32 I, S. 379; *Minz*, SKV 1967, 285 (288); *Weimar*, RiA 1962, 84; *ders.*, DÖD 1964, 91; *Wenzel*, DÖD 1955, 25 (26).

[1223] Dies beruht im wesentlich darauf, daß in den entsprechenden Ausführungen nicht zwischen Ehrverletzungen von Verwaltungsexternen und -internen differenziert wird, so daß ganz allgemein auf die Umstände des Einzelfalls rekurriert wird.

[1224] VGH Mannheim, *Schütz* ES/B III 1 Nr. 2 = ZBR 1983, 41 (Ls.); GKÖD/*Fürst*, § 79 BBG, Rz. 28.

[1225] GKÖD/*Fürst*, § 79 BBG, Rz. 28.

[1226] *Summer*, PersV 1988, 76 (83); *Hartmann-Janssen*[4], Art. 86 BayBG, Erl. 2b, S. 124; *Weiß-Niedermaier-Summer-Zängl/Summer*, Art. 86 BayBG, Erl. 48b. *Leuze*, ZBR 1998, 187 (192) stimmt dem zu.

[1227] *Leuze*, ZBR 1998, 187 (192)

[1228] Hierzu zählen z.B. die fast täglichen Beschimpfungen der Politessen („Schlampe", „Dumme Kuh", „Trottel in Uniform" etc.), die zwar – jede für sich gesehen – im Rahmen einer Außendiensttätigkeit noch als eine leichtere Ehrverletzung angesehen werden kann, die jedoch in ihrer Gesamtheit und Häufigkeit einer schwerwiegenden und massiven Ehrverletzung gleichzusetzen sind. Daher hat sich die Stadt Köln als Dienstherr entschlossen, keine Nachsicht mehr zu üben, sondern ab sofort konsequent Strafanträge zu stellen, vgl. Pressemitteilung der Stadt Köln, Nr. 383 vom 21. April 1998.

gestellt werden[1229]. Dies wäre z.B. bei der Bezeichnung von Richtern als „Rechtsverdreher“, von Soldaten als „(potentielle) Vergewaltiger“ oder von Polizisten als „schießwütige Idioten“ gegeben. Eine den Anforderungen an eine massive Ehrverletzung genügende Beleidigung läge an sich auch bei der verunglimpfenden Bezeichnung „Soldaten sind (potentielle) Mörder“ vor. Insofern könnte auch hier vom Dienstvorgesetzten an sich verlangt werden, den Strafantrag zu stellen[1230], da ansonsten das Wehrpflichtgesetz dazu verpflichten würde, in einer „Mörderbande“ zu dienen[1231]. Jedoch führt die bereits mehrfach genannte Rechtsprechung des Bundesverfassungsgerichts dazu, daß diese Äußerungen nicht (mehr) als Straftat verfolgt werden, und somit – trotz ihres ehrverletzenden Charakters – aus dieser Fallgruppe für eine Ermessensreduktion auf Null ausscheiden müssen[1232]. Darüber hinaus wird in der Literatur schließlich noch ein ganz generell geltender Anspruch eines betroffenen Beamten auf Stellung des Strafantrags durch seinen Dienstherrn postuliert, um zu verhindern, daß dem Dienstherrn noch ein Ermessensspielraum belassen wird, so daß dieser sich noch (vertretbar) gegen eine den Ehrenschutz des Beamten dienende Maßnahme entscheiden kann[1233]. Dem ist zuzustimmen, denn sonst käme es zu einer nicht nachvollziehbaren und erklärbaren Diskrepanz zwischen dem exekutiven und dem strafprozessualen Handeln der Behörde. Der Dienstherr hat rechtlich und in der Öffentlichkeit das Verhalten des Beamten, der einer ehrenrührigen Verhaltensweise ausgesetzt ist, zu verantworten und dafür einzustehen, insbesondere wenn er zuvor eine ausdrückliche Weisung erteilt hat. Es wäre ein nicht hinzunehmender Widerspruch, wenn der Dienstherr dem Beamten eine Dienstverrichtung vorschreibt, die er für rechtmäßig hält, und er dann zugleich den ordnungsgemäß und rechtmäßig handelnden Beamten nicht durch Stellung des Strafantrags in Schutz nimmt, wenn diesen wegen seiner dienstlichen Tätigkeit in seiner persönlichen oder beruflichen Ehre angegriffen wird. Genau hier sind dann wiederum die genannten staatsethischen Aspekte maßgeblich zu berücksichtigen[1234]. Unter Bezugnahme auf die Ausführungen zur Staatsehre bzw. -würde sind die Injurien gegen die Amtswalter nicht hinzunehmen, da indirekt bzw. mittelbar stets auch die Behörde getroffen ist, so daß deren Ansehen ebenfalls in Mitleidenschaft gezogen wird. Wenn stattdessen der Widerspruch zwischen exekutiven und strafprozessualen Handeln zugelassen würde, wäre im Ergebnis die rechtmäßige Aufgabenerfüllung der Exekutive als Teil der Staatsräson nicht mehr gewährleistet, und der Staat, stellvertretend durch die Dienstherren, würde sich selbst ad absurdum führen.

Im übrigen ergibt sich dieses Ergebnis auch aus Sicht derjenigen, die nicht näher auf das Problem, unter welchen Voraussetzungen der Strafantrag zu stellen ist, eingehen (wollen)

1229 *Kisker*, NJW 1981, 889 (891).

1230 *Tettinger*, JuS 1997, 769 (772); *Isensee*, Grundrecht auf Ehre, S. 25. Dies sah auch das abweichende Votum der Verfassungsrichterin *Haas* in BVerfGE 93, 266 (313 ff.) vor. Nach ihr dürfen diejenigen nicht schutzlos gestellt werden, die legitimerweise die Gebote befolgen, die sich aus dem Verteidigungsauftrag der Verfassung ergeben, und gerade deshalb angegriffen werden.

1231 *Ehmann*, JuS 1997, 193 (198).

1232 Der Dienstherr kann nach obigen Ausführungen hierbei zulässigerweise auch untätig bleiben. Sofern bei ihm jedoch die Erwartung besteht, einen Wechsel in der Rechtsprechung herbeiführen zu können, soll ihm dies nicht genommen werden, so daß er freiwillig (ohne Rechtszwang) den Strafantrag stellen kann.

1233 *Leuze*, ZBR 1998, 187 (192). Diese Auffassung wird von *Häde*, BayVBl. 1999, 673 (678, Fn. 45) als „sehr pointiert“ bezeichnet.

1234 Siehe insofern die Ausführungen ab S. 133 dieser Untersuchung.

und dessen Lösung der Ausübung pflichtgemäßen Ermessens auf Seiten des Dienstherrn überlassen. Dieser Ermessensspielraum ist nämlich – genau betrachtet – nur sehr gering. Gegen die zwingende Stellung des Strafantrags und damit gegen die Ermessensreduktion auf Null spricht einzig der Umstand, wenn dem handelnden Beamten selbst ein fachlicher Fehler (rein objektive oder gar schuldhafte Dienstpflichtwidrigkeit) unterlaufen ist, er eine strafbare Handlung begangen hat, er den ehrangreifenden Störer selbst provoziert hat oder ihm ein sonstiges Mitverschulden an der Ehrverletzung vorzuwerfen ist[1235]. Dies ist dann vom Dienstherrn z.B. im Rahmen eines Disziplinarverfahrens oder im Rahmen der allgemeinen, von ihm stets zu vorzunehmenden internen Sachverhaltsermittlung vorab zu klären. Sofern sich unter Berücksichtigung dieser Ausnahmekonstellationen nach einer Prognose des Dienstherrn ergibt, daß trotzdem eine Strafbarkeit gegeben ist, sind keine Aspekte mehr zu erkennen, die gegen eine Ermessensreduktion auf Null sprechen. Zusammenfassend ist also bei einem mutmaßlichen strafbaren Verhalten[1236] eines Verwaltungsexternen gemäß den §§ 185 ff. StGB zum Nachteil eines Beamten vom Dienstherrn stets der Strafantrag gemäß §§ 194 Abs. 3 S. 1, 77a StGB zu stellen. Dies kann der Verletzte auch aufgrund der gegebenen Ermessensreduktion auf Null unmittelbar mit der allgemeinen Leistungsklage einklagen, einer sog. Bescheidungsklage bedarf es nicht.

Weiter ist eine Ermessensreduktion auf Null gegeben, wenn die genannten Voraussetzungen der verschiedenen Rechtsschutzrichtlinien[1237], auch in der Analogie auf Aktivprozesse des Beamten, erfüllt sind. Der Dienstherr hat sich durch seine beabsichtigte oder bereits durchgeführte Verwaltungspraxis gemäß Art. 3 Abs. 1 GG selbstgebunden[1238], so daß er sich von dieser rechtlichen Bindung im Außenverhältnis nach allgemeinen Grundsätzen nur lösen kann, wenn er seine Verwaltungspraxis für die Zukunft abändert.

Ferner ist eine Ermessensreduktion auf Null dahingehend gegeben, daß der Dienstherr, wenn er nicht selber aktiv zum Ehrenschutz tätig werden möchte, dem von einer Ehrverletzung betroffenen Amtswalter zumindest die Möglichkeit eröffnen muß, selbst gegen einen externen, ehrverletzenden Störer zivilrechtlich und strafprozessual vorgehen zu können. In Übereinstimmung mit den obigen Ausführungen zur Erteilung der prozessualen Aussagegenehmigung (§ 376 ZPO, § 54 StPO) hat der Dienstherr dem Betroffenen insofern die entsprechende Genehmigung zu erteilen[1239], denn sonst kann der Betroffene seinen Ehrenschutz allenfalls unzureichend wahrnehmen, oder er hat ein erhebliches Kostenrisiko, vor allem wenn er entsprechende Verfahren schon eingeleitet hat. Diese Konstellation zeichnet sich allerdings durch eine scheinbare Paradoxie aus: Sie entsteht nämlich zum einen erst dann, wenn sich der Dienstherr entschlossen hat, nicht zum Ehrenschutz seiner Beamten tätig werden zu wollen, wenn er also entsprechend sein Entschließungsermessen ausgeübt hat. Zum anderen ergibt sich, daß gerade in dieser

---

1235 *Weiß-Niedermaier-Summer-Zängl/Summer*, Art. 86 BayBG, Erl. 48b.

1236 Siehe hierzu die Ausführungen zur tatbestandlichen Reduktion ab S. 102 dieser Untersuchung. Auf die von *Weiß-Niedermaier-Summer-Zängl/Summer*, Art. 86 BayBG, Erl. 48b erwähnten „gewichtigen Gründe" für ein strafbares Verhalten des Störers kommt es für den Anspruch auf Stellung des Strafantrags nicht mehr an, da dies bereits auch der Tatbestandsseite des Fürsorgepflichtanspruch berücksichtigt wurde.

1237 Siehe insofern die Ausführungen ab S. 204 dieser Untersuchung.

1238 Vgl. *Maurer*, Allgemeines Verwaltungsrecht[14], § 24, Rz. 21 f. und Rz. 31.

1239 Siehe hierzu näher die Ausführungen ab S. 202 dieser Untersuchung.

Situation der rechtlich zulässigen Untätigkeit gerade eine Ermessensreduktion vorliegt, so daß der Dienstherr den Betroffenen mit einer konkreten Maßnahme unterstützen muß. Aufgelöst wird dieses Paradoxon dadurch, daß die handelnden Akteure in bezug auf den Ehrenschutz unterschiedlich sind. Die Hauptlast des Vorgehens gegen den ehrverletzenden Aggressor trägt der Beamte. Der Dienstherr braucht – entsprechend seinem Willen – nicht aktiv tätig zu werden, er muß lediglich die entsprechende Aussagegenehmigung erteilen. Diese Argumentation ergibt sich im Ergebnis aus den entsprechenden gesetzlichen Vorschriften (vgl. § 62 Abs. 3 S. 2 BBG, § 65 Abs. 3 S. 2 LBG NRW). Diese Normen geben letztendlich die Selbstverständlichkeit wieder, daß der Dienstherr, wenn er aus unabweisbaren dienstlichen Gründen zulässigerweise die Aussagegenehmigung verweigert, andere Ehrenschutzmaßnahmen kraft Fürsorgepflicht zu treffen hat. Dies bedeutet umgekehrt, daß der Dienstherr dann, wenn er andere Schutzmaßnahmen nicht treffen möchte, die prozessuale Aussagegenehmigung erteilen muß. Die dienstlichen Gründe, mit denen er die Verweigerung der Aussagegenehmigung begründen möchte, muß er daher mit seinem Willen und seinem Interesse an anderen Ehrenschutzmaßnahmen abgleichen. Insofern stellt sich die Erteilung der Aussagegenehmigung als Residuum dar, dem der Dienstherr aufgrund einer Ermessensreduktion auf Null nachkommen muß, sofern nicht die Versagungsgründe eingreifen.

Schließlich ist eine Ermessensreduktion auf Null nach der Rechtsprechung dahingehend gegeben, daß der Dienstherr – trotz des öffentlichen Interesses an effektiver Vorgehen gegen Korruption im öffentlichen Dienst – verpflichtet ist, dem betroffenen Beamten den Namen des Denunzianten zu nennen, der den Beamten leichtfertig oder wider besseren Wissens der Korruption bezichtigt hat, selbst wenn dem Denunzianten Vertraulichkeit zugesichert worden war[1240].

2. Fallkonstellationen für eine Ermessensreduzierung

Eine Ehrenschutzkonstellation, in der ebenfalls eine Ermessensreduktion auf Null beim Entschließungsermessen vorliegt, aber zugleich das Auswahlermessen beim Dienstherrn noch gegeben ist, liegt in Übereinstimmung mit den Ausführungen zur Abgrenzung des Fürsorgepflichtanspruchs zum allgemeinen Folgenbeseitigungsanspruch[1241] dann vor, wenn der Dienstherr selbst oder durch ein ihm zurechenbares Verhalten eine Ehrverletzung zum Nachteil eines ihm unterstellten Amtswalters getätigt hat. Hierzu zählen neben direkten Beleidigungen auch eine durch sachliche Gründe nicht gerechtfertigte Kritik oder das Bloßstellen in der Öffentlichkeit, insbesondere durch den Vorwurf, dienstrechtliche Obliegenheiten verletzt zu haben[1242], sowie unbegründete Disziplinarmaßnahmen oder vergleichbare Maßnahmen (z.B. Versetzung) des Dienstherrn, die durch ihren Anlaß oder die näheren Umstände ehrenrührig sind. Wenn in diesen Situation der öffentlich-rechtliche Folgenbeseitigungsanspruch gegeben ist[1243], reduziert sich das Ermessen beim Fürsorgepflichtanspruch auf Null. Der Dienstherr ist dann kraft Fürsorge- und Schutzpflicht

---

1240 BVerwGE 118, 10 ff. = NJW 2003, 3217 ff. = NVwZ 2004, 246 ff. = DVB. 2003, 1546 ff. = DÖV 2003, 769 ff. = ZBR 2004, 56 ff. = NWVBl. 2003, 340 f.

1241 Siehe diesbezüglich die Ausführungen ab S. 172 dieser Untersuchung.

1242 VG Aachen, Urteil vom 14. Dezember 2000, Az. 1 K 842/97, S. 2 (unveröffentlicht, rechtskräftig).

1243 Siehe insofern die Ausführungen ab S. 266 dieser Untersuchung.

verpflichtet, sein (objektiv) fürsorgepflichtwidriges Verhalten rückgängig zu machen bzw. den andauernden, rechtswidrigen Zustand, der durch die Ehrverletzung eingetreten ist, zu beseitigen. Die Fürsorgepflicht als Schadensabwendungspflicht muß schließlich erst recht eingreifen, wenn durch den Dienstherrn selbst in ein persönliches Rechtsgut eines Beamten eingegriffen und es verletzt wurde. Die Beseitigung bzw. die Rückgängigmachung kann sich hierbei auf konkrete Handlungen bzw. Maßnahmen beziehen, so daß in der Regel ein actus contrarius (z.B. die Aufhebung einer Suspendierung) ausreichend ist, um wieder einen fürsorgepflichtkonformen Zustand herzustellen. Insofern ist dann auch das Auswahlermessen des Dienstherrn reduziert. Soweit jedoch z.B. eine unberechtigte öffentliche Kritik beseitigt werden muß, kann dem Dienstherrn nur die Beseitigung an sich, nicht aber die konkreten Umstände oder gar der Inhalt des Widerrufsschreibens vorgegeben werden, so daß dem Dienstherrn insofern ein Auswahlermessen verbleibt, wie er die Beseitigung bzw. Rückgängigmachung konkret durchzuführen hat.

Hiermit steht auch die nächste Ehrenschutzkonstellation, die ebenfalls zu einer Ermessensreduzierung führt, im Zusammenhang. Bei einem (drohenden) ehrverletzenden Verhalten seitens des Dienstherrn und einer begründeten Erstbegehungs- oder Wiederholungsgefahr ist der Dienstherr aufgrund der Fürsorgepflicht dazu verpflichtet, dieses als fürsorgepflichtwidrig einzustufendes Verhalten zu unterlassen[1244]. Auch hier ist der Dienstherr zunächst verpflichtet, tätig zu werden, so daß sein Entschließungsermessen auf Null reduziert ist. Soweit es z.B. das Unterlassen einer öffentlichen Kritik durch den Dienstherrn selbst, den zuständigen Minister oder z.B. den (Dienst-)Vorgesetzten betrifft, zeigt sich ebenfalls kein Auswahlermessen, denn es ist einfach ein Untätigbleiben verlangt. Soweit jedoch die Ehrverletzung, dem Dienstherrn lediglich zugerechnet wird (z.B. beim Mobbing), und er das zukünftige Unterlassen sicherstellen muß, kann ihm kein konkretes Mittel vorgeschrieben werden. Der Dienstherr muß hier wählen können, ob er es bei einer bloßen Ermahnung beläßt, ob er disziplinar- oder arbeitsrechtliche Schritte gegenüber dem Aggressor wahrnimmt oder verwaltungsinterne Organisationsmaßnahmen durchführt. Insofern ist das Auswahlermessen nicht reduziert.

3. Ergebnis

Somit ergibt sich zusammenfassend, daß es nur vergleichsweise wenige Konstellationen gibt, in denen statt des Anspruchs auf pflichtgemäße Ermessensausübung eine Ermessensreduzierung bzw. eine Ermessensreduktion auf Null vorliegt. Soweit die Ehrverletzung aus der Exekutive herrührt, ist das Entschließungsermessen des Dienstherrn auf Null reduziert, während sich das Auswahlermessen allenfalls auf ein Maßnahmenbündel reduziert. Bei Ehrverletzungen von Externen ist – mit Ausnahme der Strafantragsstellung und der Erteilung der prozessualen Aussagegenehmigung – hingegen noch nicht einmal eine Reduzierung des Entschließungsermessens gegeben. So kann der Dienstherr z.B. bei publizistischen Angriffen zulässigerweise wählen, ob er eine Gegendarstellung oder sogar zivilrechtliche Ehrenschutzansprüche durchsetzen möchte, oder ob er untätig bleiben will. Selbst wenn eine Strafverfolgung des Ehrverletzers aus rechtlichen oder tatsächlichen Gründen nicht in Betracht kommt (z.B. Verjährung), kann dem Dienstherrn, im Unter-

---

1244 Dies wurde eingehend bei der Abgrenzung des Fürsorgepflichtanspruchs zum öffentlich-rechtlichen Unterlassungsanspruch ab S. 184 dieser Untersuchung dargestellt.

schied zu Ehrverletzungen durch Interne, kein Residuum vorgegeben werden. Es steht ihm insofern frei, ob und wie er seiner Ehrenschutzverpflichtung nachkommt, oder ob er z.B. eine Zurückweisung des Ehrangriffs durch ihn als genügend ansieht.

VII. Gerichtliche Kontrolldichte und das sog. Untermaßverbot

Unabhängig von der vom jeweiligen Dienstherrn im Einzelfall konkret getroffenen Ermessensentscheidung, ob und wie er seiner Fürsorge- und Schutzverpflichtung nachkommt, kann diese von den zuständigen Verwaltungsgerichten nur im Rahmen des § 114 VwGO unter begrenzten Gesichtspunkten überprüft werden. Die gerichtliche Kontrolldichte hinsichtlich der Rechtsfehlerfreiheit der Ermessensausübung (vgl. § 40 VwVfG) ist eingeschränkt. Mit der Fürsorgepflicht wird bezüglich des zu schützenden Rechtsguts, der persönlichen oder beruflichen Ehre eines Amtswalters, eine grundrechtliche Schutzpflicht, die sich aus Art. 2 Abs. 1 i.V.m. Art. 1 Abs. 1 GG ergibt, im Einzelfall umgesetzt. Der Dienstherr ist daher nicht nur berechtigt, sondern in dem vorstehend erläuterten Umfang verpflichtet, mit wirksamen, geeigneten und angemessenen Maßnahmen das gefährdete (grundrechtlich verbürgte) Rechtsgut zu schützen. Beurteilungsmaßstab für die Ehrenschutzmaßnahmen des Dienstherrn ist somit das sog. Untermaßverbot, wobei es nicht darum geht, einen möglichst hohen Schutzgrad zu erreichen. Vielmehr darf die Maßnahme, die der Dienstherr zum Schutze der Ehre des Amtswalters vornimmt, einen rechtlichen Mindeststandard nicht unterschreiten[1245]. Sie muß hierfür z.B. überhaupt geeignet sein, so daß sie nicht gänzlich ungeeignet oder unzulänglich sein darf und nicht erheblich hinter dem Schutzziel zurückbleiben darf.

Bei einer verwaltungsgerichtlichen Überprüfung der vom Dienstherrn getroffenen Entscheidung im Rahmen seiner pflichtgemäßen Ermessensausübung darf das Gericht im Unterschied zur Widerspruchsbehörde die Zweckmäßigkeit nicht und die Rechtsmäßigkeit nur eingeschränkt überprüfen. Folgende Ermessensfehler können hierbei auftreten, die zur Rechtswidrigkeit der Entscheidung des Dienstherrn führen[1246]. Wenn der Dienstherr jegliche Ermessenserwägungen unterläßt, weil er z.B. eine Ehrkränkung als nicht so gewichtig ansieht, obwohl die Fürsorgepflicht tatbestandlich gegeben ist, oder weil er kein Interesse an der Angelegenheit und an einem Eingreifen hat, liegt ein sog. Ermessensnichtgebrauch vor. Sofern der Dienstherr seiner dargestellten Pflicht zur umfassenden Sachverhaltsermittlung unter Anhörung des betroffenen Beamten nicht nachkommt, geht er von unzutreffenden, in Wahrheit nicht gegebenen tatsächlichen oder rechtlichen Voraussetzungen aus, so daß ein sog. Ermessensdefizit vorliegt. Wenn der Dienstherr beispielsweise finanzielle oder haushaltsrechtliche Erwägungen in den Vordergrund stellt, obwohl die meisten der dargestellten Ehrenschutzmaßnahmen als kostenneutral angesehen werden

1245 Der Begriff des Untermaßverbots in bezug auf die staatlichen Schutzpflichten bei den Grundrechten geht terminologisch auf das bei Abwehrgrundrechten verwandte Übermaßverbot zurück. Er wurde von *Isensee*, z.B. in AfP 1993, 619 (626) und Grundrecht auf Ehre, S. 18, entwickelt und mittlerweile vom Bundesverfassungsgericht als Maßstab aufgegriffen, vgl. BVerfGE 88, 203 (254) = NJW 1993, 1753 ff.; BVerfG, NJW 1996, 651 ff.; NJW 2002, 1638 (1639). Er verdeutlicht anschaulich, daß ein Mindeststandard bei den Schutzmaßnahmen zwingend erfüllt sein muß, ansonsten wäre die staatliche Maßnahme rechtswidrig. Inwieweit dieser Mindeststandard freiwillig übererfüllt wird bzw. übererfüllt werden könnte, kann gerichtlicherseits hingegen nicht überprüft werden, da dies der Einschätzungsprärogative der Exekutive vorbehalten bleibt.

1246 Bezüglich der Terminologie wird auf *Kopp-Ramsauer*[8], § 40 VwVfG, Rz. 59 ff. zurückgegriffen.

können, geht der Dienstherr von sachfremden Erwägungen aus, die ebenfalls einen Ermessensfehler darstellen. Sollte der Dienstherr z.B. pauschal oder in nicht nachvollziehbarer Weise unter Hinweis auf angebliche oder nicht näher belegte Umstände im Einzelfall sich den Anforderungen und Erfordernissen seiner Fürsorge- und Schutzpflicht entziehen und ein Tätigwerden ablehnen[1247], liegen verschiedene Ermessensfehler kumulativ vor, so daß es insofern schwierig ist, z.B. den Ermessensnichtgebrauch vom Ermessensdefizit abzugrenzen. Weiter liegt ein Ermessensfehler vor, wenn der Dienstherr rechtsfehlerhaft die vorstehend erläuterten Konstellation der Ermessensreduktion auf Null bzw. der Ermessensreduzierung verkennt und stattdessen annimmt, ihm stünde ein vollumfängliches Ermessen zu. Schließlich liegt eine sog. Ermessensunterschreitung vor, wenn der Dienstherr unter Berücksichtigung des Untermaßverbots eine Maßnahme trifft, die den vorgegebenen Mindeststandard nicht erreicht[1248].

D. Zwischenergebnis

Sowohl die Tatbestands- als auch die Rechtsfolgenseite des Fürsorge- und Schutzpflichtanspruchs (§ 79 BBG, § 48 BRRG) wurden trotz des knappen und prima facie unmittelbar verständlichen Wortlauts eingehend dargestellt, wobei es galt, auf eine Vielzahl von rechtlichen Problemen auf verschiedenen Ebenen einzugehen. Auf der Tatbestandsebene waren im Ergebnis lediglich die rechtlichen und tatsächlichen Anforderungen an den Angriff auf die persönliche oder berufliche Ehre eines Amtswalters im Rahmen des Dienstverhältnisses näher darzustellen, während die weiteren tatbestandlichen Voraussetzungen (Anspruchsberechtigter, Anspruchsverpflichteter, sowie Verjährung und Verwirkung) knapp gehalten werden konnten. Einer eingehenden Analyse bedurfte hingegen die Rechtsfolgenseite. Dem Dienstherrn steht insofern ein vielgestaltiges Handlungsinstrumentarium zur Verfügung, bei dem auch straf- und zivilrechtliche Rechtsnormen zu berücksichtigen sind. Im Rahmen der Ermessensausübung sind eine Vielzahl von Aspekten, angefangen bei den persönlichen Interessen des Anspruchsberechtigten bis hin zu den staatsethischen Aspekten der Staatsräson und Staatswürde maßgeblich zu beachten, die aber in der Regel ein aktives Vorgehen des Dienstherrn gegen die Ehrverletzung und den Aggressor rechtfertigen können. Einen gebundenen Anspruch hat der begünstigte Beamte jedoch nur in den wenigen, genannten Konstellationen; im allgemeinen verbleibt es bei der sog. Destination. Die verwaltungsgerichtliche Kontrolldichte ist, sofern nicht eine Ermessensreduktion auf Null vorliegt, reduziert (§ 114 VwGO).

E. Geltendmachung und Durchsetzung des Ehrenschutzanspruches aufgrund der Fürsorgepflicht

Im folgenden gilt es darzustellen, wie der Beamte seinen (Primär-)Anspruch auf Schutz seiner Ehre aufgrund der Fürsorgepflicht, der ihm ein subjektiv-öffentliches Recht

1247 Vgl. *Lecheler*, HdbStR^2, § 72, Rz. 95 a.E.

1248 Als Beispiel für eine Ehrenschutzmaßnahme, die dem Untermaßverbot genügt, kann, wie bereits dargestellt, die Entscheidung aus BVerwGE 99, 56 ff. herangezogen werden. Dort wurde die Zurückweisung eines ehrenrührigen Vorwurfs mit den Worten „Ich muß jedoch Vergleiche mit 'Stasi-Methoden' zurückweisen." als (noch) ausreichend für den Ehrenschutz befunden.

entweder auf eine ermessensfehlerfreie Entscheidung seitens des Dienstherrn oder beim Vorliegen einer Ermessensreduktion auf eine konkrete Ehrenschutzmaßnahme vermittelt, in der Praxis gegenüber seinem Dienstherrn durchsetzen kann. Sofern bisher der Fürsorge- und Schutzpflicht nicht nachgekommen wurde, ist es für den Primäranspruch jedoch unerheblich, ob auf Seiten des Dienstherrn ein zurechenbares Verschulden vorliegt oder nicht. Ausreichend ist die objektive Sachlage, daß weiterhin eine Fürsorgepflichtkonstellation gegeben ist.[1249]. Im Vordergrund stehen bei der Geltendmachung und Durchsetzung des Ehrenschutzanspruches die Möglichkeiten des gerichtlichen Rechtsschutzes zugunsten des Beamten, also die förmlichen Rechtsbehelfe, die bei Untätigkeit des Dienstherrn bzw. bei ungenügender Umsetzung der Fürsorge- und Schutzpflicht in Betracht zu ziehen sind[1250].

I. Verwaltungsinterne Geltendmachung und die tatsächliche Handhabungspraxis der Fürsorgepflicht

Zunächst könnte zur Geltendmachung des Ehrenschutzanspruches aufgrund der Fürsorgepflicht im Hinblick auf eine spätere Klage beim Verwaltungsgericht die Stellung eines Antrags bzw. Petitums (vgl. § 126 Abs. 3 BRRG i.V.m. § 75 S. 1 VwGO) auf dem Dienstweg (vgl. § 171 BBG, § 179 LBG NRW) an den jeweiligen Dienstvorgesetzten bei der zuständigen Behörde als Repräsentanten des Dienstherrn[1251] erforderlich sein.

1. Rechtliche Notwendigkeit einer vorherigen Antragstellung?

Nach früher vertretener Auffassung und Übereinstimmung zwischen Rechtsprechung und Literatur handelt es sich bei der verwaltungsinternen Geltendmachung (= Antragstellung) um eine nicht nachholbare Klagevoraussetzung, d.h. der Antrag mußte zwingend vor Klageerhebung gestellt worden sein. Anderenfalls wurde die entsprechende Klage ohne nachträgliche Heilungsmöglichkeit als unzulässig verworfen[1252]. Dieses Erfordernis galt unabhängig davon, ob der Dienstherr bereits mit der Angelegenheit befaßt war oder ob er von der ehrverletzenden Verhaltensweise eines Verwaltungsinternen oder -externen Kenntnis hatte[1253]. Diese verfahrensmäßige Notwendigkeit war einem Beamten, der von einem fürsorgepflichtwidrigen Verhalten seines eigenen Dienstherrn betroffen war und nun z.B. die Beseitigung einer ehrverletzenden Äußerung oder die Rückgängigmachung von

---

[1249] *Plog-Wiedow-Beck-Lemhöfer*, § 79 BBG, Rz. 24; *Schütz/Schachel*, § 85 LBG NRW, Rz. 43.

[1250] Da es sich im wesentlichen um bekannte Rechtsschutzverfahren handelt, werden lediglich die verfahrensrechtlichen Besonderheiten hervorgehoben, die sich aus beamtenrechtsspezifischen Vorschriften ergeben, während die allgemeinen Frage- und Problemstellungen dieser Rechtsbehelfe nur kursorisch behandelt werden können, um den Umfang dieser Untersuchung nicht zu überdehnen.

[1251] Siehe hierzu das beispielhafte Antragsformular F.I.15 „Antrag an den Dienstherrn auf Gewährung von Ehrenschutz" in: *Johlen/Schnellenbach*, Münchener Prozeßformularbuch, Band 6: Verwaltungsrecht, S. 728 ff.

[1252] BVerwGE 74, 303 (306); *Weiß-Niedermaier-Summer-Zängl/Summer*, Art. 86 BayBG, Erl. 50c; *Plog-Wiedow-Beck-Lemhöfer*, § 79 BBG, Rz. 24. Dieses Antragserfordernis galt nicht nur beim Primäranspruch, sondern auch bei allen denkbaren rechtlichen Streitigkeiten mit dem Dienstherrn (vgl. § 126 Abs. 1 und Abs. 3 BRRG). Übereinstimmend gibt es kein Antragserfordernis bei dem zivilrechtlich zu verfolgenden Amtshaftungsanspruch, vgl. *Günther*, ZBR 1992, 66 (70).

[1253] Vgl. *Simianer*, ZBR 1992, 71 (75 f.).

(Disziplinar-)Maßnahmen begehrte, schwer zu vermitteln. Gerade in dieser Fallkonstellation müßte die Beseitigung des fürsorgepflichtwidrigen Verhaltens aufgrund der Bindung der Verwaltung an das Rechtsstaatsprinzip gemäß Art. 20 Abs. 3 GG seitens der Dienstherren eigentlich von Amts wegen erfolgen, ohne daß es eines vorherigen Antrages des Betroffenen bedürfte. Begründet wurde die vorherige Antragstellung jedoch damit, daß die Durchsetzung von Rechten im Beamtenverhältnis aufgrund des gegenseitigen Treueverhältnisses, selbst wenn dieses durch den Dienstherrn einseitig mißachtet wurde, daran geknüpft ist, daß der Dienstherr zunächst selbst die Möglichkeit zum Tätigwerden nach genauer Darstellung des Antragsbegehrens durch den Amtswalter erhalten muß, um dann entscheiden zu können, ob er dem Antrag entspricht oder nicht, ohne daß sofort die Verwaltungsgerichte bemüht werden müssen[1254].

Das Bundesverwaltungsgericht[1255] hat jedoch jüngst seine Rechtsprechung präzisiert und klargestellt, daß das Begehren des Beamten, hier also eine Ehrenschutzmaßnahme kraft Fürsorgepflicht, der erkennbaren und bescheidbaren Konkretisierung gegenüber dem Dienstherrn, spätestens im Widerspruch gemäß § 126 Abs. 3 BRRG bedarf. Eine vorherige Antragstellung bei Erhebung der allgemeinen Leistungsklage oder einer Feststellungsklage ist nicht (mehr) notwendig. Die neuere Literatur folgt dieser Rechtsprechung[1256].

Somit ist eine vorherige Antragstellung nur noch vor Erhebung der Verpflichtungsklage notwendig. Der vorherige Antrag ist unabhängig von einem etwaig erforderlichen Widerspruchsverfahren zu stellen. Auf ihn können bei einer Verpflichtungsklage die (späteren) Beteiligten des verwaltungsgerichtlichen Verfahrens auch nicht übereinstimmend verzichten.

Des Weiteren ist die neue Rechtsprechung des Bundesverwaltungsgerichts jedoch auch dahingehend zu verstehen, daß der Beamte sich aber vorher mit einem Antrag an den Dienstherrn wenden *kann*. Die vorherige Antragstellung ist also zumindest zu erwägen, um den Dienstherrn nicht zu überraschen, zu verärgern und um ihn möglicherweise auf schonendere Art auf Mißstände in der Exekutive aufmerksam machen zu können.

2. Inhaltliche Anforderungen an den Antrag

Inhaltlich gesehen muß der betroffene Amtswalter in dem Antrag sein Fürsorgepflichtbegehren in zweifacher Hinsicht ausreichend konkretisieren, damit er den von der früheren Rechtsprechung entwickelten Grundsätzen genügt und die Antragsessentialia enthält: Zunächst muß der Antrag aus (objektiver) Empfängersicht (vgl. §§ 133, 157 BGB) dahingehend eindeutig und zweifelsfrei formuliert sein, daß keine Gegenvorstellung oder eine Dienst- oder Fachaufsichtsbeschwerde eingelegt wird. Weiter muß der betroffene Amtswalter sein Antragsbegehren dahingehend konkretisieren, daß er die Gründe darlegt, aus denen sich seiner Meinung nach ergibt, daß der für den Dienstherrn handelnde Amtswalter sich fürsorgepflichtwidrig und schuldhaft verhalten hat, wobei der zugrundeliegende

---

1254 Vgl. *Günther*, ZBR 1992, 66 (70); *Simianer*, ZBR 1992, 71 (74), allgemeine Auffassung.

1255 BVerwGE 114, 350 (352 ff.) = BayVBl. 2002, 53 (54) = NVwZ 2002, 97 (98) = DÖV 2001, 1042 (1043) = DVBl. 2002, 196 (197 f.) = PersV 2002, 23 (25).

1256 *Wind-Schimana-Wichmann-Langer*, Öffentliches Dienstrecht[5], Rz. 302; *Plog-Wiedow-Beck-Lemhöfer*, § 79 BBG, Rz. 25; *Battis*, NJW 2002, 1085 (1089).

Lebenssachverhalt zwangsläufig in dem notwendigen Maße mitgeteilt werden muß. Schließlich ist das Ziel des Petitums (Erfüllung, Schadensersatz) klar zu benennen[1257].

Will der Dienstherr dem Antrag stattgeben, so wird er das Begehren erfüllen, womit sich das Antragsverfahren automatisch erledigt. Will der Dienstherr hingegen dem Antragsbegehren nicht nachkommen, so muß er den Antrag mit einem Ablehnungsbescheid, der als Verwaltungsakt i.S.v. § 35 S. 1 VwVfG qualifiziert wird, ablehnen[1258].

3. Antragsstellung durch die Betroffenen in der Verwaltungspraxis der Dienstherren

Hinsichtlich der Stellung dieses Antrags durch die Betroffenen und seiner Bearbeitung durch den Dienstherrn zeigen sich jedoch in der tatsächlichen Praxis zwei negative und sich auch noch verstärkende Entwicklungstendenzen, die der Effektivität des Fürsorgepflichtanspruchs schaden und mit dessen Sinn und Zweck unvereinbar sind[1259].

Als Entwicklungstendenz fällt zunächst auf, daß die von ehrenrührigen Handlungen betroffenen Beamten in der Praxis zu wenig und zu selten Gebrauch von ihrem Antragsrecht machen und sich auch nicht mit genügendem Nachdruck gegen die Ehrverletzungen wehren wollen. Dies geschieht größtenteils in der Annahme, die Injurie sei entweder nicht so schlimm, der Dienstherr würde den beantragenden Amtswalter für kleinlich oder übersensibel halten, oder weil die Beamten der Annahme unterliegen, der Dienstherr würde ohnehin nichts unternehmen, so daß man gar nicht erst einen Antrag auf eine aktive Ehrenschutzmaßnahme an ihn zu richten brauche. Insbesondere bei innerdienstlichen ehrenrührigen Verhaltensweisen ergibt sich eine recht hohe Dunkelziffer nichtverfolgter Fälle. Dieses opportunistische Verhalten läuft zwar darauf hinaus, sich selbst Zeit und Mühe zu ersparen, aber es ermöglicht – wenngleich ungewollt – dem Dienstherrn, daß dieser sich gar nicht erst seinen Verpflichtungen kraft Fürsorgepflicht stellen muß. Es soll zwar keinem Beamten vorgehalten werden, wenn er aus karrierebezogenen, also beförderungs- und beurteilungstaktischen, Gründen die Geltendmachung eines Fürsorgepflichtanspruchs unterläßt, aber eine Änderung dieser tatsächlichen Situation, in der Ehrverletzungen folgen- und sanktionslos hingenommen werden, kann nur dann herbeigeführt werden, wenn Beamte auch willens sind, selbst ihre Rechtpositionen gegenüber ihrem Dienstherrn durchzusetzen[1260]. Dazu bedarf es Mut und Ausdauer. Schließlich kann es aber auch opportun werden, die Fürsorgepflicht einzufordern, um so zu zeigen, daß man sich neben seiner Pflichten auch seiner Rechte als Beamter bewußt ist. Wie bereits erwähnt ist

---

1257 *Günther*, ZBR 1992, 66 (68, 70); *Simianer*, ZBR 1992, 71 (78); *Schnellenbach*, Beamtenrecht in der Praxis[5], Rz. 417; *ders.*, ZBR 1992, 257 (267 f.).

1258 *Simianer*, ZBR 1992, 71 (78 f.).

1259 Wie bereits einleitend erwähnt wird diesbezüglich keine empirische Erhebung vorgenommen, um den Rahmen dieser Untersuchung nicht zu sprengen. Die Analyse der beamtenrechtlichen Literatur, die Auswertung einer Vielzahl von Zeitungsartikeln sowie etliche Gespräche mit Beamten und Rechtsanwälten mit Beamtenrecht als Tätigkeitsschwerpunkt lassen an diesem tatsächlichen Befund kaum Zweifel aufkommen.

1260 *Summer*, PersV 1988, 76 (83) und *Leuze*, ZBR 1998, 187 (192) fordern hierfür zurecht auch die Unterstützung der Berufsverbände ein, z.B. Deutscher Beamtenbund (DBB), Gewerkschaft der Polizei (GdP), Bundeswehrverband oder Deutscher Richterbund, denn mit deren Hilfe könnten Präzedenzverfahren zur Auslotung des Umfangs der Fürsorge- und Schutzpflicht des Dienstherrn wesentlich effektiver und auch medienwirksamer durchgeführt werden.

Fürsorge aktive Gestaltung des Dienstverhältnisses[1261]. Es würden Sinn und Zweck des Dienst- und Treueverhältnisses verkannt, wenn der Amtswalter sich in eine passive Position begibt und lediglich darauf wartet, daß sein Dienstherr seiner (ihm mitunter unangenehmen) Fürsorge- und Schutzverpflichtung nachkommt. Der Beamte sollte vielmehr eigenverantwortlich aktiv werden, und die von ihm begehrte Fürsorgepflichtmaßnahme – auch gerichtlich – einfordern, denn nur so kann für die Zukunft erwartet werden, daß die Dienstherrn sensibilisiert werden und von sich aus den beamten- und verfassungsrechtlichen Vorgaben der Fürsorge- und Schutzpflicht genügen.

Als weitere und sich negativ ergänzende Entwicklungslinie zeigt sich, daß die jeweiligen Dienstherrn zur Zeit, wenn durch einen Beamten eine ehrschützende Fürsorgepflichtmaßnahme eingefordert wird, dieses erstens nicht gern sehen und zweitens dem Antrag in den seltensten Fällen nachkommen. Es soll hier zugunsten der Dienstherren angenommen werden, daß dieses Unterlassen von Fürsorgeaktivitäten wirklich das Ergebnis einer Ermessensentscheidung ist und nicht unmittelbarer Ausdruck einer rechtlichen Arroganz und Ignoranz, bei der jegliche Ehrenschutzmaßnahme schon von vornherein unterlassen wird, weil diese Verpflichtung überhaupt nicht mehr ernst genommen wird[1262]. Auch bei den Dienstherren zeigt sich ein Opportunismus, der darauf hinausläuft, daß es besser sei, die Sache auf sich beruhen zu lassen, da die Angelegenheit ansonsten nur wieder „aufgewärmt" werde, was „politisch" schädlich sein kann[1263]. Die Schutzaufgabe aufgrund der Fürsorgepflicht wird, allgemein gesehen, vielmehr danach gehandhabt, was zur jeweiligen Zeit als politisch nützlich oder opportun angesehen wird, als danach, was dem Beamten einfachgesetzlich und verfassungsrechtlich zusteht[1264]. Daß hierbei die bereits dargestellten Ermessensgesichtspunkte[1265] aufgrund der Konzentration auf die Augenblicksinteressen und unter Vernachlässigung übergeordneter Aspekte, vor allem der staatsethischen Interessen, nicht hinreichend berücksichtigt bzw. sogar verkannt werden, liegt auf der Hand. Dies wird in der Literatur teilweise zurecht als schwerwiegende Verletzung der Fürsorge- und Schutzpflicht empfunden[1266]. Es entsteht sogar der Eindruck, daß der Dienstherr die Injurie durch zum Teil unangebrachte Zurückhaltung sogar stillschweigend billigt[1267]. Die betroffenen Beamten werden damit häufig vom Dienstherrn im Stich gelassen und dürfen sich berechtigterweise auch so fühlen[1268]. Auffälliges Indiz für diesen Befund ist, daß eine Vielzahl von Medienberichten sich durch ein nicht mehr zu vertretendes Defizit an Sachkenntnis bei gleichzeitig sich vergrößernden Vorurteilen gegenüber Beamten „auszeichnen"[1269]. Diesbezügliche proaktive Maßnahmen der Dienstherrn, z.B. der Abbau von Vorurteilen durch Öffentlichkeitsarbeit, lassen sich kaum erkennen. Die wenigen vorhandenen Versuche zur „Ehrenrettung" sind allenfalls „Tropfen

---

[1261] Vgl. *Summer*, ZBR 1998, 151 (153 f.).

[1262] Nach *Leuze*, ZBR 1998, 187 (192) ist die Annahme, dem Dienstvorgesetzten sei der Ehrenschutz ihm unterstellter Beamter ein besonderes Anliegen, geradezu naiv.

[1263] *Summer*, PersV 1988, 76 (83); *Leuze*, ZBR 1998, 187 (192).

[1264] *Leuze*, ZBR 1998, 187 (192); *Summer*, PersV 1988, 76 (83).

[1265] Siehe hierzu die Ausführungen ab S. 130 dieser Untersuchung.

[1266] *Krause*, Für Gerechtigkeit – gegen Diffamierung, S. 636.

[1267] Vgl. *Kisker*, NJW 1981, 889 (891).

[1268] Vgl. *Summer*, PersV 1988, 76 (83).

[1269] *Thiele*, DÖD 1988, 273 (277).

auf den heißen Stein"[1270]. Der Ehrenschutz der Beamten ist somit zu einem „Lippenbekenntnis degeneriert"[1271].

Für eine Kehrtwende wäre vorrangig auf die Dienstherren einzuwirken. Der beste Ehrenschutz der Amtswalter sind (Dienst-)Vorgesetzte, die sich ihrer verfassungs- und beamtenrechtlichen Pflichten bewußt sind, „die andere Menschen führen können und denen man das berufliche Schicksal anderer ohne Bedenken anvertrauen kann"[1272]. Da dieser idealtypische Zustand aber nicht von den Dienstherren selbst erreicht werden dürfte, muß auch von den Amtswaltern verlangt werden, daß sie ihre Rechte aus der Fürsorge- und Schutzpflicht einklagen, und daß die Verwaltungsgerichte diesen berechtigten Begehren durch entsprechende Judikate zu Lasten der Dienstherren nachkommen. An diesen drei Punkten ist anzusetzen, um das Ziel eines beamten- und verfassungsrechtskonformen Ehrenschutzes kraft Fürsorgepflicht zu erreichen.

II. Widerspruchs- bzw. Beschwerdeverfahren

Soweit der Dienstherr auf Antrag eines betroffenen Amtswalters seiner Fürsorge- und Schutzpflicht nicht oder in nicht genügendem Umfang nachgekommen ist, also einen vollumfänglichen oder teilweisen Ablehnungsbescheid verfügt hat oder schlicht untätig geblieben ist, ist vom Betroffenen gemäß § 126 Abs. 3 BRRG i.V.m. §§ 68 ff. VwGO ein Widerspruchsverfahren durchzuführen, auch wenn seitens des Dienstherrn kein Verwaltungsakt vorliegt, gegen den sich der Beamte richtet (vgl. § 75 VwGO), oder wenn kein Verwaltungsakt vom Dienstherrn begehrt wird (allgemeine Leistungsklage). Abweichend von § 68 Abs. 1 S. 1, Abs. 2 VwGO wird durch § 126 Abs. 3 BRRG bestimmt, daß für alle beamtenrechtlichen Klagen i.S.v. § 126 Abs. 1 BRRG ein Vorverfahren, also auch für (allgemeine) Leistungs- und Feststellungsklagen eines Amtswalters, notwendig und damit zugleich statthaft ist. Auf die Besonderheiten im Wehrdienstrecht, das für (Berufs- und Zeit-)Soldaten, Wehrpflichtige und Zivildienstleistende zur Anwendung gelangt, wird im Anschluß an die folgende Darstellung des Widerspruchsverfahrens eingegangen.

Der Hintergrund der Regelung in § 126 Abs. 3 BRRG ergibt sich aus dem besonderen Dienst- und Treueverhältnis, in das Beamter und Dienstherr eingebunden sind. Bevor es zur Klageerbung vor einem Verwaltungsgericht kommt, soll die oberste Dienstbehörde (§ 126 Abs. 3 Nr. 2 BRRG i.V.m. § 3 Abs. 1 BBG oder § 3 Abs. 1 Nr. 1 LBG NRW) die Möglichkeit zur rechtlichen Stellungnahme haben und insbesondere bei Ermessensentscheidungen die Möglichkeit zur eigenen Korrektur der bisherigen Verwaltungsentscheidung bekommen[1273]. In Abkehr zur Regelung in § 68 Abs. 1 S. 2 Nr. 2 VwGO ist der

---

1270 So *Krause*, Für Gerechtigkeit – gegen Diffamierung, S. 636.

1271 *Leuze*, ZBR 1998, 187 (192).

1272 Ebd., S. 196. Wesentliche Bedenken dagegen, daß die Exekutive dies aus eigener Kraft schaffen kann, ergeben sich aus der allseits beklagten und parteipolitisch motivierten Ämterpatronage, die auch als Filz oder Kölner Klüngel bezeichnet wird. Diese Unsitte hat leider dazu geführt, daß Führungspositionen in der Exekutive von Personen wahrgenommen werden, die den damit verbundenen Aufgaben nur mit Mühe gewachsen sind, worunter nicht nur die Rechtsverhältnisse der ihnen unterstellten Beamten im speziellen, sondern auch ganz allgemein das Image des deutschen Berufsbeamtentums, leidet und hierdurch Schaden genommen hat.

1273 Vgl. *Monhemius*, Beamtenrecht, Rz. 654; *Wind*, ZBR 1984, 167 (169).

Widerspruch vom Amtswalter ebenfalls zwingend und damit statthaft gemäß § 126 Abs. 3 Nr. 1 BRRG einzulegen, wenn die ablehnende Entscheidung bezüglich der Fürsorgepflichtmaßnahme von der obersten Dienstbehörde des Dienstherrn getroffen wurde. Damit werden verfahrensmäßig sämtliche Möglichkeiten zur „Selbstschlichtung" innerhalb der öffentlich-rechtlichen Dienst- und Treueverhältnisse ausgeschöpft[1274].

Beim Widerspruchsverfahren selbst handelt es sich aufgrund der rechtlichen Ausgestaltung um ein Vorverfahren zu einer verwaltungsgerichtlichen Klage. Es ist also selbst nur dann zulässig, soweit schon die allgemeinen Sachurteilsvoraussetzungen der (zukünftigen) verwaltungsgerichtlichen Klage gegeben sind. Soweit damit die Eröffnung des Verwaltungsgerichtswegs und der Terminus „Klagen aus dem Beamtenverhältnis" (§ 126 Abs. 1 BRRG) angesprochen ist, wird auf die nachfolgenden Ausführungen, vor allem zum sachlichen und persönlichen Anwendungsbereich, verwiesen[1275]. Der Widerspruchsführer muß zur Vermeidung eines Popularwiderspruchs widerspruchsbefugt in Analogie zu § 42 Abs. 2 VwGO sein. Soweit damit die Möglichkeit einer Verletzung in eigenen Rechten angesprochen ist, wird ebenfalls auf die nachfolgenden Ausführungen zur verwaltungsgerichtlichen Klagebefugnis verwiesen[1276]. Allerdings handelt es sich beim Anspruch aufgrund der Fürsorge- und Schutzpflicht, wie bereits dargestellt, um einen Ermessensanspruch. Nach Sinn und Zweck des Widerspruchsverfahren, der auch neben der Prüfung der Rechtsmäßigkeit auch die Zweckmäßigkeit der getroffenen Verwaltungsmaßnahme beinhaltet, muß es daher für die Widerspruchsbefugnis ausreichen, wenn der Widerspruchsführer geltend macht, durch die Zweckwidrigkeit in eigenen Rechten beeinträchtigt, aber nicht notwendigerweise auch verletzt zu sein[1277]. Insoweit kann der betroffene Amtswalter zusätzlich zu den rechtlichen Erwägungen, die auch bei der Klagebefugnis maßgebend sind, im Widerspruchsverfahren geltend machen, daß die vom Dienstherr gewählte Fürsorge- und Schutzmaßnahme unzweckmäßig ist[1278], z.B. wegen mangelnder grundsätzlicher Geeignetheit oder weil das Unterlassen einer Fürsorgehandlung durch den Dienstherrn nicht in Einklang mit den erwähnten staatsethischen Ermessenserwägungen zu bringen ist.

Die Anforderungen an Form und Frist des einzulegenden Widerspruch ergeben sich aus § 126 Abs. 3 BRRG i.V.m. § 70 Abs. 1 VwGO. Da ein Widerspruch auch bei Leistungs- und Feststellungsklagen eines Beamten einzulegen ist, aber diese Klagen fristungebunden erhoben werden können, wird die Verweisung bei entsprechenden Leistungs- und Feststellungsklagen eines Amtswalters nach herrschender Meinung teleologisch reduziert, so daß die Monatsfrist nur bei Anfechtungs- und Verpflichtungsklagen greift[1279]. Allerdings kann eine Verwirkung zur Ausübung dieses prozessualen Rechts eintreten, wenn der Dienstherr unter Berücksichtigung des Grundsatzes von Treu und Glauben (§ 242 BGB)

[1274] *Simianer*, ZBR 1992, 71 (75).

[1275] Siehe hierzu die Ausführungen ab S. 241 dieser Untersuchung.

[1276] Siehe hierzu die Ausführungen ab S. 246 dieser Untersuchung.

[1277] Vgl. *Kopp-Schenke*[13], Vor § 68 VwGO, Rz. 1; § 68 VwGO, Rz. 9.

[1278] *Wind*, ZBR 1984, 167 (169).

[1279] *Wind*, ZBR 1984, 167 (176); *Wind-Schimana-Wichmann-Langer*, Öffentliches Dienstrecht[5], Rz. 304. Anderer Auffassung, wenngleich ohne nähere Begründung: *Plog-Wiedow-Beck-Lemhöfer*, § 172 BBG, Rz. 33.

bei vernünftiger Betrachtung zur Auffassung gelangen konnte, daß der betroffene Beamte sich mit der für ihn ungünstigen Entscheidung des Dienstherrn abgefunden hat. Hierfür muß seit dem konkreten Fürsorgeanlaß längere Zeit verstrichen sein (Zeitmoment), und es müssen besondere Umstände (Umstandmoment) hinzutreten[1280].

Bei der Entscheidungszuständigkeit über den Widerspruch – sofern kein Abhilfebescheid (§ 72 VwGO) ergeht – stellt die Regelung in § 126 Abs. 3 Nr. 2 S. 1 BRRG[1281] eine Ausnahme zu § 73 Abs. 1 S. 2 Nr. 2 VwGO dar: So wird der Widerspruchsbescheid in Beamtenrechtsangelegenheiten grundsätzlich von der obersten Dienstbehörde erlassen. Dies gilt auch, wenn die Ausgangsentscheidung von einer der nunmehrigen Widerspruchsbehörde verfassungsrechtlich übergeordneten Stelle getroffen wurde[1282], z.B. bei der Versetzung eines politischen Beamten, der in einem Bundesministerium beschäftigt ist, in den einstweiligen Ruhestand. Diese Versetzung erfolgt durch den Bundespräsidenten, während das zuständige Bundesministerium weiterhin die Widerspruchsbehörde als oberste Dienstbehörde bleibt. Die Bestimmung der obersten Dienstbehörde richtet sich nach dem einschlägigen Beamtengesetz (z.B. § 3 Abs. 1 BBG oder § 3 Abs. 1 LBG NRW). Bei Beamten, die in der dem Bundestag, dem Bundesrat, dem Bundesverfassungsgericht, dem Bundespräsidenten oder den entsprechenden Landesverfassungsorganen angegliederten Verwaltung tätig sind, ist die oberste Dienstbehörde der Präsident des jeweiligen Verfassungsorgans. Bei Beamten in der unmittelbaren Staatsverwaltung ist die oberste Behörde ihres Dienstherrn, in dessen Dienstbereich sie ihr Amt ausüben, in der Regel das jeweilige Ressortministerium. Bei Beamten in der mittelbaren Staatsverwaltung ist die oberste Dienstbehörde das nach dem jeweils einschlägigen Kommunalverfassungsrecht bzw. der Satzung zuständige Organ, also normalerweise das kommunale Vertretungsorgan (Stadt- oder Gemeinderat sowie Kreistag) oder das Verwaltungsorgan der Selbstverwaltungskörperschaft. Ausnahmsweise kommt auch die staatliche Aufsichtsbehörde in Betracht. Die Entscheidungszuständigkeit der obersten Dienstbehörde kann als Ausfluß der Organisationsgewalt durch eine zu veröffentlichende allgemeine Anordnung (Rechtsverordnung, Satzungsregelung) auf andere Behörden übertragen werden. Die Delegationsbefugnis gemäß § 126 Abs. 3 Nr. 2 S. 2 BRRG[1283], greift vor allem dann ein, wenn die oberste Dienstbehörde den Ausgangsbescheid nicht selber erlassen hat.

Schließlich sind noch besondere Kostentragungsregelungen bei Widersprüchen von Beamten zu berücksichtigen. Nach § 80 Abs. 1 S. 3, 2. Hs., Nr. 1 VwVfG hat der Amtswalter bei erfolglosem Widerspruch keine Kosten, die eventuell bei seinem Dienstherrn angefallen sind, zu tragen. Diese Kostenfreiheit basiert ebenfalls auf der beamtenrechtlichen Fürsorgepflicht. Ein Kostenrisiko besteht für den Amtswalter nur dann, wenn ihm eigene

---

1280 BVerwG, NVwZ 1991, 1182 (1183); *Wind*, ZBR 1984, 167 (176).

1281 Vgl. hierzu die wortgleiche Vorschrift z.B. in: § 192 Abs. 3 Nr. 2 NdsBG.

1282 Vgl. BVerwG, NVwZ 1986, 199 ff.

1283 Siehe hierzu exemplarisch die gemäß § 126 Abs. 3 Nr. 2 S. 2 BRRG i.V.m. § 180 LBG NRW erlassene „Verordnung über beamtenrechtliche Zuständigkeiten im Geschäftsbereich des Ministeriums für Inneres und Justiz – Bereich Inneres – vom 1. Mai 1981 (GV NRW S. 258 = Nr. 36a in der Gesetzessammlung *v. Hippel/Rehborn*, Gesetze des Landes Nordrhein-Westfalen, Stand: 89. Lieferung, München, 2004), zuletzt geändert durch Verordnung vom 18. Dezember 1998 (GV NRW S. 774). Zu beachten ist insbesondere § 5 dieser Verordnung, der sowohl für das Widerspruchsverfahren als auch für sämtliche gerichtlichen Verfahrensarten gilt, da die Vertretungsberechtigung für alle Verfahren geregelt wird.

Kosten, z.B. durch die Hinzuziehung eines Rechtsanwalts, entstanden sind. Diese eigenen Kosten hat der Amtswalter aber auch im Falle eines erfolgreichen Widerspruchs zu tragen, wenn ausnahmsweise die Hinzuziehung nicht notwendig war (§ 80 Abs. 1 VwVfG)[1284].

Im Wehrdienstrecht gelten, wie bereits angedeutet, abweichende Regelungen, die für die Dienstverhältnisse der (Berufs- und Zeit-)Soldaten, Wehrpflichtigen und Zivildienstleistenden zur Anwendung kommen. Gemäß § 23 Abs. 1 WBO (Wehrbeschwerdeordnung) tritt das Beschwerdeverfahren an die Stelle des Widerspruchsverfahrens als Vorverfahren, d.h. es findet eine Ersetzung statt. Da hier das Beschwerdeverfahren das Widerspruchsverfahren ersetzt, ist konsequent auch gem. § 23 Abs. 3 WBO eine weitere Beschwerde unzulässig. Das Verfahren gemäß § 23 Abs. 1 WBO[1285] gilt aber nur dann, wenn für eine Klage aus dem Wehrdienstverhältnis der Verwaltungsrechtsweg gegeben ist. Für eine allgemeine Leistungs- und die Feststellungsklage ist jedoch gemäß § 68 VwGO ein Vorverfahren nicht vorgeschrieben, so daß für die öffentlich-rechtlichen Dienstverhältnisse, für die das Beschwerdeverfahren nach der WBO gilt, die allgemeinen Grundsätze zur Notwendigkeit und zur Statthaftigkeit des Widerspruchs- bzw. Beschwerdeverfahrens heranzuziehen sind. Die Vorschrift des § 126 Abs. 3 BRRG kann hierbei weder unmittelbar noch analog auf Leistungs- und Feststellungsklagen aus dem Wehrdienstverhältnis angewandt werden[1286].

III. Rechtsschutz vor den Verwaltungsgerichten

Sollte der Dienstherr seiner Fürsorge- und Schutzpflicht nicht nachkommen und ein entsprechendes Begehren des Amtswalters auch im Widerspruchsverfahren abgelehnt haben, kann der betroffene Amtswalter den Rechtsweg zu den Verwaltungsgerichten beschreiten, selbst wenn der Beamte durch den Dienstherrn zwischenzeitlich klaglos gestellt wurde oder eine sonstige Erledigung in rechtlicher oder tatsächlicher Hinsicht eingetreten ist, sofern das zweckmäßige gerichtliche Vorgehen des Amtswalters zulässig und begründet ist.

1. Eröffnung des Verwaltungsrechtswegs

Sofern eine Streitigkeit in bezug auf ein öffentlich-rechtliches Dienst- und Treueverhältnis vorliegt, bedarf es keiner Prüfung der allgemeinen Eröffnung des Verwaltungsrechtswegs gemäß § 40 Abs. 1 S. 1 VwGO, da der besondere Vorbehalt zugunsten des Beamtenrechts (§ 40 Abs. 2 S. 2 VwGO) greift. Nach § 126 Abs. 1 BRRG als lex specialis[1287] besteht eine aufdrängende Rechtswegzuweisung an die Verwaltungsgerichte für alle Klagen aus dem Beamtenverhältnis, um eine Vereinheitlichung und Konzentration des Rechtswegs in Beamtenrechtsfragen zu ermöglichen.

1284 *Wind*, ZBR 1984, 167 (180).

1285 Das Beschwerdeverfahren selbst ist in §§ 1 ff. WBO näher ausgestaltet.

1286 *Kopp-Schenke*[13], Vor § 68 VwGO, Rz. 3. Zur Begründung bezieht sich BVerwGE 52, 247 (251 f.) darauf, daß für Klagen aus dem Wehrdienstverhältnis die Revision nur nach §§ 132, 137 VwGO zugelassen wird, wobei § 127 BRRG weder unmittelbar noch analog anzuwenden ist. Nur § 59 Abs. 1 SoldG ist vergleichbar mit § 126 Abs. 1 BRRG, ansonsten fehlen im Soldatengesetz zu §§ 126 Abs. 3, 127 BRRG vergleichbare Vorschriften.

1287 *Kopp-Schenke*[13], § 40 VwGO, Rz. 3 m.w.N.; *Schnellenbach*, ZBR 1992, 257.

Der sachliche Anwendungsbereich von § 126 Abs. 1 BRRG umfaßt alle Streitigkeiten, die im Beamtenverhältnis „wurzeln" oder nach beamtenrechtlichen Vorschriften entschieden werden[1288]. Gemeint sind damit insbesondere die in den Beamtengesetzen geregelten Ansprüche des Beamten gegen seinen Dienstherrn, wie z.B. der vorliegend zu untersuchende Anspruch aufgrund der Fürsorge- und Schutzpflicht. Der persönliche Anwendungsbereich (Klägerkreis) umfaßt alle aktiven Beamten, Ruhestandsbeamten, ehemaligen Beamten und deren Hinterbliebene. Der damit angesprochene Personenkreis ist nicht genau deckungsgleich mit den von den Fürsorgepflichtnormen berechtigten Personen. Ruhestandsbeamte und frühere Beamte i.S.v. § 126 Abs. 1 BRRG werden umfaßt, da sich die Fürsorgepflicht auch auf die Zeit nach der Beendigung des Beamtenverhältnisses erstreckt. Die Fürsorgepflicht gilt jedoch nicht für die Erben, es sei denn, sie gehören zum Kreise der engeren Familie. Der Begriff der Hinterbliebenen in § 126 Abs. 1 BRRG ist jedoch weitergefaßt.

Die Geltung der Rechtswegzuweisung in § 126 Abs. 1 BRRG ergibt sich für Bundesbeamte aus § 172 BBG und damit aufgrund der allgemeinen Verweisungsnorm in § 46 DRiG auch für die Richter im Bundesdienst. Bei den Landes- und Kommunalbeamten (vgl. z.B. § 180 LBG NRW) ergibt sich dies aus den jeweiligen landesrechtlichen Bestimmungen, wie auch bei den Richtern im Landesdienst (z.B. § 4 Abs. 1 S. 1 LRiG NRW i.V.m. § 71 Abs. 3 DRiG). Für die (Berufs- und Zeit-)Soldaten, Soldaten im Ruhestand, ehemaligen Soldaten und deren Hinterbliebene besteht eine hierzu analoge, aber zugleich selbständige aufdrängende Rechtswegzuweisung für alle Klagen aus dem Wehrdienstverhältnis an die Verwaltungsgerichte gemäß § 59 SoldG. Für Rechtsstreitigkeiten bei der Ausführung des Wehrpflichtgesetzes ist nach § 32 WPflG ebenfalls der Verwaltungsrechtsweg gegeben. Eine vergleichbare ausdrückliche Rechtswegzuweisung enthält das Zivildienstgesetz allerdings nicht. Indes stellt § 78 Abs. 2 ZDG den Zivildienst bei Anwendung der Vorschriften des öffentlichen Dienstrechts dem Wehrdienst aufgrund der Wehrpflicht gleich. Diese Gleichstellung ist auch auf die Rechtswegzuweisung des § 32 WPflG zu beziehen[1289]. Soweit bei entsprechenden Klagen sich auf die Fürsorgepflicht bezogen wird, ist aber zwischen den genannten Fürsorgepflichtnormen (§§ 10 Abs. 3, 31 SoldG bzw. §§ 30a S. 1, 35 Abs. 1 ZDG)[1290] zu unterscheiden. Soweit die Fürsorgepflicht des Vorgesetzten (§ 10 Abs. 3 SoldG bzw. § 30a S. 1 ZDG) angesprochen ist, ergibt sich aus § 17 Abs. 1, Abs. 2 WBO, daß das gerichtliche Verfahren vor den Truppendienstgerichten als besondere Verwaltungsgerichte durchzuführen ist, während bei der Verletzung der Fürsorgepflicht des Dienstherrn (§ 31 SoldG, § 35 Abs. 1 ZDG) die allgemeinen Verwaltungsgerichte gemäß § 59 SoldG i.V.m. § 17 Abs. 1 WBO weiterhin zuständig bleiben[1291]. Zusammenfassend ist also für die Geltendmachung des einfachgesetzlichen Ehrenschutzanspruchs gegenüber dem Dienstherrn aufgrund der Fürsorgepflicht, unabhängig von der

---

[1288] *Plog-Wiedow-Beck-Lemhöfer*, § 172 BBG, Rz. 5.

[1289] BGH, NVwZ 1990, 1103.

[1290] Siehe hierzu die Ausführungen ab S. 13 dieser Untersuchung.

[1291] Siehe z.B. BVerwG, NVwZ 1998, 403 (404). Hier hatte der betroffenen Soldat sich zwar auf die falsche Fürsorgepflichtvorschrift gestützt, an der Zuständigkeit des Bundesverwaltungsgerichts änderte sich jedoch nichts, da nicht die instanzielle Zuständigkeit, sondern lediglich die Geschäftsverteilung zwischen Wehrdienstsenaten (als Teil der Truppendienstbarkeit) und allgemeinen Senaten (als Teil der allgemeinen Verwaltungsgerichtsbarkeit) betroffen ist.

Art des jeweils zugrundeliegenden öffentlich-rechtlichen Dienst- und Treueverhältnisses, stets der Verwaltungsrechtsweg gegeben[1292].

Zu unterscheiden ist diese aufdrängende Rechtswegzuweisung an die allgemeinen Verwaltungsgerichte von der bereits angesprochenen Zuweisung einzelner Streitigkeiten innerhalb der genannten öffentlich-rechtlichen Dienst- und Treueverhältnisse an besondere Verwaltungsgerichte[1293]: Dies gilt in bezug auf Disziplinarverfahren jedoch nur noch, soweit es sich um Altverfahren handelt, denn durch das seit 1. Januar 2002 für die Bundesbeamten und damit für die Richter im Bundesdienst geltende Bundesdisziplinargesetz (BDG) wurden für Verfahren nach diesen Gesetz nunmehr die allgemeinen Verwaltungsgerichte für zuständig erklärt[1294]. Gegenstand dieser Verfahren sind beispielsweise disziplinarrechtlich zu ahndende Dienstvergehen von Bundesbeamten, § 77 BBG. Sofern Landes- oder Kommunalbeamte betroffen sind, sind hierfür weiterhin die Disziplinargerichte (vgl. §§ 41 ff. LDO NRW) zuständig. Gegenstand dieser besonderen Verfahren sind des weiteren Dienstvergehen von Soldaten (§ 7 Abs. 1 WDO, § 23 SoldG), über die die Wehrdienstgerichte (§§ 62 ff. WDO) entscheiden, Beschwerdeverfahren bei den Truppendienstgerichten (§§ 63 ff. WDO) wegen z.B. Verletzung der Fürsorgepflicht des Vorgesetzten (s.o.) sowie Dienstvergehen von Zivildienstleistenden gemäß §§ 58 ff. ZDG, für die nunmehr die allgemeinen Verwaltungsgerichte zuständig sind (§§ 58b, 66 ZDG)[1295]. Schließlich sind Dienstvergehen von Richtern sowie ihren Status oder die richterliche Unabhängigkeit betreffende Maßnahmen der Dienstaufsicht entsprechende Verfahrensgegenstände. Für letzteres waren nach früherer Rechtslage die Richterdienstgerichte (§§ 61, 62, 71 ff., 77 ff. DRiG; § 4 Abs. 1 S. 1 LRiG NRW) zuständig. Diese Verfahren sind nun auch vor den allgemeinen Verwaltungsgerichten durchzuführen. Da bei der Durchsetzung eines Fürsorgepflichtanspruchs auf Schutz der persönlichen oder beruflichen Ehre gegenüber dem Dienstherrn keiner dieser abschließend aufgezählten Punkte und Verfahren eingreift, bleibt es für seine Geltendmachung bei der Zuständigkeit der allgemeinen Verwaltungsgerichte[1296], selbst wenn nach neuerer Rechtslage auch für disziplinarrechtliche Gerichtsverfahren überwiegend die Verwaltungsgerichte ohnehin zuständig geworden sind.

2. Statthafte Klageart(en)

Um den Erfüllungs- bzw. Primäranspruch aus der Fürsorge- und Schutzpflicht ordnungsgemäß gerichtlich geltend zu machen, kommen verschiedene Klagearten und -anträge in Betracht. Grundsätzlich gesehen wird mit dem Fürsorgepflichtanspruch gegenüber dem Dienstherrn ein über Art. 33 Abs. 5 GG verbürgter status positivus (i.S.v. *Georg Jellinek*) geltend gemacht, so daß grundsätzlich nur Leistungs- oder Feststellungsklagen möglich sind.

1292 So auch *Stern*, Verwaltungsprozessuale Probleme[8], Rz. 167; *Kopp-Schenke*[13], § 40 VwGO, Rz. 75, wobei es das dort erwähnte besondere Dienstverhältnis im Zivilschutzkorps nach der Neuordnung des Zivilschutzes nicht mehr gibt (ZSNeuOG vom 27. März 1997, BGBl. I, S. 726 ff.).

1293 Allgemein zur früheren Rechtslage: *Eyermann/Rennert*[11], § 40 VwGO, Rz. 155-158.

1294 Bundesdisziplinargesetz (BDG), BGBl. I, S. 1510 ff. vom 12. Juli 2001. Die landesrechtlichen Regelungen sind bisher noch unverändert.

1295 Das ZDG wurde ab 1. Januar 2002 dem neuen BDG angepaßt.

1296 So für das Richterdienstverhältnis von BVerwGE 67, 222 (226); 78, 216 ff. festgestellt.

Anfechtungsklagen sind nur bei fürsorgepflichtwidrigen, ehrkränkenden und damit belastenden Verwaltungsakten (z.B. Suspendierung, Entlassung oder Versetzung) statthaft. Da aber mit ihnen ein hoheitlicher Eingriff in den status negativus abgewehrt werden soll, sind sie für den Fürsorgepflichtanspruch (§ 79 BBG, § 48 BRRG) grundsätzlich nicht anwendbar. Die Verpflichtungsklage in Form der Vornahmeklage (§ 42 Abs. 1 VwGO) ist dann zu wählen, wenn der Fürsorge- und Schutzpflicht durch einen begünstigenden und die die Fürsorgepflicht konkretisierenden Verwaltungsakt (§ 35 S. 1 VwVfG) nachgekommen werden soll. Im Zusammenhang mit dem Ehrenschutz kommt z.B. die Gewährung finanzieller Unterstützungsleistungen gemäß den genannten Rechtsschutzrichtlinien, die Gewährung und Zahlung vorenthaltener Bezüge und Zulagen oder die Erteilung einer prozessualen Aussagegenehmigung in Betracht.

In den sonstigen Fällen zum Ehrenschutz wird hingegen ein tatsächliches Handeln bzw. Unterlassen vom Dienstherrn begehrt, das nur mit der (allgemeinen) Leistungsklage verfolgbar ist[1297]. Mit ihr können Realakte und schlicht-hoheitliches Verwaltungshandeln, wie die Entfernung von Vorgängen mit ehrenrührigem Inhalt aus (Personal-)Akten einer Behörde, Gegendarstellungen, innerorganisatorische Maßnahmen, das Unterlassen eines fürsorgepflichtwidrigen Verhalten, die Zurückweisung eines ehrenrührigen Vorwurfs oder auch die Stellung eines Strafantrags[1298] begehrt werden. Aber auch öffentlich-rechtliche Willens- und Wissenserklärungen, wie eine Ehrenerklärung oder der Widerruf ehrverletzender Behauptungen[1299] sind ein mögliches Klageziel einer (allgemeinen) Leistungsklage. Eine solche öffentlich-rechtliche Erklärung wird auch nicht dadurch zum Verwaltungsakt, daß der Betroffene zuvor einen Antrag an den Dienstherrn stellen muß[1300]. Sofern ein Vorgehen des Dienstherrn gegen ehrverletzende Äußerungen begehrt wird, ist zu differenzieren: Das Klageziel der Leistungsklage bei ehrverletzenden Äußerungen Verwaltungsinterner ist allgemein auf Beseitigung, Rückgängigmachung Widerruf oder Klarstellung gerichtet, ohne daß der Inhalt der Äußerung näher berücksichtigt werden müßte[1301]. Ausnahmsweise kommt auch eine vorbeugende Unterlassungsklage, die einen Unterfall der (allgemeinen) Leistungsklage darstellt, in Betracht, wenn entsprechende

---

1297 *Wittinger-Herrmann*, ZBR 2002, 337 (341).

1298 Vgl. *Kopp-Schenke*[13], § 40 VwGO, Rz. 9a und VGH Mannheim, VBlBW 1983, 333, die konkludent voraussetzen, daß es sich dabei um eine schlicht-hoheitliche Maßnahme handelt. *Wenzel*, DÖD 1955, 25 (26) sieht in der Stellung des Strafantrags jedoch einen Verwaltungsakt. Dagegen spricht entschieden, daß keine Regelung eines Einzelfalls auf dem Gebiet des öffentlichen Rechts vorliegt. Zwar wird das Strafrecht üblicherweise (auch) dem öffentlichen Recht zugeordnet, aber gegenüber dem Täter, zu dessen Lasten der Strafantrag gestellt, ergeht keine Regelung durch die antragsstellende Behörde, denn die Staatsanwaltschaft muß in Erfüllung ihres gesetzlichen Auftrags prüfen, ob und welche strafprozessualen Möglichkeiten sie einleitet und durchführt.

1299 Beispielsweise BVerwGE 99, 56 (58).

1300 *Hufen*, JuS 1997, 76 (77). Nicht nachvollziehbar hingegen *Koll*, VR 1993, 411 (415), der aus dem Antragserfordernis auf eine Verpflichtungsklage schließt. Die Aussage von *Koll* bezieht sich zwar auf den noch darzustellenden Schadensersatzanspruch, sie kann aber schon für den Primäranspruch herangezogen werden.

1301 Beim Fürsorgepflichtanspruch wird nicht zwischen (unwahren) Tatsachenbehauptungen und Werturteilen von Verwaltungsinternen differenziert, denn beide Äußerungsarten widersprechen der Fürsorgepflicht des Dienstherrn, vgl. VGH Kassel, ZBR 1974, 261 (263); *Löwer*, JA 1975, 689 (692); BVerwGE 99, 56 (59); VG Aachen, Urteil vom 14. Dezember 2000, Az. 1 K 842/97, S. 11 (unveröffentlicht, rechtskräftig); OVG Koblenz, NVwZ-RR 2000, 805 f. = RiA 2000, 305 f.

ehrverletzende Äußerungen durch den Dienstherrn drohen[1302]. Soll hingegen der Dienstherr gegen ehrverletzende Äußerungen von Externen vorgehen, muß zwischen Tatsachenbehauptungen und Werturteilen in Übereinstimmung mit der Rechtsprechung des Bundesverfassungsgerichts zu Art. 5 Abs. 1 GG unterschieden werden. Bei ehrverletzenden Tatsachenbehauptungen Dritter liegt eine (allgemeine) Leistungsklage darauf gerichtet, daß der Dienstherr einen Widerruf durch den Dritten durchsetzt, während bei ehrkränkenden Werturteilen das Klageziel ist, daß der Dienstherr den Dritten auf Unterlassung zukünftiger Äußerungen in Anspruch nimmt[1303]. Da sich im Klageantrag die Vornahme- und Leistungsklage nicht unterscheiden lassen, wird diese allgemein auch als „Erfüllungsklage" bezeichnet.

Sowohl bei der Verpflichtungsklage als auch bei der (allgemeinen) Leistungsklage kommt als Minus zur Vornahmeklage auch eine sog. Bescheidungsklage (siehe § 113 Abs. 5 S. 2 VwGO) in Betracht[1304], da die Fürsorge- und Schutzpflicht dem Dienstherrn einen nicht unerheblichen Ermessensspielraum dahingehend einräumt, ob und mit welchem behördlichem Verhalten (Verwaltungsakt oder schlicht-hoheitliches Handeln) er der Fürsorgeverpflichtung nachkommt, so daß nur in wenigen Fallkonstellationen, wie bereits dargestellt[1305], eine Ermessensreduktion auf Null vorliegt. Wenn also der klagende Beamte das Kostenrisiko des teilweise Unterliegens bei einer Erfüllungsklage vermeiden möchte oder im zu entscheidenden Fall eine Ermessensreduktion auf Seiten des Dienstherrn nicht gegeben ist, kann er mit der sog. Bescheidungsklage beantragen, daß sein Dienstherr unter Beachtung der Rechtsauffassung des Gerichts der Fürsorge- und Schutzpflicht nachkommt.

Eine Feststellungsklage (§ 43 Abs. 1VwGO) ist z.B. bei unzulänglichem Schutz gegen üble Nachrede im Dienst[1306] oder gegen sexuelle Belästigung[1307] möglich, um dem Dienstherrn aufzuzeigen, daß er seine Fürsorgepflichten bisher vernachlässigt bzw. verletzt hat, so daß er verstärkt Ehrenschutzmaßnahmen ergreifen muß. Teilweise wird auch vertreten, daß auch in den zuvor genannten Fällen, in denen andere Klagearten eingreifen würden, eine Feststellungsklage in der Regel schon ausreichend sei, da – trotz der fehlenden Vollstreckungsmöglichkeit des Feststellungsurteils – dem Dienstherr damit aufgezeigt werden könne, daß und gegebenenfalls wie er der Fürsorgepflicht nachzukommen habe[1308]. Unter Umständen kommt auch eine vorbeugende Feststellungsklage in Betracht, wobei dann ein besonderes Feststellungsinteresse gegeben sein muß, was z.B. dann zu verneinen ist, wenn bereits ein Schadensersatzanspruch wegen Verletzung der Fürsorge- und Schutzpflicht in einem verwaltungsgerichtlichen Verfahren rechtshängig ist[1309]. Schließlich kommt auch eine Feststellungsklage in Betracht, um gerichtlich klären zu lassen, daß bestimmte ehrver-

---

1302 *Weiß-Niedermaier-Summer-Zängl/Summer*, Art. 86 BayBG, Erl. 50b. Anders noch *Idel*, NJW 1955, 1300 (1301).

1303 Vgl. *Stern*, Verwaltungsprozessuale Probleme[8], Rz. 244.

1304 *Kopp-Schenke*[13], § 42 VwGO, Rz. 8 f. und § 113, Rz. 201 ff.

1305 Siehe hierzu die Ausführungen ab S. 226 dieser Untersuchung.

1306 *Idel*, NJW 1955, 1300 (1301).

1307 *Weiß-Niedermaier-Summer-Zängl/Summer*, Art. 86 BayBG, Erl. 25c.

1308 GKÖD/*Fürst*, § 79 BBG, Rz. 45. Damit würde auch das vorstehend genannte Problem der Bescheidungsklagen hinfällig werden.

1309 *Schnellenbach*, Beamtenrecht in der Praxis[5], Rz. 419.

letzende Tatsachenäußerungen, die vom Dienstherrn selbst stammen oder ihm zuzurechnen sind, einer sachlichen Grundlage entbehren und unwahr sind oder daß sich der betroffene Beamte, bei einem ehrverletzenden Vorwurf durch den Dienstherrn, nicht dienstpflichtwidrig verhalten hat[1310]. Die Subsidiaritätsklausel gemäß § 43 Abs. 2 S. 1 VwGO, wonach die Feststellungsklage unstatthaft ist, wenn der Kläger seine Rechte durch (allgemeine) Leistungsklage verfolgen kann, gilt im Beamtenrechtsverhältnis nicht, da nach der Rechtsprechung erwartet werden kann, daß sich der Dienstherr in gleicher Weise an eine feststellende Entscheidung des Gerichts, die nicht vollstreckbar ist, wie an eine verurteilende Entscheidung hält[1311].

Bei sämtlichen Klagearten ist ebenfalls bei Erledigung vor oder nach Rechtshängigkeit, z.B. durch Klaglosstellen des Amtswalters, eine Fortsetzungsfeststellungsklage gemäß § 113 Abs. 1 S. 4 VwGO analog nach allgemeinen Grundsätzen möglich[1312]. Sie kommt weiter dann in Betracht, wenn es nach dem konkreten Fürsorgepflichtanlaß aufgrund der Verfahrensdauer praktisch unmöglich ist, den Dienstherrn – bei Annahme obiger Ermessensreduktion auf Null – innerhalb der Strafantragsfrist von drei Monaten bzw. sechs Monaten bei Pressedelikten rechtskräftig verurteilen zu können, den Strafantrag gemäß § 194 Abs. 3 S. 1 StGB zu stellen. Schließlich ist die Fortsetzungsfeststellungsklage statthaft, wenn die Durchsetzung eines späteren Schadensersatzanspruchs beabsichtigt ist[1313]. Konsequent mangelt es daher an dem für die Fortsetzungsfeststellungsklage notwendigen (besonderen) Feststellungsinteresse mit der Folge der Unzulässigkeit der Klage, wenn bereits ein Schadensersatzanspruch wegen Verletzung der Fürsorge- und Schutzpflicht in einem verwaltungsgerichtlichen Verfahren rechtshängig ist oder ein solcher Anspruch mangels eines Verschuldens oder Schadens offensichtlich ausscheidet[1314].

3. Vorläufiger Rechtsschutz

Unabhängig vom einem Hauptsacheverfahren hat der betroffene Amtswalter auch die Möglichkeit, vorläufigen Rechtsschutz gegenüber seinem Dienstherrn in Anspruch zu nehmen. In der Regel dürfte bei der Durchsetzung des Fürsorge- und Schutzpflichtanspruchs die einstweilige Anordnung gemäß § 123 VwGO das statthafte Verfahren sein, da dies bei Verpflichtungs- und allgemeinen Leistungsklagen zur Anwendung gelangt. Ein Verfahren nach § 80 Abs. 5 VwGO ist nur ausnahmsweise statthaft, da nur in wenigen Fallkonstellationen die Anfechtung eines Verwaltungsaktes im Hauptsacheverfahren, wie zuvor bei der statthaften Klageart dargestellt, begehrt werden kann.

Der Fürsorgepflichtanspruch (§ 79 BBG, § 48 BRRG) als der materiell-rechtliche Anspruch ist dann der Anordnungsanspruch i.S.v. § 123 VwGO. Nach § 123 Abs. 1 S. 1 VwGO (Sicherungsanordnung) sind dann z.B. Unterlassungsansprüche sicherungsfähig, während Geldzahlungsansprüche, insbesondere wenn sie auf einem Verwaltungsakt beruhen, regelungsfähig i.S.v. § 123 Abs. 1 S. 2 VwGO (Regelungsanordnung) sind.

[1310] Vgl. OVG Münster, ZBR 1961, 123.

[1311] *Simianer*, ZBR 1992, 71 (72).

[1312] Genauer zu den einzelnen Voraussetzungen: *Schnellenbach*, DVBl. 1990, 140 ff.

[1313] Siehe zu den möglichen Sekundäransprüchen die Ausführungen ab S. 265 dieser Untersuchung.

[1314] *Schnellenbach*, Beamtenrecht in der Praxis[5], Rz. 419.

Der Anordnungsgrund betrifft die Dringlichkeit der begehrten Maßnahme, so daß z.B. bei der drohenden Veröffentlichung einer ehrenrührigen Tatsachenbehauptung oder eines Werturteils eine entsprechende Dringlichkeit gegeben und das Verfahren zeitgebunden ist, um die Schaffung vollendeter Tatsachen zu verhindern.

Schließlich müssen die Grenzen des vorläufigen Rechtsschutzes beachtet werden, so daß es z.B. nicht zu einer Vorwegnahme der Hauptsache kommen darf. Ausnahmen hiervon sind dann gegeben, wenn es offensichtlich ist oder zumindest überwiegend wahrscheinlich ist, daß der Antragsteller im Hauptsacheverfahren obsiegt, und ihm durch die Verweisung auf das Hauptsacheverfahren ein unzumutbarer, irreparabler Schaden entstünde. Es hat nach der Rechtsprechung eine Rechtsgüter- und Pflichtenabwägung zu erfolgen. Bei einem Unterlassungsbegehren in bezug auf ehrverletzendes und fürsorgepflichtwidriges Verhalten seines (Dienst-)Vorgesetzten hat beispielsweise eine Abwägung zwischen dem Schutzinteresse des betroffenen Beamten und dem – letztendlich auch im öffentlichen Interesse stehenden – Durchsetzungs- und Handlungsinteresse des (Dienst-)Vorgesetzten gegenüber seinen ihm unterstellten Beamten, auch außerhalb disziplinarrechtlicher Maßnahmen. Weiter ist zu berücksichtigen, ob die umstrittene Äußerung lediglich intern (mündlich, in Vermerken, Personalakte etc.) getätigt wurde oder ob sie durch Presseveröffentlichungen oder Ähnliches der Öffentlichkeit zugänglich gemacht wurde. Schließlich ist zu beachten, ob die ehrenrührige Äußerung noch in irgendeinem sachlichen Zusammenhang steht, oder „aus der Luft gegriffen" ist und somit jeglicher sachlicher Grundlage entbehrt, so daß eine sog. überschießende Beleidigungstendenz (offensichtlich) gegeben ist[1315].

4. Klagebefugnis gemäß § 42 Abs. 2 VwGO (analog)

Zur Vermeidung von sog. Popularklagen muß der klagende Beamte auch klagebefugt i.S.v. § 42 Abs. 2 VwGO sein, wobei diese Vorschrift neben ihrem originären Anwendungsbereich der Anfechtungs- und Verpflichtungsklage sowohl bei Leistungs- und Feststellungsklagen[1316] als auch bei den Antragsverfahren im Rahmen des vorläufigen Rechtsschutzes[1317] analog gilt.

Der Beamte muß also die Möglichkeit substantiiert geltend machen, durch ein hoheitliches Handeln oder Unterlassen in eigenen Rechten verletzt zu sein[1318]. Eine rechtliche Beeinträchtigung, wie sie bei Ermessensentscheidungen im Widerspruchsverfahren genügt, reicht für die Klagebefugnis hingegen nicht aus.

Im Beamtenrecht muß bei der möglichen Verletzung in subjektiven Rechten die Besonderheit berücksichtigt und geprüft werden, ob der betroffene Beamte wirklich eigene Rechte geltend macht, oder ob er nicht als Amtswalter und damit als Sachwalter seines Dienstherrn auftritt. In letzterem Fall wäre der Beamte inkorporierter Teil der Exekutive bzw. der Richter wäre inkorporierter Teil des Judikative und damit aber gemäß Art. 1

[1315] VGH Kassel, NJW 1989, 1753 f.

[1316] Vgl. *Kopp-Schenke*[13], § 42 VwGO, Rz. 62.

[1317] *Stern*, Verwaltungsprozessuale Probleme[8], Rz. 473.

[1318] Vgl. *Kopp-Schenke*[13], § 42 VwGO, Rz. 65 ff.

Abs. 3 GG grundrechtsgebunden, so daß keine eigenen Rechte geltend gemacht werden können. Dies führt zu der bereits eingehend dargestellten Differenzierung zwischen den unterschiedlichen Rechtsebenen im Beamtenrecht. Der Anspruch auf Fürsorge und Schutz bei ehrenrührigen Handlungen zu Lasten eines Beamten läßt sich aufgrund der Dreiteilung der Rechtssphären im Beamtenrecht nach *Isensee* und *Stern* dem Dienstverhältnis zuordnen, sofern jeweils der Privatbereich und der grundrechtsgebundene Amtsbereich auszuschließen sind[1319].

Damit verfolgt ein Amtswalter in den zu untersuchenden Ehrenschutzkonstellationen kraft Fürsorgepflicht ein subjektiv-öffentliches Recht, so daß er bei genügender Substantiierung der behaupteten Rechtsverletzung durch ein rechts- oder dienstpflichtwidriges Verhalten des Dienstherrn, das entweder von diesem selbst herrührt oder diesem zurechenbar ist, als klagebefugt i.S.v. § 42 Abs. 2 VwGO – unabhängig von der jeweiligen Klageart – anzusehen ist.

5. Erfolgloser Antrag und erfolgloses Vorverfahren

Wie bereits dargestellt[1320] bedarf es zur gerichtlichen Geltendmachung des Erfüllungs- bzw. Primäranspruchs nicht mehr eines vorherigen Antrags an den Dienstherrn. Unabhängig von der jeweiligen Klageart ist allerdings vom klagenden Beamten, wie ebenfalls schon dargelegt[1321], zwingend ein Widerspruchsverfahren gemäß § 126 Abs. 3 BRRG i.V.m. §§ 68 ff. VwGO erfolglos als Sachurteilsvoraussetzung zu durchlaufen. Für die (Berufs- und Zeit-)Soldaten, Wehrpflichtigen und Zivildienstleistenden tritt das Beschwerdeverfahren gemäß § 23 Abs. 1 WBO an die Stelle des Widerspruchsverfahrens als Vorverfahren, allerdings sind hier (allgemeine) Leistungs- und Feststellungsklagen ohne Vorverfahren zulässig. Die Notwendigkeit eines Vorverfahrens bei einer Fortsetzungsfeststellungsklage richtet sich nach allgemeinen, wenngleich umstrittenen Grundsätzen[1322].

Nach der Rechtsprechung des Bundesverwaltungsgerichts[1323] ist eine Klage ausnahmsweise auch ohne ein Vorverfahren zulässig, wenn die betroffene Behörde sich sachlich auf die Klage einläßt, also insbesondere Klageabweisung beantragt und nicht das Fehlen eines Vorverfahrens rügt[1324]. Dasselbe gilt, wenn der Zweck des Vorverfahrens, die Selbstkontrolle der Verwaltung, ohnehin nicht mehr erreicht werden kann. Das Bundesverwaltungsgericht ist aus prozeßökonomischen Gründen dieser Ansicht, da es reiner Formalismus wäre, auf einem Verfahren zu bestehen, obwohl aufgrund der Stellungnahme des/der Beklagten im Rechtsstreit feststeht, daß der Widerspruch des Beamten keinen Erfolg gehabt hätte. Die Literatur lehnt dies ab, da der Wortlaut von § 126 Abs. 3 BRRG eindeutig sei und somit das Vorverfahren zwingend vorschreibe, zumal dieses nicht der Dispositionsfreiheit der Prozeßbeteiligten unterliege[1325].

[1319] Siehe hierzu die näheren Ausführungen ab S. 37 dieser Untersuchung.

[1320] Siehe hierzu die Ausführungen ab S. 234 dieser Untersuchung.

[1321] Siehe hierzu die näheren Ausführungen ab S. 238 dieser Untersuchung.

[1322] *Kopp-Schenke*[13], Vor § 68 VwGO, Rz. 2 f.

[1323] BVerwGE 15, 307 ff.; 27, 141 (143); 27, 183 (185); 57, 211 ff.; 64, 325 ff.

[1324] Vgl. *Schnellenbach*, ZBR 1992, 257 (268).

[1325] Vgl. u.a. *Kopp-Schenke*[13], Vor § 68 VwGO, Rz. 11.

6. Klagefrist (§ 74 VwGO)

Unabhängig von der vom klagenden Amtswalter gewählten Klageart – mit Ausnahme der Untätigkeitsklage gemäß § 75 VwGO – muß dieser nach Bekanntgabe des Widerspruchsbescheids durch die Widerspruchsbehörde die Klagefrist von einem Monat gemäß § 74 Abs. 1 VwGO beachten.

7. Örtliche Zuständigkeit

Bei sämtlichen Klagen aus einem gegenwärtigen oder früheren Beamten-, Richter-, Soldaten-, Wehrpflicht- und Zivildienstverhältnis, also auch genau bei den hier zu untersuchenden Ehrenschutzkonstellationen aufgrund der Fürsorge- und Schutzpflicht, ist die besondere örtliche Zuständigkeitsregelung für die Verwaltungsgerichte gemäß § 52 Nr. 4 VwGO zu beachten. Hiernach ist das Verwaltungsgericht für alle Klagen (mit Ausnahme von Klagen nach § 52 Nr. 1 VwGO), unabhängig von der konkreten Klageart, aus diesen Dienstverhältnissen örtlich zuständig ist, in dessen Bezirk der klagende Amtswalter seinen dienstlichen Wohnsitz[1326] bzw. bei Fehlen desselben seinen bürgerlichen Wohnsitz hat[1327].

8. Rechtsschutzbedürfnis

Das Rechtsschutzbedürfnis für die verschiedenen gerichtlichen Verfahren (Hauptsacheverfahren und vorläufiger Rechtsschutz) zur Durchsetzung des primären Fürsorgepflichtanspruchs ist in der Regel für die Amtswalter ohne nähere Darlegung gegeben[1328]. Lediglich bei einer vorbeugenden Unterlassungsklage (präventiver Ehrenschutz) ist es speziell zu prüfen[1329].

Das Rechtsschutzbedürfnis wird ferner anerkanntermaßen auch nicht dadurch ausgeschlossen, daß dem Beamten neben den prozessualen Möglichkeiten auch die formlosen Rechtsbehelfe wie Gegenvorstellung oder Aufsichtsbeschwerden zustehen[1330] und er sich jederzeit mit einem neuen Antrag an seinen Dienstherrn wenden kann.

9. Passivlegitimation/Beklagteneigenschaft

In den verwaltungsgerichtlichen Klage- und Antragsverfahren, die einem betroffenen Beamten zur Durchsetzung der Fürsorgeverpflichtung zur Verfügung stehen, muß sich die passive Prozessführungsbefugnis mit der materiell-rechtlichen Schuldnerstellung des

---

[1326] Zu den Festlegungsmöglichkeiten und den Ausnahmen beim dienstlichen Wohnsitz siehe § 15 BBesG: Dienstlicher Wohnsitz ist der Sitz der Behörde (i.S.v. § 1 Abs. 4 VwVfG) oder Dienststelle, der der Beamten angehört, was aber nicht (notwendigerweise) der Ort ist, an dem er tatsächlich tätig ist. Fällt der Sitz der Behörde und der Dienststelle auseinander, so ist der Sitz der Dienststelle maßgeblich, vgl. hierzu *Kopp-Schenke*[13], § 52 VwGO, Rz. 17.

[1327] Ebd., Rz. 15, 17.

[1328] *Schnellenbach*, ZBR 1992, 257 (269).

[1329] *Weiß-Niedermaier-Summer-Zängl/Summer*, Art. 86 BayBG, Erl. 50b.

[1330] Siehe diesbezüglich die näheren Ausführungen ab S. 259 dieser Untersuchung.

Dienstherrn innerhalb des Fürsorgepflichtanspruchs (Passivlegitimation) decken, so daß der Dienstherr in diesen Verfahren stets als einzig möglicher Beklagter anzusehen ist[1331].

Dies bedeutet, daß die Klage nicht gegen den einzelnen Vorgesetzten persönlich zu richten ist, auch nicht gegen einen (Bundes- oder Landes-)Minister, von dem der Widerruf einer ehrverletzenden Tatsachenbehauptung begehrt wird[1332]. Nach § 78 Abs. 1 VwGO gilt für die Beklagteneigenschaft das Rechtsträgerprinzip. Mit Ausnahme des Bundes ist in den meisten Ausführungsgesetzen der Länder hiervon eine Ausnahmeregelung enthalten, die jedoch bei Klagen, deren örtliche Zuständigkeit sich nach § 52 Nr. 4 VwGO richtet, nicht gilt (z.B. § 5 Abs. 2 S. 2 AGVwGO NRW), so daß wieder die Grundregel, also das Rechtsträgerprinzip, anzuwenden ist. Rechtsträger ist die entsprechende körperschaftliche Organisation. Sofern der Bund oder die Länder betroffen sind, ist damit der Staat, wie schon im früheren § 26 DBG, der Beklagte.

Der Dienstherr wird vor Gericht durch die oberste Dienstbehörde vertreten (z.B. § 174 Abs. 1 BBG, § 180 S. 1 LBG NRW), die aber wiederum – genauso wie im Widerspruchsverfahren – von ihrer Delegationsbefugnis Gebrauch machen kann (vgl. § 174 Abs. 3 BBG, § 180 S. 1 LBG NRW)[1333].

10. Materielle Beweislastverteilung

Ausgangspunkt für die Beurteilung und die Verteilung der materiellen Beweislast[1334] ist nach ganz herrschender Meinung das sog. Normbegünstigungsprinzip, d.h. jeder Beteiligte trägt die Beweislast für sämtliche (auch der negativen) tatsächlichen Voraussetzungen der ihm günstigen Normen, wobei dies stets mit den Vorgaben des materiellen Rechts ab-

---

1331 Sofern der Widerruf und die Unterlassung von ehrenrührigen Äußerungen innerhalb von Kollegialorganen (z.B. Gemeinderat, Lehrerkonferenz) begehrt wird, können diese Ansprüche nur aufgrund der Fürsorgepflicht gegen den Dienstherrn durchgesetzt werden, wenn im Ergebnis der Äußernde durch seine ehrenrührige Äußerung dem verletzten Beamten gerade als Organ der Anstellungskörperschaft gegenübertritt. Nach VGH Mannheim, VBlBW 1999, 93 (94) soll dies bei Kollegialorganen hingegen selten der Fall sein, unstreitig z.B. bei ehrenrührigen Äußerungen des Schulleiters in seiner Eigenschaft als Dienstvorgesetzter. Sofern die inkriminierte Äußerung nicht schon als persönliche Äußerung und damit dem Privatrecht zuzuordnen ist (str., vgl. VGH Mannheim, VBlBW 1990, 186 (187) sowie *Schwabe*, FS Quaritsch, S. 338 f.), liegt zwar eine öffentlich-rechtliche Streitigkeit vor, aber als Beklagter kommt nur der Äußernde und nicht der Dienstherr in Betracht. Damit entfällt zwangslogisch die Fürsorgepflicht als Anspruchsgrundlage, und es kommen nur noch Sekundäransprüche (Folgenbeseitigungs- bzw. Unterlassungsanspruch) in Betracht. Siehe hierzu die Ausführungen ab S. 266 dieser Untersuchung.

1332 BVerwGE 75, 354 (355); 99, 56 (58); GKÖD/*Fürst*, § 79 BBG, Rz. 28; *Wittinger-Herrmann*, ZBR 2002, 337 (339).

1333 Siehe hierzu die näheren Angaben in den Erläuterungen des Widerspruchsverfahrens ab S. 238.

1334 Die Erörterung der materiellen Beweis- bzw. Feststellungslast im Rahmen der Darstellung der verfahrensmäßigen Voraussetzungen ergibt sich ausschließlich daraus, daß sie nur im Prozeß bedeutsam wird. Aufgrund des Untersuchungsgrundsatzes im Verwaltungsprozeß (§ 86 Abs. 1 S. 1 VwGO) besteht weder eine Darlegungs- noch eine Beweisführungslast (sog. subjektive oder formelle Beweislast). Aber auch im Verwaltungsprozeß muß es Regeln geben, die darüber entscheiden, zu wessen Lasten die Unerweislichkeit einer Tatsache (non liquet) geht. Dies wird terminologisch als materielle oder objektive Beweislast oder als sog. Feststellungslast bezeichnet, vgl. *Stern*, Verwaltungsprozessuale Probleme^{8}, Rz. 574 f.; *Schnellenbach*, ZBR 1995, 321; *Schmitt Glaeser-Horn*, Verwaltungsprozeßrecht^{15}, Rz. 543 f.

zugleichen ist[1335]. Hiermit trägt der klagende Beamte grundsätzlich für alle rechtserheblichen Tatsachen, auf die sich sein Primär- bzw. Erfüllungsanspruch gründet, die materielle Beweislast. Dies gilt auch für die tatsächlichen Voraussetzungen, die bei der Ermessensreduzierung bzw. Ermessensreduktion auf Null zu berücksichtigen sind. Ausnahmen hiervon und damit verbunden die Beweislast des Dienstherrn gelten hingegen, wenn nicht mit an Sicherheit grenzender Wahrscheinlichkeit geklärt werden kann, ob ein in Verwaltungsvorschriften (z.B. den genannten Rechtsschutzrichtlinien) enthaltener Versagungsgrund gegeben ist, oder wenn der Dienstherr zu Lasten des betroffenen Beamten von einer bisher praktizierten Verwaltungspraxis (vgl. Art. 3 Abs. 1 GG) abweicht[1336]. Soweit im Rahmen der Ermessensausübung öffentlich-rechtliche Belange des Dienstherrn bzw. des Staates zu Lasten des Beamten zu berücksichtigen sind, trifft den Dienstherrn hierfür die Beweislast, während diese dem klagenden Beamten für die zu seinen Gunsten zu berücksichtigenden Fürsorge- und Schutzpflichtgesichtspunkte obliegt[1337].

11. Möglichkeiten zur Steigerung der Effektivität des Fürsorge- und Schutzpflichtanspruchs durch die verwaltungsgerichtliche Rechtsprechung

Soweit die rechtshängige, verwaltungsgerichtliche Klage zulässigerweise erhoben wurde, haben es nun die Verwaltungsgerichte in der Hand, den Fürsorge- und Schutzpflichtanspruch des Beamten gegenüber seinem Dienstherrn in Übereinstimmung mit den dargestellten verfassungsrechtlichen und einfachgesetzlichen Vorgaben effektiv umzusetzen. Da nur in wenigen Fallkonstellationen eine Klage mit einem Verwaltungsakt als Streitgegenstand (Verpflichtungs- oder Anfechtungsklage) in Betracht kommt, dürfte die (allgemeine) Leistungsklage in den weit überwiegenden Fällen in der Praxis die statthafte Klageart darstellen. Mit ihr kann einerseits eine konkrete und genau bezeichnete Handlung des Dienstherrn als Ehrenschutzmaßnahme eingeklagt werden. Andererseits kann aber auch nur eine angemessene Ehrenschutznahme eingeklagt werden, über die der Dienstherr – unter Beachtung der Rechtsauffassung des Gerichtes – zu entscheiden hat. Sofern bei der (allgemeinen) Leistungsklage die eingeklagte Handlung seitens des Gerichts nicht zugesprochen wird, weil z.B. eine Ermessensreduktion auf Null, die der klagende Beamte angenommen hat, gerichtlicherseits nicht geteilt wird, oder wenn von vornhinein nur eine Verurteilung unter Beachtung der Rechtsauffassung des Gerichtes begehrt wird, kann in Analogie zur Verpflichtungsklage entschieden werden. Wie bei einer Verpflichtungsklage, bei der das Bescheidungsurteil anstelle eines Vornahmeurteils noch eine Teilstattgabe ist, kann bei einer (allgemeinen) Leistungsklage, bei der noch keine Spruchreife eingetreten ist, in analoger Anwendung des § 113 Abs. 5 S. 2 VwGO ebenfalls ein Bescheidungsurteil ergehen[1338]. In der Praxis der Verwaltungsgerichte wird das Teilunterliegen bei einem Bescheidungsurteil, wenn zuvor ein konkreter Leistungsantrag gestellt war, kostenmäßig unterschiedlich gehandhabt[1339].

1335 *Stern*, Verwaltungsprozessuale Probleme[8], Rz. 578; *Schnellenbach*, ZBR 1995, 321; *Schmitt Glaeser-Horn*, Verwaltungsprozeßrecht[15], Rz. 544.

1336 Vgl. *Schnellenbach*, Beamtenrecht in der Praxis[5], Rz. 421; *ders.*, ZBR 1995, 321 (332).

1337 Vgl. *Schnellenbach*, ZBR 1995, 321 (332); *ders.*, Beamtenrecht in der Praxis[5], Rz. 422.

1338 *Kopp-Schenke*[13], § 113 VwGO, Rz. 178 ff.

1339 *Kopp-Schenke*[13], § 155 VwGO, Rz. 2, 26.

Daher haben es die Verwaltungsgerichte in der Hand, wenn die Dienstherren ihrer Ehrenschutzverpflichtung nicht nachgekommen sind, dadurch für eine Besserung der rechtlichen und tatsächlichen Situation des betroffenen Beamten zu sorgen, daß sie die rechtlichen Möglichkeiten der jeweils statthaften Klageart ausschöpfen. So können sie entweder die Dienstherren zur Vornahme von konkreten Ehrenschutzmaßnahmen verurteilen[1340], beispielsweise indem sie in Übereinstimmung mit den obigen Ausführungen entsprechende Ermessensreduktionen anerkennen, oder sie können ihre Rechtsauffassung, die der Dienstherr im Rahmen der Umsetzung seiner Verurteilung zu beachten hat, sehr deutlich und detailliert in ihrer gerichtlichen Entscheidung darlegen. Sofern sich eine entsprechende Rechtsprechungspraxis der Verwaltungsgerichte herausbilden sollte, dürfte dies die Effektivität des fürsorgepflichtmäßigen Ehrenschutzanspruchs steigern, denn für die Dienstherren dürfte sich ihr Unterliegen im Einzelfall mit Sicherheit als „politisch" unangenehm erweisen. Dies gilt umso mehr, da entsprechende Verurteilungen eine Präzedenzwirkung hätten und publizistisch umfangreich dargestellt werden könnten. Für die Dienstherren könnte es in der Folge sogar opportun werden, der Fürsorge- und Schutzpflicht von vornhinein selbst und in genügendem Umfang nachzukommen[1341], um eine gerichtliche Verurteilung im nachhinein zu vermeiden.

IV. Individualverfassungsbeschwerde

Schließlich besteht gemäß der Rechtsprechung des Bundesverfassungsgerichts zugunsten eines betroffenen Beamten die Möglichkeit zur Einlegung einer Individualverfassungsbeschwerde gemäß Art. 93 Abs. 1 Nr. 4a GG wegen Verletzung des grundrechtsgleichen subjektiven Rechtes aus Art. 33 Abs. 5 GG, wenn weder der Dienstherr noch die Verwaltungsgerichtsbarkeit dem geltend gemachten Ehrenschutzanspruch kraft Fürsorgepflicht entsprochen haben. Wie bereits dargestellt ist zwar die herrschende Meinung in der Literatur der Ansicht, daß Art. 33 Abs. 5 GG kein grundrechtsgleiches subjektives Recht auf Fürsorge und Schutz im Einzelfall darstellt, aber es wurde mit ausführlicher Begründung der Auffassung des Bundesverfassungsgerichts gefolgt[1342]. Nachdem dieses ein grundrechtsgleiches subjektives Recht aus Art. 33 Abs. 5 GG bejaht hatte, hat es konsequent auch die Verfassungsbeschwerde gestützt auf die Verletzung der hergebrachten Grundsätze des Berufsbeamtentums im Einzelfall zugelassen[1343]. Aus Sicht eines Amtswalters, der sich gegen die mangelnde Erfüllung des Ehrenschutzanspruchs wehren möchte, ist es jedoch von verfahrensrechtlichem Vorteil, wenn ihm durch das Bundesverfassungsgericht wegen Art. 93 Abs. 1 Nr. 4a und Art. 19 Abs. 4 GG eine weitere Rechtschutzmöglichkeit durch die Verfassungsbeschwerde als außerordentlichen Rechtsbehelf eröffnet wird. Auch aus der beratenden Sicht eines Rechtsanwalts ist dies, auch wenn beim Bundesverfassungsgericht kein Anwaltszwang besteht (§ 22 Abs. 1 BVerfGG), als prozessualer und kostengünstiger Vorteil einzustufen. Allerdings muß der beratende

---

1340 Dies wird ausdrücklich von *Summer*, PersV 1988, 76 (83) gefordert; Im Hinblick auf Mobbing: *Wittinger-Herrmann*, ZBR 2002, 337 (343).

1341 Hierfür spricht sich *Summer*, PersV 1988, 76 (83) aus.

1342 Siehe hierzu die Ausführungen ab S. 86 dieser Untersuchung.

1343 BVerfGE 43, 154 ff. (169 f.) = NJW 1977, 1189 ff. = ZBR 1977, 254 ff. = DVBl. 1977, 562 ff. = DÖV 1977, 558 ff. = RiA 1978, 14 ff. (Zusammenfassung). Hervorzuheben ist nochmals, daß das Bundesverfassungsgericht bisher lediglich in einem Fall so entschieden hat.

Rechtsbeistand schon aus haftungsrechtlichen Gründen auf die genannten dogmatischen Risiken, die zu einer stets möglichen Änderung der Rechtsprechung (sog. prospective overruling) führen können[1344], und die unter Umständen lange Verfahrensdauer beim Bundesverfassungsgericht hinweisen. Im folgenden werden die Zulässigkeits- und Begründetheitsvoraussetzungen für eine erfolgreiche Verfassungsbeschwerde im Zusammenhang mit der Verletzung der verfassungsrechtlichen Fürsorge- und Schutzpflicht des Dienstherrn aus Art. 33 Abs. 5 GG dargestellt[1345].

1. Zulässigkeit

Die nähere verfahrensrechtliche Ausgestaltung der gemäß Art. 93 Abs. 1 Nr. 4a GG gegebenen Individualverfassungsbeschwerde erfolgt über § 13 Nr. 8a BVerfGG durch die §§ 90-95 BVerfGG.

a.) Beschwerdegegenstand

Zunächst muß der Amtswalter sich vor dem Bundesverfassungsgericht gegen einen Akt der öffentlichen Gewalt der Bundesrepublik Deutschland als Beschwerdegegenstand wenden. Zur öffentlichen Gewalt in diesem Sinne zählt neben der Legislative und der Judikative insbesondere die Exekutive, die wie die anderen Staatsgewalten gemäß Art. 1 Abs. 3 GG an die Anforderungen des grundrechtsgleichen Rechts des Art. 33 Abs. 5 GG gebunden sind. Sämtliche in Betracht kommenden Dienstherren eines Amtswalters der Bundesrepublik Deutschland lassen sich entweder der unmittelbaren oder mittelbaren Staatsverwaltung und damit der Exekutive zuordnen. Diese müßten also ferner einen Akt der öffentlichen Gewalt, also eine beliebige Maßnahme, die aus Handlungen oder Unterlassungen bestehen kann, begangen haben. Hierzu zählen neben Verwaltungsakten grundsätzlich auch einzelne Realakte, wie z.B. die Nichterfüllung der Fürsorge- und Schutzpflicht durch Unterlassen jeglicher Schutzmaßnahmen oder das ungenügende Nachkommen derselben, obwohl der Dienstherr nach den obigen Ausführungen bestimmte Maßnahmen zum Ehrenschutze seiner Amtswalter hätte ergreifen müssen. Weiter sind auch der Ablehnungsbescheid und der Widerspruchsbescheid (§ 126 Abs. 3 BRRG) des Dienstherrn Akte der öffentlichen Gewalt. Schließlich sind auch die ergangenen verwaltungsgerichtlichen Entscheidungen als Akte der Rechtsprechung zulässiger Beschwerdegegenstand. Bei mehreren Akten der öffentlichen Gewalt in derselben Sache überläßt es das Bundesverfassungsgericht dem Beschwerdeführer, ob er nur gegen die letztinstanzliche Gerichtsentscheidung oder zusätzlich auch die Entscheidungen der Vorinstanzen bzw. sogar das zugrundeliegende Verwaltungshandeln angreifen möchte[1346]. Stets liegt jedoch nur eine einzige Verfassungsbeschwerde vor, so daß bei einem entsprechend umfangreichen Beschwerdegegenstand alle gerichtlichen Entscheidungen sowie der ursprüngliche

---

1344 Das Bundesverfassungsgericht selber ist nämlich nicht gemäß § 31 Abs. 1 BVerfGG an seine Entscheidung gebunden, sondern kann von seiner Rechtsprechung abweichen, was es aber bisher nur selten getan hat, vgl. *Schlaich-Korioth*, Das Bundesverfassungsgericht[5], Rz. 446.

1345 Diese Darstellung erfolgt im kursorischen Umfang, um den Rahmen dieser Untersuchung nicht zu überschreiten.

1346 Vgl. BVerfGE 19, 377 (389); 54, 53 (64 ff.).

Verwaltungsakt, also der Ablehnungsbescheid des Dienstherrn auf den Antrag des Beamten, aufzuheben sind[1347].

b.) Beschwerdebefugnis

Gemäß § 90 Abs. 1 BVerfGG ist die Individualverfassungsbeschwerde nur zulässig, wenn der Beschwerdeführer substantiiert die Möglichkeit behauptet, durch den angegriffenen Akt bzw. die angegriffenen Akte der deutschen öffentlichen Gewalt in einem Grundrecht oder grundrechtsgleichem Recht, z.B. Art. 33 Abs. 5 GG, verletzt zu sein[1348]. In bezug auf den Ehrenschutz kann die Verletzung des grundrechtsgleichen Rechts dadurch erfolgt sein, daß trotz eines konkreten Fürsorgepflichtanlasses das Teilgebiet der verfassungsrechtlichen Fürsorge- und Schutzpflicht, daß ein Beamter vom Dienstherrn gegen unberechtigte Angriffe in Schutz zu nehmen ist, von den Staatsgewalten mißachtet worden ist und dem betroffenen Amtswalter materielle oder immaterielle Nachteile entstanden sind. Die Möglichkeit der Verletzung in Grundrechten oder vergleichbaren Rechten ist nach der ständigen Rechtsprechung des Bundesverfassungsgerichts nur dann gegeben, wenn aus den Ausführungen des beschwerdeführenden Amtswalter die Möglichkeit oder Wahrscheinlichkeit hervorgeht, daß er durch die Akte seines Dienstherrn und der Verwaltungsrechtsprechung selbst, unmittelbar und gegenwärtig betroffen ist[1349].

Die Selbstbetroffenheit ist dann gegeben, wenn der Beschwerdeführer Adressat des angegriffenen hoheitlichen Maßnahme ist[1350]. Hierfür muß eine rechtliche Betroffenheit vorliegen, eine bloße faktische oder mittelbare Betroffenheit reicht nicht aus. Der klagende Amtswalter müßte sowohl Adressat des Ablehnungs- und des Widerspruchsbescheids als auch der verwaltungsgerichtlichen Entscheidungen sein. Der Beschwerdeführer ist dann unmittelbar beschwert, wenn bei Einzelakten ohne zusätzliches Dazwischentreten eines weiteren Aktes öffentlicher Gewalt dieser selbst in die Rechtssphäre des Amtswalters eingreift. Dies ist sowohl bei der Verweigerung einer Ehrenschutzmaßnahme durch den Dienstherrn als auch bei ablehnenden verwaltungsgerichtlichen Entscheidungen der Fall. Schließlich ist der Beschwerdeführer dann gegenwärtig betroffen, wenn er schon oder noch betroffen ist. Die Gegenwärtigkeit ist sowohl dann ausgeschlossen, wenn der Beamte irgendwann einmal (fiktiv) in der Zukunft betroffen sein könnte, als auch, wenn er lediglich einmal in der Vergangenheit betroffen war, ohne daß eine Wiederholungsgefahr besteht oder weitere beeinträchtigende Wirkungen bis in die Gegenwart andauern[1351].

c.) Rechtswegerschöpfung und Subsidiarität der Verfassungsbeschwerde

Vor Einlegung der Verfassungsbeschwerde muß gemäß § 90 Abs. 2 S. 1 BVerfGG i.V.m. Art. 94 Abs. 2 S. 2 GG der Rechtsweg erschöpft sein, sofern gegen die angegriffene hoheitliche Maßnahme ein Rechtsweg eröffnet ist. Soweit es um die Fürsorgepflicht der

---

1347 Vgl. BVerfGE 84, 1 (3 ff.).

1348 Es kann insofern eine Analogie zur verwaltungsgerichtlichen Klagebefugnis gemäß § 42 Abs. 2 VwGO gezogen werden, vgl. insofern die Ausführungen auf S. 247 dieser Untersuchung.

1349 Vgl. *Schlaich-Korioth*, Das Bundesverfassungsgericht[5], Rz. 223 ff.

1350 Damit soll, ähnlich wie in anderen Gerichtsverfahren, eine Popularbeschwerde verhindert werden.

1351 *Pieroth-Schlink*, Grundrechte[19], Rz. 1143 f.

Dienstherren geht, ist der Verwaltungsrechtsweg hierfür gemäß § 126 Abs. 1 BRRG eröffnet. Die Erschöpfung des Rechtswegs bedeutet, daß dieser bis zum Ende erfolglos beschritten worden sein. Sollte der Beschwerdeführer hierbei die Frist für einen an sich statthaften Rechtsbehelf im Hauptsacheverfahren oder im Verfahren des einstweiligen Rechtsschutzes versäumen, so ist der Rechtsweg nicht erschöpft und die Verfassungsbeschwerde unzulässig. Es kann aber auch schon der Rechtsweg des Eilrechtsrechtschutzes erschöpft sein, während das Hauptsachverfahren noch anhängig ist. Die Rechtsschutzmöglichkeiten richten sich bezüglich der Erfüllung des Fürsorge- und Schutzanspruchs eines Amtswalters (§ 79 BBG, § 48 BRRG), wie bereits dargestellt, nach der Verwaltungsgerichtsordnung und den dortigen (Zulassungs-)Rechtsmitteln[1352]. Sofern das Verwaltungsgericht in seinem ablehnenden Urteil von Amts wegen (§ 124a Abs. 1 VwGO n.F.) die Berufung wegen des Vorliegens der Gründe gemäß § 124 Abs. 2 Nr. 3 und Nr. 4 VwGO zugelassen hat, ist das Oberverwaltungsgericht an die Zulassung gebunden (§ 124a Abs. 1 S. 2 VwGO n.F.), so daß ein Berufungsverfahren durchzuführen ist, bevor der Rechtsweg erschöpft ist. Wenn das Verwaltungsgericht hingegen nicht vom Amts wegen die Berufung zulassen mußte, muß das Zulassungsverfahren beim Oberverwaltungsgericht durchlaufen werden. Sofern nun das Oberverwaltungsgericht die Zulassung der Berufung durch Beschluß ablehnt (§§ 124, 124a VwGO), wird das erstinstanzliche Urteil bereits gemäß § 124a Abs. 5 S. 5 VwGO n.F. rechtskräftig, so daß der Verwaltungsrechtsweg insoweit erschöpft wäre. Sofern die Berufung aufgrund der Darlegung und wegen des Vorliegens (§ 124a Abs. 5 S. 2 VwGO n.F.) von einem oder mehreren der in § 124 Abs. 2 VwGO genannten Gründe zugelassen wird und in der Folge auch ein ablehnendes Berufungsurteil vorliegt, kann die Revision zum Bundesverwaltungsgericht vom iudex a quo zugelassen werden (§ 132 VwGO), woran das Bundesverwaltungsgericht als iudex ad quem gemäß § 132 Abs. 3 VwGO gebunden ist. Bei Nichtzulassung der Revision durch die Berufungsinstanz ist der Verwaltungsrechtsweg erst bei negativem Ausgang der Nichtzulassungsbeschwerde gemäß § 133 VwGO erschöpft, da dann das angegriffene Urteil gemäß § 133 Abs. 5 VwGO rechtskräftig wird. Die hiermit kraft Zulassung der Revision durch das Berufungsgericht eingeräumte dritte Instanz im Verwaltungsrechtsweg ist bei den hier zu untersuchenden Fürsorgeverpflichtungen der jeweiligen Dienstherrn stets zu prüfen. Der vorliegend einschlägige § 79 BBG für die Bundesbeamten sowie die jeweiligen Vorschriften bei den Richtern im Bundesdienst, (Berufs- und Zeit-)Soldaten, Wehrpflichtigen und Zivildienstleistenden sind als Bundesrecht gemäß § 137 Abs. 1 Nr. 1 VwGO stets revisibel. Bei Landes- und Kommunalbeamten sowie Richtern im Landesdienst wäre an sich wegen § 137 Abs. 1 VwGO keine Revision zulässig, da z.B. § 85 LBG NRW, Art. 86 BayBG grundsätzlich nichtrevisibles Landesrecht darstellen, so daß der Rechtsweg beim Berufungsgericht beendet wäre. Jedoch ist hier § 127 BRRG zu beachten, der auch bei den landesrechtlichen Fürsorge- und Schutzpflichtnormen eine Revision zum Bundesverwaltungsgericht zuläßt, um so zu einer Harmonisierung der beamtenrechtlichen Rechtsprechung zu gelangen, so daß der vollständige dreistufige Instanzenzug bezüglich des beamtenrechtlichen Ehrenschutzanspruchs von sämtlichen Amtswaltern zu durchlaufen ist. Im Verfahren des vorläufigen Rechtsschutzes können Beschlüsse des Verwaltungsgerichts

[1352] Durch das Gesetz zur Bereinigung des Rechtsmittelrechts im Verwaltungsprozeß (RmBereinVpG) vom 20. Dezember 2001, BGBl. I, S. 3987, das zum 1. Januar 2002 in Kraft getreten ist, sind umfangreiche Änderungen im Rechtsmittelrecht erfolgt.

zulassungsfrei mit der Beschwerde beim Oberverwaltungsgericht gemäß § 146 Abs. 4 bis Abs. 6 VwGO n.F. überprüft werden. Der Rechtsweg ist dann mit der Beschwerdeentscheidung erschöpft, da gemäß § 152 VwGO eine (weitere) Beschwerde zum Bundesverwaltungsgericht nicht möglich ist.

Sofern der Beschwerdeführer die genannten Rechtsschutzmöglichkeiten ausgeschöpft hat, steht ihm also die Verfassungsbeschwerde offen, wobei er nach der Rechtsprechung des Bundesverfassungsgerichts[1353] trotz Geltung der Rechtssentenz „iura novit curia" die verfassungsrechtlichen Bedenken im instanzgerichtlichen Verfahren insoweit geltend machen muß, daß er sich hierbei im Kern mit denselben Gründen gegen die behauptete Rechtsverletzung wenden muß, auf die er seine Verfassungsbeschwerde stützt. Dies ergibt sich aus dem Grundsatz der Subsidiarität der Verfassungsbeschwerde, mit dem das Bundesverfassungsgericht über die zuvor dargestellte Rechtswegerschöpfung hinausgeht. Der Beschwerdeführer muß hiernach alle erdenklichen, aber gleichzeitig auch zumutbaren Maßnahmen ausschöpfen, mit denen die Verletzung des grundrechtsgleichen Rechts hätte beseitigt werden können. Das Gebot der Subsidiarität der Verfassungsbeschwerde gebietet es, eine Grundrechtsverletzung durch die Instanzgerichte zu verhindern, so daß vom Beschwerdeführer schon im Rahmen des gerichtlichen Rechtsschutzes auf die einschlägige Verfassungsnorm hinzuweisen ist. Aufgrund des dargestellten weitgehenden inhaltlichen Gleichklangs von § 79 BBG, § 48 BRRG und Art. 33 Abs. 5 GG im Hinblick auf die Ehrenschutzverpflichtung aufgrund der Fürsorgepflicht des Dienstherrn dürfte dies jedoch kein größeres Problem darstellen. Sofern mit der Verfassungsbeschwerde die Ablehnung vorläufigen Rechtsschutzes selbständig angegriffen werden soll, ist zu beachten, daß die Erschöpfung des Rechtswegs im Eilverfahren nicht ausreicht, wenn das Hauptsacheverfahren hinreichende Möglichkeiten bietet, der Grundrechtsverletzung abzuhelfen und dieser Weg dem Beschwerdeführer zumutbar ist. Dies ist regelmäßig dann anzunehmen, wenn ausschließlich Grundrechtsverletzungen gerügt werden, die sich auf die Hauptsache beziehen und die tatsächliche und verfahrensrechtliche Lage durch die Fachgerichte noch nicht ausreichend geklärt ist[1354]. Insofern ist dann zunächst einmal das Hauptsachverfahren durchzuführen[1355]. Schließlich kann auch eine Gegenvorstellung beim Dienstherrn oder eventuell bei Gericht der Rechtsverletzung vorbeugen[1356].

Leitlinie des Grundsatzes der Rechtswegerschöpfung und der Subsidiarität der Verfassungsbeschwerde ist, daß es zuvörderst Aufgabe der Verwaltungsgerichte als zuständige Fachgerichte ist, die Exekutive und deren Entscheidungen und Maßnahmen im Einzelfall zu kontrollieren[1357].

Gemäß § 90 Abs. 2 S. 2 BVerfGG besteht allerdings auch die Möglichkeit, über eine vor Erschöpfung des Rechtswegs eingelegte Verfassungsbeschwerde sofort zu entscheiden, wenn sie von allgemeiner Bedeutung ist, oder wenn dem Beschwerdeführer ein schwerer und unabwendbarer Nachteil entstünde, wenn er zunächst auf den (weiteren) Rechtsweg

---

[1353] BVerfGE 82, 6 (11).
[1354] BVerfGE 80, 40 (45).
[1355] BVerfGE 77, 381 (400).
[1356] BVerfGE 63, 77 (79).
[1357] *Schnellenbach*, VerwArch 92 (2001), 2 (14).

verwiesen werden würde. Die erste Alternative ist gegeben, wenn mit der Verfassungsbeschwerde die Klärung grundsätzlicher verfassungsrechtlicher Fragen erwartet werden kann, und über den konkreten Fall des Beschwerdeführers hinaus zahlreiche mitgelagerte Fälle praktisch mitentschieden werden[1358]. Es könnte somit hierauf eine unmittelbare Verfassungsbeschwerde wegen Verletzung des Art. 33 Abs. 5 GG gestützt werden, damit das Bundesverfassungsgericht zu den im Rahmen dieser Untersuchung erläuterten Rechtsproblemen im Zusammenhang mit dem Ehrenschutz aufgrund der Fürsorgepflicht des Dienstherrn Stellung nehmen kann. Die zweite Alternative in Form des schweren und unabwendbaren Nachteils liegt dann vor, wenn gerade das Abwarten einer späteren Entscheidung im Rechtsweg diesen Nachteil begründet, etwa weil sie zu spät käme und den Beschwerdeführer damit praktisch rechtsschutzlos stellen würde. Grundsätzlich kommt diese Alternative auch in Betracht, da eine Ehrenschutzmaßnahme zeitnah auf den Fürsorgepflichtanlaß folgen sollte. Jedoch ist in der Rechtsprechung des Bundesverfassungsgerichts nicht zu erkennen, daß Fürsorgepflichtverletzungen, sub specie der Verletzung des Rechts der persönlichen Ehre des Beschwerdeführers, als unabwendbarer oder schwerer Nachteil angesehen würden, so daß es in der Praxis nahezu ausgeschlossen sein dürfte, hierauf eine unmittelbare Verfassungsbeschwerde zu stützen.

d.) Rechtsschutzbedürfnis

Das Rechtsschutzbedürfnis als Anforderung, daß das verfahrensrechtliche Ziel nicht einfacher zu erreichen ist, muß im Zeitpunkt der Entscheidung durch das Bundesverfassungsgericht vorliegen. Auch nach Erledigung ist das Rechtsschutzbedürfnis ausnahmsweise gegeben, wenn eine Wiederholung droht, der Beschwerdeführer trotz grundsätzlicher Erledigung etwa durch eine andauernde Ehrminderung beeinträchtigt ist oder der Grundrechtseingriff besonders belastend war.

e.) Weitere Zulässigkeitsvoraussetzungen

In Rahmen des Verfassungsbeschwerdeverfahrens muß der betroffene Beamte gemäß § 90 Abs. 1 BVerfGG beteiligtenfähig bzw. antragsberechtigt sein. Dies ist zunächst jedermann, also jede natürliche Person, unabhängig davon ob Deutscher oder Ausländer. Soweit man mit dem Bundesverfassungsgericht Art. 33 Abs. 5 GG als subjektives, grundrechtsgleiches Recht ansieht, handelt es sich hierbei nicht um ein reines Deutschengrundrecht, wie es der damit im Zusammenhang stehende Wortlaut von Art. 33 Abs. 1 und Abs. 2 GG nahe legt. Träger des grundrechtsgleichen Rechts ist vielmehr derjenige, der zulässigerweise ein öffentliches Amt bekleidet. Nachdem wegen Art. 39 EGV n.F. bzw. Art. 48 EGV a.F. die Beamtengesetze (vgl. § 4 Abs. 1 Nr. 1 BRRG) geändert wurden, dürfen neben Deutschen nun auch EU-Inländer Beamte werden. Es ist jedoch in Rechtsprechung und Literatur noch nicht geklärt, ob sich EU-Inländer unter Berücksichtigung von Art. 3 Abs. 1 GG ebenfalls auf Art. 33 Abs. 5 GG berufen können.

Die Prozeßfähigkeit vor dem Bundesverfassungsgericht als Fähigkeit, Prozesshandlungen aus eigenem Recht vorzunehmen, richtet sich nach der Geschäftsfähigkeit. Während die Beamten in der Regel volljährig und damit geschäfts- sowie prozeßfähig sind, gilt dies

[1358] BVerfGE 62, 338 (342); 68, 176 (185).

für Wehrpflichtige oder Zivildienstleistende nicht notwendigerweise. Da für den Beamtenstatus, mit Ausnahme des Beamten auf Lebenszeit, kein Mindestalter gesetzlich vorgeschrieben ist, können also beschränkt Geschäftsfähige ein Dienstverhältnis wahrnehmen. Dann greift aber § 113 BGB ein, der dann insofern zu einer Geschäfts- und damit zu einer Prozeßfähigkeit führt, denn die Durchsetzung der Fürsorgepflicht ist dienst- und amtsbezogen.

Die Frist für die Einlegung der Verfassungsbeschwerde beträgt gemäß § 93 Abs. 1 S. 1 BVerfGG einen Monat ab Zustellung oder Mitteilung der angegriffenen hoheitlichen Entscheidung, hier also der letztinstanzlichen verwaltungsgerichtlichen Entscheidung. Gemäß § 23 Abs. 1 S. 1 BVerfGG ist die Verfassungsbeschwerde schriftlich einzureichen. Schließlich muß die Verfassungsbeschwerde zur Entscheidung angenommen werden, vgl. §§ 93a ff. BVerfGG[1359].

2. Begründetheit

Die Verfassungsbeschwerde in bezug auf die Fürsorge- und Schutzpflicht des Dienstherrn ist begründet, wenn eine Verletzung des grundrechtsgleichen Rechts aus Art. 33 Abs. 5 GG durch die angegriffenen Akte öffentlicher Gewalt vorliegt. Kontrollmaßstab ist insofern das Verfassungsrecht und nicht das einfache Recht (§ 79 BBG, § 48 BRRG).

Damit ist aber der Kontrolldichte, also in welchem Umfang die hoheitlichen Maßnahmen im Hinblick auf die Einhaltung der Vorgaben des Art. 33 Abs. 5 GG überprüft werden kann, noch nicht determiniert[1360]. Soweit nicht die Ausnahmevorschriften des § 90 Abs. 2 S. 2 BVerfGG vorliegen, ist in der Regel der Beschwerdegegenstand der Verfassungsbeschwerde eine letztinstanzliche verwaltungsgerichtliche Entscheidung. Bei einer sog. Urteilsverfassungsbeschwerde muß das Bundesverfassungsgericht seine Stellung im Verfassungsgefüge, vor allem im Verhältnis zur Judikative beachten, damit es nicht zu einer weiteren Tatsachen- oder Rechtsinstanz und damit zu einem „Superrevisionsgericht" wird. Diese eingeschränkte Überprüfung gerichtlicher Entscheidungen und damit die Kontrolldichte umschreibt das Bundesverfassungsgericht[1361] dahingehend, ob „spezifisches Verfassungsrecht" verletzt worden ist[1362], was dann der Fall ist, wenn das einfache Gesetzesrecht (§ 79 BBG, § 48 BRRG) verfassungswidrig angewandt oder ausgelegt worden ist[1363]. Hier haben sich – trotz zum Teil unterschiedlicher Terminologie – verschiedene analytische Kontrollstufen herausgebildet: Zunächst liegt eine Verletzung spezifischen Verfassungsrechts vor, wenn die einschlägige Verfassungsnorm vollkommen übersehen wurde (Defizit), die materielle Bedeutung oder der Umfang dieses Rechts grundsätzlich verkannt wurde (Fehleinschätzung) oder sich die Entscheidung als Willkür (Art. 3

1359 Siehe hierzu *Schlaich-Korioth*, Das Bundesverfassungsgericht[5], Rz. 250 ff.

1360 *Jestaedt*, DVBl. 2001, 1309 ff. weist zutreffend darauf hin, daß zwischen diesen beiden Parametern bei der Kontrollbefugnis durch das Bundesverfassungsgericht zu unterscheiden ist.

1361 BVerfGE 18, 95 (92 f.); 42, 143 (147.); 52, 42 (54); 54, 208 (215); 57, 250 (272); 65, 196 (211), 72, 105 (117), st. Rspr.

1362 *Schlaich-Korioth*, Das Bundesverfassungsgericht[5], Rz. 272; *Pieroth-Schlink*, Grundrechte[19], Rz. 1175.

1363 BVerfGE 18, 95 (92 f.); 21, 209 (216); 28, 151 (160).

Abs. 1 GG) darstellt[1364]. Weitere Gesichtspunkte sind die fachrichterliche Rechtsfindungsmethode[1365], die Art und Weise der Tatsachenfeststellung und -würdigung[1366] sowie die Überprüfung des Entscheidungsergebnisses auf Grundrechtskonformität[1367]. Diese Kontrolldichte soll nach umstrittener Rechtsprechung des Gerichtes[1368] um so eingehender erfolgen, je intensiver sich die Verletzung des grundrechtsgleichen Rechts im Einzelfall darstellt[1369].

Wie bereits erwähnt gab die Mehrheitsentscheidung des Bundesverfassungsgerichts in der bisher einzigen Entscheidung in bezug auf Art. 33 Abs. 5 GG als grundrechtsgleiches, subjektives Recht hinsichtlich der ausgeübten Kontrolldichte berechtigten Anlaß zu heftiger Kritik, denn die vorstehend dargestellten Grenzen wurden überschritten[1370].

Sofern das Bundesverfassungsgericht bei seinen zukünftigen Entscheidungen diese funktionell-rechtlichen Grenzen beachtet, kann dies nicht mehr als Argument gegen einen subjektiven, grundrechtsgleichen Charakter von Art. 33 Abs. 5 GG verwandt werden. Daneben besteht die Möglichkeit aufgrund des weitgehenden inhaltlichen Gleichlaufs von Art. 33 Abs. 5 GG und § 79 BBG, § 48 BRRG in bezug auf die Ehrenschutzverpflichtung des Dienstherrn, das Teilgebiet der Fürsorgepflicht, daß der Dienstherr den Beamten gegen unberechtigte Anwürfe in Schutz zu nehmen hat, näher zu konturieren. Damit würde den Dienstherren auch die verfassungsrechtliche Dimension ihrer Fürsorgepflicht aufgezeigt.

V. Außergerichtliche Rechtsbehelfe

Den Beamten stehen schließlich auch zahlreiche außergerichtliche Rechtsschutzmöglichkeiten zu, die der Vollständigkeit halber ebenfalls kurz skizziert werden sollen[1371]:

Zunächst kann der Beamte Aufsichtsbeschwerden (Dienst- oder Fachaufsicht), auch gegen den unmittelbaren Vorgesetzten erheben (§ 171 BBG und § 179 LBG NRW), die auf dem Dienstweg erfolgen müssen, wobei der Beschwerdeweg bis zur obersten Dienstbehörde offen steht (§ 60 BRRG)[1372]. Daneben können jederzeit Gegenvorstellungen oder sonstige Anregungen an den Dienstherrn gerichtet werden. Wie jedem Bürger steht auch jedem Amtswalter das Recht zur Petition an die „zuständigen Stellen" zu, also an alle unmittelbaren und mittelbaren staatlichen Organe und Behörden oder an die jeweilige Volksvertretung (Art. 17 GG, vgl. § 179 Abs. 3 LBG NRW). Weiter kann der Beamte

---

1364 *Schlaich-Korioth*, Das Bundesverfassungsgericht[5], Rz. 283 ff.; *Pieroth-Schlink*, Grundrechte[19], Rz. 1175; *Niedermaier-Günther*, ZBR 1977, 238 (244).

1365 *Pieroth-Schlink*, Grundrechte[19], Rz. 1181.

1366 *Schlaich-Korioth*, Das Bundesverfassungsgericht[5], Rz. 278.

1367 Vgl. *Jestaedt*, DVBl. 2001, 1309 (1320).

1368 Vgl. BVerfGE 61, 1 (6); 72, 122 (139); 75, 302 (314); 76, 1 (51).

1369 Vgl. *Schlaich-Korioth*, Das Bundesverfassungsgericht[5], Rz. 298 ff.

1370 Dies wird insbesondere von *Niedermaier-Günther*, ZBR 1977, 238 (241 ff.) ausführlich nachgewiesen.

1371 Vertiefende Ausführungen finden sich bei: *Schmitt-Glaeser-Horn*, Verwaltungsprozeßrecht[15], Rz. 5 ff.

1372 Nach den mehrfachen Beleidigungen Anfang November 2001 durch den Leiter der außen- und sicherheitspolitischen Abteilung im Bundeskanzleramt, Ministerialdirektor *Michael Steiner* beschwerten sich die betroffenen Soldaten beim Militärattaché der deutschen Botschaft in Moskau. Diese Dienstaufsichtsbeschwerde ging dann weiter den Dienstweg zum Bundesminister der Verteidigung, vgl. Bonner General-Anzeiger vom 21. November 2001, S. 1 und S. 3 sowie FAZ vom 21. November 2001, S. 1 und S. 3.

Anregungen und Beschwerden an den jeweiligen Personalrat (§ 68 Abs. 1 Nr. 3 BPersVG und § 64 Nr. 5 LPVG NRW), wobei der Personalrat zwischen Beamten und der Dienststelle vermittelnd tätig werden soll. Schließlich besteht noch die Option zu Eingaben an den Bundespersonalausschuß (§§ 95 ff. BBG) bzw. an den jeweiligen Landespersonalauschuß (vgl. z.B. §§ 107 ff. LBG NRW)[1373]. Ziel jedes dieser Rechtsbehelfe ist es, die jeweilige Behörde dazu anzuhalten, ihr Verwaltungshandeln zu ändern oder aufzuheben oder in einer bestimmten Weise tätig zu werden.

Alle genannten Rechtsbehelfe stellen ein Behördeninternum dar, lediglich die Parlamentspetition verläßt den innerdienstlichen Bereich. Die fehlende Publizität ist rechtlich nicht zu beanstanden und sogar grundsätzlich von Vorteil, da den Organen des Dienstherrn aufgrund des besonderen Dienst- und Treueverhältnisses auch die Möglichkeit gegeben werden muß, den streitigen Sachverhalt zu regeln und Problemen abzuhelfen. In der nach außen dringenden Petition (Art. 17 GG) liegt aber anerkanntermaßen zumindest keine grundsätzlich unzulässige sog. „Flucht in die Öffentlichkeit“[1374], auch wenn es umstritten ist, ob darin dienstliche Angelegenheiten ohne Einhaltung des Dienstwegs vorgebracht werden dürfen[1375].

Zu beachten ist jedoch, daß die dargestellten außergerichtlichen Rechtsbehelfe grundsätzlich keine Auswirkungen auf die rechtliche Wirksamkeit behördlicher Maßnahmen haben. Regelmäßig dürften sie ebenso wenig in der Praxis dazu führen, daß eine Behörde, die zuvor untätig geblieben ist, nunmehr aktive Ehrenschutzmaßnahmen ergreift. Des weiteren ist festzuhalten, daß beispielsweise Gegenvorstellungen sich nur auf die Rechtmäßigkeit dienstlicher Maßnahmen oder Anordnungen, nicht aber auf deren Ehrenrührigkeit beziehen können[1376]. Ohne die im Zusammenhang mit den außergerichtlichen Rechtsbehelfen üblicherweise genannten Adjektive „formlos, fristlos und fruchtlos“ überstrapazieren und die Wirksamkeit dieser Rechtsbehelfe negieren zu wollen, kann jedoch übereinstimmend festgestellt werden, daß die praktische Relevanz, insbesondere bei Fürsorgepflichtmaßnahmen, mangels ernsthafter Erfolgsaussichten als relativ gering einzustufen ist. Wenn schon nicht vom Dienstherrn selbst oder auf Antrag des Beamten eine Schutzmaßnahme erfolgt, wird sie wohl kaum durch die rechtlich nicht bindenden Rechtsbehelfe bewirkt werden können. Eine Änderung in der Wahrnehmung der Fürsorgepflicht seitens des Dienstherrn kann in Übereinstimmung mit den vorherigen Ausführungen letztlich nur durch die Verwaltungsgerichte bewirkt werden, so daß unter Praktikabilitäts- und Effektivitätsgesichtspunkten die genannten außergerichtlichen Rechtsbehelfe zur Durchsetzung eines Fürsorge- und Schutzpflichtanspruchs nicht empfohlen werden können. Inwieweit allerdings das dienstinterne Vorgehen im Zuge dieser Rechtsbehelfe an die Medien lanciert werden kann oder sollte, um für eine Publicity zu sorgen, ohne daß dies dem Betroffenen nachgewiesen, als unzulässige „Flucht in die Öffentlichkeit“ gewertet und damit als Dienstvergehen verfolgt werden kann, ist eine

---

1373 Vgl. *Kunig*, Recht des öffentlichen Dienstes[12], S. 769 f., Rz. 176 f.

1374 *Thiele*, DÖD 1985, 145 (147). Siehe auch die weiteren Ausführungen ab S. 311 dieser Untersuchung.

1375 Vgl. ausführlich *Weiß*, ZBR 1984, 129 (134 ff.); *Köpp*, Öffentliches Dienstrecht[7], S. 512, Rz. 146.

1376 VGH Kassel, NJW 1989, 1753.

verfahrenstaktische Frage, die sich jenseits der vorliegenden rechtlichen Ausführungen dem Betroffenen stellt[1377].

VI. Ergebnis

Dem Beamten, der eine aktive Ehrenschutzmaßnahme seines Dienstherrn aufgrund der beamten- und verfassungsrechtlichen Fürsorgepflicht einfordern möchte, stehen einerseits zwar verschiedene Rechtsschutzmöglichkeiten zur Verfügung. Andererseits erweisen sich z.B. die außergerichtlichen Rechtsbehelfe in der Praxis als nahezu aussichtslos, und die gerichtlichen Rechtsmittel verlangen einen „langen Atem" des Beamten, da sie sich in der Praxis über Jahre hinziehen können. So vergingen bis zur letztinstanzlichen Entscheidung des Bundesverwaltungsgerichts[1378] im Hinblick auf den bereits erwähnten Widerrufsanspruch wegen ehrverletzender Behauptungen des Kultusministers über sieben Jahre, bis der Fürsorgepflichtanspruch höchstrichterlich durchgesetzt war. Die einzige Entscheidung des Bundesverfassungsgerichts zur Verletzung des subjektiven Rechts aus Art. 33 Abs. 5 GG erging fast sechs Jahre nach dem konkreten Fürsorgepflichtverstoß des Dienstherrn[1379]. Damit setzt sich die Ineffektivität des Fürsorge- und Schutzpflichtanspruchs, die sich schon auf materiell-rechtlicher Seite durch die wenigen Konstellationen einer Ermessensreduktion auf Null gezeigt hat, auf prozessualer Seite fort, denn ein obsiegendes Urteil nach mehreren Jahren ist in der Regel praktisch kaum bedeutsam, da der konkrete Fürsorgepflichtanlaß bereits stark verblaßt sein dürfte. Der Beamte, der seine Rechte also wahrnehmen möchte, muß sich also hierauf gefaßt machen, aber zur Besserung der tatsächlichen Situation in bezug auf die Handhabung der Ehrenschutzverpflichtung durch die Dienstherren besteht keine Alternative, denn sonst werden wichtige verfassungsrechtliche Vorgaben und staatsethische Aspekte weiterhin mißachtet, was zu Lasten des gesamten Gemeinwesens geht.

F. Exkurs: Vergleich zu den Ansprüchen von Angestellten und Arbeitern im öffentlichen Dienst aufgrund der arbeitsvertraglichen Fürsorgepflicht

Soweit der öffentliche Arbeitgeber nach den dargestellten Grundsätzen zur arbeitsvertraglichen Fürsorgepflicht[1380] rechtlich zum Ehrenschutz der Angestellten und Arbeiter im öffentlichen Dienst verpflichtet ist, können die betroffenen Arbeitnehmer diese vertragliche Nebenpflicht (§ 242 BGB) im Rahmen eines Erfüllungs- oder Unterlassungsanspruchs selbständig einklagen[1381]. Mit diesem zivilrechtlichen Anspruch kann dann der Arbeitnehmer eine Schutzpflicht[1382] dahingehend durchsetzen, daß der Arbeitgeber sein

---

[1377] So wurden die inkriminierten Äußerungen *Steiners* erst publik und weiteten sich zur sog. „Kaviar-Affäre" aus, als die von den Betroffenen eingereichte Dienstaufsichtsbeschwerde – wie auch immer – zu den Medien gelangte und *Steiner* zu diesem Vorfall interviewt wurde, vgl. Bonner General-Anzeiger vom 21. November 2001, S. 1 und S. 3 sowie FAZ vom 21. November 2001, S. 1 und S. 3.

[1378] BVerwGE 99, 56 ff.

[1379] BVerfGE 43, 154 ff.

[1380] Siehe hierzu die Ausführungen ab S. 52 dieser Untersuchung.

[1381] *Kort*, NZA 1996, 854 (855); MünchArbR/*Blomeyer*², § 94, Rz. 26; *Weiß-Niedermaier-Summer-Zängl/Summer*, Art. 86 BayBG, Erl. 53c.

[1382] ErfK/*Dieterich*⁴, Art. 2 GG, Rz. 85.

Recht der persönlichen Ehre nicht selbst durch Eingriffe verletzt und diesen vor Beleidigungen und anderen ehrverletzenden Verhaltensweisen durch Mitarbeiter und außenstehende Dritte, auf die der Arbeitgeber einen (vertraglichen) Einfluß hat[1383], schützt. Wesentliches Anwendungsgebiet dürften jedoch die internen (drohenden) Ehrverletzungen sein, gegen die sich der Arbeitnehmer mit seinem arbeitsvertraglichen Primäranspruch gemäß § 611 BGB i.V.m. der verletzten Nebenpflicht wendet[1384] (z.B. bei pöbelnden Vorgesetzten, Ehrverletzungen in schriftlichen Anweisungen und Arbeitszeugnissen oder bei Situationen, die als Mobbing einzustufen sind), denn im allgemeinen dürften die genannten Voraussetzungen für einen Anspruch gegen den Arbeitgeber auf ein ehrenschützendes Verhalten gegenüber Externen nicht gegeben sein.

Damit die im Schutz nach außen auftretende Diskrepanz zu Beamten, Richtern und Soldaten nicht zu groß wird, steht dem jeweiligen Dienstvorgesetzten gemäß § 194 Abs. 3 S. 1 StGB auch bei einem Ehrangriff, der den tatbestandlichen Anforderungen von §§ 185-189 StGB (möglicherweise) genügt, in bezug auf einen Angestellten und Arbeiter im öffentlichen Dienst ein eigenes, selbständiges Strafantragsrecht ebenso wie bei den Beamten zu. Die betroffenen Angestellten und Arbeiter sind entweder Amtsträger gemäß § 11 Abs. 1 Nr. 2 lit. c) StGB, oder sie sind für den öffentlichen Dienst besonders Verpflichtete gemäß § 11 Abs. 1 Nr. 4 StGB. Ebenso sind Angestellte und Arbeiter im öffentlichen Dienst zumindest auch gemäß den dargestellten Rechtsschutzrichtlinien berechtigt[1385], wenn gegen sie – veranlaßt durch externe Ehrverletzungen – ein entsprechendes behördliches oder gerichtliches Verfahren eingeleitet wird. Beide genannten Punkte tragen dem objektiven Befund Rechnung, daß es bei externen Ehrverletzungen durch Private oder die Medien für diese – mit Ausnahme der Richter und Soldaten – zumeist nicht erkennbar ist, ob der Betroffene Beamter im statusrechtlichen Sinne oder Angestellter bzw. Arbeiter im öffentlichen Dienst ist, denn der Störer nimmt unterschiedslos nur Verwaltungsbedienstete wahr.

Hinsichtlich der Einklagbarkeit der Stellung des Strafantrags durch den öffentlichen Arbeitgeber gemäß § 194 Abs. 3 S. 1 StGB könnte Art. 3 Abs. 1 GG mit der Konsequenz herangezogen werden, daß diese Rechtsfrage ebenso wie bei den Beamten zu beantworten wäre. Jedoch würden damit die Statusunterschiede nicht ausreichend berücksichtigt werden. Zwar ließe sich noch ein gemeinsamer Oberbegriff finden, nämlich die Gruppe der ehrverletzten Verwaltungsbediensteten. Jedoch ist eine Ungleichbehandlung beider Gruppen dahingehend, daß die von einer Ehrverletzung betroffenen Angestellten oder Arbeiter von ihrem öffentlichen Arbeitgeber nicht die Stellung des Strafantrags einklagen können, zu rechtfertigen. Bei Beamten, Richtern und Soldaten ist das wesentliche Argument für die Einklagbarkeit der Strafantragsstellung, daß die Norm unter Fürsorgegesichtspunkten nicht leerlaufen soll, indem der Dienstherr Ermessens- bzw. Opportunitätsgesichtspunkte anführt, aufgrund derer er die Strafantragsstellung ablehnt. Dieses Argument kann jedoch für Angestellte und Arbeiter und damit für die arbeitsvertragliche Fürsorgepflicht nicht übertragen werden. Das Zivilrecht ist wesentlich von einer Vertrags-

---

1383 MünchArbR/*Blomeyer*², § 97, Rz. 39; LAG Thüringen, DB 2001, 1204 ff. (Ls. Nr. 1) = BB 2001, 1358 ff. = NZA-RR 2001, 347 ff.

1384 MünchArbR/*Blomeyer*², § 97, Rz. 43.

1385 Siehe hierzu die näheren Ausführungen ab S. 204 dieser Untersuchung.

und Rechtsautonomie geprägt, so daß gesetzlich nicht normierte Pflichten, wie die allgemeine Fürsorgepflicht, nur dann eingreifen, wenn als Ergebnis einer Interessenabwägung die schützenswerten Belange des Arbeitnehmers überwiegen. Bei der Strafantragstellung durch den öffentlichen Arbeitgeber, der damit ein eigenes Recht wahrnimmt, ist dies aber nicht der Fall, zumal der von einer Ehrverletzung betroffene Angestellte oder Arbeiter ein eigenes Strafantragsrecht hat. An der unter staatsethischen Gesichtspunkten gleichbleibenden Berechtigung und eventuell gegebenen Verpflichtung des öffentlichen Arbeitgebers bzw. des Dienstherr, den Strafantrag zu stellen, ändert sich jedoch nicht. Jedoch liegt dies außerhalb des arbeitsvertraglichen Fürsorgepflichtanspruchs, so daß es auch nicht justiziabel ist.

Der Anspruch auf finanzielle Unterstützung aufgrund der genannten Rechtsschutzrichtlinien ist jedoch von den Angestellten und Arbeitern im öffentlichen Dienst uneingeschränkt wie von den Beamten, Richtern und Soldaten einklagbar. Allerdings kommt hierfür nicht, wie beim Anspruch aufgrund der arbeitsvertraglichen Fürsorgepflicht, der Rechtsweg zu den Arbeitsgerichten (§§ 2, 2a, 48 ArbGG), sondern nur allein der Verwaltungsgerichtsweg gemäß § 40 Abs. 1 S. 1 VwGO in Betracht. Gegen die Verweigerung einer Begünstigung, die nur durch Verwaltungsakt i.S.v. § 35 S. 1 VwVfG gewährt werden kann, kann dann nur mit der Verpflichtungsklage gemäß § 42 Abs. 1 VwGO vorgegangen werden[1386].

Auch kann im Unterschied zum beamtenrechtlichen Primäranspruch für die Erfüllung der arbeitsvertraglichen Fürsorgepflicht der Angestellten und Arbeiter im öffentlichen Dienst kein allgemeines und umfassendes Handlungsinstrumentarium des öffentlichen Arbeitgebers dargestellt werden, denn deren rechtliche Beziehung ist, wie bereits dargestellt, durch eine wesentlich größere rechtliche Autonomie und Grundrechtsgeltung gekennzeichnet, so daß es z.B. bezogen auf die klageweise Geltendmachung des Fürsorgepflichtanspruchs notwendig ist, daß der klagende Arbeitnehmer stets eine konkrete Rechtsfolge, die er von seinem öffentlichen Arbeitgeber einklagt, im Klageantrag benennen muß. Eine etwaige Bescheidungsklage, die einen Ermessensspielraum des öffentlich-rechtlichen Arbeitgebers berücksichtigen würde, ist im Zivil- bzw. Arbeitsrecht unzulässig.

Insgesamt zeigen sich exemplarisch an dem Umfang der beamtenrechtlichen im Vergleich zur arbeitsvertraglichen Fürsorgepflicht erhebliche Unterschiede und Auswirkungen der verschiedenen Beschäftigungsverhältnisse. Während beide Pflichten bezogen auf den Schutz vor internen Ehrverletzungen noch überwiegend als identisch angesehen werden können, besteht bei externen Ehrverletzungen aufgrund der arbeitsvertraglichen Fürsorgepflicht so gut wie kein einklagbarer Anspruch. Gerade hier zeigt sich dann die besondere Pflichtenbindung der öffentlich-rechtlichen Dienst- und Treueverhältnisse, die insbesondere auch in diesem Bereich dem Betroffenen einen gegenüber seinem Dienstherrn einklagbaren Schutzanspruch aufgrund der beamtenrechtlichen Fürsorgepflicht gewährt. In diesem dann vorliegenden Dreiecksverhältnis (Störer, Verwaltungsbediensteter und Dienstherr bzw. öffentlicher Arbeitgeber) wird die starke rechtliche Einbindung des betroffenen Beamten im Unterschied zu der vertraglichen Bindung der Angestellten und Arbeiter bei voller Grundrechtsgeltung durch den Dienstherrn mit dem umfangreicheren Fürsorge- und

[1386] Siehe hierzu die weiteren Ausführungen ab S. 243 dieser Untersuchung.

Schutzpflichtanspruch zum Teil ausgeglichen. Die Angestellten und Arbeiter im öffentlichen Dienst sind hingegen vollkommen autonome Rechtssubjekte, die ihren Dienstherrn kaum in Anspruch nehmen können, wenn sie rechtlich gegen den ehrverletzenden Störer vorgehen wollen.

G. Zusammenfassung

Beim Erfüllungsanspruch des Beamten aufgrund der Fürsorgepflicht des Dienstherrn gemäß § 79 BBG, § 48 BRRG sind sowohl auf der materiellen Ebene (Tatbestands- und Rechtsfolgeseite) als auch auf der prozessualen Ebene (Antrag und Rechtsschutzmöglichkeiten) eine Vielzahl von Problemen und Aspekten zu beachten, die die Effektivität der Fürsorge- und Schutzpflicht, trotz der verfassungsrechtlichen Grundlage (Art. 33 Abs. 5 GG), einschränken, so daß dem Ehrenschutz zugunsten der Betroffenen nicht in voller Hinsicht Genüge getan werden kann.

Viertes Kapitel: Primärrechtliche Folgeansprüche der Fürsorgepflicht und sekundärrechtliche Schadensersatzansprüche des Beamten

Bei einer – unter Umständen auch schuldhaft – erfolgten Verletzung der Fürsorge- und Schutzpflicht durch den Dienstherrn, stehen dem betroffenen Beamten verschiedene allgemeine und spezielle Staatshaftungsansprüche teilweise kumulativ, teilweise nur alternativ zur Verfügung, die im folgenden mit ihren jeweiligen tatbestandlichen Voraussetzungen, den teils unterschiedlichen Rechtsfolgen sowie den dazugehörigen prozessualen Voraussetzungen dargestellt werden[1387].

Die bereits erwähnte Untergliederung in Primär- und Sekundärrechtsschutz wird auch den nachfolgenden Ausführungen zugrundegelegt. So sind der Folgenbeseitigungsanspruch und der öffentlich-rechtliche Unterlassungsanspruch abgeleitete Folgeansprüche auf der Ebene des Primärrechtsschutzes. Sie setzen den Abwehranspruch gegen rechtswidriges staatliches Handeln fort, indem sie zur Beseitigung der eingetretenen Folgen den früheren, rechtmäßigen Zustand (wieder-)herstellen und so eine Restitution ermöglichen[1388]. Zu den sekundärrechtlichen Schadensersatzansprüchen zählen der Anspruch auf Schadensersatz wegen Fürsorgepflichtverletzung und der Amtshaftungsanspruch[1389]. Die Fürsorgepflicht des Dienstherrn erweist sich nicht nur als Grundlage für einen Erfüllungsanspruch, sondern auch als Grundlage sowohl für die primärrechtlichen Folgeansprüche als auch für den sekundärrechtlichen Schadensersatzanspruch wegen Fürsorgepflichtverletzung[1390].

Entsprechend dem Vorrang des Primär- gegenüber dem Sekundärrechtsschutz kommen die Schadensersatzansprüche des Beamten überhaupt nur dann in Betracht, wenn und soweit die Erfüllung der Fürsorgepflicht oder eine Folgenbeseitigung nicht mehr möglich ist bzw. sich nachträglich als unmöglich erweist[1391] oder zur Beseitigung der Rechtsbeeinträchtigung nicht ausreichend ist[1392]. Ein „Dulde und liquidiere“ und damit die Hinnahme der Rechtverletzung durch den Dienstherrn zum Zwecke der finanziellen Kompensation ist

---

[1387] Im wesentlichen handelt es sich dabei um dogmatische Standardansprüche gegenüber dem Staat bzw. dem öffentlich-rechtlichen Dienstherrn, bei deren Darstellung lediglich auf die beamtenrechtsspezifischen Besonderheiten sowie auf etwaige mit den allgemeinen ehrenschutzrechtlichen Fragestellungen verbundene Probleme eingegangen wird. Das Recht der persönlichen Ehre ist ein nichtvermögenswertes Rechtsgut, dessen Verletzung regelmäßig keinen materiellen Schaden zur Folge hat und dessen Verletzung auch nicht ohne weiteres durch ein Schmerzensgeld, sofern dies überhaupt möglich ist, kompensiert werden kann.

[1388] *Axer*, DVBl. 2001, 1322; *Brugger*, JuS 1999, 625 (626 ff.); *Maurer*, Allgemeines Verwaltungsrecht[14], § 26, Rz. 44 a.E. und § 30, Rz. 1 ff.; *Ossenbühl*, Staatshaftungsrecht[5], S. 286. Bedenken hiergegen haben *Detterbeck-Windthorst-Sproll*, Staatshaftungsrecht, § 17, Rz. 36 und § 18, Rz. 8. Nach Auffassung von *Weiß-Niedermaier-Summer-Zängl/Summer*, Art. 86 BayBG, Erl. 11a ist der Folgenbeseitigungsanspruch sogar der erste Sekundäranspruch. Dagegen spricht jedoch, daß es bei diesem Anspruch nicht um eine finanzielle Kompensation (Entschädigung oder Schadensersatz) geht, was aber dogmatisch die Zuordnung zur Ebene des Sekundärrechtsschutzes voraussetzt.

[1389] *Axer*, DVBl. 2001, 1322 (1323).

[1390] GKÖD/*Fürst*, § 79 BBG, Rz. 17.

[1391] *Summer*, PersV 1988, 76 (82); *Battis*[3], § 79 BBG, Rz. 24; *Schnellenbach*, Beamtenrecht in der Praxis[5], Rz. 410; *Koll*, VR 1993, 411 (413); *Wittinger-Herrmann*, ZBR 2002, 337 (340).

[1392] *Weiß-Niedermaier-Summer-Zängl/Summer*, Art. 86 BayBG, Erl. 11a.

nämlich wegen § 839 Abs. 3 BGB (analog), der für die sekundärrechtlichen Schadensersatzansprüche gilt[1393], ausgeschlossen. Sofern aber niemals ein Erfüllungsanspruch aufgrund der Fürsorgepflicht des Dienstherrn oder ein abgeleiteter primärrechtlicher Folgeanspruch besteht oder bestanden hätte, kann auch kein Sekundärrechtsschutz gegeben sein.

A. Anspruch auf Folgenbeseitigung

Zunächst hat jeder von Ehrverletzungen betroffene Amtswalter die rechtliche Option, den sog. Folgenbeseitigungsanspruch gegenüber seinem Dienstherrn geltend zu machen, wenn ein gegenwärtiger, rechtswidriger Zustand (status quo) aufgrund eines hoheitlichen Handelns eingetreten ist, den es durch Wiederherstellung des früheren, rechtmäßigen Zustands (status quo ante) zu beseitigen gilt[1394]. Für die Fallkonstellation, daß eine ehrenrührige Tatsachenäußerung durch den Dienstherrn selbst oder ihm zumindest zurechenbar abgegeben wurde, ist unter dem allgemeinen Gesichtspunkt der Beseitigung der fortdauernden Folgen ehrverletzender amtlicher Äußerungen im Bereich der hoheitlichen Verwaltung der Folgenbeseitigungsanspruch als Widerrufsanspruch ebenfalls anerkannt[1395], z.B. auch als Berichtigungsanspruch bei dienstlichen Beurteilungen mit ehrverletzendem Inhalt[1396].

I. Rechtsgrundlage und Anwendbarkeit

Der Anspruch auf Folgenbeseitigung wird trotz einer fehlenden gesetzlichen Regelung mittlerweile allseits gewohnheitsrechtlich anerkannt, auch wenn die dogmatische Grundlage dieses Anspruchs weiterhin umstritten ist[1397]. Zumindest ist er als sog. Vollzugsfolgenbeseitigungsanspruch bei Verwaltungsakten prozessual in § 113 Abs. 1 S. 2 VwGO gesetzlich vorausgesetzt. Systematisch wurde der Folgenbeseitigungsanspruch, der aber auch bei Realakten bzw. schlichtem Verwaltungshandeln greift[1398], im Wege richterlicher Rechtsfortbildung aus dem Rechtsstaatsprinzip gemäß Art. 20 Abs. 3 GG[1399], den Freiheitsgrundrechten[1400], in einer Analogie zu §§ 12, 862, 1004 Abs. 1 S. 2 BGB[1401], aus der Rechtsschutzgarantie des Art. 19 Abs. 4 GG, dem Gesetzesvorbehalt sowie aus einem materiellem Gerechtigkeitsprinzip entwickelt. Hinzu kommt im Beamtenrecht als weitere dogmatische Basis, daß sich der Folgenbeseitigungsanspruch auch auf der Fürsorgepflicht

---

1393 Siehe hierzu die weiteren Ausführungen ab S. 286 und ab S. 296 dieser Untersuchung.

1394 Vgl. *Schütz/Schachel*, § 85 LBG NRW, Rz. 44.

1395 Vgl. BVerwGE 59, 319 (325 f.); OVG Koblenz, NJW 1987, 1660; BGHZ 34, 99 (108 ff.). Dies wurde hingegen ausdrücklich offengelassen in: BVerwGE 75, 354 (355) = JZ 1987, 422 = *Schütz* ES/B III 1 Nr. 13 = NJW 1987, 2529 ff.

1396 *Schenke*, Fälle zum Beamtenrecht², S. 122.

1397 *Maurer*, Allgemeines Verwaltungsrecht¹⁴, § 30, Rz. 4 ff.; *Brugger*, JuS 1999, 625 ff.; *Ossenbühl*, Staatshaftungsrecht⁵, S. 293 ff.; OVG Koblenz, NJW 1987, 1660; *Detterbeck-Windthorst-Sproll*, Staatshaftungsrecht, § 12, Rz. 11, 15 ff.

1398 BVerwGE 38, 336 (346); 59, 319 (326).

1399 BVerwGE 69, 366 (370).

1400 BVerwGE 82, 76 (95).

1401 Hieran zeigt sich auch die dogmatische Parallelität zum zivilrechtlichen Beseitigungs- und Widerrufsanspruch, der ab S. 165 dieser Untersuchung dargestellt wurde.

des Dienstherrn gründet[1402]. Das dogmatische Verhältnis des Folgenbeseitigungsanspruchs zum primärrechtlichen Fürsorgepflichtanspruch und damit die Anspruchsparallelität wurden bereits ausführlich dargestellt[1403]. Er ist ebenfalls vom Unterlassungsanspruch[1404] abzugrenzen, auch wenn beide Ansprüche inhaltlich auf die rechtliche Bewältigung hoheitlichen Unrechts zielen[1405].

II. Tatbestandliche Voraussetzungen

Für die Geltendmachung des Folgenbeseitigungsanspruchs müssen nach allgemeiner Auffassung die nachfolgenden tatbestandlichen Voraussetzungen erfüllt sein:

1. Anspruchsinhaber und Anspruchsverpflichteter

Als Anspruchsinhaber dieses primärrechtlichen Folgeanspruchs kommt grundsätzlich jeder Bürger in Betracht, so daß auch sämtliche Amtswalter der dargestellten öffentlich-rechtlichen Dienst- und Treueverhältnisse (Beamte, Richter im Bundes- oder Landesdienst, Soldaten, Wehrpflichtige sowie Zivildienstleistende) hiervon umfaßt sind, sofern sie von den Folgen eines hoheitlichen Verhaltens ihres Dienstherrn persönlich betroffen sind.

Auch beim Folgenbeseitigungsanspruch ist Anspruchsverpflichteter grundsätzlich der Dienstherr, also im wesentlichen die jeweilige öffentlich-rechtliche Körperschaft (Rechtsträgerprinzip)[1406], und nicht der handelnde Beamte persönlich, selbst wenn der Widerruf einer ehrkränkenden Äußerung eines Verwaltungsinternen begehrt wird[1407]. Dies gilt sowohl im fiskalischen als auch im hoheitlichen Bereich, aber auch nur solange, wie die ehrverletzende Verhaltensweise des handelnden Beamten zu Lasten eines anderen Amtswalters dem Dienstherrn überhaupt zugerechnet werden kann[1408].

Eine Zurechnung erfolgt zunächst grundsätzlich deswegen, weil der Dienstherr als juristische Person des öffentlichen Rechts selbst handlungsunfähig ist. Er kann vielmehr nur durch seine Organe und Amtswalter handeln, deren Verhalten ihm notwendig als eigenes zugerechnet wird.

Ausnahmen und Einschränkungen der Zurechnung gelten dann, wenn die ehrverletzende (Tatsachen-)Äußerung so sehr Ausdruck einer persönlichen Meinung oder Einstellung ist,

---

1402 *Weiß-Niedermaier-Summer-Zängl/Summer*, Art. 86 BayBG, Erl. 10a a.E.; *Ossenbühl*, Staatshaftungsrecht[5], S. 297; *Schütz/Schachel*, § 85 LBG NRW, Rz. 1 a.E.; GKÖD/*Fürst*, § 79 BBG, Rz. 17.

1403 Siehe insofern die näheren Ausführungen ab S. 172 dieser Untersuchung.

1404 Siehe hierzu die näheren Ausführungen ab S. 275 dieser Untersuchung.

1405 *Detterbeck-Windthorst-Sproll*, Staatshaftungsrecht, § 12, Rz. 7 ff. *Ossenbühl*, Staatshaftungsrecht[5], S. 285 ff. behandelt den Folgenbeseitigungs- und den Unterlassungsanspruch sogar im Rahmen eines einheitlichen grundrechtlichen Schutzanspruchs auf Unterlassung, Beseitigung und Herstellung. *Schoch*, VerwArch 79 (1988), 1 (23 f.) äußert sich hierzu kritisch.

1406 Vgl. BVerwG, DÖV 1968, 429 = ZBR 1968, 230; BVerwGE 75, 354 (355) = JZ 1987, 422 = *Schütz* ES/B III 1 Nr. 13 = NJW 1987, 2529 (2530).

1407 BVerwGE 75, 354 ff.; 99, 56 ff.; *Schnellenbach*, Beamtenrecht in der Praxis[5], Rz. 388 a.E.; *Weiß-Niedermaier-Summer-Zängl/Summer*, Art. 86 BayBG, Erl. 25a; OVG Koblenz, NJW 1987, 1660; OVG Münster, ZBR 1984, 16.

1408 OVG Koblenz, NJW 1987, 1660.

daß das persönliche Gepräge überwiegt, so daß eine Widerrufserklärung durch die Anstellungskörperschaft auch nicht geeignet wäre, der Wiederherstellung der Ehre des Anspruchsstellers zu dienen[1409]. Allerdings muß die ehrverletzende Äußerung stets noch im dienstlichen Zusammenhang stehen, also das Dienstverhältnis[1410] i.S.v. *Isensee* und *Stern* und nicht ausschließlich das Privatverhältnis betreffen, damit überhaupt noch eine öffentlich-rechtliche Streitigkeit i.S.v. § 40 Abs. 1 VwGO bzw. eine beamtenrechtliche Streitigkeit i.S.v. § 126 Abs. 1 BRRG vorliegt. Anderenfalls wäre nämlich für diese privatrechtliche Streitigkeit der Zivilrechtsweg gemäß § 13 GVG gegeben[1411]. Ein ehrverletzend handelnder Amtswalter ist auch dann ausschließlich als Privatperson tätig, selbst wenn dies gelegentlich der amtlichen Tätigkeit geschieht, solange es der Wahrnehmung eigener persönlicher Interessen dient[1412], denn er hat auch als Beamter im Zusammenhang mit seiner dienstlichen Tätigkeit weiterhin die Möglichkeit, rechtlich erhebliche Handlungen für den eigenen Rechtskreis vorzunehmen[1413]. Allerdings wird der maßgebliche innere Zusammenhang zwischen Amtsausübung und schädigendem Verhalten nicht von vornhinein ausgeschlossen, wenn der Täter das Amt zu eigennützigen, schikanösen oder gar strafbaren Zwecken mißbraucht oder aus eigensüchtigen oder rein persönlichen Gründen pflichtwidrig handelt. Ein Vorgesetzter, der Untergebene im Rahmen der gemeinsamen Dienstausübung respektlos behandelt (Herabwürdigung der dienstlichen Leistungen, fortlaufende Schikanen sowie ständige, obszöne Beleidigungen) handelt hingegen regelmäßig hoheitlich[1414].

Genauere Voraussetzung für die Anspruchsverpflichtung des Dienstherrn und eine Zurechnung ist nun, daß der sich ehrkränkend Äußernde dem Verletzten gerade als Organ der Anstellungskörperschaft im Beamtenverhältnis und damit unter Inanspruchnahme amtlicher Autorität, also in Ausübung öffentlicher Funktion und nicht nur gelegentlich seines Amtes, gegenübertritt[1415]. Dies ist beispielsweise bei einem ehrverletzenden Dienst- oder Disziplinarvorgesetzten der Fall. Das Handeln des Störers muß im Zusammenhang mit der ihm anvertrauten Amtsführung stehen und in Wahrnehmung amtlicher Verrichtungen geschehen, um es dem Dienstherrn zurechnen zu können. Der Kreis der vom Dienstherrn zugewiesenen Aufgaben und Kompetenzen begrenzt den Bereich, in dem der Störer die Körperschaft in zulässiger Weise verpflichten kann. Zwar entfällt die Verantwortlichkeit des Dienstherrn nicht schon dann, wenn der Störer seine Kompetenzen im Einzelfall überschreitet, den Grundsatz der Verhältnismäßigkeit mißachtet oder auf andere Weise rechtswidrig handelt, sofern dies noch anläßlich und im Zusammenhang mit den

---

1409 Insofern grundlegend: BGHZ (GS) 34, 99 (106 f.); siehe auch BVerwG, DÖV 1968, 429 = ZBR 1968, 230; OLG Zweibrücken, NVwZ 1982, 332; OVG Münster, ZBR 1984, 16; OVG Koblenz, NJW 1987, 1660 (1661); VGH Mannheim, VBlBW 1999, 93 (94); vgl. *Eyermann/Rennert*[11], § 40 VwGO, Rz. 83. Nur eine persönliche Widerrufserklärung des Beamten könnte dem Ehrenschutz dann noch dienen.

1410 Entspricht z.B. der Zuordnung zur „Amtsführung" gemäß OVG Koblenz, NJW 1987, 1660.

1411 Str., bejahend: VGH Mannheim, VBlBW 1990, 186 (187); BVerwG, DÖV 1968, 429 = ZBR 1968, 230; verneinend: *Schwabe*, FS Quaritsch, S. 338 f.

1412 BVerwGE 75, 354 (355) = JZ 1987, 422 = *Schütz* ES/B III 1 Nr. 13 = NJW 1987, 2529 (2530) unter Hinweis auf BGHZ (GS) 34, 99 (106 f.).

1413 OVG Koblenz, NJW 1987, 1660.

1414 BGH, NJW 2002, 3172 (3173) = NZA 2002, 1214 ff. = DVBl. 2002, 1639 ff. = NVwZ 2003, 125 (Ls).

1415 *Weiß-Niedermaier-Summer-Zängl/Summer*, Art. 86 BayBG, Erl. 25a; *Hufen*, Verwaltungsprozeßrecht[5], § 11, Rz. 56; OVG Koblenz, NJW 1987, 1660; *Stern*, Verwaltungsprozessuale Probleme[8], Rz. 81 a.E.

zugewiesenen Aufgaben steht. Der Dienstherr könnte ansonsten geltend machen, daß jedes rechtswidrige Verhalten seiner Organe wegen Kompetenzüberschreitung nicht der Körperschaft zurechenbar sei[1416]. Bei Verwendung amtlicher Briefköpfe oder -bögen ist jedoch eine Zurechnung zur öffentlich-rechtlichen Körperschaft gegeben[1417]. Im übrigen kommt es für eine objektive Zurechnung nicht darauf an, ob sich der Dienstherr subjektiv mit der (ehrkränkenden) Äußerung identifiziert oder sie sogar gutheißt.

Sofern der Widerruf von ehrenrührigen Äußerungen innerhalb von Kollegialorganen (z.B. Gemeinderat, Lehrerkonferenz) begehrt wird, gestaltet sich die Abgrenzung sehr schwierig, und es soll sogar eher seltener der Fall sein, daß dies als Fürsorgepflichtverletzung dem Dienstherrn zugerechnet werden kann. Unstreitig ist der Dienstherr Anspruchsverpflichteter, wenn ehrenrührige Äußerungen durch den Schulleiter gerade in seiner Eigenschaft als Dienstvorgesetzter erfolgt sind. Anderenfalls bleibt nur der sich ehrkränkend Äußernde allein verantwortlich, womit auch eine Zurechnung zum Dienstherrn ausscheidet, so daß auch nur dieser persönlich zum Widerruf sachlich berechtigt sein kann[1418].

2. Eingriff in eine geschützte subjektive Rechtsposition durch hoheitliches Verhalten

Durch ein hoheitliches Verhalten bzw. durch die öffentliche Gewalt – grundsätzlich sind hiermit alle drei Staatsgewalten gemeint – muß in eine Rechtsposition des Anspruchstellers eingegriffen worden sein. Bei diesem beeinträchtigten Recht muß es sich um ein subjektives Recht handeln. Es muß im Wege der Auslegung ermittelt werden, ob die Norm dem Schutz des hiervon Begünstigen (jedenfalls auch) dient[1419]. Vorrangig sind hierbei verfassungsrechtlich begründete Rechtspositionen zu berücksichtigen, aber auch einfachgesetzliche, subjektive Rechte aus dem öffentlichen Recht oder dem Privatrecht sind einzubeziehen[1420]. Sowohl die verfassungsrechtliche (Art. 33 Abs. 5 GG) als auch die einfachgesetzliche Fürsorgepflicht des Dienstherrn (§ 79 BBG, § 48 BRRG) stellen, wie bereits dargestellt, ein solches subjektiv-öffentliches Recht im Rahmen des Beamtenrechtsverhältnisses dar, d.h. dieses Recht kann durch nicht fürsorgepflichtkonformes Verhalten des Dienstherrn beeinträchtigt werden. Als weitere Rechtsposition kommt das Recht der persönlichen Ehre[1421] (Art. 5 Abs. 2 GG und als Unterfall des allgemeinen Persönlichkeitsrechts gemäß Art. 2 Abs. 1 i.V.m. Art. 1 Abs. 1 GG) in Betracht, denn dieses (ungeschriebene) Grundrecht auf Ehre ist ebenfalls ein subjektiv-öffentliches Recht, an das der Dienstherr wegen Art. 1 Abs. 3 GG gebunden ist, so daß es bei ehrenrührigen Angriffen aus der Exekutive oder der Judikative mit der Fürsorgepflichtverletzung auch zugleich eine Ehrbeeinträchtigung gegeben ist. Sofern sich der Dienstherr die ehrenrührige

---

[1416] OVG Koblenz, NJW 1987, 1660.

[1417] VGH Kassel, ZBR 1974, 261.

[1418] Vgl. zum Gesamten: VGH Mannheim, VBlBW 1999, 93 (94); *Schwabe*, FS Quaritsch, S. 338 f. Dann aber hat der Folgenbeseitigungsanspruch seine Grundlage nicht in einer Fürsorgepflichtverletzung durch den Dienstherrn, so daß dieser Widerrufsanspruch vom Thema dieser Untersuchung nicht mehr erfaßt wird.

[1419] Vgl. *Maurer*, Allgemeines Verwaltungsrecht[14], § 8, Rz. 8 ff. Dies dient der Abgrenzung zu einem Rechtsreflex.

[1420] *Detterbeck-Windthorst-Sproll*, Staatshaftungsrecht, § 12, Rz. 32 ff.; *Ossenbühl*, Staatshaftungsrecht[5], S. 307 f.

[1421] So ausdrücklich *Ossenbühl*, Staatshaftungsrecht[5], S. 299.

und fürsorgepflichtwidrige Verhaltensweise (z.B. Mobbing, ehrenkränkende Organisationsmaßnahmen oder unberechtigte öffentliche Kritik) eines Verwaltungsinternen nach obigen Maßstäben zurechnen lassen muß, liegt ein hoheitliches und kein privates Verhalten vor, so daß in die genannten subjektiv-öffentlichen Rechtspositionen entweder durch aktives Tun oder – nach umstrittener Auffassung – durch ein Unterlassen[1422] eingegriffen wurde. Für den Eingriff ist es unerheblich, ob er durch Verwaltungsakt oder durch einen Realakt erfolgt ist[1423].

3. Eintritt eines rechtswidrigen Zustands und dessen Fortdauern

Weitere Anspruchsvoraussetzung ist, daß durch das bereits genannte hoheitliche Handeln ein rechtswidriger und nicht zu duldender Zustand entstanden ist, der noch gegenwärtig fortdauert[1424]. Mit Ausnahme des Vollzugsfolgenbeseitigungsanspruchs kommt es also nicht auf die Rechtswidrigkeit des hoheitlichen Handelns an[1425]. Das Handeln seitens des Dienstherrn muß also zu einem rechtswidrigen Zustand führen, der von der Rechtsordnung so nicht gewollt ist. Durch ehrverletzende und fürsorgepflichtwidrige Handlungen des Dienstherrn entsteht deswegen ein rechtswidriger Zustand, weil die Fürsorgepflicht als Schadensabwendungspflicht erst recht eingreift, wenn Rechtsgüter des betroffenen Beamten durch hoheitliches Handeln, insbesondere vom Dienstherrn selbst, beeinträchtigt werden. So wird durch die unmittelbar erfolgte Suspendierung eines Beamten auf einen ehrverletzenden Vorwurf eines Externen, ohne daß der zugrundeliegende Sachverhalt vom Dienstherrn erforscht wird, ein fortdauernder, fürsorgepflicht- und damit rechtswidriger Zustand geschaffen. Gleiches gilt, wenn z.B. durch eine unberechtigte öffentliche Kritik durch einen Minister ein Amtswalter in der Öffentlichkeit bloßgestellt wird. Hinsichtlich dieses Zustands ist auch keine Duldungspflicht des betroffenen Amtswalters zu erkennen, denn der Sinn der Fürsorgepflicht des Dienstherrn innerhalb des öffentlich-rechtlichen Dienst- und Treueverhältnisses ist es gerade, derartige Zustände zu verhindern.

4. Unmittelbarkeitszusammenhang

Zwischen dem hoheitlichen Handeln und dem durch die Rechtsbeeinträchtigungen eingetretenen rechtswidrigen Zustand muß ein haftungsbegründender adäquat-kausaler Zusammenhang gegeben sein[1426]. Dies ist jedenfalls bei allen Folgen der Fall, auf deren

---

1422 Es ist in Rechtsprechung und Literatur umstritten, ob der Folgenbeseitigungsanspruch auch bei einem hoheitlichen Unterlassen eingreift, denn was sollte hierbei wiederhergestellt werden? Jedoch können hoheitliche Eingriffe (in den status negativus) auch anerkanntermaßen durch Unterlassen erfolgen, wobei eine sorgfältige Prüfung dahingehend zu erfolgen hat, ob eine Pflicht zum Tätigwerden bzw. ein Anspruch auf das unterlassene Verhalten bestanden hat, vgl. *Detterbeck-Windthorst-Sproll*, Staatshaftungsrecht, § 12, Rz. 30 f.; *Ossenbühl*, Staatshaftungsrecht^5, S. 310 ff.

1423 Bei Legislativakten und gerichtlichen Entscheidungen gilt der Folgenbeseitigungsanspruch jedoch nicht, vgl. *Detterbeck-Windthorst-Sproll*, Staatshaftungsrecht, § 12, Rz. 28.

1424 Wenn es zu einer gerichtlichen Geltendmachung dieses Anspruchs kommt, muß der rechtswidrige Zustand – nach allgemeinen Grundsätzen – noch im Zeitpunkt der letzten mündlichen Tatsachenverhandlung vorliegen, vgl. BVerwGE 80, 178 (180 f.); *Ossenbühl*, Staatshaftungsrecht^5, S. 317.

1425 *Detterbeck-Windthorst-Sproll*, Staatshaftungsrecht, § 12, Rz. 38; *Ossenbühl*, Staatshaftungsrecht^5, S. 312 f.

1426 Siehe hierzu eingehend *Ossenbühl*, Staatshaftungsrecht^5, S. 302 ff.; Vgl. BVerwGE 69, 366 (372); *Detterbeck-Windthorst-Sproll*, Staatshaftungsrecht, § 12, Rz. 37.

Eintritt die Amtshandlung unmittelbar gerichtet war, z.B. bei einer Suspendierung oder Versetzung in den einstweiligen Ruhestand unter ehrverletzenden Umständen. Darüber hinaus ist die Kausalität bei allen Folgen gegeben, soweit sie adäquat durch die Amtshandlung verursacht wurden, d.h. deren Eintritt darf – bei objektiver Betrachtung – nicht völlig unwahrscheinlich gewesen sein[1427].

5. Ausschlußgründe

Der Folgenbeseitigungsanspruch kann aus mehreren Gründen tatbestandlich ausgeschlossen ein. Er kann dann nicht mehr zum Ziel führen, wenn die Wiederherstellung des früheren Zustands (als Folgenbeseitigung) tatsächlich oder rechtlich unmöglich ist, selbst wenn die Unmöglichkeit erst nachträglich eingetreten ist[1428]. So ist die Stellung eines Strafantrags gemäß § 194 Abs. 3 S. 1 StGB nach Ablauf der Antragsfrist zwar tatsächlich, aber nicht mehr rechtlich möglich. Ferner muß die Wiederherstellung dem Anspruchsgegner zumutbar sein[1429], was z.B. bei einem unverhältnismäßig hohem Aufwand nicht mehr gegeben ist. Bei einem Widerruf ehrenrühriger Äußerungen, der selbst einem großen Personenkreis gegenüber erfolgen muß, greift diese Einwendung jedoch noch nicht durch. Ferner darf sich die Durchsetzung des Folgenbeseitigungsanspruchs nicht als unzulässige Rechtsausübung darstellen[1430]. Schließlich ist beim Folgenbeseitigungsanspruch der Rechtsgedanke aus § 254 BGB analog nach herrschender Meinung anzuwenden, auch wenn diese Vorschrift für Schadensersatzansprüche konzipiert wurde[1431]. Es ist zu berücksichtigen, daß bei einem überwiegenden Verschulden des betroffenen Beamten es schon am adäquat-kausalen Zurechnungszusammenhang fehlen dürfte. Wenn das Mitverschulden des verletzten Beamten als gering einzustufen ist, muß wiederum geprüft werden, ob die Aufrechterhaltung des rechtswidrigen Zustands mit der Fürsorgepflicht vereinbar ist. Wenn sie damit nicht mehr vereinbar ist, muß der frühere, rechtswidrige Zustand trotz des Mitverschuldens auf Seiten des betroffenen Beamten wiederhergestellt werden.

6. Verjährung

Die Frage der Verjährungsfrist ist für den Folgenbeseitigungsanspruch nicht abschließend geklärt. Zwar wird in Rechtsprechung und Literatur mangels einer gesetzlichen Normierung stets auf die dreißigjährige Verjährungsfrist gemäß § 195 BGB a.F. analog verwiesen[1432]. Allerdings ist nicht zu erkennen, ob dies als dynamische Verweisung auf das BGB oder als Begründung für eine konstitutiv eigene Regelung angesehen wird. Da sich

---

1427 *Weiß-Niedermaier-Summer-Zängl/Summer*, Art. 86 BayBG, Erl. 10e. Insofern kann aber auf die näheren Ausführungen zur adäquaten Kausalität beim Schadensersatzanspruch ab S. 285 dieser Untersuchung verwiesen werden.

1428 *Ossenbühl*, Staatshaftungsrecht^5, S. 318 ff.; *Schoch*, VerwArch 79 (1988), 1 (50).

1429 *Detterbeck-Windthorst-Sproll*, Staatshaftungsrecht, § 12, Rz. 47; *Ossenbühl*, Staatshaftungsrecht^5, S. 321.

1430 *Ossenbühl*, Staatshaftungsrecht^5, S. 323; *Detterbeck-Windthorst-Sproll*, Staatshaftungsrecht, § 12, Rz. 48.

1431 *Weiß-Niedermaier-Summer-Zängl/Summer*, Art. 86 BayBG, Erl. 10h; *Brugger*, JuS 1999, 625; *Maurer*, Allgemeines Verwaltungsrecht^{14}, § 30, Rz. 18; *Ossenbühl*, Staatshaftungsrecht^5, S. 323 f.

1432 VGH München, NVwZ-RR 1991, 57 (58 f.); NJW 1999, 666 f.; *Detterbeck-Windthorst-Sproll*, Staatshaftungsrecht, § 12, Rz. 55.

der Folgenbeseitigungsanspruch dogmatisch auf eine Analogie zu § 1004 Abs. 1 S. 2 BGB stützt, drängt sich zunächst die Annahme einer dynamischen Verweisung auf das Verjährungsrecht des BGB auf, so daß nach den Änderungen durch die Schuldrechtsreform[1433] nunmehr die dreijährige Regelverjährungsfrist (§ 195 BGB n.F.) heranzuziehen wäre[1434]. Allerdings ist den Gesetzesmaterialien nicht zu entnehmen, daß der Gesetzgeber die Verjährung öffentlich-rechtlicher Ansprüche reformieren wollte und den Staat durch kürzere Fristen entlasten wollte, so daß es im Zweifel bei der Fortgeltung der §§ 195 ff. BGB a.F. bleibt[1435]. Schließlich ist dieser Anspruch mittlerweile als eigenständiges, öffentlich-rechtliches Institut anzusehen, das sich von seinen – zum Teil zivilrechtlichen – „Wurzeln" entfernt hat. Daher liegt die Annahme, daß der Gesetzgeber die dreißigjährige Verjährungsfrist in seinen Willen aufgenommen hat erheblich näher, zumal er nach Kritik bewußt auf eine Regelung verzichtet hat, wonach sich die §§ 194 ff. BGB n.F. auch auf Ansprüche außerhalb des BGB erstrecken sollten[1436]. Somit verjährt der Folgenbeseitigungsanspruch gemäß § 195 BGB a.F. kenntnisunabhängig in dreißig Jahren.

III. Restitution als Rechtsfolge

Anknüpfungspunkt für die Rechtsfolge des Folgenbeseitigungsanspruchs ist die Rechtswidrigkeit des durch den hoheitlichen Eingriff geschaffenen, andauernden Zustands an. Es soll der fortdauernde, rechtswidrige Zustand (status quo) mit der „rechtsnormativen Lage"[1437] in der Weise zur Deckung gebracht werden, daß der ursprüngliche, rechtmäßige Zustand (status quo ante), der bis zum Zeitpunkt des Eingriffs bestanden hat, wiederhergestellt und dadurch die Fortdauer des rechtswidrigen Zustands beendet wird (= Restitution). Pointierter formuliert soll der Zustand wiederhergestellt werden, der bestünde, wenn das rechtswidrige Verhalten der hoheitlichen Gewalt nicht gewesen wäre[1438]. Der Folgenbeseitigungsanspruch kann daher nicht zu einem darüber hinausgehenden Erfolg, namentlich zu einer verkappten Verurteilung zum Schadensersatz in Geld als Ausgleich von durch unrichtiges Verwaltungshandeln beim Betroffenen entstandenen Schäden führen[1439]. Seine Rechtsfolge kann aber aus den genannten Gründen mit der Rechtsfolge eines Fürsorgepflichtanspruchs, der auch einen rechtswidrigen Zustand beseitigen soll, identisch sein[1440]. Es können unter Beachtung der haftungsausfüllenden Kausalität nur die Folgen ausgeglichen werden, die unmittelbar bzw. adäquat-kausal durch das hoheitliche Verhalten verursacht wurden[1441].

[1433] Schuldrechtsmodernisierungsgesetz vom 29. November 2001 (BGBl. I, S. 3138 ff.).

[1434] *Dötsch*, NWVBl. 2001, 385 (389); *Kellner*, NVwZ 2002, 395 (398 ff.). In bezug auf § 1004 BGB greift nämlich die ausnahmsweise dreißigjährige Verjährungsfrist für Herausgabeansprüche aus Eigentum und anderen dinglichen Rechten gemäß § 197 Abs. 1 Nr. 1 BGB n.F. nicht ein. Siehe im übrigen MüKo/*Grothe*[4], § 195 BGB, Rz. 12 f.

[1435] *Mansel*, NJW 2002, 89 (91).

[1436] Ebd., S. 90 f.; Explizit anderer Auffassung: *Dötsch*, NWVBl. 2002, 140.

[1437] *Schoch*, VerwArch 79 (1988), 1 (43). Zitiert von BVerwGE 82, 76 (95).

[1438] BVerwGE 69, 366 (371).

[1439] BVerwG, NJW 2001, 1878 (1878, 1882), st. Rspr.; *Plog-Wiedow-Beck-Lemhöfer*, § 23 BBG, Rz. 21 und § 79 BBG, Rz. 25; *Ossenbühl*, Staatshaftungsrecht[5], S. 302.

[1440] Siehe hierzu die näheren Ausführungen ab S. 172 dieser Untersuchung.

[1441] *Detterbeck-Windthorst-Sproll*, Staatshaftungsrecht, § 12, Rz. 54; *Ossenbühl*, Staatshaftungsrecht[5], S. 302.

Eine Fallgruppe dieser Wiederherstellung des ursprünglichen Zustands durch den Dienstherrn ist der Widerruf bzw. die Korrektur ehrverletzender, hoheitlicher Äußerungen[1442]. Der Dienstherr kann entweder selbst oder ihm zurechenbar (erwiesen) unwahre, ehrverletzende Tatsachenbehauptungen und (Un-)Werturteile aufgestellt und diese z.B. durch unzulässige, öffentliche Kritik an der Amtsführung eines Beamten verbreitet haben. Diese ehrverletzende Äußerung kann aber auch rein innerdienstlich erfolgt sein, um einen Beamten zu mobben, kaltzustellen oder ihn auf sonstige Weise negativ zu beeinflussen. Jedenfalls muß dieser Realakt, den eine ehrverletzende Äußerung darstellt, beseitigt werden, wobei als actus contrarius der Widerruf die adäquate Handlungsform ist. In Übereinstimmung mit dem zivilrechtlichen Beseitigungs- bzw. (quasi-)negatorischen Widerrufsanspruch gemäß §§ 823, 1004 Abs. 1 S. 2 BGB analog, der eine der dogmatischen Grundlagen dieses Anspruchs ist, muß beim Folgenbeseitigungsanspruch zwischen unwahren Tatsachenbehauptungen und Werturteilen differenziert werden[1443], denn nur ehrenrührige unwahre Tatsachenbehauptungen, nicht aber subjektive Werturteile können widerrufen werden[1444]. Daher ist beispielsweise der ehrenrührige Vorwurf einer „schwerwiegenden Indiskretion“ qua Folgenbeseitigungsanspruch nicht möglich[1445]. Zwar widersprechen beide ehrverletzenden Äußerungsarten der Fürsorgepflicht des Dienstherrn[1446] und sind damit rechtswidrig, aber mit diesem Einwand können die allgemein anerkannten Rechtsfolgen und Differenzierungen nicht umgangen werden[1447]. Da somit bei ehrverletzenden Wertungen oder Werturteilen ein Widerruf bzw. eine Berichtigung nicht möglich ist, muß sich der Dienstherr im Rahmen der Folgenbeseitigung zumindest für die Injurie beim Beamten entschuldigen[1448]. Im Zuge der notwendigen aktiven Beseitigung der Folgen von entsprechend ehrverletzenden Äußerungen muß der Dienstherr nun ganz allgemein dafür zu sorgen, daß die damit verbundene Ansehensbeeinträchtigung und Ehrverletzung des betroffenen Amtswalters durch eine geeignete und nach Form und Adressatenkreis der beeinträchtigenden Äußerung entsprechende Erklärung (für die Zukunft) ausgeräumt und (für die Vergangenheit) rückgängig gemacht wird[1449]. Inhalt, Adressatenkreis und Form dieser „Beseitigungserklärung“ wurden bereits näher dargestellt[1450].

[1442] Hinsichtlich des Widerrufs ehrverletzender Tatsachenäußerungen durch den Dienstherrn wurde dies schon von BVerwGE 59, 319 (325 f.) bejaht.

[1443] So die ständige Rechtsprechung des Bundesverfassungsgerichts und der Instanzgerichte. Es kann insofern auf die Ausführungen zum medienrechtlichen Gegendarstellungsanspruch ab S. 158 und zum zivilrechtlichen Beseitigungs- und Widerrufsanspruch ab S. 165 dieser Untersuchung verwiesen werden.

[1444] *Ossenbühl*, Staatshaftungsrecht[5], S. 290 f., S. 306; *Löwer*, JA 1975, 689 (692); *Weiß-Niedermaier-Summer-Zängl/Summer*, Art. 86 BayBG, Erl. 25a; *Stern*, Verwaltungsprozessuale Probleme[8], Rz. 244.

[1445] OVG Münster, ZBR 1984, 16 f.

[1446] VGH Kassel, ZBR 1974, 261 (263); BVerwGE 99, 56 (59); *Löwer*, JA 1975, 689 (692).

[1447] In diesem Zusammenhang wird auf die näheren Erläuterungen ab S. 172 dieser Untersuchung verwiesen, so daß dem betroffenen Amtswalter (aus anwaltlicher Sicht) zu raten ist, sich für die Beseitigung von ehrverletzenden Werturteilen auf den bereits dargestellten Fürsorgepflichtanspruch zu berufen.

[1448] *Weiß-Niedermaier-Summer-Zängl/Summer*, Art. 86 BayBG, Erl. 25a.

[1449] BVerwGE 99, 56 ff. = NJW 1996, 210 ff. = DVBl. 1995, 1248 ff. = JuS 1997, 76 ff. = NVwZ 1996, 270 (Ls.) = *Schütz* ES/B III 1 Nr. 22 = ZBR 1995, 370 ff. = DÖD 1996, 36 ff. = PersV 1996, 130 (Ls.) = ZTR 1996, 45 ff. = NWVBl. 1996, 101 ff.; *Schütz/Schachel*, § 85 LBG NRW, Rz. 16; *Plog-Wiedow-Beck-Lemhöfer*, § 79 BBG, Rz. 19a; GKÖD/*Fürst*, § 79 BBG, Rz. 28.

[1450] Siehe hierzu die näheren Ausführungen ab S. 177 dieser Untersuchung.

Abschließend ist noch hervorzuheben, daß mit dieser „Beseitigungserklärung" zwar das fürsorgepflichtwidrige Verhalten an sich rückgängig gemacht werden kann, aber auch hier stellt sich den Adressaten die Frage, ob da nicht doch etwas ist, und der Gedanke, daß es sich bei dem Betroffenen um einen „Prozeßhansel" handelt, ergibt sich fast zwangsläufig. Dies hängt allerdings mit dem verletzten Rechtsgut der persönlichen Ehre zusammen, dessen immaterielle Verletzung nie vollständig ausgeglichen werden kann, so daß schon im Vorfeld zu verlangen ist, daß es seitens des Dienstherrn und seiner Organe gar nicht erst zu einer fürsorgepflichtwidrigen und ehrverletzenden Verhaltensweise kommt[1451].

IV. Anspruchsdurchsetzung und materielle Beweislastverteilung

Um den Folgenbeseitigungsanspruch gegenüber dem Dienstherrn durchzusetzen, bedarf es nach der neuen Rechtsprechung des Bundesverwaltungsgerichts[1452] keines vorherigen Leistungsantrags an ihn[1453]. Ein Vorverfahren ist allerdings erfolglos durchzuführen.

Für diesen Anspruch ist der Verwaltungsrechtswegs gemäß § 40 Abs. 1 S. 1 VwGO eröffnet, sofern es sich bei der rückgängig zu machenden bzw. zu beseitigenden Maßnahme, z.B. einer ehrverletzenden Äußerung, um eine hoheitliche und damit öffentlichrechtliche zu beurteilende Handlung geht. Rein private Meinungsäußerungen würden, wie schon dargestellt, dem Zivilrechtsweg gemäß § 13 GVG unterfallen. Als statthafte Klageart ist in der Regel die allgemeine Leistungsklage zu wählen. Sofern die Rückgängigmachung allerdings durch einen Verwaltungsakt erfolgen muß, ist die Verpflichtungsklage (§ 42 Abs. 1 VwGO) zu erheben. Beim Vollzugsfolgenanspruch ist der Annexantrag im Zusammenhang mit der Anfechtungsklage (§ 113 Abs. 1 S. 2 VwGO) zu stellen[1454].

Für die örtliche Zuständigkeit des Verwaltungsgerichts greift im Unterschied zum Primäranspruch § 52 Nr. 4 VwGO nicht ein, da keine Klage aus einem öffentlichrechtlichen Dienstverhältnis vorliegt, denn der Folgenbeseitigungsanspruch ist ein allgemeiner Staatshaftungsanspruch, der seine Grundlage nicht im öffentlichen Dienstrecht hat.

Die materielle Beweislastverteilung richtet sich nach allgemeinen Grundsätzen, so muß der betroffene Beamte die Folgen eines non liquet tragen, wenn der hoheitliche Eingriff und das Fortdauern des rechtswidrigen Zustands nicht geklärt werden kann. Der Dienstherr muß hingegen die genannten Ausschlußgründe darlegen und beweisen[1455].

V. Materiell-rechtliche Konkurrenzen

Da der Folgenbeseitigungsanspruch sich sowohl hinsichtlich seiner tatbestandlichen Voraussetzungen als auch von seinem Rechtsfolgenausspruch vom Schadensersatz-

---

1451 Siehe zu diesem Unterlassungsgebot die näheren Ausführungen ab S. 184 dieser Untersuchung.

1452 BVerwGE 114, 350 (352 ff.) = BayVBl. 2002, 53 (54) = NVwZ 2002, 97 (98) = DÖV 2001, 1042 (1043) = DVBl. 2002, 196 (197 f.) = PersV 2002, 23 (25).

1453 Insoweit kann auf die Ausführungen zum Antragserfordernis beim primärrechtlichen Fürsorgepflichtanspruch ab S. 234 dieser Untersuchung verwiesen werden.

1454 *Ossenbühl*, Staatshaftungsrecht^5, S. 334 f.

1455 Vgl. BVerwGE 94, 100 (Ls. Nr. 2); *Detterbeck-Windthorst-Sproll*, Staatshaftungsrecht, § 12, Rz. 43; *Ossenbühl*, Staatshaftungsrecht^5, S. 318.

anspruch wegen Fürsorgepflichtverletzung oder wegen Amtspflichtverletzung unterscheidet, entsteht erst gar keine materiell-rechtliche Konkurrenzsituation. Vielmehr ist neben oder anstelle des Primärrechtsschutzes oder eines Schadensersatzanspruchs der (verschuldensunabhängige) Folgenbeseitigungsanspruch ausgeschlossen, da er nur auf die Wiederherstellung des status quo ante gerichtet ist und damit nicht zu einem darüber hinausgehenden Erfolg führen kann, insbesondere nicht zu einem Ausgleich von durch unrichtiges Verwaltungshandeln – das bei einer Garantenpflicht auch in einem Unterlassen bestehen kann – entstandenen Schäden[1456]. Insoweit ist der Folgenbeseitigungsanspruch der erste Folgeanspruch nach dem primären Erfüllungsanspruch, sofern dieser nicht mehr zur Herstellung eines gesetzes- und fürsorgepflichtkonformen Zustandes ausreicht[1457].

B. Öffentlich-rechtlicher Unterlassungsanspruch

Weiter hat jeder Beamte bei drohenden Ehrverletzungen und damit Fürsorgepflichtverletzungen die Möglichkeit, den sog. öffentlich-rechtlichen Unterlassungsanspruch geltend zu machen, um der Verletzungshandlung zuvorzukommen. Ein wichtiger, in der Praxis relevanter Anwendungsbereich besteht für diese Anspruchsgrundlage vor allem beim Unterlassen ehrverletzender amtlicher Äußerungen im Bereich der hoheitlichen Verwaltung (sog. Ehrenschutz im öffentlichen Recht)[1458], aber auch im Zusammenhang mit ehrkränkenden Äußerungen oder Maßnahmen im Rahmen eines Beamtenrechtsverhältnisses[1459].

I. Rechtsgrundlage und Anwendbarkeit

Auch der öffentlich-rechtliche Unterlassungsanspruch wird trotz einer fehlenden gesetzlichen Regelung allseits gewohnheitsrechtlich anerkannt, auch wenn seine dogmatischen Grundlagen weiterhin umstritten sind[1460]. Der Anspruch jeden Bürgers und somit auch jeden Amtswalters gegenüber einem Träger öffentlicher Gewalt, ehrverletzende und damit rechtsverletzende Äußerungen oder Handlungen zu unterlassen, findet nach Rechtsprechung und Literatur seine rechtliche Grundlage in einer Analogie zu §§ 12 S. 2, 862, 1004 Abs. 1 S. 2 BGB[1461], in einem allgemeinen aus § 1004 Abs. 1 S. 2 BGB zu entnehmenden Rechtsgedanken[1462] oder unmittelbar in den Grundrechten selbst[1463]. Der Unterlassungsanspruch wird auch als Abwehranspruch (aufgrund des status negativus der Grundrechte) gegen hoheitliches Unrecht bezeichnet[1464].

1456 BVerwG, NJW 2001, 1878 (1878, 1882), st. Rspr.; *Plog-Wiedow-Beck-Lemhöfer*, § 23 BBG, Rz. 21 und § 79 BBG, Rz. 25.

1457 So *Weiß-Niedermaier-Summer-Zängl/Summer*, Art. 86 BayBG, Erl. 10a a.E., die allerdings den Folgenbeseitigungsanspruch der Sekundärrechtsschutzebene zuordnen.

1458 VGH Kassel, NJW 1989, 1753; *Weiß-Niedermaier-Summer-Zängl/Summer*, Art. 86 BayBG, Erl. 25a; *Detterbeck-Windthorst-Sproll*, Staatshaftungsrecht, § 13, Rz. 2; *Ossenbühl*, Staatshaftungsrecht[5], S. 290 f.

1459 So ausdrücklich *Detterbeck-Windthorst-Sproll*, Staatshaftungsrecht, § 13, Rz. 42.

1460 *Maurer*, Allgemeines Verwaltungsrecht[13], § 29, Rz. 5; *Ossenbühl*, Staatshaftungsrecht[5], S. 293 ff.; *Detterbeck-Windthorst-Sproll*, Staatshaftungsrecht, § 13, Rz. 8 ff.

1461 VGH München, NVwZ 1986, 327; OVG Münster, NJW 1983, 2402.

1462 OVG Koblenz, NVwZ-RR 1990, 279.

1463 OVG Münster, NVwZ 1985, 123; VGH Mannheim, NJW 1986, 340.

1464 *Maurer*, Allgemeines Verwaltungsrecht[13], § 29, Rz. 12 f.

Das dogmatische Verhältnis des öffentlich-rechtlichen Unterlassungsanspruchs zum Fürsorgepflichtanspruch und damit die Anspruchsparallelität wurden bereits ausführlich dargestellt[1465]. Zum Folgenbeseitigungsanspruch ist die Abgrenzung dahingehend vorzunehmen, daß mit dem Unterlassungsanspruch unmittelbar drohende (vorbeugender Unterlassungsanspruch) oder sich wiederholende Beeinträchtigungen (negatorischer Anspruch) von Rechtsgütern durch hoheitliches Verhalten abgewehrt werden sollen, was in der Regel dadurch geschieht, daß der Hoheitsträger schlicht untätig bleibt. Beim Folgenbeseitigungsanspruch wird im Unterschied hierzu ein hoheitliches Tätigwerden begehrt. Auch wenn beide Ansprüche ineinander übergehen können, denn ehrverletzende und fürsorgepflichtwidrige hoheitliche Äußerungen sind nicht nur zu unterlassen, sondern bei bereits erfolgten Äußerungen muß auch ein Widerruf (als Folgenbeseitigung) vorgenommen werden[1466], soll aufgrund der unterschiedlichen Rechtsfolgen an der Trennung beider Anspruchsgrundlagen festgehalten werden[1467].

II. Tatbestandliche Voraussetzungen

Für die Geltendmachung des öffentlich-rechtlichen Unterlassungsanspruchs müssen nach allgemeiner Auffassung die folgenden tatbestandlichen Voraussetzungen erfüllt sein:

1. Anspruchsinhaber und Anspruchsverpflichteter

Auch beim öffentlich-rechtlichen Unterlassungsanspruch, bezogen auf das Unterlassen von ehrenrührigen Handlungen im Dienstverhältnis, ist Anspruchsverpflichteter grundsätzlich der Dienstherr und nicht der handelnde Beamte, so daß insoweit auf die obigen Ausführungen zum Folgenbeseitigungs- bzw. Widerrufsanspruch verwiesen werden kann[1468]. Der Dienstherr ist nur dann anspruchsverpflichtet, wenn die ehrenrührige Verhaltensweise eines Verwaltungsinternen, insbesondere bei Kollegialorganen, ihm nach den bereits dargestellten Grundsätzen zugerechnet werden kann, so daß diese im Ergebnis als Fürsorgepflichtverletzung des Dienstherrn und nicht als private Angelegenheit anzusehen ist[1469].

2. Beeinträchtigung einer geschützten Rechtsposition durch eine hoheitliche Maßnahme

Zunächst setzt der Unterlassungsanspruch voraus, daß durch eine hoheitliche Maßnahme rechtlich geschützte Interessen des Anspruchsstellers beeinträchtigt werden. Die Zuordnung eines inkriminierten Verhaltens z.B. zur Exekutive, vor allem bei ehrverletzenden Äußerungen, richtet sich ebenfalls nach den bereits dargestellten Grundsätzen und dient der Abgrenzung zu einem privatrechtlich zu beurteilenden Unterlassungs-

---

[1465] Siehe insofern die näheren Ausführungen ab S. 184 dieser Untersuchung.

[1466] *Detterbeck-Windthorst-Sproll*, Staatshaftungsrecht, § 12, Rz. 7; *Maurer*, Allgemeines Verwaltungsrecht[13], § 29, Rz. 13.

[1467] Die Annahme eines einheitlichen grundrechtlichen Schutzanspruchs auf Unterlassung, Beseitigung und Herstellung durch *Ossenbühl*, Staatshaftungsrecht[5], S. 285 ff. wird vorliegend nicht geteilt, zumal auch im Zivilrecht, wie bereits dargestellt, zwischen den Ansprüchen aufgrund der unterschiedlichen Rechtsfolgen differenziert wird.

[1468] VGH Kassel, NJW 1989, 1753.

[1469] *Ossenbühl*, Staatshaftungsrecht[5], S. 334. Siehe hierzu die näheren Ausführungen ab S. 267 dieser Untersuchung.

begehren. Ebenso wie beim Folgenbeseitigungsanspruch ist es für das Vorliegen einer hoheitlichen Maßnahme unerheblich, von welcher der drei Staatsgewalten sie herrührt. Bei den rechtlich geschützten Interessen des Anspruchsstellers kommen ebenfalls zunächst Grundrechte, aber auch sonstige subjektive Rechte des einfachen Rechts in Betracht[1470]. Daher kann der Dienstherr sowohl die verfassungsrechtliche (Art. 33 Abs. 5 GG) als auch die einfachgesetzliche Fürsorge- und Schutzpflicht (§ 79 BBG, § 48 BRRG) beeinträchtigen, da sie subjektiv-öffentliche Rechte im Rahmen des Beamtenrechtsverhältnisses sind. Daneben kommt ebenso das Recht der persönlichen Ehre[1471] (Unterfall des allgemeinen Persönlichkeitsrechts gemäß Art. 2 Abs. 1 i.V.m. Art. 1 Abs. 1 GG sowie Art. 5 Abs. 2 GG) als beeinträchtigte Rechtsposition in Betracht, so daß es bei entsprechendem Verhalten seitens der Exekutive mit der Fürsorgepflichtverletzung auch zugleich eine Ehrbeeinträchtigung gegeben ist.

3. Drohen oder Andauern dieser Rechtsbeeinträchtigung

Für den Unterlassungsanspruch muß eine sog. Abwehrlage bestehen, d.h. es muß eine drohende erstmalige oder fortwirkende Beeinträchtigung vorliegen. Eine sog. Erstbegehungsgefahr (vorbeugender Unterlassungsanspruch) liegt dann vor, wenn konkrete Anhaltspunkte dafür vorliegen, daß die Beeinträchtigung der geschützten Rechtspositionen unmittelbar bevorsteht oder daß die Realisierung der Gefahr ernsthaft droht[1472]. Eine sog. Wiederholungsgefahr liegt dann vor, wenn zu vermuten ist, daß weitere Eingriffe stattfinden werden. Nach *Summer* soll eine Wiederholungsgefahr bei öffentlichen Dienstherren trotz eines vorherigen Eingriffs, sofern nicht besondere Umstände vorhanden sind, nur selten vorliegen[1473], während *Ossenbühl* gerade dann die Wiederholungsgefahr annimmt, weil es im öffentlichen Recht die Vermutung gebe, daß die Behörde grundsätzlich davon ausgehe, fürsorgepflichtkonform und damit rechtmäßig zu handeln[1474].

4. Rechtswidrigkeit des hoheitlichen Handelns

Schließlich muß das inkriminierte hoheitliche Verhalten rechtswidrig sein, d.h. den Anspruchsteller darf keine Duldungspflicht treffen[1475]. Die Duldungspflicht eines Amtswalters könnte sich vorliegend allenfalls aus dem öffentlich-rechtlichen Dienst- und Treueverhältnis des Beamten, Richter, Soldaten, Wehrpflichtigen oder Zivildienstleistenden ergeben. Da aber die beeinträchtigte Rechtsposition, der Fürsorgepflichtanspruch gegen den Dienstherrn, sich gerade aus diesem Rechtsverhältnis ergibt, kann sie nicht gleichzeitig auch die Beeinträchtigung rechtfertigen, denn dies wäre widersprüchlich. In Übereinstimmung mit den Ausführungen zur Unterlassungspflicht kraft Fürsorgepflicht muß der Beamte sachliche Kritik, die scharf und ehrenrührig formuliert sein kann, dulden[1476],

---

1470 Siehe insofern die weiteren Ausführungen ab S. 269 dieser Untersuchung.

1471 So ausdrücklich *Detterbeck-Windthorst-Sproll*, Staatshaftungsrecht, § 13, Rz. 17.

1472 *Ossenbühl*, Staatshaftungsrecht^5, S. 301; *Detterbeck-Windthorst-Sproll*, Staatshaftungsrecht, § 13, Rz. 20.

1473 *Weiß-Niedermaier-Summer-Zängl/Summer*, Art. 86 BayBG, Erl. 25a.

1474 Vgl. *Ossenbühl*, Staatshaftungsrecht^5, S. 301.

1475 VGH Mannheim, NVwZ-RR 1989, 173.

1476 Siehe hierzu die näheren Ausführungen ab S. 186 dieser Untersuchung.

solange sie nicht die Grenzen zur Verleumdung und zur Diffamierung überschreitet und somit ehrkränkend wäre. Allerdings ist bei (noch) sachlicher Kritik und nicht ehrverletzenden Äußerungen schon kein Eingriff in eine geschützte Rechtsposition zu erkennen.

5. Verjährung

Trotz unterschiedlicher Tatbestandsmerkmale im Vergleich zum Folgenbeseitigungsanspruch sind die genannten Rechtsgrundlagen beider Ansprüche nahezu identisch, was sich beispielsweise bei der Verjährung des Unterlassungsanspruchs in dreißig Jahren gemäß § 195 BGB a.F. analog zeigt[1477].

III. Rechtsfolge: Verhinderung der drohenden Rechtsbeeinträchtigung

Die Rechtsfolge des Unterlassungsanspruchs ist auf die Verhinderung der drohenden Beeinträchtigung gerichtet. In den genannten Konstellationen wird dem Anspruch zugunsten des Anspruchsstellers zumeist schon dadurch nachgekommen, daß der Hoheitsträger sein Verhalten schlicht einstellt, indem er beispielsweise die Wiederholung ehrenrühriger Behauptungen unterläßt. Damit ist das Integritätsinteresse des Betroffenen gewahrt. Soweit es um das Unterlassen ehrverletzender und fürsorgepflichtwidriger Äußerungen geht, bedarf es keiner Differenzierung zwischen Tatsachenbehauptungen und Werturteilen[1478]. Sofern die Unterlassung der Störung (erstmalige oder fortwirkende Beeinträchtigung) nicht durch ein schlichtes Unterlassen erreicht werden kann, sondern nur dadurch, daß gegen die Störungsquelle vorgegangen wird, so umfaßt der Unterlassungsanspruch auch dieses aktive Tun des Hoheitsträgers. Er muß alle Maßnahmen positiv wahrnehmen, die die weitere Beeinträchtigung der geschützten Rechtsgüter und damit eine Wiederholung des inkriminierten Verhaltens verhindern[1479]. Dies ist beispielsweise der Fall bei ehrverletzenden Handlungen wie z.B. Mobbing durch die „Kollegen“ eines Beamten, die kein Dienstherrenorgan sind, so daß der Dienstherr mit einer Verwarnung, organisatorischen Maßnahmen (Versetzung, Umsetzung, Restrukturierung) oder disziplinar- bzw. arbeitsrechtlichen Schritten aktiv gegen den/die Störer vorgehen muß.

IV. Gerichtliche Durchsetzung und materielle Beweislastverteilung

Auch bei der Geltendmachung des öffentlich-rechtlichen Unterlassungsanspruchs durch einen Beamten bedarf es nicht (mehr) eines vorherigen Leistungsantrags an den Dienstherrn. Ein Vorverfahrens ist allerdings erfolglos durchzuführen[1480].

1477 Insofern wird auf die Ausführungen zur Verjährungsfrist beim Folgenbeseitigungsanspruch ab S. 271 dieser Untersuchung verwiesen.

1478 *Detterbeck-Windthorst-Sproll*, Staatshaftungsrecht, § 13, Rz. 52; *Ossenbühl*, Staatshaftungsrecht^5, S. 306; VGH München, NVwZ 1986, 327.

1479 *Ossenbühl*, Staatshaftungsrecht^5, S. 292 und S. 299; *Detterbeck-Windthorst-Sproll*, Staatshaftungsrecht, § 13, Rz. 5, 28 ff. An dieser Konstellation zeigt sich auch, daß Unterlassung und Folgenbeseitigung fließend ineinander übergehen können.

1480 Hierfür findet sich zwar keine ausdrückliche Bestätigung in Rechtsprechung und Literatur. Es ergibt sich aber aus dem Erfordernis, das beim Folgenbeseitigungsanspruch bejaht wurde, denn dieser Anspruch und der öffentlich-rechtliche Unterlassungsanspruch hängen eng zusammen. Im übrigen gilt dieses Erfordernis für „alle Felder denkbaren Streits mit dem Dienstherrn“, *Günther*, ZBR 1992, 66 (70).

Der Verwaltungsrechtsweg ist für den öffentlich-rechtlichen Unterlassungsanspruch gemäß § 40 Abs. 1 S. 1 VwGO eröffnet, sofern es sich bei der zu unterlassenden Maßnahme, z.B. der offiziellen Äußerung einer (erwiesen) unwahren Tatsachenbehauptung oder eines Werturteils um eine hoheitliche und damit öffentlich-rechtlich zu beurteilende Handlung geht[1481].

Als statthafte Klageart kommt wiederum die allgemeine Leistungsklage als vorbeugende Unterlassungsklage in Betracht. Sofern das Unterlassen nur durch einen Verwaltungsakt möglich ist, ist eine Verpflichtungsklage (§ 42 Abs. 2 VwGO) zu erheben.

Für die örtliche Zuständigkeit greift § 52 Nr. 4 VwGO nicht ein, da es keine Klage aus einem Dienstverhältnis ist. Vielmehr ist ein allgemeiner Staatshaftungsanspruch gegeben.

Auch die materielle Beweislastverteilung richtet sich nach allgemeinen Grundsätzen, so daß den Beamten die Folgen eines non liquet hinsichtlich der Feststellung einer Gefahrenlage für die rechtswidrige Beeinträchtigung einer geschützten Rechtsposition treffen.

C. Beamtenrechtlicher Schadensersatzanspruch wegen Fürsorgepflichtverletzung durch den Dienstherrn

Als sekundärrechtliche Anspruchsgrundlage zugunsten der Amtswalter bei einem ehrverletzenden Verhalten durch ihren Dienstherrn kommt zunächst ein beamtenrechtlicher Schadensersatzanspruch wegen schuldhafter Verletzung der (einfachgesetzlichen) Fürsorge- und Schutzpflicht in Betracht. Unter Hinweis auf obige Ausführungen setzt dies immanent voraus, daß sich die Erfüllung der primären Fürsorgepflicht als (nachträglich) unmöglich erwiesen haben muß und auch ein Folgenbeseitigungsanspruch ausscheiden muß, damit dieser Schadensersatzanspruch überhaupt geltend gemacht werden kann[1482].

I. Rechtsgrundlage und allgemeine Anerkennung im Beamtenverhältnis

Dieser Schadensersatzanspruch ist ebenfalls gesetzlich nicht geregelt. Das Beamtenverhältnis kann aber als ein vertragsähnliches/quasi-vertragliches, öffentlich-rechtliches Rechtsverhältnis oder auch als verwaltungsrechtliches Schuldverhältnis (wie z.B. das öffentlich-rechtliche Verwahrungsverhältnis) bezeichnet werden[1483]. Der Anspruch auf Schadensersatz wegen Fürsorgepflichtverletzung durch den Dienstherrn wird daher basierend auf der Rechtsprechung des Reichsgerichts[1484], nach der früheren Rechtsprechung des Bundesverwaltungsgerichts[1485] und nach noch aktueller Rechtsprechung des

[1481] Vgl. VGH Kassel, NJW 1989, 1753. Die Zurechung zum Dienstherrn und die Abgrenzung zu einem privaten Verhalten wurde schon verschiedentlich dargestellt, so daß auf die entsprechenden Ausführungen verwiesen werden kann. § 126 BRRG greift für den Rechtsweg hingegen nicht ein.

[1482] *Schnellenbach*, Beamtenrecht in der Praxis[5], Rz. 410; BVerwGE 99, 56 (63); *Battis*[3], § 79 BBG, Rz. 24.

[1483] *Detterbeck-Windthorst-Sproll*, Staatshaftungsrecht, § 21, Rz. 14; *Günther*, NVwZ 1989, 837 (838); BVerwGE 25, 138 (146); *Wertenbruch*, JuS 1963, 180 (184).

[1484] Vgl. u.a. RGZ 92, 178 (179); 157, 145 (149); 165, 324 (334).

[1485] BVerwGE 13, 17 (24 f.); 15, 3 ff.; 18, 181 (184); 25, 78 ff.; 25, 138 (141); 52, 247 (249 f.); 53, 12 (21); 94, 163 (163 f.).

Bundesgerichtshofes[1486] auf eine analoge Anwendung der Vorschriften des Schuldrechts (§§ 275, 276, 278, 280, 286, 323 ff., 618 Abs. 3 BGB a.F.[1487]) oder auf deren Rechtsgedanken gestützt[1488]. In der Literatur[1489] und in der Rechtsprechung[1490] ist man teilweise der Auffassung, daß Anspruchsgrundlage hierfür unmittelbar die § 79 BBG, § 48 BRRG oder § 31 SoldG sind. Nach neuerer Rechtsprechung des Bundesverwaltungsgerichts[1491], die sich aber auf Aussagen in früheren Urteilen stützt[1492], ist der Rückgriff auf diese Vorschriften in Übereinstimmung mit Teilen der beamtenrechtlichen Literatur[1493] nicht mehr nötig, da sich der Schadensersatzanspruch bei Verletzung der Fürsorgepflicht durch den Dienstherr schon unmittelbar aus dem Beamtenverhältnis selbst ergibt, also in diesem „wurzelt", so daß es insoweit eines Rückgriffs auf das Rechtsinstitut der Verletzung der Fürsorgepflicht nicht mehr bedarf. Es gebe schließlich den allgemeinen Rechtsgrundsatz, daß ein klagbarer Erfüllungsanspruch, unabhängig von dessen Rechtsnatur, dem schuldhaft nicht entsprochen werde oder dessen Erfüllung sich als (nachträglich) unmöglich erweise, der Umwandlung in einen Schadensersatzanspruch fähig sein müsse[1494]. Für eine teleologische Reduktion dahingehend, daß dies bei Erfüllungsansprüchen im Recht des öffentlichen Dienstes, insbesondere bei Ansprüchen aus dem Beamtenverhältnis nicht gelte, sei nichts ersichtlich[1495]. Dem wird von anderen Teilen der Literatur, die an der zuvor dargestellten Rechtsprechung festhalten[1496], entgegengesetzt, daß damit ein Restitutions-

---

[1486] BGHZ 43, 178 (184). Der BGH änderte damit seine frühere Rechtsprechung aus BGHZ 29, 310 (313), wonach aufgrund der Fürsorgepflicht nur die Pflicht selbst, aber bei Verletzung kein Schadensersatz eingeklagt werden könnte. Schadensersatz könnte nur über eine Amtspflichtverletzung geltend gemacht werden. Vgl. insofern zur historischen Entwicklung: *Schenke*, Fälle zum Beamtenrecht², S. 132 ff. Kritik an der Entscheidung des BGH übte *Weimar*, RiA 1960, 311 f. Die wesentlichen Gründe zur Anerkennung des Schadensersatzanspruchs aus Fürsorgepflichtverletzung sind vergleichbar mit den Gründen, die zur Bejahung der positiven Forderungsverletzung (pFV) im allgemeinen Zivilrecht geführt haben: Die Rechtsfolge ist dann nämlich grundsätzlich Naturalrestitution und nicht nur Geldersatz wie bei der Amtshaftung, die Geltung des § 282 BGB analog anstelle der Verschuldensbeweislast und damit günstigere Beweislastverteilung sowie die Umgehung der Drei-Jahres-Verjährungsfrist des § 852 BGB a.F.

[1487] Nach der Schuldrechtsreform zum 1. Januar 2002 braucht hierfür nur noch auf § 280 Abs. 1 BGB n.F. als die Grundnorm der vertraglichen Pflichtverletzung zurückgegriffen werden.

[1488] *Strunk*, Beamtenrecht³, Rz. 230; VG Koblenz, DÖD 1983, 231 (232).

[1489] *v.Münch*, Öffentliches Dienstrecht⁸, S. 52; *Battis*³, § 79 BBG, Rz. 24; *Plog-Wiedow-Beck-Lemhöfer*, § 79 BBG, Rz. 25; *Schütz/Schachel*, § 85 LBG NRW, Rz. 1 a.E.; GKÖD/*Fürst*, § 79 BBG, Rz. 56; *Günther*, NVwZ 1989, 837 (839); *Weiß-Niedermaier-Summer-Zängl/Summer*, Art. 86 BayBG, Erl. 11c. *Wolff-Bachhof-Stober*, Verwaltungsrecht II⁵, § 116, Rz. 12 legen sich diesbezüglich nicht fest.

[1490] VGH Kassel, ZBR 1974, 261.

[1491] Insofern grundlegend: BVerwGE 80, 123 (124 f.) = NJW 1989, 538 ff. = NVwZ 1989, 264 ff., wobei zwischen spezialgesetzlich normierten und nicht speziell geregelten Pflichten des Dienstherm differenziert wird. Bei letzteren muß hingegen der Rückgriff auf die allgemeine Fürsorgepflicht erfolgen, BVerwGE 94, 163 (163 f., 166). In BVerwG, NJW 1997, 1321 (1322) und BVerwG, NJW 1992, 927 (928) findet sich diese Differenzierung hingegen nicht. Siehe zuletzt BVerwGE 107, 29 (31).

[1492] BVerwGE 13, 17 (25); 18, 181 (184); 25, 138 (146); 52, 247 (249 f.).

[1493] *Maurer*, Allgemeines Verwaltungsrecht¹⁴, § 29, Rz. 3; *Kunig*, Recht des öffentlichen Dienstes¹², S. 760 f., Rz. 156; *Weißhaar*, Beamtenrecht⁴, S. 209; *Köpp*, Öffentliches Dienstrecht⁷, S. 474, Rz. 101; *Hildebrandt-Demmler-Bachmann*, § 85 LBG NRW, Erl. 5.

[1494] Vgl. VGH Kassel, ZBR 1974, 261; *Wolff-Bachhof-Stober*, Verwaltungsrecht II⁵, § 116, Rz. 12; *Scheerbath-Höffken-Bauschke-Schmidt*, Beamtenrecht⁶, § 17 II, S. 440.

[1495] *Schnellenbach*, ZBR 1981, 301 (303); *ders.*, Beamtenrecht in der Praxis⁵, Rz. 410.

[1496] *Schenke*, Fälle zum Beamtenrecht², S. 133 f.; *Hilg*, Beamtenrecht³, § 32 III 3, S. 383.

anspruch gänzlich lösgelöst von der Fürsorgepflicht legitimiert werde[1497], denn die Fürsorgepflicht könne nur effektiv sein, wenn sie auch bei Nicht- oder Mißachtung der Primärpflicht greife[1498]. Unabhängig von der jeweiligen dogmatischen Begründung (Grundlage in der Fürsorge- und Schutzpflicht oder in allgemeinen Rechtsgrundsätzen)[1499] ist jedenfalls die Existenz dieses Schadensersatzanspruchs heutzutage allseits unstreitig[1500], so daß der Streit über seine dogmatische Begründung letztlich dahinstehen kann, denn zumindest bildet die Fürsorge- und Schutzpflicht eine weitere Rechtsgrundlage für diesen Schadensersatzanspruch. Die beamtenrechtliche Fürsorgepflicht bildet somit im Ergebnis nicht nur die Grundlage für den primären Erfüllungsanspruch, sondern auch für den Folgenbeseitigungs- und den sekundärrechtlichen Schadensersatzanspruch wegen Fürsorgepflichtverletzung[1501].

II. Tatbestandliche Voraussetzungen

Für die Geltendmachung des Schadensersatzanspruchs wegen Fürsorgepflichtverletzung, der auch durch die bereits dargestellten und die allgemeine Fürsorgepflicht konkretisierenden Rechtsschutzrichtlinien nicht ausgeschlossen wird[1502], müssen nach allgemeiner Auffassung die nachfolgenden tatbestandlichen Voraussetzungen erfüllt sein:

1. Anspruchsinhaber und Anspruchsverpflichteter

Als Anspruchsinhaber dieses sekundärrechtlichen Ersatzanspruchs kommen sämtliche Personen in Betracht, die auch den primärrechtlichen Fürsorgepflichtanspruch gegenüber dem Dienstherrn zulässigerweise geltend machen können, also sämtliche Amtswalter der dargestellten öffentlich-rechtlichen Dienst- und Treueverhältnisse (Beamte, Richter im Bundes- oder Landesdienst, Soldaten, Wehrpflichtige sowie Zivildienstleistende[1503]). Anspruchsverpflichteter ist grundsätzlich der Dienstherr, also im wesentlichen die jeweilige Körperschaft als juristische Person des öffentlichen Rechts. Bei ehrenrührigen Handlungen, die innerdienstlich erfolgt sind, ist insbesondere darauf zu achten, ob sie vom Dienstherrn selbst oder ihm zurechenbar erfolgt sind[1504]. Rein privates Handeln innerhalb oder gelegentlich des Dienst- bzw. Amtsbetriebs kann dem Dienstherrn nicht zugerechnet werden, so daß der Dienstherr z.B. nicht zum Widerruf eines rein persönlichen Vorwurfs eines Beamten, der ein Kollegenverhalten in Zweifel gezogen hat, verpflichtet werden kann[1505].

1497 *Günther*, NVwZ 1989, 837.

1498 Ebd., S. 839.

1499 *Ossenbühl*, Staatshaftungsrecht^5, S. 347 ff. äußert sich z.B. gar nicht konkret zur Anspruchsgrundlage.

1500 So schon *Ambrosius-Schütz-Ulland/Schütz*^{3}, § 85 LBG NRW, S. 381.

1501 GKÖD/*Fürst*, § 79 BBG, Rz. 17.

1502 VG Koblenz, DÖD 1983, 231 (232).

1503 Vgl. für Zivildienstleistende: BGH, NVwZ 1990, 1103.

1504 Siehe hierzu auch die näheren Ausführungen zur Passivlegitimation beim sog. Folgenbeseitigungsanspruch ab S. 267 dieser Untersuchung.

1505 OVG Koblenz, NJW 1987, 1660 (1661).

2. Verletzung der Fürsorge- und Schutzpflicht durch den Dienstherrn

Der Dienstherrn müßte zunächst durch ein aktives Verhalten oder ein Unterlassen, das bei den Ehrenschutzkonstellationen häufig vorkommt, die ihm gegenüber einem Beamten obliegende Fürsorge- und Schutzpflicht verletzt haben und damit objektiv fürsorgepflichtwidrig gehandelt haben. Ein Unterlassen seitens des Dienstherrn kann nur dann die Fürsorgepflicht verletzen, wenn eine Rechtspflicht seinerseits zum Handeln bestanden hat. Die Pflichtverletzung erfolgt durch eine Nicht- oder Schlechterfüllung[1506] der primären Pflicht, wie sie sich dem Dienstherrn in den zu untersuchenden Ehrenschutzkonstellationen darstellt und im Dritten Kapitel dieser Untersuchung eingehend analysiert wurde. Da der Dienstherr als juristische Person selbst nicht handeln kann, bedarf es insofern einer Zurechung, d.h. das Verhalten eines Dienstherrenorgans oder eines Erfüllungsgehilfen (z.B. des Dienstvorgesetzten), dessen sich der Dienstherr bedient, um seiner Fürsorge- und Schutzpflicht zu erfüllen, wird dem Dienstherrn zugerechnet[1507]. Wenn nun der Ehrenschutzverpflichtung, wie sie in dieser Untersuchung dargestellt wurde, nicht oder nicht im gebotenem Umfang nachgekommen wird, liegt eine Fürsorgepflichtverletzung vor. Damit ist auch gleichzeitig die Rechtswidrigkeit des hoheitlichen Verhaltens gegeben.

In der gerichtlichen Praxis wurden z.B. als verwaltungsinterne Maßnahmen das vorschnelle Aussetzen eines Beamten der Strafverfolgung bzw. die aktive oder auch passive Förderung eines staatsanwaltschaftlichen Ermittlungsverfahrens[1508] trotz erheblicher eigener Bedenken an der Strafbarkeit oder die mangelnde notwendige Sachverhaltsaufklärung durch den Dienstherrn[1509], die im Ergebnis zu einer Ehrkränkung beim betroffenen Amtswalter geführt hat, als Verletzung der primären Fürsorgepflicht angesehen. Überwiegend zeigt sich jedoch in der Praxis, daß die Dienstherren sich ihrer Fürsorge- und Schutzpflicht gar nicht mehr bewußt sind und auch teilweise gar nicht an ihre Pflichten erinnert werden wollen, so daß Ehrenschutzmaßnahmen von vornhinein unterlassen werden. Sofern also ein entsprechendes Unterlassen seitens der Dienstherrn vorliegt, kann mit den Ausführungen im Dritten Kapitel dieser Untersuchung die Rechtspflicht des Dienstherrn zum Tätigwerden aufgrund der Fürsorge- und Schutzpflicht begründet werden, womit das Vorliegen einer Fürsorgepflichtverletzung ebenfalls determiniert ist.

3. Verschulden

Weitere notwendige Voraussetzung für die Geltendmachung des Schadensersatzanspruchs wegen Fürsorgepflichtverletzung ist wie bei sonstigen Schadensersatzansprüchen aus der Verletzung einer primären Pflicht ein schuldhaftes (bzw. nicht schuldloses) Verhalten seitens des Dienstherrn, sub specie der für ihn handelnden Personen[1510]. Der Dienstherr hat für ein Verschulden der (Dienst-)Vorgesetzten des Beamten stets einzustehen, da sie die ausübenden Organe des Dienstherrn sind (vgl. §§ 31, 89 Abs. 1 BGB). Daneben hat

---

1506 *Weimar*, RiA 1964, 166.

1507 *Weiß-Niedermaier-Summer-Zängl/Summer*, Art. 86 BayBG, Erl. 13.

1508 VG Koblenz, DÖD 1983, 231 ff.; BGH, MDR 2000, 333 ff.

1509 BGH, MDR 2000, 333, 334; *Lindgen*, DÖD 1983, 234.

1510 Dies ist seit BVerwGE 13, 17 ff. ständige Rechtsprechung, siehe jüngst BVerwG, NJW 2001, 1878 (1881) = BayVBl. 2001, 216 (219); NJW 2001, 2191 (Ls.). Heute ist dies auch in der Literatur unstreitig. Bei *Idel*, NJW 1955, 1300 (1301) wurde hingegen das Verschuldenserfordernis noch verneint.

er aber auch für das Verschulden solcher Beamten und in seinem Dienst stehender Personen zu vertreten, deren er sich zur Erfüllung der mit der Fürsorge- und Schutzpflicht verbundenen Aufgaben bedient (vgl. § 278 BGB analog)[1511].

Im Rahmen der Prüfung fehlenden Verschuldens ist dann rechtlich zu beurteilen, ob das zuvor festgestellte und objektiv fürsorgepflichtwidrige Verhalten dem Dienstherrn auch subjektiv als schuldhaft vorgeworfen werden kann, ob er also insbesondere die Pflichtwidrigkeit kannte oder kennen mußte[1512]. Dies richtet sich nach dem konkreten Schuldvorwurf. Es ist zwischen Vorsatz (§ 276 Abs. 3 BGB n.F. / § 276 Abs. 2 BGB a.F.) sowie Fahrlässigkeit (§ 276 Abs. 2 BGB n.F. / § 276 Abs. 1 S. 2 BGB a.F.), die einen objektiven Verschuldensmaßstab begründen, zu unterscheiden[1513]. Für den Sorgfaltsmaßstab bei einem Fahrlässigkeitsvorwurf sind die für die Amtsführung erforderlichen Rechts- und Verwaltungskenntnisse des für den Dienstherrn handelnden Amtswalters maßgebend, die dieser hat oder zumutbar haben müßte[1514]. Ein reines Rechtsanwendungsverschulden des handelnden Bediensteten reicht zumeist nicht für einen Verschuldensvorwurf aus[1515]. Der verantwortliche Amtswalter muß im weiteren jedoch nicht namentlich bekannt sein. Es ist der Nachweis ausreichend, daß das verletzende Verhalten der Behörde objektiv nicht der gebotenen Sorgfalt entsprochen hat. Dies gilt insbesondere, wenn der Behörde ein Organisationsverschulden angelastet werden kann[1516], z.B. bei Verwaltungsstrukturen, die Mobbing und Ehrverletzungen ermöglichen oder sogar fördern.

Ein Verschulden des für eine Behörde handelnden Beschäftigten ist regelmäßig dann zu verneinen, wenn ein mit mehreren Rechtskundigen besetztes Kollegialgericht das Verhalten (nachträglich) als rechtmäßig und objektiv pflichtgemäß gewertet hat[1517] Von einem Amtswalter kann nämlich grundsätzlich keine bessere Rechtskenntnis erwartet werden, als sie ein Kollegialgericht nach sorgfältiger Beratung gewonnen hat. Die Würdigung eines festgestellten behördlichen Verhaltens als schuldhaft oder nicht schuldhaft kann mit Blick auf eine Haftung aus dem Beamtenverhältnis grundsätzlich nicht nach anderen Maßstäben als bei der Amtshaftung erfolgen[1518]. Im Beamtenverhältnis und bei Ansprüchen aus Fürsorgepflichtverletzungen oder der Verletzung des besonderen schuldrechtsähnlichen Rechtsverhältnisses zwischen Beamten und Dienstherrn ist also vom Wegfall des Verschuldens wegen kollegialgerichtlicher Billigung des Verwaltungshandelns als rechtmäßig in gleicher Weise wie bei Amtspflichtverletzungen (Art. 34 S. 1 GG i.V.m. § 839 BGB) auszugehen[1519]. Angenommen werden kann ein behördliches Verschulden

---

[1511] *Weiß-Niedermaier-Summer-Zängl/Summer*, Art. 86 BayBG, Erl. 12b und Erl. 13.

[1512] Vgl. *Plog-Wiedow-Beck-Lemhöfer*, § 79 BBG, Rz. 25a.

[1513] *Weiß-Niedermaier-Summer-Zängl/Summer*, Art. 86 BayBG, Erl. 12b.

[1514] Vgl. BGHZ 117, 240 (249).

[1515] BVerwGE 14, 222 (230).

[1516] *Weiß-Niedermaier-Summer-Zängl/Summer*, Art. 86 BayBG, Erl. 12b.

[1517] BVerwG, NJW 2001, 1878 (1881), st. Rspr.; vgl. BayObLG, NVwZ-RR 2000, 527; *Plog-Wiedow-Beck-Lemhöfer*, § 79 BBG, Rz. 25a.

[1518] BVerwG, NJW 2001, 1878 (1881).

[1519] Dies hat mit *Schnellenbach*, Beamtenrecht in der Praxis[5], Rz. 412 für gewöhnlich zur Folge, daß ein Antrag auf Zulassung der Berufung gegen ein erstinstanzliches verwaltungsgerichtliches Urteil kaum Aussicht auf Erfolg hat, wenn darin eine Verletzung der Fürsorge- und Schutzpflicht verneint wurde, da es dann aufgrund kollegialgerichtlicher Billigung am Verschulden des Beamten fehlt.

trotz kollegialgerichtlicher Billigung des Verhaltens jedoch dann, wenn besondere Umstände dafür sprechen, daß die betroffenen Behördenbediensteten es „besser" hätten wissen müssen[1520].

Ein erheblicher Fahrlässigkeitsvorwurf kann dem Dienstherrn z.B. gemacht werden, wenn er die eigene, gebotene Sachverhaltsaufklärung unter Anhörung des betroffenen Amtswalters unterläßt[1521] und dann den betroffenen Beamten vorschnell einer Strafverfolgung aussetzt, obwohl er bei sorgfältiger Abwägung der Fürsorgepflicht und der bisher bestehenden Verdachtsmomente hätte erkennen können, daß ein Strafbarkeitsvorwurf zumindest sehr fraglich erscheinen mußte[1522].

Der Vorwurf eines (bedingten) Vorsatzes ist in der Regel bei Mobbing-Attacken und den damit verbundenen geplanten Schikanen anzunehmen, da ein fahrlässiges Mobbing kaum denkbar erscheinen dürfte[1523].

4. Schaden

Beim betroffenen Amtswalter muß weiterhin ein (konkreter)[1524] materieller Schaden (Vermögensschaden) durch das die Fürsorgepflicht verletzende Verhalten des Dienstherrn eingetreten sein. Der geltend gemachte Schaden muß im einzelnen dargetan und festgestellt sein[1525]. Ein Schaden liegt wie im Bürgerlichen Recht bei einer unfreiwilligen Einbuße an Rechtsgütern vor. Genauer ist dies dann der Fall, wenn der Vergleich des hypothetischen Zustands, den man durch Hinwegdenken des betreffenden Ereignisses anzunehmen hätte, mit dem tatsächlichen Zustand vergleicht (sog. Differenzhypothese).

Materielle Schäden kommen allerdings bei den vorliegend zu untersuchenden Ehrenschutzkonstellationen nur vereinzelt in Betracht. Vermögensschäden können dem betroffenen Amtswalter durch die Verweigerung eines zinslosen Darlehns oder der (vollständigen oder teilweisen) Nichterstattung von Kosten der notwendigen Rechtswahrnehmung in straf- und zivilrechtlichen Verfahren entstehen. Hierbei werden aber als Schaden lediglich die gesetzlichen Gebühren und notwendigen Auslagen (vgl. § 464a Abs. 2 Nr. 2 StPO bzw. § 91 Abs. 2 ZPO) anerkannt, so daß Kosten, die dem betroffenen Amtswalter aufgrund eigener, frei ausgehandelter Honorarvereinbarungen entstanden sind, nicht ersatzpflichtig sind, denn es ist mit Sinn und Zweck der Fürsorgepflicht nicht zu vereinbaren, daß der

---

1520 BVerwG, NJW 2001, 1878 (1881) = BayVBl. 2001, 216 (219); *Schütz/Schachel*, § 85 LBG NRW, Rz. 46.

1521 Siehe hierzu die Ausführungen ab S. 148 dieser Untersuchung.

1522 VG Koblenz, DÖD 1983, 231 (233).

1523 BGH, DÖD 2002, 283 (284) = ZBR 2003. 57 ff. mit Anm. *Herrmann* = DVBl. 2002, 1639 ff. = NVwZ 2003, 125 (Ls.) = JA 2003, 183 ff. = BayVBl. 2003, 183 ff. = DÖV 2003, 293 ff. = NJW 2002, 3172 ff. = MDR 2002, 1368 ff. = PersR 2002, 449 (Ls.) = NZA 2002, 1214 ff. Auf dieses wichtige Urteil weist *Battis*, NJW 2003, 940 (944) in seinem jährlichen Entwicklungsbericht zum Beamtenrecht hin.

1524 *Schnellenbach*, Beamtenrecht in der Praxis[5], Rz. 412; BVerwGE 16, 346 ff.; 24, 186 (192 f.); VG Koblenz, DÖD 1983, 231 (233). Das Erfordernis eines konkreten Schadens ist nur dann gegeben, wenn eine abstrakte Schadensberechnung aus Rechtsgründen ausscheidet, was aber in der Regel nicht der Fall ist, vgl. *Koll*, VR 1993, 411 (413 f.).

1525 BVerwGE 14, 222 ff.; 24, 186 ff.

Beamte Vorteile erhält, die über die gesetzlichen Bestimmungen hinausgehen[1526]. Ferner können materielle Schäden durch innerdienstliche Maßnahmen entstehen, die sich als ehrverletzend und fürsorgepflichtwidrig darstellen, z.B. durch die vorläufige Dienstenthebung, die Versetzung auf einen anderen Dienstposten unter Wegfall vorher gewährter Zulagen oder durch Disziplinarmaßnahmen wie Degradierung, Geldbuße, Gehaltskürzung sowie Kürzung oder Aberkennung des Ruhegehalts. Schließlich besteht noch die Möglichkeit, daß dem Betroffenen materielle Schäden durch notwendige Heilbehandlungskosten z.B. nach einem Nervenzusammenbruch aufgrund einer Ehrverletzung oder im Zusammenhang mit Mobbing entstanden sind[1527].

In der überwiegenden Anzahl der dargestellten Ehrenschutzkonstellationen ergeben sich aber immaterielle Schäden beim Betroffenen, die nunmehr gemäß § 253 Abs. 2 BGB n.F. von diesem Schadensersatzanspruch erfaßt werden. Da dieser Immaterialrechtsgüterschaden schwer darzustellen ist, beschränkt sich das Vorbringen im Prozess zumeist darauf, die objektive Intensität der ehrverletzenden Handlung hervorzuheben.

5. Adäquat-kausaler Zusammenhang zwischen Pflichtverletzung und Schaden

Der Dienstherr haftet als Schuldner nicht für alle nachteiligen Folgen, die – im Sinne einer nicht hinwegzudenkenden Bedingung (condicio sine qua non) – in einem logischen Ursachenzusammenhang mit seinem fürsorgepflichtwidrigen Verhalten oder Unterlassen stehen. Er hat nur dann Schadensersatz zu leisten, wenn die Fürsorgepflichtverletzung den geltend gemachten Schaden adäquat kausal verursacht hat[1528].

Ein haftungsbegründender adäquater Zurechnungszusammenhang besteht bei einem aktiven Handeln dann, wenn eine Tatsache im Allgemeinen und nicht nur unter besonders eigenartigen, unwahrscheinlichen und nach dem regelmäßigen Verlauf der Dinge außer Betracht zu lassenden Umstände – bei objektiver Betrachtungsweise – zur Herbeiführung des Schadens geeignet war. Die bloße Möglichkeit der Kausalität begründet hingegen keine Haftung. Der erforderliche haftungsbegründende Zurechnungszusammenhang kann dagegen fehlen, wenn der geschädigte Amtswalter selbst in völlig ungewöhnlicher oder unsachgemäßer Weise in den schadensträchtigen Geschehensablauf eingreift und eine weitere Ursache setzt, die – bei wertender Betrachtung – den Schaden erst endgültig herbeiführt[1529]. Voraussetzung der Haftung des Dienstherrn ist dann, daß für die Zweithandlung des geschädigten Amtswalters ein rechtfertigender Anlaß bestand oder daß diese durch das haftungsbegründende Ereignis herausgefordert wurde[1530]. Ein fürsorgepflichtwidriges Unterlassen des Dienstherrn ist für den geltend gemachten Schaden nur dann

---

1526 VG Koblenz, DÖD 1983, 231 (233). Unter Hinweis auf § 3 BRAGO, nach dem vereinbarte Gebühren als gesetzliche Gebühren anzusehen sind, sofern die Grenzen des § 3 Abs. 2 und Abs. 3 BRAGO eingehalten sind, ist *Lindgen*, DÖD 1983, 234 (235) hingegen der Auffassung, daß auch Gebühren aus Honorarvereinbarungen in voller Höhe von der Schadensersatzpflicht umfaßt werden.

1527 MünchArbR/*Blomeyer*², § 97, Rz. 45; *Braun*, DÖD 2002, 265 (269).

1528 BVerwGE 15, 3 (9-11); 80, 123 (124); BVerwG, NJW 1992, 927 (928); NJW 2001, 1878; *Schnellenbach*, Beamtenrecht in der Praxis⁵, Rz. 413; *Weiß-Niedermaier-Summer-Zängl/Summer*, Art. 86 BayBG, Erl. 11c.

1529 BVerwG, NJW 1986, 1329 (1331); NJW 1993, 1587 (1589); NJW 1994, 2822 (2823), st. Rspr.

1530 BVerwG, NJW 2001, 1878 (1881 f.) = BayVBl. 2001, 216 (219), st. Rspr.

haftungsbegründend ursächlich, wenn das gebotene pflichtmäßige Handeln nicht nur möglicherweise, sondern mit an Sicherheit grenzender Wahrscheinlichkeit den Eintritt des Schadens verhindert hätte. Die bloße Möglichkeit oder Wahrscheinlichkeit genügt für die Bejahung eines adäquat-kausaler Zurechnungszusammenhangs also nicht[1531].

In der Praxis ergeben sich gerade am Tatbestandsmerkmal der adäquaten Kausalität erhebliche Schwierigkeiten, die zu einer weiteren reduzierten Anzahl entsprechender Schadensersatzansprüche führen. Bei Ehrverletzungen durch externe Dritte bzw. durch die Medien können dem betroffenen Amtswalter – neben eventuellen unmittelbaren Schäden durch die Verwaltungsexternen – vom Dienstherrn zu ersetzende Schäden in der Regel nur dann entstehen, wenn der Dienstherr selber aktiv wird. Als Beispiel können finanzielle Einbußen durch die Verweigerung von Unterstützungsleistungen oder Dienstgradherabsetzung herangezogen werden. Wenn der Dienstherr allerdings untätig bleibt, also z.B. trotz einer externen Beleidigung entgegen den obigen Ausführungen keinen Strafantrag stellt, kann damit ein etwaiger unmittelbarer Schadenseintritt trotz der Rechtspflicht zum Handeln nicht mehr verhindert werden. Anders ist dies jedoch zu beurteilen, wenn dem Amtswalter erst in Folge des Unterlassens des Dienstherrn ein materieller Schaden (Behandlungskosten wegen Nervenzusammenbruchs) entstanden ist. Insofern ist der Antrag an den Dienstherrn auch auf Sekundärebene vom Relevanz, weil durch das Unterlassen einer Ehrenschutzmaßnahme des Dienstherrn auf den Antrag grundsätzlich ein neuer adäquat-kausaler Zurechnungszusammenhang entsteht, der vergleichsweise leicht beweisbar ist. Bei Ehr- und Fürsorgepflichtverletzungen, die vom Dienstherrn selbst oder von ihm zurechenbar herrühren, ist hingegen die adäquate Kausalität in der Regel gegeben.

6. Ausschluß- und Minderungstatbestände

Der Schadensersatzanspruch wegen Fürsorgepflichtverletzung entfällt allerdings in entsprechender Anwendung des § 839 Abs. 3 BGB[1532], soweit es der verletzte Beamte fahrlässig oder vorsätzlich – gemeint ist ein zurechenbarer Verstoß gegen eigene Interessen (Obliegenheit) – unterlassen hat, den Schaden durch Einlegung von Rechtsmitteln zu verhindern. Zu diesen Rechtsmitteln zählen alle förmlichen Rechtsbehelfe des Primärrechtsschutzes und nichtförmlichen Rechtsbehelfe (z.B. Dienstaufsichtsbeschwerde, Gegenvorstellung oder Remonstration), die sich unmittelbar gegen die schädigende Handlung richten und deren Aufhebung bezwecken sollen[1533], so daß nach herrschender Meinung der Folgenbeseitigungsanspruch hiervon nicht umfaßt wird[1534]. Der Schadensersatzanspruch kann des weiteren durch ein mitwirkendes Verschulden des betroffenen

---

1531 BVerwG, NJW 2001, 1878 (1882) = BayVBl. 2001, 216 (220), st. Rspr.

1532 Dies ist heute herrschende Meinung: *Plog-Wiedow-Beck-Lemhöfer*, § 79 BBG, Rz. 25c; GKÖD/*Fürst*, § 79 BBG, Rz. 59; *Battis*[3], § 79 BBG, Rz. 24; VG Koblenz, DÖD 1983, 231 (234); BVerwGE 29, 309 (310); 102, 33 (36); *Weiß-Niedermaier-Summer-Zängl/Summer*, Art. 86 BayBG, Erl. 15b. In BVerwGE 25, 138 (145) war dies hingegen noch offengelassen worden, während *Weimar*, RiA 1964, 166 (167) die Anwendbarkeit verneint hatte.

1533 *Schnellenbach*, Beamtenrecht in der Praxis[5], Rz. 414; *Koll*, VR 1993, 411 (414).

1534 *Detterbeck-Windthorst-Sproll*, Staatshaftungsrecht, § 10, Rz. 58 ff. und § 18, Rz. 3 und 5; *Ossenbühl*, Staatshaftungsrecht[5], S. 332.

Amtswalters gemäß § 254 BGB analog zumindest gemindert werden[1535], wobei darauf zu achten ist, daß durch das eigene Handeln des Amtswalters schon der adäquat-kausale Zurechnungszusammenhang unterbrochen werden kann. Das Verweisungsprivileg gemäß § 839 Abs. 1 S. 2 BGB findet auf den Schadensersatzanspruch wegen Fürsorgepflichtverletzung anerkanntermaßen keine Anwendung[1536].

7. Verjährung und Verwirkung

Die Frage der Verjährungsfrist für diesen Schadensersatzanspruch ist ebenfalls nicht abschließend geklärt. Zwar wird in Rechtsprechung und Literatur mangels einer gesetzlichen Normierung stets auf die dreißigjährige Verjährungsfrist gemäß § 195 BGB a.F. analog verwiesen[1537]. Auch hier ist nicht zu erkennen, ob dies als dynamische Verweisung auf das BGB oder als Begründung für eine konstitutiv eigene Regelung, die gewohnheitsrechtlich gilt, verwendet wird. Da der Schadensersatzanspruch wegen Fürsorgepflichtverletzung als öffentlich-rechtliche Analogie zur mittlerweile in § 280 Abs. 1 BGB n.F. geregelten positiven Vertragsverletzung (pVV) angesehen werden kann, drängt sich die Annahme einer dynamischen Verweisung auf das Verjährungsrecht des BGB auf, so daß nunmehr nach den Änderungen durch die Schuldrechtsreform[1538] die dreijährige Regelverjährungsfrist (§ 195 BGB n.F.) heranzuziehen wäre[1539]. Allerdings ist den Gesetzesmaterialien nicht zu entnehmen, daß der Gesetzgeber die Verjährung öffentlich-rechtlicher Ansprüche reformieren wollte und den Staat durch kürzere Fristen entlasten wollte, so daß es im Zweifel bei der Fortgeltung der §§ 195 ff. BGB a.F. bleibt[1540]. Auch eine Interessen- und Normzweckanalyse dieses Anspruchs ergibt nicht, daß die neue Regelung angemessener ist[1541], denn der Schadensersatzanspruch wegen Fürsorgepflichtverletzung wurde gerade „entwickelt“, um die kurze Verjährungsfrist im Deliktsrecht und beim Anspruch wegen Amtshaftung zu umgehen. Im übrigen ist dieser Anspruch mittlerweile als eigenständiges, öffentlich-rechtliches Institut anzusehen, das sich seiner zivilrechtlichen „Wurzeln“ entledigt hat und gewohnheitsrechtlich gilt[1542]. Daher liegt die Annahme, daß der Gesetzgeber die dreißigjährige Verjährungsfrist in seinen Willen aufgenommen hat erheblich näher, zumal er nach Kritik bewußt auf eine Regelung verzichtet hat, wonach sich die §§ 194 ff. BGB n.F. auch auf Ansprüche außerhalb des BGB erstrecken sollte[1543]. Somit verjährt dieser Schadensersatzanspruch gemäß § 195 BGB a.F. in dreißig Jahren, ohne Rücksicht auf die Kenntnis des Geschädigten.

1535 GKÖD/*Fürst*, § 79 BBG, Rz. 59; *Schütz/Schachel*, § 85 LBG NRW, Rz. 48; OVG Koblenz, ZBR 1979, 87 (88); *Weiß-Niedermaier-Summer-Zängl/Summer*, Art. 86 BayBG, Erl. 15a.

1536 BVerwGE 25, 138 (145 f.); *Weimar*, RiA 1964, 166 (167); *Weiß-Niedermaier-Summer-Zängl/Summer*, Art. 86 BayBG, Erl. 15c.

1537 BGHZ 14, 122 (137); *Weimar*, RiA 1964, 166; *Schnellenbach*, Beamtenrecht in der Praxis[5], Rz. 415.

1538 Schuldrechtsmodernisierungsgesetz vom 29. November 2001 (BGBl. I, S. 3138 ff.).

1539 *Dötsch*, NWVBl. 2001, 385 (388); *Maurer*, Allgemeines Verwaltungsrecht[14], § 29, Rz. 8; *Kellner*, NVwZ 2002, 395 (398 ff.); *Palandt/Heinrichs*[63], § 195 BGB, Rz. 20; MüKo/*Grothe*[4], § 195 BGB, Rz. 12 f.

1540 *Mansel*, NJW 2002, 89 (91). Anderer Auffassung: MüKo/*Grothe*[4], § 195 BGB, Rz. 12 f.

1541 Vgl. *Dötsch*, NWVBl. 2002, 140; BVerwGE 52, 16 (23).

1542 Anderer Auffassung: *Kellner*, NVwZ 2002, 395 (397 f.).

1543 *Mansel*, NJW 2002, 89 (90 f.).

Sofern die Verjährung als rechtshemmende Einwendung entstanden ist, liegt dann aber kein erneuter Verstoß gegen die Fürsorgepflicht vor, wenn sich der Dienstherr als Beklagter auf diese beruft. Insbesondere ist dies nicht ermessensfehlerhaft, denn der Dienstherr ist innerdienstlich durch das Haushaltsrecht gehalten, sich auf die Verjährung zu berufen[1544]. Allenfalls kann dem Dienstherrn das Berufen auf die Verjährung aufgrund des Einwands unzulässiger Rechtsausübung und damit wegen eines Verstoßes gegen Treu und Glauben gemäß § 242 BGB verwehrt werden. Hierfür müssten besondere tatsächliche Umstände gegeben sein, damit der Dienstherr als Schuldner des Schadensersatzanspruchs am Verjährungseinwand gehindert ist.

Eine vorherige Verwirkung dieses Anspruchs zu Lasten des Amtswalters ist nach allgemeinen Grundsätzen, also beim Vorliegen eines Zeit- und Umstandsmoments, möglich[1545].

III. Rechtsfolge gemäß §§ 249 ff. BGB analog

Die Rechtsfolge dieses Schadensersatzanspruchs richtet sich nach den §§ 249 ff. BGB analog. Primär geht es also von Gesetzes wegen um die Naturalrestitution als grundsätzliche Rechtsfolge (vgl. § 249 Abs. 1 BGB n.F. / § 249 S. 1 BGB a.F.)[1546]. Eine Ausnahme hiervon liegt nach der Rechtsprechung dann vor, wenn beamtenrechtliche Vorschriften dem entgegenstehen, z.B. bei der Beförderung eines Konkurrenten[1547]. Weiter ist eine Naturalrestitution dann ausgeschlossen, wenn es sich um eine Ermessensentscheidung des Dienstherrn handelt[1548]. In diesem und in den sonstigen Fällen, in denen Naturalrestitution nicht möglich ist, was allerdings in der Regel der Fall ist, oder nicht verlangt wird (vgl. § 251 Abs. 1 BGB), richtet sich der Anspruch stattdessen auf Ausgleich des materiellen Schadens (Geldersatz)[1549]. Im Zuge der Naturalrestitution bzw. Wiedergutmachung kann, sofern eine Ermessensreduktion auf Null wie beim Primäranspruch gegenüber dem Dienstherrn vorliegt und die Erfüllung der Fürsorgepflicht unmöglich ist[1550], beispielsweise die Richtigstellung oder der Widerruf ehrenrühriger Tatsachenbehauptungen, die ein (Dienst-)Vorgesetzter einem Dritten gegenüber in bezug auf den betroffenen Amtswalter und seine Amtsführung geäußert hat, verlangt werden[1551]. Allerdings kann vom Dienstherrn nicht verlangt werden, daß er auf einen Bediensteten dahingehend einwirkt, daß dieser entgegen dessen subjektiver privater (!) Überzeugung eine bestimmte Meinung zum Verhalten des Kollegen nicht mehr haben und äußern dürfte. Der Dienstherr ist nur im öffentlichen Interesse, nicht aber zum privaten Schutz eines Beamten an der Aufrecht-

---

1544 BVerwG, NJW 2001, 1878 (1880) = BayVBl. 2001, 216 (218); vgl. BVerwGE 66, 256 (261) sowie *Schnellenbach*, VerwArch 92 (2001), 2 (5 f.).

1545 *Schnellenbach*, Beamtenrecht in der Praxis[5], Rz. 415.

1546 *Weiß-Niedermaier-Summer-Zängl/Summer*, Art. 86 BayBG, Erl. 14a.

1547 So GKÖD/*Fürst*, § 79 BBG, Rz. 57. Kritisch insoweit: *Schenke*, Fälle zum Beamtenrecht[2], S. 136 f.

1548 GKÖD/*Fürst*, § 79 BBG, Rz. 57.

1549 *Scheerbath-Höffken-Bauschke-Schmidt*, Beamtenrecht[6], § 17 II, S. 440; *Schnellenbach*, Beamtenrecht in der Praxis[5], Rz. 415; *Weiß-Niedermaier-Summer-Zängl/Summer*, Art. 86 BayBG, Erl. 14b. *Koll*, VR 1993, 411 (413).

1550 BVerwGE 99, 56 (63).

1551 OVG Koblenz, NJW 1987, 1660 (1661); VGH Kassel, ZBR 1974, 261 ff.; *Köpp*, Öffentliches Dienstrecht7, S. 474, Rz. 101; *Detterbeck-Windthorst-Sproll*, Staatshaftungsrecht, § 21, Rz. 23; *Löwer*, JA 1975, 689 (692); *Schnellenbach*, Beamtenrecht in der Praxis[5], Rz. 415.

erhaltung des Dienstfriedens interessiert[1552]. Im Wege des Schadensersatzes ist der Beamte finanziell (!) so zu stellen, wie er bei Erfüllung der Fürsorgepflicht stehen würde, z.B. sind ihm die Kosten der notwendigen Rechtsverteidigung zu ersetzen, wenn diese ihm bisher rechtswidrig verweigert wurden.

Der Ersatz eines immateriellen Schadens aufgrund einer rechtswidrigen Persönlichkeits- und Ehrverletzung war hingegen aus verschiedenen Gründen früher nicht möglich, während er nunmehr gemäß § 253 Abs. 2 BGB n.F. zu gewähren ist[1553]. So wurde früher ein Schmerzensgeld gemäß § 847 BGB a.F. unter Hinweis auf § 618 Abs. 3 BGB – eine der dogmatischen Wurzel des Schadensersatzanspruchs wegen Fürsorgepflichtverletzung – abgelehnt[1554], da in dieser Norm gerade keine Verweisung auf § 847 BGB a.F. erfolgt. Des weiteren wurde in § 847 BGB a.F. eine Ausnahmevorschrift zu § 253 BGB a.F. gesehen, die aber nicht angewandt werden kann, wenn besondere, öffentlich-rechtliche Rechtsverhältnisse wie die verschiedenen zu untersuchenden Dienst- und Treueverhältnisse vorliegen[1555]. Auch die Tatsache, daß beim konkurrierenden Amtshaftungsanspruch ein Schmerzensgeld gemäß § 253 Abs. 2 BGB n.F. / § 847 BGB a.F. möglich ist[1556], sollte beim Schadensersatzanspruch kraft Fürsorgepflichtverletzung zu keiner veränderten rechtlichen Bewertung führen. Schließlich wurde vertreten, daß der beamtenrechtliche Schadensersatzanspruch wegen Fürsorgepflichtverletzung ein eigenständiges Rechtsinstitut ist, das einfach keinen Schmerzensgeldanspruch beinhaltet[1557]. Der Gesetzgeber hat durch die Einführung von § 253 Abs. 2 BGB n.F., der auch für den öffentlich-rechtlichen Schadensersatzanspruch wegen Fürsorgepflichtverletzung gilt, für Rechtsklarheit beim Ersatz des immateriellen Schadens auch in öffentlich-rechtlichen Sonderbeziehungen gesorgt[1558].

IV. Gerichtliche Durchsetzung

Um den Schadensersatzanspruch wegen Fürsorgepflichtverletzung prozessual zulässig geltend zu machen, müssen folgende besonderen Sachurteilsvoraussetzungen erfüllt sein.

1. Vorheriger Antrag an den Dienstherrn?

Vor Klageerhebung muß der betroffene Amtswalter nach der jüngsten Rechtsprechung des Bundesverwaltungsgerichtes[1559] keinen entsprechenden Antrag an seinen Dienstherrn

---

1552 OVG Koblenz, NJW 1987, 1660 (1661).

1553 *Maurer*, Allgemeines Verwaltungsrecht[14], § 29, Rz. 8 a.E. Die Vorschrift wurde durch das Zweite Gesetz zur Änderung schadensersatzrechtlicher Vorschriften vom 19. Juli 2002, (BGBl. I, S. 2674 ff.) mit Wirkung zum 1. August 2002 eingeführt.

1554 Vgl. BVerwGE 20, 199 (201); 37, 31 (33); 88, 60 (63); *Köpp*, Öffentliches Dienstrecht[7], S. 474, Rz. 101; *Plog-Wiedow-Beck-Lemhöfer*, § 79 BBG, Rz. 25b. Diese Auffassung vertritt auch weiterhin *Battis*[3], § 79 BBG, Rz. 24 a.E., ohne auf die Änderungen im BGB einzugehen.

1555 GKÖD/*Fürst*, § 79 BBG, Rz. 57; BGHZ 43, 178 (186); *Weiß-Niedermaier-Summer-Zängl/Summer*, Art. 86 BayBG, Erl. 14c.

1556 Siehe insoweit die Ausführungen ab S. 298 dieser Untersuchung.

1557 *Koll*, VR 1993, 411 (413).

1558 *Dötsch*, NVwZ 2003, 185 f. Die genauen inhaltlichen Voraussetzungen des Schmerzensgelds werden bei den Ausführungen zum Amtshaftungsanspruch ab S. 298 dieser Untersuchung dargestellt.

1559 BVerwGE 114, 350 (352 ff.) = BayVBl. 2002, 53 (54) = NVwZ 2002, 97 (98) = DÖV 2001, 1042 (1043) = DVBl. 2002, 196 (197 f.) = PersV 2002, 23 (25).

stellen. Die anderslautende, frühere Meinung in der Literatur[1560] ist insoweit überholt. Auch nach neuerer Literatur[1561] bedarf das Schadensersatzbegehren des Beamten der erkennbaren und bescheidbaren Konkretisierung gegenüber dem Dienstherrn, spätestens im Widerspruch gemäß § 126 Abs. 3 BRRG. Somit kann er einen Antrag stellen, er muß es aber nicht. Der Umstand, daß der betroffene Beamte bereits zuvor den korrespondierenden Erfüllungs- bzw. Primäranspruch bei seinem Dienstherrn beantragt oder sogar schon eingeklagt hat, hat in diesem Zusammenhang keinerlei Bedeutung[1562].

2. Eröffnung des Verwaltungsrechtswegs

Für Schadensersatzansprüche aus der Verletzung öffentlich-rechtlicher Pflichten, die nicht auf einem öffentlich-rechtlichen Vertrag beruhen, ist allerdings zunächst grundsätzlich der ordentliche Rechtsweg gegeben (§ 40 Abs. 2 S. 1 VwGO). Allerdings bleiben nach § 40 Abs. 2 S. 2 VwGO, der der Rechtswegzuweisung nach § 40 Abs. 2 S. 1 VwGO vorgeht, die besonderen Vorschriften des Beamtenrechts unberührt. Dieser Vorbehalt bezieht sich im wesentlichen auf aufdrängende Rechtswegzuweisungen an die Verwaltungsgerichte.

So gilt für alle Klagen aus dem Beamtenverhältnis unmittelbar die bereits erwähnte aufdrängende Rechtswegzuweisung gemäß § 126 Abs. 1 BRRG, der alle Klagen von Beamten, Ruhestandsbeamten, früheren Beamten und deren Hinterbliebenen in den Verwaltungsrechtsweg verweist. Inhaltlich sind damit nicht nur die in den Beamtengesetzen geregelten Ansprüche des Beamten gegen seinen Dienstherrn gemeint. Das Beamtenverhältnis kann, wie bereits dargestellt, als vertragsähnliches (quasi-vertragliches) öffentlich-rechtliches Schuldverhältnis angesehen werden, so daß auch Ansprüche aus positiver Forderungsverletzung (pFV) ebenso wie Ansprüche aus culpa in contrahendo (c.i.c.) und sonstige Sekundäransprüche wie der Schadensersatzanspruch aufgrund Fürsorgepflichtverletzung von der aufdrängenden Zuweisung erfaßt werden[1563].

Die Geltung des § 126 Abs. 1 BRRG ergibt sich, wie bereits dargestellt, für Bundesbeamte aus § 172 BBG und damit aufgrund der allgemeinen Verweisungsnorm in § 46 DRiG auch für Richter im Bundesdienst. Bei den Landes- und Kommunalbeamten (vgl. z.B. § 180 LBG NRW) und den Richtern im Landesdienst (z.B. § 4 Abs. 1 S. 1 LRiG NRW i.V.m. § 71 Abs. 3 DRiG) kann dies dem jeweiligen Landesgesetz entnommen werden. Für (Berufs- und Zeit-)Soldaten besteht eine aufdrängende Rechtswegzuweisung für alle Klagen aus dem Soldatenverhältnis an die Verwaltungsgerichte gemäß § 59 SoldG.

1560 *Plog-Wiedow-Beck-Lemhöfer*, § 79 BBG, Rz. 25; *Koll*, VR 1993, 411 (415); BVerwGE 74, 300 (306); *Schütz/Schachel*, § 85 LBG NRW, Rz. 45; *Weiß-Niedermaier-Summer-Zängl/Summer*, Art. 86 BayBG, Erl. 50c; GKÖD/*Fürst*, § 79 BBG, Rz. 62; *Günther*, ZBR 1992, 66 (69). Im übrigen wird auf die näheren Ausführungen zum Antragserfordernis beim Primäranspruch ab S. 234 dieser Untersuchung verwiesen.

1561 *Wind-Schimana-Wichmann-Langer*, Öffentliches Dienstrecht[5], Rz. 302; *Plog-Wiedow-Beck-Lemhöfer*, § 79 BBG, Rz. 25; *Battis*, NJW 2002, 1085 (1089).

1562 BVerwG, ZBR 1998, 46 (47) = BayVBl. 1997, 696 (697); GKÖD/*Fürst*, § 79 BBG, Rz. 62; *Schnellenbach*, Beamtenrecht in der Praxis[5], Rz. 416 f.; *Günther*, ZBR 1992, 66 (70).

1563 BVerwGE 13, 17 (25 ff.); 18, 181 (183); 22, 45 ff.; 67, 222 (226); *Kopp-Schenke*[13], § 40 VwGO, Rz. 76; *Stern*, Verwaltungsprozessuale Probleme[8], Rz. 148, 167; *Wind*, ZBR 1984, 167 (169, Fn. 10); *Schnellenbach*, ZBR 1992, 257; *Ossenbühl*, Staatshaftungsrecht[5], S. 360.

Für Rechtsstreitigkeiten bei der Ausführung des Wehrpflichtgesetzes ist nach § 32 WPflG ebenfalls der Verwaltungsrechtsweg gegeben. Eine vergleichbare ausdrückliche Rechtswegzuweisung enthält das Zivildienstgesetz allerdings nicht. Indes wird durch § 78 Abs. 2 ZDG der Zivildienst mit Anwendung der Vorschriften des öffentlichen Dienstrechts dem Wehrdienst aufgrund der Wehrpflicht gleichgestellt. Diese Gleichstellung ist auch auf die Rechtswegzuweisung des § 32 WPflG zu beziehen[1564], so daß für den Schadensersatzanspruch bei Verletzung der Fürsorge- und Schutzpflicht des Dienstherrn, unabhängig von der Art des jeweiligen öffentlich-rechtlichen Dienst- und Treueverhältnisses, stets der Verwaltungsrechtsweg gegeben ist[1565].

3. Statthafte Klageart

Die statthafte Klageart beim Schadensersatzanspruch kraft Fürsorgepflichtverletzung richtet sich nach der konkret begehrten Rechtsfolge. Sofern der Amtswalter eine geldwerte Leistung oder sonst einen begünstigenden Verwaltungsakt begehrt, z.B. die Übernahme von Rechtsverteidigungskosten, ist die Verpflichtungsklage gemäß § 42 Abs. 1 VwGO einzulegen. Sollte hingegen ein sonstiges, schlicht-hoheitliches Verwaltungshandeln ohne Verwaltungsaktscharakter begehrt werden, z.B. der Widerruf einer ehrenrührigen Tatsachenbehauptung im Wege der Naturalrestitution, ist die (allgemeine) Leistungsklage die statthafte Klageart. Sofern diese Naturalrestitutionsmaßnahme aber Verwaltungsaktscharakter hat, ist wieder die Verpflichtungsklage zu wählen. Eine Fortsetzungsfeststellungsklage (§ 113 Abs. 1 S. 4 VwGO analog) ist nach allgemeinen Grundsätzen ebenfalls möglich.

4. Erfolglose Durchführung eines Widerspruchsverfahrens

Auch beim Schadensersatzbegehren ist – unabhängig von der jeweiligen Klageart – zwingend zunächst erfolglos ein Widerspruchs- bzw. Beschwerdeverfahren durchzulaufen (§ 126 Abs. 3 BRRG i.V.m. §§ 68 ff. VwGO bzw. § 23 Abs. 1 WBO)[1566].

5. Örtliche Zuständigkeit

Auch der Anspruch wegen Fürsorgepflichtverletzung ist von der bereits erwähnten örtlichen Zuständigkeitsregelung des § 52 Nr. 4 VwGO umfaßt, da diese für alle Klagen (mit Ausnahme von Klagen nach § 52 Nr. 1 VwGO) aus einem gegenwärtigen oder früheren Beamten-, Richter-, Soldaten-, Wehrpflicht- oder Zivildienstverhältnis unabhängig von der gewählten Klageart gilt[1567].

V. Materielle Beweislastverteilung

Der Amtswalter trägt in Übereinstimmung mit dem schon erwähnten Normgünstigkeitsprinzip für die anspruchsbegründenden tatsächlichen Voraussetzungen die materielle

---

1564 BGH, NVwZ 1990, 1103; *Stern*, Verwaltungsprozessuale Probleme[8], Rz. 148.

1565 *Kopp-Schenke*[13], § 40 VwGO, Rz. 75 f.; vgl. *Hufen*, Verwaltungsprozeßrecht[5], § 11, Rz. 94; *Stern*, Verwaltungsprozessuale Probleme[8], Rz. 167.

1566 Hierzu kann auf die Ausführungen beim Primäranspruch ab S. 238 verwiesen werden.

1567 *Kopp-Schenke*[13], § 52 VwGO, Rz. 15.

Beweislast, also sowohl für das Vorliegen der (objektiven) Fürsorgepflichtverletzung[1568] als auch insbesondere für den adäquaten Zurechnungszusammenhang zwischen der Verletzungshandlung und dem geltend gemachten (konkreten) Schaden[1569]. Bei einem fürsorgepflichtwidrigen Unterlassen des Dienstherrn hat der Amtswalter ebenfalls das prozessuale Risiko, wenn nicht festgestellt werden kann, ob das gebotene Verhalten mit an Sicherheit grenzender Wahrscheinlichkeit den Schadenseintritt verhindert hätte. Zu seinen Gunsten tritt aber in bestimmten Fällen eine Beweiserleichterung oder gar eine Beweislastumkehr ein. Das ist insbesondere dann der Fall, wenn der tatsächliche Sachverhalt nach der Lebenserfahrung eine gewisse Wahrscheinlichkeit dafür begründet, daß bei einem pflichtgemäßen Handeln der Schaden nicht eingetreten wäre[1570]. Den Schwierigkeiten des sog. Negativbeweises ist im Verwaltungsprozeß durch den Untersuchungsgrundsatz und bei der Beweiswürdigung Rechnung zu tragen[1571].

Den Dienstherrn trifft hingegen gemäß § 280 Abs. 1 S. 2 BGB n.F. / § 282 BGB a.F. für sein fehlendes Verschulden (§§ 31, 89 Abs. 1, 276 BGB) die materielle Beweislast, so daß ihn die Folgen eines non liquet treffen, wenn sich die Verschuldensfrage in tatsächlicher Hinsicht nicht aufklären läßt[1572]. Beweisbelastet ist der Dienstherr ebenfalls hinsichtlich der tatsächlichen Umstände, die ein Mitverschulden des Amtswalters (§ 254 BGB analog) oder einen Ausschluß seiner Ersatzpflicht (§ 839 Abs. 2 BGB analog) rechtfertigen würden[1573].

VI. Materiell-rechtliche Konkurrenzen

Der beamtenrechtliche Schadensersatzanspruch wegen Fürsorgepflichtverletzung konkurriert materiell-rechtlich mit einem Schadensersatzanspruch aus Amtshaftung gemäß Art. 34 S. 1 GG i.V.m. § 839 BGB, sofern der Ersatz des materiellen Schadens und keine Naturalrestitution verlangt wird, so daß insoweit beide Ansprüche, wie die Rechtsprechung seit der grundlegenden Entscheidung des Bundesgerichtshofes[1574] des öfteren entschieden hat[1575], gleichzeitig geltend gemacht werden können. Beide Ansprüche stehen dann gleichberechtigt nebeneinander[1576]. Der Ersatz eines immateriellen Schadens ist nach der jüngsten Einführung des § 253 Abs. 2 BGB n.F. und damit unter bewusster Änderung der Rechtslage, die nach früherer Rechtsprechung und nach Auffassung der Literatur galt, sowohl beim Schadensersatzanspruch wegen Fürsorgepflichtverletzung als auch beim

---

1568 BVerwGE 13, 17 (25).

1569 *Schnellenbach*, Beamtenrecht in der Praxis[5], Rz. 423; *ders.*, ZBR 1995, 321 (332).

1570 BVerwG, NJW 2001, 1878 (1882) = BayVBl. 2001, 216 (220).

1571 BVerwGE 104, 55 ff. = DVBl. 1997, 1004 ff. = NVwZ 1998, 400 ff. = *Schütz* ES/B III 1 Nr. 25.

1572 BVerwGE 13, 17 (24 f.); *Plog-Wiedow-Beck-Lemhöfer*, § 79 BBG, Rz. 25a; GKÖD/*Fürst*, § 79 BBG, Rz. 58; *Weiß-Niedermaier-Summer-Zängl/Summer*, Art. 86 BayBG, Erl. 12b.

1573 *Schnellenbach*, ZBR 1995, 321 (332).

1574 BGHZ 43, 178 ff.

1575 Vgl. jüngst BayObLG, NVwZ-RR 2000, 527.

1576 *Palandt/Sprau*[63], § 839 BGB, Rz. 49. *Weiß-Niedermaier-Summer-Zängl/Summer*, Art. 86 BayBG, Erl. 16a gehen von einer alternativen Rechtsgrundlage aus. Siehe zum Amtshaftungsanspruch und seinen Tatbestandsmerkmalen die nachfolgenden Ausführungen. Soweit vom Anspruchsberechtigten Zweckmäßigkeitserwägungen und die Konsequenzen für den Rechtsweg zu berücksichtigen sind, wird auf die Ausführungen ab S. 304 dieser Untersuchung verwiesen.

Amtshaftungsanspruch möglich. Ein (verschuldensunabhängiger) Folgenbeseitigungsanspruch kommt neben oder anstelle des Schadensersatzanspruchs wegen Fürsorgepflichtverletzung nicht in Betracht, selbst wenn bei letzterem Naturalrestitution z.B. in Form des Widerrufs einer ehrenrührigen Tatsachenbehauptung begehrt wird, was auch eine angestrebte Rechtsfolge des Folgenbeseitigungsanspruchs sein kann. Aber nur dem Wortlaut nach handelt es sich hierbei um dasselbe Begehren. Inhaltlich besteht der Unterschied darin, daß bei §§ 249 ff. BGB analog die Herstellung eines hypothetischen, zukünftigen Zustands begehrt wird, während es beim Folgenbeseitigungsanspruch um die Herstellung des früheren, rechtmäßigen Zustands unter Ausblendung eventueller künftiger Entwicklungen geht, was rechtstechnisch ein vollkommen andersartiges Begehren (aliud) darstellt[1577].

D. Anspruch aus Amtshaftung (Art. 34 S. 1 GG i.V.m. § 839 BGB)

Ferner besteht für den Amtswalter noch als materiell-rechtlich in Betracht zu ziehende Möglichkeit die Geltendmachung eines Amtshaftungsanspruchs wegen schuldhafter Verletzung der beamtenrechtlichen Fürsorge- und Schutzpflicht durch den Dienstherrn.

I. Rechtsgrundlage

Beim Amtshaftungsanspruch handelt es sich historisch bedingt zunächst um einen deliktischen Anspruch gegen den handelnden Amtswalter persönlich gemäß § 839 BGB, für den der Staat, genauer die Anstellungskörperschaft, im Wege der Haftungsübernahme nach Art. 34 S. 1 GG eintreten muß (sog. mittelbare Staatshaftung). Tragende rechtliche Säule der Amtshaftung ist aber heutzutage unbestritten das Rechtsstaatsprinzip gemäß Art. 20 Abs. 3 GG in Verbindung mit der Rechtsschutzgarantie des Art. 19 Abs. 4 GG. Die Normen des Amtshaftungsanspruchs (Art. 34 S. 1 GG i.V.m. § 839 BGB) bilden eine einheitliche Anspruchsgrundlage[1578].

II. Tatbestandliche Voraussetzungen

Für die Geltendmachung des Schadensersatzanspruchs wegen Amtspflichtverletzung müssen die nachfolgenden tatbestandlichen Voraussetzungen erfüllt sein:

1. Anspruchsinhaber und Anspruchsverpflichteter

Anspruchsinhaber dieses sekundärrechtlichen Ersatzanspruchs können sämtliche Amtswalter der dargestellten öffentlich-rechtlichen Dienst- und Treueverhältnisse sein, die auch schon den primärrechtlichen Fürsorgepflichtanspruch gegenüber dem Dienstherrn zulässigerweise hätten geltend machen können. Anspruchsverpflichteter ist grundsätzlich der Verwaltungsträger, also die juristische Person des öffentlichen Rechts, in dessen Dienst

---

[1577] *Weiß-Niedermaier-Summer-Zängl/Summer*, Art. 86 BayBG, Erl. 10g; *Detterbeck-Windthorst-Sproll*, Staatshaftungsrecht, § 12, Rz. 53; *Maurer*, Allgemeines Verwaltungsrecht[14], § 30, Rz. 1 f.; *Ossenbühl*, Staatshaftungsrecht[5], S. 302. Siehe ferner die weiteren Ausführungen zum Folgenbeseitigungsanspruch ab S. 274 dieser Untersuchung.

[1578] *Maurer*, Allgemeines Verwaltungsrecht[14], § 26, Rz. 7; *Detterbeck-Windthorst-Sproll*, Staatshaftungsrecht, § 8, Rz. 3; *Ossenbühl*, Staatshaftungsrecht[5], S. 10.

der schädigend handelnde Amtswalter steht[1579]. Nur soweit Beamte amtspflichtwidrig gehandelt haben, muß dieser Verwaltungsträger auch die beamtenrechtliche Dienstherrenfähigkeit haben, ansonsten ist dieses kein konstitutives Merkmal der Passivlegitimation[1580].

2. Handeln in Ausübung eines öffentlichen Amtes

Die Amtshaftung setzt zunächst voraus, daß eine Person („jemand") in Ausübung eines öffentlichen Amtes gehandelt hat (= Amtswalter). Der Begriff des öffentlichen Amtes ist insoweit funktionell zu verstehen, so daß es allein darauf ankommt, ob jemand mit der Wahrnehmung hoheitlicher Aufgaben betraut gewesen ist und er hierbei aktiv tätig geworden oder untätig geblieben ist. Der Personenkreis umfaßt konsequent sämtliche Personen, denen ein öffentliches Amt anvertraut worden ist. Der „Jemand" im Sinne von Art. 34 GG wird auch als sog. Beamter im haftungsrechtlichen Sinne bezeichnet[1581]. Hiervon sind nicht nur Beamte im statusrechtlichen Sinne, Richter, Soldaten, sondern auch Angestellte und Arbeiter erfaßt. Hinzu kommen weitere Amtswalter eines öffentlich-rechtlichen Dienstverhältnisses wie z.B. Minister, Ratsmitglieder, Wehrpflichtige, Zivildienstleistende oder auch Parlamentsabgeordnete[1582]. In diesen Fällen ist aufgrund der öffentlich-rechtlichen Sonderverbindung stets der geforderte funktionale Zusammenhang gegeben.[1583]. Dieser Personenkreis deckt sich mit den Ausführungen zu den Ehrenschutzkonstellationen, bei denen festgestellt wurde, daß aus allen Staatsgewalten Ehrverletzungen herrühren können[1584]. Die schädigende Handlung muß des weiteren in Ausübung und nicht nur gelegentlich des öffentlichen Amtes erfolgt sein, so daß ein innerer und äußerer Zusammenhang mit der Amtstätigkeit gegeben sein muß[1585]. Hierbei gilt es die Zuordnung des Verhaltens zum öffentlichen Recht festzustellen, so daß beleidigende oder verleumderische Äußerungen, die dem Privatbereich zuzuordnen sind, nicht von der Ausübung eines öffentlichen Amtes umfaßt sind. Bei Beleidigungen oder „Mobbing" im Dienst, insbesondere von Vorgesetzten[1586], ist diese Voraussetzung dann erfüllt, solange nicht die persönlichen Motive des Ehrverletzers derart überwiegen, so daß sie dem Privatbereich und nicht mehr der Ausübung des öffentlichen Amts zuzuordnen sind[1587].

3. Verletzung einer einem Dritten gegenüber obliegenden Amtspflicht

Der Amtswalter muß somit eine Amtspflicht verletzt haben, die ihm gegenüber dem Geschädigten oblag[1588]. Amtspflichten im Sinne der Amtshaftung sind Pflichten, die dem

[1579] Dies ist allerdings im einzelnen umstritten, in der Regel richtet sich dies nach der Anstellungstheorie, wobei aber auch funktionale Aspekte zu berücksichtigen sind, vgl. hierzu näher *Maurer*, Allgemeines Verwaltungsrecht[14], § 26, Rz. 40 ff.; *Detterbeck-Windthorst-Sproll*, Staatshaftungsrecht, § 11, Rz. 6 ff.

[1580] *Ossenbühl*, Staatshaftungsrecht[5], S. 113.

[1581] *Detterbeck-Windthorst-Sproll*, Staatshaftungsrecht, § 8, Rz. 4; *Ossenbühl*, Staatshaftungsrecht[5], S. 14; *Maurer*, Allgemeines Verwaltungsrecht[13], § 25, Rz. 12-14.

[1582] *Ossenbühl*, Staatshaftungsrecht[5], S. 13.

[1583] *Detterbeck-Windthorst-Sproll*, Staatshaftungsrecht, § 8, Rz. 11 f. und Rz. 42.

[1584] Siehe hierzu die Ausführungen ab S. 30 dieser Untersuchung.

[1585] BGH, NJW 1992, 1227 (1228) m.w.N.; *Ossenbühl*, Staatshaftungsrecht[5], S. 25.

[1586] Vgl. OLG Stuttgart, NVwZ-RR 2003, 715 ff.

[1587] BGH, NJW 2002, 3172 (3173) = NZA 2002, 1214 ff. = DVBl. 2002, 1639 ff. = NVwZ 2003, 125 (Ls).

[1588] Dis richtet sich nach dem Schutzzweck der Norm und ist durch Auslegung zu ermitteln, vgl. eingehend *Ossenbühl*, Staatshaftungsrecht[5], S. 57 ff.

Amtswalter im Innenverhältnis, z.B. Verwaltungsvorschriften oder Weisungen, gegenüber dem Staat als seinem Dienstherrn obliegen. Rechtspflichten des Staates, wie z.B. die grundrechtliche Schutzpflicht aufgrund des Rechts der persönlichen Ehre (Art. 2 Abs. 1 i.V.m. Art. 1 Abs. 1 GG) oder die beamtenrechtliche Fürsorgepflicht des Dienstherrn, die im Außenverhältnis wirken, werden dadurch einbezogen, daß jeder Amtswalter wegen Art. 20 Abs. 3 GG bei der Wahrnehmung seiner Aufgaben auch an Gesetz und Recht gebunden ist. Eine Amtspflicht kann aber nicht nur durch aktives Tun, sondern auch durch ein Unterlassen verletzt werden, wenn eine Pflicht zum Tätigwerden bestanden hat[1589]. Verletzungen als Zuwiderlaufen gegen eine Amtspflicht können somit auch durch die Nichtbefolgung von Anweisungen, z.B. durch die Fortsetzung eines ehrenrührigen Verhaltens trotz einer Unterlassungsweisung, erfolgen. Sofern bei der Wahrnehmung der Amtspflichten ein Ermessensspielraum besteht, dürfen die Grenzen des Ermessens, wie bereits dargestellt, nicht überschritten werden. Die verletzte Amtspflicht muß schließlich – zumindest auch – gegenüber dem Geschädigten bestanden haben und den Schutz vor Verletzungen seiner Rechtsgüter bezwecken[1590].

Die Fürsorge- und Schutzpflicht ist nach allgemeiner Ansicht für den Dienstherrn, unabhängig davon welcher Bediensteten er sich bedient, eine den Beamten, ihren Angehörigen und damit Dritten gegenüber obliegende Amtspflicht i.S.d. § 839 BGB[1591]. Sie wird dadurch verletzt, indem sie nicht oder nur unzureichend erfüllt wird, wobei dann durchaus auch Ermessensfehler aufgetreten sein können. Allerdings ist gegenüber dem zuvor dargestellten Kreis der Amtswalter als potentielle Täter zu berücksichtigen, daß die Fürsorgepflicht des Dienstherrn in der Regel durch die (Dienst- und Disziplinar-)Vorgesetzten wahrgenommen wird, so daß ehrenrühriges Verhalten von „Kollegen" in diesem Sinne nicht relevant werden würde. Anders wäre es hingegen, wenn der Vorgesetzte sich aktiv hieran beteiligen würde, oder er trotz seiner Kenntnis von der Ehrverletzung dieses Verhalten nicht durch Wahrnehmung seiner Weisungsbefugnis oder Befehlsgewalt unterbinden würde. Besonders deutlich wird dies im Wehrrecht, denn in § 10 Abs. 3 SoldG, § 30a S. 1 ZDG wird die Fürsorgepflicht dem Vorgesetzten übertragen. Die „Kollegen" verstoßen in diesem Zusammenhang aber gegen die Pflicht zu achtungswürdigendem Verhalten (vgl. § 54 S. 1 BBG, § 26 S. 3 BRRG) oder gegen die soldatische Kameradschaftspflicht (vgl. § 12 S. 2 SoldG). So liegt eine Amtspflichtverletzung vor, wenn disziplinarrechtliche (Vor-)Ermittlungen erfolgen oder eine Strafanzeige bei der zuständigen Staatsanwaltschaft erstattet wird, ohne daß der betroffene Amtswalter zuvor angehört worden ist[1592]. Des Weiteren liegt eine Amtspflichtverletzung bei Mobbing des Vorgesetzten vor, das durch systematische fortlaufende Schikane, unberechtigtes Herabwür-

---

1589 *Maurer*, Allgemeines Verwaltungsrecht[14], § 26, Rz. 16-22.

1590 Vgl. BGHZ 56, 40 (45); 63, 35 (38 f.); 89, 1 (5); 100, 313 (317); 106, 323 (331); 129, 23 (25); 134, 268 (276), st. Rspr. Es zeigt sich eine Parallele zum subjektiven öffentlichen Recht und zur verwaltungsgerichtlichen Klagebefugnis, vgl. insofern die Ausführungen auf S. 130 und ab S. 247 dieser Untersuchung.

1591 *Battis*[3], § 79 BBG, Rz. 25; BVerwGE 13, 17 (25); *Schütz/Schachel*, § 85 LBG NRW, Rz. 51; BGHZ 15, 185 (187); 23, 36 (49); 29, 310 (313); *Weiß-Niedermaier-Summer-Zängl/Summer*, Art. 86 BayBG, Erl. 50a; *Palandt/Sprau*[63], § 839 BGB, Rz. 49; *Strunk*, Beamtenrecht[3], Rz. 233; *Ossenbühl*, Staatshaftungsrecht[5], S. 60 f.

1592 BGH, MDR 2000, 333 (334).

digen der Leistungen und ständige obszöne Beleidigungen (Psychoterror und geschlechtsspezifisches Mobbing) gekennzeichnet ist[1593].

4. Kausalität und Verschulden

Des weiteren muß als Voraussetzung für die Geltendmachung dieses Schadensersatzanspruchs verlangt werden, wie schon beim Schadensersatzanspruch wegen Fürsorgepflichtverletzung dargestellt, daß die Amtspflicht durch ein schuldhaftes (bzw. nicht schuldloses) Verhalten seitens der für den Dienstherrn handelnden Personen und Organe verletzt worden ist, wobei zwischen der Amtspflichtverletzung und dem Schaden ein adäquat-kausaler Zurechnungszusammenhang (sog. haftungsausfüllende Kausalität) gegeben sein muß[1594]. Bei Mobbing durch (Dienst-)Vorgesetzte und Kollegen wird in der Regel (bedingter) Vorsatz vorliegen, da fahrlässiges Mobbing kaum denkbar ist[1595].

5. Ausschluß- und Minderungstatbestände

Auch beim Amtshaftungsanspruch sind Einwendungen zu prüfen, die zu einem Ausschluß der Haftung des Dienstherrn oder zumindest zu einer Minderung des Haftungsumfangs führen können: Zunächst gehören hierzu, wie bereits dargestellt, die vorwerfbare Rechtsmittelversäumung gemäß § 839 Abs. 3 BGB und ein eventuell zu berücksichtigendes eigenes Mitverschulden des ehrverletzten Amtswalters gemäß § 254 BGB analog[1596].

Schließlich könnte im Zusammenhang mit der Fürsorgepflichtverletzung in bezug auf den Ehrenschutz der Amtswalter das sog. Verweisungsprivileg bzw. die Subsidiaritätsklausel gemäß § 839 Abs. 1 S. 2 BGB zu beachten sein. Sofern nämlich der Verwaltungsbedienstete oder das Dienstherrenorgan sich ehrverletzend und damit fürsorgepflichtwidrig verhalten hat und hierbei (leicht bis grob) fahrlässig gehandelt hat, was zumeist anzunehmen ist, da ein Vorsatzschuldvorwurf in der Praxis schwer zu beweisen ist[1597], entfällt die Amtshaftung grundsätzlich, wenn der Geschädigte auf andere Weise zumutbar Ersatz erlangen kann. Zu diesen anderweitigen rechtlichen Ersatzmöglichkeiten könnten die aus der Fürsorge- und Schutzpflicht (§ 79 BBG, § 48 BRRG) folgenden und bereits dargestellten Primär- und Sekundäransprüche, insbesondere der Folgenbeseitigungsanspruch, der Unterlassungsanspruch und vor allem der Schadensersatzanspruch wegen

---

1593 Grundlegend: BGH, ZBR 2003. 57 ff. mit Anm. *Herrmann* = DÖD 2002, 283 ff. = DVBl. 2002, 1639 ff. = NVwZ 2003, 125 (Ls.) = JA 2003, 183 ff. = BayVBl. 2003, 183 ff. = DÖV 2003, 293 ff. = NJW 2002, 3172 ff. = MDR 2002, 1368 ff. = PersR 2002, 449 (Ls.) = NZA 2002, 1214 ff. Auf dieses wichtige Urteil weist *Battis*, NJW 2003, 940 (944) in seinem jährlichen Entwicklungsbericht zum Beamtenrecht hin. Im zu entscheiden Fall beging das Opfer des Mobbing unter tragischen Umständen Selbstmord; Siehe auch OLG Stuttgart, NVwZ-RR 2003, 715 ff.

1594 Vgl. hierzu eingehend *Ossenbühl*, Staatshaftungsrecht^5, S. 70 ff. Siehe diesbezüglich die Ausführungen zum Schadensersatzanspruch wegen Fürsorgepflichtverletzung ab S. 282 dieser Untersuchung, vor allem zum Verschulden bei unrichtiger Rechtsanwendung.

1595 *Herrmann*, ZBR 2003, 59.

1596 Siehe hierzu bereits die Ausführungen auf S. 286 dieser Untersuchung.

1597 Ein vorsätzliches Verhalten dürfte hingegen beim sog. „Mobbing", bei menschenwürdeverachtendem Verhalten sowie bei anderen gravierenden Fällen vorliegen, da hier kaum vorstellbar ist, daß dies rein zufällig, fahrlässig, oder zumindest nicht mit dolus eventualis erfolgt ist. So auch nun ausdrücklich: BGH, NJW 2002, 3172 (3173) = NZA 2002, 1214 ff. = DVBl. 2002, 1639 ff. = NVwZ 2003, 125 (Ls).

Fürsorgepflichtverletzung gehören, so daß bei Fahrlässigkeit des handelnden Amtswalters in der Regel kein Raum für den Amtshaftungsanspruch verbliebe[1598]. Allerdings legt die Rechtsprechung das Verweisungsprivileg restriktiv aus, um eine unberechtigte Privilegierung des Haftungssubjekts zu verhindern. Eine anderweitige Ersatzmöglichkeit liegt nicht vor, wenn dem Geschädigten Ansprüche zustehen, die lediglich auf einer anderen Rechtsgrundlage basieren, aber sich gegen den selben Beklagten richten. Es wird dann nämlich bloß der rechtliche Haftungsgrund ausgewechselt, ohne daß die Verantwortlichkeit insgesamt in Frage gestellt wird[1599]. Somit greift das Verweisungsprivileg gemäß § 839 Abs. 1 S. 2 BGB in bezug auf die vorliegend zu untersuchenden Fürsorgepflichtverletzungen im Ergebnis nicht ein.

6. Verjährung

Im Zuge der Schuldrechtsmodernisierung wurde die frühere Verjährungsvorschrift für den Amtshaftungsanspruch und die deliktischen Ansprüche (§ 852 BGB a.F.) in das allgemeine Verjährungsrecht (§§ 194 ff. BGB) integriert[1600], wobei die Änderungen nur gering sind[1601]. Nunmehr gilt die dreijährige Regelverjährungsfrist gemäß § 195 BGB n.F. Sie beginnt gemäß § 199 Abs. 1 BGB n.F. mit dem Schluß des Jahres, in dem der Anspruch entstanden und fällig geworden ist und der Geschädigte Kenntnis oder – insoweit über § 852 BGB a.F. hinausgehend – grob fahrlässige Unkenntnis von den anspruchsbegründenden Umständen und der Person des Schädigers hat. Soweit es Fürsorgepflichtverletzungen durch Ehrverletzungen betrifft, ergibt sich eine Höchstverjährungsfrist von zehn Jahren ab Entstehung (§ 199 Abs. 3 Nr. 1 BGB n.F.). Durch die Geltendmachung des Fürsorgepflichtanspruches und somit die Inanspruchnahme des Primärrechtsschutzes (Antrag, Widerspruch, Klage) gegen das amtspflichtwidrige Verhalten wurde die Verjährungsfrist entsprechend §§ 209 Abs. 1, 211 BGB a.F. unterbrochen[1602], während nunmehr die Analogie auf § 204 Abs. 1 Nr. 1, 12 BGB n.F. gestützt werden kann[1603].

III. Rechtsfolge gemäß §§ 249 ff. BGB analog

Der Umfang des Schadensersatzes beim Amtshaftungsanspruch richtet sich nach den allgemeinen deliktsrechtlichen Regelungen (§§ 249 ff. BGB analog) und beinhaltet den Ersatz des materiellen und immateriellen Schadens.

1. Ersatz des materiellen Schadens

Im Unterschied zum Schadensersatzanspruch wegen Fürsorgepflichtverletzung ist der Amtshaftungsanspruch nach herrschender Meinung in der Regel auf Geldersatz

---

1598 So allerdings *Weimar*, RiA 1964, 166.

1599 BGHZ (GS) 13, 88 (104 f.); *Detterbeck-Windthorst-Sproll*, Staatshaftungsrecht, § 10, Rz. 11, 29; vgl. *Ossenbühl*, Staatshaftungsrecht^5, S. 85.

1600 Das Schuldrechtsmodernisierungsgesetz vom 29. November 2001 (BGBl. I, S. 3138 ff.) ist zum 1. Januar 2002 in Kraft getreten. § 852 BGB n.F. beinhaltet nunmehr einen Herausgabeanspruch und hat somit nichts mehr mit der Verjährung der deliktischen Ansprüche zu tun.

1601 *Dötsch*, NWVBl. 2001, 385 (387 f.); *Maurer*, Allgemeines Verwaltungsrecht^{14}, § 26, Rz. 44.

1602 BGHZ 95, 238 (241 f.); 97, 97 (109,112); 103, 242 (246).

1603 *Dötsch*, NWVBl. 2001, 385 (388).

(Ausgleich) und nicht auf eine Naturalrestitution gerichtet[1604]. Nach anderer Auffassung kommt eine Naturalrestitution zumindest im Einzelfall in Betracht[1605], während eine Mindermeinung in der Regel von einer Naturalrestitution ausgeht[1606]. In der Praxis ergeben sich dennoch keine nennenswerten Unterschiede, so ist z.B. unstreitig, daß die Richtigstellung, der Widerruf oder die Unterlassung ehrenrühriger Tatsachenbehauptungen, die ein (Dienst-)Vorgesetzter einem Dritten gegenüber in bezug auf den betroffenen Amtswalter und seine Amtsführung geäußert hat, nicht im Wege der Amtshaftung verlangt werden kann[1607]. Dies ergibt sich aus dem Wesen der Amtshaftung, die in einer Haftungsübernahme der persönlichen Haftung des Beamten besteht. Ein Beamter kann aber nicht persönlich zu einem amtlichen Tun oder Unterlassen, wie es bei einem Widerruf oder dem Unterlassen einer ehrenrührigen Tatsachenbehauptung im Rahmen seiner Amtsausübung der Fall wäre, verpflichtet werden[1608]. Von dieser Ersatzpflicht sind im wesentlichen Aufwendungen des Betroffenen erfaßt, die zur Abwendung der Folgen bzw. zur Beseitigung der Ehrverletzung geeignet und erforderlich waren, wozu insbesondere die notwendigen Kosten der Rechtswahrnehmung gehören.

2. Ersatz des immateriellen Schadens

An sich ist das allgemeine Persönlichkeitsrecht, sub specie des Rechts der persönlichen Ehre, tatbestandlich nicht vom Anspruch auf Schmerzensgeld als Geldentschädigung für einen immateriellen Schaden gemäß § 253 Abs. 2 BGB n.F. / § 847 BGB a.F. umfaßt. Jedoch ist ein Schmerzensgeldanspruch praeter legem zu § 253 BGB a.F. und unmittelbar auf § 823 Abs. 1 BGB gestützt durch die mittlerweile ständige Rechtsprechung des Bundesgerichtshofs[1609] gewährt worden, was in der Folge auch durch das Bundesverfassungsgericht[1610] und von der ganz überwiegenden Literatur gebilligt wurde[1611], auch wenn dort noch kritische Stimmen zu verzeichnen sind[1612]. Diese Judikatur wird auch allseits für den Amtshaftungsanspruch gemäß Art. 34 S. 1 GG i.V.m. § 839 BGB übernommen[1613]. In ständiger Rechtsprechung des Bundesgerichtshofs kommt ein Schmerzensgeld bei einer Verletzung des allgemeinen Persönlichkeitsrechts oder der persönlichen Ehre

---

1604 *Weiß-Niedermaier-Summer-Zängl/Summer*, Art. 86 BayBG, Erl. 11d; *Wolff-Bachhof-Stober*, Verwaltungsrecht II^5, § 116, Rz. 12; *Löwer*, JA 1975, 689 (692); *Maurer*, Allgemeines Verwaltungsrecht^{14}, § 26, Rz. 44; *Detterbeck-Windthorst-Sproll*, Staatshaftungsrecht, § 11, Rz. 10; *Ossenbühl*, Staatshaftungsrecht^5, S. 110.

1605 *Wolff-Bachhof-Stober*, Verwaltungsrecht II^5, § 116, Rz. 12; BGHZ (GS), 34, 99 (101 ff.).

1606 GKÖD/*Fürst*, § 79 BBG, Rz. 58.

1607 BGHZ (GS) 34, 99 (104 f.); *Maurer*, Allgemeines Verwaltungsrecht^{14}, § 26, Rz. 44.

1608 *Stern*, Verwaltungsprozessuale Probleme^8, Rz. 246.

1609 Die Grundlagen zu dieser Rechtsprechung wurden u.a. in BGHZ 26, 349 ff. („Herrenreiter"); 30, 7 ff. gelegt. Die Leitentscheidung mit der unverändert gültigen rechtlichen Begründung ist BGHZ 35, 363 ff. („Ginsengwurzel"). Weitere Entscheidungen sind BGHZ 39, 124 (130 ff.); 78, 274 (279); 90, 113 ff.; 95, 212 (214 f.).

1610 BVerfGE 34, 269 (285 ff.) („Soraya").

1611 *Plog-Wiedow-Beck-Lemhöfer*, § 79 BBG, Rz. 26; GKÖD/*Fürst*, § 79 BBG, Rz. 58; *Battis*^{3}, § 79 BBG, Rz. 24; *Mackeprang*, Ehrenschutz im Verfassungsstaat, S. 58 f.; *Stark*, Ehrenschutz in Deutschland, S. 170; *Siebrecht*, JuS 2001, 337 (340).

1612 Vgl. z.B. *Medicus*, Bürgerliches Recht^{19}, Rz. 615.

1613 Vgl. u.a. *Ossenbühl*, Staatshaftungsrecht^5, S. 111.

jedoch nur dann in Betracht, wenn die Schwere der (Ehr-)Verletzung oder des Verschuldens eine solche Genugtuung erfordern und sich die erlittene Beeinträchtigung bzw. die entstandenen Nachteile nicht in anderer Weise befriedigend ausgleichen lassen[1614].

Die materielle Begründung für die Gewährung eines Schmerzensgelds bei schuldhafter Verletzung des ideellen und immateriellen Rechtsguts der Ehre liegt darin, daß zur Zeit der Entstehung des Bürgerlichen Gesetzbuchs der hohe Wert des Rechtsschutzes der menschlichen Persönlichkeit und ihrer Eigensphäre noch nicht die Anerkennung der Rechtsordnung erfahren hatte, die ihm nach Art. 1 Abs. 1 und Art. 2 Abs. 1 GG zukommt. Die unter dem Einfluß der Wertentscheidung des Grundgesetzes erfolgte Ausbildung des zivilrechtlichen Persönlichkeitsschutzes wäre aber lückenhaft und unzureichend, wenn eine Verletzung des allgemeinen Persönlichkeitsrechts keine der ideellen Beeinträchtigung adäquate Sanktion auslösen würde. Das Wertsystem des Grundgesetzes erklärt es im Art. 1 Abs. 1 GG als vordringliche Verpflichtung der staatlichen Gewalt, die unantastbare Würde des Menschen zu schützen. Im Art. 2 Abs. 1 GG stellt es das Recht des Menschen auf freie Entfaltung seiner Persönlichkeit an die Spitze der Grundrechte. Würde der Deliktschutz des im geistigen Bereich hinter den Schutz der in Art. 2 Abs. 2 GG genannten besonderen Persönlichkeitsgüter zurücktreten, die Ausfluß des Persönlichkeitsrechts sind, so hätte das Zivilrecht die Wertentscheidung des Grundgesetzes unbeachtet gelassen. Die Ausschaltung des immateriellen Schadensersatzes im Persönlichkeitsschutz würde bedeuten, daß Verletzungen der Würde und Ehre des Menschen ohne eine Sanktion durch die Zivilrechtsordnung blieben, in der zum Ausdruck kommt, daß wesentliche Werte gestört sind und daß der Störer dem Betroffenen für das ihm angetane Unrecht eine Genugtuung in Geld schuldet[1615]. Daher wird nach neuerer Rechtsprechung als Grundlage der Geldentschädigung auch direkt das allgemeine Persönlichkeits(grund)recht gemäß Art. 2 Abs. 1 i.V.m. Art. 1 Abs. 1 GG herangezogen, das zur Erfüllung der staatlichen Schutzpflicht die Gewährung eines Schmerzensgelds zum Ausgleich immaterieller Schäden verlangt[1616].

Die Gewährung eines Anspruchs auf Geldersatz wegen eines immateriellen Schadens setzt nun – knapp zusammengefaßt – ein unabwendbares Bedürfnis für die Zahlung des Schmerzensgeldes voraus[1617]. Dies setzt zunächst einmal voraus, daß – in Abhängigkeit von den Umständen des Einzelfalls – die eingetretene Ehrverletzung sich als schwer erweist. Hierbei sind Art, Bedeutung und Tragweite[1618] der zugefügten Verletzung, der Grad des Verschuldens beim Ehrverletzer sowie Anlaß und Beweggründe für dessen Handeln zu berücksichtigen[1619]. Die Intensität des ehrverletzenden Eingriffs hängt auch von der betroffenen Persönlichkeitssphäre ab[1620], von erheblichem Gewicht sind dabei

---

1614 Siehe jüngst BGHZ 132, 13 (27); BGH, NJW 1997, 1371 (1374); NJW 1995, 985 (986); *Wind-Schimana-Wichmann-Langer*, Öffentliches Dienstrecht[5], Rz. 271.

1615 BGHZ 35, 363 (367 f.); 39, 124 (131 f.).

1616 BGH, NJW 1996, 984 (985); *Palandt/Sprau*[63], § 823 BGB, Rz. 124; *Palandt/Heinrichs*[63], § 253 BGB, Rz. 10; MüKo/*Rixecker*[4], § 12 BGB Anh., Rz. 209.

1617 Vgl. u.a. BGH, ZBR 1972, 86; ZBR 1977, 106 f.; LG Oldenburg, NJW-RR 1995, 1427.

1618 Es ist festzustellen, ob ein einmaliges Verhalten, eine nachhaltige oder eine fortdauernde Ehrverletzung beim Betroffenen eingetreten ist.

1619 Vgl. u.a. BGH, NJW 1997, 1371 (1374); NJW 1996, 1131 (1134); BGHZ 132, 13 (27); 95, 212 (215), st. Rspr.

1620 BGHZ 128, 1 ff.; *Palandt/Sprau*[63], § 823 BGB, Rz. 124.

Verletzungen der Intimssphäre oder des Sexuallebens des Betroffenen. Die notwendige Eingriffsschwere ist auch gegeben, wenn der Betroffene „in die Nähe verbrecherischer oder jedenfalls moralisch anrüchiger Machenschaften gerückt wird.“[1621] Ebenso ist zu berücksichtigen, ob und in welchem Umfang die Ehrverletzung öffentlichkeitswirksam geworden ist. Je gewichtiger im Einzelfall die objektive Ehrverletzung ist, desto eher spricht eine tatsächliche Vermutung für ein schweres Verschulden des Ehrverletzers und umgekehrt[1622]. Sofern die eingetretene Amtspflichtverletzung zugleich eine Fürsorgepflichtverletzung enthält, aber nach Art und Umfang nicht über diese Pflicht hinausgeht, vermag deren Verletzung eine Geldentschädigung wegen Verletzung des Persönlichkeitsrechts in der Regel nicht zu begründen, da es an der notwendigen Eingriffsschwere mangelt[1623]. Eine ungünstige dienstliche Beurteilung eines Beamten gibt grundsätzlich keinen Anspruch auf Schmerzensgeld[1624]. In der öffentlichen Rüge eines Beamten durch den Dienstvorgesetzten kann je nach den Umständen eine schwere Beeinträchtigung liegen[1625]. Die Schwere der Ehrverletzung kann aber auch bei ehrverletzenden Tatsachenbehauptungen gegeben sein, bei denen hinsichtlich der Wahrheitsfrage ein non-liquet vorliegt, wobei bei der Gewichtung die offen bleibende Möglichkeit zu berücksichtigen ist, daß die inkriminierte Behauptung wahr sein kann[1626]. Des weiteren wird für die Zahlung einer Geldentschädigung verlangt, daß die Ehrverletzung nicht auf andere Weise hinreichend ausgeglichen werden kann, wofür aber je nach Sachlage eine Unterlassungsverpflichtung, ein Widerruf, eine Gegendarstellung oder der Ersatz des materiellen Schadens angemessene und geeignete Mittel darstellen können[1627]. Wenn allerdings diese Ansprüche – unabhängig davon, ob sie eingeklagt oder gar zuerkannt wurden – nicht geeignet sind, der schwerwiegenden Ehrverletzung hinreichend zu begegnen, schließt die sog. Subsidiaritätsklausel den Geldentschädigungsanspruch nicht aus[1628].

Die Höhe der Geldentschädigung ist gesetzlich nicht festgelegt, sie läßt sich nur anhand der konkreten Umstände des Einzelfalls bestimmen. Als Bemessungsfaktoren für die Höhe der Geldentschädigung wurden zunächst die Ausgleichs- und die Genugtuungsfunktion herangezogen[1629], wobei letztere im Vordergrund steht, da ein Ausgleich immaterieller Schäden kaum möglich ist[1630]. Im Rahmen der Genugtuungsfunktion wurde der Grad des Verschuldens und die Schwere der Ehrverletzung berücksichtigt[1631]. In der jüngeren Rechtsprechung wurde verstärkt der Präventionsgedanke miteinbezogen, wobei vor allem die Intentionen des Störers, eine etwaige Wiederholungsgefahr oder Gewinnerzielungsab-

---

1621 MüKo/*Rixecker*[4], § 12 BGB Anh., Rz. 215.

1622 *Stark*, Ehrenschutz in Deutschland, S. 171.

1623 *Strunk*, Beamtenrecht[3], Rz. 233.

1624 BGH, MDR 1972, 305; *Palandt/Sprau*[63], § 823 BGB, Rz. 124.

1625 BGH, DÖD 1977, 16 ff. = MDR 1977, 206 ff. Im konkreten Fall wurde allerdings die Geldentschädigung abgelehnt.

1626 BGHZ 132, 13 (27); 95, 212 (215); *Palandt/Sprau*[63], § 823 BGB, Rz. 124.

1627 BGH, GRUR 1971, 529 (531); NJW 1970, 1077 ff.; 1971, 698 ff.; NJW 1985, 1617 (1619 ff.); MüKo/*Rixecker*[4], § 12 BGB Anh., Rz. 220.

1628 BGHZ 132, 13 (29); *Stark*, Ehrenschutz in Deutschland, S. 172 f.

1629 BGHZ 35, 363 (368); 39, 124 (130).

1630 MüKo/*Rixecker*[4], § 12 BGB Anh., Rz. 211.

1631 *Siebrecht*, JuS 2001, 337 (340); *Stark*, Ehrenschutz in Deutschland, S. 173 ff.

sichten berücksichtigt werden. Die Geldentschädigung soll gerade bei Massenmedien eine „fühlbare Einbuße" darstellen, die einen Hemmeffekt für die Zukunft entfalten soll[1632].

In der Praxis wurde eine Geldentschädigung in Höhe von 15.000 DM für die Bezeichnung eines hohen Verwaltungsbeamten als „allergrößte Pfeife" gewährt[1633]. Für den Vorwurf an einen leitenden Polizeibeamten in einem Buch, daß er für einen Bordellbesitzer gearbeitet habe, wurde eine Geldentschädigung für den Ersatz des immateriellen Schadens in Höhe von 30.000 DM als angemessen betrachtet[1634]. Den vorstehend dargelegten engen Voraussetzungen genügend wurde jüngst erstmals in der Rechtsprechung einem Betroffenen, der zum „Mobbing-Opfer" seines Vorgesetzten wurde, als Ausgleich für eine massive Verletzung der persönlichen Ehre und des beruflichen Selbstverständnisses ein Schmerzensgeld in Höhe von 15.000 DM zugesprochen[1635]. Insgesamt zeigt sich jedoch an diesen Beispielen die inhärente Tendenz der Rechtsprechung, Voraussetzungen und Höhe der Geldentschädigung gering zu halten, um einer befürchteten Kommerzialisierung des Rechts der persönlichen Ehre entgegenzuwirken.

IV. Gerichtliche Durchsetzung

Für den Amtshaftungsanspruch ist der Rechtweg zu den Zivilgerichten (§ 13 GVG) entweder gemäß Art. 34 S. 3 GG i.V.m. § 40 Abs. 1 S. 1 VwGO[1636] oder aufgrund des § 40 Abs. 2 S. 1, 3. Var. VwGO[1637] eröffnet. Unabhängig vom jeweiligen Streitwert sind hierfür stets die Landgerichte in erster Instanz sachlich zuständig (§ 71 Abs. 2 Nr. 2 GVG). Die örtliche Zuständigkeit richtet sich nach den allgemeinen Regelungen der §§ 12 ff. ZPO, insbesondere §§ 18-19 ZPO. Im Unterschied zum verwaltungsgerichtlichen Verfahren erster Instanz gilt für den Amtshaftungsprozeß Anwaltszwang gemäß § 78 ZPO. Die Amtshaftungsklage bedarf keines vorherigen Antrags an den Dienstherrn oder eines Vorverfahrens, da gerade keine öffentlich-rechtliche Streitigkeit (§ 40 Abs. 1 VwGO) bzw. eine Klage aus dem Beamtenverhältnis (vgl. § 126 Abs. 1 BRRG)[1638] vorliegt. Statthafte Klageart für den Amtshaftungsanspruch ist die allgemeine Leistungsklage.

V. Materielle Beweislastverteilung

Gemäß den allgemeinen Beweislastregelungen muß der klagende Amtswalter alle für die anspruchsbegründenden Tatbestandsmerkmale relevanten Tatsachen beweisen, insbesondere trägt er für das Verschulden des Dienstherrn die volle materielle Beweislast.

1632 BGH, NJW 1996, 984 (985); NJW 1997, 1148 (1150); MüKo/*Rixecker*[4], § 12 BGB Anh., Rz. 213 und Rz. 219.

1633 LG Oldenburg, NJW-RR 1995, 1427 f.

1634 BGHZ 132, 13 (27).

1635 LAG Mainz, ZIP 2001, 2298 = NZA-RR 2001, 347 ff. = AuR 2002, 224 ff. Die Revision zum BAG wurde zugelassen. In dem Fall wurde der betroffene Mitarbeiter „systematisch kaltgestellt" und mit „schikanösen" und „erniedrigenden" Anweisungen traktiert.

1636 BVerwGE 13, 17 (25 ff.); 18, 181 (183); 22, 45 ff.; 37, 231 ff.; 67, 222 (226); *Kopp-Schenke*[13], § 40 VwGO, Rz. 70.

1637 *Stern*, Verwaltungsprozessuale Probleme[8], Rz. 148; *Detterbeck-Windthorst-Sproll*, Staatshaftungsrecht, § 11, Rz. 17.

1638 *Wertenbruch*, JuS 1963, 180 (181); *Wind*, ZBR 1984, 167 (169).

Die Beweiserleichterung gemäß § 280 Abs. 1 S. 2 BGB n.F. / § 282 BGB a.F. greift hier nicht zu seinen Gunsten ein. Im Falle der Fahrlässigkeit muß der Kläger darüber hinaus, um eine Haftung des Dienstherrn zu begründen, darlegen, daß keine anderweitige Ersatzmöglichkeit besteht (§ 839 Abs. 1 S. 2 BGB).

VI. Materiell-rechtliche Konkurrenzen

Wie bereits dargestellt[1639] steht der Amtshaftungsanspruch, soweit nicht entweder Naturalrestitution oder eine Entschädigung für einen immateriellen Schaden begehrt wird, in materiell-rechtlicher Konkurrenz zum Schadensersatzanspruch wegen Fürsorgepflichtverletzung[1640]. Aufgrund des unterschiedlichen Rechtsfolgenausspruchs besteht allerdings keine Konkurrenzsituation, sondern ein Exklusivitätsverhältnis zum (verschuldensunabhängigen) Folgenbeseitigungsanspruch[1641].

E. Schadensersatzanspruch gemäß § 823 Abs. 2 BGB i.V.m. der Fürsorgepflicht

Schließlich könnte der betroffene Amtswalter einen Schadensersatzanspruch gemäß § 823 Abs. 2 BGB i.V.m. § 79 BBG, § 48 BRRG haben, wenn die genannten Fürsorgepflichtnormen ein Schutzgesetz im Sinne von § 823 Abs. 2 BGB darstellen würden. Diese Frage stellt sich vor allem unter Hinweis auf § 618 BGB als eine der rechtlichen Grundlagen der Fürsorgepflicht des Dienstherrn, für deren Begründung das Reichsgericht[1642] mangels einer den § 79 BBG, § 48 BRRG entsprechenden Spezialvorschrift früher den § 618 BGB dem Rechtsgedanken nach herangezogen hat, denn auch heute noch ist bei dieser Norm der Schutzgesetzcharakter i.S.v. § 823 Abs. 2 BGB umstritten[1643].

Zu dieser Fragestellung wird in der beamtenrechtlichen Kommentarliteratur überwiegend geschwiegen[1644], obwohl bei Zugrundelegung der allgemeinen Definition eines Schutzgesetzes die Anwendbarkeit von § 823 Abs. 2 BGB auf die Fürsorgepflichtnormen nicht ganz fern liegt. Ein Schutzgesetz ist eine Rechtsnorm, die, sei es auch neben dem Schutz anderer Rechtsgüter oder der Allgemeinheit, gerade dazu dienen soll, den einzelnen gegen die Verletzung eines Rechtsguts zu schützen, wobei es nicht auf die Schutzwirkung, sondern auf den Sinn und Zweck der Norm nach der Intention des Gesetzgebers bei deren Erlaß ankommt, so daß die Schaffung eines individuellen Schadensersatzanspruchs bei schuldhafter Normverletzung erkennbar vom Gesetzgeber erstrebt worden sein muß[1645].

1639 Siehe insofern die Ausführungen auf S. 274 und S. 292 dieser Untersuchung.

1640 *Ossenbühl*, Staatshaftungsrecht[5], S. 118.

1641 *Detterbeck-Windthorst-Sproll*, Staatshaftungsrecht, § 11, Rz. 31 f.

1642 Siehe hierzu die Ausführungen auf S. 11 dieser Untersuchung.

1643 *Palandt/Putzo*[63], § 618 BGB, Rz. 8; *Palandt/Sprau*[63], § 823 BGB, Rz. 61. Die herrschende Meinung lehnt dies aber ab, *Erman/Hanau*[10], § 618 BGB, Rz. 20; ErfK/*Wank*[4], § 618 BGB, Rz. 38; *Kort*, NZA 1996, 854 (855). a.A. *Schaub*, Arbeitsrechts-Handbuch[10], § 108, Rz. 24.

1644 So wird in den Standardkommentaren zum Beamtenrecht § 823 Abs. 2 BGB als mögliche Anspruchsgrundlage für einen Schadensersatzanspruch schlichtweg nicht erwähnt, vgl. GKÖD/*Fürst*, § 79 BBG, Rz. 54 ff.; *Plog-Wiedow-Beck-Lemhöfer*, § 79 BBG, Rz. 25 ff.

1645 *Palandt/Sprau*[63], § 823 BGB, Rz. 56 f.

Wie bereits dargestellt soll die beamtenrechtliche Fürsorgepflicht ganz allgemein Schäden von sämtlichen Rechtgütern des Beamten, so auch von seinem Recht der persönlichen Ehre abwenden, was auch dem Normzweck entspricht, so daß der Schutzgesetzcharakter zunächst nicht ernsthaft abgesprochen werden kann[1646]. Hinzu kommt, daß nach § 618 Abs. 3 BGB sogar Vorschriften des Deliktsrechts (§§ 842-846 BGB) für anwendbar erklärt werden, womit gleichzeitig erkennbar ist, daß ein Schmerzensgeld gemäß § 847 BGB a.F. hiernach nicht gewährt werden soll. Der Ausschluß eines Schmerzensgelds auf der Rechtsfolgenseite, mit Ausnahme bei der Amtshaftung, gilt nach allgemeiner Auffassung auch für die beamtenrechtliche Fürsorgepflicht. Würde nun aber deren Schutzgesetzcharakter angenommen, würde über den Umweg des § 823 Abs. 2 BGB eine Haftungserweiterung vorgenommen werden, da dann die Gewährung eines Schmerzensgelds jedenfalls dem Grunde nach nicht mehr versagt werden könnte. Dies dürfte nicht dem erkennbaren Willen des Gesetzgebers entsprechen, selbst wenn, wie aus der Amtshaftung (Art. 34 S. 1 GG i.V.m. § 839 BGB) zu erkennen ist, die schuldhafte Verletzung der Fürsorgepflicht eine selbständige unerlaubte Handlung darstellt.

Unabhängig davon, ob der Schutzgesetzcharakter mit der herrschende Meinung wegen der befürchteten Haftungserweiterung verneint wird[1647], oder ob dieses Argument mit der Mindermeinung als unzulässige Zweckmäßigkeitserwägung angesehen wird, die den prinzipiell gegebenen Schutzgesetzcharakter nicht ausschließen könne[1648], sprechen schon grundsätzliche Erwägungen für einen prinzipiellen Ausschluß der Anwendbarkeit von § 823 BGB bei einer Fürsorgepflichtverletzung. Beim bereits dargestellten Schadensersatzanspruch wegen Fürsorgepflichtverletzung wurde das Beamtenrechtsverhältnis als ein vertragsähnliches, quasi-vertragliches oder öffentlich-rechtliches Rechtsverhältnis, aber auch als verwaltungsrechtliches Schuldverhältnis bezeichnet. Diese gedankliche Analogie rückt das Beamtenrechtsverhältnis vom Rechtsgrund her in eine Vertragsnähe, um die dauerhafte, zweiseitige Verbindung zwischen Dienstherrn und Beamten herauszustellen, so daß eine besondere, relative Pflichtenbeziehung begründet ist. Damit soll aber im wesentlichen klargestellt werden, daß quasivertraglich gleichbedeutend mit nichtdeliktisch ist, so daß die §§ 823 ff. BGB, die absolute und gegenüber jedermann zu beachtende Pflichten schützt, schon grundsätzlich nicht anwendbar sind[1649], da vorrangige „vertragliche" Regelungen bestehen, die durch das Deliktsrecht nicht umgangen werden dürfen. Die Amtshaftung kann nicht als Argument für die Anwendbarkeit des § 823 BGB und damit des Deliktsrechts herangezogen werden, da der Haftungsgrund bei § 839 BGB (i.V.m. Art. 34 S. 1 GG) – trotz der Verortung im zivilrechtlichen Deliktsrecht – vom Haftungsgrund des § 823 BGB vollkommen verschieden ist und in einer Haftung des Staates kraft Rechtsstaatsprinzip (Art. 20 Abs. 3 GG) für hoheitliches Unrecht besteht[1650]. Somit ist schon aus grundsätzlichen dogmatischen Erwägungen im Ergebnis ein Schadensersatzanspruch gemäß § 823 Abs. 2 BGB i.V.m. der Fürsorgepflicht abzulehnen.

1646 *Weimar*, DÖD 1965, 181 (182).

1647 *Erman/Hanau*[10], § 618 BGB, Rz. 20; ErfK/*Wank*[4], § 618 BGB, Rz. 38.

1648 *Weimar*, DÖD 1965, 181 (182).

1649 *Weiß-Niedermaier-Summer-Zängl/Summer*, Art. 86 BayBG, Erl. 11c; *Ossenbühl*, Staatshaftungsrecht[5], S. 339 f.

1650 *Maurer*, Allgemeines Verwaltungsrecht[14], § 26, Rz. 6.

F. Zusammenfassende Gesamtschau der Sekundäransprüche

In der folgenden zusammenfassenden Gesamtschau der dargestellten Sekundäransprüche (Schadensersatzanspruch wegen Fürsorgepflichtverletzung und Amtshaftungsanspruch) gilt es, die materiell- und verfahrensrechtlichen Gemeinsamkeiten und Unterschiede dieser Ansprüche herauszuarbeiten, um unter Beachtung von Zweckmäßigkeitserwägungen und der Rechtswegspaltung im Lichte der §§ 17, 17a GVG deren gerichtliche Geltendmachung und Durchsetzung für den betroffenen Amtswalter möglichst effektiv zu gestalten, damit es zukünftig gar nicht erst zu Fürsorgepflichtverletzungen durch die Dienstherren kommt.

I. Materiell- und verfahrensrechtliche Gemeinsamkeiten und Unterschiede sowie Zweckmäßigkeitserwägungen für die gerichtliche Geltendmachung

Grundsätzlich gesehen stellt die Vielzahl der dargestellten Sekundäransprüche für den Anspruchsinhaber eine günstige prozessuale Ausgangssituation dar, da eben mehrere materiell-rechtliche Anspruchsgrundlagen in – isoliert betrachtet – unterschiedlichen Rechtswegen verfolgt werden können. Insbesondere beim Schadensersatz besteht ein doppelter Haftungsrund und damit eine Zweispurigkeit im Rechtsweg[1651]. Es zeigen sich jedoch erhebliche materiell- und verfahrensrechtliche Unterschiede, die unter Zweckmäßigkeitserwägungen im Ergebnis gegen den Amtshaftungsanspruch sprechen, auch wenn beispielsweise mit beiden Anspruchsgrundlagen der Ersatz sowohl des materiellen als auch des immateriellen Schadens (§ 253 Abs. 2 BGB n.F.) begehrt werden kann.

Gegen die Geltendmachung des Amtshaftungsanspruchs in der Praxis und für den Schadensersatzanspruch wegen Fürsorgepflichtverletzung spricht vor allem, daß im Verwaltungsprozeß der sog. Amtsermittlungsgrundsatz (§ 86 Abs. 1 VwGO) gilt. Darüber hinaus ist die dreijährige Verjährungsfrist des § 195 BGB n.F. / § 852 BGB a.F. wesentlich kürzer als beim Schadensersatzanspruch aufgrund Fürsorgepflichtverletzung, die Beweisregelung gemäß § 280 Abs. 1 S. 2 BGB n.F. / § 282 BGB a.F. greift nicht ein, und der Schadensersatzanspruch wegen Fürsorgepflichtverletzung ist wegen des fehlenden Anwaltszwangs wesentlich kostengünstiger für den Beamten durchsetzbar. Außerdem greifen im Unterschied zur Amtshaftung die Vorschriften des § 839 Abs. 1 S. 2, Abs. 3 BGB nicht ein. Schließlich ist der Amtshaftungsanspruch nur auf Geldersatz und nicht auf Naturalrestitution gerichtet. Aufgrund der praktischen Schwierigkeiten des Amtshaftungsanspruchs entfällt leider auch der an sich gegebene Vorteil zugunsten des Beamten, daß der Dienstherrn über die Regreßmöglichkeit gegen den pflichtwidrig der Fürsorgepflicht nicht nachkommenden Amtswalter die Möglichkeit hat, für eine verstärkte Garantie der ordnungsgemäßen Erfüllung der Fürsorgepflicht durch diesen zu sorgen[1652].

II. Die Rechtswegspaltung im Lichte der §§ 17, 17a GVG

Wie bereits dargestellt kann der beamtenrechtliche Schadensersatzanspruch wegen Fürsorgepflichtverletzung mit dem deliktischen Amtshaftungsanspruch gemäß Art. 34 S. 1 GG

[1651] *Ossenbühl*, Staatshaftungsrecht^5, S. 348.

[1652] Vgl. *Lecheler*, ZBR 1972, 129 (131).

i.V.m. § 839 BGB konkurrieren. Der Amtshaftungsanspruch muß nach der abdrängenden Sonderzuweisung des Art. 34 S. 3 GG i.V.m. § 13 GVG zwingend vor den ordentlichen Gerichten verfolgt werden, während der beamtenrechtliche Schadensersatzanspruch wegen Fürsorgepflichtverletzung zur Zuständigkeit der Verwaltungsgerichte gehört (§ 40 Abs. 2 S. 2 VwGO i.V.m. § 126 Abs. 1 BRRG)

Um eine Rechtswegspaltung zu vermeiden, bestimmt an sich § 17 Abs. 2 S. 1 GVG, daß ein Gericht, wenn es über eine Anspruchsgrundlage entscheiden könnte, auch die Kompetenz hat, eine Entscheidung über einen rechtswegfremden konkurrierenden Anspruch zu treffen, da es den Rechtsstreit unter allen rechtlichen und tatsächlichen Gesichtspunkten zu prüfen hat. Die Rechtswegkonzentration und umfassende Entscheidungskompetenz findet aber ihre Grenze in § 17 Abs. 2 S. 2 GVG. Eine Rechtswegzuweisung, die verfassungsrechtlichen Rang hat, wie z.B. Art. 34 S. 3 GG beim Amthaftungsanspruch, kann durch eine einfachgesetzliche Vorschrift wie § 17 Abs. 1 S. 1 GVG nicht überwunden werden, so daß auch ein etwaiger Rechtsweg des Sachzusammenhangs nicht anerkannt werden kann[1653]. So muß das Verwaltungsgericht, wenn bei ihm ein ausschließlich auf der Amtshaftung beruhender Anspruch eingeklagt werden würde, den Rechtsstreit gemäß § 17a Abs. 2 S. 1, Abs. 3 GVG durch (Vorab-)Beschluß an das örtlich zuständige Landgericht (vgl. § 71 Abs. 2 GVG) verweisen, da der Anspruch ausschließlich zur Zuständigkeit der ordentlichen Gerichtsbarkeit zählt.

Wenn nun der Beamte „wegen der Pflichtverletzung seines Dienstherrn“ den Verwaltungsrechtsweg beschreitet, bei dem in erster Instanz gemäß § 67 VwGO kein Anwaltszwang gilt, und auf Schadensersatz klagt, stellt sich die Frage, wie mit diesem bezüglich der Anspruchsgrundlage unpräzisen Antrag zu verfahren ist. Es liegt dann nur ein Antrag, basierend auf zwei möglichen konkurrierenden Anspruchsgrundlagen mit unterschiedlichen Rechtswegen, vor. Der zugrundeliegende Lebenssachverhalt, die Fürsorgepflichtverletzung des Dienstherrn ist ebenfalls identisch, so daß nach allgemeiner Auffassung nur ein einziger Streitgegenstand vorliegt und erst recht kein Fall der objektiven Klagehäufung gegeben ist[1654]. Hierbei könnte zwar theoretisch eine auf die einzelne Anspruchsgrundlage bezogene Verweisung erfolgen, also bezüglich des Amtshaftungsanspruch an das zuständige Landgericht, bei dem Anwaltszwang herrscht, oder es könnte das Verwaltungsgericht unter Beschränkung auf die beamtenrechtlichen Ansprüche (§ 17 Abs. 2 S. 2 GVG) entscheiden, so daß die Amtshaftung außer Acht bleibt[1655]. Für letzteres spricht, daß die Verweisung immer nur den gesamten Streitgegenstand betrifft. Ist der Rechtsweg zu dem zunächst angerufenen Gericht hinsichtlich eines der konkurrierenden Anspruchsgrundlagen zulässig, und nur hinsichtlich einzelner Klagegründe unzulässig, so scheidet eine Verweisung an das für die anderen Anspruchsgrundlagen zuständige Gericht gemäß § 17a Abs. 2 S. 1 GVG aus. Eine solche Verweisung widerspricht dem Zweck dieser Vorschriften, die den Sinn haben, dem Kläger, der irrtümlich den (teilweise) unzulässigen Rechtsweg beschreitet, ohne Verzögerung zu einer Sachentscheidung des zuständigen Gerichts zu verhelfen[1656]. Außerdem können durch §§ 17, 17a GVG die verfassungsrecht-

1653 Vgl. *Hufen*, Verwaltungsprozeßrecht[5], § 11, Rz. 99.

1654 Vgl. *Kopp-Schenke*[13], § 41 VwGO, Rz. 5.

1655 *Stern*, Verwaltungsprozessuale Probleme[8], Rz. 169.

1656 Vgl. OVG Hamburg, NordÖR 1988, 155 (156).

lichen Vorgaben des Art. 34 S. 3 GG nicht durchbrochen werden (Normvorrang). Bezogen auf den Streitgegenstand entscheidet somit das Verwaltungsgericht nur über die Ansprüche aus dem Beamtenverhältnis. Der Anspruch aus Amtshaftung ist hingegen nicht Gegenstand des Verfahrens, so daß das Verwaltungsgericht hierüber auch nicht entscheiden darf[1657]. Insoweit findet daher auch keine Verweisung, aber auch keine Entscheidung statt, so daß dieser Anspruch zulässigerweise noch vor dem zuständigen Zivilgericht eingeklagt werden kann[1658]. Anders ist es hingegen, wenn beim Verwaltungsgericht zwei prozessuale Streitgegenstände eingeklagt werden, z.B. der Schadensersatzanspruch aus Fürsorgepflichtverletzung im Hauptantrag und der Amtshaftungsanspruch im Hilfsantrag. Wenn der Hauptantrag abgewiesen wird, muß das Verwaltungsgericht den Hilfsantrag mangels Rechtswegeröffnung an das zuständige Landgericht verweisen (§ 17a Abs. 2 S. 1 GVG)[1659].

Die zur Ausgangskonstellation umgekehrte Situation, wenn also der Beamte „wegen der Pflichtverletzung seines Dienstherrn" den Zivilrechtsweg beschreitet und wiederum nur einen Streitgegenstand einklagt, ist hingegen anders zu beurteilen. Hier greift der Vorbehalt nicht, so daß wegen § 17 Abs. 2 S. 1 GVG das Zivilgericht, wenn es sich mit einer solchen Klage befaßt, über alle Anspruchsgrundlagen und auch über den neben der Amtshaftung oft parallel gegebenen Schadensersatzanspruch aus Fürsorgepflichtverletzung zu entscheiden hat[1660], so daß einer anschließenden Klage im Verwaltungsrechtsweg die anderweitige Rechtshängigkeit bzw. die Rechtkraft einer Entscheidung in gleicher Sache entgegensteht. Dieser Weg erscheint zwar vordergründig als günstiger, kann aber im Ergebnis bei Klagen wegen Fürsorgepflichtverletzungen nicht als zweckmäßig angesehen werden. Im Zivilrechtsweg herrscht in dieser Konstellation Anwaltszwang, denn es ist ein landgerichtliches, erstinstanzliches Verfahren (§ 71 GVG), bei dem im Unterschied zum verwaltungsgerichtlichen Verfahren nicht der Amtsermittlungs-, sondern der Beibringungsgrundsatz gilt, so daß der Beamte, der sämtliche Klagegründe „wegen der Pflichtverletzung" im Zivilrechtsweg einklagt, erhebliche prozessuale Nachteile erleiden würde.

G. Exkurs: Vergleich zu den entsprechenden Ansprüchen der Angestellten und Arbeiter im öffentlichen Dienst

Bei Fürsorgepflichtverletzung, die zu einer Ehrverletzung geführt hat, stehen den betroffenen Angestellten und Arbeitern im öffentlichen Dienst zunächst quasivertragliche, negatorische und deliktische Ansprüche zu. „Gerade auf arbeitsrechtlichem Gebiet kommt dem zivilrechtlichen Ehrenschutz besondere Bedeutung zu."[1661] Daneben können sie auch die Ansprüche geltend machen, die jedem Bürger bei hoheitlichen Ehrverletzungen zustehen, das Arbeitsrecht verdrängt insofern nicht das allgemeine Staatshaftungsrecht.

Sofern der öffentliche Arbeitgeber gegenüber seinen Angestellten und Arbeitern im öffentlichen Dienst seiner allgemeinen Fürsorgepflicht (§ 242 BGB) als vertraglicher

---

1657 *Stern*, Verwaltungsprozessuale Probleme[8], Rz. 181 a.E.

1658 *Thomas-Putzo*[25], § 17 GVG, Rz. 11; *Kopp-Schenke*[13], § 41 VwGO, Rz. 6.

1659 *Kopp-Schenke*[13], § 41 VwGO, Rz. 4.

1660 *Kopp-Schenke*[13], § 40 VwGO, Rz. 74 und § 41 VwGO, Rz. 4.

1661 *Galperin*, DB 1963, 1321 m.w.N. zu den Rechtsschutzmöglichkeiten des Arbeitnehmers bei Ehrverletzungen.

Nebenpflicht schuldhaft i.S.v. § 276 BGB nicht nachgekommen ist, besteht wegen Verletzung dieser vertraglichen Pflicht ein Schadensersatzanspruch aufgrund der sog. positiven Vertragsverletzung (pVV) bzw. positiven Forderungsverletzung (pFV), sofern dem Arbeitnehmer durch die Pflichtverletzung ein adäquat-kausal verursachter materieller Schaden bezogen auf das Rechtsgut der persönlichen Ehre entstanden ist[1662]. Dieses Rechtsinstitut wurde ursprünglich in Analogie zu §§ 280, 286, 325, 326 BGB a.F. entwickelt und ist nunmehr in §§ 280 Abs. 1, 282 BGB n.F. positiv-rechtlich normiert[1663]. Soweit sich der öffentliche Arbeitgeber eines Erfüllungsgehilfen (Vorgesetzter) bedient hat oder Organe (Betriebsrat) gehandelt haben, hat er für deren Verschulden wie für eigenes Verschulden einzustehen (§§ 89 Abs. 1, 278 BGB). Ob Arbeitskollegen des Betroffenen, die Ehrverletzungen begangen haben, als Erfüllungsgehilfen des Arbeitgebers anzusehen sind, hängt vom Einzelfall ab[1664]. Gegebenenfalls muß überprüft werden, inwieweit dem Arbeitgeber ein (eigenes) Organisationsverschulden oder mangelnde Kontrolle vorgeworfen werden kann. Der Umfang dieses quasivertraglichen Schadensersatzanspruchs richtet sich im allgemeinen nach §§ 249 ff. BGB, bei Verletzung der in § 618 BGB geregelten Pflichten richtet er sich wegen § 618 Abs. 3 BGB nach den §§ 842-846 BGB. Eine Entschädigung für einen immateriellen Schaden kann aufgrund dieser Anspruchsnorm übereinstimmend nicht gewährt werden. Konkurrenzen bestehen zu den nachfolgenden deliktischen Ansprüchen.

Bei lediglich objektiv rechtswidrigen Eingriffen durch den öffentlichen Arbeitgeber in das allgemeine Persönlichkeitsrecht, sub specie des Rechts der persönlichen Ehre, besteht hinsichtlich einer drohenden Verletzung, die eine Erstbegehungs- oder Wiederholungsgefahr voraussetzt, durch ehrverletzende Handlungen und Äußerungen ein zivilrechtlicher (präventiver) Unterlassungsanspruch[1665] gemäß §§ 12 S. 2, 862 Abs. 1 S. 2, 1004 Abs. 1 S. 2 BGB analog. Bei einer bereits eingetretenen Ehrverletzung besteht ein quasinegatorischer Anspruch auf Beseitigung der fortwirkenden Beeinträchtigungen und auf Unterlassen weiterer Eingriffe gemäß §§ 823 Abs. 1, 12, 862, 1004 Abs. 1 S. 2 BGB analog[1666]. Die Rechtswidrigkeit muß für beide Anspruchsgrundlagen im Einzelfall unter Abwägung der betroffenen Rechtsgüter ermittelt werden. Der Beseitigungsanspruch richtet sich z.B. auf die Vernichtung diffamierender Unterlagen oder auf den Widerruf ehrverletzender oder rufgefährdender Tatsachenbehauptungen[1667], Werturteile sind insofern nicht widerrufsfähig. Das entsprechende Begehren können die Angestellten und Arbeiter im öffentlichen Dienst auch aufgrund des öffentlich-rechtlichen Folgenbeseitigungs- und Unterlassungsanspruchs geltend machen[1668], denn insofern stehen sie, wie jeder andere Bürger auch, dem öffentlichen Arbeitgeber als Teil der Exekutive gegenüber, der sich

---

[1662] *Kort*, NZA 1996, 854 (855); MünchArbR/*Blomeyer*², § 94, Rz. 27; *Galperin*, DB 1963, 1321 (1322 f.).

[1663] Diese pVV ist das arbeitsrechtliche Pendant zum beamtenrechtlichen Schadensersatzanspruch wegen Verletzung der Fürsorgepflicht, vgl. die Ausführungen ab S. 279 dieser Untersuchung. Hinsichtlich der Tatbestandsmerkmale, z.B. Pflichtverletzung, Verschulden, Kausalität und Schaden, kann auf die dortigen Darstellungen verwiesen werden.

[1664] *Schaub*, Arbeitsrechts-Handbuch¹⁰, § 108, Rz. 57 ff.

[1665] BAG, NZA 1984, 225 f. Siehe insofern auch die näheren Ausführungen ab S. 163 dieser Untersuchung.

[1666] BAG, NZA 1988, 53 ff.

[1667] MünchArbR/*Blomeyer*², § 97, Rz. 44; *Wiese*, ZfA 1971, 273 (312).

[1668] Siehe insofern die näheren Ausführungen ab S. 266 dieser Untersuchung.

lediglich in bezug auf die normativen Grundlagen des Beschäftigungsverhältnisses in den Bereich des Privatrechts begeben hat.

Weiter ist das Recht der persönlichen Ehre im Zivilrecht als Unterfall des allgemeinen Persönlichkeitsrechts ein „sonstiges Recht" im Sinne von §§ 823 Abs. 1, 826 BGB und untersteht damit bei rechtswidriger und schuldhafter Verletzung dem deliktischen Schutz. Ein Schutz gemäß § 823 Abs. 2 BGB i.V.m. §§ 185 ff. StGB ist ebenfalls gegeben. Der Ehrverletzer muß dann dem Betroffenen den durch die Verletzungshandlung adäquat-kausal verursachten materiellen Schaden ersetzen. § 618 BGB wird hingegen nach ganz herrschender Meinung nicht als Schutzgesetz im Sinne von § 823 Abs. 2 BGB angesehen[1669]. Auch §§ 824, 826 BGB sind Anspruchsgrundlagen für einen Schadensersatz wegen Ehrverletzung. Bei Verrichtungsgehilfen (Kollegen, Vorgesetzte) hat der öffentliche Arbeitgeber ebenfalls für deren Verschulden einzustehen (§ 831 BGB), sofern ihm nicht die Exkulpation gelingt. So sind im Wege der Naturalrestitution ehrverletzende Diskriminierungen einzustellen oder bei ehrverletzender Nichtbeschäftigung ist dem Arbeitnehmer wieder eine Arbeit zuzuweisen[1670]. Bei einer deliktischen Ehrverletzung kann auch eine Entschädigung für einen immateriellen Schaden übereinstimmend gewährt werden[1671], wenn die Schwere der Ehrverletzung oder des Verschuldens eine solche Genugtuung erfordern und sich die erlittene Beeinträchtigung bzw. die entstandenen Nachteile nicht in anderer Weise befriedigend ausgleichen lassen[1672].

Schließlich können die Angestellten und Arbeiter im öffentlichen Dienst auch Ersatz des materiellen und immateriellen Schadens wegen Amtspflichtverletzung gemäß Art. 34 S. 1 GG i.V.m. § 839 BGB geltend machen, denn auch die vertragliche Fürsorgepflicht und der damit verbundene Schutz vor Ehrverletzungen stellt eine Dritten gegenüber obliegende Amtspflicht dar, die der handelnde Amtswalter, unabhängig davon, ob er selbst beamtet oder angestellt ist, gegenüber allen ihm unterstellten Verwaltungsbediensteten – ebenfalls unabhängig von deren Statusverhältnis – zu beachten hat[1673].

H. Zusammenfassung

Es zeigt sich zusammenfassend, daß dem Beamten , der von einer – unter Umständen auch schuldhaft – erfolgten Verletzung der Fürsorge- und Schutzpflicht durch seinen Dienstherrn betroffen ist, neben dem primären Fürsorgepflichtanspruch, der im Dritten Kapitel dieser Untersuchung dargestellt wurde, auch primärrechtliche Folgeansprüche (Folgenbeseitigungs- und Unterlassungsanspruch) geltend machen kann.

Soweit diese primärrechtlichen Folgeansprüche aus rechtlichen oder tatsächlichen Gründen nicht gegeben sind, bleibt dem Beamten nur die Möglichkeit, auf die Sekundärrechtsebene auszuweichen und Schadensersatzansprüche geltend zu machen.

1669 *Palandt/Putzo*[63], § 618 BGB, Rz. 8; *Kort*, NZA 1996, 854 (855); *Erman/Hanau*[10], § 618 BGB, Rz. 20; ErfK/*Wank*[4], § 618 BGB, Rz. 38.

1670 *Wiese*, ZfA 1971, 273 (313).

1671 MünchArbR/*Blomeyer*[2], § 97, Rz. 46.

1672 BAG, AP Nr. 13 zu § 847 BGB; AP Nr. 8 zu § 611 BGB Persönlichkeitsrecht; *Schaub*, Arbeitsrechts-Handbuch[8], § 108, Rz. 11. Siehe auch die näheren Ausführungen ab S. 298 dieser Untersuchung.

1673 Siehe insofern die näheren Ausführungen ab S. 293 dieser Untersuchung.

Die Fürsorge- und Schutzpflicht des Dienstherrn ist somit nicht nur als Grundlage für den Erfüllungsanspruch heranzuziehen, sondern sie ist sowohl Grundlage für die primärrechtlichen Folgeansprüche als auch für den Schadensersatzanspruch wegen Fürsorgepflichtverletzung.

Auf der Sekundärrechtsebene setzt sich aber die schon beschriebene Tendenz fort, daß aufgrund der materiell-rechtlichen und prozessualen Ausgestaltung der Ansprüche die Effektivität der Fürsorge- und Schutzpflicht weiter eingeschränkt wird, so daß dem Ehrenschutz nicht in voller Hinsicht Genüge getan werden kann. Sofern materielle Schäden entstanden sind, sind sie aus den genannten rechtlichen Gründen besser mit dem Schadensersatzanspruch wegen Fürsorgepflichtverletzung durchzusetzen. Eine Entschädigung für immaterielle Schäden, die aufgrund der „Natur" des Schutzguts der persönlichen und beruflichen Ehre am häufigsten angenommen werden dürften, ist nur unter erschwerten materiell-rechtlichen Voraussetzungen bei voller prozessualer Beweislast zu Lasten des klagenden Amtswalters durchzusetzen, was sich in der Regel als schwierig erweisen wird.

Im übrigen sind die genannten Ansprüche zumeist dann nicht gegeben, wenn der Dienstherr auf ehrverletzendes Verhalten eines Externen untätig bleibt, da entweder eine Pflicht zum Tätigwerden aufgrund der wenigen Konstellationen einer Ermessensreduktion kaum gegeben ist, oder es an der notwendigen (unmittelbaren) Kausalität des hoheitlichen Handelns für die Rechtsbeeinträchtigung beim Beamten fehlt. Lediglich soweit der Dienstherr selbst gehandelt oder ein Verhalten trotz einer Pflicht zum Tätigwerden unterlassen hat, können die primären Folgeansprüche und die sekundären Schadensersatzansprüche dem betroffenen Beamten eine gewisse Kompensation gewähren.

Fünftes Kapitel: Untersuchung auf Disparitäten, Wertungswidersprüche und Inkonsequenzen in der Gesamtschau von Primär- und Sekundäranspruch

A. Die „Flucht in die Öffentlichkeit" als ultima ratio?

Aufgrund der dargestellten materiell-rechtlichen und prozessualen Probleme bei der Durchsetzung des Primäranspruchs und der nur eingeschränkten schadensrechtlichen Kompensation stellt sich die Frage, ob und wie der betroffene Amtswalter[1674] möglichst frühzeitig auf andere Weise auf seinen Dienstherrn einwirken kann und darf, um seinem Ehrenschutzanspruch kraft Fürsorgepflicht eine größere Effektivität zu geben und mehr Nachdruck zu verleihen. Neben den genannten gerichtlichen und behördlichen Rechtsbehelfen könnte hierfür die „Flucht in die Öffentlichkeit"[1675] als ultima ratio in Betracht kommen. Jenseits definitorischer Streitigkeiten ist hierunter jedenfalls im Kern die Konstellation zu verstehen, wenn ein Amtswalter unter Einschaltung der Öffentlichkeit und der veröffentlichten Meinung, also eines nichtdienstlichen Adressatenkreises und Lobby, versucht, lenkenden Druck in seinem Sinne auf seinen Dienstherrn, dessen Entscheidungsträger, den dienstinternen Meinungsbildungs- und Entscheidungsvorgang und somit auf die Ausübung des Ermessensspielraums auszuüben[1676]. Der Amtswalter erwartet somit eine Solidarisierung der Öffentlichkeit mit ihm und seinem Anliegen, um gegenüber seinem Dienstherrn wirkungsvoller auftreten zu können[1677]. Dieser Problemkomplex wird unter dem Gesichtspunkt Meinungsfreiheit contra Dienstpflichtwidrigkeit diskutiert, also inwieweit der Beamte berechtigt ist, für ihn nicht hinnehmbare und möglicherweise rechtswidrige Zustände innerhalb einer Behörde[1678] nach außen zu tragen. Dies kann auf die zu untersuchende Konstellation, in der der Dienstherr seiner Verpflichtung zum Ehrenschutz nicht nachkommt und Ehrverletzungen beim betroffenen Beamten eingetreten sind, übertragen werden, denn der Beamte könnte unter Berücksichtigung von Art. 5 Abs. 1 GG berechtigt sein, sich hierüber öffentlich zu äußern.

Die Amtswalter der verschiedenen öffentlich-rechtlichen Dienst- und Treueverhältnisse unterliegen Dienstpflichten, die z.B. in den jeweiligen Beamtengesetzen als einfachgesetzliche Kodifikation hergebrachter Grundsätze des Berufsbeamtentums im Sinne von Art. 33 Abs. 5 GG geregelt sind. So sind Beamte gemäß § 54 S. 3 BBG, § 36 S. 3 BRRG

[1674] Die nachfolgenden Überlegungen gelten sowohl für Beamte, Richter und Soldaten als auch für Angestellte und Arbeiter im öffentlichen Dienst, vgl. BVerfGE 28, 191 (204).

[1675] Vgl. zur genaueren Begriffsanalyse: *Weiß*, ZBR 1984, 129 ff.

[1676] *Weiß*, ZBR 1984, 129 (130-132); *Thiele*, DÖD 1985, 145 (156).

[1677] *Biletzki*, ZBR 1998, 84 (86).

[1678] Aus der Rechtsprechung: BVerfGE 28, 191 ff. (illegale Abhörpraktiken im Bundesamt für Verfassungsschutz); VGH Mannheim, NJW 1983, 1215 (Lehrer kritisieren öffentlich die Entlassung eines Kollegen, der DKP-Mitglied ist); BVerwG, NVwZ 1990, 762 (kritischer Bericht eines Admirals über die Auftritte des Bundeskanzlers und des Bundesministers der Verteidigung bei einer Kommandeurstagung).

zur Treue und zur Loyalität[1679] gegenüber ihrem Dienstherrn im Interesse eines geordneten Ablaufs der öffentlichen Verwaltung und zur Wahrung von Vertraulichkeit in internen Dienstangelegenheiten verpflichtet (§ 61 BBG, § 39 BRRG). Das gebietet ihm insbesondere Zurückhaltung in der Veröffentlichung von internen Angelegenheiten, und zwar selbst dann, wenn sie ihn persönlich betreffen und nicht einer konkreten Geheimhaltungspflicht unterliegen[1680]. Keinesfalls ist jedoch dem Beamten Kritik am Staat und seien Amtsträgern grundsätzlich verwehrt, allerdings unterliegt er bei öffentlicher Kritik an der eigenen Behörde einer besonderen Wahrheits- und Mäßigungspflicht[1681].

In ständiger Rechtsprechung des Bundesverfassungsgerichts[1682], des Bundesverwaltungsgerichts[1683] und der Disziplinargerichte[1684] ist es daher anerkannt, daß den Beamten und erst recht den Soldaten – unabhängig von einer etwaigen (Dienst-) Vorgesetztenstellung – bei der Verfolgung ihrer dienstlichen und persönlichen Belange und Interessen die „Flucht in die Öffentlichkeit“ durch Information der Öffentlichkeit über verwaltungsinterne Vorgänge regelmäßig verwehrt ist. Sie haben die Möglichkeiten des Dienstwegs, des Petitionsrechts und des verwaltungsgerichtlichen Rechtsschutzes auszuschöpfen[1685]. Die allseits rezipierte Formulierung „regelmäßig verwehrt“ bedeutet aber bei einer sprachlicher Analyse und umgekehrt gesehen, daß die „Flucht in die Öffentlichkeit“ rechtlich zumindest nicht vollkommen ausgeschlossen ist[1686], wie es schon die Regelung in § 61 Abs. 4 BBG nahe legt.

Das grundsätzliche Verbot der „Flucht in die Öffentlichkeit“ dient im wesentlichen dem Funktionsschutz der öffentlichen Verwaltung. Es hat seinen Grund in dem Interesse des Staates, Schwierigkeiten oder Mißstände innerhalb des Verwaltungsapparates auf den durch die rechtlichen und innerdienstlichen Vorschriften vorgesehenen Wegen ohne sachfremde Einflüsse oder Druck von außen zu beheben. Dies gilt in besonderem Maße auch für das der Nachprüfung von Dienstpflichtwidrigkeiten dienende Disziplinarverfahren[1687]. Die Rechtsprechung des Bundesverwaltungsgerichts[1688] und die ganz herrschende Meinung[1689] in der beamtenrechtlichen Literatur hat daher konsequenterweise die in der Publizierung von internen Vorgängen liegende „Flucht in die Öffentlichkeit“ stets

---

1679 *Weiß*, ZBR 1984, 129 (132) sieht in der Illoyalität, die sich durch die außerdienstliche Druckerzeugung manifestiert, den Kern des disziplinarrechtlichen Unrechts.

1680 Vgl. BVerwGE 76, 76 (79 f.).

1681 *Lohse*, ZBR 2003, 235 (239).

1682 BVerfGE 28, 55 (63 ff.) = NJW 1970, 1267.

1683 BVerwGE 76, 76 (79 f.) m.w.N.; 81, 365 (369 f.); 99, 56 (60).

1684 BDH, NZWehrR 1964, 28 f.

1685 Für Beamte: BVerwGE 76, 76 (79 f.) m.w.N.; 81, 365 (369 f.); 99, 56 (60); OVG Koblenz, NVwZ-RR 1999, 648; VGH Mannheim, NVwZ 1985, 604 (Ls.) = NJW 1985, 1661; Für Soldaten: BVerwGE 86, 188 (191) = NVwZ 1990, 762 = NJW 1990, 2637 (Ls.); BDH, NZWehrR 1964, 28 f.

1686 Die „Flucht in die Öffentlichkeit“ wird von *Weißhaar*, Beamtenrecht^4, S. 209 dem Beamten grundsätzlich als Möglichkeit zugebilligt, während *Wolff-Bachhof-Stober*, Verwaltungsrecht II^5, § 117, Rz. 1 sie allenfalls in Ausnahmefällen als ultima ratio zulassen.

1687 VGH Mannheim, NJW 1985, 1661 (1662).

1688 BVerwGE 76, 76 (79 f.) m.w.N.; 81, 365 (369 f.); 86, 188 (191); 99, 56 (60).

1689 *Scheerbath-Höffken-Bauschke-Schmidt*, Beamtenrecht^6, § 5 II, S. 96; *Biletzki*, ZBR 1998, 84 (86); *Kunig*, Recht des öffentlichen Dienstes^{12}, S. 750 f., Rz. 137.

als Verletzung der Loyalitätspflicht und gegebenenfalls auch der Pflicht zur Amtsverschwiegenheit und damit als Dienstvergehen gewertet und geahndet[1690].

Eine derart pauschale Beurteilung der „Flucht in die Öffentlichkeit" ist allerdings rechtlich unvollständig. Dem Amtswalter stehen sowohl im Dienst- als auch im Privatverhältnis im Sinne der genannten Dreiteilung der Rechtssphären im Beamtenrecht die Grundrechte des Art. 5 Abs. 1 GG zu. Dieses Grundrecht kann aufgrund des öffentlich-rechtlichen Dienst- und Treueverhältnisses durch die hergebrachten Grundsätze des Art. 33 Abs. 5 GG verfassungsimmanent und durch die §§ 52 ff. BBG, §§ 35 ff. BRRG als sog. allgemeine Gesetze im Sinne von Art. 5 Abs. 2 GG eingeschränkt werden, d.h. es hat zunächst eine Abwägung der betroffenen Rechtsgüter zu erfolgen. In der Regel rechtfertigen jedoch die zuvor genannten Aspekte und Dienstpflichten des Amtswalters die genannte Grundrechtseinschränkung[1691], zumal gerade im Dienstbereich, dem der Ehrenschutzanspruch zuzuordnen ist, stärkere Grundrechtsbeschränkungen als im Privatbereich möglich sind.

Unter Berücksichtigung dieser Aspekte wird von einem Teil der Literatur die „Flucht in die Öffentlichkeit", z.B. durch die Einschaltung der Medien, als letztes Mittel nur bei schwerwiegenden Mißständen oder schweren Rechts- und Verfassungsverstößen in Betracht gezogen[1692]. Es muß hierfür die Klärung innerhalb des Dienstbetriebs und des Dienstwegs unmöglich gewesen sein, oder nach den besonderen Umständen des Einzelfalls konnte dem betroffenen Beamten der Versuch einer innerdienstlichen Bereinigung nicht zugemutet werden[1693]. Anderenfalls kommt die „Flucht in die Öffentlichkeit" nur nach Ausschöpfung der internen Abhilfemöglichkeiten und der Inanspruchnahme gerichtlichen Rechtsschutzes in Betracht[1694]. Der Dienstweg ist nach der Rechtsprechung auch dann zu beschreiten, wenn der betroffene Beamte sich in einer Angelegenheit bereits mehrfach an seine Vorgesetzten gewandt hat und diese den Sachverhalt in rechtlicher oder tatsächlicher Hinsicht anders bewertet haben. Auch wenn andere Sachverhalte in der Vergangenheit abschlägig behandelt wurden, hat der Beamte nicht das Recht, alle zukünftigen neuen Probleme sofort ohne Einhaltung des Dienstweges öffentlich kundzumachen, um dadurch auf eine Lösung in seinem Sinne lenkenden Einfluß zu nehmen[1695]. Aber auch dann, wenn die „Flucht in die Öffentlichkeit" ausnahmsweise zulässig ist, ist vom Amtswalter das unschädlichste bzw. schonendste Mittel zu wählen[1696]. Dies bedeutet, der Beamte muß hierbei sachlich und wahrhaftig bleiben und Rechtsgüter Dritter beachten. Er darf also keine unwahren Tatsachenbehauptungen aufstellen, sorglos Vermutungen äußern,

---

[1690] Im Arbeitsrecht wird dies neuerdings mit dem Begriff „Whistleblowing" bezeichnet, und es werden die Voraussetzungen dargestellt, unter denen bei kritischen Äußerungen, Beschwerden oder Anzeigen von Angestellten über Mißstände oder Fehlverhalten ihres Arbeitgebers bzw. ihrer Behörde gegenüber staatlichen Stellen, den Medien oder sonstigen Dritten ein Kündigungsgrund gegeben ist, vgl. *Müller*, NZA 2002, 424 ff.

[1691] *Thiele*, DÖD 1985, 145 (146); *Weiß*, ZBR 1984, 129 (133).

[1692] *Jarass-Pieroth*[7], Art. 5 GG, Rz. 88; *Weiß*, ZBR 1984, 129 ff.; GKÖD/*Weiß*, § 52 BBG, Rz. 17; *Biletzki*, ZBR 1998, 84 (86); *Thiele*, DÖD 1985, 145 (148).

[1693] *Weiß-Niedermaier-Zängl/Zängl*, Art. 64 BayBG, Erl. 9c; vgl. BVerwG, DVBl. 1970, 672; *Biletzki*, ZBR 1998, 84 (86).

[1694] *Biletzki*, ZBR 1998, 84 (85).

[1695] BVerwG, NVwZ 1990, 762 (763).

[1696] Vgl. zur gesamten Argumentation BVerfGE 28, 191 (202 ff.); *Thiele*, DÖD 1985, 145 (148). Siehe auch *Lohse*, ZBR 2003, 235 (239).

Zusammenhänge unzutreffend oder entstellend wiedergeben, falsche Anschuldigungen erheben, Dritte anonym denunzieren oder verleumden sowie selbst keine Beleidigungen äußern[1697].

Die entscheidende Frage ist somit, ob in den entsprechenden Ehrenschutzkonstellationen, bei denen der Dienstherr seiner beamten- und verfassungsrechtlichen Verpflichtung nicht nachkommt, ein Fall der ausnahmsweisen Zulässigkeit vorliegt, so daß die „Flucht in die Öffentlichkeit" ultima ratio wäre. Der disziplinarrechtliche Kernvorwurf bei der regelmäßig unzulässigen „Flucht in die Öffentlichkeit" liegt in der Illoyalität gegenüber dem Dienstherrn. Wenn der Dienstherr aber auf einen Antrag eines ihm unterstellten Amtswalters beispielsweise keinen Strafantrag stellt, obwohl eine Ermessensreduktion auf Null gegeben ist, handelt er dienstpflichtwidrig und somit illoyal gegenüber seinem Beamten. Das Verhalten des Beamten, der die „Flucht in die Öffentlichkeit" ausübt, muß somit in diesem Kontext und nicht nur isoliert betrachtet werden. Insofern könnte der disziplinarrechtliche Vorwurf zumindest stark abgemildert sein. Allerdings käme dies einer Aufrechnung gleich, die dem besonderen Charakter des öffentlich-rechtlichen Dienst- und Treueverhältnisses nicht gerecht werden würde. Anerkannter Leitsatz ist es, selbst wenn sich der Dienstherr pflichtwidrig verhält, daß zunächst alle verwaltungsinternen Möglichkeiten auszuschöpfen sind. Eine unmittelbare Zulässigkeit der „Flucht in die Öffentlichkeit" wegen schweren Verfassungsverstoßes ist trotz der grundrechtlichen Schutzpflicht in bezug auf das Recht der persönlichen Ehre (Art. 2 Abs. 1 i.V.m. Art. 1 Abs. 1 GG) und der verfassungsrechtlichen Verortung der Fürsorge- und Schutzpflicht in Art. 33 Abs. 5 GG nicht zu erkennen, wie sich aus dem Vergleich zu § 61 Abs. 4 BBG erkennen läßt. Es wurde zwar dargestellt, daß die Nichtbeachtung der Ehrenschutzverpflichtung kraft Fürsorgepflicht auch zu negativen Wechselwirkungen mit der Staatswürde und der Staatsräson führen kann, aber damit ist keine existentielle Bedrohung wichtiger Gemeinschaftsgüter, insbesondere der freiheitlich-demokratischen Grundordnung verbunden. Somit kann der Beamte erst nach Ausschöpfung der dargestellten Rechtsbehelfe die „Flucht in die Öffentlichkeit" zulässigerweise wahrnehmen, wobei er dabei besonders schonend vorzugehen hat. Da aber im Zuge der Ausschöpfung dieser Möglichkeiten seit dem konkreten Fürsorgepflichtanlaß in der Regel einige Zeit verstrichen sein dürfte, muß der Beamte bedenken, daß seine Aussagen über die mangelnde Umsetzung des Ehrenschutzes kraft Fürsorgepflicht für die Öffentlichkeit als „alter Hut" und damit uninteressant angesehen werden könnten, so daß der Zweck, Druck auf den Dienstherrn auszuüben, leicht verfehlt werden kann und keine Solidarisierung mit der Öffentlichkeit eintreten wird.

B. Zusammenfassende Gesamtschau

Im Ausgangspunkt dieser Untersuchung wurden zunächst die Fallkonstellationen für die Ehrenschutzverpflichtung des Dienstherrn aufgrund der Fürsorgepflicht abstrakt aufgezeigt und – soweit möglich – mit konkreten Fallbeispielen versehen, damit vor allem die hierzu ergangenen gerichtlichen Entscheidungen systematisch eingeordnet werden konnten. Es wurde deutlich, daß die einzelnen Funktionsträger und Amtswalter (Beamten, Soldaten,

---

[1697] *Weiß*, ZBR 1984, 129 (134).

Richter, Wehrpflichtige und Zivildienstleistende) und damit mittelbar auch die entsprechende Staatsgewalt (Exekutive und Judikative), der sie angehören, einer Vielzahl von möglichen ehrenrührigen Diskreditierungen und Diffamierungen ausgesetzt sind.

Bei der Analyse der Umsetzung der Fürsorge- und Schutzpflicht durch den Dienstherrn und deren Durchsetzung durch den betroffenen Beamten zeigt sich, daß sowohl in rechtlicher als auch in tatsächlicher Hinsicht kein vollkommen gesetzes- und verfassungsrechtskonformer Zustand konstatiert werden kann. Die Fürsorge- und Schutzpflichtnormen in den Beamtengesetzen sind notwendigerweise als Generalklauseln ausgestaltet und gewähren damit in der Regel lediglich eine Entscheidung nach pflichtgemäßem Ermessen des Dienstherrn. Im konkreten Einzelfall ergeben sich hieraus für den betroffenen Amtswalter verschiedene negative materiell-rechtliche und prozessuale Konsequenzen, wenn sie ihre Rechte durchsetzen wollen, weil die Dienstherren ihrer Fürsorgeverpflichtung nicht von sich aus nachgekommen sind oder aktive Fürsorgepflichtmaßnahmen abgelehnt haben. Im einzelnen stellt sich dies wie folgt dar:

In rechtlicher Hinsicht sind bereits einige Schwächen bei der Ausgestaltung des Fürsorge- und Schutzpflichtanspruchs festzustellen. Bezogen auf die Ehrenschutz*verpflichtung* aufgrund der Fürsorgepflicht (Sichtweise: Dienstherr → Beamter) gibt es neben den persönlichen Interessen des von einer Injurie betroffenen Amtswalters sowie des ehrverletzenden Täters eine Vielzahl von Interessen auf Seiten des Dienstherrn und des Staates, wie z.B. die Staatswürde und die Staatsräson, die es bei der Wahrnehmung der Fürsorgepflicht untereinander abzuwägen gilt. Allerdings führen diese Gesichtspunkte und die kaum vorhandene finanzielle und personelle Belastung des Dienstherrn in der Regel dazu, daß es kaum Gründe gegen eine – auch extensiv wahrgenommene – Fürsorge- und Schutzpflicht des Dienstherrn gibt. Dies ist zunächst als positiv zu bewerten.

Es wurde aber auch im Rahmen dieser Untersuchung aufgezeigt, daß sich diese staatsethisch begründete und umfangreiche Schutzwirkung der Fürsorge*verpflichtung* des Dienstherrn nicht mit dem korrespondierenden Ehrenschutz*anspruch* des Beamten gegenüber seinem Dienstherrn (Sichtweise: Beamter → Dienstherr) deckt. Dies ergibt sich daraus, daß es sich bei den § 79 BBG, § 48 BRRG um generalklauselartig formulierte Ermessensvorschriften handelt, die in der Regel nur eine Entscheidung unter Ausübung pflichtgemäßen Ermessens gewähren können. Dies ist rechtlich auch nicht anders möglich, da ansonsten die Fürsorge- und Schutzpflicht nicht flexibel und dem konkreten Einzelfall angemessen gehandhabt werden könnte. Die vom Dienstherrn zu treffende Ermessensentscheidung ist nur in einem begrenztem rechtlichem Umfang (vgl. § 114 VwGO) von den Verwaltungsgerichten nach Maßgabe des Untermaßverbots überprüfbar.

Nur in sehr wenigen Fallkonstellationen läßt sich jedoch eine Ermessensreduktion auf Null (z.B. bei der Strafantragsstellung des Dienstherrn bei Ehrverletzungen durch Externe) und damit ein gebundener Anspruch des Beamten begründen. Positiv hieran ist, daß sich die Fürsorgepflicht nicht als statisches Rechtsinstitut erweist. Vielmehr müssen die entsprechenden Schutzkonstellationen und -wirkungen zeitgemäß ermittelt werden müssen. Allerdings haben die wenigen Konstellationen, in denen eine Ermessensreduktion auf Null anzuerkennen ist, die negative Konsequenz, daß die Dienstherren bei einer gerichtlichen Auseinandersetzung, sofern nicht ohnehin Klageabweisung erfolgt, lediglich Gefahr laufen, ein Bescheidungs- oder Feststellungsurteil zu ihren Lasten zu erhalten. Bei der anschließenden erneuten Sachentscheidung müssen sie zwar die im Urteil des Verwaltungsgerichtes genannten Aspekte, insbesondere die dort im einzelnen niedergelegte Rechtsauffassung des Gerichts, berücksichtigen. Sie haben aber dennoch die Möglichkeit, sich mit einer Entscheidung, die zwar die genannten Aspekte berücksichtigen muß, weiterhin ihrer Fürsorgeverpflichtung in zulässiger Weise (zum Teil) entziehen zu können.

Die materiell-rechtliche Ausgestaltung des Fürsorgepflichtanspruches (§ 79 BBG, § 48 BRRG) hat im Ergebnis prozessuale Nachteile für den Beamten zur Folge, die die Durchsetzung des Ehrenschutzanspruches aufgrund der Fürsorgepflicht erheblich erschweren und ihn in seiner Effektivität einschränken: Dem schon auf primärrechtlicher Ebene nicht vollständig durchsetzbaren Ehrenschutzanspruch kraft Fürsorgepflicht kann auch über die primärrechtlichen Folgeansprüche und über die sekundärrechtliche Ebene nicht zu einer Deckungsgleichheit mit der beamten- und verfassungsrechtlichen Fürsorge-*verpflichtung* (Sichtweise: Dienstherr → Beamter) verholfen werden. Auch wenn der Folgenbeseitigungsanspruch und der öffentlich-rechtliche Unterlassungsanspruch gebundene Ansprüche sind, können damit nicht alle Fürsorgepflichtverletzungen des Dienstherrn abgewehrt werden. Die sekundärrechtlichen Schadensersatzansprüche leiden darunter, daß materielle Schäden bei der Verletzung des Ehrenschutzanspruchs kraft Fürsorgepflicht (z.B. Nichtübernahme von notwendigen Rechtsverteidigungskosten oder Heilbehandlungskosten des Beamten oder der unberechtigte Wegfall von Dienstbezügen und Zulagen) regelmäßig nicht gegeben sind. Die immateriellen Schäden und damit ein Schmerzensgeldanspruch können zwar beim Schadensersatzanspruch wegen Fürsorgepflichtverletzung und beim Amtshaftungsanspruch geltend gemacht werden. Allerdings ist ein Schmerzensgeld in der Praxis aufgrund der hohen tatbestandlichen Anforderungen und der Beweislastverteilung kaum realisierbar. Im Ergebnis läßt sich damit auf sekundärrechtlicher Ebene noch weniger durchsetzen als dies beim Erfüllungs- bzw. Primäranspruch der Fall ist. Zu berücksichtigen ist ferner, daß sich die entsprechenden verwaltungs- und zivilgerichtlichen Verfahren über Jahre hinziehen können, in denen die Ehrkränkung weiter fortbesteht.

Auch die vorliegend per teleologischer Auslegung eröffnete Möglichkeit der verfassungsgerichtlichen Kontrolle der Wahrnehmung der Fürsorgepflicht durch die Dienstherren anhand des Art. 33 Abs. 5 GG als grundrechtsgleiches subjektives Recht kann diese Rechtsschutzlücken nicht schließen. Das Bundesverfassungsgericht ist funktionsrechtlich darauf beschränkt, die Rechtsanwendung der Dienstherren und der Verwaltungsgerichte auf die Verletzung spezifischen Verfassungsrechts zu untersuchen. Praktisch gesehen ist es bei der Subsidiarität der Verfassungsbeschwerde und der nicht gerade kurzen Verfahrensdauer nahezu ausgeschlossen, hierzu eine größere Anzahl an Judikaten zu erhalten. Die von den Kritikern der Rechtsprechung des Bundesverfassungsgerichts befürchtete Auffaserung der verfassungsrechtlichen Fürsorgepflicht gemäß Art. 33 Abs. 5 GG in eine Vielzahl von Einzelgeboten ist daher nur von theoretischer Bedeutung.

Somit stehen der beamten- und verfassungsrechtlichen Fürsorge*verpflichtung* (Sichtweise: Dienstherr → Beamter) keine effektiven Rechtsschutzmöglichkeiten des Beamten gegenüber, da er den zur Dienstherrenverpflichtung korrespondierenden Ehrenschutz-

anspruch (Sichtweise: Beamter → Dienstherr) nur in begrenzten Maße durchsetzen kann. Auch die „Flucht in die Öffentlichkeit“ ist in der Regel verwehrt und sogar unzweckmäßig.

Dies leitet unmittelbar zu den Schwächen des Fürsorge- und Schutzpflichtanspruchs in tatsächlicher Hinsicht über. Hierbei sind sowohl der betroffene Beamte als auch der Dienstherr zu berücksichtigen. Die materiell-rechtliche und prozessuale eingeschränkte Effektivität des Fürsorge- und Schutzpflichtanspruchs ist auch die sachliche Begründung, warum in der anwaltlichen Praxis zwar des öfteren diesbezügliche Beratungsgespräche mit Mandanten stattfinden, aber im Ergebnis zumeist auf die Einleitung rechtlicher Schritte (Antrag, Widerspruch, Klage) durch die Beamten verzichtet wird. Hierdurch leidet allerdings die Rechtsposition des Ehrenschutzes weiter. Dieses Verhalten der Betroffenen ermöglicht es dem Dienstherrn über den konkreten Einzelfall hinaus, daß er es sich „leisten“ kann, Ehrenschutzmaßnahmen schon von vornherein zu unterlassen und daß er seine Fürsorgeverpflichtung nicht mehr ernst zu nehmen braucht. Er kann hierbei Opportunismus walten lassen und die Angelegenheit auf sich beruhen lassen. Übergeordnete rechtliche Aspekte und Interessen, wie Staatsehre und Staatsräson sowie die beamten- und verfassungsrechtlichen Vorgaben der Fürsorgepflicht werden so erheblich vernachlässigt. Damit entsteht zum Teil der Eindruck, daß der Dienstherr die Injurie durch seine Zurückhaltung stillschweigend billigt. Die betroffenen Beamten werden häufig vom Dienstherrn im Stich gelassen. Die wenigen vorhanden Versuche zur „Ehrenrettung“ sind allenfalls „Tropfen auf den heißen Stein“[1698]. Der Ehrenschutz der Beamten ist somit zu einem „Lippenbekenntnis degeneriert“[1699]. Damit haben die Dienstherren angefangen, das „Berufsbeamtentum buchstäblich auszutrocknen“ und haben es sogar schon im Kern beschädigt[1700]. Dies hat negative Auswirkungen auf das staatliche Gemeinwesen, da das Berufsbeamtentum über die Exekutive eng mit den anderen Staatsgewalten verbunden ist.

Diesem Widerspruch zwischen Recht und Praxis sowie Recht und Zeitgeist kann nicht nur durch einzelne Maßnahmen abgeholfen werden. Es muss vielmehr an drei verschiedenen Punkten angesetzt werden, um zumindest zu versuchen, eine Remedur zu erreichen:

1. Abhilfe kann zunächst nur dadurch erfolgen, daß die Beamten beginnen, ihre Rechte aufgrund der Fürsorge- und Schutzpflicht im Wege des Primär- und Sekundäranspruchs durchzusetzen, auch wenn sie dabei gegen ihren Dienstherrn vorgehen müssen. Zwar kann damit der Fürsorgepflichtanspruch im Ergebnis nicht vollständig durchgesetzt werden, vor allem auf der Sekundärebene kann die Ehr- und Fürsorgepflichtverletzung kaum kompensiert werden. Es muß jedoch ein Anfang gemacht werden, denn der jetzige Zustand, in dem der Ehrenschutz nur noch selten wahrgenommen und ernsthaft ausgeübt wird, ist aus den genannten verfassungsrechtlichen Gründen nicht hinnehmbar.

[1698] So *Krause*, Für Gerechtigkeit – gegen Diffamierung, S. 636.

[1699] *Leuze*, ZBR 1998, 187 (192).

[1700] *Lecheler*, FS BVerfG, S. 372, allerdings bezogen auf die verbreitete und in der juristischen Literatur zurecht kritisierte Ämterpatronage.

2. Des weiteren ist in der Folge von den Dienstherren zu verlangen, daß sie den berechtigten Ehrenschutzinteressen ihrer Beamten Rechnung tragen. Es obliegt nicht nur den Beamten, sondern zuvörderst den Dienstherren, das Beamtenrechtsverhältnis in der Praxis derart auszugestalten und „zu leben", daß die verfassungsrechtlichen Vorgaben (Art. 33 Abs. 5 GG) erfüllt werden.

3. Schließlich obliegt es den Verwaltungsgerichten, bei Klagen von Beamten im Rahmen der Ermessensüberprüfung nach § 114 VwGO bzw. der Prüfung der Spruchreife durch die Anerkennung von Ermessensreduktionen (auf Null) die Durchsetzungsmöglichkeiten des Ehrenschutzanspruchs effektiv zugunsten des Beamten auszugestalten. Soweit die Verwaltungsgerichte bei Fürsorgepflichtbegehren Bescheidungsurteile verkünden (müssen), sollten sie dem Dienstherrn in den Entscheidungsgründen, auch wenn die konkret begehrte Fürsorgeleistung nicht geschuldet ist, dezidiert aufzeigen, daß das, was der Dienstherr getan hat, wenn er nicht überhaupt gänzlich untätig geblieben ist, entschieden zu wenig war, d.h. das Untermaßverbot im Hinblick auf die Fürsorge- und Schutzpflicht verletzt hat.

Ziel dieses Drei-Punkte-Programms ist es, dafür Sorge zu tragen, daß der Bedeutung, die die Fürsorge- und Schutzpflicht des Dienstherrn für das Beamtenrechtsverhältnis und die das Recht der persönlichen Ehre für den Beamten in persönlicher Hinsicht hat, wieder im verfassungsrechtlich zu verlangendem Umfang Rechnung getragen wird. Zwar dürften die Realisierungschancen dieses Drei-Punkte-Programms nicht als hoch einzuschätzen sein, so daß nicht unmittelbar eine Remedur bewirkt werden kann. Dies ergibt sich beispielsweise daraus, daß es im Hinblick auf Punkt Nr. 3 den Verwaltungsgerichten nicht beliebig freisteht, Ermessensreduktionen auf Null anzunehmen. Allerdings kann es aus den genannten (verfassungs-)rechtlichen und staatsethischen Gründen nicht beim jetzigen Zustand bleiben, so daß in jedem Fall eine Änderung herbeigeführt werden muss. Das Drei-Punkte-Programm dürfte sich somit als ein „Schritt in die richtige Richtung" erweisen.

Vorrangig ist es aber aus beamten- und verfassungsrechtlichen Gründen zu verlangen, daß die Dienstherren von vornherein ihrer Fürsorgeverpflichtung verstärkt nachgehen. Ansonsten verletzten sie bereits ihre Verpflichtung aus dem gegenseitigen Dienst- und Treueverhältnis, und der Beamte kann sich aufgrund des zum Teil eingeschränkten Rechtsschutzes hiergegen nicht wenden. Fürsorge ist aktive Gestaltung des Dienstverhältnisses, so daß mögliche Schäden an Rechtsgütern des Beamten entweder durch Externe oder durch Interne nach Möglichkeit zu verhindern sind. Wenn hiernach also nicht unmittelbar auf eine Ehrkränkung von Externen oder Verwaltungsinternen durch den Dienstherrn reagiert wird, liegt eine – auch auf Sekundärrechtsschutzebene – nicht wiedergutzumachende Verletzung der Fürsorgepflicht durch den Dienstherrn vor.

Der (erstmalige bzw. verstärkte) Schutz des Rechts der persönlichen Ehre der Beamten durch die Dienstherren aufgrund der Fürsorgepflicht kann auch als ein Leitbild des Dienstherrn im Umgang mit seinen Bediensteten angesehen werden, so daß es insofern zu einer plakativen Pflichtenkonkretisierung beim Dienstherrn kommt. Die etwaige Fürsorgepflichtwidrigkeit seitens des Dienstherrn läßt sich durch leitbildwidriges Verhalten und damit durch den Verstoß gegen dieses konkrete Verhaltensgebot verdeutlichen.

Abschließend zeigt sich, wie zutreffend die folgende Aussage von *Lecheler* ist: „Erfüllt der Dienstherr seine Fürsorgepflicht nicht, so kommt das Dienstverhältnis aus dem verfassungsrechtlichen Gleichgewicht, da der Beamte über keine wirksamen Kampfmittel verfügt."[1701]

[1701] BerlK/*Lecheler*, Art. 33 GG, Rz. 74 a.E.

Thesen

1. Die beamtenrechtliche Fürsorge- und Schutzpflicht ist, basierend auf der früheren Regelung in § 36 DBG, heute in § 79 BBG, § 48 BRRG sowie in nahezu gleichlautenden Landesbeamtengesetzen (z.B. § 85 LBG NRW) einfachgesetzlich geregelt.

2. Die gesetzlichen Regelungen bei Richtern im Bundes- oder Landesdienst (vgl. §§ 46, 71 Abs. 3 DRiG und z.B. § 4 Abs. 1 S. 1 LRiG NRW), bei (Berufs- und Zeit-) Soldaten und Wehrpflichtigen (§§ 10 Abs. 3, 31 SoldG) sowie bei Zivildienstleistenden (§§ 30a, 35 Abs. 1, 78 Abs. 2 ZDG) sind, soweit sie nicht ohnehin auf die beamtenrechtlichen Vorschriften verweisen, inhaltsgleich mit den Fürsorge- und Schutzpflichtnormen des Beamtenrechts, da sämtliche Dienst- und Treueverhältnisse in ihrem Wesenskern vergleichbar und beamtenrechtsähnlich ausgestaltet sind, so daß nicht zwischen den verschiedenen Regelungen unterschieden werden muß.

3. Zwar ist die Fürsorge- und Schutzpflicht nur ein subsidiärer, gesetzlicher Auffangtatbestand. Hinsichtlich des Untersuchungsgegenstands sind aber keine vorrangigen Normen einschlägig, mit Ausnahme der Fallkonstellationen bei ehrenrühriger sexueller Belästigung, die von §§ 1 Abs. 2, 2 Abs. 2, 6 BSchuG erfaßt werden.

4. Eine inhaltliche Differenzierung zwischen der Fürsorge- (Satz 1) und der Schutzpflicht (Satz 2) bei den § 79 BBG, § 48 BRRG ist abzulehnen. Es handelt sich vielmehr um eine einheitliche Verpflichtung des Dienstherrn.

5. Von der Fürsorge- und Schutzpflicht als Schadensabwendungspflicht werden eine Vielzahl von Einzelpflichten erfaßt. Hierzu gehört auch der Rechtsgüterschutz, von dem wiederum der Schutz des allgemeinen Persönlichkeitsrechts des Beamten, sub specie des Rechts der persönlichen Ehre umfaßt wird. Kurz umschrieben wird dies mit der Verpflichtung des Dienstherrn, den Beamten gegen unberechtigte Anwürfe in Schutz zu nehmen.

6. Das Recht der persönlichen Ehre (Art. 5 Abs. 2 GG sowie Art. 2 Abs. 1 i.V.m. Art. 1 Abs. 1 GG; §§ 185 ff. StGB) ist als Rechtsbegriff objektiv zu bestimmen, so daß kein Raum für individuelle Empfindlichkeit oder übersteigerte subjektive Ehrsucht vorhanden ist. Der straf- und verfassungsrechtliche Ehrbegriff sind im wesentlichen deckungsgleich.

7. Bei Vernachlässigung einzelner Nebenaspekte wird unter der Ehre in der Werteordnung des Grundgesetzes zunächst der dem einzelnen kraft seines Menschseins und der damit verbundenen Würde a priori zustehende sittlich-personale Geltungswert („innere Ehre"), aber auch der von ihm nach Maßgabe seines individuellen Verhaltens im Laufe der Zeit (wohl)erworbene soziale Geltungswert innerhalb der Gesellschaft („äußere Ehre"), der also das Ansehen bzw. den guten Ruf umfaßt, verstanden. Es gilt in Erfüllung der verfassungsrechtlichen Verpflichtungen aus Art. 1 Abs. 3 GG und

Art. 20 Abs. 3 GG, daß dieses (Grund-)Recht der Beamten auch durch die öffentlich-rechtlichen Dienstherren zu schützen ist.

8. Die (Wieder-)Begründung einer Standesehre des öffentlichen Dienstes sowie einer Amts-, Soldaten- oder Beamtenehre ist rechtlich unzulässig. Der Staat ist mitsamt seinen Amtsträgern im Bereich der staatlichen Aufgabenerfüllung als Grundrechtsadressat gemäß Art. 1 Abs. 3 GG und Art. 19 Abs. 3 GG grundrechtsunfähig, so daß auch keine insoweit geschützte funktionale Ehre als subjektives Rechtsgut existiert.

9. Bei Ehrangriffen (privater) Dritter bzw. einer dienstherrenfremden Stelle ergibt sich beim Fürsorgepflichtanspruch eine klassische Dreieckskonstellation (Störer, Beamte und Dienstherr). Die Fürsorgepflicht i.V.m. dem Recht der persönlichen Ehre wirkt als Schutzpflicht (status positivus). Bei ehrverletzenden Akten des Dienstherrn bzw. solchen, die dem Dienstherrn zuzurechnen sind (z.B. Mobbing), liegt hingegen nur eine Zweier-Konstellation vor, bei der die Fürsorgepflicht i.V.m. dem Recht der persönlichen Ehre als Abwehrrecht (status negativus) wirkt. Bei den Ehrenschutzkonstellationen ist abstrakt zwischen dem Täterkreis, dem Tatmittel, dem Opfer und dem Adressatenkreis der ehrkränkenden Handlung zu differenzieren.

10. Ehrverletzende Handlungen bei innerdienstlichen Maßnahmen der Dienst- und Fachaufsicht werden nicht von der Fürsorgepflicht erfaßt, da sie ausschließlich den status negativus des Beamten betreffen und vorrangige Regelungen einschlägig sind.

11. Aufgrund des Rechtsinstituts der Fürsorgepflicht kann und muß der Dienstherr gegebenenfalls aktiv gegen den ehrkränkenden Dritten zum Schutze des Beamten vorgehen. Es ist daher nicht zu untersuchen, ob und wie der Beamte selbst zivil- oder strafrechtlich dem ehrkränkenden Störer mit Aussicht auf Erfolg begegnen kann.

12. Das Recht der persönlichen Ehre des Beamten und der damit korrespondierende Ehrenschutzanspruch kraft Fürsorgepflicht des Dienstherrn lassen sich der Rechtssphäre des Dienstverhältnisses zuordnen (ausgehend von einer Dreiteilung der Rechtssphären im Beamtenrecht). Bei einer Zweiteilung der Rechtssphären ist eine zufriedenstellende Einordnung nicht vorzunehmen. Damit die persönliche Ehre eines Beamten bei einem Ehrangriff betroffen ist, muß ein personaler Bezug vorliegen, d.h. die Beleidigung muss auf die Person des Beamten durchschlagen. Dies ist dann nicht der Fall, wenn nur das Verwaltungshandeln kritisiert wird. Ein Fürsorgepflichtanspruch gegenüber dem Dienstherrn ist somit nur dann anzunehmen, wenn das Dienstverhältnis eines Beamten „auch oder nur betroffen ist". Umgekehrt formuliert: Ehrverletzungen, die ausschließlich die Privatsphäre oder das Amtsverhältnis des Beamten betreffen, sind für die Fürsorgepflicht unbeachtlich.

13. In Art. 33 Abs. 5 GG werden die hergebrachten Grundsätze des Berufsbeamtentums im Rahmen einer institutionellen Garantie verfassungsrechtlich gewährleistet. Zu diesen elementaren Grundsätzen des Beamtenrechts gehört auch die Fürsorgepflicht des Dienstherrn. Art. 33 Abs. 5 GG enthält neben der objektiv-rechtlichen Institutsgarantie auch ein subjektiv-öffentliches, grundrechtsgleiches Recht des Beamten, das

als Maßstab im Einzelfall zur Anwendung gelangen kann, da auch die Exekutive Normadressat von Art. 33 Abs. 5 GG ist (siehe BVerfGE 43, 154 ff.). Allerdings sind bei der Anwendung von Art. 33 Abs. 5 GG als verfassungsrechtlichem Maßstab im Rahmen eines Verfassungsbeschwerdeverfahrens die funktionsrechtlichen Grenzen des Bundesverfassungsgerichtes zu beachten.

14. Das Verhältnis der einfachgesetzlichen Fürsorgepflicht (§ 79 BBG, § 48 BRRG) zu der „hinter ihr stehenden" verfassungsrechtlichen Fürsorgepflicht (Art. 33 Abs. 5 GG) ist hinsichtlich des Gewährleistungsumfangs umstritten. Nach richtiger Auffassung sind beide Regelungen in bezug auf die Ehrenschutzverpflichtung des Dienstherrn und deren Umfang zugunsten der Beamten als objektiv identisch anzusehen.

15. Originärer Inhalt und nicht erst eine deduzierte Ausprägung der verfassungsrechtlich gewährleisteten Fürsorgepflicht des Dienstherrn ist der Rechtsgüterschutz des Beamten, d.h. unmittelbarer Inhalt der Fürsorgepflicht ist u.a. der Schutz des Rechts der persönlichen Ehre des Beamten.

16. Die § 79 BBG, § 48 BRRG bilden die Rechtsgrundlage zunächst für den Erfüllungsanspruch des Beamten, aber auch – der Anspruchshierarchie folgend – für den primärrechtlichen Folgenbeseitigungs- und Unterlassungsanspruch sowie insbesondere für den sekundärrechtlichen Schadensersatzanspruch wegen Verletzung der beamtenrechtlichen Fürsorgepflicht.

17. Der Fürsorgepflichtanspruch wird tatbestandlich durch eine drohende oder bereits eingetretene Ehrbeeinträchtigung oder Ehrverletzung ausgelöst. Im Wege einer tatbestandlichen Reduktion sind Belästigungen (z.B. Unhöflichkeiten, Geschmacklosigkeiten) auszuschließen (Parallele zum Polizei- und Ordnungsrecht).

18. Auf der Rechtsfolgenseite des Fürsorgepflichtanspruchs besteht in der Regel lediglich ein Anspruch auf ermessensfehlerfreie Entscheidung. Das Ermessen besteht zunächst aus einem Entschließungsermessen („Ob"), auch wenn dies dem Normwortlaut nicht ausdrücklich zu entnehmen ist. Dem Dienstherrn steht ferner ein Auswahlermessen zu („Wie"). Ermessensreduzierungen (auf Null) sind in der Regel nicht gegeben.

19. Bei der Ermessensentscheidung hat der Dienstherr verschiedene Kriterien, Aspekte und Interessen zu berücksichtigen. Hierzu gehören zunächst die Individualinteressen des betroffenen Beamten, allgemeine dienstliche Interessen, staatsethische Aspekte sowie die Interessen des ehrverletzenden Störers. Bei den staatsethischen bzw. ideellen Aspekten sind die Staatsräson und die Staatswürde zu berücksichtigen, die in der Regel ein aktives Vorgehen gegen den Störer rechtfertigen.

20. Grundvoraussetzung der Ermessensausübung durch den Dienstherrn ist es, daß er den der Injurie zugrundeliegenden Sachverhalt unter Anhörung des betroffenen Amtswalters vollständig ermittelt, denn sonst könnte bereits hierin eine Fürsorgepflichtverletzung des Dienstherrn liegen.

21. Die Ehrenschutzverpflichtung kraft Fürsorgepflicht zeigt im wesentlichen keine finanziell-materiellen Aspekte, sondern dient dem Schutze der ideellen Interessen des Beamten. Ausnahmen hiervon sind finanzielle Unterstützungsleistungen im Hinblick auf die notwendige Rechtsverteidigung des Beamten in Passiv- und Aktivprozessen.

22. Bei den Ehrenschutzmaßnahmen aufgrund der Fürsorgepflicht ist zwischen präventivem und repressivem Ehrenschutz zu unterscheiden.

23. Zunächst ist der Dienstherr verpflichtet, eigenes ehrverletzendes und damit fürsorgepflichtwidriges Verhalten von vornhinein zu unterlassen (präventiver Ehrenschutz).

24. Um seiner repressiven Ehrenschutzverpflichtung nachzukommen, kann der Dienstherr die ehrenrührige Handlung zurückweisen, sich gegen den ehrenrührigen Vorwurf verwahren, den Störer ermahnen sowie eine Ehrenerklärung zugunsten des betroffenen Beamten abgeben. Im Zuge des medienrechtlichen Gegendarstellungsanspruchs oder durch eine eigene öffentliche Erklärungen kann für eine Richtigstellung der Tatsachen gesorgt werden. Darüber hinaus kann er aber auch, soweit er selbst verletzt und damit aktivlegitimiert ist, eigene zivilrechtliche Ehrenschutzansprüche gegenüber dem Störer wahrnehmen. Des weiteren kann der Dienstherr strafprozessuale Möglichkeiten (Strafantragsrecht, Strafanzeige sowie Privatklage) wahrnehmen, wobei er bei einem verwaltungsinternen Störer die diesem gegenüber obliegende Fürsorgepflicht zu beachten hat. Er kann er in Abhängigkeit vom Status des verwaltungsinternen Ehrverletzers disziplinar- oder arbeitsrechtliche Maßnahmen durchführen. Schließlich sind auch Unterstützungszahlungen im Hinblick auf die notwendige Rechtsverteidigung des Beamten in Passiv- und Aktivprozessen möglich.

25. Sofern das ehrverletzende Verhalten vom Dienstherrn selbst herrührt oder ihm zuzurechnen ist, muß er dieses fürsorgepflichtwidrige Verhalten beseitigen bzw. rückgängig machen. Wichtige Fallgruppe ist der Widerruf ehrverletzender Äußerungen, die im Falle einer Wiederholungsgefahr auch zukünftig zu unterlassen sind. Insofern kommt es zu einer Ermessenreduktion, und es besteht – dogmatisch gesehen – eine Anspruchsparallelität zwischen dem Fürsorgepflichtanspruch sowie dem Folgenbeseitigungsanspruch und dem öffentlich-rechtlichen Unterlassungsanspruch.

26. Als Minimalinhalt des Fürsorgepflichtanspruches hat der Dienstherr eine prozessuale Aussagegenehmigung zu erteilen, damit der betroffene Beamte selbst gegen den ehrverletzenden Störer vorgehen kann. Die Versagungsgründe für die Erteilung der Aussagegenehmigung sind restriktiv auszulegen. Gegebenfalls muss eine andere effektive Ehrenschutzmaßnahme getroffen werden.

27. Als Minimalinhalt des Fürsorgepflichtanspruches wird in der Literatur zwar eine Beratungspflicht angenommen. Diese ist aber abzulehnen, da Dienstherr eine entsprechende Beratung inhaltlich nicht leisten kann.

28. Der Dienstherr kann rechtlich in zulässiger Weise im Rahmen seiner Ermessensausübung auch untätig bleiben, wenn aktive Ehrenschutzmaßnahmen nicht opportun oder aussichtslos sind. Dies ist beispielsweise dann der Fall, wenn durch die

höchstrichterliche Rechtsprechung eine Injurie nicht mehr als Straftat verfolgt werden sollte („Soldaten sind Mörder"), so daß die Stellung eines Strafantrags im Ergebnis aussichtslos erscheint.

29. Konstellationen für eine Ermessensreduktion auf Null liegen dann vor, wenn die ehrverletzende Handlung eines Externen nach einer Prognose den §§ 185 ff. StGB unterfällt. Dann ist der Strafantrag vom Dienstherrn gemäß § 194 Abs. 3 S. 1 StGB zu stellen. Durch die Rechtsschutzrichtlinien hat sich der Dienstherr in seiner Ermessensausübung ohnehin gemäß Art. 3 Abs. 1 GG in Verbindung mit der Verwaltungspraxis selbst gebunden. Schließlich hat der Dienstherr die prozessuale Aussagegenehmigung zu erteilen, sofern nicht ausnahmsweise die Versagungsgründe, die restriktiv auszulegen sind, gegeben sind.

30. Prozessual braucht der Beamte, der seinen Fürsorgepflichtanspruch durchsetzen will, grundsätzlich nicht mehr einen vorherigen Antrag an seinen Dienstherrn richten. Er muss aber ein Widerspruchsverfahren durchführen, um dann gegebenenfalls vor den Verwaltungsgerichten zu klagen.

31. Nach der Rechtswegerschöpfung besteht auch die Möglichkeit einer Verfassungsbeschwerde, gestützt auf die Verletzung von Art. 33 Abs. 5 GG im Einzelfall.

32. Sofern der Dienstherr seiner Fürsorgeverpflichtung zum Ehrenschutz nicht nachgekommen ist, kann der Beamte auch Folgenbeseitigungsansprüche oder öffentlichrechtliche Unterlassungsansprüche (primärrechtliche Folgeansprüche) geltend machen.

33. Bei (nachträglicher) Unmöglichkeit der Erfüllung der Fürsorgepflicht oder der Folgenbeseitigung bleiben dem Beamten nur die sekundärrechtlichen Schadensersatzansprüche. Aus materiell-rechtlichen sowie prozessualen Gründen ist der Schadensersatzanspruch wegen Fürsorgepflichtverletzung dem Amtshaftungsanspruch vorzuziehen. Bei Ehrverletzungen entseht regelmäßig kein materieller Schaden. Nur unter engen Voraussetzungen kann ein Schmerzensgeld vom Dienstherrn wegen der Fürsorgepflichtverletzung verlangt werden.

34. Die rechtliche Ausgestaltung des Fürsorgepflichtanspruchs als Ermessensvorschrift mindert, bis auf die Konstellationen, in denen eine Ermessensreduktion (auf Null) vorliegt, die Effektivität des Ehrenschutzanspruchs. Dies setzt sich bei den Folgeansprüchen fort, und auf der Sekundärrechtsebene ist eine schadensersatzrechtliche Kompensation kaum möglich. Eine „Flucht des Beamten in die Öffentlichkeit" kommt nur als ultima ratio in Betracht.

35. Verglichen mit den Ansprüchen, die den Angestellten und Arbeitern im öffentlichen Dienst zustehen, zeigen sich auf primärrechtlicher Ebene die Statusunterschiede, da bis auf wenige Ausnahmen keine Maßnahme vom öffentlich-rechtlichen Arbeitgeber gegen einen ehrverletzenden externen Störer mangels tauglicher Anspruchsgrundlage begehrt werden kann. Bei den Folgeansprüchen und den Schadensersatzansprüchen stellt sich die Rechtslage als nahezu identisch mit den Ansprüchen der Beamten dar.

36. Im Ergebnis ist es aus beamten- und verfassungsrechtlichen Gründen zu verlangen, daß die Dienstherren von vornherein ihrer Fürsorgeverpflichtung verstärkt nachgehen, da sie ansonsten ihre Verpflichtung aus dem gegenseitigen Dienst- und Treueverhältnis verletzen und der Beamte im Ergebnis teilweise schutzlos gestellt würde. Wenn also vom Dienstherrn nicht unmittelbar auf die Ehrkränkung eines Verwaltungsinternen oder -externen reagiert wird, liegt eine – auch im Wege des Sekundärrechtsschutzes – nicht wiedergutzumachende Verletzung der Fürsorgepflicht vor.

37. Der (erstmalige bzw. verstärkte) Schutz des Rechts der persönlichen und beruflichen Ehre der Beamten durch die Dienstherren aufgrund der Fürsorgepflicht kann auch als ein Leitbild des Dienstherrn im Umgang mit seinen Bediensteten angesehen werden. Insofern kommt es zu einer plakativen Pflichtenkonkretisierung beim Dienstherrn.

* * * *

Literaturverzeichnis

Altenbach, Thomas	Rechtsschutz gegen ehrverletzende Äußerungen der öffentlichen Hand, Diss. jur. Univ. Bonn, 1991
Ambrosius, L. / Schütz, Erwin / Ulland, Carl	Beamtengesetz für das Land Nordrhein-Westfalen (Grundriß des Verwaltungsrechts, Band 16), 3. Auflage, Düsseldorf, 1963 (zitiert: *Ambrosius-Schütz-Ulland*/Bearbeiter)
Amelung, Knut	Die Ehre als Kommunikationsvoraussetzung - Studien zum Wirklichkeitsbezug des Ehrbegriffs und seiner Bedeutung im Strafrecht (Strafrechtswissenschaft und Strafrechtspolitik, Band 10), Baden-Baden, 2002 (zitiert: *Amelung*, Ehre als Kommunikationsvoraussetzung)
Arenhövel, Wolfgang	Unsachliche, herabsetzende Kritik an Urteilen, Richtern und Staatsanwälten nimmt zu, in: ZRP 2004, S. 61 f.
Arndt, Adolf	Der Rechtsstaat und sein polizeilicher Verfassungsschutz, in: NJW 1961, S. 897 ff.
Axer, Peter	Primär- und Sekundärrechtsschutz im öffentlichen Recht, in: DVBl. 2001, S. 1322 ff.
Bank, Bernhard	Zur verwaltungsmäßigen Behandlung von Beschwerden und Eingaben, in: ZBR 1961, S. 332 ff.
–:	Amtsehre und Beamtenehre, in: DÖV 1964, S. 757 ff.
Battis, Ulrich	Entwicklung des Beamtenrechts im Jahre 1995, in: NJW 1996, S. 1034 ff.
–:	Entwicklung des Beamtenrechts im Jahre 1999, in: NJW 2000, S. 1079 ff.
–:	Beamtenrecht (§ 31), in: Besonderes Verwaltungsrecht (Hrsg. *Norbert Achterberg*, *Günter Püttner* und *Thomas Würtenberger*), Band II, S. 1012 ff., 2. Auflage, Heidelberg, 2000 (zitiert: *Battis*, Beamtenrecht)
–:	Arbeiter und Angestellte im öffentlichen Dienst (§ 32), in: Besonderes Verwaltungsrecht (Hrsg. *Norbert Achterberg*, *Günter Püttner* und *Thomas Würtenberger*), Band II, S. 1093 ff., 2. Auflage, Heidelberg, 2000 (zitiert: *Battis*, Arbeiter und Angestellte)
–:	Entwicklung des Beamtenrechts im Jahre 2000, in: NJW 2001, S. 1101 ff.
–:	Entwicklung des Beamtenrechts im Jahre 2001, in: NJW 2002, S. 1085 ff.

–: Entwicklung des Beamtenrechts im Jahre 2002, in: NJW 2003, S. 940 ff.

–: Bundesbeamtengesetz (BBG) – Kommentar, 3. Auflage, München, 2004

Becker, Hans Joachim Die hergebrachten Grundsätze des Berufsbeamtentums in der Rechtsprechung des Bundesverwaltungsgerichts, in: ZBR 1978, S. 255 ff.

–: Das Bundesverfassungsgericht und die Fürsorgepflicht des Dienstherrn – zum Beschluß vom 15. Dezember 1976 -, in: RiA 1978, S. 14 ff.

Behrens, Hans-Jörg Beamtenrecht, 2. Auflage, München, 2001

Bender, Bernd Anmerkung zum Beschluß des Bundesverfassungsgerichts vom 15. Dezember 1976, Az. 3 BvR 851/73, DÖV 1977, S. 558 ff., in: DÖV 1977, S. 565 ff.

Benecke, Martina „Mobbing" im Arbeitsrecht, in: NZA 2003, S. 225 ff.

Biletzki, Gregor C. Beamtenrechtliche Pflicht zu würdevollem Verhalten?, in: ZBR 1998, S. 84 ff.

Binding, Karl Die Ehre und ihre Verletzbarkeit, 2. Auflage, Leipzig, 1892

Bleckmann, Albert Staatsrecht II – Die Grundrechte, 4. Auflage, Köln, Berlin, Bonn, München, 1997

Brand, Arthur Die Fürsorgepflicht des öffentlichen Dienstherrn nach dem neuen deutschen Beamtengesetz, in: Festschrift für *Justus Wilhelm Hedemann* (Hrsg. *Roland Freisler*, *George Anton Löning* und *Hans Carl Nipperdey*), S. 125 ff., Jena, 1938
(zitiert: *Brand*, FS Hedemann)

Braun, Stefan Mobbing, in: DÖD 2002, S. 265 ff.

Brugger, Winfried Gestalt und Begründung des Folgenbeseitigungsanspruchs, in: JuS 1999, S. 625 ff.

Butzer, Herrmann Der praktische Fall – Öffentliches Recht: Wrapped Bundestag, in: JuS 1997, S. 1014 ff.

Camus, Albert Dramen, Hamburg, 1959

Czermak, Peter Mißbilligende Äußerungen von Dienstvorgesetzten, in: BayVBl. 1989, S. 193 ff.

Dau, Klaus Der strafrechtliche Ehrenschutz der Bundeswehr, in: NJW 1988, S. 2650 ff.

–: Wehrdisziplinarordnung – Kommentar, 4. Auflage, München, 2002

Detterbeck, Steffen / Windthorst, Kay / Sproll, Hans-Dieter — Staatshaftungsrecht (Schriftenreihe der juristischen Schulung, Heft 142), 1. Auflage, München, 2000

Dieterich, Thomas (Hrsg.) / *Preis, Ulrich / Müller-Glöge, Rudi / Schaub, Günter* — Erfurter Kommentar zum Arbeitsrecht, 4. Auflage, München, 2004 (zitiert: ErfK/Bearbeiter)

Dolzer, Rudolf (Hrsg.) / *Vogel, Klaus / Graßhof, Karin* — Bonner Kommentar zum Grundgesetz, Heidelberg, 1950 ff., Stand: 109. Ergänzungslieferung, Dezember 2003 (zitiert: BK/Bearbeiter)

Dötsch, Wolfgang — Schuldrechtsmodernisierung und öffentliches Recht, in: NWVBl. 2001, S. 385 ff.

–: — Update: Schuldrechtsmodernisierung und öffentliches Recht, in: NWVBl. 2002, S. 140 ff.

–: — Öffentlich-rechtliche Schmerzensgeldansprüche?, in: NVwZ 2003, S. 185 ff.

Dreier, Horst (Hrsg.) — Grundgesetz – Kommentar
Band I: Artikel 1-19 GG, 1. Auflage, Tübingen, 1996
Band II: Artikel 20-82 GG, 1. Auflage, Tübingen, 1998
(zitiert: *Dreier*/Bearbeiter)

Ehmann, Horst — Zur Struktur des Allgemeinen Persönlichkeitsrechts, in: JuS 1997, S. 193 ff.

Els, Stefan — Zur Strafanzeige des Dienstherrn, in: RiA 1993, S. 229 ff.

Engisch, Karl — Bemerkungen über Normativität und Faktizität im Ehrbegriff, in: Festschrift für *Richard Lange* zum 70. Geburtstag (Hrsg. *Günter Warda, Heribert Waider, Reinhard v. Hippel* und *Dieter Meurer*), S. 401 ff., Berlin, New York, 1976 (zitiert: *Engisch*, FS Lange)

Erman, Walter — Bürgerliches Gesetzbuch, Handkommentar (Hrsg. *Harm Peter Westermann),* 10. Auflage, Münster, Köln, 2000 (zitiert: *Erman*/Bearbeiter)

Eyermann, Erich — Verwaltungsgerichtsordnung (VwGO) – Kommentar, 11. Auflage, München, 2000 (zitiert: *Eyermann*/Bearbeiter)

Faber, Martina — Der Schutz der Ehre und des Rufes vor herabsetzenden Äußerungen des Staates (Marburger Schriften zum Öffentlichen Recht, Band 14), Stuttgart, München, Hannover, Berlin, Weimar, Dresden, 1999 (zugl. Diss. jur. Univ. Marburg, 1998/99)

–: — Folgenbeseitigungsanspruch nach ehrverletzenden Meinungsäußerungen, in: NVwZ 2003, S. 159 ff.

Fernau, Michael — Der Rechtsschutz des Beamten gegen mißbilligende Äußerungen seiner Vorgesetzten und Dienstvorgesetzten, Diss. jur. Univ. Mainz, 1986
(zitiert: *Fernau*, Mißbilligende Äußerungen)

Fischbach, Oskar Georg — Deutsches Beamtengesetz – Kommentar, Band I, 1. Auflage, Detmold, Köln, Berlin, München, 1951

–: — Bundesbeamtengesetz – Kommentar, 1. Halbband, 3. Auflage, Köln, Berlin, Bonn, München, 1964

Fischer, Thomas — Sind Behörden beleidigungsfähig?, in: JZ 1990, S. 68 ff.

Friauf, Karl Heinrich (Hrsg.) / *Höfling, Wolfram* — Berliner Kommentar zum Grundgesetz, Berlin, 2000 ff., Stand: 9. Ergänzungslieferung, Dezember 2003
(zitiert: BerlK/Bearbeiter)

Fürst, Walther (Hrsg.) — Gesamtkommentar Öffentliches Dienstrecht, Band I: Beamtenrecht des Bundes und der Länder, Richterrecht und Soldatenrecht, Berlin, 1973 ff., Stand: Ergänzungslieferung 1/04, Januar 2004
(zitiert: GKÖD/Bearbeiter)

Galperin, Hans — Ehrenschutz und Arbeitsverhältnis, in: DB 1963, S. 1321 ff. (Teil I) und S. 1358 ff. (Teil II)

Geppert, Klaus — Straftaten gegen die Ehre (§§ 185 ff. StGB), in: JURA 1983, S. 530 ff. (Teil I) und S. 580 ff. (Teil II)

Gielen, Peter — Aus der Rechtsprechung des Bundesverwaltungsgerichtes, in: JR 1996, S. 10 ff.

Gierke, Otto von — Die Wurzeln des Dienstvertrages, in: Festschrift für *Heinrich Brunner* zum fünfzigjährigen Doktorjubiläum, S. 37 ff., München, 1914 (zitiert: *v.Gierke*, FS Brunner)

Giese, Bernhard — Das Würde-Konzept – Eine normfunktionale Explikation des Begriffes Würde in Art. 1 Abs. 1 GG, Berlin, 1975

Gornig, Gilbert — Die Schrankentrias des Art. 5 Abs. 2 GG, in: JuS 1988, S. 274 ff.

Gössel, Karl Heinz — Der Schutz der Ehre, in: Gedächtnisschrift für *Ellen Schlüchter* (Hrsg. *Gunnar Duttge*, *Gerd Geilen*, *Lutz Meyer-Goßner* und *Günter Warda*), S. 195 ff., Köln, Berlin, Bonn, München, 2002
(zitiert: *Gössel*, FS Schlüchter)

Gounalakis, Georgios — „Soldaten sind Mörder", in: NJW 1996, S. 481 ff.

Grabendorff, Walter / *Arend, Paul* / *Müller, Burkhard* / *Pitzer, Harald* — Kommentar zum Landesbeamtengesetz Rheinland-Pfalz, 2. Auflage, Siegburg, 1967 ff., Stand: 38. Ergänzungslieferung, November 1997
(zitiert: *Grabendorff-Arend-Müller-Pitzer*)

Grabendorff, Walter — Bundesbeamtengesetz (BBG) – Handkommentar, 2. Auflage, München, 1958

Groß, Rolf Zum Gegendarstellungsanspruch, in: DVBl. 1981, S. 247 ff.

Grün, Heinz Beamtenrecht, 2. Auflage, Herford, 1976

Gunkel, Alfons / Pilz, Bernd E. Beamtenrecht in Nordrhein-Westfalen, Witten, 1995 (zitiert: *Gunkel-Pilz*, Beamtenrecht NRW)

Günther, Hellmuth Nochmals: Zum Schadensersatzanspruch des Beamten wegen unterbliebener oder verspäteter Beförderung, in: NVwZ 1989, S. 837 ff.

–: Petitum des Beamten an den Dienstherrn als „nicht nachholbare Klagevoraussetzung", in: ZBR 1992, S. 66 ff.

Häberle, Peter Die Menschenwürde als Grundlage der staatlichen Gemeinschaft (§ 20), in: Handbuch des Staatsrechts der Bundesrepublik Deutschland (Hrsg. *Josef Isensee* und *Paul Kirchhof*), Band I, S. 815 ff., Heidelberg, 1987 (zitiert: *Häberle*, HdbStR)

Häde, Ulrich Beamtenrechtliche Fürsorgepflicht und Rechtsschutzkosten, in: BayVBl. 1999, S. 673 ff.

Haas, Evelyn Die Ehre als Ausdruck der Würde des Menschen – Ehrenschutz im Beamtenrecht, in: Öffentliches Dienstrecht im Wandel, Festschrift für *Walther Fürst* zum 90. Geburtstag (Hrsg. *Ingeborg Franke*, *Rudolf Summer* und *Hans-Dietrich Weiß*), S. 159 ff., Berlin, 2002 (zitiert: *Haas*, FS Fürst)

Hager, Johannes Der Schutz der Ehre im Zivilrecht, in: AcP 196 (1996), S. 168 ff.

Hanusch, Hans-Eberhard Rechtsschutz gegen Eintragungen in Personalakten, in: NVwZ 1982, S. 11 ff.

Harnack, Ernst von Die Praxis der Öffentlichen Verwaltung, 2. Auflage, Schwenningen am Neckar, 1951

Hartmann, Hans / Janssen, Fritz Bayerisches Beamtengesetz, 4. Auflage, München, 1970

Hartmann, Jürgen Selbstdarstellung der Bundesrepublik Deutschland in Symbolen, Zeremoniell und Feier, in: Staatsrepräsentation, (Hrsg. *Jörg-Dieter Gauger* und *Justin Stagl*), Schriften zur Kultursoziologie, Nr. 12, S. 175 ff., Berlin, 1992 (zitiert: *Hartmann*, Selbstdarstellung)

–: Staatszeremoniell, 3. Auflage, Köln, Berlin, Bonn, München, 2000 (zitiert: *Hartmann*, Staatszeremoniell)

Heide, H.-J. von der Die Fürsorgepflicht im Beamtenrecht, in: ZBR 1955, S. 321 ff. (Teil I) und S. 364 ff. (Teil II)

Herrmann, Dirk Anmerkung zu BGH, Beschluss vom 1. August 2002 – III ZR 277/01, in: ZBR 2003, S. 59

Hildebrandt, Werner / Demmler, Herbert / Bachmann, Hans-Georg — Kommentar zum Beamtengesetz für das Land Nordrhein-Westfalen, Neuwied, Berlin, 1963 ff., Stand: 71. Ergänzungslieferung, Oktober 1995

Hilg, Günter — Beamtenrecht, 3. Auflage, München, 1990

Hirsch, Hans Joachim — Ehre und Beleidigung, Karlsruhe, 1967

–: — Grundfragen von Ehre und Beleidigung, in: Festschrift für *E. A Wolff* zum 70. Geburtstag (Hrsg. *Rainer Zaczyk, Michael Köhler* und *Michael Kahlo*), S. 125 ff., Berlin, Heidelberg, New York u.a., 1998 (zitiert: *Hirsch*, FS Wolff)

Hoyningen-Huene, Gerrick von — Belästigungen und Beleidigungen von Arbeitnehmern durch Vorgesetzte, in: BB 1991, S. 2215 ff.

Hubmann, Heinrich — Das Persönlichkeitsrecht, 2. Auflage, Köln, 1967

Hufen, Friedhelm — Fürsorgepflichtverletzung durch ansehensmindernde amtliche Äußerung des vorgesetzten Ministers über Beamten – Anmerkung zu BVerwGE 99, 56, in: JuS 1997, S. 76 ff.

–: — Verwaltungsprozeßrecht, 5. Auflage, München, 2003

Idel, W. — Beamtenrechtliche Fürsorgepflicht und Amtshaftung, in: NJW 1955, S. 1300 ff.

Ignor, Alexander — Der Straftatbestand der Beleidigung: Zu den Problemen des § 185 StGB im Hinblick auf das Bestimmtheitsgebot des Art. 103 Abs. 2 GG, Baden-Baden, 1995 (zugl. Diss. jur. Univ. Würzburg, 1993) (zitiert: *Ignor*, Beleidigung)

Ilbertz, Wilhelm / Stiller, Thomas — Öffentliches Dienstrecht in der Bundesrepublik Deutschland, 2. Auflage, Regensburg, 1991 (zitiert: *Illbertz-Stiller*, Öffentliches Dienstrecht)

Isensee, Josef — Wer definiert die Freiheitsrechte? – Selbstverständnis der Grundrechtsträger und Grundrechtsauslegung durch den Staat, Karlsruhe, 1980 (zitiert: *Isensee*, Freiheitsrechte)

–: — „Beamte", in: Staatslexikon (Hrsg. Görres-Gesellschaft), Band 1, S. 584 ff., 7. Auflage, Freiburg, Basel, Wien, 1985 (zitiert: *Isensee*, Staatslexikon)

–: — Beamtentum – Sonderstatus in der Gleichheitsgesellschaft, in: ZBR 1988, S. 141 ff.

–: — Staatsrepräsentation und Verfassungspatriotismus, in: Staatsrepräsentation, (Hrsg. *Jörg-Dieter Gauger* und *Justin Stagl*), Schriften zur Kultursoziologie, Nr. 12, S. 223 ff., Berlin, 1992 (zitiert: *Isensee*, Staatsrepräsentation)

–: Verfassungsrecht als „politisches Recht" (§ 162), in: Handbuch des Staatsrechts der Bundesrepublik Deutschland (Hrsg. *Josef Isensee* und *Paul Kirchhof*), Band VII, S. 103 ff., Heidelberg, 1992 (zitiert: *Isensee*, HdbStR)

–: Kunstfreiheit im Streit mit Persönlichkeitsschutz, in: AfP 1993, S. 619 ff.

–: Der öffentliche Dienst (§ 32), in: Handbuch des Verfassungsrechtes der Bundesrepublik Deutschland (Hrsg. *Ernst Benda, Werner Maihofer, Hans-Jochen Vogel*), S. 1527 ff., 2. Auflage, Berlin, New York, 1994 (zitiert: *Isensee*, HdbVerfR)

–: Grundrecht auf Ehre, in: Staatsphilosophie und Rechtspolitik, Festschrift für *Martin Kriele* (Hrsg. *Burckhardt Ziemske, Theo Langheid, Heinrich Wilms, Görg Haverkate*), S. 5 ff., München, 1997 (zitiert: *Isensee*, Grundrecht auf Ehre)

–: Affekt gegen Institutionen – überlebt das Berufsbeamtentum?, in: ZBR 1998, S. 295 ff.

Jarass, Hans D. / Pieroth, Bodo: Grundgesetz für die Bundesrepublik Deutschland – Kommentar, 7. Auflage, München, 2004

Jarass, Hans D.: Öffentliche Verwaltung und Presse, in: DÖV 1986, S. 721 ff.

Jestaedt, Matthias: Verfassungsrecht und einfaches Recht – Verfassungsgerichtsbarkeit und Fachgerichtsbarkeit, in: DVBl. 2001, S. 1309 ff.

Johlen, Heribert (Hrsg.): Münchener Prozeßformularbuch, Band 6: Verwaltungsrecht, München, 1999 (zitiert: *Johlen*/Bearbeiter)

Kant, Immanuel: Metaphysik der Sitten, Tugendlehre in: Werke in zwölf Bänden, Band VIII: Schriften zur Ethik und Religionsphilosophie, Teil 2 (Hrsg. *Wilhelm Weischedel*), S. 503 ff., Wiesbaden, 1956 (zitiert: *Kant*, Tugendlehre)

Kellner, Martin: Auswirkungen der Schuldrechtsreform auf die Verjährung im Staatshaftungsrecht, in: NVwZ 2002, S. 395 ff.

Kiesel, Manfred: Die Liquidierung des Ehrenschutzes durch das BVerfG, in: NVwZ 1992, S. 1129 ff.

Kisker, Gunter: Zur Reaktion von Parlament und Exekutive auf „unerwünschte" Urteile, in: NJW 1981, S. 889 ff.

Klein, Eckart: Die Staatsräson der Bundesrepublik Deutschland, in: Staat und Völkerrechtsordnung, Festschrift für *Karl Doehring* (Hrsg. *Kay Hailbronner, Georg Ress* und *Torsten Stein*), Beiträge zum ausländischen öffentlichen Recht und Völkerrecht (Hrsg. *Rudolf Benrath, Jochen Abr. Frowein* und *Helmut Steinberger*), Band 98, S. 459 ff., Berlin, Heidelberg, New York u.a., 1992 (zitiert: *Klein*, FS Doehring)

Koll, Jürgen Th. — Der beamtenrechtliche Schadensersatzanspruch aus einer Fürsorgepflichtverletzung des Dienstherrn, in: VR 1993, S. 411 ff.

Kopp, Ferdinand O. / Ramsauer, Ulrich — Verwaltungsverfahrensgesetz (VwVfG) – Kommentar, 8. Auflage, München, 2003

Kopp, Ferdinand O. / Schenke, Wolf-Rüdiger — Verwaltungsgerichtsordnung (VwGO) – Kommentar, 13. Auflage, München, 2003

Köpp, Klaus — Öffentliches Dienstrecht, in: Besonderes Verwaltungsrecht (Hrsg. *Udo Steiner*), S. 407 ff., 7. Auflage, Heidelberg, 2003 (zitiert: *Köpp*, Öffentliches Dienstrecht)

Korn, Herbert / Tadday, Heinz D. — Das Beamtenrecht in Nordrhein-Westfalen, Kommentar, 3. Auflage, Siegburg, 1962 ff., Stand: 107. Ergänzungslieferung, März 2001

Kort, Michael — Inhalt und Grenzen der arbeitsrechtlichen Personenfürsorgepflicht, in: NZA 1996, S. 854 ff.

Krause, Alfred — Für Gerechtigkeit – gegen Diffamierung und Sonderopfer (Ansprache vom 20. November 1975), in: *Alfred Krause*, Staat – Beamter – Gesellschaft, ausgewählte Reden und Beiträge der Jahre 1959 bis 1987 (Bearb. *Rainer Salzmann*), in: Quellen und Darstellungen zur Geschichte des deutschen Beamtentums (Hrsg. *Carl August Lückerath*), Band 1, Köln, Berlin, Bonn, München, 1987 (zitiert: *Krause*, Für Gerechtigkeit – gegen Diffamierung)

Kreutzer, Rudolf — Rechtsschutz in Strafsachen für Bundesbedienstete, in: NJW 1974, S. 1805 f.

Kriele, Martin — Ehrenschutz und Meinungsfreiheit, in: NJW 1994, S. 1897 ff.

–: — Einführung in die Staatslehre, 5. Auflage, Opladen, 1994

Kübler, Friedrich — Anmerkung zum Beschluß des BVerfG vom 19. April 1990, Az.: 1 BvR 40/86 und 42/86, JZ 1990, S. 915f., in: JZ 1990, S. 916 f.

–: — Ehrenschutz, Selbstbestimmung und Demokratie, in: NJW 1999, S. 1281 ff.

Kunig, Philip — Das Verhältnis des Beamtenrechts zum Verwaltungsverfahrensrecht. Dargestellt am Beispiel der Rechtslage im Bund, in: ZBR 1986, S. 253 ff.

–: — Das Recht des öffentlichen Dienstes, in: Besonderes Verwaltungsrecht (Hrsg. *Eberhard Schmidt-Aßmann*), S. 679 ff., 12. Auflage, Berlin, New York, 2003 (zitiert: *Kunig*, Recht des öffentlichen Dienstes)

Küttner, Wolfdieter (Hrsg.) — Personalbuch 2004, 11. Auflage, München, 2004 (zitiert: *Küttner*/Bearbeiter, Personalbuch)

Ladeur, Karl-Heinz — „Ehrenschutz" des Staates – zivilrechtlich oder öffentlich-rechtlich?, in: AfP 1991, S. 584 ff.

Laubinger, Hans-Werner — Die Treuepflicht des Beamten im Wandel der Zeiten, in: Öffentlicher Dienst, Festschrift für *Carl Hermann Ule* (Hrsg. *Klaus König*, *Hans-Werner Laubinger* und *Frido Wagener*), S. 89 ff., Köln, Berlin, Bonn, München, 1977
(zitiert: *Laubinger*, FS Ule)

Lecheler, Helmut — Die Fürsorgepflicht des Dienstherrn – Eigenständiges Rechtsinstitut oder Brücke zum Arbeitsrecht?, in: ZBR 1972, S. 129 ff.

–: — Die „hergebrachten Grundsätze des Berufsbeamtentums" in der Rechtsprechung des Bundesverfassungsgerichts und des Bundesverwaltungsgerichts, in: AöR 103 (1978), S. 349 ff.

–: — Der öffentliche Dienst (§ 72), in: Handbuch des Staatsrechts der Bundesrepublik Deutschland (Hrsg. *Josef Isensee* und *Paul Kirchhof*), Band III, S. 717 ff., 2. Auflage, Heidelberg, 1996
(zitiert: *Lecheler*, HdbStR)

–: — Das Berufsbeamtentum – Verfassungsrecht und Verfassungswirklichkeit –, in: Festschrift 50 Jahre Bundesverfassungsgericht (Hrsg. *Peter Badura* und *Horst Dreier*), 2. Band: Klärung und Fortbildung des Verfassungsrechts, S. 359 ff., Tübingen, 2001
(zitiert: *Lecheler*, FS BVerfG)

Leipziger Kommentar — Großkommentar zum Strafgesetzbuch (Hrsg. *Hans-Heinrich Jescheck*, *Wolfgang Ruß* und *Günther Willms*)
- Band 3: §§ 61-79b StGB, 10. Auflage, Berlin, New York, 1985
- Band 5: §§ 185-262 StGB, 10. Auflage, Berlin, New York, 1989
(zitiert: LK/Bearbeiter)

Leuze, Dieter — Das allgemeine Persönlichkeitsrecht des Beamten, in: ZBR 1998, S. 187 ff.

Lindgen, Erich — Anmerkung zum Urteil des VG Koblenz vom 4. November 1982, Az. 6 K 89/91, DÖD 1983, 231 ff., in: DÖD 1983, S. 234 ff.

Loewenheim, Ulrich / Wilhelm, Bernhard — Beamtenrechtliche Folgen des strafrechtlichen Freispruchs „mangels Beweises", in: ZBR 1965, S. 97 ff.

Lohse, Frank — Deliktische Haftung für Meinungsäußerungen und Flucht in die Öffentlichkeit, in: ZBR 2003, S. 235 ff.

Loschelder, Wolfgang — Grundrechte im Sonderstatus (§ 123), in: Handbuch des Staatsrechts der Bundesrepublik Deutschland (Hrsg. *Josef Isensee* und *Paul Kirchhof*), Band V, S. 805 ff., Heidelberg, 1992
(zitiert: *Loschelder*, HdbStR)

Löwer, Wolfgang — Beamtenrecht, Raumordnungs- und Baurecht, Straßenrecht und Wirtschaftsverwaltungsrecht (Wahlfachgruppen), Rechtsprechung aus dem Berichtszeitraum 2. Halbjahr 1973 bis 1. Halbjahr 1975, in: JA 1975, S. 689 ff.

Lumm, H. — Die Pflichten und Rechte des Beamten, in: NDBZ 1964, S. 153 ff.

Lutz, Hermann — Die ethische Dimension der Fürsorgepflicht des Staates gegenüber seinen Beamten, in: Die Polizei 1994, S. 83 ff.

Mackeprang, Rudolf — Ehrenschutz im Verfassungsstaat (Schriften zum Öffentlichen Recht, Band 577), Berlin, 1990 (zugl. Diss. jur. Univ. Bayreuth, 1989)

Mangoldt, Hermann von / Klein, Friedrich / Starck, Christian (Hrsg.) — Das Bonner Grundgesetz – Kommentar, Band 2: Artikel 20-78 GG, 4. Auflage, München, 2000 (zitiert: *v.Mangoldt-Klein-Starck*/Bearbeiter)

Mansel, Heinz-Peter — Die Neuregelung des Verjährungsrechts, in: NJW 2002, S. 89 ff.

Maunz, Theodor / Dürig, Günter / Herzog, Roman / Scholz, Rupert — Grundgesetz – Kommentar, Stand: 42. Ergänzungslieferung, Februar 2003, 7. Auflage, München, 1999 (zitiert: *Maunz-Dürig-Herzog-Scholz*/Bearbeiter)

Maurach, Reinhart / Schroeder, Friedrich-Christian / Maiwald, Manfred — Strafrecht, Besonderer Teil, Teilband 1: Straftaten gegen Persönlichkeits- und Vermögenswerte, 8. Auflage, Heidelberg, 1995 (zitiert: *Maurach-Schroeder-Maiwald,* BT1)

Maurer, Hartmut — Staatsrecht I, 2. Auflage, München, 2001

–: — Allgemeines Verwaltungsrecht, 13. Auflage, München, 2000

–: — Allgemeines Verwaltungsrecht, 14. Auflage, München, 2002

Mayer, Franz — Die hergebrachten Grundsätze des Berufsbeamtentums, in: Standorte im Zeitstrom, Festschrift für *Arnold Gehlen* (Hrsg. *Ernst Forsthoff* und *Reinhard Hörstel*), S. 227 ff., Frankfurt, 1974 (zitiert: *Mayer*, FS Gehlen)

Medicus, Dieter — Bürgerliches Recht, 19. Auflage, Köln, Berlin, Bonn, München, 2002

Menger, Christian-Friedrich — Zu den verfassungsrechtlichen Grundlagen der Beamtenbesoldung, in: VerwArch 69 (1978), S. 221 ff.

–: — Deutsche Verfassungsgeschichte der Neuzeit, 8. Auflage, Heidelberg, 1993

Meyer-Goßner, Lutz — Strafprozessordnung (StPO) – Kommentar, 47. Auflage, München, 2004

Minz, Hubert / Conze, Peter — Recht des öffentlichen Dienstes (Grundlagen der öffentlichen Verwaltung, Hrsg. *Karl-Heinz Mattern* und *Hubert Reinfried*), 6. Auflage, Berlin, Bonn, Regensburg, 1993

Minz, Hubert — Über die Fürsorgepflicht des Dienstherrn, in: SKV 1967, S. 285 ff.

Monhemius, Jürgen — Beamtenrecht (Praxis des Verwaltungsrechtes, Band 11), München, 1995

Morié, Rolf — Die Fürsorgepflicht des Staates gegenüber seinen Polizeibeamten, in: Die Polizei 1994, S. 81 ff.

Müller, Michael — Whistleblowing – Ein Kündigungsgrund?, in: NZA 2002, S. 424 ff.

Münch, Ingo von / Kunig, Philip (Hrsg.) — Grundgesetz-Kommentar, Band 2: Art. 20 bis 69 GG, 5. Auflage, München, 2001 (zitiert: *v.Münch-Kunig*/Bearbeiter)

Münch, Ingo von — Beamtenrecht und Beamtenpolitik – Bestand und Wandel, in: ZBR 1981, S. 157 ff.

–: — Öffentliches Dienstrecht, in: Besonderes Verwaltungsrecht, (Hrsg. *Ingo von Münch*), S. 1 ff., 8. Auflage, Berlin, New York, 1988 (zitiert: *v.Münch*, Öffentliches Dienstrecht)

Münchener Kommentar — Münchener Kommentar zum Bürgerlichen Gesetzbuch (Redakteur *Franz Jürgen Säcker*):
- Band 1: §§ 1-240 BGB und AGBG, 4. Auflage, München, 2001
- Band 1a: §§ 80, 81, 105a, 126-127, 194-218 BGB, ProstG 4. Auflage, München, 2003

(zitiert: MüKo/Bearbeiter)

Nayhauß, Mainhard Graf von — Bonn vertraulich, Bergisch-Gladbach, 1986

–: — Denk ich zurück an Bonn, Eltville/Rhein, 2000

Niedermaier, Franz / Günther, Hellmuth — Kritische Bemerkungen zu Art und Weise des unmittelbaren Rückgriffs des Bundesverfassungsgerichts auf die hergebrachten Grundsätze des Berufsbeamtentums, in: ZBR 1977, S. 238 ff.

Nolte, Georg — Beleidigungsschutz in der freiheitlichen Demokratie, in: Beiträge zum ausländischen öffentlichen Recht und Völkerrecht (Hrsg. *Rudolf Benrath, Jochen Abr. Frowein* und *Helmut Steinberger*), Band 105, Berlin, Heidelberg, New York u.a., 1992 (zugl. Diss. jur. Univ. Heidelberg, 1990) (zitiert: *Nolte*, Beleidigungsschutz)

Ossenbühl, Fritz — Staatshaftungsrecht, 5. Auflage, München, 1998

Oswald, Detlev — Der Rechtsschutz des Beamten gegen mißbilligende Äußerungen eines Vorgesetzten, in: ZBR 1961, S. 165 ff.

Otto, Harro — Persönlichkeitsschutz durch strafrechtlichen Schutz der Ehre, in: Persönlichkeit in der Demokratie, Festschrift für *Erich Schwinge* zum 70. Geburtstag (Hrsg. *Hans Ulrich Evers, Karl Heinrich Friauf, Ernst Walter Hanack* und *Rudolf Reinhardt*), S. 71 ff., Köln, Bonn, 1973 (zitiert: *Otto*, FS Schwinge)

Palandt, Otto (Hrsg.) — Bürgerliches Gesetzbuch – Kommentar, 63. Auflage, München, 2004 (zitiert: *Palandt*/Bearbeiter)

Partsch, Karl Josef — Von der Würde des Staates, in: Recht und Staat in Geschichte und Gegenwart, Heft 343, Tübingen, 1967

Peine, Franz-Joseph / Heinlein, Dieter — Beamtenrecht (Schaeffers Grundriß des Rechts und der Wirtschaft, Band 30), 2. Auflage, Heidelberg, 1999

Pieroth, Bodo / Schlink, Bernhard — Grundrechte, Staatsrecht II, 19. Auflage, Heidelberg, 2003 (zitiert: *Pieroth-Schlink*, Grundrechte)

Plog, Ernst / Wiedow, Alexander / Beck, Gerhard / Lemhöfer, Bernt — Kommentar zum Bundesbeamtengesetz, 2. Auflage, Neuwied, Berlin, 1965 ff., Stand: 247. Ergänzungslieferung, Februar 2004

Quaritsch, Helmut — Probleme der Selbstdarstellung des Staates, in: Recht und Staat in Geschichte und Gegenwart, Heft 478/479, Tübingen, 1977

Redeker, Konrad / Oertzen, Hans Joachim von — Verwaltungsgerichtsordnung (VwGO) – Kommentar, 13. Auflage, Stuttgart, Berlin, Köln, 2000

Redeker, Konrad — Individualisierung, in: NJW 1993, S. 1835 f.

Richardi, Reinhard (Hrsg.) / *Wlotzke, Otfried* — Münchner Handbuch zum Arbeitsrecht, Band 1: Individualarbeitsrecht I, 2. Auflage, München, 2000 (zitiert: MünchArbR/Bearbeiter)

Richtberg, Harald — Ehrenschutz im Öffentlichen Recht, Diss. jur. Univ. Marburg, 1989

Roggemann, Herwig — Von Bären, Löwen und Adlern – zur Reichweite der §§ 90a und b StGB, in: JZ 1992, S. 934 ff.

Rogosch, Josef Konrad — Der Beamte im Amtsbereich, im Dienstverhältnis und im Privatbereich, in: DÖD 1996, S. 81 ff.

Ronneberger, Franz — Image des Beamtentums, in: ZBR 1981, S. 164 ff.

Rottmann, Frank — Der Beamte als Staatsbürger – Zugleich eine Untersuchung zum Normtypus von Art. 33 Abs. 5 GG (Schriften zum Öffentlichen Recht, Band 387), Berlin, 1981 (zugl. Diss. jur. Univ. Heidelberg, 1977) (zitiert: *Rottmann*, Der Beamte als Staatsbürger)

Roxin, Claus — Strafverfahrensrecht, 25. Auflage, München, 1998

Rumpf, Helmut — Die Staatsräson im demokratischen Rechtsstaat, in: Der Staat 19 (1980), S. 273 ff.

Sachs, Michael — Grundgesetz – Kommentar, 3. Auflage, München, 2003 (zitiert: *Sachs*/Bearbeiter)

Schack, Friedrich — Der Anspruch des Beamten auf Fürsorge als Erfüllungsanspruch, in: NDBZ 1952, S. 194 ff.

Schäfer, Herbert — Das Klageerzwingungsrecht des Beamten, in: DVBl. 1961, S. 776 ff.

Schaub, Günter — Arbeitsrechts-Handbuch, 10. Auflage, München, 2002

Scheerbath, Hans Walter / Höffken, Heinz / Bauschke, Hans-Joachim / Schmidt, Lutz — Beamtenrecht, 6. Auflage, Siegburg, 1992

Schenke, Wolf-Rüdiger — Rechtsschutz im besonderen Gewaltverhältnis, in: JuS 1982, S. 905 ff.

–: Fälle zum Beamtenrecht (JuS-Schriftenreihe, Heft 95), 2. Auflage, München, 1990

Schick, Walter — Strafrechtsschutz für Beamten? Überlegungen anläßlich einer neuen Verwaltungsregelung, in: ZBR 1986, S. 33 ff.

Schlaich, Klaus / Korioth, Stefan — Das Bundesverfassungsgericht, 5. Auflage, München, 2001

Schmidt-Bleibtreu, Bruno / Klein, Franz — Kommentar zum Grundgesetz, 9. Auflage, Neuwied, Kriftel, 1999

Schmitt Glaeser, Walter / Horn, Hans-Detlef — Verwaltungsprozeßrecht, 15. Auflage, Stuttgart, München, Hannover, Berlin, Weimar, Dresden, 2000

Schmitt Glaeser, Walter — Meinungsfreiheit, Ehrenschutz und Toleranzgebot, in: NJW 1996, S. 873 ff.

Schnellenbach, Helmut — Inhalt und Grenzen der Fürsorgepflicht- und Schutzpflicht im Beamtenrecht, in: ZBR 1981, S. 301 ff.

–: Das Feststellungsinteresse bei der Fortsetzungsfeststellungsklage eines Beamten, in: DVBl. 1990, S. 140 ff.

–: Die Sachurteilsvoraussetzungen bei beamtenrechtlichen Streitigkeiten, in: ZBR 1992, S. 257 ff.

–: Die Beweislast bei beamtenrechtlichen Streitigkeiten, in: ZBR 1995, S. 321 ff.

–: Die Fürsorgepflicht des Dienstherrn in der Rechtsprechung des Bundesverfassungsgerichts, in: VerwArch 92 (2001), S. 2 ff.

–: Beamtenrecht in der Praxis (NJW-Schriftenreihe, Band 40), 5. Auflage, München, 2001

Schnupp, Günther — Rechtsschutz in Straf- und Bußgeldverfahren, in: PersV 1973, S. 13 ff.

Schoch, Friedrich — Folgenbeseitigung und Wiedergutmachung im öffentlichen Recht, in: VerwArch 79 (1988), S. 1 ff.

Schönke, Adolf / Schröder, Horst — Strafgesetzbuch – Kommentar, 26. Auflage, München, 2001 (zitiert: *Schönke-Schröder*/Bearbeiter)

Schroeder, Friedrich-Christian — Probleme der Staatsverunglimpfung, in: JR 1979, S. 89 ff.

Schultze-Rhonhof, Gerd — Wozu noch tapfer sein?, 4. Auflage, Gräfelfing, 1998

Schütz, Erwin — Die Fürsorge- und Schutzpflicht des beamtenrechtlichen Dienstherrn, in: DÖD 1958, S. 201 ff.

–: Dienstherr, oberste Dienstbehörde und Dienstvorgesetzter im Beamtenrecht, in: DÖD 1959, S. 181 ff.

–: Beamtenrecht des Bundes und der Länder – Kommentar (Hrsg. *Joachim Maiwald*), Gesamtausgabe A+B, 5. Auflage, Heidelberg, 1973 ff., Bearbeitungsstand: 226. Ergänzungslieferung, Februar 2004 (zitiert: *Schütz*/Bearbeiter)

Schwabe, Jürgen — Grundrechtsschutz hoheitlicher Funktionsträger, in: Staat – Souveränität – Verfassung, Festschrift für *Helmut Quaritsch* zum 70. Geburtstag (Hrsg. *Dietrich Murswieck*, *Ulrich Storost* und *Heinrich A. Wolff*), S. 333 ff., Berlin, 2000
(zitiert: *Schwabe*, FS Quaritsch)

Seitz, Walter / Schmidt, German / Schoener, Alexander — Der Gegendarstellungsanspruch – Presse, Film, Funk und Fernsehen, 3. Auflage, München, 1998

Seyfarth, Georg — Der Einfluß des Verfassungsrechts auf zivilrechtliche Ehrenschutzklagen, in: NJW 1999, S. 1287 ff.

Siebrecht, Ingrid — Der Schutz der Ehre im Zivilrecht, in: JuS 2001, S. 337 ff.

Simianer, Robert — Antrag und Vorverfahren vor beamtenrechtlichen Leistungs- und Feststellungsklagen, in: ZBR 1992, S. 71 ff.

Spieker, Manfred — Die Fürsorgepflicht des Staates unter besonderer Berücksichtigung des Polizeidienstes, in: Die Polizei 1994, S. 87 ff.

Stark, Ralf — Ehrenschutz in Deutschland, Schriften zum Öffentlichen Recht, Band 690, Berlin, 1996 (zugl. Diss. jur. Univ. Köln, 1994)
(zitiert: *Stark*, Ehrenschutz)

Stern, Klaus — Berufsbeamtentum – gestern, heute, morgen. Art. 33 Grundgesetz und sein verfassungsrechtlicher Kontext, in: Öffentlicher Dienst, Festschrift für *Carl Hermann Ule* (Hrsg. *Klaus König*, *Hans-Werner Laubinger* und *Frido Wagener*), S. 193 ff., Köln, Berlin, Bonn, München, 1977 (zitiert: *Stern*, FS Ule)

–: Ehrenschutz und allgemeine Gesetze, in: Festschrift für *Heinz Hübner* zum 70. Geburtstag (Hrsg. *Gottfried Baumgärtel*, *Hans-Jürgen Becker*, *Ernst Klingmüller* und *Andreas Wacke*), S. 815 ff., Berlin, New York, 1984 (zitiert: *Stern*, FS Hübner)

–: Das Staatsrecht der Bundesrepublik Deutschland
- Band I: Grundbegriffe und Grundlagen des Staatsrechts, Strukturprinzipien der Verfassung, 2. Auflage, München, 1984 (zitiert: *Stern*, StaatsR I)
- Band III/1: Allgemeine Lehren der Grundrechte, München, 1988 (zitiert: *Stern*, StaatsR III/1)

–: Verwaltungsprozessuale Probleme in der öffentlich-rechtlichen Arbeit, 8. Auflage, München, 2000
(zitiert: *Stern*, Verwaltungsprozessuale Probleme)

Stolleis, Michael Staat und Staatsräson in der frühren Neuzeit, Frankfurt, 1990

Strauß, Thomas Funktionsvorbehalt und Berufsbeamtentum. Zur Bedeutung des Art. 33 Abs. 4 GG (Schriften zum Öffentlichen Recht, Band 820), Berlin, 2000 (zitiert: *Strauß*, Funktionsvorbehalt)

Strunk, Gert Peter Beamtenrecht (Studienreihe Recht, Band 3), 3. Auflage, Köln, Berlin, Bonn, München, 1986

Summer, Rudolf Gedanken zur beamtenrechtlichen Fürsorgepflicht, in: PersV 1988, S. 76 ff.

–: Die hergebrachten Grundsätze des Berufsbeamtentums – ein Torso, in: ZBR 1992, S. 1 ff.

–: Neue Aspekte zur Fürsorgepflicht – Einerseits Entzauberung, andererseits weitere Anwendungen, in: ZBR 1998, S. 151 ff.

Tenckhoff, Jörg Die Bedeutung des Ehrbegriffs für die Systematik der Beleidigungstatbestände (Strafrechtliche Abhandlungen, Band 21), Berlin, 1974 (zitiert: *Tenckhoff*, Die Bedeutung des Ehrbegriffs)

–: Grundfälle zum Beleidigungsrecht (I), in: JuS 1988, S. 197 ff.

Tettinger, Peter J. Der Schutz der persönlichen Ehre im freien Meinungskampf, in: JZ 1983, S. 317 ff.

–: Die Ehre – ein ungeschütztes Verfassungsgut?, Köln, 1995

–: Das Recht der persönlichen Ehre in der Werteordnung des Grundgesetzes, in: JuS 1997, S. 769 ff.

Thiele, Willi Die Fürsorgepflicht des Staates, in: DÖD 1962, S. 221 ff.

–: Die sogenannte Flucht in die Öffentlichkeit, in: DÖD 1985, S. 145 ff.

–: Rechte und Pflichten des Beamten, in: DÖD 1988, S. 273 ff.

Thomas, Heinz / Putzo, Hans Zivilprozeßordnung (ZPO) – Kommentar, 25. Auflage, München, 2003

Tilch, Horst (Hrsg.) / *Arloth, Frank* Deutsches Rechts-Lexikon, 3 Bände, 3. Auflage, München, 2001
(zitiert: Deutsches Rechts-Lexikon)

Tröndle, Herbert / Fischer, Thomas Strafgesetzbuch – Kommentar, 51. Auflage, München, 2003

Tsatsos, Dimitris Themistokles — Von der Würde des Staates zur Glaubwürdigkeit der Politik, Berlin, 1987

Umbach, Dieter C. (Hrsg.) / *Clemens, Thomas* — Grundgesetz, Mitarbeiterkommentar und Handbuch, Band I: Art. 1-37 GG, Heidelberg, 2002 (zitiert: Mitarbeiterkommentar/Bearbeiter)

Ule, Carl Hermann — Das besondere Gewaltverhältnis, in: VVDStRL 15 (1957), S. 133 ff.

–: Beamtenrecht, Köln, Berlin, Bonn, München, 1970

Urban, Richard — Die Neuordnung des Bundesdisziplinarrechts, in: NVwZ 2001, S. 1335 ff.

Wagner, Fritjof — Fürsorge- und Schutzpflicht des Dienstherrn, in: VR 1982, S. 130 f.

–: Die Anwendung des Verwaltungsverfahrensgesetzes des Bundes im Beamtenrecht, in: DÖV 1988, S. 277 ff.

–: Beamtenrecht (UTB Band Nr. 2320), 7. Auflage, Heidelberg, 2002

Wassermann, Rudolf (Hrsg.) — Alternativkommentar zum Grundgesetz der Bundesrepublik Deutschland, Band 1: Art. 1 bis 37 GG, 2. Auflage, Neuwied, Frankfurt, 1989 (zitiert: AK/Bearbeiter)

–: Kommentar zum Grundgesetz für die Bundesrepublik Deutschland (Reihe Alternativkommentare), 3. Auflage, Stand: 2. Aufbaulieferung, August 2002, Neuwied, 2002 (zitiert: AK/Bearbeiter)

Weimar, Wilhelm — Kann der Beamte aus der Verletzung der Fürsorgepflicht an den Dienstherrn Schadensersatzansprüche herleiten? in: RiA 1960, S. 311 f.

–: Muß der Dienstherr dem durch entstellende Presseberichte betroffenen Beamten Schutz gewähren?, in: RiA 1962, S. 84 f.

–: Die Fürsorgepflicht des Dienstherrn zum Schutz des Beamten gegenüber Dritten, in: DÖD 1964, S. 91f.

–: Zweifelsfragen zur Fürsorgepflicht des Dienstherrn gegenüber dem Beamten, in: RiA 1964, S. 166 f.

–: Das Strafantragsrecht des Vorgesetzten bei Beleidigung, in: DÖD 1964, S. 210 ff.

Ist die Vorschrift über die Fürsorgepflicht des Dienstherrn ein Schutzgesetz im Sinne des § 823 Abs. 2 BGB, bei dessen schuldhafter Verletzung der Beamte einen Schmerzensgeldanspruch geltend machen kann?, in: DÖD 1965, S. 181 f.

Weiß, Hans / Niedermaier, Franz / Summer, Rudolf / Zängl, Siegfried — Bayerisches Beamtengesetz – Handkommentar, 3. Auflage, München, Berlin, 1976 ff., Bearbeitungsstand: 119. Ergänzungslieferung, Juni 2002 (zitiert: *Weiß-Niedermaier-Summer-Zängl*/Bearbeiter)

Weiß, Hans-Dietrich — „Flucht in die Öffentlichkeit" – Ausdeutung eines vermeintlich bekannten Tatbestandes, in: ZBR 1984, S. 129 ff.

Weißhaar, Erwin — Beamtenrecht (Der Verwaltungsbeamte, Heft 6a), 4. Auflage, Göttingen, 1994

Wellbrock, Rita — Persönlichkeitsschutz und Kommunikationsfreiheit – Eine Analyse der Zuordnungsproblematik anhand der Rechtsprechung der Zivilgerichte und des Bundesverfassungsgerichts, Baden-Baden, 1992 (zitiert: *Wellbrock*, Persönlichkeitsschutz)

Wenzel, Herbert — Das Strafantragsrecht bei Beleidigungen von Beamten, in: DÖD 1955, S. 25 ff.

Wenzel, Karl Egbert — Das Recht der Wort- und Bildberichterstattung, 5. Auflage, Köln 2003

Wertenbruch, Wilhelm — Der Schadensersatzanspruch des Beamten bei Verletzung der Fürsorgepflicht, in: JuS 1963, S. 180 ff.

Wessels, Johannes / Hettinger, Michael — Strafrecht, Besonderer Teil, Band 1, 27. Auflage, Heidelberg, 2003 (zitiert: *Wessels-Hettinger*, BT1)

Westermann, Ulrich — Dogmatik und Bedeutung der allgemeinen Fürsorge- und Treuepflicht im Arbeits- und Beamtenrecht, Diss. jur. Univ. Münster, 1982 (zitiert: *Westermann*, Fürsorgepflicht)

Wiese, Günther — Der Persönlichkeitsschutz des Arbeitnehmers gegenüber dem Arbeitgeber, in: ZfA 1971, S. 273 ff.

Wiese, Walter — Beamtenrecht (Handbuch des Öffentlichen Dienstes, Band II, Teil 1), 3. Auflage, Köln, Berlin, Bonn, München, 1988

Wilhelm, Bernhard — Rechtsschutz in Strafsachen für Bundesbedienstete, in: ZBR 1966, S. 6 ff.

Wind, Ferdinand / Schimana, Rudolf / Wichmann, Manfred / Langer, Karl-Ulrich — Öffentliches Dienstrecht (Schriftenreihe: Verwaltung in Praxis und Wissenschaft (vpw), Band 25), 5. Auflage, Stuttgart, 2002

Wind, Ferdinand — Zum Rechtsschutz im Beamtenverhältnis, Besonderheiten des beamtenrechtlichen Widerspruchsverfahrens, in: ZBR 1984, S. 167 ff.

Wittinger, Michaela / Herrmann, Dirk — Mobbing und Beamtenrecht, in: ZBR 2002, S. 337 ff.

Wolff, Ernst Amadeus — Ehre und Beleidigung, in: ZStW 81 (1969), S. 886 ff.

Wollweber, Harald	Die Lüge – Ein Privileg für existenzbedrohte Beamte?, in: NVwZ 2000, S. 1384 ff.
Wolff, Hans J. / Bachof, Otto / Stober, Rolf	Verwaltungsrecht, Band 1, 11. Auflage, München, 1999
	Verwaltungsrecht II, 5. Auflage, München, 1987
–:	Verwaltungsrecht, Band 2, 6. Auflage, München, 2000
Zippelius, Reinhold	Allgemeine Staatslehre, 13. Auflage, München, 1999

Abkürzungen in dieser Arbeit erfolgen nach:
Kirchner, Hildebert / Butz, Cornelie, Abkürzungsverzeichnis der Rechtssprache, Berlin, 2003

Kolibri 360 GmbH
Ferdinand-Jühlke-Straße 7
99095 Erfurt, Deutschland
produktsicherheit@kolibri360.de

Druck:
CPI Druckdienstleistungen GmbH
im Auftrag der
Kolibri 360 GmbH
Ferdinand-Jühlke-Str. 7
99095 Erfurt